TO THE STUDENT

Welcome to **PROMENADES**, Second Edition, a unique introductory French program from Vista Higher Learning. In French, the word **promenades** means *strolls*. The major strands in **PROMENADES**, Second Edition, are strolls planned to help you learn French and explore the cultures of the French-speaking world in the most user-friendly way possible. In light of this goal, here are some of the features you will encounter in **PROMENADES**, Second Edition.

- A unique, easy-to-navigate design built around color-coded strands that appear either completely on one page or on two facing pages
- Abundant illustrations, photos, charts, graphs, diagrams, and other graphic elements, all created or chosen to help you learn
- Integration of a specially shot video, in each lesson of every unit of the student text
- Clear, concise grammar explanations, which support you as you work through the practice activities
- Practical, high-frequency vocabulary for use in real-life situations
- Ample guided vocabulary and grammar exercises to give you a solid foundation for communicating in French
- An emphasis on communicative interactions with a classmate, small groups, the whole class, and your instructor
- Systematic development of reading and writing skills, incorporating learning strategies and a process approach
- A rich, contemporary cultural presentation of the everyday life of French speakers and the diverse cultures of the countries and areas of the entire French-speaking world
- Exciting integration of culture and multimedia through TV clips
- A full set of completely integrated print and technology ancillaries to make learning French easier
- Built-in correlation of all ancillaries, right down to the page numbers

PROMENADES, Second Edition, has 13 units with two lessons (A and B) in each unit, followed by an end-of-unit **Savoir-faire** strand and a list of active vocabulary. To familiarize yourself with the textbook's organization, features, and ancillary package, turn to page xii and take a stroll through the **PROMENADES at-a-Glance** section.

TABLE OF CONTENTS

		contextes	roman-photo	lecture culturelle

à travers le monde francophone

PROMENADES

SECOND EDITION

James G. Mitchell

Cherie Mitschke

Cheryl Tano

VISTA®
HIGHER LEARNING

Boston, Massachusetts

ISBN-13: 978-1-61857-015-4
90000

9 781618 570154

à travers le monde francophone

PROMENADES

SECOND EDITION

James G. Mitchell

Cherie Mitschke

Cheryl Tano

VISTA®
HIGHER LEARNING

Boston, Massachusetts

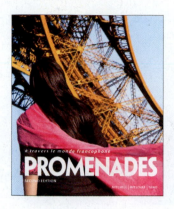

Publisher: José A. Blanco

President: Janet Dracksdorf

Editorial Development: Armando Brito, Deborah Coffey

Project Management: Maria Rosa Alcaraz, Sharon Inglis, Adriana Lavergne, Sofía Pellón

Technology Editorial: Egle Gutiérrez, Paola Ríos Schaaf

Design and Production Director: Marta Kimball

Senior Creative Designer, Print & Web/Interactive: Susan Prentiss

Production Manager: Oscar Díez

Design and Production Team: Liliana Bobadilla, María Eugenia Castaño, Michelle Groper, Mauricio Henao, Jhoany Jiménez, Andrés Vanegas, Nick Ventullo

Student Text ISBN: 978-1-61857-014-7
Instructor's Annotated Edition ISBN: 978-1-61857-016-1

Library of Congress Control Number: 2012948548

6 7 8 9 WC 17 16

Printed in the United States of America.

structures	synthèse	savoir-faire

TABLE OF CONTENTS

		contextes	roman-photo	lecture culturelle

structures	synthèse	savoir-faire

TABLE OF CONTENTS

		contextes	roman-photo	lecture culturelle

structures	synthèse	savoir-faire

TABLE OF CONTENTS

		contextes	roman-photo	lecture culturelle

structures	synthèse	savoir-faire

UNIT OPENERS

outline the content and features of each unit.

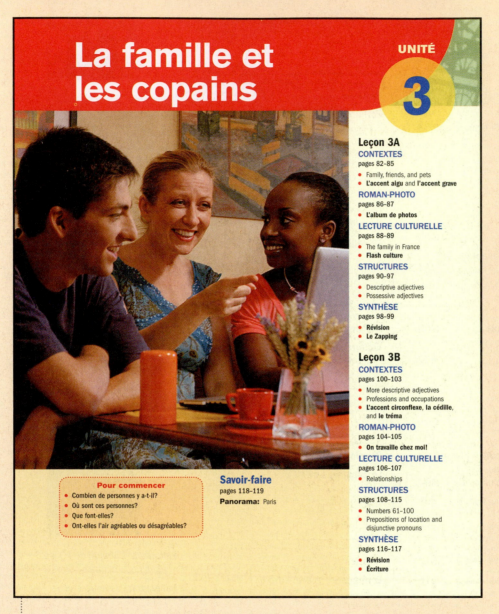

La famille et les copains

UNITÉ
3

Leçon 3A
CONTEXTES
pages 82–85
- Family, friends, and pets
- **L'accent aigu and l'accent grave**

ROMAN-PHOTO
pages 86–87
- **L'album de photos**

LECTURE CULTURELLE
pages 88–89
- The family in France
- **Flash culture**

STRUCTURES
pages 90–97
- Descriptive adjectives
- Possessive adjectives

SYNTHÈSE
pages 98–99
- **Révision**
- **Le Zapping**

Leçon 3B
CONTEXTES
pages 100–103
- More descriptive adjectives
- Professions and occupations
- **L'accent circonflexe, la cédille, and le tréma**

ROMAN-PHOTO
pages 104–105
- **On travaille chez moi!**

LECTURE CULTURELLE
pages 106–107
- Relationships

STRUCTURES
pages 108–115
- Numbers 61–100
- Prepositions of location and disjunctive pronouns

SYNTHÈSE
pages 116–117
- **Révision**
- **Écriture**

Pour commencer
- Combien de personnes y a-t-il?
- Où sont ces personnes?
- Que font-elles?
- Ont-elles l'air agréables ou désagréables?

Savoir-faire
pages 118–119
Panorama: Paris

Pour commencer activities jump-start the units, allowing you to use the French you know to talk about the photos.

Content thumbnails break down each unit into its two lessons (A and B) and one **Savoir-faire** section, giving you an at-a-glance summary of the vocabulary, grammar, cultural topics, and language skills on which you will focus.

Ⓢupersite

Supersite resources are available for every section of the unit at **vhlcentral.com.** Icons show you which textbook activities are also available online, and where additional practice activities are available. The description next to the Ⓢ icon indicates what additional resources are available for each section: videos, audio recordings, readings, presentations, and more!

Supersite features vary by access level. Visit **vistahigherlearning.com** to explore which Supersite level is right for you.

CONTEXTES

presents and practices vocabulary in meaningful contexts.

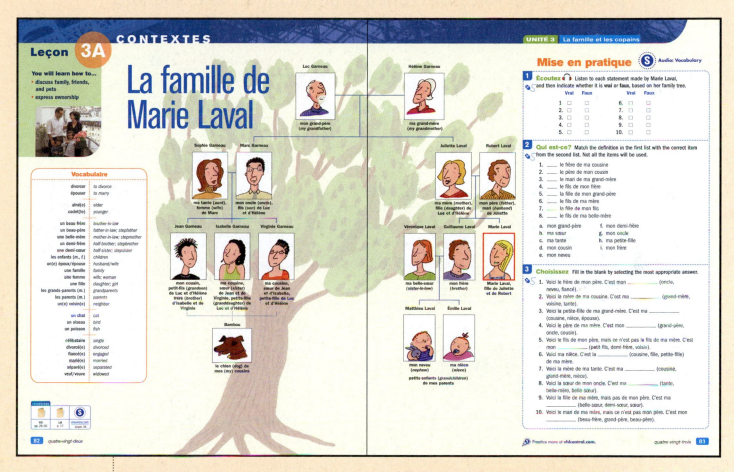

Communicative goals highlight the real-life tasks you will be able to carry out in French by the end of each lesson.

Ressources boxes let you know exactly what print and technology ancillaries you can use to reinforce and expand on every strand of every lesson in your textbook.

Illustrations High-frequency vocabulary is introduced through expansive, full-color illustrations.

Mise en pratique always begins with a listening activity and continues with activities that practice the new vocabulary in meaningful contexts.

Vocabulaire boxes call out other important theme-related vocabulary in easy-to-reference French-English lists.

Ⓢupersite

- Audio recordings of all vocabulary items
- Audio for **Contextes** listening activity
- Textbook activities
- Additional activities for extra practice

Supersite features vary by access level. Visit **vistahigherlearning.com** to explore which Supersite level is right for you.

PROMENADES AT-A-GLANCE

CONTEXTES

has communication activities. **Les sons et les lettres** presents the rules of French pronunciation and spelling.

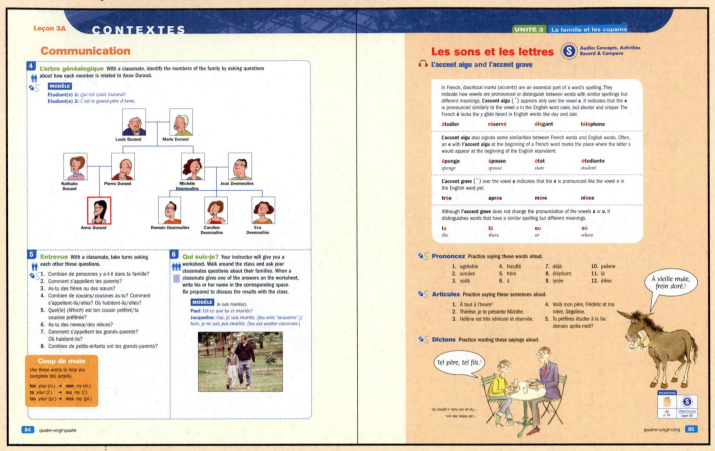

Communication activities allow you to use the vocabulary creatively in interactions with a partner, a small group, or the entire class.

Coup de main provides handy, on-the-spot information that helps you complete the activities.

The headset icon at the top of the page indicates when an explanation and activities are recorded for convenient use in or outside of class.

Explanation Rules and tips to help you learn French pronunciation and spelling are presented clearly with abundant model words and phrases.

Practice Pronunciation and spelling practice is provided at the word and sentence levels. The final activity features illustrated sayings and proverbs so you can practice the pronunciation or spelling point in an entertaining cultural context.

Supersite

- Chat activities for conversational skill-building and oral practice
- Audio recording of **Les sons et les lettres** presentation
- Record and compare audio activities

Supersite features vary by access level. Visit **vistahigherlearning.com** to explore which Supersite level is right for you.

ROMAN-PHOTO

tells the story of a group of students living in Aix-en-Provence, France.

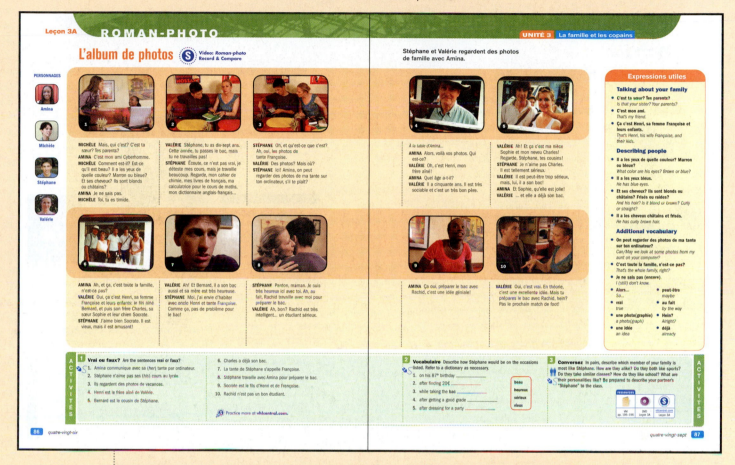

Personnages The photo-based conversations take place among a cast of recurring characters—four college students, their landlady (who owns the café downstairs), and her teenage son.

Roman-photo **video episodes** The **Roman-photo** episode appears in the **Roman-photo** part of the Video Program. To learn more about the video, turn to page xxiv.

Conversations The conversations reinforce vocabulary from **Contextes**. They also preview structures from the upcoming **Structures** section in context and in a comprehensible way.

Expressions utiles organizes new, active words and expressions by language function so you can focus on using them for real-life, practical purposes.

Ⓢupersite

- Streaming video of the **Roman-photo**
- End-of-video **Reprise** section where key vocabulary and grammar from the episode are called out
- Record and compare activities
- Textbook activities
- Additional activities for extra practice

Supersite features vary by access level. Visit **vistahigherlearning.com** to explore which Supersite level is right for you.

PROMENADES AT-A-GLANCE

LECTURE CULTURELLE
explores cultural themes introduced in CONTEXTES and ROMAN-PHOTO.

Culture à la loupe presents a main, in-depth reading about the lesson's cultural theme. Full-color photos bring to life important aspects of the topic, while charts with statistics and/or intriguing facts support and extend the information.

Stratégie boxes offer different helpful techniques that you can use to improve your reading skills.

Le monde francophone puts the spotlight on the people, places, and traditions of the countries and areas of the French-speaking world.

Portrait profiles people, places, and events throughout the French-speaking world, highlighting their importance, accomplishments, and/or contributions to the cultures of the French-speaking people and the global community.

Supersite

- Main cultural reading
- *Flash culture* streaming video (one per unit)
- **Sur Internet** research activity
- Textbook activities
- Additional activities for extra practice
- Chat activities for conversational skill-building and oral practice

Supersite features vary by access level. Visit vistahigherlearning.com to explore which Supersite level is right for you.

STRUCTURES

presents French grammar in a graphic-intensive format.

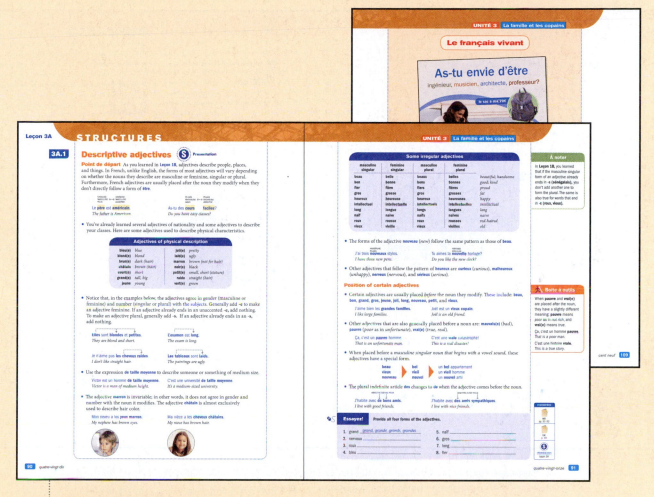

NEW! Expanded grammar explanations Two full pages are devoted to most grammar points, allowing for presentations that are thorough and intuitive.

Le français vivant pages appear with select grammar points and feature a print ad for a product related to the lesson's theme.

Graphic-intensive design Photos from the **PROMENADES**, Second Edition, Video Program consistently integrate the lesson's video episode and **Roman-photo** strand with the grammar explanations. Additional photos, drawings, and graphic devices liven up activities and heighten visual interest.

NEW! Sidebars The **À noter** sidebars cross-reference related grammar content in both previous and upcoming lessons. The **Boîte à outils** sidebars alert you to other important aspects of the grammar point.

Essayez! offers you your first practice of each new grammar point. It gets you working with the grammar point right away in simple, easy-to-understand formats.

Supersite

- Grammar presentation
- Essayez! activities with auto-grading

Supersite features vary by access level. Visit **vistahigherlearning.com** to explore which Supersite level is right for you.

PROMENADES AT-A-GLANCE

STRUCTURES
provides directed and communicative practice.

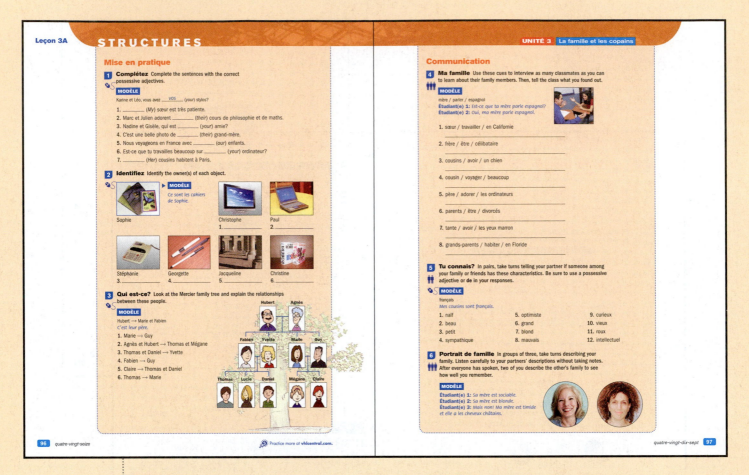

NEW! Expanded grammar activities Two full pages are devoted to grammar activities, allowing for more practice and better transitions between activities.

Mise en pratique activities provide a wide range of guided exercises in contexts that combine current and previously learned vocabulary with the current grammar point.

NEW! Additional activities New to the Second Edition, the Activity Pack provides additional discrete and communicative practice for every grammar point. It also includes handouts for the **Feuilles d'activités** and information gap activities presented in the textbook. Your instructor will distribute these handouts for review and extra practice.

Communication activities offer opportunities for creative expression using the lesson's grammar and vocabulary. You do these activities with a partner, in small groups, or with the whole class.

Supersite

- Textbook activities
- Additional activities for extra practice
- Chat activities for conversational skill-building and oral practice

Supersite features vary by access level. Visit **vistahigherlearning.com** to explore which Supersite level is right for you.

SYNTHÈSE

pulls the lesson together with cumulative practice in **Révision** and wraps up with two alternating features.

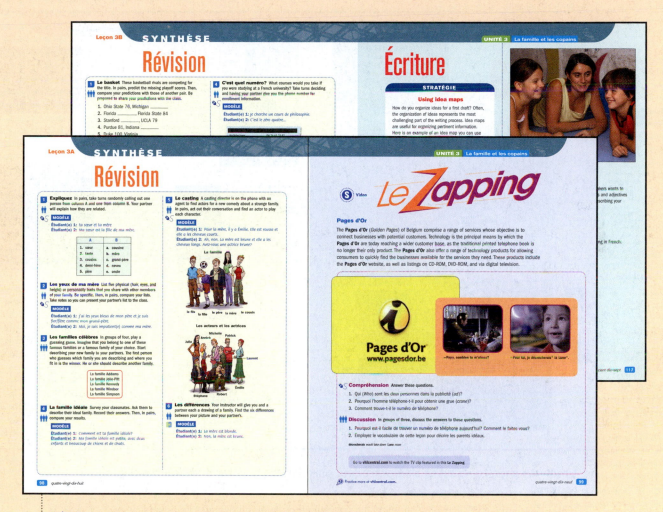

Révision activities integrate the lesson's two grammar points with previously learned vocabulary and structures, providing consistent, built-in review as you progress through the text.

Stratégie, on the **Écriture** page, prepares you for the writing task presented in **Thème**.

Pair and group icons call out the communicative nature of the activities. Situations, role plays, games, personal questions, interviews, information gap activities (identified by the puzzle piece logo) and surveys are just some of the types of activities that you will carry out.

Le Zapping features television clips or, in one case, a student orientation video in French supported by background information, images from the clips, and activities to help you understand and check your comprehension.

Supersite

- Streaming video of **Le Zapping**
- Composition engine for **Écriture**
- Additional activities for extra practice
- Chat activities for conversational skill-building and oral practice

Supersite features vary by access level. Visit **vistahigherlearning.com** to explore which Supersite level is right for you.

SAVOIR-FAIRE

Panorama presents the French-speaking world.

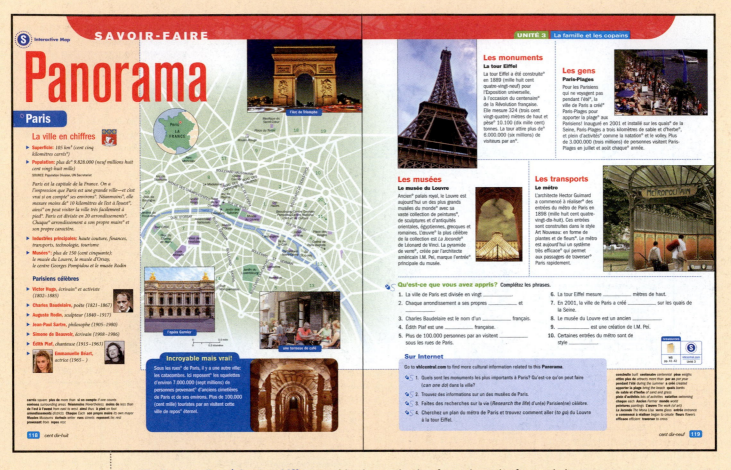

La ville/Le pays/La région en chiffres provides interesting key facts about the featured city, country, or region.

Incroyable mais vrai! highlights an intriguing fact about the featured place or its people.

Maps point out major cities, rivers, and other geographical features and situate the featured place in the context of its immediate surroundings and the world.

Qu'est-ce que vous avez appris? exercises check your understanding of key ideas, and **ressources** boxes reference the two pages of additional activities in the **PROMENADES** Workbook.

Readings A series of brief paragraphs explores different aspects of the featured place's culture such as history, landmarks, fine art, literature, and bits of everyday life.

Supersite

- Interactive map
- **Sur Internet** research activity
- Textbook activities
- Additional activities for extra practice

Supersite features vary by access level. Visit **vistahigherlearning.com** to explore which Supersite level is right for you.

SAVOIR-FAIRE

Lecture, found in the book's last two units, develops reading skills in the context of the unit's theme.

Readings of literary pieces, presented at the end of the last two units, are directly tied to the unit theme and recycle vocabulary and grammar you have learned.

Avant la lecture presents valuable reading strategies and pre-reading activities that strengthen your reading abilities in French.

Après la lecture includes post-reading activities that check your comprehension of the reading.

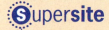upersite

- Textbook activities
- Additional activities for extra practice
- Audio sync readings in Unit 12 and Unit 13

Supersite features vary by access level. Visit vistahigherlearning.com to explore which Supersite level is right for you.

VOCABULAIRE

summarizes all the active vocabulary of the unit.

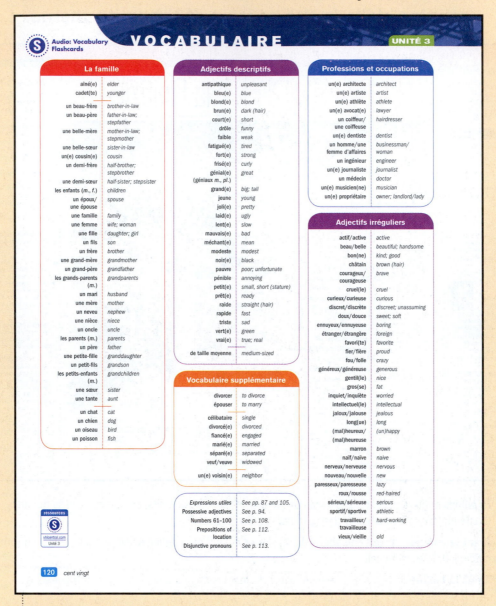

S Audio: Vocabulary Flashcards

VOCABULAIRE

UNITÉ 3

La famille

aîné(e)	elder
cadet(te)	younger
un beau-frère	brother-in-law
un beau-père	father-in-law; stepfather
une belle-mère	mother-in-law; stepmother
une belle-sœur	sister-in-law
un(e) cousin(e)	cousin
un demi-frère	half-brother; stepbrother
une demi-sœur	half-sister; stepsister
les enfants (m., f.)	children
un époux/ une épouse	spouse
une famille	family
une femme	wife; woman
une fille	daughter; girl
un fils	son
un frère	brother
une grand-mère	grandmother
un grand-père	grandfather
les grands-parents (m.)	grandparents
un mari	husband
une mère	mother
un neveu	nephew
une nièce	niece
un oncle	uncle
les parents (m.)	parents
un père	father
une petite-fille	granddaughter
un petit-fils	grandson
les petits-enfants (m.)	grandchildren
une sœur	sister
une tante	aunt
un chat	cat
un chien	dog
un oiseau	bird
un poisson	fish

Adjectifs descriptifs

antipathique	unpleasant
bleu(e)	blue
blond(e)	blond
brun(e)	dark (hair)
court(e)	short
drôle	funny
faible	weak
fatigué(e)	tired
fort(e)	strong
frisé(e)	curly
génial(e) (géniaux m., pl.)	great
grand(e)	big; tall
jeune	young
joli(e)	pretty
laid(e)	ugly
lent(e)	slow
mauvais(e)	bad
méchant(e)	mean
modeste	modest
noir(e)	black
pauvre	poor; unfortunate
pénible	annoying
petit(e)	small, short (stature)
prêt(e)	ready
raide	straight (hair)
rapide	fast
triste	sad
vert(e)	green
vrai(e)	true; real
de taille moyenne	medium-sized

Vocabulaire supplémentaire

divorcer	to divorce
épouser	to marry
célibataire	single
divorcé(e)	divorced
fiancé(e)	engaged
marié(e)	married
séparé(e)	separated
veuf/veuve	widowed
un(e) voisin(e)	neighbor

Expressions utiles	See pp. 87 and 105.
Possessive adjectives	See p. 94.
Numbers 61–100	See p. 108.
Prepositions of location	See p. 112.
Disjunctive pronouns	See p. 113.

Professions et occupations

un(e) architecte	architect
un(e) artiste	artist
un(e) athlète	athlete
un(e) avocat(e)	lawyer
un coiffeur/ une coiffeuse	hairdresser
un(e) dentiste	dentist
un homme/une femme d'affaires	businessman/ woman
un ingénieur	engineer
un(e) journaliste	journalist
un médecin	doctor
un(e) musicien(ne)	musician
un(e) propriétaire	owner; landlord/lady

Adjectifs irréguliers

actif/active	active
beau/belle	beautiful; handsome
bon(ne)	kind; good
châtain	brown (hair)
courageux/ courageuse	brave
cruel(le)	cruel
curieux/curieuse	curious
discret/discrète	discreet; unassuming
doux/douce	sweet; soft
ennuyeux/ennuyeuse	boring
étranger/étrangère	foreign
favori(te)	favorite
fier/fière	proud
fou/folle	crazy
généreux/généreuse	generous
gentil(le)	nice
gros(se)	fat
inquiet/inquiète	worried
intellectuel(le)	intellectual
jaloux/jalouse	jealous
long(ue)	long
(mal)heureux/ (mal)heureuse	(un)happy
marron	brown
naïf/naïve	naive
nerveux/nerveuse	nervous
nouveau/nouvelle	new
paresseux/paresseuse	lazy
roux/rousse	red-haired
sérieux/sérieuse	serious
sportif/sportive	athletic
travailleur/ travailleuse	hard-working
vieux/vieille	old

ressources

S vhlcentral.com Unité 3

120 cent vingt

Vocabulary All the lesson's active vocabulary is brought together, grouped in easy-to-study thematic lists.

Supersite

- Audio recordings of all vocabulary items
- Vocabulary flashcards

Supersite features vary by access level. Visit **vistahigherlearning.com** to explore which Supersite level is right for you.

Icons

These icons in **PROMENADES** alert you to the type of activity or section involved.

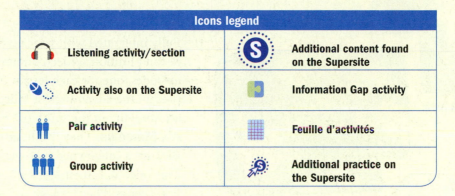

Icons legend	
Listening activity/section	Additional content found on the Supersite
Activity also on the Supersite	Information Gap activity
Pair activity	Feuille d'activités
Group activity	Additional practice on the Supersite

- The Information Gap activities and those involving **Feuilles d'activités** require handouts that your instructor will give you.

- The headset icon appears in **Contextes**, **Les sons et les lettres**, and **Vocabulaire** sections.

Ressources boxes

Ressources boxes let you know exactly which print and technology ancillaries you can use to reinforce and expand on every strand of every lesson in your textbook. They even include page numbers when applicable. See page xxviii for a description of the ancillaries.

Ressources boxes legend

Workbook
WB
pp. 29–30

Lab Manual
LM
p. 17

Video Manual
VM
pp. 219–220

DVD
DVD
Leçon 3A

PROMENADES, Second Edition, Supersite
vhlcentral.com
Leçon 3A

VIDEO PROGRAM

THE *ROMAN-PHOTO* EPISODES

Fully integrated with your textbook, the **PROMENADES**, Second Edition, Video contains twenty-six dramatic episodes, one for each lesson of the text. The episodes present the adventures of four college students who are studying in the south of France at the **Université Aix-Marseille**. They live in apartments above **Le P'tit Bistrot**, a café owned by their landlady, Valérie Forestier. The video tells their story and the story of Madame Forestier and her teenage son, Stéphane.

The **Roman-photo** strand in each textbook lesson is an abbreviated version of the dramatic episode featured in the video. Therefore, each **Roman-photo** strand can be done before you see the corresponding video episode, after doing so, or as a section that stands alone in its own right.

As you watch each video episode, you will first see a live segment in which the characters interact using vocabulary and grammar you are studying. As the video progresses, the live segments carefully combine new vocabulary and grammar with previously taught language. You will then see a **Reprise** segment that summarizes the key language functions and/or grammar points used in the dramatic episode.

THE CAST
Here are the main characters you will meet when you watch the PROMENADES, Second Edition, Video:

Of Senegalese heritage
Amina Mbaye

From Washington, D.C.
David Duchesne

From Paris
Sandrine Aubry

From Aix-en-Provence
Valérie Forestier

Of Algerian heritage
Rachid Khalil

And, also from Aix-en-Provence
Stéphane Forestier

THE *FLASH CULTURE* SEGMENTS

For one lesson of each unit, a **Flash culture** segment allows you to experience the sights and sounds of France, the French-speaking world, and the daily life of French speakers. Each segment is two to three minutes long and is correlated to your textbook in the **Sur Internet** box in **Lecture culturelle**.

Hosted by the **PROMENADES** narrators, Csilla and Benjamin, these segments transport you to a variety of venues: schools, parks, public squares, cafés, stores, cinemas, outdoor markets, city streets, festivals, and more. They also incorporate mini-interviews with French speakers in various walks of life.

The footage was filmed taking special care to capture rich, vibrant images that will expand your cultural perspectives with information directly related to the content of your textbook. In addition, the narrations were carefully written to reflect the vocabulary and grammar covered in **PROMENADES**, Second Edition.

vText | virtual interactive text

vText provides an interactive textbook that links directly with Supersite practice activities, audio, and video. Plus, all online resources are located on one platform so you can complete assignments and access resources quickly and conveniently.

- Links on the vText page to all mouse-icon textbook activities, audio, and video
- Note-taking capabilities for students
- Easy navigation with searchable table of contents and page number browsing
- Access to all Supersite resources
- Now iPad®-friendly for on-the-go access!

Each section of your textbook comes with activities on the **PROMENADES** Supersite, many of which are auto-graded for immediate feedback. Plus, the Supersite is iPad®-friendly*, so it can be accessed on the go! Visit **vhlcentral.com** to explore this wealth of exciting resources.

CONTEXTES
- Audio recordings of all vocabulary items
- Audio for **Contextes** listening activity
- Image-based vocabulary activity
- Textbook and extra practice activities
- Chat activities for conversational skill-building and oral practice
- Audio recording of **Les sons et les lettres** presentation
- Record and compare audio activities

ROMAN-PHOTO
- Streaming video of **Roman-photo** episodes, with instructor-managed options for subtitles and transcripts in French and English
- Textbook and extra practice activities

LECTURE CULTURELLE
- **Culture à la loupe** reading
- Streaming video of **Flash culture** episodes, with instructor-managed options for subtitles and transcripts in French and English
- Keywords and support for **Sur Internet**
- Textbook and extra practice activities

STRUCTURES
- Grammar presentations
- Animated grammar tutorials with related activities
- Textbook and extra practice activities
- Chat activities for conversational skill-building and oral practice

SYNTHÈSE
- Chat activities for conversational skill-building and oral practice
- Streaming video of **Le Zapping** TV clips
- Composition engine for **Écriture**
- Textbook and extra practice activities

SAVOIR-FAIRE
- Interactive map
- **Sur Internet** research activity
- Textbook and extra practice activities
- Audio sync readings in Unit 12 and Unit 13

VOCABULAIRE
- Vocabulary list with audio
- Flashcards with audio

Plus! Also found on the Supersite:

- All textbook and lab audio MP3 files
- Communication center for instructor notifications and feedback
- A single gradebook for all Supersite activities
- WebSAM online Workbook/Video Manual and Lab Manual
- v̂Text online, interactive student edition with access to Supersite activities, audio, and video

Supersite features vary by access level. Visit **vistahigherlearning.com** to explore which Supersite level is right for you.

*Students must use a computer for audio-recording and select presentations and tools that require Flash or Shockwave.

STUDENT ANCILLARIES

- **Workbook/Video Manual**
  The Workbook activities provide additional practice of the vocabulary and grammar in each textbook lesson and the cultural information in each unit's **Panorama** section. The Video Manual includes pre-viewing, viewing, and post-viewing activities for the **Roman-photo** and **Flash culture** videos.

- **Lab Manual**
  The Lab Manual contains activities for each textbook lesson that build listening comprehension, speaking, and pronunciation skills in French.

- **Lab Program MP3s***
  The Lab Program MP3s provide the recordings to be used in conjunction with the activities in the Lab Manual.

- **Textbook MP3s***
  The Textbook MP3s contain the recordings for the listening activities in **Contextes, Les sons et les lettres**, and **Vocabulaire** sections.

- **Roman-photo***
  The **Roman-photo** video includes instructor-controlled French and English subtitles for every episode.

- **Online Workbook/Video Manual/Lab Manual**
  Incorporating the **Roman-photo** and **Flash culture** videos, as well as the complete Lab Program, this component delivers the Workbook, Video Manual, and Lab Manual online with automatic scoring. Instructors have access to classroom management and gradebook tools that allow in-depth tracking of students' scores.

- **PROMENADES, Second Edition, Supersite**
  Your passcode to the Supersite (vhlcentral.com) gives you access to a wide variety of activities for each strand of every lesson of the student text; auto-graded exercises for extra practice of vocabulary, grammar, video, and cultural content; reference tools; the **Le Zapping** TV clips; the complete Video Program; the Textbook MP3s; and the Lab Program MP3s.

- **vText Virtual Interactive Text**
  Provides the entire student edition textbook with note-taking and highlighting capabilities. It is fully integrated with Supersite and other online resources.

*Available on the Supersite

NEW TO THE SECOND EDITION

- Animated grammar tutorials with related activities

- Easier navigation through units: each lesson is now either an A lesson or a B lesson

- Redesigned grammar pages that allow for more complete explanations

- Grammar practice on a separate spread *after* the explanation, with improved activity scaffolding

- Grammar explanations supported by **À noter** cross-reference sidebars

- Chat activities for conversational skill-building and oral practice

- Many updated **Lecture culturelle** readings with high-interest topics

- Updated **Le Zapping** strand with six new authentic videos

- Updated vocabulary, especially the Unit 11 Lesson A technology vocabulary

- New authentic literary readings in Unit 12 and Unit 13

NEW! ANIMATED GRAMMAR TUTORIALS

Enjoy a fun approach to grammar with presentations that pair rules with fun examples. The amusing *professeur* grabs your attention with his lighthearted approach. Plus, interactive questions will help check your understanding of concepts, and an end-of-tutorial activity can be submitted for a grade.

ACKNOWLEDGMENTS

On behalf of its authors and editors, Vista Higher Learning expresses its sincere appreciation to the instructors nationwide who reviewed materials from **PROMENADES**, First Edition. Their input and suggestions were vitally helpful in forming and shaping the Second Edition in its final, published form.

Reviewers

Oniankpo Akindjo
  Concordia College, MN

Françoise Arie
  Ventura College, CA

Fr. Ted Baenziger
  University of St. Thomas, TX

John Barberet
  Polk State College, FL

Susan Bauman
  Seneca College of Applied Arts and
  Technology, Toronto, ON, Canada

Michael Berke
  San Jose City College, CA

Deborah Beyer
  University of Wisconsin, Oshkosh

Cathy Briggs
  North Lake College, TX

Darren Broome
  Gordon College, GA

Ricard Célia
  Gettysburg College, PA

Matthieu Chan Tsin
  Coastal Carolina University, SC

Samira Chater
  Valencia College, FL

Bénédicte Anne Corbett
  French Resources, IA

Melinda Cro
  Kansas State University

Raúl de León
  San Diego Mesa College, CA

Frédéric Deloizy
  Harrisburg Area Community College, PA

Andrzej Dziedzic
  University of Wisconsin, Oshkosh

Lou Ann Erikson
  Deerfield High School, IL

Martine Fernandes
  University of South Florida, St. Petersburg

Scott Fish
  Augustana College, SD

Laura Franklin
  Northern Virginia Community College

Eve Goodhue
  Simpson College, IA

Sue Grove
  Riverland Community College, MN

Kwaku A. Gyasi
  University of Alabama, Huntsville

Mary Haight
  Madison Area Technical College, WI

Hillery Haney
  Grand Rapids Community College, MI

Margaret Harp
  University of Nevada, Las Vegas

Fanny Hervé
  Ohio Dominican University

Nikki Hollis
  Purdue North Central, IN

Zineb Khssassi
  Irvine Valley College, CA

Diane Kieser
University of Wisconsin, Milwaukee

Maria Krebs
Indiana University, Kokomo

Jenny Lambert
San Juan College, NM

Margaret McDiarmid
Xavier University, OH

Maria Moreno
Mars Hill College, NC

Doug Mrazek
Clark College, WA

Danielle Mulcahy
Northern Virginia Community College

Abeer Nabulsi
Santiago Canyon College, CA

Anne-Marie Obajtek-Kirkwood
Drexel University, PA

Uriel Ornelas
San Diego Mesa College, CA

Gloria Pastorino
Fairleigh Dickinson University, NJ

Philippe Patto
San Diego City College, CA

Patrice J. Proulx
University of Nebraska, Omaha

Peggy Rocha
San Joaquin Delta College, CA

Thomas Sapp
Loyola Academy, IL

Gretchen Skivington
Great Basin College, NV

Rania Stanbouly
Collin College, TX

Victoria Steinberg
University of Tennessee, Chattanooga

Amye Sukapdjo
Gainesville State College, GA

Sadik Y. Wardeh
Valencia College, FL

Catherine S. Webster
University of Central Oklahoma

Rachel Williams
McNeese State University, LA

Salut!

Pour commencer
- What are these young women saying?
  a. Excusez-moi.   b. Bonjour!   c. Merci.
- How many women are there in the photo?
  a. une   b. deux   c. trois
- What do you think is an appropriate title for either of these women?
  a. Monsieur   b. Madame   c. Mademoiselle

Leçon 1A

You will learn how to...
- greet people in French
- say good-bye

Ça va?

GEORGES Ça va, Henri?
HENRI Oui, ça va très bien, merci. Et vous, comment allez-vous?
GEORGES Je vais bien, merci.

PAUL Merci!
JEAN Il n'y a pas de quoi.

MARIE À plus tard, Guillaume!
GUILLAUME À tout à l'heure, Marie!

JACQUES Bonjour, Monsieur Boniface. Je vous présente Thérèse Lemaire.
M. BONIFACE Bonjour, Mademoiselle.
THÉRÈSE Enchantée.

Vocabulaire

Bonsoir.	Good evening.; Hello.
À bientôt.	See you soon.
À demain.	See you tomorrow.
Bonne journée!	Have a good day!
Au revoir.	Good-bye.
Comme ci, comme ça.	So-so.
Je vais bien/mal.	I am doing well/badly.
Moi aussi.	Me too.
Comment t'appelles-tu? (*fam.*)	What is your name?
Je vous/te présente... (*form./fam.*)	I would like to introduce (name) to you.
De rien.	You're welcome.
Excusez-moi. (*form.*)	Excuse me.
Excuse-moi. (*fam.*)	Excuse me.
Merci beaucoup.	Thanks a lot.
Pardon.	Pardon (me).
S'il vous/te plaît. (*form./fam.*)	Please.
Je vous en prie. (*form.*)	Please.; You're welcome.
Monsieur (M.)	Sir (Mr.)
Madame (Mme)	Ma'am (Mrs.)
Mademoiselle (Mlle)	Miss
ici	here
là	there
là-bas	over there

ressources

WB pp. 1–2	LM p. 1	S vhlcentral.com Leçon 1A

Attention!

In French, people can be addressed formally or informally. Use the **tu/toi** forms with close friends or someone younger than you. Use the **vous** forms with groups, a boss, someone older than you, or someone you do not know.

MARC Bonjour, je m'appelle Marc, et vous, comment vous appelez-vous?
ANNIE Je m'appelle Annie.
MARC Enchanté.

SOPHIE Bonjour, Catherine!
CATHERINE Salut, Sophie!
SOPHIE Ça va?
CATHERINE Oui, ça va bien, merci. Et toi, comment vas-tu?
SOPHIE Pas mal.

Mise en pratique

 Audio: Vocabulary

1 Écoutez 🎧 Listen to each of these questions or statements and select the most appropriate response.

1.	Enchanté. ☐	Je m'appelle Thérèse. ☐
2.	Merci beaucoup. ☐	Il n'y a pas de quoi. ☐
3.	Comme ci, comme ça. ☐	De rien. ☐
4.	Bonsoir, Monsieur. ☐	Moi aussi. ☐
5.	Enchanté. ☐	Et toi? ☐
6.	Bonjour. ☐	À demain. ☐
7.	Pas mal. ☐	Pardon. ☐
8.	Il n'y a pas de quoi. ☐	Moi aussi. ☐
9.	Enchanté. ☐	Très bien. Et vous? ☐
10.	À bientôt. ☐	Mal. ☐

2 Chassez l'intrus Circle the word or expression that does not belong.

1. a. Bonjour.
   b. Bonsoir.
   c. Salut.
   d. Pardon.

2. a. Bien.
   b. Très bien.
   c. De rien.
   d. Comme ci, comme ça.

3. a. À bientôt.
   b. À demain.
   c. À tout à l'heure.
   d. Enchanté.

4. a. Comment allez-vous?
   b. Comment vous appelez-vous?
   c. Ça va?
   d. Comment vas-tu?

5. a. Pas mal.
   b. Excuse-moi.
   c. Je vous en prie.
   d. Il n'y a pas de quoi.

6. a. Comment vous appelez-vous?
   b. Je vous présente Dominique.
   c. Enchanté.
   d. Comment allez-vous?

7. a. Pas mal.
   b. Très bien.
   c. Mal.
   d. Et vous?

8. a. Comment allez-vous?
   b. Comment vous appelez-vous?
   c. Et toi?
   d. Je vous en prie.

3 Conversez Madeleine is introducing her classmate Khaled to Libby, an American exchange student. Complete their conversation, using a different expression from **CONTEXTES** in each blank.

MADELEINE (1) _Bonjour Khaled_
KHALED Salut, Madeleine. (2) _Ça va_?
MADELEINE Pas mal. (3) _Et toi_?
KHALED (4) _Ça va bien_, merci. _et Avon Ils sont de Boston_
MADELEINE (5) _Je presentes_ Libby. Elle est de (*She is from*) Boston.
KHALED (6) _Enchantée_ Libby. (7) _Je m'appelle_ Khaled.
(8) _Ça va_?
LIBBY (9) _Ça va bien_, merci. _> Avon: Comme ci comme ça!_
KHALED Oh, là, là. Je vais rater (*I am going to miss*) le bus. À bientôt.
MADELEINE (10) _À demain_.
LIBBY (11) _Bon journée_.

Communication

4 **Conversez** With a partner, complete these conversations. Then act them out.

Conversation 1 Salut! Je m'appelle François. Et toi, comment t'appelles-tu?

_____

Ça va?

_____

Conversation 2 _____

Comme ci, comme ça. Et vous?

_____

À demain, alors (*then*).

_____

Conversation 3 Bonsoir, je vous présente Mademoiselle Barnard.

_____

Enchanté(e).

_____

Très bien, merci. Et vous?

_____

5 **C'est à vous!** How would you greet these people, ask them for their names, and ask them how they are doing? With a partner, write a short dialogue for each item and act them out. Pay attention to the use of **tu** and **vous**.

1. **Madame Colombier**   2. **Mademoiselle Estèves**

3. **Monsieur Marchand**   4. **Marie, Guillaume et Geneviève**

6 **Présentations** Form groups of three. Introduce yourself, and ask your partners their names and how they are doing. Then, join another group and take turns introducing your partners.

MODÈLE

Étudiant(e) 1: *Bonjour. Je m'appelle Fatima. Et vous?*
Étudiant(e) 2: *Je m'appelle Fabienne.*
Étudiant(e) 3: *Et moi, je m'appelle Antoine. Ça va?*
Étudiant(e) 1: *Ça va bien, merci. Et toi?*
Étudiant(e) 3: *Comme ci, comme ça.*

Les sons et les lettres

Audio: Concepts, Activities Record & Compare

 ## The French alphabet

The French alphabet is made up of the same 26 letters as the English alphabet. While they look the same, some letters are pronounced differently. Here is the French name of each letter.

lettre	exemple	lettre	exemple	lettre	exemple
a (a)	**a**dresse	j (ji)	**j**ustice	s (esse)	**s**pécial
b (bé)	**b**anane	k (ka)	**k**ilomètre	t (té)	**t**able
c (cé)	**c**arotte	l (elle)	**l**ion	u (u)	**u**nique
d (dé)	**d**essert	m (emme)	**m**ariage	v (vé)	**v**idéo
e (e)	**e**uro	n (enne)	**n**ature	w (double vé)	**w**agon
f (effe)	**f**ragile	o (o)	**o**live	x (iks)	**x**ylophone
g (gé)	**g**enre	p (pé)	**p**ersonne	y (i grec)	**y**oga
h (hache)	**h**éritage	q (ku)	**q**uiche	z (zède)	**z**éro
i (i)	**i**nnocent	r (erre)	**r**adio		

Notice that some letters in French words have accents. You'll learn how they influence pronunciation in later lessons. Whenever you spell a word in French, include the name of the accent after the letter.

accent	nom	exemple	orthographe
´	*accent aigu*	**identit**é	*I-D-E-N-T-I-T-E-accent aigu*
`	*accent grave*	**probl**è**me**	*P-R-O-B-L-E-accent grave-M-E*
^	*accent circonflexe*	**h**ô**pital**	*H-O-accent circonflexe-P-I-T-A-L*
¨	*tréma*	**na**ï**ve**	*N-A-I-tréma-V-E*
¸	*cédille*	**ç**a	*C-cédille-A*

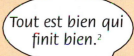

Tout est bien qui finit bien.[2]

L'alphabet Practice saying the French alphabet and example words aloud.

Ça s'écrit comment? Spell these words aloud in French. For double letters, use **deux: ss=deux s.**

1. judo
2. yacht
3. forêt
4. zèbre
5. existe
6. clown
7. numéro
8. français
9. musique
10. favorite
11. kangourou
12. parachute
13. différence
14. intelligent
15. dictionnaire
16. alphabet

Dictons Practice reading these sayings aloud.

Grande invitation, petites portions.[1]

Lundi *Mardi*

¹ Great boast, small roast.
² All's well that ends well.

ressources

LM p. 2 · vhlcentral.com · Leçon 1A

Au café

S Video: *Roman-photo*
Record & Compare

PERSONNAGES

Amina

David

Monsieur Hulot

Michèle

Rachid

Sandrine

Stéphane

Valérie

Au kiosque...
SANDRINE Bonjour, Monsieur Hulot!
M. HULOT Bonjour, Mademoiselle Aubry! Comment allez-vous?
SANDRINE Très bien, merci! Et vous?
M. HULOT Euh, ça va. Voici 45 (quarante-cinq) centimes. Bonne journée!
SANDRINE Merci, au revoir!

À la terrasse du café...
AMINA Salut!
SANDRINE Bonjour, Amina. Ça va?
AMINA Ben... ça va. Et toi?
SANDRINE Oui, je vais bien, merci.
AMINA Regarde! Voilà Rachid et... un ami?

RACHID Bonjour!
AMINA ET SANDRINE Salut!
RACHID Je vous présente un ami, David Duchesne.
SANDRINE Je m'appelle Sandrine.
DAVID Enchanté.

STÉPHANE Oh, non! Madame Richard! Le professeur de français!
DAVID Il y a un problème?

STÉPHANE Oui! L'examen de français! Présentez-vous, je vous en prie!

VALÉRIE Oh... l'examen de français! Oui, merci, merci, Madame Richard, merci beaucoup! De rien, au revoir!

A C T I V I T É S

1 **Vrai ou faux?** Choose whether each statement is **vrai** or **faux**.

1. Sandrine va (*is doing*) bien. **V**
2. Sandrine et Amina sont (*are*) amies. **V**
3. David est français. **F**
4. David est de Washington. **V**
5. Rachid présente son frère (*his brother*) David à Sandrine et Amina. **F**
6. Stéphane est étudiant à l'université. **V**

7. Il y a un problème avec l'examen de sciences politiques. **F**
8. Amina, Rachid et Sandrine sont (*are*) à Paris. **F**
9. Michèle est au P'tit Bistrot. **V**
10. Madame Richard est le professeur de Stéphane. **V**
11. Madame Forestier va mal. **V**
12. Rachid a (*has*) cours de français dans 30 minutes. **F**

 Practice more at **vhlcentral.com.**

Les étudiants se retrouvent (*meet*) au café.

DAVID Et toi..., comment t'appelles-tu?

AMINA Je m'appelle Amina.

RACHID David est un étudiant américain. Il est de Washington, la capitale des États-Unis.

AMINA Ah, oui! Bienvenue à Aix-en-Provence.

RACHID Bon..., à tout à l'heure.

SANDRINE À bientôt, David.

À l'intérieur (inside) du café...

MICHÈLE Allô. Le P'tit Bistrot. Oui, un moment, s'il vous plaît. Madame Forestier! Le lycée de Stéphane.

VALÉRIE Allô. Oui. Bonjour, Madame Richard. Oui. Oui. Stéphane? Il y a un problème au lycée?

RACHID Bonjour, Madame Forestier. Comment allez-vous?

VALÉRIE Ah, ça va mal.

RACHID Oui? Moi, je vais bien. Je vous présente David Duchesne, étudiant américain de Washington.

DAVID Bonjour, Madame. Enchanté!

RACHID Ah, j'ai cours de sciences politiques dans 30 (trente) minutes. Au revoir, Madame Forestier. À tout à l'heure, David.

---

2 **Complétez** Fill in the blanks with the words from the list. Refer to the video scenes as necessary.

ai	est
bienvenue	voici
capitale	

1. **bienvenue** à Aix-en-Provence.
2. Il est de Washington, la **capitale** des États-Unis.
3. **voici** 45 (quarante-cinq) centimes. Bonne journée!
4. J'**ai** cours de sciences politiques.
5. David **est** un étudiant américain.

3 **Conversez** In groups of three, write a conversation where you introduce an exchange student to a friend. Be prepared to present your conversation to the class.

ACTIVITÉS

S **Reading**
Video: *Flash culture*

La poignée de main ou la bise?

French friends and relatives usually exchange a kiss (la bise) on alternating cheeks whenever they meet and again when they say good-bye. Friends of friends may also kiss when introduced, even though they have just met. This is particularly true among students and young adults.

It is not unusual for men of the same family to exchange **la bise**; otherwise, men generally greet one another with a handshake (**la poignée de main**). As the map shows, the number of kisses varies from place to place in France. In some regions, two kisses (one on each cheek) is the standard while in others, people may exchange as many as four kisses. Whatever the number, each kiss is accompanied by a slight kissing sound.

Unless they are also friends, business acquaintances and co-workers usually shake hands each time they meet and do so again upon leaving. A French handshake is brief and firm, with a single downward motion.

Combien de *How many*

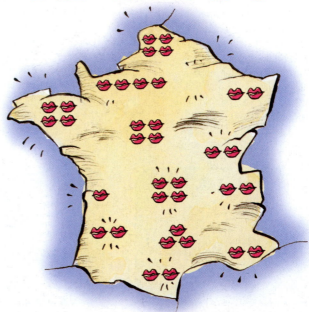

Combien de° bises?

Coup de main

If you are not sure whether you should shake hands or kiss someone, or if you don't know which side to start on, you can always follow the other person's lead. When in doubt, start on your right.

ACTIVITÉS

1 **Vrai ou faux?** Indicate whether each statement is **vrai** or **faux**. Correct any false statements.

1. In northwestern France, giving four kisses is common. **V**
2. Business acquaintances usually kiss one another on the cheek. **F**
3. French people may give someone they've just met **la bise**.
4. **Bises** exchanged between French men at a family gathering are common. **V**
5. In a business setting, French people often shake hands when they meet each day and again when they leave. **V**
6. When shaking hands, French people prefer a long and soft handshake. **F**
7. The number of kisses given can vary from one region to another. **V**
8. It is customary for kisses to be given silently. **F**

STRATÉGIE

Approaching a reading

When you first approach a reading, examine elements such as titles, photos, and tables, and ask yourself how they support the text. Look at the readings on these two facing pages and answer these questions on a separate sheet of paper:

- What information about the readings do the photos convey?
- What might the word **bises** mean?

LE MONDE FRANCOPHONE

Les bonnes manières

In any country, an effort to speak the native language is appreciated. Using titles of respect and a few polite expressions, such as **excusez-moi**, **merci**, and **s'il vous plaît**, can take you a long way when conversing with native Francophones.

Dos and don'ts in the francophone world:

France Always greet shopkeepers upon entering a store and say good-bye upon leaving.

Northern Africa Use your right hand when handing items to others.

Quebec Province Make eye contact when shaking hands.

Sub-Saharan Africa Do not show the soles of your feet when sitting.

Switzerland Do not litter or jaywalk.

PORTRAIT

Aix-en-Provence: ville d'eau, ville d'art°

Aix-en-Provence is a vibrant university town that welcomes international students. Its main boulevard, **le cours Mirabeau**, is great for people-watching or just relaxing at a sidewalk café. One can see many beautiful fountains, traditional and ethnic restaurants, and the daily vegetable and flower market among the winding, narrow streets of **la vieille ville** (*old town*).

Aix is also renowned for its dedication to the arts, hosting numerous cultural festivals every year such as **le Festival International d'Art Lyrique**, **Aix en Musique**, and **Danse à Aix**. For centuries, artists have been drawn to Provence for its natural beauty and the unique quality of light there. Paul Cézanne, artist and native son of Provence, spent his days painting the surrounding countryside.

ville d'eau, ville d'art *city of water, city of art*

⌁ Sur Internet

What behaviors are socially unacceptable in French-speaking countries?

Go to **vhlcentral.com** for more information related to this **Lecture culturelle**. The watch the corresponding **Flash culture**.

---

2 **Les bonnes manières** In which places might these behaviors be particularly offensive?

1. littering ~Switzerland~
2. offering a business card with your left hand N. Africa
3. sitting with the bottom of your foot facing your host Sub-S. Africa
4. failing to greet a salesperson France
5. looking away when shaking hands Quebec

3 **À vous** With a partner, practice meeting and greeting people in French in various social situations.

1. Your good friend from Provence introduces you to her close friend.
2. You walk into your neighborhood bakery.
3. You arrive for an interview with a prospective employer.

 Practice more at **vhlcentral.com**.

ressources

VM pp. 239–240

vhlcentral.com Leçon 1A

A C T I V I T É S

STRUCTURES

1A.1

Nouns and articles  **Presentation**

Point de départ A noun designates a person, place, or thing. As in English, nouns in French have number (singular or plural). However, French nouns also have gender (masculine or feminine).

masculine singular	masculine plural	feminine singular	feminine plural
le café	**les cafés**	**la bibliothèque**	**les bibliothèques**
the café	*the cafés*	*the library*	*the libraries*

- Nouns that designate a male are usually masculine. Nouns that designate a female are usually feminine.

masculine		feminine	
l'acteur	*the actor*	**l'actrice**	*the actress*
l'ami	*the (male) friend*	**l'amie**	*the (female) friend*
le chanteur	*the (male) singer*	**la chanteuse**	*the (female) singer*
l'étudiant	*the (male) student*	**l'étudiante**	*the (female) student*
le petit ami	*the boyfriend*	**la petite amie**	*the girlfriend*

- Some nouns can designate either a male or a female regardless of their grammatical gender; in other words, whether the word itself is masculine or feminine.

un professeur
a (male or female) professor

une personne
a (male or female) person

Boîte à outils

As you learn new nouns, study them with their corresponding articles. This will help you remember their gender.

- Nouns for objects that have no natural gender can be either masculine or feminine.

masculine		feminine	
le bureau	*the office; desk*	**la chose**	*the thing*
le lycée	*the high school*	**la différence**	*the difference*
l'examen	*the test, exam*	**la faculté**	*the faculty*
l'objet	*the object*	**la littérature**	*literature*
l'ordinateur	*the computer*	**la sociologie**	*sociology*
le problème	*the problem*	**l'université**	*the university*

Boîte à outils

The final **–s** in the plural form of a noun is not pronounced. Therefore **ami** and **amis** sound the same. You can determine whether the word you're hearing is singular or plural by the article that comes before it.

- You can usually form the plural of a noun by adding **-s**.

	singular		plural	
typical masculine noun	**l'objet**	*the object*	**les objets**	*the objects*
typical feminine noun	**la télévision**	*the television*	**les télévisions**	*the televisions*

- However, in the case of words that end in **-eau** in the singular, add **-x** to the end to form the plural. For most nouns ending in **-al**, drop the **-al** and add **-aux**.

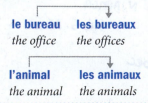

le bureau → **les bureaux**
the office → *the offices*

l'animal → **les animaux**
the animal → *the animals*

- When you have a group composed of males and females, use the masculine plural noun to refer to it.

les amis	**les étudiants**
the (male and female) friends	*the (male and female) students*

- The English definite article *the* never varies with number or gender of the noun it modifies. However, in French the definite article takes four different forms depending on the gender and number of the noun that it accompanies **le, la, l'** or **les**.

	singular noun beginning with a consonant		singular noun beginning with a vowel sound		plural noun	
masculine	**le tableau**	*the painting/ blackboard*	**l'ami**	*the (male) friend*	**les cafés**	*the cafés*
feminine	**la librairie**	*the bookstore*	**l'université**	*the university*	**les télévisions**	*the televisions*

- In English, the singular indefinite article is *a/an*, and the plural indefinite article is *some*. In French, the singular indefinite articles are **un** and **une**, and the plural indefinite article is **des**. Unlike in English, the indefinite article **des** cannot be omitted in French.

	singular		plural	
masculine	**un instrument**	*an instrument*	**des instruments**	*(some) instruments*
feminine	**une table**	*a table*	**des tables**	*(some) tables*

Il y a **un ordinateur** ici.	Il y a **des ordinateurs** ici.
There's a computer here.	*There are (some) computers here.*
Il y a **une université** ici.	Il y a **des universités** ici.
There's a university here.	*There are (some) universities here.*

- Use **c'est** followed by a singular article and noun or **ce sont** followed by a plural article and noun to identify people and objects.

Qu'est-ce que **c'est**?	**C'est** une librairie.	**Ce sont** des bureaux.
What is that?	*It's a bookstore.*	*They're offices.*

Boîte à outils

In English, you sometimes omit the definite article when making general statements.

I love French.

Literature is difficult.

In French, you must always use the definite article in such cases.

J'adore le français.

La littérature est difficile.

 Essayez! **Select the correct article for each noun.**

le, la, l' ou les?
1. ___le___ café
2. ___la___ bibliothèque
3. ___l'___ acteur
4. ___la___ amie
5. ___les___ problèmes
6. ___le___ lycée
7. ___les___ examens
8. ___la___ littérature

un, une ou des?
1. ___un___ bureau
2. ___une___ différence
3. ___un___ objet
4. ___des___ amis
5. ___des___ amies
6. ___une___ université
7. ___un___ ordinateur
8. ___des___ tableaux

ressources

WB pp. 3–4

LM p. 3

vhlcentral.com
Leçon 1A

Mise en pratique

1 **Les singuliers et les pluriels** Make the singular nouns plural, and vice versa.

1. l'actrice _les actrices_
2. les lycées _le lycée_
3. les différences _la différence_
4. la chose _les choses_
5. le bureau _les bureaux_
6. le café _les cafés_
7. les librairies _la librairie_
8. la faculté _les facultés_
9. les acteurs _l'acteur_
10. l'ami _les amis_
11. l'université _les universités_
12. les tableaux _la table_
13. le problème _les problème_
14. les bibliothèques _la bibliothèque_

2 **L'université** Complete the sentences with an appropriate word from the list. Don't forget to provide the missing articles.

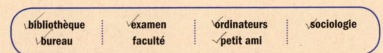

| bibliothèque | examen | ordinateurs | sociologie |
| bureau | faculté | petit ami | |

1. À (a) _la bibliothèque_, les tableaux et (b) _les ordinateurs_ sont (*are*) modernes.
2. Marc, c'est (c) _le petit ami_ de (*of*) Marie. Marc étudie (*studies*) la littérature.
3. Marie étudie (d) _la sociologie_. Elle (*She*) est à (e) _le bureau_ de l'université.
4. Sylvie étudie pour (*for*) (f) _l'examen_ de français.

3 **Les mots** Find ten words (**mots**) hidden in this word jumble. Then, provide the corresponding indefinite articles.

une librairie
des bureaux
une faculté
des ordinateurs
un lycée
un tableau
un ami
une amie
une chose
un objet

```
G N I O R Z Y M I P X L R W
E B U R E A U X U J V C B N
C A F B S M V B G H M N I P
A N R Y E I H K B E F K V F
J G O S T E J B O B E G D D
E K E L H N U Q R V F D B M
G W F G E R E S D C N U H E
P S V B C H O S I U K H S C
U Q K S I Y M F N A D O X R
A B V Z R I V V A J H W I J
E I W Q L P W J T C P Y E Y
L I B R A I R I E D U E K L
B D O I B S S E U C H L D Y
A Y P E P J C N R L S G T C
T D G A E S Y L S V C A F E
S I J E M X K P Z A A S O E
R I A R B I L A D S F H C W
```

Practice more at **vhlcentral.com.**

Communication

4 **Qu'est-ce que c'est?** In pairs, take turns identifying each image.

▶ **MODÈLE**

Étudiant(e) 1: Qu'est-ce que c'est?

Étudiant(e) 2: C'est un ordinateur.

1. Ce sont des tables

2. Ce sont des amis

3. C'est un tableau

4. C'est un télévision

5. C'est une bibliotheque

6. C'est un café

5 **Identifiez** In pairs, take turns providing a category for each item.

MODÈLE

Michigan, UCLA, Rutgers, Duke
Ce sont des universités.

1. saxophone C'est un instrument
2. Ross, Rachel, Joey, Monica, Chandler, Phoebe Ce sont des amis
3. SAT C'est un examen
4. Library of Congress C'est une bibliotheque
5. Sharon Stone, Debra Messing, Catherine Deneuve Ce sont des actrices
6. Céline Dion, Bruce Springsteen Ce sont des chanteurs

6 **Le français** Your partner gets French words mixed up. Correct your partner as he or she points to various people and objects in the illustration and names them. When you're done, switch roles.

MODÈLE

Étudiant(e) 1: *C'est une personne.*

Étudiant(e) 2: *Non, c'est un objet.*

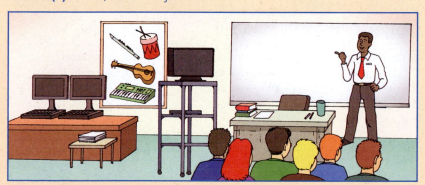

7 **Pictogrammes** In groups of four, someone draws a person, object, or concept for the others to guess. Whoever guesses correctly draws next. Continue until everyone has drawn at least once.

1A.2

Numbers 0–60 — Presentation

Point de départ Numbers in French follow patterns, as they do in English. First, learn the numbers **0–30**. The patterns they follow will help you learn the numbers **31–60**.

Numbers 0–30					
0–10		**11–20**		**21–30**	
0	zéro				
1	un	11	onze	21	vingt et un
2	deux	12	douze	22	vingt-deux
3	trois	13	treize	23	vingt-trois
4	quatre	14	quatorze	24	vingt-quatre
5	cinq	15	quinze	25	vingt-cinq
6	six	16	seize	26	vingt-six
7	sept	17	dix-sept	27	vingt-sept
8	huit	18	dix-huit	28	vingt-huit
9	neuf	19	dix-neuf	29	vingt-neuf
10	dix	20	vingt	30	trente

- When counting a series of numbers, use **un** for *one*.

  un, deux, trois, quatre...
  one, two, three, four...

- When *one* is followed by a noun, use **un** or **une** depending on whether the noun is masculine or feminine.

  un objet   **une** télévision
  an/one object   *a/one television*

- Note that the number **21** (**vingt et un**) follows a different pattern than the numbers **22–30**. When **vingt et un** precedes a feminine noun, add **-e** to the end of it: **vingt et une**.

  vingt et un objets   **vingt et une** choses
  twenty-one objects   *twenty-one things*

- Notice that the numbers **31–39, 41–49,** and **51–59** follow the same pattern as the numbers **21–29**.

Numbers 0–30					
31–34		**35–38**		**39, 40, 50, 60**	
31	trente et un	35	trente-cinq	39	trente-neuf
32	trente-deux	36	trente-six	40	quarante
33	trente-trois	37	trente-sept	50	cinquante
34	trente-quatre	38	trente-huit	60	soixante

- As with the number **21**, to indicate a count of **31, 41,** or **51** for a feminine noun, change the **un** to **une**.

  trente et **un** objets   trente et **une** choses
  thirty-one objects   *thirty-one things*

  cinquante et **un** objets   cinquante et **une** choses
  fifty-one objects   *fifty-one things*

- Use **il y a** to say *there is* or *there are* in French. This expression doesn't change, even if the noun that follows it is plural.

  Il y a un ordinateur dans le bureau.
  There is a computer in the office.

  Il y a des tables dans le café.
  There are tables in the café.

  Il y a une table dans le café.
  There is one table in the café.

  Il y a dix-huit objets sur le bureau.
  There are eighteen objects on the desk.

Il y a deux amies.

Il y a trois étudiants.

- In most cases, the indefinite article (**un**, **une**, or **des**) is used with **il y a**, rather than the definite article (**le, la, l'**, or **les**).

  Il y a un professeur de biologie américain.
  There's an American biology professor.

  Il y a des étudiants français et anglais.
  There are French and English students.

- Use the expression **il n'y a pas de/d'** followed by a noun to express *there isn't a...* or *there aren't any....* Note that no article (definite or indefinite) is used in this case. Use **de** before a consonant sound and **d'** before a vowel sound.

  before a consonant

  before a vowel sound

  Il n'y a pas de tables dans le café.
  There aren't any tables in the café.

  Il n'y a pas d'ordinateur dans le bureau.
  There isn't a computer in the office.

- Use **combien de/d'** to ask how many of something there are.

  Il y a **combien de tables**?
  How many tables are there?

  Il y a **combien d'ordinateurs**?
  How many computers are there?

  Il y a **combien de librairies**?
  How many bookstores are there?

  Il y a **combien d'étudiants**?
  How many students are there?

Essayez!   Write out or say the French word for each number below.

1. 15 _quinze_
2. 6 _six_
3. 22 _vingt-deux_
4. 5 _cinq_
5. 12 _douze_
6. 8 _huit_
7. 30 _trente_
8. 21 _vingt et un_
9. 1 _un_
10. 17 _dix sept_
11. 44 _quarante-quatre_
12. 14 _quatorze_
13. 38 _trente-huit_
14. 56 _cinquante-six_
15. 19 _dix neuf_

ressources

WB
pp. 5–6

LM
p. 4

vhlcentral.com
Leçon 1A

STRUCTURES

Mise en pratique

1 Logique Provide the number that completes each series. Then, write out the number in French.

MODÈLE

2, 4, __6__, 8, 10; __six__

1. 9, 12, __15__, 18, 21; __quinze__
2. 15, 20, __25__, 30, 35; __vingt-cinq__
3. 2, 9, __16__, 23, 30; __seize__
4. 0, 10, 20, __30__, 40; __trente__
5. 15, __17__, 19, 21, 23; __dix-sept__
6. 29, 26, __23__, 20, 17; __vingt-trois__
7. 2, 5, 9, __14__, 20, 27; __quatorze__
8. 30, 22, 16, 12, __10__; __dix__

2 Il y a combien de...? Provide the number that you associate with these pairs of words.

MODÈLE

lettres: l'alphabet **vingt-six**

1. mois (*months*): année (*year*) douze
2. états (*states*): USA cinquante
3. semaines (*weeks*): année cinquante-deux
4. jours (*days*): octobre trente-un
5. âge: le vote dix-huit
6. Noël: décembre vingt-cinq

3 Numéros de téléphone Your roommate left behind a list of phone numbers to call today. Now he or she calls you and asks you to read them off. (Note that French phone numbers are read as double, not single, digits.)

MODÈLE

Le bureau, c'est le zéro un, vingt-trois, quarante-cinq, vingt-six, dix-neuf.

1. bureau: 01.23.45.26.19
2. bibliothèque: 01.47.15.54.17
3. café: 01.41.38.16.29
4. librairie: 01.10.13.60.23
5. faculté: 01.58.36.14.12

Communication

4 **Contradiction** Thierry is describing the new Internet café in the neighborhood, but Paul is in a bad mood and contradicts everything he says. In pairs, act out the roles using words from the list. Be sure to pay attention to whether the word is singular (use **un/une**) or plural (use **des**).

MODÈLE

Étudiant(e) 1: *Dans (In) le café, il y a des tables.*
Étudiant(e) 2: *Non, il n'y a pas de tables.*

des	actrices	*des*	professeurs
un	bureau	*un*	tableau
des	étudiants	*des*	tables
une	ordinateur	*une*	télévision

5 **Sur le campus** Nathalie's inquisitive best friend wants to know everything about her new campus. In pairs, take turns acting out the roles.

MODÈLE

bibliothèques: 3
Étudiant(e) 1: *Il y a combien de bibliothèques?*
Étudiant(e) 2: *Il y a trois bibliothèques.*

1. professeurs de littérature: 22
2. étudiants dans (*in*) la classe de français: 15
3. télévision dans la classe de sociologie: 0
4. ordinateurs dans le café: 8
5. employés dans la librairie: 51
6. tables dans le café: 21
7. tableaux dans la bibliothèque: 47
8. personne dans le bureau: 1

6 **Choses et personnes** In groups of three, make a list of ten things or people that you see or don't see in the classroom. Use **il y a** and **il n'y a pas de**, and specify the number of items you can find. Then, compare your list with that of another group.

MODÈLE

Étudiant(e) 1: *Il y a un étudiant français.*
Étudiant(e) 2: *Il n'y a pas de télévision.*
Étudiant(e) 3: *Il y a...*

SYNTHÈSE
Révision

1 **Des lettres** In pairs, take turns choosing nouns. One partner chooses only masculine nouns, while the other chooses only feminine. Slowly spell each noun for your partner, who will guess the word. Find out who can give the quickest answers.

2 **Le pendu** In groups of four, play hangman (**le pendu**). Form two teams of two partners each. Take turns choosing a French word or expression you learned in this lesson for the other team to guess. Continue to play until your team guesses at least one word or expression from each category.

1. un nom féminin
2. un nom masculin
3. un nombre entre (*number between*) 0 et 30
4. un nombre entre 31 et 60
5. une expression

3 **C'est… Ce sont…** Doug is spending a week in Paris with his French e-mail pal, Marc. As Doug points out what he sees, Marc corrects him sometimes. In pairs, act out the roles. Doug should be right half the time.

MODÈLE

Étudiant(e) 1: *C'est une bibliothèque?*
Étudiant(e) 2: *Non, c'est une librairie.*

1. _____   4. _____

2. _____   5. _____

3. _____   6. _____

4 **Les présentations** In pairs, introduce yourselves. Together, meet another pair. One person per pair should introduce him or herself and his or her partner. Use the items from the list in your conversations. Switch roles until you have met all of the other pairs in the class.

ami	étudiant
c'est	petit(e) ami(e)
ce sont	professeur

5 **S'il te plaît** You are new on campus and ask another student for help finding these places. He or she gives you the building (**le bâtiment**) and room (**la salle**) number and you thank him or her. Then, switch roles and repeat with another place from the list.

MODÈLE

Étudiant(e) 1: *Pardon… l'examen de sociologie, s'il te plaît?*
Étudiant(e) 2: *Ah oui… le bâtiment E, la salle dix-sept.*
Étudiant(e) 1: *Merci beaucoup!*
Étudiant(e) 2: *De rien.*

Bibliothèque d'anglais ....Bâtiment C Salle 11
Bureau de Mme Girard ....Bâtiment A Salle 35
Bureau de M. Brachet..........Bâtiment J Salle 42
Café ....Bâtiment H Salle 59
Littérature française ....Bâtiment B Salle 46
Examen de littérature ....Bâtiment E Salle 24
Examen de sociologie ....Bâtiment E Salle 17
Salle de télévision ....Bâtiment F Salle 33
Salle des ordinateurs ....Bâtiment D Salle 40

6 **Mots mélangés** You and a partner each have half the words of a wordsearch (**des mots mélangés**). Pick a number and a letter and say them to your partner, who must tell you if he or she has a letter in the corresponding space. Do not look at each other's worksheets.

Video

Le Zapping

Attention au sucre°!

In 2001, the INPES or **Institut national de prévention et d'éducation pour la santé°** in France started a program to educate the public about good nutrition and a healthy lifestyle. Their website, **manger-bouger°.fr,** explains how we can all become healthier eaters and why we should exercise more. One of their campaigns also raises public awareness about eating excess fat, salt, or sugar. To get the message across, the ads present foods that are rich in one of these ingredients in a new and surprising context. This particular commercial starts when two friends meet in a coffee shop. Focus on the words and phrases you are already familiar with—how the friends greet each other and how they order from the waiter—and on their body language to understand the gist of the scene.

LE SUCRE N'EST PAS TOUJOURS LÀ OÙ ON LE PENSE

Oui, et toi?

Tu veux° du sucre?

Compréhension Answer these questions.

1. Which definite and indefinite articles did you hear in the ad? Provide at least two examples.

2. How many coffees did these friends order?

Discussion In groups of three, discuss the answers to these questions. Use as much French as you can.

1. What does the waiter bring with the coffees? What does the ketchup stand for? Can you explain why?

2. Beside the ketchup, what else seems out of place in this scene?

3. Would you say that these two women are close friends? Justify your opinion.

sucre *sugar* **santé** *health* **manger-bouger** *eat-move* **veux** *want*

Go to **vhlcentral.com** to watch the TV clip featured in this **Le Zapping**.

Leçon 1B

You will learn how to...
- identify yourself and others
- talk about items in the classroom

En classe

une horloge

un crayon

un sac à dos

une fenêtre

un livre

un cahier

un dictionnaire

un stylo

une feuille de papier

une corbeille à papier

Vocabulaire

Qui est-ce?	*Who is it?*
Quoi?	*What?*
une calculatrice	*calculator*
une montre	*watch*
une porte	*door*
un résultat	*result*
une salle de classe	*classroom*
un(e) camarade de chambre	*roommate*
un(e) camarade de classe	*classmate*
une classe	*class (group of students)*
un copain/ une copine (*fam.*)	*friend*
un(e) élève	*pupil, student*
une femme	*woman*
une fille	*girl*
un garçon	*boy*
un homme	*man*

Mise en pratique

S Audio: Vocabulary

1 Écoutez 🎧 Listen to Madame Arnaud as she describes her French classroom, then check the items she mentions.

1. une porte ☐
2. un professeur ☐
3. une feuille de papier ☐
4. un dictionnaire ☐
5. une carte ☐

6. vingt-quatre cahiers ☐
7. une calculatrice ☐
8. vingt-sept chaises ☐
9. une corbeille à papier ☐
10. un stylo ☐

2 Chassez l'intrus Circle the word that does not belong.

1. étudiants, élèves, (professeur)
2. un stylo, un crayon, (un cahier)
3. un livre, un dictionnaire, (un stylo)
4. un homme, (un crayon,) un garçon
5. une copine, (une carte,) une femme
6. une porte, une fenêtre, (une chaise)
7. une chaise, (un professeur,) une fenêtre
8. (un crayon,) une feuille de papier, un cahier
9. une calculatrice, une montre, (une copine)
10. une fille, (un sac à dos,) un garçon

3 C'est... Work with a partner to identify the items you see in the image.

MODÈLE
Étudiant(e) 1: *Qu'est-ce que c'est?*
Étudiant(e) 2: *C'est un tableau.*

1. c'est un tableau
2. c'est une porte
3. c'est un crayon
4. c'est un cahier
5. c'est une calculatrice
6. c'est un stylo

7. c'est une feuille de papier
8. c'est un bureau
9. c'est un livre
10. c'est une corbeille à papier
11. c'est une chaise
12. c'est un professeur

une carte

une chaise

Communication

4 **Qu'est-ce qu'il y a dans mon sac à dos?** Make a list of six different items that you have in your backpack, then work with a partner to compare your answers.

Dans mon (my) sac à dos, il y a

1. _un livre de français_
2. _deux cahiers_
3. _une calculatrice_
4. _les crayons et stylos_
5. _un feuille de papier_
6. _une ordinateur_

Dans le sac à dos de ___nom___, il y a

1. _____
2. _____
3. _____
4. _____
5. _____
6. _____

5 **Qu'est-ce que c'est?** Point to eight different items around the classroom and ask a classmate to identify them. Write your partner's responses in the spaces provided below.

MODÈLE
Étudiant(e) 1: *Qu'est-ce que c'est?*
Étudiant(e) 2: *C'est un stylo.*

1. _C'est une ordinateur_
2. _C'est un feuille de papier_
3. _C'est un bureau_
4. _C'est une élève_

5. _C'est une porte_
6. _C'est une horloge_
7. _C'est un tableau_
8. _C'est une chaise_

6 **Sept différences** Your instructor will give you and a partner two different drawings of a classroom. Do not look at each other's worksheets. Find seven differences between your picture and your partner's by asking each other questions and describing what you see.

MODÈLE
Étudiant(e) 1: *Il y a une fenêtre dans ma (my) salle de classe.*
Étudiant(e) 2: *Oh! Il n'y a pas de fenêtre dans ma salle de classe.*

7 **Pictogrammes** As a class, play pictionary.

- Take turns going to the board and drawing words you learned on pp. 20–21.
- The person drawing may not speak and may not write any letters or numbers.
- The person who guesses correctly in French what the **grand(e) artiste** is drawing will go next.
- Your instructor will time each turn and tell you if your time runs out.

Les sons et les lettres

Audio: Concepts, Activities
Record & Compare

Silent letters

Final consonants of French words are usually silent.

françai~~s~~   **spor~~t~~**   **vou~~s~~**   **salu~~t~~**

An unaccented **-e** (or **-es**) at the end of a word is silent, but the preceding consonant *is* pronounced.

française̶   **américaine̶**   **orange̶s̶**   **japonaise̶s̶**

The consonants **-c**, **-r**, **-f**, and **-l** are usually pronounced at the ends of words. To remember these exceptions, think of the consonants in the word careful.

| par**c** | bonjou**r** | acti**f** | anima**l** |
| la**c** | professeu**r** | naï**f** | ma**l** |

Prononcez Practice saying these words aloud.

1. traditionnel
2. étudiante
3. généreuse
4. téléphones
5. chocolat
6. Monsieur
7. journalistes
8. hôtel
9. sac
10. concert
11. timide
12. sénégalais
13. objet
14. normal
15. importante

Articulez Practice saying these sentences aloud.

1. Au revoir, Paul. À plus tard!
2. Je vais très bien. Et vous, Monsieur Dubois?
3. Qu'est-ce que c'est? C'est une calculatrice.
4. Il y a un ordinateur, une table et une chaise.
5. Frédéric et Chantal, je vous présente Michel et Éric.
6. Voici un sac à dos, des crayons et des feuilles de papier.

Dictons Practice reading these sayings aloud.

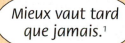

Mieux vaut tard que jamais.[1]

Aussitôt dit, aussitôt fait.[2]

[1] Better late than never. [2] No sooner said than done.

Les copains 🅢 Video: *Roman-photo*
Record & Compare

Amina

David

Michèle

Stéphane

Touriste

Valérie

À la terrasse du café...
VALÉRIE Alors, un croissant, une crêpe et trois cafés.
TOURISTE Merci, Madame.
VALÉRIE Ah, vous êtes... américain?
TOURISTE Um, non, je suis anglais. Il est canadien et elle est italienne.
VALÉRIE Moi, je suis française.

À l'intérieur du café...
VALÉRIE Stéphane!!!
STÉPHANE Quoi?! Qu'est-ce que c'est?
VALÉRIE Qu'est-ce que c'est! Qu'est-ce que c'est! Une feuille de papier! C'est l'examen de maths! Qu'est-ce que c'est?
STÉPHANE Oui, euh, les maths, c'est difficile.

VALÉRIE Stéphane, tu es intelligent, mais tu n'es pas brillant! En classe, on fait attention au professeur, au cahier et au livre! Pas aux fenêtres. Et. Pas. Aux. Filles!
STÉPHANE Oh, oh, ça va!!

À la table d'Amina et de David...
DAVID Et Rachid, mon colocataire? Comment est-il?
AMINA Il est agréable et très poli... plutôt réservé mais c'est un étudiant brillant. Il est d'origine algérienne.

DAVID Et toi, Amina. Tu es de quelle origine?
AMINA D'origine sénégalaise.
DAVID Et Sandrine?

AMINA Sandrine? Elle est française.
DAVID Mais non... Comment est-elle?
AMINA Bon, elle est chanteuse, alors elle est un peu égoïste. Mais elle est très sociable. Et charmante. Mais attention! Elle est avec Pascal.
DAVID Pfft, Pascal, Pascal...

A C T I V I T É S

1 **Identifiez** Indicate which character would make each statement: Amina (**A**), David (**D**), Michèle (**M**), Sandrine (**S**), Stéphane (**St**), or Valérie (**V**).

1. Les maths, c'est difficile. St.
2. En classe, on fait attention au professeur! V.
3. Michèle, les trois cafés sont pour les trois touristes. V.
4. Ah, Madame, du calme! M.
5. Ma mère est très impatiente! St.
6. J'ai (*I have*) de la famille au Sénégal. A
7. Je suis une grande chanteuse! S
8. Mon colocataire est très poli et intelligent. A
9. Pfft, Pascal, Pascal... D
10. Attention, David! Sandrine est avec Pascal. A

 Practice more at **vhlcentral.com**.

Amina, David et Stéphane passent la matinée (*spend the morning*) au café.

Au bar...

VALÉRIE Le croissant, c'est pour l'Anglais, et la crêpe, c'est pour l'Italienne.

MICHÈLE Mais, Madame. Ça va? Qu'est-ce qu'il y a?

VALÉRIE Ben, c'est Stéphane. Des résultats d'examens, des professeurs... des problèmes!

MICHÈLE Ah, Madame, du calme! Je suis optimiste. C'est un garçon intelligent. Et vous, êtes-vous une femme patiente?

VALÉRIE Oui... oui, je suis patiente. Mais le Canadien, l'Anglais et l'Italienne sont impatients. Allez! Vite!

VALÉRIE Alors, ça va bien?

AMINA Ah, oui, merci.

DAVID Amina est une fille élégante et sincère.

VALÉRIE Oui! Elle est charmante.

DAVID Et Rachid, comment est-il?

VALÉRIE Oh! Rachid! C'est un ange! Il est intelligent, poli et modeste. Un excellent camarade de chambre.

DAVID Et Sandrine? Comment est-elle?

VALÉRIE Sandrine?! Oh, là, là. Non, non, non. Elle est avec Pascal.

Expressions utiles

Describing people

- **Vous êtes/Tu es américain?**
  You're American?
- **Je suis anglais. Il est canadien et elle est italienne.**
  I'm English. He's Canadian, and she's Italian.
- **Et Rachid, mon colocataire? Comment est-il?**
  And Rachid, my roommate (in an apartment)? What's he like?
- **Il est agréable et très poli... plutôt réservé mais c'est un étudiant brillant.**
  He's nice and very polite... rather reserved, but a brilliant student.
- **Tu es de quelle origine?**
  (Of) What heritage are you?
- **Je suis d'origine algérienne/sénégalaise.**
  I'm of Algerian/Senegalese heritage.
- **Elle est avec Pascal.**
  She's with (dating) Pascal.
- **Rachid! C'est un ange!**
  Rachid! He's an angel!

Asking questions

- **Ça va? Qu'est-ce qu'il y a?**
  Are you OK? What is it?/What's wrong?

Additional vocabulary

- **Ah, Madame, du calme!**
  Oh, ma'am, calm down!
- **On fait attention à...**
  One pays attention to...
- **Mais attention!**
  But watch out!
- **alors**
  so
- **Allez! Vite!**
  Go! Quickly!
- **mais**
  but
- **Mais non...**
  Of course not...
- **un peu**
  a little

---

2 **Complétez** Use words from the list to describe these people in French. Refer to the video scenes and a dictionary as necessary.

1. Michèle always looks on the bright side. <u>optimiste</u>
2. Rachid gets great grades. <u>intelligent</u>
3. Amina is very honest. <u>sincère</u>
4. Sandrine thinks about herself a lot. <u>égoïste</u>
5. Sandrine has a lot of friends. <u>sociable</u>

~~égoïste~~
~~intelligent~~
~~optimiste~~
~~sincère~~
sociable

3 **Conversez** In pairs, choose the words from this list you would use to describe yourselves. What personality traits do you have in common? Be prepared to share your answers with the class.

brillant	modeste
charmant	optimiste
égoïste	patient
élégant	sincère
intelligent	sociable

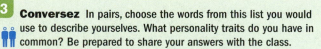

ressources

VM pp. 189–190

DVD Leçon 1B

vhlcentral.com Leçon 1B

A C T I V I T É S

S Reading

Qu'est-ce qu'un Français typique?

What is your idea of a typical Frenchman?
Do you picture a man wearing a **béret**? How about French women? Are they all fashionable and stylish? Do you picture what is shown in these photos? While real French people fitting one aspect or another of these cultural stereotypes do exist, rarely do you find individuals who fit all aspects.

France is a multicultural society with no single, national ethnicity. While the majority of French people are of Celtic or Latin descent, France has significant North and West African (e.g., Algeria, Morocco, Senegal) and Indo-Chinese (e.g., Vietnam, Laos, Cambodia) populations as well. Long a **terre d'accueil°**, France today has over eleven million foreigners and immigrants. Even as France has maintained a strong concept of its culture through the preservation of its language, history, and traditions, French culture has been enriched by the contributions of its immigrant populations. Each region of the country also has its own traditions, folklore, and, often, its own language. Regional languages, such as Provençal, Breton, and Basque, are still spoken in some areas, but the official language is, of course, French.

Immigrants in France, by country of birth	
COUNTRY NAME	**NUMBER OF PEOPLE**
Other European countries	712,377
Algeria	702,811
Morocco	645,695
Sub-Saharan Africa	644,049
Portugal	576,084
Other Asian countries	339,260
Italy	323,809
Spain	262,883
Turkey	234,540
Tunisia	231,062
Cambodia, Laos, Vietnam	162,063
UK	142,949

terre d'accueil *a land welcoming of newcomers*

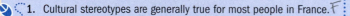

A C T I V I T É S

1 **Vrai ou faux?** Indicate whether each statement is **vrai** or **faux**.

1. Cultural stereotypes are generally true for most people in France. F
2. People in France no longer speak regional languages. F
3. Many immigrants from North Africa live in France. V
4. More immigrants in France come from Portugal than from Morocco. F
5. Algerians and Moroccans represent the largest immigrant populations in France. V

6. Immigrant cultures have little impact on French culture. F
7. Because of immigration, France is losing its cultural identity. F
8. French culture differs from region to region. V
9. Most French people are of Anglo-Saxon heritage. F
10. For many years, France has received immigrants from many countries. V

STRATÉGIE

Recognizing cognates

Cognates are words that share similar meanings and spellings in two or more languages. These words not only look alike, but they also mean the same thing in French and English: **actif** *active*, **fantastique** *fantastic*, **sociologie** *sociology*. When reading in French, it's helpful to look for cognates and use them to guess the meaning of what you read. Make a list of the cognates you recognize in the **Le monde francophone** selection below, along with their English equivalents.

LE MONDE FRANCOPHONE

Les langues

Many francophone countries are multilingual, some with several official languages.

Switzerland German, French, Italian, and Romansh are all official languages. German is spoken by about 74% of the population and French by about 21%. Italian and Romansh speakers together account for about 5% of the country's population.

Belgium There are three official languages: French, Dutch, and German. Wallon, the local variety of French, is used by one-third of the population. Flemish, spoken primarily in the north, is used by roughly two-thirds of Belgians.

Morocco Classical Arabic is the official language, but most people speak the Moroccan dialect of Arabic. Berber is spoken by about 10 million people, and French remains Morocco's unofficial third language.

PORTRAIT

Superdupont

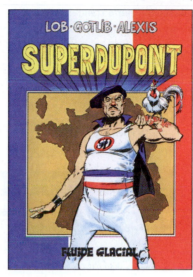

Superdupont is an ultra-French superhero in a popular comic strip parodying French nationalism. The protector of all things French, he battles the secret enemy organization **Anti-France**, whose agents speak **anti-français**, a mixture of English, Spanish, Italian, Russian, and German. *Superdupont* embodies just about every French stereotype imaginable. For example, the name Dupont, much like Smith in the United States, is extremely common in France. In addition to his **béret** and moustache, he wears a blue, white, and red belt around his waist representing **le drapeau français** (*the French flag*). Physically, he is overweight and has a red nose—signs that he appreciates rich French food and wine. Finally, on his arm is **un coq** (*a rooster*), the national symbol of France. The Latin word for rooster (*gallus*) also means "inhabitant of Gaul," as France used to be called.

Sur Internet

What countries are former French colonies?

Go to **vhlcentral.com** to find more cultural information related to this **Lecture culturelle**.

---

2 Complétez Provide responses to these questions.

1. France is often symbolized by this bird: _le coq (rooster)_.
2. _red, white, blue_ are the colors of the French flag.
3. France was once named _Gallus_.
4. There are _4_ official languages in Switzerland.
5. In Belgium, _Flemish_ is spoken by 60% of the population.

3 Et les Américains? What might a comic-book character based on a "typical American" be like? With a partner, brainstorm a list of stereotypes to create a profile for such a character. Compare the profile you create with your classmates'. Do they fairly represent Americans? Why or why not?

ressources

S

vhlcentral.com
Leçon 1B

A C T I V I T É S

Subject pronouns and the verb *être*

 **Presentation**

Point de départ In French, as in English, the subject of a verb is the person or thing that carries out the action. The verb expresses the action itself.

SUBJECT ⟷ VERB
Le professeur parle français.
The professor speaks French.

Subject pronouns

- Subject pronouns replace a noun that is the subject of a verb.

SUBJECT PRONOUN ⟷ VERB
Il parle français.
He speaks French.

Boîte à outils

In English, you sometimes use the pronoun *it* to replace certain nouns.

The exam is long.

It is long.

In French, there is no equivalent neuter pronoun. You must use **il** or **elle** depending on the gender of the noun it is replacing.

L'examen est long.

Il est long.

French subject pronouns				
	singular		**plural**	
first person	**je**	*I*	**nous**	*we*
second person	**tu**	*you*	**vous**	*you*
third person	**il**	*he/it (masc.)*	**ils**	*they (masc.)*
	elle	*she/it (fem.)*	**elles**	*they (fem.)*
	on	*one*		

- Subject pronouns in French show number (singular vs. plural) and gender (masculine vs. feminine). When a subject consists of both males and females, use the masculine form of the pronoun to replace it.

Rémy et Marie dansent très bien.
Ils dansent très bien.
They dance very well.

M. et Mme Diop sont de Dakar.
Ils sont de Dakar.
They are from Dakar.

- Use **tu** for informal address and **vous** for formal. **Vous** is also the plural form of *you*, both informal and formal.

Comment vas-**tu**?
How's it going?

Comment allez-**vous**?
How are you?

Comment t'appelles-**tu**?
What's your name?

Comment vous appelez-**vous**?
What is/What are your name(s)?

- The subject pronoun **on** refers to people in general, just as the English subject pronouns *one, they,* or *you* sometimes do. **On** can also mean *we* in a casual style. **On** always takes the same verb form as **il** and **elle**.

En France, **on** parle français.
In France, they speak French.

On est au café.
We are at the coffee shop.

The verb *être*

- **Être** (*to be*) is an irregular verb; its conjugation (set of forms for different subjects) does not follow a pattern. The form **être** is called the infinitive; it does not correspond to any particular subject.

être (to be)			
je suis	*I am*	**nous sommes**	*we are*
tu es	*you are*	**vous êtes**	*you are*
il/elle est	*he/she/it is*	**ils/elles sont**	*they are*
on est	*one is*		

- Note that the **-s** of the subject pronoun **vous** is pronounced as an English *z* in the phrase **vous êtes**.

Vous êtes à Paris.
You are in Paris.

Vous êtes M. Leclerc? Enchantée.
Are you Mr. Leclerc? Pleased to meet you.

C'est and *il/elle* est

- Use **c'est** or its plural form **ce sont** plus a noun to identify who or what someone or something is. Remember to use an article before the noun.

C'est un téléphone.
That's a phone.

Ce sont des photos.
Those are pictures.

- When the expressions **c'est** and **ce sont** are followed by proper names, don't use an article before the names.

C'est Amina.
That's Amina.

Ce sont Amélie et Anne.
That's Amélie and Anne.

- Use **il/elle est** and **ils/elles sont** to refer to someone or something previously mentioned.

La bibliothèque? **Elle est** moderne.
The library? It's modern.

Nathalie et Félix? **Ils sont** intelligents.
Nathalie and Félix? They are intelligent.

- Use the phrases **il/elle est** and **ils/elles sont** to tell someone's profession. Note that in French, you do not use the article before the profession.

Voilà M. Richard. **Il est** acteur.
There's Mr. Richard. He's an actor.

Elles sont chanteuses.
They are singers.

 Boîte à outils

Use **c'est** or **ce sont** instead of **il/elle est** and **ils/elles sont** when you have an adjective qualifying the noun that follows:

C'est un professeur intelligent.
He is an intelligent professor.

Ce sont des actrices élégantes.
Those are elegant actresses.

 Essayez! | Fill in the blanks with the correct forms of the verb *être*.

1. Je ___suis___ ici.
2. Ils ___sont___ intelligents.
3. Tu ___es___ étudiante.
4. Nous ___sommes___ à Québec.
5. Vous ___êtes___ Mme Lacroix?
6. Marie ___est___ chanteuse.

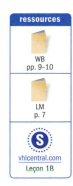

ressources

WB
pp. 9–10

LM
p. 7

vhlcentral.com
Leçon 1B

STRUCTURES

Mise en pratique

1 **Pascal répète** Pascal repeats everything his older sister Odile says. Give his response after each statement, using subject pronouns.

MODÈLE

Chantal est étudiante.
Elle est étudiante.

1. Les professeurs sont en Tunisie. *Ils sont en Tunisie*
2. Mon (*My*) petit ami Charles n'est pas ici. *Il n'est pas ici*
3. Moi, je suis chanteuse. *Je suis*
4. Nadège et moi, nous sommes à l'université. *Nous sommes à l'université*
5. Tu es un ami. *Tu es un ami*
6. L'ordinateur est dans (*in*) la chambre. *Il est dans la chambre*
7. Claude et Charles sont là. *Ils sont là*
8. Lucien et toi (*you*), vous êtes copains. *vous êtes copains*

2 **Où sont-ils?** Thérèse wants to know where all her friends are. Tell her by completing the sentences with the appropriate subject pronouns and the correct forms of **être**.

MODÈLE

Sylvie / au café
Elle est au café.

1. Georges / à la faculté de médecine *Il est à…*
2. Marie et moi / dans (*in*) la salle de classe *Nous sommes dans…*
3. Christine et Anne / à la bibliothèque *Elles sont à…*
4. Richard et Vincent / là-bas *Ils sont là-bas*
5. Véronique, Marc et Anne / à la librairie *Ils sont à…*
6. Jeanne / au bureau *Il est au…*
7. Hugo et Isabelle / au lycée *Ils sont au lycée*
8. Martin / au bureau *Il est au…*

3 **Identifiez** Describe these photos using **c'est, ce sont, il/elle est,** or **ils/elles sont.**

1. ___Il est___ un acteur.

2. ___C'est___ ici.

3. ___Elles sont___ copines.

4. ___Elle est___ chanteuse.

5. ___Elle est___ là.

6. ___Ce sont___ des montres.

Practice more at **vhlcentral.com.**

Communication

4 **Assemblez** In pairs, take turns using the verb **être** to combine elements from both columns. Talk about yourselves and people you know.

	A	B
Singulier:		
	Je	agréable
	Tu	d'origine française
	Mon (*My*, masc.) prof	difficile
	Mon/Ma (*My*, fem.) camarade de chambre	étudiant(e)
		sincère
	Mon cours	sociable
Pluriel:		
	Nous	agréables
	Mes (*My*) profs	copains/copines
	Mes camarades de chambre	difficiles
		étudiant(e)s
	Mes cours	sincères

5 **Qui est-ce?** In pairs, identify who or what is in each picture. If possible, use **il/elle est** or **ils/elles sont** to add something else about each person or place.

▶ **MODÈLE**

C'est Céline Dion. Elle est chanteuse.

1. C'est J.T., Il est chanteur

2. Elle est la prof

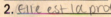

3. C'est un lycée

4. Ce sont d'etudrents Ils sont amis

5. Il est le prof

6. Ils sont les chanteurs

6 **On est comment?** In pairs, take turns describing these famous people using the phrases **C'est**, **Ce sont**, **Il/Elle est**, or **Ils/Elles sont** and words from the box. You can also use negative phrases to describe them.

professeur(s)	actrice(s)	chanteuse(s)
chanteur(s)	adorable(s)	pessimiste(s)
pessimiste(s)	timide(s)	acteur(s)

1. Justin Bieber
2. Rihanna et Gwen Stefani
3. Barack Obama
4. Johnny Depp
5. Lucille Ball et Desi Arnaz
6. Meryl Streep

7 **Enchanté** You and your roommate are in a campus bookstore. You run into one of his or her classmates, whom you've never met. In a brief conversation, introduce yourselves, ask how you are, and say something about yourselves using a form of **être**.

STRUCTURES

Adjective agreement (S) **Presentation**

Point de départ Adjectives are words that describe people, places, and things. In French, adjectives are often used with the verb **être** to point out the qualities of nouns or pronouns.

*Le cours est **difficile**.*

*Je suis **optimiste**.*

- Many adjectives in French are cognates; that is, they have the same or similar spellings and meanings in French and English.

Cognate descriptive adjectives			
agréable	*pleasant*	**intelligent(e)**	*intelligent*
amusant(e)	*fun*	**intéressant(e)**	*interesting*
brillant(e)	*brilliant*	**occupé(e)**	*busy*
charmant(e)	*charming*	**optimiste**	*optimistic*
désagréable	*unpleasant*	**patient(e)**	*patient*
différent(e)	*different*	**pessimiste**	*pessimistic*
difficile	*difficult*	**poli(e)**	*polite*
égoïste	*selfish*	**réservé(e)**	*reserved*
élégant(e)	*elegant*	**sincère**	*sincere*
impatient(e)	*impatient*	**sociable**	*sociable*
important(e)	*important*	**sympathique (sympa)**	*nice*
indépendant(e)	*independent*	**timide**	*shy*

- In French, most adjectives agree in number and gender with the nouns they describe. Most adjectives form the feminine by adding a silent **-e** (no accent) to the end of the masculine form. Adding a silent **-s** to the end of masculine and feminine forms gives you the plural forms of both.

	masculine	feminine
singular	*patient*	*patiente*
plural	*patients*	*patientes*

Henri est **élégant.**
Henri is elegant.

Claire et Lise sont **élégantes.**
Claire and Lise are elegant.

- If the masculine form of the adjective already ends in an unaccented **–e**, do not add another one for the feminine form.

MASCULINE SINGULAR	NO CHANGE	FEMININE SINGULAR
optimiste	⟷	**optimiste**

● French adjectives are usually placed after the noun they modify when they don't directly follow a form of **être**.

Ce sont des **étudiantes brillantes.**
They're brilliant students.

Bernard est un homme **agréable et poli.**
Bernard is a pleasant and polite man.

● Here are some adjectives of nationality. Note that the **-n** of adjectives that end in **-ien** doubles before the final **-e** of the feminine form: **algérienne, canadienne, italienne, vietnamienne.**

Adjectives of nationality			
algérien(ne)	*Algerian*	**japonais(e)**	*Japanese*
allemand(e)	*German*	**marocain(e)**	*Moroccan*
anglais(e)	*English*	**martiniquais(e)**	*from Martinique*
américain(e)	*American*	**mexicain(e)**	*Mexican*
canadien(ne)	*Canadian*	**québécois(e)**	*from Quebec*
espagnol(e)	*Spanish*	**sénégalais(e)**	*Senegalese*
français(e)	*French*	**suisse**	*Swiss*
italien(ne)	*Italian*	**vietnamien(ne)**	*Vietnamese*

● The first letter of adjectives of nationality is not capitalized.

Il est américain.

Elle est française.

● An adjective whose masculine singular form already ends in **-s** keeps the identical form in the masculine plural.

Pierre est **un ami sénégalais.**
Pierre is a Senegalese friend.

Pierre et Yves sont **des amis sénégalais.**
Pierre and Yves are Senegalese friends.

● To ask someone's nationality or heritage, use **Quelle est ta/votre nationalité?** or **Tu es/Vous êtes de quelle origine?**

Quelle est votre nationalité?
What is your nationality?

Je suis de nationalité canadienne.
I'm Canadian.

Tu es de quelle origine?
What is your heritage?

Je suis d'origine italienne.
I'm of Italian heritage.

 **Essayez!** **Write in the correct forms of the adjectives.**

1. Marc est ____timide____ (timide).
2. Ils sont __anglais__ (anglais).
3. Elle adore la littérature __française__ (français).
4. Ce sont des actrices __suisses__ (suisse).
5. Marie n'est pas __mexicaine__ (mexicain).
6. Les actrices sont __impatientes__ (impatient).
7. Elles sont __réservées__ (réservé).
8. Il y a des universités __importants__ (important).
9. Christelle est __amusante__ (amusant).
10. Les étudiants sont __polis__ (poli) en cours.
11. Mme Castillion est très __occupée__ (occupé).
12. Luc et moi, nous sommes __sincères__ (sincère).

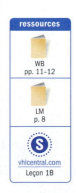

Mise en pratique

1 **Nous aussi!** Jean-Paul is bragging about himself, but his younger sisters Stéphanie and Gisèle believe they possess the same attributes. Provide their responses.

MODÈLE

Je suis amusant.
Nous aussi, nous sommes amusantes.

1. Je suis intelligent. Nous aussi, nous sommes intelligentes
2. Je suis sincère. ... sincères
3. Je suis élégant. ... élégantes
4. Je suis patient. ... patientes
5. Je suis sociable. ... sociables
6. Je suis poli. ... polies
7. Je suis charmant. ... charmantes
8. Je suis optimiste. ... optimistes

2 **Les nationalités** You are with a group of students from all over the world. Indicate their nationalities according to the cities they come from.

MODÈLE

Monique est de (*from*) Paris.
Elle est française.

1. Les amies Fumiko et Keiko sont de Tokyo. Ils sont japonais
2. Hans est de Berlin. Il est allemand
3. Juan et Pablo sont de Guadalajara. Ils sont mexicains
4. Wendy est de Londres. Elle est anglaise
5. Jared est de San Francisco. Il est américain
6. Francesca est de Rome. Elle est italienne
7. Aboud et Moustafa sont de Casablanca. Ils sont marocains
8. Jean-Pierre et Mario sont de Québec. Ils sont français

3 **Voilà Mme...** Your parents are having a party and you point out different people to your friend. Use one of the adjectives you just learned each time.

MODÈLE

Voilà M. Duval. Il est sénégalais.
C'est un ami.

M. Duval
Catherine et Jeanne
M. Forestier
Georges et Denise   Mme Malbon

Practice more at **vhlcentral.com.**

Communication

4 **Interview** You are looking for a roommate and interview someone to see what he or she is like. In pairs, play both roles. Are you compatible roommates?

MODÈLE

pessimiste

Étudiant(e) 1: *Tu es pessimiste?*
Étudiant(e) 2: *Non, je suis optimiste.*

1. impatient
2. modeste
3. timide
4. sincère

5. égoïste
6. sociable
7. indépendant
8. amusant

5 **Ils sont comment?** In pairs, take turns describing each item below. Tell your partner whether you agree (**C'est vrai**) or disagree (**C'est faux**) with the descriptions.

MODÈLE

Johnny Depp

Étudiant(e) 1: *C'est un acteur désagréable.*
Étudiant(e) 2: *C'est faux. Il est charmant.*

1. Beyoncé et Céline Dion
2. les étudiants de Harvard
3. Usher
4. la classe de français
5. le président des États-Unis (*United States*)
6. Tom Hanks et Gérard Depardieu
7. le prof de français
8. Steven Spielberg
9. notre (*our*) université
10. Kate Winslet et Julia Roberts

6 **Au café** You and two classmates are talking about your new bosses (**patrons**), each of whom is very different from the other two. In groups of three, create a dialogue in which you greet one another and describe your bosses.

SYNTHÈSE

Révision

1 **Festival francophone** With a partner, choose two characters from the list and act out a conversation between them. The people are meeting for the first time at a francophone festival. Then, change characters and repeat.

Angélique, Sénégal

Abdel, Algérie

Laurent, Martinique

Sylvain, Suisse

Hélène, Canada

Daniel, France

Mai, Viêt-Nam

Nora, Maroc

2 **Tu ou vous?** How would the conversations between the characters in **Activité 1** differ if they were all 19-year-old students at a university orientation? Write out what you would have said differently. Then, exchange papers with a new partner and make corrections. Return the paper to your partner and act out the conversation using a different character from last time.

3 **En commun** In pairs, tell your partner the name of a friend. Use adjectives to say what you both (**tous les deux**) have in common. Then, share with the class what you learned about your partner and his or her friend.

MODÈLE

Charles est un ami. Nous sommes tous les deux amusants. Nous sommes patients aussi.

4 **Comment es-tu?** Your instructor will give you a worksheet. Survey as many classmates as possible to ask if they would use the adjectives listed to describe themselves. Then, decide which two students in the class are most similar.

MODÈLE

Étudiant(e) 1: *Tu es timide?*
Étudiant(e) 2: *Non. Je suis sociable.*

Adjectifs	Nom
1. timide	Éric
2. impatient (e)	
3. optimiste	
4. réservé (e)	
5. charmant (e)	
6. poli (e)	
7. agréable	
8. amusant (e)	

5 **Mes camarades de classe** Write a brief description of the students in your French class. What are their names? What are their personalities like? What is their heritage? Use all the French you have learned so far. Your paragraph should be at least eight sentences long. Remember, be complimentary!

6 **Les descriptions** Your instructor will give you one set of drawings of eight people and a different set to your partner. Each person in your drawings has something in common with a person in your partner's drawings. Find out what it is without looking at your partner's sheet.

MODÈLE

Étudiant(e) 1: *Jean est à la bibliothèque.*
Étudiant(e) 2: *Gina est à la bibliothèque.*
Étudiant(e) 1: *Jean et Gina sont à la bibliothèque.*

Écriture

STRATÉGIE

Writing in French

Why do we write? All writing has a purpose. For example, we may write a poem to reveal our innermost feelings, a letter to share information, or an essay to persuade others to accept a point of view. People are not born proficient writers, however. Writing requires time, thought, effort, and a lot of practice. Here are some tips to help you write more effectively in French.

DO

▶ Try to write your ideas in French

▶ Try to make an outline of your ideas

▶ Decide what the purpose of your writing will be

▶ Use the grammar and vocabulary that you know

▶ Use your textbook for examples of style, format, and expressions in French

▶ Use your imagination and creativity to make your writing more interesting

▶ Put yourself in your reader's place to determine if your writing is interesting

AVOID

▶ Translating your ideas from English to French

▶ Simply repeating what is in the textbook or on a web page

▶ Using a bilingual dictionary until you have learned how to use one effectively

Thème

Faites une liste!

Imagine that several French-speaking students will be spending a year at your school. You've been asked to put together a list of people and places that might be useful and of interest to them. Your list should include:

- Your name, address, phone number(s) (home and/or mobile), and e-mail address
- The names of two or three other students in your French class, their addresses, phone numbers, and e-mail addresses
- Your French teacher's name, office and/or mobile phone number(s), e-mail address, as well as his or her office hours
- Your school library's phone number and hours
- The names, addresses, and phone numbers of three places near your school where students like to go (a bookstore, a coffee shop or restaurant, a theater, a skate park, etc.)

NOM: _Madame Smith (professeur de français)_
ADRESSE: _McNeil University_
NUMÉRO DE TÉLÉPHONE: _645-3458 (bureau)_
NUMÉRO DE PORTABLE: _919-0040_
ADRESSE E-MAIL: _absmith@yahoo.com_
NOTES: _Heures de bureau: 8h00—9h00_

NOM: _Skate World_
ADRESSE: _8970 McNeil Road_
NUMÉRO DE TÉLÉPHONE: _658-0349_
NUMÉRO DE PORTABLE: _—_
ADRESSE E-MAIL: _skate@skateworld.com_
NOTES: _—_

SAVOIR-FAIRE

Panorama

Le monde francophone

Les pays en chiffres°

Organisation internationale de la Francophonie

▶ **Nombre de pays° où le français est langue° officielle:** *28*

▶ **Nombre de pays où le français est parlé°:** *plus de° 60*

▶ **Nombre de francophones dans le monde°:** *175.000.000 (cent soixante-quinze millions)*

SOURCE: Organisation internationale de la Francophonie

Villes capitales

▶ **Algérie:** *Alger*
▶ **Cameroun:** *Yaoundé*
▶ **France:** *Paris*
▶ **Guinée:** *Conakry*
▶ **Haïti:** *Port-au-Prince*

▶ **Laos:** *Vientiane*
▶ **Mali:** *Bamako*
▶ **Rwanda:** *Kigali*
▶ **Seychelles:** *Victoria*
▶ **Suisse:** *Berne*

Francophones célèbres

▶ **Marie Curie,** *Pologne, scientifique, prix Nobel en chimie et physique (1867–1934)*

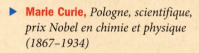

▶ **René Magritte,** *Belgique, peintre° (1898–1967)*

▶ **Ousmane Sembène,** *Sénégal, cinéaste° et écrivain° (1923–2007)*

▶ **Jean Reno,** *Maroc, acteur (1948–)*

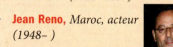
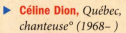

▶ **Céline Dion,** *Québec, chanteuse° (1968–)*

▶ **Marie-José Pérec,** *Guadeloupe, coureuse° olympique (1968–)*

Heiva°, Papeete, Tahiti

L'AMÉRIQUE DU NORD

L'EUROPE

LA FRANCE

L'OCÉAN ATLANTIQUE

L'ASIE

L'AFRIQUE

L'OCÉAN PACIFIQUE

L'AMÉRIQUE DU SUD

L'OCÉAN INDIEN

PAYS FRANCOPHONES EN ASIE

LE LAOS

LE CAMBODGE

L'OCÉAN INDIEN

LE VIÊT-NAM

la mosquée de la plage d'Ouakam, Dakar, Sénégal

0 ———— 3,000 milles
0 ———— 3,000 kilomètres

🟩 Pays et régions francophones

Incroyable mais vrai!

La langue française est une des rares langues à être parlées sur° cinq continents. C'est aussi la langue officielle de beaucoup d'organisations internationales comme° l'OTAN°, les Nations unies, l'Union européenne, et aussi des Jeux° Olympiques! Le français est la deuxième° langue enseignée° dans le monde, après l'anglais.

chiffres *numbers* **pays** *countries* **langue** *language* **parlé** *spoken* **plus de** *more than* **monde** *world* **peintre** *painter* **cinéaste** *filmmaker* **écrivain** *writer* **chanteuse** *singer* **coureuse** *runner* **sur** *on* **comme** *such as* **l'OTAN** *NATO* **Jeux** *Games* **deuxième** *second* **enseignée** *taught* **Heiva** *an annual Tahitian festival*

La société

Le français au Québec

Au Québec, province du Canada, le français est la langue officielle, parlée par° 82% (quatre-vingt-deux pour cent) de la population. Les Québécois, pour° préserver l'usage de la langue, ont° une loi° qui oblige l'affichage° en français dans les lieux° publics. Le français est aussi la langue co-officielle du Canada: les employés du gouvernement doivent° être bilingues.

Les gens

Les francophones d'Algérie

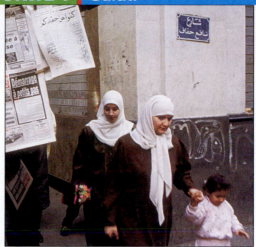

Depuis° 1830 (mille huit cent trente), date de l'acquisition de l'Algérie par la France, l'influence culturelle française y° est très importante. À présent ancienne° colonie, l'Algérie est un des plus grands° pays francophones au monde. L'arabe est la langue officielle, mais le français est la deuxième langue parlée et est compris° par la majorité de la population algérienne.

Les destinations

La Louisiane

Ce territoire au sud° des États-Unis a été nommé° «Louisiane» en l'honneur du Roi° de France Louis XIV. En 1803 (mille huit cent trois), Napoléon Bonaparte vend° la colonie aux États-Unis pour 15 millions de dollars, pour empêcher° son acquisition par les Britanniques. Aujourd'hui° en Louisiane, 200.000 (deux cent mille) personnes parlent° le français cajun. La Louisiane est connue° pour sa° cuisine cajun, comme° le jambalaya, ici sur° la photo avec le chef Paul Prudhomme.

Les traditions

La Journée internationale de la Francophonie

Chaque année°, l'Organisation internationale de la Francophonie (O.I.F.) coordonne la Journée internationale de la Francophonie. Dans plus de° 100 (cent) pays et sur cinq continents, on célèbre la langue française et la diversité culturelle francophone avec des festivals de musique, de gastronomie, de théâtre, de danse et de cinéma. Le rôle principal de l'O.I.F. est la promotion de la langue française et la défense de la diversité culturelle et linguistique du monde francophone.

Qu'est-ce que vous avez appris? Complete the sentences.

1. _____ est un cinéaste africain.
2. _____ de personnes parlent français dans le monde.
3. _____ est responsable de la promotion de la diversité culturelle francophone.
4. Les employés du gouvernement du Canada parlent _____.
5. En Algérie, la langue officielle est _____.

6. Une majorité d'Algériens comprend (*understands*) _____.
7. Le nom «Louisiane» vient du (*comes from the*) nom de _____.
8. Plus de 100 pays célèbrent _____.
9. Le français est parlé sur _____ continents.
10. En 1803, Napoléon Bonaparte vend _____ aux États-Unis.

Sur Internet

Go to **vhlcentral.com** for more information related to this **Panorama**.

1. Les États-Unis célèbrent la Journée internationale de la Francophonie. Faites (*Make*) une liste de trois événements (*events*) et dites (*say*) où ils ont lieu (*take place*).

2. Trouvez des informations sur un(e) chanteur/chanteuse francophone célèbre aux États-Unis. Citez (*Cite*) trois titres de chanson (*song titles*).

ressources

WB pp. 13–14

vhlcentral.com Unité 1

parlée par *spoken by* **pour** *in order to* **ont** *have* **loi** *law* **affichage** *posting* **lieux** *places* **doivent** *must* **Depuis** *Since* **y** *there* **ancienne** *former* **un des plus grands** *one of the largest* **compris** *understood* **au sud** *in the South* **a été nommé** *was named* **Roi** *King* **vend** *sells* **empêcher** *to prevent* **Aujourd'hui** *Today* **parlent** *speak* **connue** *known* **sa** *its* **comme** *such as* **sur** *in* **Chaque année** *Each year* **Dans plus de** *In more than*

Le campus

une bibliothèque	library
un café	café
une faculté	university; faculty
une librairie	bookstore
un lycée	high school
une salle de classe	classroom
une université	university
un dictionnaire	dictionary
une différence	difference
un examen	exam, test
la littérature	literature
un livre	book
un problème	problem
un résultat	result
la sociologie	sociology
un bureau	desk; office
une carte	map
une chaise	chair
une fenêtre	window
une horloge	clock
un ordinateur	computer
une porte	door
une table	table
un tableau	blackboard; painting
la télévision	television
un cahier	notebook
une calculatrice	calculator
une chose	thing
une corbeille (à papier)	wastebasket
un crayon	pencil
une feuille de papier	sheet of paper
un instrument	instrument
une montre	watch
un objet	object
un sac à dos	backpack
un stylo	pen

Les personnes

un(e) ami(e)	friend
un(e) camarade de chambre	roommate
un(e) camarade de classe	classmate
une classe	class (group of students)
un copain/une copine (fam.)	friend
un(e) élève	pupil, student
un(e) étudiant(e)	student
un(e) petit(e) ami(e)	boyfriend/girlfriend
une femme	woman
une fille	girl
un garçon	boy
un homme	man
une personne	person
un acteur/une actrice	actor
un chanteur/ une chanteuse	singer
un professeur	teacher, professor

Les présentations

Comment vous appelez-vous? (form.)	What is your name?
Comment t'appelles-tu? (fam.)	What is your name?
Enchanté(e).	Delighted.
Et vous/toi? (form./fam.)	And you?
Je m'appelle...	My name is...
Je vous/te présente... (form./fam.)	I would like to introduce (name) to you.

Identifier

c'est/ce sont	it's/they are
Combien...?	How much/many...?
ici	here
Il y a...	There is/are...
là	there
là-bas	over there
Qu'est-ce que c'est?	What is it?
Qui est-ce?	Who is it?
Quoi?	What?
voici	here is/are
voilà	there is/are

Bonjour et au revoir

À bientôt.	See you soon.
À demain.	See you tomorrow.
À plus tard.	See you later.
À tout à l'heure.	See you later.
Au revoir.	Good-bye.
Bonne journée!	Have a good day!
Bonjour.	Good morning.; Hello.
Bonsoir.	Good evening.; Hello.
Salut!	Hi!; Bye!

Comment ça va?

Ça va?	What's up?; How are things?
Comment allez-vous? (form.)	How are you?
Comment vas-tu? (fam.)	How are you?
Comme ci, comme ça.	So-so.
Je vais bien/mal.	I am doing well/badly.
Moi aussi.	Me too.
Pas mal.	Not badly.
Très bien.	Very well.

Expressions de politesse

De rien.	You're welcome.
Excusez-moi. (form.)	Excuse me.
Excuse-moi. (fam.)	Excuse me.
Il n'y a pas de quoi.	It's nothing.; You're welcome.
Je vous en prie. (form.)	Please.; You're welcome.
Merci beaucoup.	Thank you very much.
Monsieur (M.)	Sir (Mr.)
Madame (Mme)	Ma'am (Mrs.)
Mademoiselle (Mlle)	Miss
Pardon.	Pardon (me).
S'il vous/te plaît. (form./fam.)	Please.

Expressions utiles	See pp. 7 and 25.
Numbers 0–60	See p. 14.
Subject pronouns	See p. 28.
être	See p. 29.
Descriptive adjectives	See p. 32.
Adjectives of nationality	See p. 33.

ressources

vhlcentral.com
Unité 1

À la fac

Pour commencer

- What object is on the table?
  a. une montre   b. un stylo   c. un tableau
- What is Rachid looking at?
  a. un cahier   b. un ordinateur   c. un livre
- How does Rachid look in this photo?
  a. intelligent   b. sociable   c. égoïste
- Which word describes what he is doing?
  a. arriver   b. voyager   c. étudier

Leçon 2A

You will learn how to...
- talk about your classes
- ask questions and express negation

Les cours

la biologie

l'architecture (f.)

Je déteste la physique! (détester)

J'adore le stylisme de mode! (adorer)

le stylisme de mode

la physique

les mathématiques (f.)

l'informatique (f.)

Vocabulaire

J'aime bien...	I like...
Je n'aime pas tellement...	I don't like... very much
être reçu(e) à un examen	to pass an exam
l'art (m.)	art
la chimie	chemistry
le droit	law
l'éducation physique (f.)	physical education
la géographie	geography
la gestion	business administration
les lettres (f.)	humanities
la philosophie	philosophy
les sciences (politiques / po) (f.)	(political) science
une bourse	scholarship, grant
un cours	class, course
un devoir; les devoirs	homework
un diplôme	diploma, degree
l'école (f.)	school
les études (supérieures) (f.)	(higher) education; studies
le gymnase	gymnasium
une note	grade
un restaurant universitaire (un resto U)	university cafeteria
difficile	difficult
facile	easy
inutile	useless
utile	useful
surtout	especially; above all

ressources

WB pp. 15–16	LM p. 9	vhlcentral.com Leçon 2A

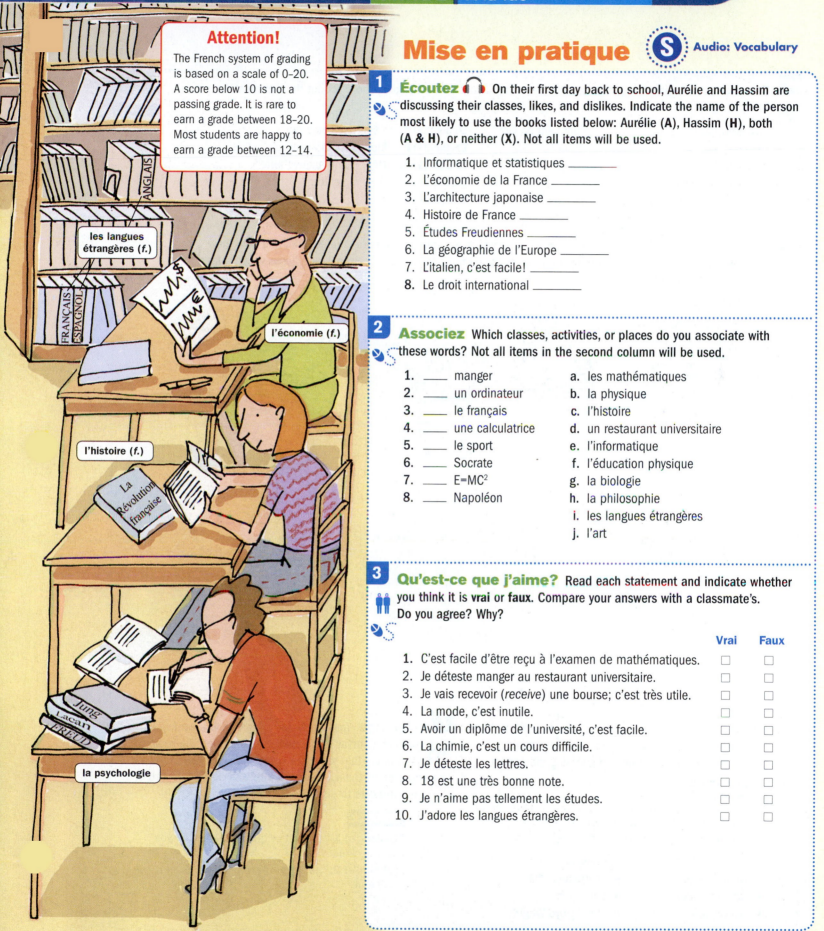

Attention!

The French system of grading is based on a scale of 0–20. A score below 10 is not a passing grade. It is rare to earn a grade between 18–20. Most students are happy to earn a grade between 12–14.

les langues étrangères (f.)

ANGLAIS

FRANÇAIS   ESPAGNOL

l'économie (f.)

l'histoire (f.)

La Révolution française

la psychologie

Jung   Lacan   FREUD

Mise en pratique   (S) Audio: Vocabulary

1 Écoutez 🎧 On their first day back to school, Aurélie and Hassim are discussing their classes, likes, and dislikes. Indicate the name of the person most likely to use the books listed below: Aurélie (**A**), Hassim (**H**), both (**A & H**), or neither (**X**). Not all items will be used.

1. Informatique et statistiques _____
2. L'économie de la France _____
3. L'architecture japonaise _____
4. Histoire de France _____
5. Études Freudiennes _____
6. La géographie de l'Europe _____
7. L'italien, c'est facile! _____
8. Le droit international _____

2 Associez Which classes, activities, or places do you associate with these words? Not all items in the second column will be used.

1. ____ manger
2. ____ un ordinateur
3. ____ le français
4. ____ une calculatrice
5. ____ le sport
6. ____ Socrate
7. ____ E=MC²
8. ____ Napoléon

a. les mathématiques
b. la physique
c. l'histoire
d. un restaurant universitaire
e. l'informatique
f. l'éducation physique
g. la biologie
h. la philosophie
i. les langues étrangères
j. l'art

3 Qu'est-ce que j'aime? Read each statement and indicate whether you think it is **vrai** or **faux**. Compare your answers with a classmate's. Do you agree? Why?

	Vrai	Faux
1. C'est facile d'être reçu à l'examen de mathématiques.	☐	☐
2. Je déteste manger au restaurant universitaire.	☐	☐
3. Je vais recevoir (*receive*) une bourse; c'est très utile.	☐	☐
4. La mode, c'est inutile.	☐	☐
5. Avoir un diplôme de l'université, c'est facile.	☐	☐
6. La chimie, c'est un cours difficile.	☐	☐
7. Je déteste les lettres.	☐	☐
8. 18 est une très bonne note.	☐	☐
9. Je n'aime pas tellement les études.	☐	☐
10. J'adore les langues étrangères.	☐	☐

Communication

4 **Conversez** In pairs, fill in the blanks according to your own situations. Then, act out the conversation for the class.

Étudiant(e) A: _____, comment ça va?	**Étudiant(e) A:** J'adore le cours de _____.
Étudiant(e) B: _____. Et toi?	**Étudiant(e) B:** Moi aussi. Tu aimes _____?
Étudiant(e) A: _____ merci.	**Étudiant(e) A:** Non, j'aime mieux (*better*) _____.
Étudiant(e) B: Est-ce que tu aimes le cours de _____?	**Étudiant(e) B:** Bon, à bientôt.
	Étudiant(e) A: À _____.

5 **Qu'est-ce que c'est?** Write a caption for each image, stating where the students are and how they feel about their classes. Then, work with a partner, taking turns to read your captions and guess which image he or she is referring to.

> **MODÈLE**
>
> *C'est le cours de français.*
> *Le français, c'est facile.*

Nietzsche, philosophe allemand…

1. _____
_____

2. _____
_____

3. _____
_____

4. _____
_____

5. _____

6. _____

6 **Vous êtes...** Imagine what subjects these celebrities liked and disliked as students. In pairs, take turns playing the role of each one and guessing the answer.

> **MODÈLE**
>
> **Étudiant(e) 1:** *J'aime la physique et la chimie, mais je n'aime pas tellement les cours d'économie.*
> **Étudiant(e) 2:** *Vous êtes Albert Einstein!*

- Albert Einstein
- Louis Pasteur
- Donald Trump
- Bill Clinton
- Christian Dior
- Le docteur Phil
- Bill Gates
- Frank Lloyd Wright

7 **Sondage** Your instructor will give you a worksheet to conduct a survey (**un sondage**). Go around the room to find people that study the subjects listed. Ask what your classmates think about their subjects. Keep a record of their answers to discuss with the class.

> **MODÈLE**
>
> **Étudiant(e) 1:** *Jean, est-ce que tu étudies (do you study) le droit?*
> **Étudiant(e) 2:** *Oui. J'aime bien le droit. C'est un cours utile.*

Les sons et les lettres

**Audio: Concepts, Activities
Record & Compare**

 Liaisons

In French, the final sound of a word sometimes links with the first letter of the following word. Consonants at the end of French words are generally silent but are usually pronounced when the word that follows begins with a vowel sound. This linking of sounds is called a liaison.

À tou~t à~ l'heure!   **Commen~t a~llez-vous?**

An **s** or an **x** in a liaison sounds like the letter **z**.

le~s é~tudiants   **troi~s é~lèves**   **si~x é~lèves**   **deu~x h~ommes**

Always make a liaison between a subject pronoun and a verb that begins with a vowel sound; always make a liaison between an article and a noun that begins with a vowel sound.

nou~s a~imons   **il~s o~nt**   **u~n é~tudiant**   **le~s o~rdinateurs**

Always make a liaison between **est** (a form of **être**) and a word that begins with a vowel or a vowel sound. Never make a liaison with the final consonant of a proper name.

Robert est a~nglais.   **Paris est e~xceptionnelle.**

Never make a liaison with the conjunction **et** (*and*).

Carole et Hélène   **Jacques et Antoinette**

Never make a liaison between a singular noun and an adjective that follows it.

un cours horrible   **un instrument élégant**

Prononcez Practice saying these words and expressions aloud.

1. un examen
2. des étudiants
3. les hôtels
4. dix acteurs
5. Paul et Yvette
6. cours important
7. des informations
8. les études
9. deux hommes
10. Bernard aime
11. chocolat italien
12. Louis est

Articulez Practice saying these sentences aloud.

1. Nous aimons les arts.
2. Albert habite à Paris.
3. C'est un objet intéressant.
4. Sylvie est avec Anne.
5. Ils adorent les deux universités.

Dictons Practice reading these sayings aloud.

> Un hôte non invité doit apporter son siège.[2]

> Les amis de nos amis sont nos amis.[1]

[1] Friends of our friends are our friends.

[2] An uninvited guest must bring his own chair.

ROMAN-PHOTO

Trop de devoirs!  Video: *Roman-photo*
Record & Compare

Video: *Roman-photo*
Record & Compare

PERSONNAGES

Amina

Antoine

David

Rachid

Sandrine

Stéphane

ANTOINE Je déteste le cours de sciences po.

RACHID Oh? Mais pourquoi? Je n'aime pas tellement le prof, Monsieur Dupré, mais c'est un cours intéressant et utile!

ANTOINE Tu crois? Moi, je pense que c'est très difficile, et il y a beaucoup de devoirs. Avec Dupré, je travaille, mais je n'ai pas de bons résultats.

RACHID Si on est optimiste et si on travaille, on est reçu à l'examen.

ANTOINE Toi, oui, mais pas moi! Toi, tu es un étudiant brillant! Mais moi, les études, oh, là, là.

DAVID Eh! Rachid! Oh! Est-ce que tu oublies ton coloc?

RACHID Pas du tout, pas du tout. Antoine, voilà, je te présente David, mon colocataire américain.

DAVID Nous partageons un des appartements du P'tit Bistrot.

ANTOINE Le P'tit Bistrot? Sympa!

SANDRINE Salut! Alors, ça va l'université française?

DAVID Bien, oui. C'est différent de l'université américaine, mais c'est intéressant.

AMINA Tu aimes les cours?

DAVID J'aime bien les cours de littérature et d'histoire françaises. Demain on étudie *Les Trois Mousquetaires* d'Alexandre Dumas.

SANDRINE J'adore Dumas. Mon livre préféré, c'est *Le Comte de Monte-Cristo*.

RACHID Sandrine! S'il te plaît! *Le Comte de Monte-Cristo*?

SANDRINE Pourquoi pas? Je suis chanteuse, mais j'adore les classiques de la littérature.

DAVID Donne-moi le sac à dos, Sandrine.

Au P'tit Bistrot...

RACHID Moi, j'aime le cours de sciences po, mais Antoine n'aime pas Dupré. Il pense qu'il donne trop de devoirs.

A C T I V I T É S

1 **Vrai ou faux?** Choose whether each statement is **vrai** or **faux**.

1. Rachid et Antoine n'aiment pas le professeur Dupré. √
2. Antoine aime bien le cours de sciences po. F
3. Rachid et Antoine partagent (*share*) un appartement. F
4. David et Rachid cherchent (*look for*) Amina et Sandrine après (*after*) les cours. √
5. Le livre préféré de Sandrine est *Le Comte de Monte-Cristo*. √

6. L'université française est très différente de l'université américaine. √
7. Stéphane aime la chimie. F
8. Monsieur Dupré est professeur de maths. F
9. Antoine a (*has*) beaucoup de devoirs. √
10. Stéphane adore l'anglais. √

 Practice more at **vhlcentral.com.**

Antoine, David, Rachid et Stéphane parlent (*talk*) de leurs (*their*) cours.

RACHID Ah... on a rendez-vous avec Amina et Sandrine. On y va?

DAVID Ah, oui, bon, ben, salut, Antoine!

ANTOINE Salut, David. À demain, Rachid!

SANDRINE Bon, Pascal, au revoir, chéri.

RACHID Bonjour, chérie. Comme j'adore parler avec toi au téléphone! Comme j'adore penser à toi!

STÉPHANE Dupré? Ha! C'est Madame Richard, mon prof de français. Elle, elle donne trop de devoirs.

AMINA Bonjour, comment ça va?

STÉPHANE Plutôt mal. Je n'aime pas Madame Richard. Je déteste les maths. La chimie n'est pas intéressante. L'histoire-géo, c'est l'horreur. Les études, c'est le désastre!

DAVID Le français, les maths, la chimie, l'histoire-géo... mais on n'étudie pas les langues étrangères au lycée en France?

STÉPHANE Si, malheureusement! Moi, j'étudie l'anglais. C'est une langue très désagréable! Oh, non, non, ha, ha, c'est une blague, ha, ha. L'anglais, j'adore l'anglais. C'est une langue charmante....

Expressions utiles

Talking about classes

- **Tu aimes les cours?**
  Do you like the classes?
- **Antoine n'aime pas Dupré.**
  Antoine doesn't like Dupré.
- **Il pense qu'il donne trop de devoirs.**
  He thinks he gives too much homework.
- **Tu crois? Mais pourquoi?**
  You think? But why?
- **Avec Dupré, je travaille, mais je n'ai pas de bons résultats.**
  With Dupré, I work, but I don't get good results (grades).
- **Demain on étudie *Les Trois Mousquetaires*.**
  Tomorrow we're studying The Three Musketeers.
- **C'est mon livre préféré.**
  It's my favorite book.

Additional vocabulary

- **On a rendez-vous.**
  We have a meeting.
- **Comme j'adore...**
  How I love...
- **parler au téléphone**
  to talk on the phone
- **C'est une blague.**
  It's a joke.
- **Si, malheureusement!**
  Yes, unfortunately!
- **On y va?**
  Let's go?
- **Eh!**
  Hey!
- **pas du tout**
  not at all
- **chéri(e)**
  darling

 2 Complétez Match the people in the second column with the verbs in the first. Refer to a dictionary, the dialogue, and the video stills as necessary. Use each option once.

1. __e__ travailler
2. __c__ partager
3. __a__ oublier
4. __b__ étudier
5. __d__ donner

a. Sandrine is very forgetful.
b. Rachid is very studious.
c. David can't afford his own apartment.
d. Amina is very generous.
e. Stéphane needs to get good grades.

 3 Conversez In this episode, Rachid, Antoine, David, and Stéphane talk about the subjects they are studying. Get together with a partner. Do any of the characters' complaints or preferences remind you of your own? Whose opinions do you agree with? Whom do you disagree with?

ressources

| VM pp. 191–192 | DVD Leçon 2A | vhlcentral.com Leçon 2A |

A C T I V I T É S

S Reading
Video: Flash culture

À l'université

French students who pass le bac° may continue on to study in a university. By American standards, university tuition is low. In 1999, 29 European countries, including France, decided to reform their university systems in order to create a more uniform European system. France began implementing these reforms in 2005. As a result, French students' degrees (**diplômes**) are now accepted in most European countries. It is also easier for French students to study in other European countries for a semester, and for other European students to study in France, because studies are now organized by semesters. Students are awarded a **Licence°** after six semesters (usually three years). If they continue their studies, they can earn a **Master°** after the fifth year and then proceed to a **Doctorat°**. If students choose technical studies, they receive a **BTS (Brevet de Technicien Supérieur)** after two years.

In addition to universities, France has an extremely competitive, elite branch of higher education called **les grandes écoles°**. These schools train most of the high-level administrators, scientists, businesspeople, and engineers in the country. There are about 300 of them, including **ENA (École Nationale d'Administration)**, **HEC (Hautes° Études Commerciales)**, and **IEP (Institut d'Études Politiques, «Sciences Po»)**.

Some French universities are city-based, lacking campuses and offering few extra-curricular activities like organized sports. Others boast both a more defined campus and a great number of student **associations**. Many students live with their families, but others live in a **résidence universitaire,** or in an apartment.

Les étudiants en France	
Universités	62,1%
Sections de Techniciens Supérieurs	11,7%
Autres Écoles ou Formations	6,3%
Écoles Paramédicales et Sociales	5,8%
Instituts Universitaires de Technologie	5,1%
Formation d'Ingénieurs	4,8%
Classes Préparatoires aux Grandes Écoles	3,5%
Instituts Universitaires de Formation de Maîtres°	3,3%
Écoles de Commerce°	2,3%

SOURCE: Ministère de l'Éducation nationale

bac exit exam taken after high school **Licence** the equivalent of a Bachelor's degree **Master** Master's degree **Doctorat** Ph.D. **grandes écoles** competitive, prestigious university-level schools **Hautes** High **Formation de Maîtres** teacher training **Écoles de Commerce** business schools

A C T I V I T É S

1 **Vrai ou faux?** Indicate whether each statement is **vrai** or **faux**. Correct the false statements.

1. French university students can earn a **Licence** after only three years of study. √
2. It takes five years to earn a **BTS**. F
3. Entry into the **grandes écoles** is not competitive. F
4. The **grandes écoles** train high-level engineers. √
5. Some French universities lack campuses. √
6. Extra-curricular activities are uncommon in some French universities. √
7. All French students live at home with their families. F
8. Most French students choose not to attend university. F
9. More French students study business than engineering. F
10. Some French students are studying for a teaching degree. √

 Practice more at **vhlcentral.com**.

STRATÉGIE

Personal experiences

New words and concepts in French won't catch you off guard if you associate them with something you've experienced personally. Use what you infer about a reading's topic from studying the photos, titles, and captions on the page, and consider your own experiences in that area. Later, as you read the selection carefully and understand the topic better, continue making associations drawn from personal experiences.

LE MONDE FRANCOPHONE

Des universités francophones

Voici quelques-unes° des universités du monde francophone où vous pouvez étudier°.

En Belgique Université Libre de Bruxelles

En Côte d'Ivoire Université d'Abobo-Adjamé

En France Université de Paris

Au Maroc Université Mohammed V Souissi à Rabat

En Polynésie française Université de la Polynésie française, à Faa'a, à Tahiti

Au Québec Université de Montréal

Au Sénégal Université Cheikh Anta Diop de Dakar

En Suisse Université de Genève

En Tunisie Université Libre de Tunis

quelques-unes *some* où vous pouvez étudier *where you can study*

PORTRAIT

L'Université Laval

Un cours de français au Québec, ça vous dit?° Avec le programme «Français pour non-francophones», les étudiants étrangers peuvent apprendre° le français. Fondée° au XVIIᵉ (dix-septième) siècle° à Québec, l'Université Laval est l'université francophone la plus ancienne° du continent américain. Les études offertes sont diverses et d'excellente qualité: les sciences humaines, la littérature, la musique, la foresterie, les technologies, les sciences. Laval est un grand centre universitaire canadien pour la recherche° scientifique. Il existe même° un astéroïde dans le système solaire qui porte le nom de° l'université!

ça vous dit? *what do you think?* **peuvent apprendre** *can learn* **Fondée** *Founded* **siècle** *century* **la plus ancienne** *the oldest* **recherche** *research* **même** *even* **porte le nom de** *is named after*

Coup de main

In French, a superscript ⁻ᵉ following a numeral tells you that it is an ordinal number. It is the equivalent of a ⁻ᵗʰ after a numeral in English: **4ᵉ** (quatrième) = *4ᵗʰ*.

Sur Internet

Quelles (*What*) sont les caractéristiques d'un campus universitaire en France?

Go to **vhlcentral.com** to find more cultural information related to this **Lecture Culturelle**. Then watch the corresponding **Flash culture**.

 2 Vrai ou faux? Indicate whether each statement is **vrai** or **faux**.

1. Les étudiants étrangers peuvent étudier le français à l'Université Laval. ✓
2. L'Université Laval est l'université francophone la plus ancienne du monde (*world*). ✓
3. Laval offre une grande diversité de cours. ✓
4. Laval est un grand centre universitaire de recherche artistique. F
5. Une planète porte le nom de l'université. F

3 Les cours Research two of the universities mentioned in **Le monde francophone** and make a list in French of at least five courses taught at each. You may search in your library or online.

ressources

VM pp. 241–242

vhlcentral.com Leçon 2A

Practice more at **vhlcentral.com**.

A C T I V I T É S

STRUCTURES

Present tense of regular -er verbs  Presentation

- The infinitives of most French verbs end in **-er**. To form the present tense of regular **-er** verbs, drop the **-er** from the infinitive and add the corresponding endings for the different subject pronouns. This chart demonstrates how to conjugate regular **-er** verbs.

parler (to speak)			
je parl**e**	*I speak*	nous parl**ons**	*we speak*
tu parl**es**	*you speak*	vous parl**ez**	*you speak*
il/elle/on parl**e**	*he/she/it/one speaks*	ils/elles parl**ent**	*they speak*

- Here are some other verbs that are conjugated the same way as **parler**.

Common -er verbs			
adorer	*to love; to adore*	habiter (à)	*to live (in)*
aimer	*to like; to love*	manger	*to eat*
aimer mieux	*to prefer (to like better)*	oublier	*to forget*
arriver	*to arrive*	partager	*to share*
chercher	*to look for*	penser (que/qu'...)	*to think (that...)*
commencer	*to begin, start*	regarder	*to look (at)*
dessiner	*to draw; to design*	rencontrer	*to meet*
détester	*to hate*	retrouver	*to meet up with; to find (again)*
donner	*to give*	travailler	*to work*
étudier	*to study*	voyager	*to travel*

- Note that **je** becomes **j'** when it appears before a verb that begins with a vowel sound.

J'habite à Bruxelles.
I live in Brussels.

J'étudie la psychologie.
I study psychology.

- With the verbs **adorer**, **aimer**, and **détester**, use the definite article before a noun to tell what someone loves, likes, prefers, or hates.

J'aime mieux **l'**art.
I prefer art.

Marine déteste **les** devoirs.
Marine hates homework.

- Use infinitive forms after the verbs **adorer**, **aimer**, and **détester** to say that you like (or hate, etc.) to do something. Only the first verb should be conjugated.

Ils **adorent travailler** ici.
They love to work here.

Ils **détestent étudier** ensemble.
They hate to study together.

- The present tense in French can be translated in different ways in English. The English equivalent for a sentence depends on its context.

Éric et Nadine **étudient** le droit.
Éric and Nadine study law.

Éric and Nadine are studying law.

Éric and Nadine do study law.

Nous **travaillons** à Paris.
We work in Paris.

We are working in Paris.

We do work in Paris.

- Sometimes the present tense can be used to indicate an event in the near future, in which case it can be translated using *will* in English.

Je **retrouve** le professeur demain.
I will meet up with the professor tomorrow.

Elles **arrivent** à Dijon demain.
They will arrive in Dijon tomorrow.

 Boîte à outils

To express yourself with greater accuracy, use these adverbs: **assez** (*enough*), **d'habitude** (*usually*), **de temps en temps** (*from time to time*), **parfois** (*sometimes*), **quelquefois** (*sometimes*), **rarement** (*rarely*), **souvent** (*often*), **toujours** (*always*).

- Verbs ending in **-ger** (**manger**, **partager**, **voyager**) and **-cer** (**commencer**) have a spelling change in the **nous** form. All the other forms are the same as regular **-er** verbs.

manger
je mange
tu manges
il/elle/on mange
nous mang**e**ons
vous mangez
ils/elles mangent

commencer
je commence
tu commences
il/elle/on commence
nous commen**ç**ons
vous commencez
ils/elles commencent

Nous **voyageons** avec une amie.
We are traveling with a friend.

Nous **commençons** les devoirs.
We are starting the homework.

- Unlike the English *to look for,* the French **chercher** requires no preposition before the noun that follows it.

Nous **cherchons les stylos**.
We are looking for the pens.

Vous **cherchez la montre**?
Are you looking for the watch?

Est-ce que tu oublies ton coloc?

Nous partageons un des appartements du P'tit Bistrot.

Essayez! Complete the sentences with the correct present tense forms of the verbs.

1. Je _____*parle*_____ (parler) français en classe.
2. Nous _____ (habiter) près de (*near*) l'université.
3. Ils _____ (aimer) le cours de sciences politiques.
4. Vous _____ (manger) en classe?!
5. Le cours _____ (commencer) à huit heures (*at eight o'clock*).
6. Marie-Claire _____ (chercher) un stylo.
7. Nous _____ (partager) un crayon en cours de maths.
8. Tu _____ (étudier) l'économie.
9. Les élèves _____ (voyager) en France.
10. Nous _____ (adorer) le prof d'anglais.
11. Je _____ (rencontrer) Laure parfois au gymnase.
12. Tu _____ (donner) des cours de musique?

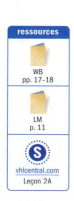

STRUCTURES

Mise en pratique

1 **Complétez** Complete the conversation with the correct forms of the verbs.

ARTHUR Tu (1) _____ (parler) bien français!

OLIVIER Mon colocataire Marc et moi, nous (2) _____ (retrouver) un professeur de français et nous (3) _____ (étudier) ensemble. Et toi, tu (4) _____ (travailler)?

ARTHUR Non, j' (5) _____ (étudier) l'art et l'économie. Je (6) _____ (dessiner) bien et j' (7) _____ (aimer) beaucoup l'art moderne. Marc et toi, vous (8) _____ (habiter) à Paris?

2 **Phrases** Form sentences using the words provided. Conjugate the verbs and add any necessary words.

1. je / oublier / devoir de littérature
2. nous / commencer / études supérieures
3. vous / rencontrer / amis / à / fac
4. Hélène / détester / travailler
5. tu / chercher / cours / facile
6. élèves / arriver / avec / dictionnaires

3 **Après l'école** Say what Stéphanie and her friends are doing after (**après**) school.

▶ **MODÈLE**

Nathalie cherche un livre.

1. André _____ à la bibliothèque.

2. Édouard _____ Caroline au café.

3. Jérôme et moi, nous _____.

4. Julien et Audrey _____ avec Simon.

5. Robin et toi, vous _____ avec la classe.

6. Je _____.

4 **Le verbe logique** Complete the following sentences logically with the correct form of an –er verb.

1. La gestion, c'est très difficile. Je _____ !
2. Qu'est-ce que tu _____ dans le sac à dos?
3. Nous _____ souvent au resto U.
4. Tristan et Irène _____ toujours les clés (*keys*).
5. Le film _____ dans dix minutes.
6. Yves et toi, vous _____ que Martine est charmante?
7. M. et Mme Legrand _____ à Paris.
8. On n'aime pas _____ la télévision.

Communication

5 Activités In pairs, tell your partner which of these activities you and your roommate both do. Then, share your partner's answers with the class. Later, get together with a second partner and report to the class again.

MODÈLE

Étudiant(e) 1: *Nous parlons au téléphone, nous…*
Étudiant(e) 2: *Nous partageons un appartement, nous…*
Étudiant(e) 1: *Ils/Elles partagent un appartment, ils/elles…*
Étudiant(e) 2: *Ils/Elles parlent au téléphone, ils/elles…*

manger au resto U	étudier une langue étrangère
partager un appartement	commencer les devoirs
retrouver des amis au café	arriver en classe
travailler	voyager

6 Les études In pairs, take turns asking your partner if he or she likes one academic subject or another. If you don't like a subject, mention one you do like. Then, use **tous** (*m.*)/**toutes** (*f.*) **les deux** (*both of us*) to tell the class what subjects both of you like or hate.

MODÈLE

Étudiant(e) 1: *Tu aimes la chimie?*
Étudiant(e) 2: *Non, je déteste la chimie. J'aime mieux les langues.*
Étudiant(e) 1: *Moi aussi… Nous adorons tous/toutes les deux les langues.*

7 Un sondage In groups of three, survey your partners to find out how frequently they do certain activities. First, prepare a chart with a list of eight activities. Then take turns asking your partners how often they do each one, and record each person's response.

MODÈLE

Étudiant(e) 1: *Moi, je dessine rarement. Et toi?*
Étudiant(e) 2: *Moi aussi, je dessine rarement.*
Étudiant(e) 3: *Moi, je dessine parfois.*

Activité	souvent	parfois	rarement
dessiner		Sara	David Clara
voyager	Clara David Sara		

8 Adorer, aimer, détester In groups of four, ask each other if you like to do these activities. Then, use adjectives to tell why you like them or not and say whether you do them often (**souvent**), sometimes (**parfois**), or rarely (**rarement**).

MODÈLE

Étudiant(e) 1: *Tu aimes voyager?*
Étudiant(e) 2: *Oui, j'adore voyager. C'est amusant! Je voyage souvent.*
Étudiant(e) 3: *Moi, je déteste voyager. C'est désagréable! Je voyage rarement.*

dessiner	partager
étudier le week-end	un appartement
manger au restaurant	retrouver des amis
oublier les devoirs	travailler à
parler avec	la bibliothèque
les professeurs	voyager

2A.2

Forming questions and expressing negation

Point de départ You have already learned how to make statements about yourself and others. Now you will learn how to ask questions, which are important for gathering information, and how to make statements and questions negative.

 Presentation

Forming questions

- There are four principal ways to ask a question in French. The first and simplest way to ask a question when speaking is to make a statement but with rising intonation. In writing, simply put a question mark at the end. This method is considered informal.

Vous habitez à Bordeaux?
You live in Bordeaux?

Tu aimes le cours de français?
You like French class?

- A second way is to place the phrase **Est-ce que...** directly before a statement. This turns it into a question. If the next word begins with a vowel sound, use **Est-ce qu'**. Questions with **est-ce que** are somewhat formal.

Est-ce que vous parlez français?
Do you speak French?

Est-ce qu'il aime dessiner?
Does he like to draw?

- A third way is to end a statement with a tag question, such as **n'est-ce pas?** (*isn't that right?*) or **d'accord?** (*OK?*). This method can be formal or informal.

Nous mangeons à midi, **n'est-ce pas**?
We eat at noon, don't we?

On commence à deux heures, **d'accord**?
We're starting at two o'clock, OK?

- A fourth way is to invert the order of the subject pronoun and the verb and place a hyphen between them. If the verb ends in a vowel and the subject pronoun begins with one (e.g., **il**, **elle**, or **on**), insert **-t-** between the verb and the pronoun to make pronunciation easier. Inversion is considered more formal.

Parlez-vous français?
Do you speak French?

Mange-t-il à midi?
Does he eat at noon?

Est-elle étudiante?
Is she a student?

- If the subject is a noun rather than a pronoun, place the noun at the beginning of the question followed by the inverted verb and pronoun.

Le professeur parle-t-il français?
Does the professor speak French?

Nina arrive-t-elle demain?
Does Nina arrive tomorrow?

Les étudiants mangent-ils au resto U?
Do the students eat at the university?

Rachid et toi étudiez-vous l'économie?
Do you and Rachid study Economics?

- The inverted form of **il y a** is **y a-t-il**. **C'est** becomes **est-ce**.

Y a-t-il une horloge dans la classe?
Is there a clock in the class?

Est-ce le professeur de lettres?
Is he the humanities professor?

- Use **pourquoi** to ask *why?* Use **parce que** (**parce qu'** before a vowel sound) to answer *because*.

Pourquoi retrouves-tu Sophie ici?
Why are you meeting Sophie here?

Parce qu'elle habite près d'ici.
Because she lives near here.

- You can use **est-ce que** after **pourquoi** to form a question. With **est-ce que**, you don't use inversion.

Pourquoi détestes-tu la chimie?
Why do you hate Chemistry?

Pourquoi est-ce que tu détestes la chimie?
Why do you hate Chemistry?

 Boîte à outils

Note the statements that correspond to the questions on the right:

Vous habitez à Bordeaux.

Tu aimes le cours de français.

Boîte à outils

Note the statements that correspond to the questions on the right:

Vous parlez français.

Il mange à midi.

Elle est étudiante.

Boîte à outils

Note the statements that correspond to the questions on the right:

Le professeur parle français.

Nina arrive demain.

Les étudiants mangent au resto U.

Rachid et toi, vous étudiez l'économie.

 Boîte à outils

You can use any question word before **est-ce que**. Example: **Que** as in **Qu'est-ce que c'est?**

Expressing negation

- To make a sentence negative in French, place **ne** (**n'** before a vowel sound) before the conjugated verb and **pas** after it.

  Je **ne dessine pas** bien.
  I don't draw well.

  Elles **n'étudient pas** la chimie.
  They don't study chemistry.

- In the construction [*conjugated verb + infinitive*], **ne** (**n'**) comes before the conjugated verb and **pas** after it.

  Abdel **n'aime pas étudier**.
  Abdel doesn't like to study.

  Vous **ne détestez pas travailler**?
  You don't hate to work?

- In questions with inversion, place **ne** before the inversion and **pas** after it.

  Abdel **n'aime-t-il pas** étudier?
  Doesn't Abdel like to study?

  Ne détestez-vous pas travailler?
  Don't you hate to work?

- Use these expressions to respond to a statement or a question that requires a *yes* or *no* answer.

Expressions of agreement and disagreement			
oui	*yes*	**(mais) non**	*no (but of course not)*
bien sûr	*of course*	**pas du tout**	*not at all*
moi/toi non plus	*me/you neither*	**peut-être**	*maybe, perhaps*

  Vous mangez souvent au resto U?
  Do you eat often in the cafeteria?

  Non, pas du tout.
  No, not at all.

- Use **si** instead of **oui** to contradict a negative question.

  Parles-tu à Daniel?
  Are you talking to Daniel?

  Oui.
  Yes.

  Ne parles-tu pas à Daniel?
  Aren't you talking to Daniel?

  Si!
  Yes (I am)!

Essayez! Make questions out of these statements. Use **est-ce que/qu'** in items 1–6 and inversion in 7–12.

Statement	Question
1. Vous mangez au resto U.	*Est-ce que vous mangez au resto U?*
2. Ils adorent les devoirs.	_____
3. La biologie est difficile.	_____
4. Tu travailles.	_____
5. Elles cherchent le prof.	_____
6. Aude voyage beaucoup.	_____
7. Vous arrivez demain.	*Arrivez-vous demain?*
8. L'étudiante oublie.	_____
9. La physique est utile.	_____
10. Il y a deux salles de classe.	_____
11. Ils n'habitent pas à Québec.	_____
12. C'est le professeur de gestion.	_____

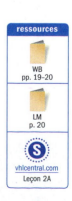

STRUCTURES

Mise en pratique

1 **L'inversion** Restate the questions using inversion.

1. Est-ce que vous parlez espagnol?
2. Est-ce qu'il étudie à Paris?
3. Est-ce qu'ils voyagent avec des amis?
4. Est-ce que tu aimes les cours de langues?
5. Est-ce que le professeur parle anglais?
6. Est-ce que les étudiants aiment dessiner?

2 **Les questions** Ask the questions that correspond to the answers.
Use **est-ce que/qu'** and inversion for each item.

MODÈLE

Nous habitons sur le campus.
Est-ce que vous habitez sur le campus? / Habitez-vous sur le campus?

1. Il mange au resto U.
2. J'oublie les examens.
3. François déteste les maths.
4. Nous adorons voyager.
5. Les cours ne commencent pas demain.
6. Les étudiantes arrivent en classe.

3 **Complétez** Complete the conversation with the correct questions for the answers given. Act it out with a partner.

MYLÈNE	Salut, Arnaud. Ça va?
ARNAUD	Oui, ça va. Alors (So)... (1) _____
MYLÈNE	J'adore le cours de sciences po, mais je déteste l'informatique.
ARNAUD	(2) _____
MYLÈNE	Parce que le prof est très strict.
ARNAUD	(3) _____
MYLÈNE	Oui, il y a des étudiants sympathiques... Et demain? (4) _____
ARNAUD	Peut-être, mais demain je retrouve aussi Dominique.
MYLÈNE	(5) _____
ARNAUD	Pas du tout!

Practice more at **vhlcentral.com.**

Communication

4 **Au café** In pairs, take turns asking each other questions about the drawing. Use verbs from the list.

MODÈLE

Étudiant(e) 1: *Monsieur Laurent parle à Madame Martin, n'est-ce pas?*
Étudiant(e) 2: *Mais non. Il déteste parler!*

arriver	dessiner	manger	partager
chercher	étudier	oublier	rencontrer

Anne et Sylvie Didier André
Madame Martin Monsieur Laurent

5 **Questions** You and your partner want to get to know each other better. Take turns asking each other questions. Modify or add elements as needed.

MODÈLE aimer / l'art

Étudiant(e) 1: *Est-ce que tu aimes l'art?*
Étudiant(e) 2: *Oui, j'adore l'art.*

1. habiter / à l'université
2. étudier / avec / amis
3. penser qu'il y a / cours / intéressant / à la fac
4. cours de sciences / être / facile
5. aimer mieux / biologie / ou / physique
6. retrouver / copains / au resto U

6 **Confirmez** In groups of three, confirm whether the statements are true of your school. Correct any untrue statements by making them negative.

MODÈLE

Les profs sont désagréables.
Pas du tout, les profs ne sont pas désagréables.

1. Les cours d'informatique sont inutiles.
2. Il y a des étudiants de nationalité allemande.
3. Nous mangeons une cuisine excellente au resto U.
4. Tous (*All*) les étudiants habitent sur le campus.
5. Les cours de chimie sont faciles.
6. Nous travaillons pour obtenir un diplôme.

Révision

 1 **Des styles différents** In pairs, compare these two very different classes. Then, tell your partner which class you prefer and why.

2 **Les activités** In pairs, discuss whether these expressions apply to both of you. React to every answer you hear.

> **MODÈLE**
>
> **Étudiant(e) 1:** *Est-ce que tu étudies le week-end?*
> **Étudiant(e) 2:** *Non! Je n'aime pas travailler le week-end.*
> **Étudiant(e) 1:** *Moi non plus. J'aime mieux travailler le soir.*

1. adorer le resto U
2. être reçu(e) à un examen difficile
3. étudier au café
4. manger souvent (*often*) des sushis
5. oublier les devoirs
6. parler espagnol
7. travailler le soir à la bibliothèque
8. voyager souvent

3 **Le campus** In pairs, prepare ten questions inspired by the list and what you know about your campus. Together, survey as many classmates as possible to find out what they like and dislike on campus.

> **MODÈLE**
>
> **Étudiant(e) 1:** *Est-ce que tu aimes travailler à la bibliothèque?*
> **Étudiant(e) 2:** *Non, pas trop. Je travaille plutôt au café.*

bibliothèque	étudiant	resto U
bureau	gymnase	salle de classe
cours	librairie	salle d'ordinateurs

4 **Pourquoi?** Survey as many classmates as possible to find out if they like these academic subjects and why. Ask what adjectives they would pick to describe them. Tally the most popular answers for each subject.

> **MODÈLE**
>
> **Étudiant(e) 1:** *Est-ce que tu aimes la philosophie?*
> **Étudiant(e) 2:** *Pas tellement.*
> **Étudiant(e) 1:** *Pourquoi?*
> **Étudiant(e) 2:** *Parce que c'est trop difficile.*

1. la biologie   a. agréable
2. la chimie   b. amusant
3. l'histoire de l'art   c. désagréable
4. l'économie   d. difficile
5. la gestion   e. facile
6. les langues   f. important
7. les mathématiques   g. inutile
8. la psychologie   h. utile

5 **Les conversations** In pairs, act out a short conversation between the people shown in each drawing. They should greet each other, describe what they are doing, and discuss their likes or dislikes. Choose your favorite skit and role-play it for another pair.

> **MODÈLE**
>
> **Étudiant(e) 1:** *Bonjour, Aurélie.*
> **Étudiant(e) 2:** *Salut! Tu travailles, n'est-ce pas?*

6 **Les portraits** Your instructor will give you and a partner a set of drawings showing the likes and dislikes of eight people. Discuss each person's tastes. Do not look at each other's worksheet.

> **MODÈLE**
>
> **Étudiant(e) 1:** *Sarah n'aime pas travailler.*
> **Étudiant(e) 2:** *Mais elle adore manger.*

⑤ Video

Le Zapping

À vos marques, prêts°... étudiez!

The University of Moncton was founded in 1963 and is the largest French-speaking university in Canada outside Quebec. Its three campuses of Edmunston, Moncton, and Shippagan are located in New Brunswick. Students come from the local francophone region of Acadia, from other Canadian provinces, and from countries around the world such as Guinea, Haiti, and Morocco.

The mission of the University of Moncton is not only to foster the academic development of these students but also to offer them a nurturing environment that will encourage their personal and social growth.

On n'apprend° pas seulement° dans les classes.

Mon université.

Compréhension Answer these questions.

1. What are the three kinds of activities offered at the University of Moncton?
2. Give examples of each type of activity.
3. Where does learning take place at the University of Moncton?
4. Do students receive a lot of attention from their professors? Explain.

Discussion In pairs, discuss the answers to these questions.

1. What are the University of Moncton's strengths?
2. Would you like to study there? Explain.

À vos marques, prêts *Ready, set* apprend *learn* seulement *only*

Go to **vhlcentral.com** to watch the TV clip featured in this **Le Zapping**.

Leçon 2B

You will learn how to...
- say when things happen
- discuss your schedule

Une semaine à la fac

Vocabulaire

demander	to ask
échouer	to fail
écouter	to listen (to)
enseigner	to teach
expliquer	to explain
trouver	to find; to think
Quel jour sommes-nous?	What day is it?
un an	year
une/cette année	one/this year
après	after
après-demain	day after tomorrow
un/cet après-midi	a/this afternoon
aujourd'hui	today
demain (matin/ après-midi/soir)	tomorrow (morning/ afternoon/evening)
un jour	day
une journée	day
un/ce matin	a/this morning
la matinée	morning
un mois/ce mois-ci	month/this month
une/cette nuit	a/this night
une/cette semaine	a/this week
un/ce soir	an/this evening
une soirée	evening
un/le/ce week-end	a/the/this weekend
dernier/dernière	last
premier/première	first
prochain(e)	next

semaine

lundi | mardi | mercredi | jeudi | vendredi

matin

après-midi

soir

assister au cours d'économie

passer l'examen de maths

téléphoner à Marc

préparer l'examen de maths

dîner avec Annette

Mise en pratique

 **Audio: Vocabulary**

Attention!

Use the masculine definite article **le** + [*day of the week*] when an activity is done on a weekly basis. Omit **le** when it is done on a specific day.

Le prof enseigne le lundi.
The professor teaches on Mondays.

Je passe un examen lundi.
I'm taking a test on Monday.

samedi | dimanche

visiter Paris avec Annette

rentrer à la maison

1 **Écoutez** 🎧 You will hear Lorraine describing her schedule. Listen carefully and indicate whether the statements are **vrai** or **faux**.

	Vrai	Faux
1. Lorraine étudie à l'université le soir.	☐	☐
2. Elle trouve le cours de mathématiques facile.	☐	☐
3. Elle étudie le week-end.	☐	☐
4. Lorraine étudie la chimie le mardi et le jeudi matin.	☐	☐
5. Le professeur de mathématiques explique bien.	☐	☐
6. Lorraine regarde la télévision, écoute de la musique ou téléphone à Claire et Anne le soir.	☐	☐
7. Lorraine travaille dans (*in*) une librairie.	☐	☐
8. Elle étudie l'histoire le mardi et le jeudi matin.	☐	☐
9. Lorraine adore dîner avec sa famille le week-end.	☐	☐
10. Lorraine rentre à la maison le soir.	☐	☐

2 **La classe de Mme Arnaud** Complete this paragraph by selecting the correct verb from the list below. Make sure to conjugate the verb. Some verbs will not be used.

demander	expliquer	rentrer
écouter	passer un examen	travailler
enseigner	préparer	trouver
étudier	regarder	visiter

Madame Arnaud (1) _____ à l'université. Elle (2) _____ un cours de français. Elle (3) _____ les verbes et la grammaire aux étudiants. Le vendredi, en classe, les étudiants (4) _____ une vidéo en français ou (*or*) (5) _____ de la musique française. Ce week-end, ils (6) _____ pour (*for*) (7) _____ un examen très difficile lundi matin. Je (8) _____ beaucoup pour ce cours, mais mes (*my*) amis et moi, nous (9) _____ la classe sympa.

3 **Quel jour sommes-nous?** Complete each statement with the correct day of the week.

1. Aujourd'hui, c'est _____.
2. Demain, c'est _____.
3. Après-demain, c'est _____.
4. Le week-end, c'est le _____.
5. Le premier jour de la semaine en France, c'est le _____.
6. Les jours du cours de français sont _____.
7. Mon (*My*) jour préféré de la semaine, c'est le _____.
8. Je travaille à la bibliothèque le _____.

Communication

4 **Conversez** Interview a classmate.

1. Quel jour sommes-nous?
2. Quand est le prochain cours de français?
3. Quand rentres-tu à la maison? Demain soir? Après-demain?
4. Est-ce que tu prépares un examen cette année?
5. Est-ce que tu écoutes la radio? Quel genre de musique aimes-tu?
6. Quand téléphones-tu à des amis?
7. Est-ce que tu regardes la télévision le matin, l'après-midi ou (or) le soir?
8. Est-ce que tu dînes dans un restaurant ce mois-ci?

5 **Le premier jour à la fac** You make a new friend in your French class and want to know what his or her class schedule is like this semester. With a partner, prepare a conversation to perform for the class where you:

- ask his or her name
- ask what classes he or she is taking
- ask on which days of the week he or she has class
- ask at which times of day (morning, afternoon, or evening) he or she has class

6 **Bataille navale** Your instructor will give you a worksheet. Choose four spaces on your chart and mark them with a battleship. In pairs, formulate questions by using the subjects in the first column and the verbs in the first row to find out where your partner has placed his or her battleships. Whoever "sinks" the most battleships wins.

> **MODÈLE**
>
> **Étudiant(e) 1:** Est-ce que Luc et Sabine travaillent le week-end?
> **Étudiant(e) 2:** Oui, ils travaillent le week-end.
> (if you marked that square)
> Non, ils ne travaillent pas le week-end.
> (if you didn't mark that square)

7 **Le week-end** Fill out the schedule below with your typical weekend activities. Use the verbs you know. Compare your schedule with a classmate's, and talk about the different activities that you do and when. Be prepared to discuss your results with the class.

Les sons et les lettres

Audio: Concepts, Activities
Record & Compare

The letter r

The French **r** is very different from the English *r*. In English, an *r* is pronounced in the middle and toward the front of the mouth. The French **r** is pronounced in the throat.

You have seen that an **-er** at the end of a word is usually pronounced *-ay*, as in the English word *way*, but without the glide sound.

| chant**er** | mang**er** | expliqu**er** | aim**er** |

In most other circumstances, the French **r** has a very different sound. Pronunciation of the French **r** varies according to its position in a word. Note the different ways the **r** is pronounced in these words.

| **r**iviè**r**e | litté**r**atu**r**e | o**r**dinateu**r** | devoi**r** |

If an **r** falls between two vowels or before a vowel, it is pronounced with slightly more friction.

| **r**a**r**e | ga**r**age | Eu**r**ope | **r**ose |

An **r** sound before a consonant or at the end of a word is pronounced with slightly less friction.

| po**r**te | bou**r**se | ado**r**e | jou**r** |

Prononcez Practice saying the following words aloud.

1. crayon
2. professeur
3. plaisir
4. différent
5. terrible
6. architecture
7. trouver
8. restaurant
9. rentrer
10. regarder
11. lettres
12. réservé
13. être
14. dernière
15. arriver
16. après

Articulez Practice saying the following sentences aloud.

1. Au revoir, Professeur Colbert!
2. Rose arrive en retard mardi.
3. Mercredi, c'est le dernier jour des cours.
4. Robert et Roger adorent écouter la radio.
5. La corbeille à papier, c'est quarante-quatre euros!
6. Les parents de Richard sont brillants et très agréables.

Dictons Practice reading these sayings aloud.

Quand le renard prêche, gare aux oies.[2]

Qui ne risque rien n'a rien.[1]

[1] Nothing ventured, nothing gained.
[2] When the fox preaches, watch your geese.

ROMAN-PHOTO

On trouve une solution.

 **Video:** *Roman-photo*
Record & Compare

PERSONNAGES

Amina

Astrid

David

Rachid

Sandrine

Stéphane

À la terrasse du café...

RACHID Alors, on a rendez-vous avec David demain à cinq heures moins le quart, pour rentrer chez nous.

SANDRINE Aujourd'hui, c'est mercredi. Demain... jeudi. Le mardi et le jeudi j'ai cours de chant de trois heures vingt à quatre heures et demie. C'est parfait!

AMINA Pas de problème. J'ai cours de stylisme...

AMINA Salut, Astrid!

ASTRID Bonjour.

RACHID Astrid, je te présente David, mon (*my*) coloc américain.

DAVID Alors, cette année, tu as des cours très difficiles, n'est-ce pas?

ASTRID Oui? Pourquoi?

DAVID Ben, Stéphane pense que les cours sont très difficiles.

ASTRID Ouais, Stéphane, il assiste au cours mais... il ne fait pas ses (*his*) devoirs et il n'écoute pas les profs. Cette année est très importante, parce que nous avons le bac...

DAVID Ah, le bac...

Au parc...

ASTRID Stéphane! Quelle heure est-il? Tu n'as pas de montre?

STÉPHANE Oh, Astrid, excuse-moi! Le mercredi, je travaille avec Astrid au café sur le cours de maths...

ASTRID Et le mercredi après-midi, il oublie! Tu n'as pas peur du bac, toi!

STÉPHANE Tu as tort, j'ai très peur du bac! Mais je n'ai pas envie de passer mes (*my*) journées, mes soirées et mes week-ends avec des livres!

ASTRID Je suis d'accord avec toi, Stéphane! J'ai envie de passer les week-ends avec mes copains... des copains qui n'oublient pas les rendez-vous!

RACHID Écoute, Stéphane, tu as des problèmes avec ta (*your*) mère, avec Astrid aussi.

STÉPHANE Oui, et j'ai d'énormes problèmes au lycée. Je déteste le bac.

RACHID Il n'est pas tard pour commencer à travailler pour être reçu au bac.

STÉPHANE Tu crois, Rachid?

A C T I V I T É S

1 **Vrai ou faux?** Choose whether each statement is **vrai** or **faux**.

1. Le mardi et le mercredi, Sandrine a (*has*) cours de chant.
2. Le jeudi, Amina a cours de stylisme.
3. Astrid pense que le bac est impossible.
4. La famille de David est allemande.
5. Le mercredi, Stéphane travaille avec Astrid au café sur le cours de maths.
6. Stéphane a beaucoup de problèmes.
7. Rachid est optimiste.
8. Stéphane dîne chez Rachid samedi.
9. Le sport est très important pour Stéphane.
10. Astrid est fâchée (*angry*) contre Stéphane.

 Practice more at **vhlcentral.com**.

Les amis organisent des rendez-vous.

RACHID C'est un examen très important que les élèves français passent la dernière année de lycée pour continuer en études supérieures.

DAVID Euh, n'oublie pas, je suis de famille française.

ASTRID Oui, et c'est difficile, mais ce n'est pas impossible. Stéphane trouve que les études ne sont pas intéressantes. Le sport, oui, mais pas les études.

RACHID Le sport? Tu cherches Stéphane, n'est-ce pas? On trouve Stéphane au parc! Allons-y, Astrid.

ASTRID D'accord. À demain!

RACHID Oui. Mais le sport, c'est la dernière des priorités. Écoute, dimanche prochain, tu dînes chez moi et on trouve une solution.

STÉPHANE Rachid, tu n'as pas envie de donner des cours à un lycéen nul comme moi!

RACHID Mais si, j'ai très envie d'enseigner les maths...

STÉPHANE Bon, j'accepte. Merci, Rachid. C'est sympa.

RACHID De rien. À plus tard!

 2 **Répondez** Answer these questions. Refer to the video scenes and a dictionary as necessary. You do not have to answer in complete sentences.

1. Où est-ce que tu as envie de voyager?
2. Est-ce que tu as peur de quelque chose? De quoi?
3. Qu'est-ce que tu dis (*say*) quand tu as tort?

3 **À vous!** With a partner, describe someone you know whose personality, likes, or dislikes resemble those of Rachid or Stéphane.

MODÈLE

Paul est comme (like) Rachid... il est sérieux.

ACTIVITÉS

 **Reading**

Les cours universitaires

French university courses often consist of lectures in large halls called **amphithéâtres.** Some also include discussion-based sessions with fewer students. Other than in the **grandes écoles** and specialized schools, class attendance is not mandatory in most universities. Students are motivated to attend by their desire to pass. Course grades may be based upon only one or two exams or term papers, so students generally take their studies seriously. They often form study groups to discuss the lectures and share class notes. This practice encourages open exchange of ideas and debate, a tradition that continues well past university life in France.

The start of classes each year is known as the **rentrée universitaire** and takes place at the beginning of October. The academic year is divided into two semesters. Four to six classes each semester is typical.

Students take exams throughout the semester, a practice known as **contrôle continu°**. At final exams in May or June, they can retake other exams they might have failed during that year or the preceding year. French grades range from 0–20, rather than from 0–100. Scores over 17 or 18 are rare and even the best students do not expect to score consistently in the near-perfect range. A grade of 10 is a passing grade, and is therefore not the equivalent of a 50 in the American system. If you plan to study abroad for credit, ask the foreign institution to provide your school with grade equivalents.

contrôle continu *continuous assessment*

Système français de notation

NOTE FRANÇAISE	NOTE AMÉRICAINE	%	NOTE FRANÇAISE	NOTE AMÉRICAINE	%
0	F	0	11	A-	85
2	F	3	12	A	90
3	F	8	13	A	93
4	F	18	14	A+	96
5	F	28	15	A+	99
6	F	38	16	A+	99.5
7	D-	50	17	A+	99.7
8	C-	60	18	A+	99.9
9	B-	70	19	A+	99.99
10	B	78	20	A+	over 99.99

Coup de main

To read decimal places in French, use the French word **virgule** (*comma*) where you would normally say *point* in English. To say *percent*, use **pour cent.**

60,4% soixante virgule quatre pour cent
sixty point four percent

A C T I V I T É S

1 **Vrai ou faux?** Indicate whether each statement is **vrai** or **faux**. Correct the false statements.

1. Class attendance is optional in some French universities.
2. Final course grades are usually based on several exam grades and class participation.
3. The French university system discourages note sharing.
4. The French grading system is similar to the American system.
5. The **rentrée universitaire** happens each year in August.
6. A grade of 11 is not a passing grade.
7. The academic year in France is typically divided into trimesters.
8. Scores of 18 or 19 are very rare.
9. French students typically take three classes each semester.
10. The final exams in May or June are called the **contrôle continu.**

STRATÉGIE

False cognates

In **Leçon 1B**, you learned that cognates can help you read French. However, beware of false cognates (**les faux amis**). For example, **librairie** means *bookstore*, not *library*. **Coin** means *corner*, not *coin*. In the **Portrait** selection, you'll find several instances of the verb **passer**. Although **passer** can mean *to pass*, it is a false cognate in the context of this reading. In pairs, guess what **passer** means in this context.

LE MONDE FRANCOPHONE

Le français langue étrangère

Voici quelques° écoles du monde francophone où vous pouvez aller° pour étudier le français.

En Belgique Université de Liège

En France Université de Franche-Comté–Centre de linguistique appliquée, Université de Grenoble, Université de Paris IV–Sorbonne

À la Martinique Institut Supérieur d'Études Francophones, à Schœlcher

En Nouvelle-Calédonie Centre de Rencontres et d'Échanges Internationaux du Pacifique, à Nouméa

Au Québec Université Laval, Université de Montréal

Aux îles Saint-Pierre et Miquelon Le FrancoForum, à Saint-Pierre

En Suisse Université Populaire de Lausanne, Université de Neuchâtel

 quelques *some* **pouvez aller** *can go*

PORTRAIT

Le bac

Au lycée, les élèves ont des cours communs, comme le français, l'histoire et les maths, et aussi un choix° de spécialisation. À la fin° du lycée, à l'âge de dix-sept ou dix-huit ans, les jeunes Français passent un examen très important: le baccalauréat. Le bac est nécessaire pour continuer des études supérieures.

Les lycéens° passent des bacs différents: le bac L (littéraire), le bac ES (économique et social) et le bac S (scientifique) sont des bacs généraux. Il y a aussi des bacs techniques et des bacs technologiques, comme° le bac STI (sciences et technologies industrielles) ou le bac SMS (sciences et techniques médico-sociales). Il y a même° un bac technique de la musique et de la danse et un bac hôtellerie°! Entre 70 (soixante-dix) et 80 (quatre-vingts) pour cent des élèves passent le bac avec succès.

choix *choice* **À la fin** *At the end* **lycéens** *high school students* **comme** *such as* **même** *even* **hôtellerie** *hotel trade*

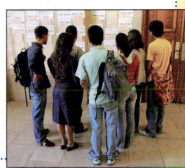

 Sur Internet

Où avez-vous envie d'étudier?

Go to **vhlcentral.com** to find more cultural information related to this **Lecture culturelle**.

---

2 **Quel bac?** Which **bac** best fits the following interests?

1. le ballet
2. la littérature
3. la médecine
4. le tourisme
5. la technologie
6. le piano et la flûte

3 **Et les cours?** In French, name two courses you might take in preparation for each of these baccalauréat exams.

1. un bac L
2. un bac SMS
3. un bac ES
4. un bac STI

 Practice more at **vhlcentral.com**.

ressources
S
vhlcentral.com
Leçon 2B

A C T I V I T É S

2B.1

Present tense of *avoir*  **Presentation**

Point de départ The verb **avoir** (*to have*) is used frequently. You will have to memorize each of its present tense forms because they are irregular.

Present tense of *avoir*			
j'ai	*I have*	**nous avons**	*we have*
tu as	*you have*	**vous avez**	*you have*
il/elle/on a	*he/she/it/one has*	**ils/elles ont**	*they have*

On a rendez-vous avec David demain.

Cette année, nous avons le bac.

- Liaison is required between the final consonants of **on**, **nous**, **vous**, **ils**, and **elles** and the first vowel of forms of **avoir** that follow them. When the final consonant is an **-s**, pronounce it as a z before the verb forms.

  On a un prof sympa.
  We have a nice professor.

  Nous avons un cours d'art.
  We have an art class.

  Vous avez deux stylos.
  You have two pens.

  Elles ont un examen de psychologie.
  They have a Psychology exam.

- Keep in mind that an indefinite article, whether singular or plural, usually becomes **de/d'** after a negation.

J'ai **un** cours difficile.
I have a difficult class.

Je n'ai pas **de** cours difficile.
I do not have a difficult class.

Il a **des** examens.
He has exams.

Il n'a pas **d'**examens.
He does not have exams.

• The verb **avoir** is used in certain idiomatic or set expressions where English generally uses *to be* or *to feel*.

Expressions with *avoir*

avoir... ans	*to be... years old*	**avoir froid**	*to be cold*
avoir besoin (de)	*to need*	**avoir honte (de)**	*to be ashamed (of)*
avoir de la chance	*to be lucky*	**avoir l'air**	*to look like, to seem*
		avoir peur (de)	*to be afraid (of)*
avoir chaud	*to be hot*	**avoir raison**	*to be right*
		avoir sommeil	*to be sleepy*
avoir envie (de)	*to feel like*	**avoir tort**	*to be wrong*

Boîte à outils

In the expression **avoir l'air** + [*adjective*], the adjective does not change to agree with the subject. It is always masculine singular, because it agrees with **air**. Examples:

Elle a l'air charmant.
She looks charming.

Ils ont l'air content.
They look happy.

Il a chaud.

Ils ont froid.

Elle a sommeil.

Il a de la chance.

• The expressions **avoir besoin de**, **avoir honte de**, **avoir peur de**, and **avoir envie de** can be followed by either a noun or a verb.

J'**ai besoin d'**une calculatrice.
I need a calculator.

J'**ai besoin d'**étudier.
I need to study.

Laure **a peur des** serpents.
Laure is afraid of snakes.

Laure **a peur de** parler au professeur.
Laure is afraid to talk to the professor.

Essayez!   Complete the sentences with the correct forms of **avoir**.

1. La température est de 35 degrés Celsius. Nous __avons__ chaud.

2. En Alaska, en décembre, vous _____ froid.

3. Martine écoute la radio et elle _____ envie de danser.

4. Ils _____ besoin d'une calculatrice pour le devoir.

5. Est-ce que tu _____ peur des insectes?

6. Sébastien pense que je travaille aujourd'hui. Il _____ raison.

7. J'_____ cours d'économie le lundi et le mercredi.

8. Mes amis voyagent beaucoup. Ils _____ de la chance.

9. Mohammed _____ deux cousins à Marseille.

10. Vous _____ un grand appartement.

ressources

WB
pp. 23–24

LM
p. 15

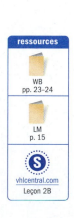

vhlcentral.com
Leçon 2B

STRUCTURES

Mise en pratique

1 **On a...** Use the correct forms of **avoir** to form questions from these elements. Use inversion and provide an affirmative or negative answer as indicated.

MODÈLE

tu / bourse (oui)
As-tu une bourse? Oui, j'ai une bourse.

1. nous / dictionnaire (oui)
2. Luc / diplôme (non)
3. elles / montres (non)
4. vous / copains (oui)
5. Thérèse / téléphone (oui)
6. Charles et Jacques / calculatrice (non)
7. on / examen (non)
8. tu / livres de français (non)

2 **C'est évident** Describe these people using expressions with **avoir**.

1. J' _____ étudier.

2. Vous _____.

3. Tu _____.

4. Elles _____.

3 **Assemblez** Use the verb avoir and combine elements from the two columns to create sentences about yourself, your class, and your school. Make any necessary changes or additions.

A	B
Je	cours utiles
L'université	bourses importantes
Les profs	professeurs brillants
Mon (*My*) petit ami	ami(e) mexicain(e) / anglais(e) / canadien(ne) / vietnamien(ne)
Ma (*My*) petite amie	étudiants intéressants
Nous	resto U agréable
	école de droit

Practice more at **vhlcentral.com.**

Communication

4 **Besoins** Your instructor will give you a worksheet. Ask different classmates if they need to do these activities. Find at least one person to answer **Oui** and at least one to answer **Non** for each item.

 MODÈLE

regarder la télé
Étudiant(e) 1: *Tu as besoin de regarder la télé?*
Étudiant(e) 2: *Oui, j'ai besoin de regarder la télé.*
Étudiant(e) 3: *Non, je n'ai pas besoin de regarder la télé.*

Activités	Oui	Non
	Anne	Louis
1. regarder la télé	Ian	Karen
2. étudier ce soir	Ian	Karen
3. passer un examen cette semaine	Karen	Ian
4. trouver un cours d'informatique	Ian	Karen
5. travailler à la bibliothèque	Ian	Karen
6. commencer un devoir important	Ian	Karen
7. téléphoner à un(e) copain/copine ce week-end	Karen	Ian
8. parler avec le professeur		

5 **C'est vrai?** Interview a classmate by transforming each of these statements into a question. Be prepared to report the results of your interview to the class.

MODÈLE J'ai deux ordinateurs.

Étudiant(e) 1: *Tu as deux ordinateurs?*
Étudiant(e) 2: *Non, je n'ai pas deux ordinateurs.*

1. J'ai peur des examens.
2. J'ai vingt et un ans.
3. J'ai envie de visiter Montréal.
4. J'ai un cours de biologie.
5. J'ai sommeil le lundi matin.
6. J'ai un(e) petit(e) ami(e) égoïste.

6 **Interview** You are talking to the campus housing advisor. Answer his or her questions. In pairs, practice the scene and role-play it for the class.

1. Qu'est-ce que (*What*) vous étudiez?
2. Est-ce que vous avez d'excellentes notes?
3. Est-ce que vous avez envie de partager la chambre?
4. Est-ce que vous mangez au resto U?
5. Est-ce que vous avez un ordinateur?
6. Est-ce que vous retrouvez des amis à la fac?
7. Est-ce que vous écoutez de la musique?
8. Est-ce que vous avez des cours le matin?
9. Est-ce que vous aimez habiter sur le campus?

2B.2

Telling time Presentation

Point de départ Use the verb **être** with numbers to tell time.

- There are two ways to ask what time it is.

Quelle heure est-il?
What time is it?

Quelle heure avez-vous / as-tu?
What time do you have?

- Use **heures** by itself to express time on the hour. Use **une heure** for one o'clock.

Il est **six heures**.   Il est **une heure**.

- Express time from the hour to the half-hour by stating the number of minutes it is past the hour.

Il est quatre heures **cinq**.   Il est onze heures **vingt**.

- Use **et quart** to say that it is fifteen minutes past the hour.
Use **et demie** to say that it is thirty minutes past the hour.

Il est une heure **et quart**.   Il est sept heures **et demie**.

- To express time from the half hour to the hour, subtract the number of minutes or the portion of an hour from the next hour.

Il est trois heures **moins dix**.   Il est une heure **moins le quart**.

- To express at what time something happens, use the preposition **à**.

Céline travaille **à sept heures moins vingt**.
Céline works at 6:40.

On passe un examen **à une heure**.
We take a test at one o'clock.

- In French, the hour and minutes are separated by the letter **h**, which stands for **heure**, whereas in English a colon is used.

  3:25 = **3h25**   11:10 = **11h10**   5:15 = **5h15**

- **Liaison** occurs between numbers and the word **heure(s)**. Final **-s** and **-x** in **deux**, **trois**, **six**, and **dix** are pronounced like a z. The final **-f** of **neuf** is pronounced like a *v*.

  Il est **deux heures**.   Il est **neuf heures** et quart.
  It's two o'clock.   *It's 9:15.*

- You do not usually make a **liaison** between the verb form **est** and a following number that starts with a vowel sound.

  Il est onze heures.   Il est une heure vingt.   Il est huit heures et demie.
  It's eleven o'clock.   *It's 1:20.*   *It's 8:30.*

À quelle heure?	(At) what time/when?	midi	noon
de l'après-midi	in the afternoon	minuit	midnight
du matin	in the morning	pile	sharp, on the dot
du soir	in the evening	presque	almost
en avance	early	tard	late
en retard	late	tôt	early
		vers	about

Il est **minuit** à Paris.   Il est six heures **du soir** à New York.
It's midnight in Paris.   *It's six o'clock in the evening in New York.*

- The 24-hour clock is often used to express official time. Departure times, movie times, and store hours are expressed in this fashion. Only numbers are used to tell time this way. Expressions like **et demie**, **moins le quart**, etc. are not used.

  Le train arrive à **dix-sept heures six**.   Le film est à **vingt-deux heures trente-sept**.
  The train arrives at 5:06 p.m.   *The film is at 10:37 p.m.*

J'ai cours de trois heures vingt à quatre heures et demie.

Stéphane! Quelle heure est-il?

Essayez!   Complete the sentences by writing out the correct times according to the cues.

1. (1:00 a.m.) Il est _une heure_ du matin.
2. (2:50 a.m.) Il est _____ du matin.
3. (8:30 p.m.) Il est _____ du soir.
4. (10:08 a.m.) Il est _____ du matin.
5. (7:15 p.m.) Il est _____ du soir.
6. (12:00 p.m.) Il est _____ .
7. (4:05 p.m.) Il est _____ de l'après-midi.
8. (4:45 a.m.) Il est _____ du matin.
9. (3:20 a.m.) Il est _____ du matin.
10. (12:00 a.m.) Il est _____ .

STRUCTURES

Mise en pratique

1 **Quelle heure est-il?** Give the time shown on each clock or watch.

MODÈLE

Il est quatre heures et quart de l'après-midi.

1. _____ 2. _____ 3. _____ 4. _____

5. _____ 6. _____ 7. _____ 8. _____

2 **À quelle heure?** Find out when you and your friends are going to do certain things.

MODÈLE

À quelle heure est-ce qu'on étudie? (about 8 p.m.)
On étudie vers huit heures du soir.

À quelle heure...

1. ...est-ce qu'on arrive au café? (at 10:30 a.m.)
2. ...est-ce que vous parlez avec le professeur? (at noon)
3. ...est-ce que tu travailles? (late, at 11:15 p.m.)
4. ...est-ce qu'on regarde la télé? (at 9:00 p.m.)
5. ...est-ce que Marlène et Nadine mangent? (around 1:45 p.m.)
6. ...est-ce que le cours commence? (very early, at 8:20 a.m.)

3 **Départ à…** Tell what each of these times would be on a 24-hour clock.

MODÈLE

Il est trois heures vingt de l'après-midi.
Il est quinze heures vingt.

1. Il est dix heures et demie du soir.
2. Il est deux heures de l'après-midi.
3. Il est huit heures et quart du soir.
4. Il est minuit moins le quart.
5. Il est six heures vingt-cinq du soir.
6. Il est trois heures moins cinq du matin.
7. Il est six heures moins le quart de l'après-midi.
8. Il est une heure et quart de l'après-midi.
9. Il est neuf heures dix du soir.
10. Il est sept heures quarante du soir.

Practice more at **vhlcentral.com.**

Communication

4 **Télémonde** Look at this French TV guide. In pairs, ask questions about program start times.

MODÈLE

Étudiant(e) 1: *À quelle heure commence Télé-ciné sur Antenne 4?*
Étudiant(e) 2: *Télé-ciné commence à dix heures dix du soir.*

dessins animés	cartoons
feuilleton télévisé	soap opera
film policier	detective film
informations	news
jeu télévisé	game show

VENDREDI

Antenne 2	Antenne 4	Antenne 5
15h30 Pomme d'Api (dessins animés)	**14h00** Football: match France-Italie	**18h25** Montréal: une ville à visiter
17h35 Reportage spécial: le sport dans les lycées	**19h45** Les informations	**19h30** Des chiffres et des lettres (jeu télévisé)
20h15 La famille Menet (feuilleton télévisé)	**20h30** Concert: orchestre de Nice	**21h05** Reportage spécial: les Sénégalais
21h35 Télé-ciné: L'inspecteur Duval (film policier)	**22h10** Télé-ciné: Une chose difficile (comédie dramatique)	**22h05** Les informations

5 **Où es-tu?** In pairs, take turns asking where (**où**) your partner usually is on these days at these times. Choose from the places listed.

au lit (*bed*)	chez mes (*at my*) parents
au resto U	chez mes copains
à la bibliothèque	chez mon (*my*) petit ami
en ville (*town*)	chez ma (*my*) petite amie
au parc	
en cours	

1. Le samedi: à 8h00 du matin; à midi; à minuit
2. En semaine: à 9h00 du matin; à 3h00 de l'après-midi; à 7h00 du soir
3. Le dimanche: à 4h00 de l'après-midi; à 6h30 du soir; à 10h00 du soir
4. Le vendredi: à 11h00 du matin; à 5h00 de l'après-midi; à 11h00 du soir

6 **Le suspect** A student on campus is a suspect in a crime. You and a partner are detectives. Keeping a log of the student's activities, use the 24-hour clock to say what he or she is doing when.

MODÈLE

À vingt-deux heures trente-trois, il parle au téléphone.

Révision

1 **J'ai besoin de...** In pairs, take turns saying which items you need. Your partner will guess why you need them. How many times did each of you guess correctly?

MODÈLE

Étudiant(e) 1: *J'ai besoin d'un cahier et d'un dictionnaire pour demain.*
Étudiant(e) 2: *Est-ce que tu as un cours de français?*
Étudiant(e) 1: *Non. J'ai un examen d'anglais.*

un cahier	un livre de physique
une calculatrice	une montre
une carte	un ordinateur
un dictionnaire	un stylo
une feuille de papier	un téléphone

2 **À l'université française** To complete your degree, you need two language classes, a science class, and an elective. Take turns deciding what classes you need or want to take. Your partner will tell you the days and times so you can set up your schedule.

MODÈLE

Étudiant(e) 1: *J'ai besoin d'un cours de maths, peut-être «Initiation aux maths».*
Étudiant(e) 2: *C'est le mardi et le jeudi après-midi, de deux heures à trois heures et demie.*
Étudiant(e) 1: *J'ai aussi besoin d'un cours de langue...*

Les cours	Jours et heures
Allemand	mardi, jeudi; 14h00-15h30
Biologie II	mardi, jeudi; 9h00-10h30
Chimie générale..............	lundi, mercredi; 11h00-12h30
Espagnol..........................	lundi, mercredi; 11h00-12h30
Gestion...........................	mercredi; 13h00-14h30
Histoire des États-Unis......	jeudi; 12h15-14h15
Initiation à la physique......	lundi, mercredi; 12h00-13h30
Initiation aux maths	mardi, jeudi; 14h00-15h30
Italien	lundi, mercredi; 12h00-13h30
Japonais	mardi, jeudi; 9h00-10h30
Les philosophes grecs.......	lundi; 15h15-16h45
Littérature moderne	mardi; 10h15-11h15

3 **Les cours** Your partner will tell you what classes he or she is currently taking. Make a list, including the times and days of the week. Then, talk to as many classmates as you can, and find at least two students who take at least two of the same classes as your partner.

4 **On y va?** Walk around the room and find at least one classmate who feels like doing each of these activities with you. For every affirmative answer, record the name of your classmate and agree on a time and date. Do not speak to the same classmate twice.

MODÈLE

Étudiant(e) 1: *Tu as envie de retrouver des amis avec moi?*
Étudiant(e) 2: *Oui, pourquoi pas? Samedi, à huit heures du soir, peut-être?*
Étudiant(e) 1: *D'accord!*

chercher un café sympa	regarder la télé française
dîner au resto U	retrouver des amis
écouter de la musique	travailler à la bibliothèque
étudier le français cette semaine	visiter un musée

5 **Au téléphone** Two high school friends are attending different universities. In pairs, imagine a conversation where they discuss the time, their classes, and likes or dislikes about campus life. Then, role-play the conversation for the class and vote for the best skit.

MODÈLE

Étudiant(e) 1: *J'ai cours de chimie à dix heures et demie.*
Étudiant(e) 2: *Je n'ai pas de cours de chimie cette année.*
Étudiant(e) 1: *N'aimes-tu pas les sciences?*
Étudiant(e) 2: *Si, mais...*

6 **La semaine de Patrick** Your instructor will give you and a partner different incomplete pages from Patrick's day planner. Do not look at each other's worksheet.

MODÈLE

Étudiant(e) 1: *Lundi matin, Patrick a cours de géographie à dix heures et demie.*
Étudiant(e) 2: *Lundi, il a cours de sciences po à deux heures de l'après-midi.*

Écriture

Brainstorming

In the early stages of writing, brainstorming can help you generate ideas on a specific topic. You should spend ten to fifteen minutes brainstorming and jotting down any ideas about the topic that occur to you. Whenever possible, try to write down your ideas in French. Express your ideas in single words or phrases, and jot them down in any order. While brainstorming, do not worry about whether your ideas are good or bad. Selecting and organizing ideas should be the second stage of your writing. Remember that the more ideas you write down while you are brainstorming, the more options you will have to choose from later when you start to organize your ideas.

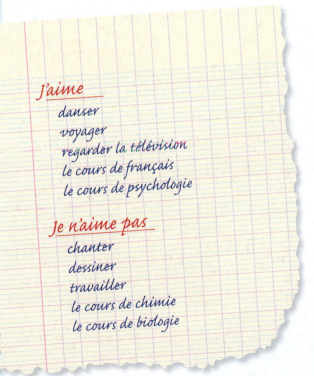

J'aime
 danser
 voyager
 regarder la télévision
 le cours de français
 le cours de psychologie

Je n'aime pas
 chanter
 dessiner
 travailler
 le cours de chimie
 le cours de biologie

Thème

Une description personnelle

Write a description of yourself to post on a web site in order to find a francophone e-pal. Your description should include:

- your name and where you are from
- the name of your university and where it is located
- the courses you are currently taking and your opinion of each one
- some of your likes and dislikes
- where you work if you have a job
- any other information you would like to include

Bonjour!

Je m'appelle Xavier Dupré. Je suis québécois, mais j'étudie le droit à l'université de Lyon, en France. J'aime...

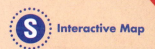
Panorama

La France

Le pays en chiffres

▶ **Superficie:** 549.000 km²
(cinq cent quarante-neuf mille kilomètres carrés°)

▶ **Population:** 61.203.000 (soixante et un millions deux cent trois mille)
SOURCE: Population Division, UN Secrétariat

▶ **Industries principales:** agro-alimentaires°, assurance°, banques, énergie, produits pharmaceutiques, produits de luxe, télécommunications, tourisme, transports

La France est le pays° le plus° visité du monde° avec plus de° 60 millions de touristes chaque° année. Son histoire, sa culture et ses monuments– plus de 12.000 (douze mille)–et musées–plus de 1.200 (mille deux cents)–attirent° des touristes d'Europe et de partout° dans le monde.

▶ **Villes principales:** Paris, Lille, Lyon, Marseille, Toulouse

▶ **Monnaie°:** l'euro
La France est un pays membre de l'Union européenne et, en 2002, l'euro a remplacé° le franc français comme° monnaie nationale.

Français célèbres

▶ **Jeanne d'Arc,** héroïne française (1412–1431)

▶ **Émile Zola,** écrivain° (1840–1902)

▶ **Auguste Renoir,** peintre° (1841–1919)

▶ **Claude Debussy,** compositeur et musicien (1862–1918)

▶ **Camille Claudel,** femme sculpteur (1864–1943)

▶ **Claudie André-Deshays,** médecin, première astronaute française (1957–)

carrés *square* agro-alimentaires *food processing* assurance *insurance* pays *country* le plus *the most* monde *world* plus de *more than* chaque *each* attirent *attract* partout *everywhere* Monnaie *Currency* a remplacé *replaced* comme *as* écrivain *writer* peintre *painter* élus à vie *elected for life* Depuis *Since* mots *words* courrier *mail* pont *bridge*

LA FRANCE

LE ROYAUME-UNI

LA MER DU NORD

LA MANCHE

LA BELGIQUE   L'ALLEMAGNE

LE LUXEMBOURG

LES ARDENNES

Lille

Rouen

Le Havre   *la Seine*   *la Marne*   Strasbourg

Caen   Versailles   ★ **Paris**   LES VOSGES   *le Rhin*

le Mont-St-Michel

Rennes

Nantes   *la Loire*

Bourges   *la Saône*   LE JURA   LA SUISSE

L'OCÉAN ATLANTIQUE   Poitiers

Limoges   Lyon   L'ITALIE

Clermont-Ferrand   LES ALPES

Bordeaux   *la Garonne*   LE MASSIF CENTRAL   Aix-en-Provence

Toulouse   *le Rhône*   MONACO

Nîmes   Marseille

LES PYRÉNÉES   LA CORSE

ANDORRE   LA MER MÉDITERRANÉE

L'ESPAGNE

un bateau-mouche sur la Seine

le château de Chenonceau

0   100 milles
0   100 kilomètres

le pont° du Gard

Incroyable mais vrai!

Être «immortel», c'est réguler et défendre le bon usage du français! Les Académiciens de l'Académie française sont élus à vie° et s'appellent les «Immortels». Depuis° 1635 (mille six cent trente-cinq), ils décident de l'orthographe correcte des mots° et publient un dictionnaire. Attention, c'est «courrier° électronique», pas «e-mail»!

La géographie

L'Hexagone

Surnommé «l'Hexagone» à cause de° sa forme géométrique, le territoire français a trois fronts maritimes: l'océan Atlantique, la mer° Méditerranée et la Manche°; et trois frontières° naturelles: les Pyrénées, les Ardennes et les Alpes et le Jura. À l'intérieur du pays°, le Massif central et les Vosges ponctuent° un relief composé de vastes plaines et de forêts. La Loire, la Seine, la Garonne, le Rhin et le Rhône sont les fleuves° principaux de l'Hexagone.

La technologie

Le Train à Grande Vitesse

Le chemin de fer° existe en France depuis° 1827 (mille huit cent vingt-sept). Aujourd'hui, la SNCF (Société nationale des chemins de fer français) offre la possibilité aux voyageurs de se déplacer° dans tout° le pays et propose des tarifs° avantageux aux étudiants et aux moins de 25 ans°. Le TGV (Train à Grande Vitesse°) roule° à plus de 300 (trois cents) km/h (kilomètres/heure) et emmène° même° les voyageurs jusqu'à° Londres et Bruxelles.

Les arts

Le cinéma, le 7ᵉ art!

L'invention du cinématographe par les frères° Lumière en 1895 (mille huit cent quatre-vingt-quinze) marque le début° du «7ᵉ (septième) art». Le cinéma français donne naissance° aux prestigieux César° en 1976 (mille neuf cent soixante-seize), à des cinéastes talentueux comme° Jean Renoir, François Truffaut et Luc Besson, et à des acteurs mémorables comme Brigitte Bardot, Catherine Deneuve, Olivier Martinez et Audrey Tautou.

L'économie

L'industrie

Avec la richesse de la culture française, il est facile d'oublier que l'économie en France n'est pas limitée à l'artisanat°, à la gastronomie ou à la haute couture°. En fait°, la France est une véritable puissance° industrielle et se classe° parmi° les économies les plus° importantes du monde. Ses° activités dans des secteurs comme la construction automobile (par exemple, Peugeot, Citroën, Renault), l'industrie aérospatiale (avec Airbus) et l'énergie nucléaire (avec Électricité de France) sont considérables.

Qu'est-ce que vous avez appris? Complete these sentences.

1. _____ est une femme sculpteur française.
2. Les Académiciens sont élus _____.
3. Le mot correct en français pour «e-mail», c'est _____.
4. À cause de sa forme, la France s'appelle aussi _____.
5. La _____ offre la possibilité de voyager dans tout le pays.

6. Avec le _____, on voyage de Paris à Londres.
7. Les _____ sont les inventeurs du cinéma.
8. _____ est un grand cinéaste français.
9. La France est une grande puissance _____.
10. Électricité de France produit (*produces*) _____.

ressources

WB pp. 27–28

vhlcentral.com Unité 2

Sur Internet

Go to **vhlcentral.com** to find more cultural information related to this **Panorama**.

1. Cherchez des informations sur l'Académie française. Faites (*Make*) une liste de mots ajoutés à la dernière édition du dictionnaire de l'Académie française.

2. Cherchez des informations sur l'actrice Catherine Deneuve. Quand a-t-elle commencé (*did she begin*) sa (*her*) carrière? Trouvez ses (*her*) trois derniers films.

à cause de *because of* mer *sea* Manche *English Channel* frontières *borders* pays *country* ponctuent *punctuate* fleuves *rivers* chemin de fer *railroad* depuis *since* se déplacer *travel* dans tout *throughout* tarifs *fares* moins de 25 ans *people under 25* Train à Grande Vitesse *high speed train* roule *rolls, travels* emmène *takes* même *even* jusqu'à *to* frères *brothers* début *beginning* donne naissance *gives birth* César *equivalent of the Oscars in France* comme *such as* artisanat *craft industry* haute couture *high fashion* En fait *In fact* puissance *power* se classe *ranks* parmi *among* les plus *the most* Ses *Its*

Verbes

adorer	to love; to adore
aimer	to like; to love
aimer mieux	to prefer
arriver	to arrive
chercher	to look for
commencer	to begin, to start
dessiner	to draw; to design
détester	to hate
donner	to give
étudier	to study
habiter (à)	to live (in)
manger	to eat
oublier	to forget
parler (au téléphone)	to speak (on the phone)
partager	to share
penser (que/qu')	to think (that)
regarder	to look (at), to watch
rencontrer	to meet
retrouver	to meet up with; to find (again)
travailler	to work
voyager	to travel

Vocabulaire supplémentaire

J'adore…	I love…
J'aime bien…	I like…
Je n'aime pas tellement…	I don't like… very much.
Je déteste…	I hate…
être reçu(e) à un examen	to pass an exam

Des questions et des opinions

bien sûr	of course
d'accord	OK, all right
Est-ce que/qu'…?	question phrase
(mais) non	no (but of course not)
moi/toi non plus	me/you neither
ne… pas	no, not
n'est-ce pas?	isn't that right?
oui/si	yes
parce que	because
pas du tout	not at all
peut-être	maybe, perhaps
pourquoi?	why?

ressources

vhlcentral.com
Unité 2

L'université

assister à	to attend
demander	to ask
dîner	to have dinner
échouer	to fail
écouter	to listen (to)
enseigner	to teach
expliquer	to explain
passer un examen	to take an exam
préparer	to prepare (for)
rentrer (à la maison)	to return (home)
téléphoner à	to telephone
trouver	to find; to think
visiter	to visit (a place)
l'architecture (f.)	architecture
l'art (m.)	art
la biologie	biology
la chimie	chemistry
le droit	law
l'économie (f.)	economics
l'éducation physique (f.)	physical education
la géographie	geography
la gestion	business administration
l'histoire (f.)	history
l'informatique (f.)	computer science
les langues (étrangères) (f.)	(foreign) languages
les lettres (f.)	humanities
les mathématiques (maths) (f.)	mathematics
la philosophie	philosophy
la physique	physics
la psychologie	psychology
les sciences (politiques/po) (f.)	(political) science
le stylisme de mode (m.)	fashion design
une bourse	scholarship, grant
un cours	class, course
un devoir; les devoirs	homework
un diplôme	diploma, degree
l'école (f.)	school
les études (supérieures) (f.)	(higher) education; studies
le gymnase	gymnasium
une note	grade
un restaurant universitaire (un resto U)	university cafeteria

Expressions utiles	See pp. 47 and 65.
Telling time	See pp. 72–73.

Expressions de temps

Quel jour sommes-nous?	What day is it?
un an	year
une/cette année	one/this year
après	after
après-demain	day after tomorrow
un/cet après-midi	an/this afternoon
aujourd'hui	today
demain (matin/après-midi/soir)	tomorrow (morning/afternoon/evening)
un jour	day
une journée	day
(le) lundi, mardi, mercredi, jeudi, vendredi, samedi, dimanche	(on) Monday(s), Tuesday(s), Wednesday(s), Thursday(s), Friday(s), Saturday(s), Sunday(s)
un/ce matin	a/this morning
la matinée	morning
un mois/ce mois-ci	a month/this month
une/cette nuit	a/this night
une/cette semaine	a/this week
un/ce soir	an/this evening
une soirée	evening
un/le/ce week-end	a/the/this weekend
dernier/dernière	last
premier/première	first
prochain(e)	next

Adjectifs et adverbes

difficile	difficult
facile	easy
inutile	useless
utile	useful
surtout	especially; above all

Expressions avec avoir

avoir	to have
avoir… ans	to be… years old
avoir besoin (de)	to need
avoir chaud	to be hot
avoir de la chance	to be lucky
avoir envie (de)	to feel like
avoir froid	to be cold
avoir honte (de)	to be ashamed (of)
avoir l'air	to look like, to seem
avoir peur (de)	to be afraid (of)
avoir raison	to be right
avoir sommeil	to be sleepy
avoir tort	to be wrong

La famille et les copains

Pour commencer

- Combien de personnes y a-t-il?
- Où sont ces personnes?
- Que font-elles?
- Ont-elles l'air agréables ou désagréables?

Leçon 3A

You will learn how to...

- discuss family, friends, and pets
- express ownership

La famille de Marie Laval

Luc Garneau

mon grand-père
(*my grandfather*)

Sophie Garneau   **Marc Garneau**

ma tante (*aunt*),
femme (*wife*)
de Marc

mon oncle (*uncle*),
fils (*son*) **de Luc**
et d'Hélène

Jean Garneau   **Isabelle Garneau**   **Virginie Garneau**

mon cousin,
petit-fils (*grandson*)
de Luc et d'Hélène
frère (*brother*)
d'Isabelle et de
Virginie

ma cousine,
sœur (*sister*)
de Jean et de
Virginie, petite-fille
(*granddaughter*) **de**
Luc et d'Hélène

ma cousine,
sœur de Jean
et d'Isabelle,
petite-fille de Luc
et d'Hélène

Bambou

le chien (*dog*) **de**
mes (*my*) **cousins**

Vocabulaire

divorcer	*to divorce*
épouser	*to marry*
aîné(e)	*elder*
cadet(te)	*younger*
un beau-frère	*brother-in-law*
un beau-père	*father-in-law; stepfather*
une belle-mère	*mother-in-law; stepmother*
un demi-frère	*half-brother; stepbrother*
une demi-sœur	*half-sister; stepsister*
les enfants (*m., f.*)	*children*
un(e) époux/épouse	*husband/wife*
une famille	*family*
une femme	*wife; woman*
une fille	*daughter; girl*
les grands-parents (*m.*)	*grandparents*
les parents (*m.*)	*parents*
un(e) voisin(e)	*neighbor*
un chat	*cat*
un oiseau	*bird*
un poisson	*fish*
célibataire	*single*
divorcé(e)	*divorced*
fiancé(e)	*engaged*
marié(e)	*married*
séparé(e)	*separated*
veuf/veuve	*widowed*

ressources

WB
pp. 29–30

LM
p. 17

vhlcentral.com
Leçon 3A

Hélène Garneau

ma grand-mère
(*my grandmother*)

Juliette Laval   **Robert Laval**

ma mère (*mother*),
fille (*daughter*) **de**
Luc et d'Hélène

mon père (*father*),
mari (*husband*)
de Juliette

Véronique Laval   **Guillaume Laval**   **Marie Laval**

ma belle-sœur
(*sister-in-law*)

mon frère
(*brother*)

Marie Laval,
fille de Juliette
et de Robert

Matthieu Laval   **Émilie Laval**

mon neveu
(*nephew*)

ma nièce
(*niece*)

petits-enfants (*grandchildren*)
de mes parents

Mise en pratique   (S) **Audio: Vocabulary**

1 **Écoutez** 🎧 Listen to each statement made by Marie Laval, and then indicate whether it is **vrai** or **faux**, based on her family tree.

	Vrai	Faux			Vrai	Faux
1	☐	☐		6.	☐	☐
2.	☐	☐		7.	☐	☐
3.	☐	☐		8.	☐	☐
4.	☐	☐		9.	☐	☐
5.	☐	☐		10.	☐	☐

2 **Qui est-ce?** Match the definition in the first list with the correct item from the second list. Not all the items will be used.

1. _____ le frère de ma cousine
2. _____ le père de mon cousin
3. _____ le mari de ma grand-mère
4. _____ le fils de mon frère
5. _____ la fille de mon grand-père
6. _____ le fils de ma mère
7. _____ la fille de mon fils
8. _____ le fils de ma belle-mère

a. mon grand-père	f. mon demi-frère
b. ma sœur	g. mon oncle
c. ma tante	h. ma petite-fille
d. mon cousin	i. mon frère
e. mon neveu	

3 **Choisissez** Fill in the blank by selecting the most appropriate answer.

1. Voici le frère de mon père. C'est mon _____ (oncle, neveu, fiancé).

2. Voici la mère de ma cousine. C'est ma _____ (grand-mère, voisine, tante).

3. Voici la petite-fille de ma grand-mère. C'est ma _____ (cousine, nièce, épouse).

4. Voici le père de ma mère. C'est mon _____ (grand-père, oncle, cousin).

5. Voici le fils de mon père, mais ce n'est pas le fils de ma mère. C'est mon _____ (petit-fils, demi-frère, voisin).

6. Voici ma nièce. C'est la _____ (cousine, fille, petite-fille) de ma mère.

7. Voici la mère de ma tante. C'est ma _____ (cousine, grand-mère, nièce).

8. Voici la sœur de mon oncle. C'est ma _____ (tante, belle-mère, belle-sœur).

9. Voici la fille de ma mère, mais pas de mon père. C'est ma _____ (belle-sœur, demi-sœur, sœur).

10. Voici le mari de ma mère, mais ce n'est pas mon père. C'est mon _____ (beau-frère, grand-père, beau-père).

Communication

4 **L'arbre généalogique** With a classmate, identify the members of the family by asking questions about how each member is related to Anne Durand.

> **MODÈLE**
>
> **Étudiant(e) 1:** *Qui est Louis Durand?*
> **Étudiant(e) 2:** *C'est le grand-père d'Anne.*

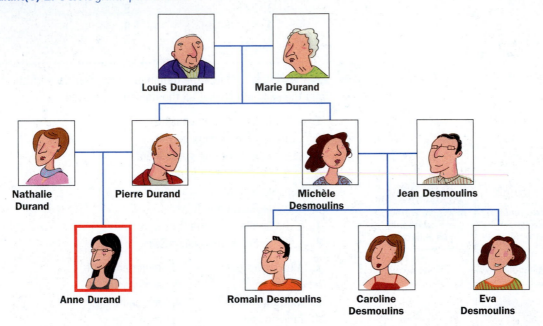

5 **Entrevue** With a classmate, take turns asking each other these questions.

1. Combien de personnes y a-t-il dans ta famille?
2. Comment s'appellent tes parents?
3. As-tu des frères ou des sœurs?
4. Combien de cousins/cousines as-tu? Comment s'appellent-ils/elles? Où habitent-ils/elles?
5. Quel(le) (*Which*) est ton cousin préféré/ta cousine préférée?
6. As-tu des neveux/des nièces?
7. Comment s'appellent tes grands-parents? Où habitent-ils?
8. Combien de petits-enfants ont tes grands-parents?

Coup de main

Use these words to help you complete this activity.

ton *your* (m.)	→	mon *my* (m.)
ta *your* (f.)	→	ma *my* (f.)
tes *your* (pl.)	→	mes *my* (pl.)

6 **Qui suis-je?** Your instructor will give you a worksheet. Walk around the class and ask your classmates questions about their families. When a classmate gives one of the answers on the worksheet, write his or her name in the corresponding space. Be prepared to discuss the results with the class.

> **MODÈLE** Je suis marié(e).
>
> **Paul:** *Est-ce que tu es mariée?*
> **Jacqueline:** *Oui, je suis mariée.* (You write "Jacqueline".)/
> *Non, je ne suis pas mariée.* (You ask another classmate.)

Les sons et les lettres

S Audio: Concepts, Activities
Record & Compare

 ## L'accent aigu and l'accent grave

In French, diacritical marks (*accents*) are an essential part of a word's spelling. They indicate how vowels are pronounced or distinguish between words with similar spellings but different meanings. **L'accent aigu** (´) appears only over the vowel **e**. It indicates that the **e** is pronounced similarly to the vowel *a* in the English word *cake*, but shorter and crisper. The French **é** lacks the *y* glide heard in English words like *day* and *late*.

| **é**tudier | r**é**serv**é** | **é**l**é**gant | t**é**l**é**phone |

L'accent aigu also signals some similarities between French words and English words. Often, an **e** with **l'accent aigu** at the beginning of a French word marks the place where the letter *s* would appear at the beginning of the English equivalent.

| **é**ponge | **é**pouse | **é**tat | **é**tudiante |
| *sponge* | *spouse* | *state* | *student* |

L'accent grave (`) over the vowel **e** indicates that the **e** is pronounced like the vowel *e* in the English word *pet*.

| tr**è**s | apr**è**s | m**è**re | ni**è**ce |

Although **l'accent grave** does not change the pronunciation of the vowels **a** or **u**, it distinguishes words that have a similar spelling but different meanings.

| **la** | **là** | **ou** | **où** |
| *the* | *there* | *or* | *where* |

 Prononcez Practice saying these words aloud.

1. agréable
2. sincère
3. voilà
4. faculté
5. frère
6. à
7. déjà
8. éléphant
9. lycée
10. poème
11. là
12. élève

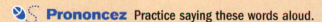 **Articulez** Practice saying these sentences aloud.

1. À tout à l'heure!
2. Thérèse, je te présente Michèle.
3. Hélène est très sérieuse et réservée.
4. Voilà mon père, Frédéric et ma mère, Ségolène.
5. Tu préfères étudier à la fac demain après-midi?

À vieille mule, frein doré.[2]

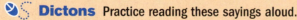 **Dictons** Practice reading these sayings aloud.

Tel père, tel fils.[1]

[1] Like father, like son.
[2] For an old mule, a golden bit.

ressources

LM p. 18

vhlcentral.com
Leçon 3A

ROMAN-PHOTO

L'album de photos

Video: *Roman-photo*
Record & Compare

PERSONNAGES

Amina

Michèle

Stéphane

Valérie

MICHÈLE Mais, qui c'est? C'est ta sœur? Tes parents?

AMINA C'est mon ami Cyberhomme.

MICHÈLE Comment est-il? Est-ce qu'il est beau? Il a les yeux de quelle couleur? Marron ou bleue? Et ses cheveux? Ils sont blonds ou châtains?

AMINA Je ne sais pas.

MICHÈLE Toi, tu es timide.

VALÉRIE Stéphane, tu as dix-sept ans. Cette année, tu passes le bac, mais tu ne travailles pas!

STÉPHANE Écoute, ce n'est pas vrai, je déteste mes cours, mais je travaille beaucoup. Regarde, mon cahier de chimie, mes livres de français, ma calculatrice pour le cours de maths, mon dictionnaire anglais-français...

STÉPHANE Oh, et qu'est-ce que c'est? Ah, oui, les photos de tante Françoise.

VALÉRIE Des photos? Mais où?

STÉPHANE Ici! Amina, on peut regarder des photos de ma tante sur ton ordinateur, s'il te plaît?

AMINA Ah, et ça, c'est toute la famille, n'est-ce pas?

VALÉRIE Oui, ça c'est Henri, sa femme Françoise et leurs enfants: le fils aîné Bernard, et puis son frère Charles, sa sœur Sophie et leur chien Socrate.

STÉPHANE J'aime bien Socrate. Il est vieux, mais il est amusant!

VALÉRIE Ah! Et Bernard, il a son bac aussi et sa mère est très heureuse.

STÉPHANE Moi, j'ai envie d'habiter avec oncle Henri et tante Françoise. Comme ça, pas de problème pour le bac!

STÉPHANE Pardon, maman. Je suis très heureux ici avec toi. Ah, au fait, Rachid travaille avec moi pour préparer le bac.

VALÉRIE Ah, bon? Rachid est très intelligent... un étudiant sérieux.

A C T I V I T É S

1 **Vrai ou faux?** Are the sentences **vrai** or **faux**?

1. Amina communique avec sa (*her*) tante par ordinateur.
2. Stéphane n'aime pas ses (*his*) cours au lycée.
3. Ils regardent des photos de vacances.
4. Henri est le frère aîné de Valérie.
5. Bernard est le cousin de Stéphane.
6. Charles a déjà son bac.
7. La tante de Stéphane s'appelle Françoise.
8. Stéphane travaille avec Amina pour préparer le bac.
9. Socrate est le fils d'Henri et de Françoise.
10. Rachid n'est pas un bon étudiant.

Practice more at **vhlcentral.com.**

Stéphane et Valérie regardent des photos de famille avec Amina.

4

5

À la table d'Amina...

AMINA Alors, voilà vos photos. Qui est-ce?

VALÉRIE Oh, c'est Henri, mon frère aîné!

AMINA Quel âge a-t-il?

VALÉRIE Il a cinquante ans. Il est très sociable et c'est un très bon père.

VALÉRIE Ah! Et ça c'est ma nièce Sophie et mon neveu Charles! Regarde, Stéphane, tes cousins!

STÉPHANE Je n'aime pas Charles. Il est tellement sérieux.

VALÉRIE Il est peut-être trop sérieux, mais, lui, il a son bac!

AMINA Et Sophie, qu'elle est jolie!

VALÉRIE ... et elle a déjà son bac.

9

10

AMINA Ça oui, préparer le bac avec Rachid, c'est une idée géniale!

VALÉRIE Oui, c'est vrai. En théorie, c'est une excellente idée. Mais tu prépares le bac avec Rachid, hein? Pas le prochain match de foot!

Expressions utiles

Talking about your family

- **C'est ta sœur? Tes parents?**
  Is that your sister? Your parents?

- **C'est mon ami.**
  That's my friend.

- **Ça c'est Henri, sa femme Françoise et leurs enfants.**
  That's Henri, his wife Françoise, and their kids.

Describing people

- **Il a les yeux de quelle couleur? Marron ou bleue?**
  What color are his eyes? Brown or blue?

- **Il a les yeux bleus.**
  He has blue eyes.

- **Et ses cheveux? Ils sont blonds ou châtains? Frisés ou raides?**
  And his hair? Is it blond or brown? Curly or straight?

- **Il a les cheveux châtains et frisés.**
  He has curly brown hair.

Additional vocabulary

- **On peut regarder des photos de ma tante sur ton ordinateur?**
  Can/May we look at some photos from my aunt on your computer?

- **C'est toute la famille, n'est-ce pas?**
  That's the whole family, right?

- **Je ne sais pas (encore).**
  I (still) don't know.

- **Alors...**
  So...
- **peut-être**
  maybe

- **vrai**
  true
- **au fait**
  by the way

- **une photo(graphie)**
  a photo(graph)
- **Hein?**
  Alright?

- **une idée**
  an idea
- **déjà**
  already

---

2 **Vocabulaire** Describe how Stéphane would be on the occasions listed. Refer to a dictionary as necessary.

1. on his 87th birthday _____

2. after finding 20€ _____

3. while taking the **bac** _____

4. after getting a good grade _____

5. after dressing for a party _____

beau

heureux

sérieux

vieux

3 **Conversez** In pairs, describe which member of your family is most like Stéphane. How are they alike? Do they both like sports? Do they take similar classes? How do they like school? What are their personalities like? Be prepared to describe your partner's "Stéphane" to the class.

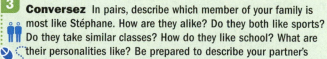
ACTIVITÉS

Reading
Video: *Flash culture*

CULTURE À LA LOUPE

La famille en France

Comment est la famille française? Est-elle différente de la famille américaine? La majorité des Français sont-ils mariés, divorcés ou célibataires?

Il n'y a pas de réponse simple à ces questions. Les familles françaises sont très diverses. Le mariage est toujours° très populaire: la majorité des hommes et des femmes sont mariés. Mais attention! Les nombres° de personnes divorcées et de personnes célibataires augmentent chaque° année.

La structure familiale traditionnelle existe toujours en France, mais il y a des structures moins traditionnelles, comme les familles monoparentales, où° l'unique parent est divorcé, séparé ou veuf. Il y a aussi des familles recomposées qui combinent deux familles, avec un beau-père, une belle-mère, des demi-frères ou des demi-sœurs. Certains couples choisissent° le Pacte Civil de Solidarité (PACS), qui offre certains droits° et protections aux couples non-mariés.

Géographiquement, les membres d'une famille d'immigrés peuvent° habiter près ou loin° les uns des autres°. Mais en général, ils préfèrent habiter les uns près des autres parce que l'intégration est parfois° difficile. Il existe aussi des familles d'immigrés séparées entre° la France et le pays d'origine.

Alors, oubliez les stéréotypes des familles en France. Elles sont grandes et petites, traditionnelles et non-conventionnelles; elles changent et sont toujours les mêmes°.

Coup de main

Remember to read decimal places in **French** using the French word **virgule** (*comma*) where you would normally say *point* in English. To say *percent*, use **pour cent**.

64,3% soixante-quatre virgule trois pour cent

sixty-four point three percent

La situation familiale des Français
(par tranche° d'âge)

ÂGE	CÉLIBATAIRE	EN COUPLE SANS ENFANTS	EN COUPLE AVEC ENFANTS	PARENT D'UNE FAMILLE MONOPARENTALE
< 25 ans	3,6%	2,8%	1%	0,3%
25–29 ans	16,7%	26,5%	26,2%	2,6%
30–44 ans	10,9%	9,8%	64,3%	6,2%
45–59 ans	11,7%	29,9%	47,2%	5,9%
> 60 ans	20,3%	59,2%	11,7%	2,9%

toujours *still* **nombres** *numbers* **chaque** *each* **où** *where* **choisissent** *choose* **droits** *rights* **peuvent** *can* **près ou loin** *near or far* **les uns des autres** *from one another* **parfois** *sometimes* **entre** *between* **mêmes** *same* **tranche** *bracket*

A C T I V I T É S

1 **Complétez** Provide logical answers.

1. Si on regarde la population française d'aujourd'hui, on observe que les familles françaises sont très _____.

2. Le _____ est toujours très populaire en France.

3. La majorité des hommes et des femmes sont _____.

4. Le nombre de Français qui sont _____ augmente.

5. Dans les familles _____, l'unique parent est divorcé, séparé ou veuf.

6. Il y a des familles qui combinent _____ familles.

7. Le _____ offre certains droits et protections aux couples qui ne sont pas mariés.

8. Les immigrés aiment _____ les uns près des autres.

9. Oubliez les _____ des familles en France.

10. Les familles changent et sont toujours _____.

STRATÉGIE

Predicting content from visuals

When you read in French, look for visual clues, such as photos and illustrations, that will orient you to the content and purpose of the reading. Some visuals summarize data in a way that is easy to comprehend; these include bar graphs, lists of percentages, and other diagrams. Look at the visual elements of the **Culture à la loupe** selection and make a list of ideas about its content. Then, compare your list with a classmate's. Are your lists the same or different?

LE MONDE FRANCOPHONE

Les fêtes et la famille

Les États-Unis ont quelques fêtes° en commun avec le monde francophone, mais les dates et les traditions de ces fêtes diffèrent d'un pays° à l'autre°. Voici deux fêtes associées à la famille.

La Fête des mères

En France le dernier° dimanche de mai ou le premier° dimanche de juin
En Belgique le deuxième° dimanche de mai
À l'île Maurice le dernier dimanche de mai
Au Canada le deuxième dimanche de mai

La Fête des pères

En France le troisième° dimanche de juin
En Belgique le deuxième dimanche de juin
Au Canada le troisième dimanche de juin

quelques fêtes *some holidays* pays *country* autre *other* dernier *last* premier *first* deuxième *second* troisième *third*

PORTRAIT

Les Noah

Dans° la famille Noah, le sport est héréditaire. À chacun son° sport: pour° Yannick, né° en France, c'est le tennis; pour son père, Zacharie, né à Yaoundé, au Cameroun, c'est le football°; pour son fils, Joakim, né aux États-Unis, c'est le basket-ball. Yannick est champion junior à Wimbledon en 1977 et participe aux championnats° du Grand Chelem° dans les années 1980. Son fils, Joakim, est un joueur° de basket-ball aux États-Unis. Il gagne° le *Final Four NCAA* en 2006 et en 2007 avec les Florida Gators. Il est aujourd'hui joueur professionnel avec les Chicago Bulls. Le sport est dans le sang° chez les Noah!

Dans *In* **À chacun son** *To each his* **pour** *for* **né** *born* **football** *soccer* **championnats** *championships* **Chelem** *Slam* **joueur** *player* **gagne** *wins* **sang** *blood*

 Sur Internet

Yannick Noah: célébrité du tennis et… de la chanson?°

Tennis star and… singing sensation?

Go to **vhlcentral.com** to find more cultural information related to this **Lecture culturelle**, then watch the corresponding **Flash culture**.

---

2 **Vrai ou faux?** Indicate if these statements are **vrai** or **faux**.

1. Le tennis est héréditaire chez les Noah.
2. Zacharie Noah est né au Cameroun.
3. Zacharie Noah était (*was*) un joueur de basket-ball.
4. Yannick gagne à l'US Open.
5. Joakim joue (*plays*) pour les Lakers.
6. Le deuxième dimanche de mai, c'est la Fête des mères en Belgique et au Canada.

3 **À vous…** With a partner, write six sentences describing another famous family whose members all share a common field or profession. Be prepared to share them with your classmates.

 Practice more at **vhlcentral.com.**

ressources

VM pp. 243–244

vhlcentral.com Leçon 3A

A C T I V I T É S

3A.1

Descriptive adjectives  Presentation

Point de départ As you learned in **Leçon 1B**, adjectives describe people, places, and things. In French, unlike English, the forms of most adjectives will vary depending on whether the nouns they describe are masculine or feminine, singular or plural. Furthermore, French adjectives are usually placed after the noun they modify when they don't directly follow a form of **être**.

SINGULAR MASCULINE NOUN ⟷ SINGULAR MASCULINE ADJECTIVE	PLURAL MASCULINE NOUN ⟷ PLURAL MASCULINE ADJECTIVE
Le **père** est **américain**.	As-tu des **cours** **faciles**?
The father is American.	*Do you have easy classes?*

- You've already learned several adjectives of nationality and some adjectives to describe your classes. Here are some adjectives used to describe physical characteristics.

Adjectives of physical description			
bleu(e)	*blue*	**joli(e)**	*pretty*
blond(e)	*blond*	**laid(e)**	*ugly*
brun(e)	*dark (hair)*	**marron**	*brown (not for hair)*
châtain	*brown (hair)*	**noir(e)**	*black*
court(e)	*short*	**petit(e)**	*small, short (stature)*
grand(e)	*tall, big*	**raide**	*straight (hair)*
jeune	*young*	**vert(e)**	*green*

- Notice that, in the examples below, the adjectives agree in gender (masculine or feminine) and number (singular or plural) with the subjects. Generally add **-e** to make an adjective feminine. If an adjective already ends in an unaccented **-e,** add nothing. To make an adjective plural, generally add **-s.** If an adjective already ends in an **-s,** add nothing.

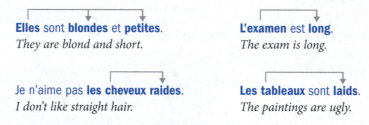

Elles sont **blondes** et **petites**.
They are blond and short.

L'examen est **long**.
The exam is long.

Je n'aime pas **les cheveux raides**.
I don't like straight hair.

Les tableaux sont **laids**.
The paintings are ugly.

- Use the expression **de taille moyenne** to describe someone or something of medium size.

Victor est un homme **de taille moyenne**.
Victor is a man of medium height.

C'est une université **de taille moyenne**.
It's a medium-sized university.

- The adjective **marron** is invariable; in other words, it does not agree in gender and number with the noun it modifies. The adjective **châtain** is almost exclusively used to describe hair color.

Mon neveu a les **yeux marron**.
My nephew has brown eyes.

Ma nièce a les **cheveux châtains**.
My niece has brown hair.

Some irregular adjectives				
masculine singular	feminine singular	masculine plural	feminine plural	
beau	belle	beaux	belles	*beautiful; handsome*
bon	bonne	bons	bonnes	*good; kind*
fier	fière	fiers	fières	*proud*
gros	grosse	gros	grosses	*fat*
heureux	heureuse	heureux	heureuses	*happy*
intellectuel	intellectuelle	intellectuels	intellectuelles	*intellectual*
long	longue	longs	longues	*long*
naïf	naïve	naïfs	naïves	*naive*
roux	rousse	roux	rousses	*red-haired*
vieux	vieille	vieux	vieilles	*old*

À noter

In **Leçon 1B,** you learned that if the masculine singular form of an adjective already ends in **-s (sénégalais),** you don't add another one to form the plural. The same is also true for words that end in **-x (roux, vieux).**

- The forms of the adjective **nouveau** (*new*) follow the same pattern as those of **beau**.

MASCULINE PLURAL
J'ai trois **nouveaux** stylos.
I have three new pens.

FEMININE SINGULAR
Tu aimes la **nouvelle** horloge?
Do you like the new clock?

- Other adjectives that follow the pattern of **heureux** are **curieux** (*curious*), **malheureux** (*unhappy*), **nerveux** (*nervous*), and **sérieux** (*serious*).

Position of certain adjectives

- Certain adjectives are usually placed *before* the noun they modify. These include: **beau**, **bon**, **grand**, **gros**, **jeune**, **joli**, **long**, **nouveau**, **petit**, and **vieux**.

J'aime bien les **grandes familles**.
I like large families.

Joël est un **vieux copain**.
Joël is an old friend.

- Other adjectives that are also generally placed before a noun are: **mauvais(e)** (*bad*), **pauvre** (*poor as in unfortunate*), **vrai(e)** (*true, real*).

Ça, c'est un **pauvre** homme.
That is an unfortunate man.

C'est une **vraie** catastrophe!
This is a real disaster!

Boîte à outils

When **pauvre** and **vrai(e)** are placed after the noun, they have a slightly different meaning: **pauvre** means *poor as in not rich*, and **vrai(e)** means *true*.

Ça, c'est un homme **pauvre**.
That is a poor man.

C'est une histoire **vraie**.
This is a true story.

- When placed before a *masculine singular noun that begins with a vowel sound*, these adjectives have a special form.

beau	>	bel	>	un **bel** appartement
vieux	>	vieil	>	un **vieil** homme
nouveau	>	nouvel	>	un **nouvel** ami

- The plural indefinite article **des** changes to **de** when the adjective comes before the noun.

ADJECTIVE BEFORE NOUN
J'habite avec **de bons amis**.
I live with good friends.

ADJECTIVE AFTER NOUN
J'habite avec **des amis sympathiques**.
I live with nice friends.

Essayez! **Provide all four forms of the adjectives.**

1. grand _grand, grande, grands, grandes_
2. nerveux _____
3. roux _____
4. bleu _____
5. naïf _____
6. gros _____
7. long _____
8. fier _____

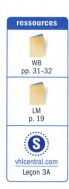

ressources

WB
pp. 31–32

LM
p. 19

vhlcentral.com
Leçon 3A

STRUCTURES

Mise en pratique

1 **Ressemblances** Family members often look and behave alike. Describe them.

MODÈLE

Caroline est intelligente. Elle a un frère.
Il est intelligent aussi.

1. Jean est curieux. Il a une sœur.
2. Carole est blonde. Elle a un cousin.
3. Albert est gros. Il a trois tantes.
4. Sylvie est fière et heureuse. Elle a un fils.
5. Christophe est vieux. Il a une demi-sœur.
6. Martin est laid. Il a une petite-fille.
7. Sophie est intellectuelle. Elle a deux grands-pères.
8. Céline est naïve. Elle a deux frères.
9. Anne est belle. Elle a cinq neveux.
10. Anissa est rousse. Elle a un mari.

2 **Une femme heureuse** Complete these sentences about Christine. Remember: some adjectives precede and some follow the nouns they modify.

MODÈLE

Christine / avoir / trois enfants (beau)
Christine a trois beaux enfants.

1. Elle / avoir / des amis (sympathique)

   _____

2. Elle / habiter / dans un appartement (nouveau)

   _____

3. Son *(Her)* mari / avoir / un travail (bon)

   _____

4. Ses *(Her)* filles / être / des étudiantes (sérieux)

   _____

5. Christine / être / une femme (heureux)

   _____

6. Son mari / être / un homme (beau)

   _____

7. Elle / avoir / des collègues amusant(e)s

   _____

8. Sa *(Her)* secrétaire / être / une fille (jeune/intellectuel)

   _____

9. Elle / avoir / des chiens (bon)

   _____

10. Ses voisins / être (poli)

   _____

Practice more at **vhlcentral.com.**

Communication

3 **Descriptions** In pairs, take turns describing these people and things using the expressions **C'est** or **Ce sont**.

MODÈLE

C'est un cours difficile.

1. _____   2. _____   3. _____

4. _____   5. _____   6. _____

4 **Comparaisons** In pairs, take turns comparing these brothers and their sister. Make as many comparisons as possible, then share them with the class to see which pair is most perceptive.

MODÈLE

Géraldine et Jean-Paul sont grands mais Tristan est petit.

Jean-Paul   Tristan   Géraldine

5 **Qui est-ce?** Choose the name of a classmate. Your partner must guess the person by asking up to 10 **oui** or **non** questions. Then, switch roles.

MODÈLE

Étudiant(e) 1: *C'est un homme?*
Étudiant(e) 2: *Oui.*
Étudiant(e) 1: *Il est de taille moyenne?*
Étudiant(e) 2: *Non.*

6 **Les bons copains** Interview two classmates to learn about one of their friends, using these questions. Your partners' answers will incorporate descriptive adjectives. Be prepared to report to the class what you learned.

- Est-ce que tu as un(e) bon(ne) copain/copine?
- Comment est-ce qu'il/elle s'appelle?
- Quel âge est-ce qu'il/elle a?

- Comment est-ce qu'il/elle est?
- Il/Elle est de quelle origine?
- Quels cours est-ce qu'il/elle aime?
- Quels cours est-ce qu'il/elle déteste?

3A.2

Possessive adjectives  Presentation

Point de départ In both English and French, possessive adjectives express ownership or possession.

Possessive adjectives			
masculine singular	feminine singular	plural	
mon	ma	mes	*my*
ton	ta	tes	*your (fam. and sing.)*
son	sa	ses	*his, her, its*
notre	notre	nos	*our*
votre	votre	vos	*your (form. or pl.)*
leur	leur	leurs	*their*

C'est ta sœur?
Tes parents?

Voilà vos photos.

- Possessive adjectives are always placed before the nouns they modify.

  C'est **ton** père?
  Is that your father?

  Non, c'est **mon** oncle.
  No, that's my uncle.

  Voici **notre** mère.
  Here's our mother.

  Ce sont **tes** livres?
  Are these your books?

- In French, unlike English, possessive adjectives agree in gender and number with the nouns they modify.

  mon frère   **ma** sœur   **mes** grands-parents
  my brother   *my sister*   *my grandparents*

  ton chat   **ta** nièce   **tes** chiens
  your cat   *your niece*   *your dogs*

- Note that the forms **notre**, **votre**, and **leur** are the same for both masculine and feminine nouns. They only change to indicate whether the noun is singular or plural.

  notre neveu   **notre** famille   **nos** enfants
  our nephew   *our family*   *our children*

  leur cousin   **leur** cousine   **leurs** cousins
  their cousin   *their cousin*   *their cousins*

- The masculine singular forms **mon**, **ton**, and **son** are used with all singular nouns that begin with a vowel *even if they are feminine.*

  mon amie   **ton** école   **son** histoire
  my friend   *your school*   *his story*

- In English, the owner's gender is indicated by the use of the possessive adjectives *his* or *her*. In French however, the choice of **son**, **sa**, and **ses** depends on the gender and number of the noun possessed, *not* the gender and number of the owner.

    son frère = *his/her brother*   **sa** sœur = *his/her sister*   **ses** parents = *his/her parents*

    Context will usually help to clarify the meaning of the possessive adjective.

    J'aime **Nadine** mais je n'aime pas **son** frère.   **Rémy** et **son** frère sont trop sérieux.
    I like Nadine but I don't like her brother.   *Rémy and his brother are too serious.*

Possession with *de*

- In English, you use *'s* to express relationships or ownership. In French, use **de (d')** + [*the noun or proper name*] instead.

    C'est le petit ami **d'Élisabeth**.   C'est le petit ami **de ma sœur**.
    That's Élisabeth's boyfriend.   *That's my sister's boyfriend.*

    Tu aimes la cousine **de Thierry**?   J'ai l'adresse **de ses parents**.
    Do you like Thierry's cousin?   *I have his parents' address.*

- When the preposition **de** is followed by the definite articles **le** and **les**, they contract to form **du** and **des**, respectively. There is no contraction when **de** is followed by **la** and **l'**.

    de + le ▶ du   de + les ▶ des

    L'opinion **du** grand-père est importante.   La fille **des** voisins a les cheveux châtains.
    The grandfather's opinion is important.   *The neighbors' daughter has brown hair.*

    Le nom **de l'**oiseau, c'est Lulu.   J'ai le nouvel album **de la** chanteuse française.
    The bird's name is Lulu.   *I have the French singer's new album.*

On peut regarder des photos de ma tante?

Elle a déjà son bac.

 Essayez! Provide the appropriate form of each possessive adjective.

mon, ma, mes

1. _mon_ livre
2. _____ librairie
3. _____ professeurs

ton, ta, tes

4. _____ ordinateurs
5. _____ télévision
6. _____ stylo

son, sa, ses

7. _____ table
8. _____ problèmes
9. _____ école

notre, nos

10. _____ cahier
11. _____ études
12. _____ bourse

votre, vos

13. _____ soirées
14. _____ resto U
15. _____ devoirs

leur, leurs

16. _____ résultat
17. _____ classe
18. _____ notes

ressources

WB
pp. 33–34

LM
p. 20

Ⓢ
vhlcentral.com
Leçon 3A

STRUCTURES

Mise en pratique

1 **Complétez** Complete the sentences with the correct possessive adjectives.

MODÈLE

Karine et Léo, vous avez _____vos_____ (your) stylos?

1. _____ (My) sœur est très patiente.
2. Marc et Julien adorent _____ (their) cours de philosophie et de maths.
3. Nadine et Gisèle, qui est _____ (your) amie?
4. C'est une belle photo de _____ (their) grand-mère.
5. Nous voyageons en France avec _____ (our) enfants.
6. Est-ce que tu travailles beaucoup sur _____ (your) ordinateur?
7. _____ (Her) cousins habitent à Paris.

2 **Identifiez** Identify the owner(s) of each object.

▶ **MODÈLE**

Ce sont les cahiers de Sophie.

Sophie

Christophe
1. _____

Paul
2. _____

Stéphanie
3. _____

Georgette
4. _____

Jacqueline
5. _____

Christine
6. _____

3 **Qui est-ce?** Look at the Mercier family tree and explain the relationships between these people.

MODÈLE

Hubert → Marie et Fabien
C'est leur père.

1. Marie → Guy
2. Agnès et Hubert → Thomas et Mégane
3. Thomas et Daniel → Yvette
4. Fabien → Guy
5. Claire → Thomas et Daniel
6. Thomas → Marie

Hubert   Agnès

Yvette   Fabien   Marie   Guy

Thomas   Lucie   Daniel   Mégane   Claire

Practice more at **vhlcentral.com.**

Communication

4 **Ma famille** Use these cues to interview as many classmates as you can to learn about their family members. Then, tell the class what you found out.

MODÈLE

mère / parler / espagnol
Étudiant(e) 1: *Est-ce que ta mère parle espagnol?*
Étudiant(e) 2: *Oui, ma mère parle espagnol.*

1. sœur / travailler / en Californie

   _____

2. frère / être / célibataire

   _____

3. cousins / avoir / un chien

   _____

4. cousin / voyager / beaucoup

   _____

5. père / adorer / les ordinateurs

   _____

6. parents / être / divorcés

   _____

7. tante / avoir / les yeux marron

   _____

8. grands-parents / habiter / en Floride

   _____

5 **Tu connais?** In pairs, take turns telling your partner if someone among your family or friends has these characteristics. Be sure to use a possessive adjective or **de** in your responses.

MODÈLE

français
Mes cousins sont français.

1. naïf	5. optimiste	9. curieux
2. beau	6. grand	10. vieux
3. petit	7. blond	11. roux
4. sympathique	8. mauvais	12. intellectuel

6 **Portrait de famille** In groups of three, take turns describing your family. Listen carefully to your partners' descriptions without taking notes. After everyone has spoken, two of you describe the other's family to see how well you remember.

MODÈLE

Étudiant(e) 1: *Sa mère est sociable.*
Étudiant(e) 2: *Sa mère est blonde.*
Étudiant(e) 3: *Mais non! Ma mère est timide et elle a les cheveux châtains.*

Révision

1 **Expliquez** In pairs, take turns randomly calling out one person from column A and one from column B. Your partner will explain how they are related.

MODÈLE

Étudiant(e) 1: *ta sœur et ta mère*
Étudiant(e) 2: *Ma sœur est la fille de ma mère.*

A	B
1. sœur	a. cousine
2. tante	b. mère
3. cousins	c. grand-père
4. demi-frère	d. neveu
5. père	e. oncle

2 **Les yeux de ma mère** List five physical (hair, eyes, and height) or personality traits that you share with other members of your family. Be specific. Then, in pairs, compare your lists. Take notes so you can present your partner's list to the class.

MODÈLE

Étudiant(e) 1: *J'ai les yeux bleus de mon père et je suis fier/fière comme mon grand-père.*
Étudiant(e) 2: *Moi, je suis impatient(e) comme ma mère.*

3 **Les familles célèbres** In groups of four, play a guessing game. Imagine that you belong to one of these famous families or a famous family of your choice. Start describing your new family to your partners. The first person who guesses which family you are describing and where you fit in is the winner. He or she should describe another family.

La famille Addams
La famille Jolie-Pitt
La famille Kennedy
La famille Windsor
La famille Simpson

4 **La famille idéale** Survey your classmates. Ask them to describe their ideal family. Record their answers. Then, in pairs, compare your results.

MODÈLE

Étudiant(e) 1: *Comment est ta famille idéale?*
Étudiant(e) 2: *Ma famille idéale est petite, avec deux enfants et beaucoup de chiens et de chats.*

5 **Le casting** A casting director is on the phone with an agent to find actors for a new comedy about a strange family. In pairs, act out their conversation and find an actor to play each character.

MODÈLE

Étudiant(e) 1: *Pour la mère, il y a Émilie. Elle est rousse et elle a les cheveux courts.*
Étudiant(e) 2: *Ah, non. La mère est brune et elle a les cheveux longs. Avez-vous une actrice brune?*

La famille

le fils   la fille   le père   la mère   le cousin

Les acteurs et les actrices

Julie   Annick   Michelle   Patrick   Laurent   Émilie   Stéphane   Robert

6 **Les différences** Your instructor will give you and a partner each a drawing of a family. Find the six differences between your picture and your partner's.

MODÈLE

Étudiant(e) 1: *La mère est blonde.*
Étudiant(e) 2: *Non, la mère est brune.*

Video

Le Zapping

Pages d'Or

The **Pages d'Or** (*Golden Pages*) of Belgium comprise a range of services whose objective is to connect businesses with potential customers. Technology is the principal means by which the **Pages d'Or** are today reaching a wider customer base, as the traditional printed telephone book is no longer their only product. The **Pages d'Or** also offer a range of technology products for allowing consumers to quickly find the businesses available for the services they need. These products include the **Pages d'Or** website, as well as listings on CD-ROM, DVD-ROM, and via digital television.

Pages d'Or®
www.pagesdor.be

—Papa, combien tu m'aimes?

—Pour toi, je décrocherais° la Lune°.

Compréhension Answer these questions.

1. Qui (*Who*) sont les deux personnes dans la publicité (*ad*)?
2. Pourquoi l'homme téléphone-t-il pour obtenir une grue (*crane*)?
3. Comment trouve-t-il le numéro de téléphone?

Discussion In groups of three, discuss the answers to these questions.

1. Pourquoi est-il facile de trouver un numéro de téléphone aujourd'hui? Comment le faites-vous?
2. Employez le vocabulaire de cette leçon pour décrire les parents idéaux.

décrocherais *would take down* **Lune** *moon*

Go to **vhlcentral.com** to watch the TV clip featured in this **Le Zapping**.

Leçon 3B

You will learn how to...
- describe people
- describe locations

Comment sont-ils?

Ils sont paresseux.

Il est rapide.

Il est fort.

Il est travailleur.

le propriétaire

discrète (discret m.)

fatiguée (fatigué m.)

jaloux (jalouse f.)

inquiète (inquiet m.)

triste

Vocabulaire

actif/active	active
antipathique	unpleasant
courageux/courageuse	brave
cruel(le)	cruel
doux/douce	sweet; soft
ennuyeux/ennuyeuse	boring
étranger/étrangère	foreign
faible	weak
favori(te)	favorite
fou/folle	crazy
généreux/généreuse	generous
génial(e) (géniaux m., pl.)	great
gentil(le)	nice
lent(e)	slow
méchant(e)	mean
modeste	modest
pénible	annoying
prêt(e)	ready
sportif/sportive	athletic
un(e) architecte	architect
un(e) artiste	artist
un(e) athlète	athlete
un(e) avocat(e)	lawyer
un(e) dentiste	dentist
un homme/une femme d'affaires	businessman/woman
un ingénieur	engineer
un(e) journaliste	journalist
un médecin	doctor

ressources

| WB pp. 35–36 | LM p. 21 | vhlcentral.com Leçon 3B |

Mise en pratique

 **S** Audio: Vocabulary

1 **Écoutez** 🎧 You will hear descriptions of three people. Listen carefully and indicate whether the statements about them are **vrai** or **faux**.

Nora   **Ahmed**   **Françoise**

	Vrai	Faux
1. L'architecte aime le sport.	☐	☐
2. L'artiste est paresseuse.	☐	☐
3. L'artiste aime son travail.	☐	☐
4. Ahmed est médecin.	☐	☐
5. Françoise est gentille.	☐	☐
6. Nora est avocate.	☐	☐
7. Nora habite au Québec.	☐	☐
8. Ahmed est travailleur.	☐	☐
9. Françoise est mère de famille.	☐	☐
10. Ahmed habite avec sa femme.	☐	☐

2 **Les contraires** Complete each sentence with the opposite adjective.

1. Ma grand-mère n'est pas cruelle, elle est _____.
2. Mon frère n'est pas travailleur, il est _____.
3. Mes cousines ne sont pas faibles, elles sont _____.
4. Ma tante n'est pas drôle, elle est _____.
5. Mon oncle n'est pas lent, il est _____.
6. Ma famille et moi, nous ne sommes pas antipathiques, nous sommes _____.
7. Mes parents ne sont pas méchants, ils sont _____.
8. Mon oncle n'est pas heureux, il est _____.

3 **Les célébrités** Match these famous people with their professions. Not all of the professions will be used.

_____ 1. Donald Trump	a. médecin
_____ 2. Claude Monet	b. journaliste
_____ 3. Paul Mitchell	c. musicien(ne)
_____ 4. Dr. Phil C. McGraw	d. coiffeur/coiffeuse
_____ 5. Serena Williams	e. artiste
_____ 6. Barbara Walters	f. architecte
_____ 7. Beethoven	g. avocat(e)
_____ 8. Johnny Cochran	h. homme/femme d'affaires
	i. athlète
	j. dentiste

la coiffeuse (coiffeur m.)

Il est drôle.

un musicien (musicienne f.)

Communication

4 **Les professions** In pairs, say what the true professions of these people are. Alternate reading and answering the questions.

MODÈLE

Étudiant(e) 1: *Est-ce que Sabine et Sarah sont femmes d'affaires?*
Étudiant(e) 2: *Non, elles sont avocates.*

1. Est-ce que Louis est athlète?

2. Est-ce que Jean est professeur?

3. Est-ce que Juliette est ingénieur?

4. Est-ce que Charles est médecin?

5. Est-ce que Pauline est musicienne?

6. Est-ce que Jacques et Brigitte sont avocats?

7. Est-ce qu'Édouard est dentiste?

8. Est-ce que Martine et Sophie sont propriétaires?

5 **Conversez** Interview a classmate. When asked **pourquoi**, answer with **parce que** (*because*).

1. Quel âge ont tes parents? Comment sont-ils?
2. Y a-t-il un(e) avocat(e) dans ta famille? Qui (*Who*)?
3. Qui est ton/ta cousin(e) préféré(e)? Pourquoi?
4. Qui n'est pas ton/ta cousin(e) préféré(e)? Pourquoi?
5. As-tu des animaux familiers (*pets*)? Quel est ton animal familier favori? Pourquoi?
6. Qui est ton professeur préféré? Pourquoi?
7. Qui est gentil dans la classe? Pourquoi?
8. Quelles professions aimes-tu? Pourquoi?

6 **Quelle surprise!** You run into your French instructor ten years after you graduated and want to know what his or her life is like today. With a partner, prepare a conversation where you:

- greet each other
- ask each other's ages
- ask what each other's professions are
- ask about marital status and for a description of your significant others
- ask each other if you have children, and if so, describe them

7 **Les petites annonces** Write a **petite annonce** (*personal ad*) where you describe yourself and your ideal boyfriend or girlfriend. Include details such as profession, age, physical characteristics, and personality. Your instructor will post the ads. In groups, take turns guessing who wrote them.

Les sons et les lettres

 Audio: Concepts, Activities Record & Compare

L'accent circonflexe, la cédille, and le tréma

L'accent circonflexe (^) can appear over any vowel.

aîné	drôle	diplôme	pâté

L'accent circonflexe indicates that a letter, frequently an **s**, has been dropped from an older spelling. For this reason, **l'accent circonflexe** can be used to identify similarities between French and English words.

hospital → h**ô**pital   forest → for**ê**t

L'accent circonflexe is also used to distinguish between words with similar spellings but different meanings.

m**û**r	mur	s**û**r	sur
ripe	*wall*	*sure*	*on*

La cédille (̧) is only used with the letter **c**. It is always pronounced with a soft **c** sound, like the **s** in the English word *yes*. Use a **cédille** to retain the soft **c** sound before an **a**, **o**, or **u**. Before an **e** or an **i**, the letter **c** is always soft, so a **cédille** is not necessary.

gar**ç**on	fran**ç**ais	**ç**a	le**ç**on

Le tréma (̈) is used to indicate that two vowel sounds are pronounced separately. It is always placed over the second vowel.

égo**ï**ste	na**ï**ve	No**ë**l	Ha**ï**ti

Prononcez Practice saying these words aloud.

1. naïf   3. châtain   5. français   7. théâtre   9. égoïste
2. reçu   4. âge   6. fenêtre   8. garçon   10. château

Articulez Practice saying these sentences aloud.

1. Comment ça va?
2. Comme ci, comme ça.
3. Vous êtes française, Madame?
4. C'est un garçon cruel et égoïste.
5. J'ai besoin d'être reçu à l'examen.
6. Caroline, ma sœur aînée, est très drôle.

Dictons Practice reading these sayings aloud.

Plus ça change, plus c'est la même chose.[2]

Impossible n'est pas français.[1]

[1] There's no such thing as "can't". (lit. *Impossible is not French.*)
[2] The more things change, the more they stay the same.

ROMAN-PHOTO

On travaille chez moi!

 Video: *Roman-photo*
Record & Compare

PERSONNAGES

Amina

David

Rachid

Sandrine

Stéphane

Valérie

SANDRINE Alors, Rachid, où est David?

Un téléphone portable sonne (a cell phone rings)...

VALÉRIE Allô.

RACHID Allô.

AMINA Allô.

SANDRINE C'est Pascal! Je ne trouve pas mon téléphone!

AMINA Il n'est pas dans ton sac à dos?

SANDRINE Non!

RACHID Ben, il est sous tes cahiers.

SANDRINE Non plus!

AMINA Il est peut-être derrière ton livre... ou à gauche.

SANDRINE Mais non! Pas derrière! Pas à gauche! Pas à droite! Et pas devant!

RACHID Non! Il est là... sur la table. Mais non! La table à côté de la porte.

SANDRINE Ce n'est pas vrai! Ce n'est pas Pascal! Numéro de téléphone 06.62.70.94.87. Mais qui est-ce?

DAVID Sandrine? Elle est au café?

RACHID Oui... pourquoi?

DAVID Ben, j'ai besoin d'un bon café, oui, d'un café très fort. D'un espresso! À plus tard!

RACHID Tu sais, David, lui aussi, est pénible. Il parle de Sandrine. Sandrine, Sandrine, Sandrine.

RACHID ET STÉPHANE C'est barbant!

STÉPHANE C'est ta famille? C'est où?

RACHID En Algérie, l'année dernière chez mes grands-parents. Le reste de ma famille — mes parents, mes sœurs et mon frère, habitent à Marseille.

STÉPHANE C'est ton père, là?

RACHID Oui. Il est médecin. Il travaille beaucoup.

RACHID Et là, c'est ma mère. Elle, elle est avocate. Elle est très active... et très travailleuse aussi.

A C T I V I T É S

1 **Identifiez** Indicate which character would make each statement. The names may be used more than once. Write **D** for David, **R** for Rachid, **S** for Sandrine, and **St** for Stéphane.

1. J'ai envie d'être architecte. _____
2. Numéro de téléphone 06.62.70.94.87. _____
3. David est un colocataire pénible. _____
4. Stéphane! Tu n'es pas drôle! _____

5. Que c'est ennuyeux! _____
6. On travaille chez moi! _____
7. Sandrine, elle est tellement pénible. _____
8. Sandrine? Elle est au café? _____
9. J'ai besoin d'un café très fort. _____
10. C'est pour ça qu'on prépare le bac. _____

 Practice more at **vhlcentral.com.**

Sandrine perd (*loses*) son téléphone.
Rachid aide Stéphane à préparer le bac.

STÉPHANE Qui est-ce? C'est moi!

SANDRINE Stéphane! Tu n'es pas drôle!

AMINA Oui, Stéphane. C'est cruel.

STÉPHANE C'est génial...

RACHID Bon, tu es prêt? On travaille chez moi!

À l'appartement de Rachid et de David...

STÉPHANE Sandrine, elle est tellement pénible. Elle parle de Pascal, elle téléphone à Pascal... Pascal, Pascal, Pascal! Que c'est ennuyeux!

RACHID Moi aussi, j'en ai marre.

STÉPHANE Avocate? Moi, j'ai envie d'être architecte.

RACHID Architecte? Alors, c'est pour ça qu'on prépare le bac.

Rachid et Stéphane au travail...

RACHID Allez, si *x* égale 83 et *y* égale 90, la réponse c'est...

STÉPHANE Euh... 100?

RACHID Oui! Bravo!

Expressions utiles

Making complaints

- **Sandrine, elle est tellement pénible.**
  Sandrine is such a pain.
- **J'en ai marre.**
  I'm fed up.
- **Tu sais, David, lui aussi, est pénible.**
  You know, David's a pain, too.
- **C'est barbant!/C'est la barbe!**
  What a drag!

Reading numbers

- **Numéro de téléphone 06.62.70.94.87 (zéro six, soixante-deux, soixante-dix, quatre-vingt-quatorze, quatre-vingt-sept).**
  Phone number 06.62.70.94.87.
- **Si *x* égale 83 (quatre-vingt-trois) et *y* égale 90 (quatre-vingt-dix)...**
  If x equals 83 and y equals 90...
- **La réponse, c'est 100 (cent).**
  The answer is 100.

Expressing location

- **Où est le téléphone de Sandrine?**
  Where is Sandrine's telephone?
- **Il n'est pas dans son sac à dos.**
  It's not in her backpack.
- **Il est sous ses cahiers.**
  It's under her notebooks.
- **Il est derrière son livre, pas devant.**
  It's behind her book, not in front.
- **Il est à droite ou à gauche?**
  Is it to the right or to the left?
- **Il est sur la table à côté de la porte.**
  It's on the table next to the door.

---

2 **Vocabulaire** Refer to the video stills and dialogues to match these people and objects with their locations.

_____ 1. sur la table   a. le téléphone de Sandrine

_____ 2. pas sous les cahiers   b. Sandrine

_____ 3. devant Rachid   c. l'ordinateur de Rachid

_____ 4. au café   d. la famille de Rachid

_____ 5. à côté de la porte   e. le café de Rachid

_____ 6. en Algérie   f. la table

3 **Écrivez** In pairs, write a brief description in French of one of the video characters. Do not mention the character's name. Describe his or her personality traits, physical characteristics, and career path. Be prepared to read your description aloud to your classmates, who will guess the identity of the character.

ressources

VM pp. 197–198	DVD Leçon 3B	vhlcentral.com Leçon 3B

ACTIVITÉS

S Reading

CULTURE À LA LOUPE

L'amitié

Quelle est la différence entre un copain et un ami? Un petit ami, qu'est-ce que c'est? Avoir plus de copains que° d'amis, c'est normal. Des copains sont des personnes qu'on voit assez souvent°, comme° des gens de l'université ou du travail°, et avec qui on parle de sujets ordinaires. L'amitié° entre copains est souvent éphémère et n'est pas très profonde. D'habitude°, on ne parle pas de problèmes très personnels.

Par contre°, des amis parlent de choses plus importantes et plus intimes. L'amitié est plus profonde, solide et stable, même si° on ne voit pas ses amis très souvent. Un ami, c'est une personne très proche° qui vous écoute quand vous avez un problème.

Un(e) petit(e) ami(e) est une personne avec qui on a une relation très intime et établie°, basée sur l'amour. Les jeunes couples français sortent° souvent en groupe avec d'autres° couples plutôt que° seuls; même si un jeune homme et une jeune femme sortent ensemble°, normalement chaque personne paie sa part.

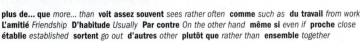

plus de... que *more... than* **voit assez souvent** *sees rather often* **comme** *such as* **du travail** *from work*
L'amitié *Friendship* **D'habitude** *Usually* **Par contre** *On the other hand* **même si** *even if* **proche** *close*
établie *established* **sortent** *go out* **d'autres** *other* **plutôt que** *rather than* **ensemble** *together*

Coup de main

To ask *what is* or *what are*, you can use **quel** and a form of the verb **être**. The different forms of **quel** agree in gender and number with the nouns to which they refer:

Quel / Quelle est...?
What is...?

Quels / Quelles sont...?
What are...?

1 **Vrai ou faux?** Are these statements **vrai** or **faux**?

1. Un copain est un très bon ami.
2. D'habitude, on a plus d'amis que de copains.
3. Un copain est une personne qu'on ne voit pas souvent.
4. Un ami est une personne avec qui on a une relation très solide.
5. Normalement, on ne parle pas de ses problèmes personnels avec ses copains.

6. Un ami vous écoute quand vous avez un problème.
7. L'amitié entre amis est plus profonde que l'amitié entre copains.
8. En général, les jeunes couples français vont au café ou au cinéma en groupe.
9. Un petit ami est comme un copain.
10. En France, les femmes ne paient pas quand elles sortent.

STRATÉGIE

Reading once through without stopping

While you might read something once in your native language and understand most of it, you might not achieve the same result from one read-through of a text in a foreign language. Reading a selection in French once through without stopping is still important, because it familiarizes you with the text's structure, introduces you to its vocabulary, and helps you get the gist of the reading. Instead of focusing on what you're missing, keep reading until you reach the end.

LE MONDE FRANCOPHONE

Le mariage: Qu'est-ce qui est différent?

En France Les mariages sont toujours à la mairie°, en général le samedi après-midi. Beaucoup de couples vont° à l'église° juste après. Il y a un grand dîner le soir. Tous les amis et la famille sont invités.

En Belgique Les homosexuels ont le droit° de se marier depuis° 2004. Ils peuvent° aussi adopter des enfants légalement depuis 2006.

En Suisse Il n'y a pas de *bridesmaids* comme aux États-Unis mais il y a deux témoins°. En Suisse romande, la partie francophone du pays°, les traditions pour le mariage sont assez° similaires aux traditions en France.

mairie *city hall* **vont** *go* **église** *church* **droit** *right* **depuis** *since* **peuvent** *can* **témoins** *witnesses* **pays** *country* **assez** *rather*

PORTRAIT

Les Depardieu

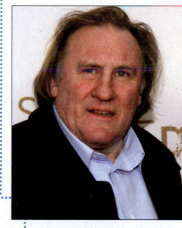

Gérard

Les Depardieu sont une famille d'acteurs français. Gérard, le père, est l'acteur le plus célèbre° de France. Lauréat° de deux Césars°, un pour *Le Dernier Métro*° et l'autre° pour *Cyrano de Bergerac*, et d'un Golden Globe pour le film américain *Green Card*, il joue depuis trente ans° et a tourné dans° plus de 120 (cent vingt) films. Guillaume, son fils, a une carrière fulgurante° avant de décéder° prématurément à l'âge

Guillaume

de 37 ans. Il a joué° dans beaucoup de films, y compris° *Tous les matins du monde*° avec son père. Julie, la fille de Gérard Depardieu, a déjà° deux Césars et a joué avec son père dans *Le Comte de Monte-Cristo*.

le plus célèbre *most famous* **Lauréat** *Winner* **Césars** *César awards (the equivalent of the Oscars in France)* **Le Dernier Métro** *The Last Metro* **l'autre** *the other* **il joue depuis trente ans** *he has been acting for thirty years* **a tourné dans** *has been in* **fulgurante** *dazzling* **avant de décéder** *before he passed away* **a joué** *acted* **y compris** *including* **Tous les matins du monde** *All the Mornings of the World* **déjà** *already*

Julie

Sur Internet

Quand ils sortent (*go out*), où vont (*go*) les jeunes couples français?

Go to **vhlcentral.com** to find more cultural information related to this **Lecture culturelle**.

---

2 **Les Depardieu** Complete these statements with the correct information.

1. Gérard Depardieu a joué dans plus de _____ films.
2. Guillaume était (*was*) _____ de Gérard Depardieu.
3. Julie est _____ de Gérard Depardieu.
4. Julie joue avec Gérard dans _____.
5. Guillaume joue avec Gérard dans _____.
6. Julie a déjà _____ Césars.

3 **Comment sont-ils?** Look at the photos of the Depardieu family. With a partner, take turns describing each person in detail in French. How old do you think they are? What do you think their personalities are like? Do you see any family resemblances?

ressources

S

vhlcentral.com Leçon 3B

Practice more at **vhlcentral.com**.

A C T I V I T É S

3B.1

Numbers 61–100  Presentation

Numbers 61–100	
61–69	**80–89**
61 soixante et un	80 quatre-vingts
62 soixante-deux	81 quatre-vingt-un
63 soixante-trois	82 quatre-vingt-deux
64 soixante-quatre	83 quatre-vingt-trois
65 soixante-cinq	84 quatre-vingt-quatre
66 soixante-six	85 quatre-vingt-cinq
67 soixante-sept	86 quatre-vingt-six
68 soixante-huit	87 quatre-vingt-sept
69 soixante-neuf	88 quatre-vingt-huit
	89 quatre-vingt-neuf
70–79	**90–100**
70 soixante-dix	90 quatre-vingt-dix
71 soixante et onze	91 quatre-vingt-onze
72 soixante-douze	92 quatre-vingt-douze
73 soixante-treize	93 quatre-vingt-treize
74 soixante-quatorze	94 quatre-vingt-quatorze
75 soixante-quinze	95 quatre-vingt-quinze
76 soixante-seize	96 quatre-vingt-seize
77 soixante-dix-sept	97 quatre-vingt-dix-sept
78 soixante-dix-huit	98 quatre-vingt-dix-huit
79 soixante-dix-neuf	99 quatre-vingt-dix-neuf
	100 cent

- Numbers that end in the digit **1** are not usually hyphenated. They use the conjunction **et** instead.

    trente et un   cinquante et un   soixante et un

- Note that **81** and **91** are exceptions:

    quatre-vingt-un   quatre-vingt-onze

- The number **quatre-vingts** ends in **-s**, but there is no **-s** when it is followed by another number.

    quatre-vingts   quatre-vingt-cinq   quatre-vingt-dix-huit

Essayez! **What are these numbers in French?**

1. 67 ___soixante-sept___   6. 91 _____
2. 75 _____   7. 66 _____
3. 99 _____   8. 87 _____
4. 70 _____   9. 52 _____
5. 82 _____   10. 60 _____

Le français vivant

As-tu envie d'être

ingénieur, musicien, architecte, professeur?

le sac à dos 70€

le bureau 96€

la chaise 82€

la calculatrice 61€

Tu as besoin d'une calculatrice intelligente, d'un beau bureau, d'une chaise confortable et d'un bon sac à dos.

Tu trouves tout dans le Catalogue AAZ!

Identifiez Scan this catalogue page, and identify the instances where the numbers 61–100 are used.

Questions

1. Qui sont les personnes sur la photo?
2. Où est-ce qu'elles habitent?
3. Qu'est-ce qu'elles ont dans leur maison?
4. Quels autres *(other)* objets trouve-t-on dans le Catalogue AAZ? (Imaginez.)
5. Quels sont leurs prix *(prices)*?

STRUCTURES

Mise en pratique

1 **Les numéros de téléphone** Write down these phone numbers, then read them aloud in French.

MODÈLE

C'est le zéro un, quarante-trois, soixante-quinze, quatre-vingt-trois, seize.
01.43.75.83.16

1. C'est le zéro deux, soixante-cinq, trente-trois, quatre-vingt-quinze, zéro six.
   _____

2. C'est le zéro un, quatre-vingt-dix-neuf, soixante-quatorze, quinze, vingt-cinq.
   _____

3. C'est le zéro cinq, soixante-cinq, onze, zéro huit, quatre-vingts.
   _____

4. C'est le zéro trois, quatre-vingt-dix-sept, soixante-dix-neuf, cinquante-quatre, vingt-sept.
   _____

5. C'est le zéro quatre, quatre-vingt-cinq, soixante-neuf, quatre-vingt-dix-neuf, quatre-vingt-onze.
   _____

6. C'est le zéro un, vingt-quatre, quatre-vingt-trois, zéro un, quatre-vingt-neuf.
   _____

7. C'est le zéro deux, quarante et un, soixante et onze, douze, soixante.
   _____

8. C'est le zéro quatre, cinquante-huit, zéro neuf, quatre-vingt-dix-sept, treize.
   _____

2 **Les maths** Read these math problems aloud, then write out each answer in words.

MODÈLE

65 + 3 = _soixante-huit_

Soixante-cinq plus trois font (equals) soixante-huit.

1. 70 + 15 = _____
2. 82 + 10 = _____
3. 76 + 3 = _____
4. 88 + 12 = _____
5. 40 + 27 = _____

6. 67 + 6 = _____
7. 43 + 54 = _____
8. 78 + 5 = _____
9. 70 + 20 = _____
10. 64 + 16 = _____

3 **Comptez** Read the following numbers aloud in French, then follow the pattern to provide the missing numbers.

1. 60, 62, 64, ... 80
2. 76, 80, 84, ... 100
3. 10, 20, 30, ... 90
4. 81, 83, 85, ... 99

5. 62, 63, 65, 68, ... 98
6. 55, 57, 59, ... 73
7. 100, 95, 90, ... 60
8. 99, 96, 93, ... 69

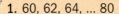 Practice more at **vhlcentral.com.**

Communication

4 **Questions indiscrètes** With a partner, take turns asking how old these people are.

M. Hubert
Mme Hubert
M. Moreau
Mme Moreau
M. Durand
Mme Durand

> **MODÈLE**
>
> **Étudiant(e) 1:** *Madame Hubert a quel âge?*
> **Étudiant(e) 2:** *Elle a 70 ans.*

5 **Qui est-ce?** Interview as many classmates as you can in five minutes to find out the name, relationship, and age of their oldest family member. Identify the student with the oldest family member to the class.

> **MODÈLE**
>
> **Étudiant(e) 1:** *Qui est le plus vieux (the oldest) dans ta famille?*
> **Étudiant(e) 2:** *C'est ma tante Julie. Elle a soixante-dix ans.*

6 **Fournitures scolaires** Take turns playing the role of a store employee ordering the school supplies (**fournitures scolaires**) below. Tell how many of each item you need. Your partner will write down the number of items ordered. Switch roles when you're done.

> **MODÈLE**
>
> **Étudiant(e) 1:** *Vous avez besoin de combien de crayons?*
> **Étudiant(e) 2:** *J'ai besoin de soixante-dix crayons.*

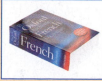 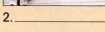  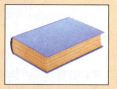

1. _____ 2. _____ 3. _____ 4. _____

5. _____ 6. _____ 7. _____ 8. _____

3B.2

Prepositions of location and disjunctive pronouns

S **Presentation**

Point de départ You have already learned expressions in French containing prepositions like **à**, **de**, and **en**. Prepositions of location describe the location of something or someone in relation to something or someone else.

- Use the preposition **à** before the name of any city to express *in, to*. The preposition that accompanies the name of a country varies, but you can use **en** in many cases.

  Il étudie **à Nice**.
  He studies in Nice.

  Je voyage **en France** et **en Belgique**.
  I'm traveling in France and Belgium.

Prepositions of location			
à côté de	*next to*	**en face de**	*facing, across from*
à droite de	*to the right of*	**entre**	*between*
à gauche de	*to the left of*	**loin de**	*far from*
dans	*in*	**par**	*by*
derrière	*behind*	**près de**	*close to, near*
devant	*in front of*	**sous**	*under*
en	*in*	**sur**	*on*

- Use the forms **du, de la, de l'** and **des** in prepositional expressions when they are appropriate.

  Le resto U est **à côté du** gymnase.
  The cafeteria is next to the gym.

  Notre chien aime manger **près des** enfants.
  Our dog likes to eat near the children.

  Ils sont **devant** la bibliothèque.
  They are in front of the library.

  L'université est **à droite de** l'hôtel.
  The university is to the right of the hotel.

- You can further modify prepositions of location by using intensifiers such as **tout** (*very, really*) and **juste** (*just, right*).

  Ma sœur habite **juste en face de** l'université.
  My sister lives right across from the university.

  Le lycée est **juste derrière** son appartement.
  The high school is just behind his apartment.

  Jules et Alain travaillent **tout près de** la fac.
  Jules and Alain work really close to campus.

  La librairie est **tout à côté du** café.
  The bookstore is right next to the café.

- You may use a preposition without the word **de** if it is not followed by a noun.

  Ma sœur habite **juste à côté**.
  My sister lives right next door.

  Elle travaille **tout près**.
  She works really close by.

Il n'est pas sous les cahiers.

Pas derrière! Pas à droite!

- The preposition **chez** has no exact English equivalent. It expresses the idea of *at* or *to someone's house* or *place.*

    Louise n'aime pas étudier **chez Arnaud** parce qu'il parle beaucoup.
    Louise doesn't like studying at Arnaud's because he talks a lot.

    Ce matin, elle n'étudie pas parce qu'elle est **chez sa cousine**.
    This morning she's not studying because she's at her cousin's.

- The preposition **chez** is also used to express the idea of *at* or *to a professional's office* or *business.*

    chez le docteur
    at the doctor's

    chez la coiffeuse
    to the hairdresser's

> On travaille chez moi!

> Stéphane est chez Rachid.

- When you want to use a pronoun that refers to a person after any type of preposition, you don't use a subject pronoun. Instead, you use what are called disjunctive pronouns.

Disjunctive pronouns

singular			plural		
je	→	moi	nous	→	nous
tu	→	toi	vous	→	vous
il	→	lui	ils	→	eux
elle	→	elle	elles	→	elles

Maryse travaille **à côté de moi**.
Maryse is working next to me.

J'aime mieux dîner **chez vous**.
I prefer to dine at your house.

Nous pensons **à toi**.
We're thinking about you.

Voilà ma cousine Lise, **devant nous**.
There's my cousin Lise, in front of us.

Tu as besoin **d'elle** aujourd'hui?
Do you need her today?

Vous n'avez pas peur **d'eux**.
You're not afraid of them.

Essayez!   Complete each sentence with the equivalent of the expression in parentheses.

1. La librairie est _derrière_ (*behind*) le resto U.
2. J'habite _____ (*close to*) leur lycée.
3. Le laboratoire est _____ (*next to*) ma résidence.
4. Tu retournes _____ (*to the house of*) tes parents ce week-end?
5. La fenêtre est _____ (*across from*) la porte.
6. Mon sac à dos est _____ (*under*) la chaise.
7. Ses crayons sont _____ (*on*) la table.
8. Votre ordinateur est _____ (*in*) la corbeille!
9. Il n'y a pas de secrets _____ (*between*) amis.
10. Le professeur est _____ (*in front of*) les étudiants.

ressources

WB
pp. 39–40

LM
p. 24

vhlcentral.com
Leçon 3B

Mise en pratique

1 **Où est ma montre?** Claude has lost her watch. Choose the appropriate prepositions to complete her friend Pauline's questions.

MODÈLE

Elle est (*à gauche du* / entre le) livre?

1. Elle est (sur / entre) le bureau?
2. Elle est (par / derrière) la télévision?
3. Elle est (entre / dans) le lit et la table?
4. Elle est (en / sous) la chaise?

5. Elle est (sur / à côté de) la fenêtre?
6. Elle est (près du / entre le) sac à dos?
7. Elle est (devant / sur) la porte?
8. Elle est (dans / sous) la corbeille?

2 **Complétez** Look at the drawing, and complete these sentences with the appropriate prepositions.

MODÈLE

Nous sommes <u>chez</u> nos cousins.

1. Nous sommes _____ la maison de notre tante.
2. Michel est _____ Béatrice.
3. _____ Jasmine et Laure, il y a le petit cousin, Adrien.
4. Béatrice est _____ Jasmine.
5. Jasmine est tout _____ Béatrice.
6. Michel est _____ Laure.
7. Un oiseau est _____ la maison.
8. Laure est _____ Adrien.

Michel

Laure

Adrien

Jasmine

Béatrice

3 **Où est-on?** Tell where these people, animals, and things are in relation to each other. Replace the second noun or pronoun with the appropriate disjunctive pronoun.

 ▶ **MODÈLE**

Alex / Anne

Alex est à droite d'elle.

1. _____

2. _____

3. _____   4. _____   5. _____   6. _____

1. l'oiseau / je
2. le chien / Gabrielle et Emma
3. le monument / tu

4. l'ordinateur / Ousmane
5. Mme Fleury / Max et Élodie
6. les enfants / la grand-mère

Practice more at **vhlcentral.com.**

Communication

4 **Où est l'objet?** In pairs, take turns asking where these items are in the classroom. Use prepositions of location.

MODÈLE la carte

Étudiant(e) 1: *Où est la carte?*
Étudiant(e) 2: *Elle est devant la classe.*

1. l'horloge
2. l'ordinateur
3. le tableau
4. la fenêtre
5. le bureau du professeur
6. ton livre de français
7. la corbeille
8. la porte

5 **Qui est-ce?** Choose someone in the room. The rest of the class will guess whom you chose by asking yes/no questions that use prepositions of location.

MODÈLE

Est-ce qu'il/elle est derrière Dominique?
Est-ce qu'il/elle est entre Jean-Pierre et Suzanne?

6 **S'il vous plaît...?** A tourist stops someone on the street to ask where certain places are located. In pairs, play these roles using the map to locate the places.

MODÈLE

Étudiant(e) 1: *La banque, s'il vous plaît?*
Étudiant(e) 2: *Elle est en face de l'hôpital.*

1. le cinéma Ambassadeur
2. le restaurant Chez Marlène
3. la librairie Antoine
4. le lycée Camus
5. l'hôtel Royal
6. le café de la Place

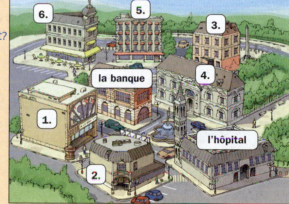

7 **Ma ville** In pairs, take turns telling your partner where the places below are located in your town or neighborhood. You may use your campus as a reference point. Correct your partner when you disagree.

MODÈLE

la banque
La banque est tout près de la fac.

1. le café
2. la librairie
3. l'université
4. le gymnase
5. l'hôtel
6. la bibliothèque
7. l'hôpital
8. le restaurant italien

SYNTHÈSE

Révision

1 **Le basket** These basketball rivals are competing for the title. In pairs, predict the missing playoff scores. Then, compare your predictions with those of another pair. Be prepared to share your predictions with the class.

1. Ohio State 76, Michigan _____
2. Florida _____, Florida State 84
3. Stanford _____, UCLA 79
4. Purdue 81, Indiana _____
5. Duke 100, Virginia _____
6. Kansas 95, Colorado _____
7. Texas _____, Oklahoma 88
8. Kentucky 98, Tennessee _____

2 **La famille d'Édouard** In pairs, take turns guessing where Édouard's family members are in the photo using prepositions to describe their locations. Compare your answers with those of another pair.

Édouard

MODÈLE

Son père est derrière sa mère.

3 **À la fac** In pairs, take turns describing the location of a building (**un bâtiment**) on your campus. Your partner must guess which building you are describing in three tries. Keep score to determine the winner after several rounds.

MODÈLE

Étudiant(e) 1: *C'est un bâtiment entre la bibliothèque et Sherman Hall.*
Étudiant(e) 2: *C'est le resto U?*
Étudiant(e) 1: *C'est ça!*

4 **C'est quel numéro?** What courses would you take if you were studying at a French university? Take turns deciding and having your partner give you the phone number for enrollment information.

MODÈLE

Étudiant(e) 1: *Je cherche un cours de philosophie.*
Étudiant(e) 2: *C'est le zéro quatre...*

Architecture	04.76.65.74.92
Biologie	04.76.72.63.85
Chimie	04.76.84.79.64
Littérature anglaise	04.76.99.90.82
Mathématiques	04.76.86.66.93
Philosophie	04.76.75.99.80
Psychologie	04.76.61.88.91
Sciences politiques	04.76.68.96.81
Sociologie	04.76.70.83.97

5 **À la librairie** In pairs, role-play a conversation between a customer at a campus bookstore and a clerk who points out where supplies are located. Then, switch roles. Each turn, the customer picks four items from the list. Use the drawing to find the supplies.

MODÈLE

Étudiant(e) 1:
Je cherche des stylos.
Étudiant(e) 2: *Ils sont à côté des cahiers.*

des cahiers	un dictionnaire
une calculatrice	un iPhone®
une carte	du papier
des crayons	un sac à dos

6 **Trouvez** Your instructor will give you and your partner each a drawing of a family picnic. Ask each other questions to find out where all of the family members are located.

MODÈLE

Étudiant(e) 1: *Qui est à côté du père?*
Étudiant(e) 2: *Le neveu est à côté du père.*

Écriture

STRATÉGIE

Using idea maps

How do you organize ideas for a first draft? Often, the organization of ideas represents the most challenging part of the writing process. Idea maps are useful for organizing pertinent information. Here is an example of an idea map you can use when writing.

SCHÉMA D'IDÉES

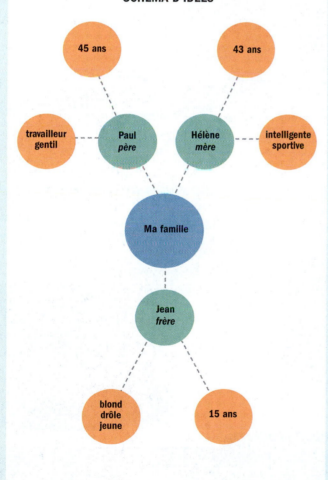

- 45 ans
- 43 ans
- travailleur gentil
- Paul *père*
- Hélène *mère*
- intelligente sportive
- Ma famille
- Jean *frère*
- blond drôle jeune
- 15 ans

Thème
Écrivez une lettre

A friend you met in a chat room for French speakers wants to know about your family. Using some of the verbs and adjectives you learned in this lesson, write a brief letter describing your family or an imaginary family, including:

- Names and relationships
- Physical characteristics
- Hobbies and interests

Here are some useful expressions for letter writing in French:

Salutations

Cher Fabien,	*Dear Fabien,*
Chère Joëlle,	*Dear Joëlle,*

Asking for a response

Réponds-moi vite.	*Write back soon.*
Donne-moi de tes nouvelles.	*Tell me your news.*

Closings

Grosses bises!	*Big kisses!*
Je t'embrasse!	*Kisses!*
Bisous!	*Kisses!*
À bientôt!	*See you soon!*
Amitiés,	*In friendship,*
Cordialement,	*Cordially,*
À plus (tard),	*Until later,*

Panorama

Paris

La ville en chiffres

▶ **Superficie:** *105 km² (cent cinq kilomètres carrés°)*

▶ **Population:** *plus de° 9.828.000 (neuf millions huit cent vingt-huit mille)*
SOURCE: Population Division, UN Secretariat

Paris est la capitale de la France. On a l'impression que Paris est une grande ville—et c'est vrai si on compte° ses environs°. Néanmoins°, elle mesure moins de° 10 kilomètres de l'est à l'ouest°, ainsi° on peut visiter la ville très facilement à pied°. Paris est divisée en 20 arrondissements°. Chaque° arrondissement a son propre maire° et son propre caractère.

▶ **Industries principales:** *haute couture, finances, transports, technologie, tourisme*

▶ **Musées°:** *plus de 150 (cent cinquante): le musée du Louvre, le musée d'Orsay, le centre Georges Pompidou et le musée Rodin*

Parisiens célèbres

▶ **Victor Hugo,** *écrivain° et activiste (1802–1885)*

▶ **Charles Baudelaire,** *poète (1821–1867)*

▶ **Auguste Rodin,** *sculpteur (1840–1917)*

▶ **Jean-Paul Sartre,** *philosophe (1905–1980)*

▶ **Simone de Beauvoir,** *écrivain (1908–1986)*

▶ **Édith Piaf,** *chanteuse (1915–1963)*

▶ **Emmanuelle Béart,** *actrice (1965–)*

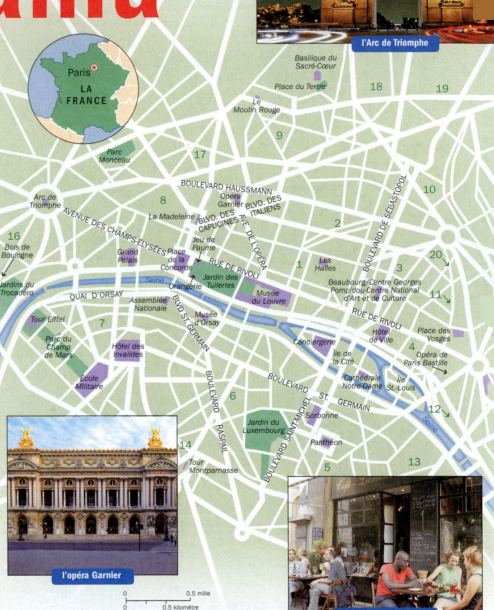

l'Arc de Triomphe

l'opéra Garnier

une terrasse de café

Incroyable mais vrai!

Sous les rues° de Paris, il y a une autre ville: les catacombes. Ici reposent° les squelettes d'environ 7.000.000 (sept millions) de personnes provenant° d'anciens cimetières de Paris et de ses environs. Plus de 100.000 (cent mille) touristes par an visitent cette ville de repos° éternel.

carrés *square* **plus de** *more than* **si on compte** *if one counts* **environs** *surrounding areas* **Néanmoins** *Nevertheless* **moins de** *less than* **de l'est à l'ouest** *from east to west* **ainsi** *thus* **à pied** *on foot* **arrondissements** *districts* **Chaque** *Each* **son propre maire** *its own mayor* **Musées** *Museums* **écrivain** *writer* **rues** *streets* **reposent** *lie; rest* **provenant** *from* **repos** *rest*

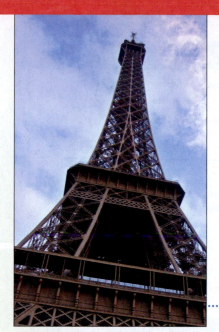

Les monuments

La tour Eiffel

La tour Eiffel a été construite° en 1889 (mille huit cent quatre-vingt-neuf) pour l'Exposition universelle, à l'occasion du centenaire° de la Révolution française. Elle mesure 324 (trois cent vingt-quatre) mètres de haut et pèse° 10.100 (dix mille cent) tonnes. La tour attire plus de° 6.000.000 (six millions) de visiteurs par an°.

Les gens

Paris-Plages

Pour les Parisiens qui ne voyagent pas pendant l'été°, la ville de Paris a créé° Paris-Plages pour apporter la plage° aux Parisiens! Inauguré en 2001 et installé sur les quais° de la Seine, Paris-Plages a trois kilomètres de sable et d'herbe°, et plein d'activités° comme la natation° et le volley. Plus de 3.000.000 (trois millions) de personnes visitent Paris-Plages en juillet et août chaque° année.

Les musées

Le musée du Louvre

Ancien° palais royal, le Louvre est aujourd'hui un des plus grands musées du monde° avec sa vaste collection de peintures°, de sculptures et d'antiquités orientales, égyptiennes, grecques et romaines. L'œuvre° la plus célèbre de la collection est *La Joconde°* de Léonard de Vinci. La pyramide de verre°, créée par l'architecte américain I.M. Pei, marque l'entrée° principale du musée.

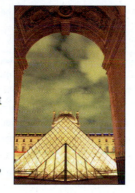

Les transports

Le métro

L'architecte Hector Guimard a commencé à réaliser° des entrées du métro de Paris en 1898 (mille huit cent quatre-vingt-dix-huit). Ces entrées sont construites dans le style Art Nouveau: en forme de plantes et de fleurs°. Le métro est aujourd'hui un système très efficace° qui permet aux passagers de traverser° Paris rapidement.

Qu'est-ce que vous avez appris? Complétez les phrases.

1. La ville de Paris est divisée en vingt _____.
2. Chaque arrondissement a ses propres _____ et _____.
3. Charles Baudelaire est le nom d'un _____ français.
4. Édith Piaf est une _____ française.
5. Plus de 100.000 personnes par an visitent _____ sous les rues de Paris.
6. La tour Eiffel mesure _____ mètres de haut.
7. En 2001, la ville de Paris a créé _____ sur les quais de la Seine.
8. Le musée du Louvre est un ancien _____.
9. _____ est une création de I.M. Pei.
10. Certaines entrées du métro sont de style _____.

Sur Internet

Go to **vhlcentral.com** to find more cultural information related to this **Panorama**.

1. Quels sont les monuments les plus importants à Paris? Qu'est-ce qu'on peut faire (*can one do*) dans la ville?
2. Trouvez des informations sur un des musées de Paris.
3. Faites des recherches sur la vie (*Research the life*) d'un(e) Parisien(ne) célèbre.
4. Cherchez un plan du métro de Paris et trouvez comment aller (*to go*) du Louvre à la tour Eiffel.

ressources

WB pp. 41–42

vhlcentral.com Unité 3

construite *built* **centenaire** *centennial* **pèse** *weighs* **attire plus de** *attracts more than* **par an** *per year* **pendant l'été** *during the summer* **a créé** *created* **apporter la plage** *bring the beach* **quais** *banks* **de sable et d'herbe** *of sand and grass* **plein d'activités** *lots of activities* **natation** *swimming* **chaque** *each* **Ancien** *Former* **monde** *world* **peintures** *paintings* **L'œuvre** *The work (of art)* **La Joconde** *The Mona Lisa* **verre** *glass* **entrée** *entrance* **a commencé à réaliser** *began to create* **fleurs** *flowers* **efficace** *efficient* **traverser** *to cross*

La famille

aîné(e)	elder
cadet(te)	younger
un beau-frère	brother-in-law
un beau-père	father-in-law; stepfather
une belle-mère	mother-in-law; stepmother
une belle-sœur	sister-in-law
un(e) cousin(e)	cousin
un demi-frère	half-brother; stepbrother
une demi-sœur	half-sister; stepsister
les enfants (m., f.)	children
un époux/ une épouse	spouse
une famille	family
une femme	wife; woman
une fille	daughter; girl
un fils	son
un frère	brother
une grand-mère	grandmother
un grand-père	grandfather
les grands-parents (m.)	grandparents
un mari	husband
une mère	mother
un neveu	nephew
une nièce	niece
un oncle	uncle
les parents (m.)	parents
un père	father
une petite-fille	granddaughter
un petit-fils	grandson
les petits-enfants (m.)	grandchildren
une sœur	sister
une tante	aunt
un chat	cat
un chien	dog
un oiseau	bird
un poisson	fish

Adjectifs descriptifs

antipathique	unpleasant
bleu(e)	blue
blond(e)	blond
brun(e)	dark (hair)
court(e)	short
drôle	funny
faible	weak
fatigué(e)	tired
fort(e)	strong
frisé(e)	curly
génial(e) (géniaux m., pl.)	great
grand(e)	big; tall
jeune	young
joli(e)	pretty
laid(e)	ugly
lent(e)	slow
mauvais(e)	bad
méchant(e)	mean
modeste	modest
noir(e)	black
pauvre	poor; unfortunate
pénible	annoying
petit(e)	small, short (stature)
prêt(e)	ready
raide	straight (hair)
rapide	fast
triste	sad
vert(e)	green
vrai(e)	true; real
de taille moyenne	medium-sized

Vocabulaire supplémentaire

divorcer	to divorce
épouser	to marry
célibataire	single
divorcé(e)	divorced
fiancé(e)	engaged
marié(e)	married
séparé(e)	separated
veuf/veuve	widowed
un(e) voisin(e)	neighbor

Expressions utiles	*See pp. 87 and 105.*
Possessive adjectives	*See p. 94.*
Numbers 61–100	*See p. 108.*
Prepositions of location	*See p. 112.*
Disjunctive pronouns	*See p. 113.*

Professions et occupations

un(e) architecte	architect
un(e) artiste	artist
un(e) athlète	athlete
un(e) avocat(e)	lawyer
un coiffeur/ une coiffeuse	hairdresser
un(e) dentiste	dentist
un homme/une femme d'affaires	businessman/ woman
un ingénieur	engineer
un(e) journaliste	journalist
un médecin	doctor
un(e) musicien(ne)	musician
un(e) propriétaire	owner; landlord/lady

Adjectifs irréguliers

actif/active	active
beau/belle	beautiful; handsome
bon(ne)	kind; good
châtain	brown (hair)
courageux/ courageuse	brave
cruel(le)	cruel
curieux/curieuse	curious
discret/discrète	discreet; unassuming
doux/douce	sweet; soft
ennuyeux/ennuyeuse	boring
étranger/étrangère	foreign
favori(te)	favorite
fier/fière	proud
fou/folle	crazy
généreux/généreuse	generous
gentil(le)	nice
gros(se)	fat
inquiet/inquiète	worried
intellectuel(le)	intellectual
jaloux/jalouse	jealous
long(ue)	long
(mal)heureux/ (mal)heureuse	(un)happy
marron	brown
naïf/naïve	naive
nerveux/nerveuse	nervous
nouveau/nouvelle	new
paresseux/paresseuse	lazy
roux/rousse	red-haired
sérieux/sérieuse	serious
sportif/sportive	athletic
travailleur/ travailleuse	hard-working
vieux/vieille	old

Au café

Pour commencer
- Quelle heure est-il?
  a. 7h00 du matin   b. midi   c. minuit
- Qu'est-ce qu'il y a sur la table?
  a. une soupe   b. une limonade
  c. des sandwichs
- Qu'est-ce que Sandrine et David ont envie de
  faire (do)?
  a. manger   b. partager   c. échouer

Leçon 4A

You will learn how to...
- say where you are going
- say what you are going to do

Où allons-nous?

Vocabulaire

danser	to dance
explorer	to explore
fréquenter	to frequent; to visit
inviter	to invite
nager	to swim
patiner	to skate
une banlieue	suburbs
une boîte (de nuit)	nightclub
un bureau	office; desk
un centre commercial	shopping center, mall
un centre-ville	city/town center, downtown
un cinéma (ciné)	movie theater, movies
un endroit	place
un grand magasin	department store
un gymnase	gym
un hôpital	hospital
un lieu	place
un magasin	store
un marché	market
un musée	museum
un parc	park
une piscine	pool
un restaurant	restaurant
une ville	city, town

une montagne

une maison

Il passe chez quelqu'un. (passer)

Elle quitte la maison. (quitter)

Ils déjeunent. (déjeuner)

Poissonnerie

Café Ant

une place

une terrasse de café

Elles bavardent. (bavarder)

ressources

WB
pp. 43–44

LM
p. 25

vhlcentral.com
Leçon 4A

Attention!

Remember that nouns that end in –al have an irregular plural. Replace –al with –aux.

un hôpital → deux hôpitaux

À (*to, at*) before **le** or **les** makes these contractions:
à + le = au   à + les = aux
À does NOT contract with **l'** or **la**.

une église

une épicerie

euromarché

oine

JOURNAUX

un kiosque

Il dépense de l'argent (*m.*).
(dépenser)

Mise en pratique

 **Audio: Vocabulary**

1 **Écoutez** 🎧 Jamila parle de sa journée à son amie Samira. Écoutez la conversation et mettez (*put*) les lieux listés dans l'ordre chronologique. Il y a deux lieux en trop (*extra*).

____ a. à l'hôpital
____ b. à la maison
____ c. à la piscine
____ d. au centre commercial
____ e. au cinéma
____ f. à l'église
____ g. au musée
____ h. au bureau
____ i. au parc
____ j. au restaurant

Coup de main

Note that the French **Je vais à...** is the equivalent of the English *I am going to...*

2 **Associez** Quels lieux associez-vous à ces activités?

1. nager _____
2. danser _____
3. dîner _____
4. travailler _____
5. habiter _____
6. épouser _____
7. voir (*to see*) un film _____
8. acheter (*to buy*) des fruits _____

3 **Logique ou illogique** Lisez chaque phrase et déterminez si l'action est logique ou illogique. Corrigez si nécessaire.

	logique	illogique
1. Maurice invite Delphine à l'épicerie.	☐	☐
_____		
2. Caroline et Aurélie bavardent au marché.	☐	☐
_____		
3. Nous déjeunons à l'épicerie.	☐	☐
_____		
4. Ils dépensent beaucoup d'argent au centre commercial.	☐	☐
_____		
5. Vous explorez une ville.	☐	☐
_____		
6. Vous escaladez (*climb*) une montagne.	☐	☐
_____		
7. J'habite en banlieue.	☐	☐
_____		
8. Tu danses dans un marché.	☐	☐
_____		

Communication

4 **Conversez** Avec un(e) partenaire, échangez vos opinions sur ces activités. Utilisez un élément de chaque colonne dans vos réponses.

> **MODÈLE**
>
> **Étudiant(e) 1:** *Moi, j'adore bavarder au restaurant, mais je déteste parler au musée.*
>
> **Étudiant(e) 2:** *Moi aussi, j'adore bavarder au restaurant. Je ne déteste pas parler au musée, mais j'aime mieux bavarder au parc.*

Opinion	Activité	Lieu
adorer	bavarder	au bureau
aimer (mieux)	danser	au centre commercial
ne pas tellement aimer	déjeuner	au centre-ville
détester	dépenser de l'argent	au cinéma
	étudier	au gymnase
	inviter	au musée
	nager	au parc
	parler	à la piscine
	patiner	au restaurant

5 **La journée d'Anne** Votre professeur va vous donner, à vous et à votre partenaire, une feuille partielle d'activités. À tour de rôle, posez-vous des questions pour compléter vos feuilles. Utilisez le vocabulaire de la leçon. Attention! Ne regardez pas la feuille de votre partenaire.

> **MODÈLE**
>
> **Étudiant(e) 1:** *À 7h30, Anne quitte la maison. Qu'est-ce qu'elle fait ensuite (do next)?*
>
> **Étudiant(e) 2:** *À 8h00, elle…*

Anne

6 **Une lettre** Écrivez une lettre à un(e) ami(e) dans laquelle (*in which*) vous décrivez vos activités de la semaine. Utilisez les expressions suivantes.

bavarder	passer chez quelqu'un
déjeuner	travailler
dépenser de l'argent	quitter la maison
étudier	un centre commercial
manger au restaurant	une boîte de nuit

Cher Paul,

Comment vas-tu? Moi, tout va bien. Je suis très actif/active à l'université. Je travaille beaucoup et j'ai beaucoup d'amis. En général, le samedi à midi, je déjeune au restaurant Le Lion d'Or avec mes copains. L'après-midi, je bavarde avec mes amis…

Les sons et les lettres

Audio: Concepts, Activities
Record & Compare

Oral vowels

French has two basic kinds of vowel sounds: oral vowels, the subject of this discussion, and nasal vowels, presented in **Leçon 4B**. Oral vowels are produced by releasing air through the mouth. The pronunciation of French vowels is consistent and predictable.

In short words (usually two-letter words), **e** is pronounced similarly to the *a* in the English word *about*.

l**e**	qu**e**	c**e**	d**e**

The letter **a** alone is pronounced like the *a* in *father*.

l**a**	ç**a**	m**a**	t**a**

The letter **i** by itself and the letter **y** are pronounced like the vowel sound in the word *bee*.

ic**i**	l**i**vre	st**y**lo	l**y**cée

The letter combination **ou** sounds like the vowel sound in the English word *who*.

v**ou**s	n**ou**s	**ou**blier	éc**ou**ter

The French **u** sound does not exist in English. To produce this sound, say *ee* with your lips rounded.

t**u**	d**u**	**u**ne	ét**u**dier

Prononcez Répétez les mots suivants à voix haute.

1. je
2. chat
3. fou
4. ville
5. utile
6. place
7. jour
8. triste
9. mari
10. active
11. Sylvie
12. rapide
13. gymnase
14. antipathique
15. calculatrice
16. piscine

Articulez Répétez les phrases suivantes à voix haute.

1. Salut, Luc. Ça va?
2. La philosophie est difficile.
3. Brigitte est une actrice fantastique.
4. Suzanne va à son cours de physique.
5. Tu trouves le cours de maths facile?
6. Viviane a une bourse universitaire.

Dictons Répétez les dictons à voix haute.

Qui va à la chasse perd sa place.[1]

Plus on est de fous, plus on rit.[2]

[1] He who steps out of line loses his place.
[2] The more the merrier.

ressources

LM
p. 26

vhlcentral.com
Leçon 4A

ROMAN-PHOTO

Star du cinéma

Video: *Roman-photo*
Record & Compare

PERSONNAGES

Amina

David

Pascal

Sandrine

À l'épicerie...

DAVID Juliette Binoche? Pas possible! Je vais chercher Sandrine!

Au café...

PASCAL Alors chérie, tu vas faire quoi de ton week-end?

SANDRINE Euh, demain je vais déjeuner au centre-ville.

PASCAL Bon... et quand est-ce que tu vas rentrer?

SANDRINE Euh, je ne sais pas. Pourquoi?

PASCAL Pour rien. Et demain soir, tu vas danser?

SANDRINE Ça dépend. Je vais passer chez Amina pour bavarder avec elle.

PASCAL Combien d'amis as-tu à Aix-en-Provence?

SANDRINE Oh, Pascal...

PASCAL Bon, moi, je vais continuer à penser à toi jour et nuit.

DAVID Mais l'actrice! Juliette Binoche!

SANDRINE Allons-y! Vite! C'est une de mes actrices préférées! J'adore le film *Chocolat*!

AMINA Et comme elle est chic! C'est une vraie star!

DAVID Elle est à l'épicerie! Ce n'est pas loin d'ici!

Dans la rue...

AMINA Mais elle est où, cette épicerie? Nous allons explorer toute la ville pour rencontrer Juliette Binoche?

SANDRINE C'est là, l'épicerie Pierre Dubois à côté du cinéma?

DAVID Mais non, elle n'est pas à l'épicerie Pierre Dubois, elle est à l'épicerie près de l'église, en face du parc.

AMINA Et combien d'églises est-ce qu'il y a à Aix?

SANDRINE Il n'y a pas d'église en face du parc!

DAVID Bon, hum, l'église sur la place.

AMINA D'accord, et ton église sur la place, elle est ici au centre-ville ou en banlieue?

A C T I V I T É S

1 **Vrai ou faux?** Indiquez pour chaque phrase si l'affirmation est vraie ou fausse et corrigez si nécessaire.

1. David va chercher Pascal.
2. Sandrine va déjeuner au centre-ville.
3. Pascal va passer chez Amina.
4. Pascal va continuer à penser à Sandrine jour et nuit.
5. Pascal va bien.
6. Juliette Binoche est l'actrice préférée de Sandrine.
7. L'épicerie est loin du café.
8. L'épicerie Pierre Dubois est à côté de l'église.
9. Il n'y a pas d'église en face du parc.
10. Juliette Binoche fréquente le P'tit Bistrot.

 Practice more at **vhlcentral.com.**

David et les filles à la recherche de (*in search of*) leur actrice préférée.

SANDRINE Oui. Génial.
Au revoir, Pascal.
AMINA Salut Sandrine. Comment va Pascal?
SANDRINE Il va bien mais il adore bavarder.

DAVID Elle est là, elle est là!
SANDRINE Mais, qui est là?
AMINA Et c'est où, «là»?
DAVID Juliette Binoche! Mais non, pas ici!
SANDRINE ET AMINA Quoi? Qui? Où?

Devant l'épicerie...
DAVID C'est elle, là! Hé, JULIETTE!
AMINA Oh, elle est belle!
SANDRINE Elle est jolie, élégante!
AMINA Elle est... petite?
DAVID Elle, elle... est... vieille?!?

AMINA Ce n'est pas du tout Juliette Binoche!
SANDRINE David, tu es complètement fou! Juliette Binoche, au centre-ville d'Aix?
AMINA Pourquoi est-ce qu'elle ne fréquente pas le P'tit Bistrot?

Expressions utiles

Talking about your plans

- **Tu vas faire quoi de ton week-end?**
  What are you doing this weekend?
- **Je vais déjeuner au centre-ville.**
  I'm going to have lunch downtown.
- **Quand est-ce que tu vas rentrer?**
  When are you coming back?
- **Je ne sais pas.**
  I don't know.
- **Je vais passer chez Amina.**
  I am going to stop by Amina's (house).
- **Nous allons explorer toute la ville.**
  We're going to explore the whole city.

Additional vocabulary

- **C'est une de mes actrices préférées.**
  She's one of my favorite actresses.
- **Comme elle est chic!**
  She is so chic!
- **Ce n'est pas loin d'ici!**
  It's not far from here!
- **Ce n'est pas du tout...**
  It's not... at all.
- **Ça dépend.**
  It depends.
- **Pour rien.**
  No reason.
- **Vite!**
  Quick!, Hurry!

2 **Questions** À l'aide (*the help*) d'un dictionnaire, choisissez le bon mot pour chaque question.

1. (Avec qui, Quoi) Sandrine parle-t-elle au téléphone?
2. (Où, Parce que) Sandrine va-t-elle déjeuner?
3. (Qui, Pourquoi) Pascal demande-t-il à Sandrine quand elle va rentrer?
4. (Combien, Comment) d'amis Sandrine a-t-elle?
5. (Combien, À qui) Amina demande-t-elle comment va Pascal?
6. (Quand, Où) est Juliette Binoche?

3 **Écrivez** Pensez à votre acteur ou actrice préféré(e) et préparez un paragraphe où vous décrivez son apparence, sa personnalité et sa carrière. Comment est-il/elle? Dans quel(s) (*which*) film(s) joue-t-il/elle? Si un jour vous rencontrez cet acteur/cette actrice, qu'est-ce que vous allez lui dire (*say to him or her*)?

ressources

| VM pp. 199–200 | DVD Leçon 4A | vhlcentral.com Leçon 4A |

A C T I V I T É S

 **Reading**

Les passe-temps

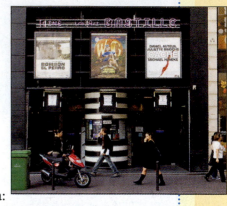

Comment est-ce que les jeunes occupent leur temps libre° en France?
Les jeunes de 15 à 25 ans passent beaucoup de temps à regarder la télévision: environ° 14 heures par° semaine. Ils écoutent beaucoup de musique: environ 16 heures par semaine, et surfent souvent° sur Internet (11 heures). Les jeux° vidéo sont aussi très populaires: les jeunes jouent° en moyenne° 12 heures par semaine.

En France, les jeunes aiment également° les activités culturelles, en particulier le cinéma: en moyenne, ils y° vont une fois° par semaine. Ils aiment la littérature et l'art: presque° 50% (pour cent) visitent des musées ou des monuments historiques chaque année et plus de° 40% vont au théâtre ou à des concerts. Un jeune sur cinq° joue d'un instrument de musique ou chante°, et environ 20% d'entre eux° pratiquent une activité artistique, comme la danse, le théâtre, la sculpture, le dessin° ou la peinture°. La photographie et la vidéo sont aussi très appréciées.

Il ne faut pas° oublier de mentionner que les jeunes Français sont très sportifs. Bien sûr, comme tous les jeunes, ils préfèrent parfois° simplement se détendre° et bavarder avec des amis.

Finalement, les passe-temps des jeunes Français sont similaires aux activités des jeunes Américains!

Les activités culturelles des Français	
(% des Français qui les° pratiquent)	
le dessin	7%
l'écriture°	4%
la peinture	4%
le piano	3%
autre instrument de musique	3%
la danse	2%
la guitare	2%
la sculpture	1%
le théâtre	1%

temps libre *free time* **environ** *around* **par** *per* **souvent** *often* **jeux** *games* **jouent** *play* **en moyenne** *on average* **également** *also* **y** *there* **fois** *time* **presque** *almost* **plus de** *more than* **Un... sur cinq** *One... in five* **chante** *sings* **d'entre eux** *of them* **dessin** *drawing* **peinture** *painting* **Il ne faut pas** *One must not* **parfois** *sometimes* **se détendre** *relax* **les** *them* **écriture** *writing*

ACTIVITÉS

1 **Vrai ou faux?** Indiquez si les phrases sont **vraies** ou **fausses**.

1. Les jeunes Français n'écoutent pas de musique.
2. Les jeunes Français n'utilisent pas Internet.
3. Les jeunes Français aiment aller au musée.
4. Les jeunes Français n'aiment pas beaucoup les livres.
5. Les jeunes Français n'aiment pas pratiquer d'activités artistiques.
6. Les Français entre 15 et 25 ans ne font pas de sport.
7. Les passe-temps des jeunes Américains sont similaires aux passe-temps des jeunes Français.
8. L'instrument de musique le plus (*the most*) populaire en France est le piano.
9. Plus de (*More*) gens pratiquent la peinture que la sculpture.
10. Environ 10% des Français pratiquent la sculpture.

Scanning

Scanning involves glancing over a text in search of specific information. For example, you can scan a document to identify its format, to find cognates, to locate visual clues about its content, or to find specific facts. Scanning allows you to learn a great deal about a text without having to read it word for word. Scan the **Portrait** selection and, in pairs, make a list of the cognates you find.

Où passer le temps

Voici quelques endroits typiques où les jeunes francophones aiment se restaurer° et passer du temps.

En Afrique de l'Ouest

Le maquis Commun dans beaucoup de pays° d'Afrique de l'Ouest°, le maquis est un restaurant où on peut manger à bas prix°. Situé en ville ou en bord de route°, le maquis est typiquement en plein air°.

Au Sénégal

Le tangana Le terme «tang» signifie «chaud» en wolof, une des langues nationales du Sénégal. Le tangana est un lieu populaire pour se restaurer. On trouve souvent les tanganas au coin de la rue°, en plein air, avec des tables et des bancs°.

se restaurer *have something to eat* **pays** *countries* **l'Ouest** *West* **à bas prix** *inexpensively* **en bord de route** *on the side of the road* **en plein air** *outdoors* **coin de la rue** *street corner* **bancs** *benches*

Le parc Astérix

Situé° à 30 kilomètres de Paris, en Picardie, le parc Astérix est le premier parc à thème français. Le parc d'attractions°, ouvert° en 1989, est basé sur la bande dessinée° française, *Astérix le Gaulois*. Création de René Goscinny et d'Albert Uderzo, Astérix est un guerrier gaulois° qui lutte° contre l'invasion des Romains. Au parc Astérix, il y a des montagnes russes°, des petits trains et des spectacles, tous° basés sur les aventures d'Astérix et de son meilleur ami, Obélix. Une des attractions, *Le Tonnerre° de Zeus*, est la plus grande° montagne russe en bois° d'Europe.

Situé *Located* **parc d'attractions** *amusement park* **ouvert** *opened* **bande dessinée** *comic strip* **guerrier gaulois** *Gallic warrior* **lutte** *fights* **montagnes russes** *roller coasters* **tous** *all* **Tonnerre** *Thunder* **la plus grande** *the largest* **en bois** *wooden*

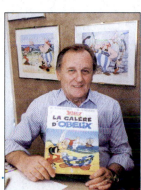

Albert Uderzo

Sur Internet

Comment sont les parcs d'attractions dans les autres pays francophones?

Go to **vhlcentral.com** to find more cultural information related to this **Lecture culturelle**.

---

2 **Compréhension** Complétez les phrases.

1. Le parc Astérix est basé sur *Astérix le Gaulois*, une _____.
2. Astérix le Gaulois est une _____ de René Goscinny et d'Albert Uderzo.
3. Le parc Astérix est près de la ville de _____.
4. Astérix est un _____ gaulois.
5. On mange à bas prix dans un _____.
6. Au Sénégal, on parle aussi le _____.

3 **Vos activités préférées** Posez des questions à trois ou quatre de vos camarades de classe à propos de leurs activités favorites. Comparez vos résultats avec ceux (*those*) d'un autre groupe.

 Practice more at **vhlcentral.com**.

A C T I V I T É S

4A.1

The verb *aller* Presentation

Point de départ In **Leçon 1A**, you saw a form of the verb **aller** (*to go*) in the expression **ça va**. Now you will use this verb, first, to talk about going places and, second, to express actions that take place in the immediate future.

aller				
je vais	*I go*		**nous allons**	*we go*
tu vas	*you go*		**vous allez**	*you go*
il/elle/on va	*he/she/it/one goes*		**ils/elles vont**	*they go*

- The verb **aller** is irregular. Only the **nous** and **vous** forms resemble the infinitive.

  Tu **vas** souvent au cinéma?
  Do you go to the movies often?

  Nous **allons** au marché le samedi.
  We go to the market on Saturdays.

  Je **vais** à la piscine.
  I'm going to the pool.

  Vous **allez** au parc aussi?
  Are you going to the park too?

- **Aller** can also be used with another verb to tell what is going to happen. This construction is called **le futur proche** (*the immediate future*). Conjugate **aller** in the present tense and place the other verb's infinitive form directly after it.

  Nous **allons déjeuner** sur la terrasse.
  We're going to eat lunch on the terrace.

  Marc et Julie **vont explorer** le centre-ville.
  Marc and Julie are going to explore downtown.

  Je **vais partager** la pizza avec ma copine.
  I'm going to share the pizza with my friend.

  Elles **vont retrouver** Guillaume à la boîte de nuit.
  They're going to meet Guillaume at the nightclub.

Demain, je vais déjeuner au centre-ville.

Et quand est-ce que tu vas rentrer?

À noter

In **Leçon 2A**, you learned how to form questions with inversion when you have a conjugated verb + infinitive. Follow the same pattern for **le futur proche**. Example: **Théo va-t-il déjeuner à midi?**

- To negate an expression in **le futur proche**, place **ne/n'** before the conjugated form of **aller** and **pas** after it.

  Je **ne vais pas** oublier la date.
  I'm not going to forget the date.

  Nous **n'allons pas** quitter la maison.
  We're not going to leave the house.

  Tu **ne vas pas** manger au café?
  Aren't you going to eat at the café?

  Ousmane **ne va pas** retrouver Salima au parc.
  Ousmane is not going to meet Salima at the park.

- Note that **le futur proche** can be used with the infinitive of **aller** to mean *going to go (somewhere)*.

  Elle **va aller** à la piscine.
  She's going to go to the pool.

  Vous **allez aller** au gymnase ce soir?
  Are you going to go to the gym tonight?

The preposition à

- The preposition **à** can be translated in various ways in English: *to, in, at.* When followed by the definite article **le** or **les**, the preposition **à** and the definite article contract into one word.

à + le ▶ au

Nous allons **au** magasin.
We're going to the store.

à + les ▶ aux

Ils parlent **aux** profs.
They speak to the professors.

- The preposition **à** does not contract with **la** or **l'**.

à + la ▶ à la

Je rentre **à la** maison.
I'm going back home.

à + l' ▶ à l'

Il va **à l'**épicerie.
He's going to the grocery store.

- The preposition **à** often indicates a physical location, as with **aller à** and **habiter à**. However, it can have other meanings depending on the verb used.

Verbs with the preposition *à*			
commencer à + [infinitive]	to start (doing something)	**penser à**	to think about
parler à	to talk to	**téléphoner à**	to phone (someone)

Elle va **parler au** professeur.
She's going to talk to the professor.

Il **commence à travailler** demain.
He starts working tomorrow.

- In general, **à** is used to mean *at* or *in,* whereas **dans** is used to mean *inside* or *within.* When learning a place name in French, learn the preposition that accompanies it.

Prepositions with place names			
à la maison	at home	**dans la maison**	inside the house
à Paris	in Paris	**dans Paris**	within Paris
en ville	in town	**dans la ville**	within the town
sur la place	in the square	**à/sur la terrasse**	on the terrace

Tu travailles **à la maison**?
Are you working at home?

On mange **dans la maison**.
We'll eat inside the house.

Essayez!   Utilisez la forme correcte du verbe **aller**.

1. Comment ça _____va_____?
2. Tu _____ à la piscine pour nager.
3. Ils _____ au centre-ville.
4. Nous _____ bavarder au café.
5. Vous _____ aller au restaurant ce soir?
6. Elle _____ aller à l'église dimanche matin.
7. Ce soir, je _____ danser en boîte.
8. On ne _____ pas passer par l'épicerie cet après-midi.

ressources

WB
pp. 45–46

LM
p. 27

vhlcentral.com
Leçon 4A

S T R U C T U R E S

Mise en pratique

1 **Questions parentales** Votre père est très curieux. Trouvez les questions qu'il pose.

> **MODÈLE**
>
> tes frères / piscine
> *Tes frères vont à la piscine?*

1. tu / cinéma / ce soir _____

2. tes amis et toi, vous / boîte _____

3. ta mère et moi, nous / ville / vendredi _____

4. ta petite amie / souvent / marché _____

5. je / musée / avec toi / demain _____

6. tes amis / parc _____

7. on / église / dimanche _____

8. ta petite amie et toi, vous / parfois / gymnase _____

2 **Samedi prochain** Voici ce que (*what*) vous et vos amis faites (*are doing*) aujourd'hui. Indiquez que vous allez faire les mêmes (*same*) choses samedi prochain.

> **MODÈLE**
>
> Je nage.
> *Samedi prochain aussi, je vais nager.*

1. Paul bavarde avec ses copains. _____

2. Nous dansons. _____

3. Je dépense de l'argent dans un magasin. _____

4. Luc et Sylvie déjeunent au restaurant. _____

5. Vous explorez le centre-ville. _____

6. Tu patines. _____

7. Amélie nage à la piscine. _____

8. Lucas et Sabrina téléphonent à leurs grands-parents. _____

3 **Où vont-ils?** Avec un(e) partenaire, indiquez où vont les personnages.

▶ **MODÈLE**

Henri va au cinéma.

Henri

1. tu   2. nous   3. Paul et Luc   4. vous

Practice more at **vhlcentral.com.**

Communication

4 **Activités du week-end** Avec un(e) partenaire, assemblez les éléments des colonnes pour poser des questions. Rajoutez (*Add*) d'autres éléments utiles.

MODÈLE

Étudiant(e) 1: *Est-ce que tu vas déjeuner aves tes copains?*
Étudiant(e) 2: *Oui, je vais déjeuner avec mes copains.*

A	B	C	D
ta sœur	aller	voyager	professeur
vous		aller	cinéma
tes copains		déjeuner	boîte de nuit
nous		bavarder	piscine
tu		nager	centre
ton petit ami		danser	commercial
ta petite amie		parler	café
tes		inviter	parents
grands-parents		téléphoner	copains
		visiter	petit(e) ami(e)
		patiner	camarades de
			classe
			musée
			cousin(e)s

5 **Le grand voyage** Vous avez gagné (*have won*) un voyage. Par groupes de trois, expliquez à vos camarades ce que vous allez faire pendant (*during*) le voyage. Vos camarades vont deviner (*to guess*) où vous allez.

MODÈLE

Étudiant(e) 1: *Je vais visiter le musée du Louvre.*
Étudiant(e) 2: *Est-ce que tu vas aller à Paris?*

6 **À Deauville** Votre professeur va vous donner, à vous et à votre partenaire, un plan (*map*) de Deauville. Attention! Ne regardez pas la feuille de votre partenaire.

MODÈLE

Étudiant(e) 1: *Où va Simon?*
Étudiant(e) 2: *Il va au kiosque.*

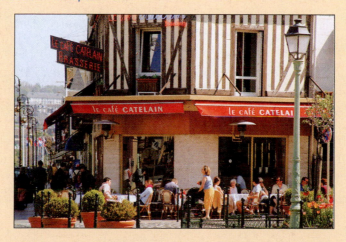

STRUCTURES

4A.2

Interrogative words  **Presentation**

Point de départ In **Leçon 2A**, you learned four ways to formulate yes or no questions in French. However, many questions seek information that can't be provided by a simple yes or no answer.

Boîte à outils

If a question word is followed immediately by the verb **être**, you don't use **est-ce que**.

Où est mon sac à dos?
Where is my backpack?
Comment est ta petite amie?
What is your girlfriend like?

À noter

Refer to **Structures 2A.2** to review how to answer a question with **pourquoi** using **parce que/qu'**.

- Use these words with **est-ce que** or inversion.

Interrogative words			
à quelle heure?	*at what time?*	quand?	*when?*
combien (de)?	*how many?;*	que/qu'...?	*what?*
	how much?	quel(le)(s)?	*which?; what?*
comment?	*how?; what?*	(à/avec/pour)	*(to/with/for)*
où?	*where?*	qui?	*who(m)?*
pourquoi?	*why?*	quoi?	*what?*

À qui le professeur parle-t-il ce matin?
Whom is the professor talking to this morning?

Combien de villes y a-t-il en Suisse?
How many cities are there in Switzerland?

Pourquoi est-ce que tu danses?
Why are you dancing?

Que vas-tu manger?
What are you going to eat?

- When the question word **qui** (*who*) is the subject of a sentence, it is followed directly by a verb. The verb in this case is always in the third person singular form.

Qui invite Patrice à dîner?
Who is inviting Patrice to dinner?

Qui n'aime pas danser?
Who doesn't like to dance?

- When the question word **qui** (*whom*) is the object of a sentence, it is followed by **est-ce que** or inversion.

Qui est-ce que tu regardes?
Whom are you looking at?

Qui regardes-tu?

- Although **quand?** and **à quelle heure?** can be translated as *when?* in English, they are not interchangeable in French. Use **quand** to talk about a day or date, and **à quelle heure** to talk about a specific time of day.

Quand est-ce que le cours commence?
When does the class start?

À quelle heure est-ce qu'il commence?
At what time does it begin?

Il commence **le lundi 28 août**.
It starts Monday, August 28.

Il commence **à dix heures et demie**.
It starts at 10:30.

- Another way to formulate questions with most interrogative words is by placing them after a verb. This kind of formulation is very informal but very common.

Tu t'appelles **comment**?
What's your name?

Tu habites **où**?
Where do you live?

- Note that **quoi?** (*what?*) must immediately follow a preposition in order to be used with **est-ce que** or **inversion**. If no preposition is necessary, place **quoi** after the verb.

À quoi pensez-vous?
What are you thinking about?

Elle étudie **quoi**?
What does she study?

De quoi est-ce qu'il parle?
What is he talking about?

Tu regardes **quoi**?
What are you looking at?

- Use **Comment?** or **Pardon?** to indicate that you don't understand what's being said. You may also use **Quoi?** but only in informal situations with friends.

  Vous allez voyager cette année?   **Comment?**
  Are you going to travel this year?   *I beg your pardon?*

The interrogative adjective *quel(le)(s)*

- The interrogative adjective **quel** means *what* or *which*. The form of **quel** varies in gender and number with the noun it modifies.

The interrogative adjective *quel(le)(s)*

	singular		plural	
masculine	Quel	*restaurant?*	Quels	*cours?*
feminine	Quelle	*montre?*	Quelles	*filles?*

  Quel restaurant aimes-tu?   **Quels cours** commencent à dix heures?
  Which restaurant do you like?   *What classes start at ten o'clock?*

  Quelle montre a-t-il?   **Quelles filles** vont à la boîte de nuit?
  What watch does he have?   *Which girls are going to the nightclub?*

- **Qu'est-ce que** and **quel** both mean *what*, but they are used differently. Use a form of **quel** to ask *What is/are... ?* if you want to know specific information about a noun. **Quel(le)(s)** may be followed directly by a form of **être** and a noun, in which case the form of **quel(le)(s)** agrees with that noun.

  Quel est ton numéro de téléphone?   **Quels sont** tes problèmes?
  What is your phone number?   *What are your problems?*

  Quelles amies invites-tu?   **Quel étudiant** est intelligent?
  What friends are you inviting?   *What student is intelligent?*

- Use **qu'est-ce que** in most other cases.

  Qu'est-ce que tu vas manger?   **Qu'est-ce que** Sandrine étudie?
  What are you going to eat?   *What is Sandrine studying?*

Tu es de quelle origine?

Quel jour sommes-nous?

Essayez! **Donnez les mots (words) interrogatifs.**

1. _Comment_ allez-vous?
2. _____ est-ce que vous allez faire (do) après le cours?
3. Le cours de français commence à _____ heure?
4. _____ est-ce que tu ne travailles pas?
5. Avec _____ est-ce qu'on va au cinéma ce soir?
6. _____ d'étudiants y a-t-il dans la salle de classe?
7. _____ musées vas-tu visiter?
8. _____ est-ce que tes parents arrivent?
9. _____ n'aime pas voyager?
10. _____ est-ce qu'on dîne ce soir?

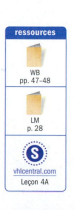

STRUCTURES

Mise en pratique

1 **Le français familier** Utilisez l'inversion pour reformuler les questions.

MODÈLE

Tu t'appelles comment?
Comment t'appelles-tu?

1. Tu habites où? _____
2. Le film commence à quelle heure? _____
3. Il est quelle heure? _____
4. Tu as combien de frères? _____
5. Le prof parle quand? _____
6. Vous aimez quoi? _____
7. Elle téléphone à qui? _____
8. Il étudie comment? _____
9. Il y a combien d'enfants? _____
10. Elle aime qui? _____

2 **La paire** Trouvez la paire et formez des phrases complètes. Utilisez chaque (*each*) option une seule fois (*only once*).

1.	À quelle heure	a.	est-ce que tu regardes?
2.	Comment	b.	habitent-ils?
3.	Combien de	c.	est-ce que tu habites dans le centre-ville?
4.	Avec qui	d.	est-ce que le cours commence?
5.	Où	e.	heure est-il?
6.	Pourquoi	f.	vous appelez-vous?
7.	Qu'	g.	villes est-ce qu'il y a aux États-Unis?
8.	Quelle	h.	parlez-vous?

3 **La question** Vous avez les réponses. Quelles sont les questions?

MODÈLE

Il est midi.
Quelle heure est-il?

1. Les cours commencent à huit heures. _____
2. Stéphanie habite à Paris. _____
3. Julien danse avec Caroline. _____
4. Elle s'appelle Julie. _____
5. Laetitia a deux chiens. _____
6. Elle déjeune dans ce restaurant parce qu'il est à côté de son bureau. _____
7. Nous allons bien, merci. _____
8. Je vais au marché mardi. _____
9. Simon aime danser. _____
10. Brigitte pense à ses études. _____

Practice more at **vhlcentral.com.**

Communication

4 **Questions et réponses** À tour de rôle, posez une question à un(e) partenaire au sujet de chaque (*each*) thème de la liste. Posez une seconde question basée sur sa réponse.

MODÈLE

Étudiant(e) 1: *Où est-ce que tu habites?*
Étudiant(e) 2: *J'habite chez mes parents.*
Étudiant(e) 1: *Pourquoi est-ce que tu habites chez tes parents?*

Thèmes

- où vous habitez
- ce que vous faites (*do*) le week-end
- à qui vous téléphonez
- combien de frères et sœurs vous avez
- les endroits que vous fréquentez avec vos copains
- comment sont vos camarades de classe
- quels cours vous aimez

5 **La montagne** Par groupes de quatre, lisez (*read*) avec attention la lettre de Céline. Fermez votre livre. Une personne du groupe va poser une question basée sur l'information donnée. La personne qui répond pose une autre question au groupe, etc.

> Bonjour. Je m'appelle Céline. J'ai 20 ans. Je suis grande, mince et sportive. J'habite à Grenoble dans une maison agréable. Je suis étudiante à l'université. J'adore la montagne.
>
> Tous les week-ends, je vais skier à Chamrousse avec mes trois amis Alain, Catherine et Pascal. Nous skions de midi à cinq heures. À six heures, nous prenons un chocolat chaud à la terrasse d'un café ou nous allons manger des crêpes dans un restaurant. Nous rencontrons souvent d'autres étudiants et nous allons en boîte tous ensemble.

6 **Le week-end** Avec un(e) partenaire, posez-vous des questions pour savoir (*know*) où vous allez aller ce (*this*) week-end. Utilisez **le futur proche**. Posez beaucoup de questions pour avoir tous les détails sur les projets (*plans*) de votre partenaire.

MODÈLE

Étudiant(e) 1: *Où est-ce que tu vas aller samedi?*
Étudiant(e) 2: *Je vais aller au centre commercial.*
Étudiant(e) 1: *Avec qui?*

SYNTHÈSE

Révision

1 **En ville** Par groupes de trois, interviewez vos camarades. Où allez-vous en ville? Quand vos camarades mentionnent un endroit de la liste, demandez des détails (quand? avec qui? pourquoi? etc.). Présentez les réponses à la classe.

le café	le musée
le centre commercial	le parc
le cinéma	la piscine
le marché	le restaurant

2 **La semaine prochaine** Voici votre agenda (*day planner*). Parlez de votre semaine avec un(e) partenaire. Mentionnez trois activités associées au travail, trois d'un autre type, et deux activités à faire en groupe.

MODÈLE

Lundi je vais préparer un examen, mais samedi je vais danser en boîte.

	L	M	M	J	V	S	D
8h30							
9h00							
9h30							
10h00							
10h30							
11h00							
11h30							
12h00							
12h30							

3 **Le week-end** Par groupes de trois, posez-vous des questions sur vos projets (*plans*) pour le week-end prochain. Donnez des détails. Mentionnez aussi des activités qu'on fait avec des amis.

MODÈLE

Étudiant(e) 1: *Quels projets avez-vous pour ce week-end?*
Étudiant(e) 2: *Nous allons aller au marché samedi.*
Étudiant(e) 3: *Et nous allons aller au café dimanche.*

4 **Ma ville** À tour de rôle, vous invitez votre partenaire dans votre ville d'origine pour une visite d'une semaine. Proposez des activités variées et préparez une liste. Ensuite (*Then*), comparez vos projets (*plans*) avec ceux (*those*) d'un autre groupe.

MODÈLE

Étudiant(e) 1: *Samedi, on va au centre-ville.*
Étudiant(e) 2: *Nous allons dépenser de l'argent!*

5 **Où passer un long week-end?** Vous et votre partenaire avez la possibilité de passer un long week-end à Montréal ou à La Nouvelle-Orléans, mais vous préférez chacun(e) (*each one*) une ville différente. Jouez la conversation pour la classe.

MODÈLE

Étudiant(e) 1: *À Montréal, on va visiter les sites!*
Étudiant(e) 2: *Oui, mais à La Nouvelle-Orléans, on va danser dans les boîtes cajuns!*

Montréal
- le jardin botanique
- le musée des Beaux-Arts
- le parc du Mont-Royal
- le Vieux-Montréal

La Nouvelle-Orléans
- le Café du Monde
- la cathédrale Saint-Louis
- la route des plantations
- le Vieux Carré (quartier français)

6 **La semaine de Martine** Votre professeur va vous donner, à vous et à votre partenaire, des informations sur la semaine de Martine. Attention! Ne regardez pas la feuille de votre partenaire.

MODÈLE

Lundi matin, Martine va dessiner au parc.

S Video

SWISS made

La compagnie Swiss International Air Lines offre une alternative aux compagnies aériennes°
contemporaines. En général, le public a une mauvaise opinion de ces° compagnies: les passagers se
plaignent° constamment du mauvais service et des mauvais repas. Voilà pourquoi Swiss International
Air Lines propose à ses clients de l'élégance et du confort. Sa stratégie de marketing bénéficie de
l'excellente réputation des produits et des services suisses, dont° la qualité supérieure est reconnue°
dans le monde entier.

—Le ventilateur doucement° murmure... —Au micro° parle le copilote...

S **Compréhension** Répondez aux questions.

1. Quels endroits d'une ville trouve-t-on dans la publicité (ad)?
2. Quels types de personnes y a-t-il dans la publicité? Pourquoi est-ce important?

Discussion Par groupes de quatre, répondez aux questions.

1. Possédez-vous un objet fabriqué en Suisse? Si oui, quel objet? Décrivez sa qualité. Sinon, de quel
   objet suisse avez-vous envie? Pourquoi?
2. Vous allez fonder une compagnie aérienne différente des autres (from the others). En quoi est-elle
   différente? Quelles destinations va-t-elle proposer?

compagnies aériennes *airlines* ces *these* se plaignent *complain* dont *whose*
reconnue *recognized* avion *plane* Le ventilateur doucement *The fan gently* micro *microphone*

Go to **vhlcentral.com** to watch the TV clip featured in this **Le Zapping**.

Leçon 4B

You will learn how to...
- order food and beverages
- ask for your check

J'ai faim!

un serveur
(serveuse f.)

le prix

une bouteille
d'eau

menu
du jour

soupe du
jour 3.50€

plat du
jour 12€

l'addition (f.)

une soupe

les croissants (m.)

Elle laisse
un pourboire.
(laisser)

Il a faim.
(avoir)

Vocabulaire

apporter l'addition	to bring the check/bill
coûter	to cost
Combien coûte(nt)...?	How much is/are...?
une baguette	baguette (long, thin loaf of bread)
le beurre	butter
des frites (f.)	French fries
un fromage	cheese
le jambon	ham
un pain (de campagne)	(country-style) bread
un sandwich	sandwich
une boisson (gazeuse)	(soft/carbonated) drink/beverage
un chocolat (chaud)	(hot) chocolate
une eau (minérale)	(mineral) water
un jus (d'orange, de pomme, etc.)	(orange, apple, etc.) juice
le lait	milk
une limonade	lemon soda
un thé (glacé)	(iced) tea
(pas) assez (de)	(not) enough (of)
beaucoup (de)	a lot (of)
d'autres	others
un morceau (de)	piece, bit (of)
un peu (plus/moins) (de)	a little (more/less) (of)
plusieurs	several
quelque chose	something; anything
quelques	some
tous (m. pl.)	all
tout (m. sing.)	all
tout (tous) le/les (m.)	all the
toute(s) la/les (f.)	all the
trop (de)	too many/much (of)
un verre (de)	glass (of)

ressources

WB
pp. 49–50

LM
p. 29

vhlcentral.com
Leçon 4B

Attention!

To read prices in French, say the number of euros (**euros**) followed by the number of cents (**centimes**). French decimals are marked with a comma, not a period.

8,10€ = huit euros dix (centimes)

le sucre

Il a soif. (avoir)

le thé

une tasse

Il mange quelque chose. (manger)

un café

un éclair

Mise en pratique

Audio: Vocabulary

1 **Écoutez** 🎧 Écoutez la conversation entre André et le serveur du café Gide, et décidez si les phrases sont **vraies** ou **fausses**.

	Vrai	**Faux**
1. André n'a pas très soif.	☐	☐
2. André n'a pas faim.	☐	☐
3. Au café, on peut commander (*one may order*) un jus d'orange, une limonade, un café ou une boisson gazeuse.	☐	☐
4. André commande un sandwich au jambon avec du fromage.	☐	☐
5. André commande un chocolat chaud.	☐	☐
6. André déteste le lait et le sucre.	☐	☐
7. André n'a pas beaucoup d'argent.	☐	☐
8. André ne laisse pas de pourboire.	☐	☐

2 **Chassez l'intrus** Trouvez le mot qui ne va pas avec les autres.

1. un croissant, le pain, le fromage, une baguette
2. une limonade, un jus de pomme, un jus d'orange, le beurre
3. des frites, un sandwich, le sucre, le jambon
4. le jambon, un éclair, un croissant, une baguette
5. l'eau, la boisson, l'eau minérale, la soupe
6. l'addition, un chocolat, le pourboire, coûter
7. apporter, d'autres, plusieurs, quelques
8. un morceau, une bouteille, un verre, une tasse

3 **Reliez** Reliez (*Connect*) correctement les expressions de quantité suivantes aux produits de la liste.

un morceau de	une bouteille de
un verre de	une tasse de

MODÈLE

un morceau de baguette

1. _____ eau
2. _____ quiche
3. _____ fromage
4. _____ chocolat chaud
5. _____ café
6. _____ jus de pomme
7. _____ thé
8. _____ limonade

Communication

4 **Combien coûte...?** Regardez la carte et, à tour de rôle, demandez à votre partenaire combien coûte chaque chose. Répondez par des phrases complètes.

> **MODÈLE**
>
> **Étudiant(e) 1:** *Combien coûte un sandwich?*
> **Étudiant(e) 2:** *Un sandwich coûte 3,50€.*

1. _____
2. _____
3. _____
4. _____
5. _____
6. _____
7. _____
8. _____

5 **Conversez** Interviewez un(e) camarade de classe.

1. Qu'est-ce que tu aimes boire (*drink*) quand tu as soif? Quand tu as froid? Quand tu as chaud?
2. Quand tu as faim, est-ce que tu manges au resto U? Qu'est-ce que tu aimes manger?
3. Est-ce que tu aimes le café ou le thé? Combien de tasses est-ce que tu aimes boire par jour?
4. Comment est-ce que tu aimes le café? Avec du lait? Avec du sucre? Noir (*black*)?
5. Comment est-ce que tu aimes le thé? Avec du lait? Avec du sucre? Nature (*plain*)?
6. Dans ta famille, qui aime le thé? Et le café?
7. Quand tu manges dans un restaurant, est-ce que tu laisses un pourboire au serveur/à la serveuse?
8. Quand tu manges avec ta famille ou avec tes amis dans un restaurant, qui paie (*pays*) l'addition?

6 **Au café** Choisissez deux partenaires et écrivez une conversation entre deux client(e)s dans un café et leur serveur/serveuse. Préparez-vous à jouer (*perform*) la scène devant la classe.

Client(e)s

- Demandez des détails sur le menu et les prix.
- Choisissez des boissons et des plats (*dishes*).
- Demandez l'addition.

Serveur/Serveuse

- Parlez du menu et répondez aux questions.
- Apportez les plats et l'addition.

> ## Coup de main
>
> **Vous désirez?**
> *What can I get you?*
>
> **Je voudrais...**
> *I would like...*
>
> **C'est combien?**
> *How much is it/this/that?*

7 **Sept différences** Votre professeur va vous donner, à vous et à votre partenaire, deux feuilles d'activités différentes. Attention! Ne regardez pas la feuille de votre partenaire.

> **MODÈLE**
>
> **Étudiant(e) 1:** *J'ai deux tasses de café.*
> **Étudiant(e) 2:** *Moi, j'ai une tasse de thé!*

Les sons et les lettres

 **Audio: Concepts, Activities Record & Compare**

Nasal vowels

When vowels are followed by an **m** or an **n** in a single syllable, they usually become nasal vowels. Nasal vowels are produced by pushing air through both the mouth and the nose.

The nasal vowel sound you hear in **français** is usually spelled **an** or **en**.

an	fr**an**çais	**en**ch**an**té	**en**f**an**t

The nasal vowel sound you hear in **bien** may be spelled **en**, **in**, **im**, **ain**, or **aim**. The nasal vowel sound you hear in **brun** may be spelled **un** or **um**.

exam**en**	améric**ain**	l**un**di	parf**um**

The nasal vowel sound you hear in **bon** is spelled **on** or **om**.

t**on**	all**on**s	c**om**bien	**on**cle

When **m** or **n** is followed by a vowel sound, the preceding vowel is not nasal.

image	**in**utile	**am**i	**am**our

Prononcez Répétez les mots suivants à voix haute.

1. blond
2. dans
3. faim
4. entre
5. garçon
6. avant
7. maison
8. cinéma
9. quelqu'un
10. différent
11. amusant
12. télévision
13. impatient
14. rencontrer
15. informatique
16. comment

Articulez Répétez les phrases suivantes à voix haute.

1. Mes parents ont cinquante ans.
2. Tu prends une limonade, Martin?
3. Le Printemps est un grand magasin.
4. Lucien va prendre le train à Montauban.
5. Pardon, Monsieur, l'addition s'il vous plaît!
6. Jean-François a les cheveux bruns et les yeux marron.

Dictons Répétez les dictons à voix haute.

L'appétit vient en mangeant.[1]

N'allonge pas ton bras au-delà de ta manche.[2]

[2] Don't bite off more than you can chew. (lit. Don't stretch your arm out farther than your sleeve.)

[1] Appetite comes from eating.

ressources LM p. 30 | vhlcentral.com Leçon 4B

ROMAN-PHOTO

L'heure du déjeuner

 Video: Roman-photo
Record & Compare

Amina

David

Michèle

Rachid

Sandrine

Valérie

Près du café...

AMINA J'ai très faim. J'ai envie de manger un sandwich.

SANDRINE Moi aussi, j'ai faim, et puis j'ai soif. J'ai envie d'une bonne boisson. Eh, les garçons, on va au café?

RACHID Moi, je rentre à l'appartement étudier pour un examen de sciences po. David, tu vas au café avec les filles?

DAVID Non, je rentre avec toi. J'ai envie de dessiner un peu.

AMINA Bon, alors, à tout à l'heure.

Au café...

VALÉRIE Bonjour, les filles! Alors, ça va, les études?

AMINA Bof, ça va. Qu'est-ce qu'il y a de bon à manger aujourd'hui?

VALÉRIE Et bien, j'ai une soupe de poisson maison délicieuse! Il y a aussi des sandwichs jambon-fromage, des frites... Et, comme d'habitude, j'ai des éclairs, euh...

VALÉRIE Et pour toi, Amina?

AMINA Hmm... Pour moi, un sandwich jambon-fromage avec des frites.

VALÉRIE Très bien, et je vous apporte du pain tout de suite.

SANDRINE ET AMINA Merci!

Au bar...

VALÉRIE Alors, pour la table d'Amina et Sandrine, une soupe du jour, un sandwich au fromage... Pour la table sept, une limonade, un café, un jus d'orange et trois croissants.

MICHÈLE D'accord! Je prépare ça tout de suite. Mais Madame Forestier, j'ai un problème avec l'addition de la table huit.

VALÉRIE Ah, bon?

MICHÈLE Le monsieur ne comprend pas pourquoi ça coûte onze euros cinquante. Je ne comprends pas non plus. Regardez.

VALÉRIE Ah, non! Avec tout le travail que nous avons cet après-midi, des problèmes d'addition aussi?!

A C T I V I T É S

1 Identifiez Trouvez à qui correspond chacune (*each*) des phrases suivantes. Écrivez **A** pour Amina, **D** pour David, **M** pour Michèle, **R** pour Rachid, **S** pour Sandrine et **V** pour Valérie.

1. _____ Je ne comprends pas non plus.

2. _____ Vous prenez du jus d'orange uniquement le matin.

3. _____ Tu bois de l'eau aussi?

4. _____ Je prépare ça tout de suite.

5. _____ Je ne bois pas de limonade.

6. _____ Je vais apprendre à préparer des éclairs.

7. _____ J'ai envie de dessiner un peu.

8. _____ Je vous apporte du pain tout de suite.

9. _____ Moi, je rentre à l'appartement étudier pour un examen de sciences po.

10. _____ Qu'est-ce qu'il y a de bon à manger aujourd'hui?

 Practice more at **vhlcentral.com.**

Amina et Sandrine déjeunent au café.

SANDRINE Oh, Madame Forestier, j'adore! Un jour, je vais apprendre à préparer des éclairs. Et une bonne soupe maison. Et beaucoup d'autres choses.

AMINA Mais pas aujourd'hui. J'ai trop faim!

SANDRINE Alors, je prends la soupe et un sandwich au fromage.

VALÉRIE Et comme boisson?

SANDRINE Une bouteille d'eau minérale, s'il vous plaît. Tu bois de l'eau aussi? Avec deux verres, alors.

VALÉRIE Ah, ça y est! Je comprends! La boisson gazeuse coûte un euro vingt-cinq, pas un euro soixante-quinze. C'est noté, Michèle?

MICHÈLE Merci, Madame Forestier. Excusez-moi. Je vais expliquer ça au monsieur. Et voilà, tout est prêt pour la table d'Amina et Sandrine.

VALÉRIE Merci, Michèle.

À la table des filles...

VALÉRIE Voilà, une limonade, un café, un jus d'orange et trois croissants.

AMINA Oh? Mais Madame Forestier, je ne bois pas de limonade!

VALÉRIE Et vous prenez du jus d'orange uniquement le matin, n'est-ce pas? Ah! Excusez-moi, les filles!

Expressions utiles

Talking about food

- **Moi aussi, j'ai faim, et puis j'ai soif.**
  Me too, I am hungry, and I am thirsty as well.
- **J'ai envie d'une bonne boisson.**
  I feel like having a nice drink.
- **Qu'est-ce qu'il y a de bon à manger aujourd'hui?**
  What looks good on the menu today?
- **Une soupe de poisson maison délicieuse.**
  A delicious homemade fish soup.
- **Je vais apprendre à préparer des éclairs.**
  I am going to learn (how) to prepare/make éclairs.
- **Je prends la soupe.**
  I'll have the soup.
- **Tu bois de l'eau aussi?**
  Are you drinking water too?
- **Vous prenez du jus d'orange uniquement le matin.**
  You only have orange juice in the morning.

Additional vocabulary

- **On va au café?**
  Shall we go to the café?
- **Bof, ça va.**
  So-so.
- **comme d'habitude**
  as usual
- **Le monsieur ne comprend pas pourquoi ça coûte onze euros cinquante.**
  The gentleman doesn't understand why this costs 11,50€.
- **Je ne comprends pas non plus.**
  I don't understand either.
- **Je prépare ça tout de suite.**
  I am going to prepare this right away.
- **Ça y est! Je comprends!**
  That's it! I get it!
- **C'est noté?**
  Understood?/Got it?
- **Tout est prêt.**
  Everything is ready.

---

2 **Mettez dans l'ordre** Numérotez les phrases suivantes dans l'ordre correspondant à l'histoire.

a. _____ Michèle a un problème avec l'addition.

b. _____ Amina prend (*gets*) un sandwich jambon-fromage.

c. _____ Sandrine dit qu'elle (*says that she*) a soif.

d. _____ Rachid rentre à l'appartement.

e. _____ Valérie va chercher du pain.

f. _____ Tout est prêt pour la table d'Amina et Sandrine.

3 **Conversez** Au moment où Valérie apporte le plateau (*tray*) de la table sept à Sandrine et Amina, Michèle apporte le plateau de Sandrine et Amina à la table sept. Avec trois partenaires, écrivez la conversation entre Michèle et les client(e)s et jouez-la devant la classe.

ressources

| VM pp. 201–202 | DVD Leçon 4B | vhlcentral.com Leçon 4B |

ACTIVITÉS

LECTURE CULTURELLE

S Reading
Video: *Flash culture*

Le café français

À Toute Heure

Quiches	3,50€
Pâtisseries	3,50€
Omelettes	5,25€
Thé	1,50€
Glaces	5,50€
Café	1,50€
Cappuccino	2,00€
Chocolat chaud	2,30€

Le premier café français, le Procope, a ouvert° ses portes à Paris en 1686. C'était° un lieu° pour boire du café, qui était une boisson exotique à l'époque°. On pouvait° aussi manger un sorbet dans des tasses en porcelaine. Benjamin Franklin et Napoléon Bonaparte fréquentaient° le Procope.

Le café est une partie importante de la culture française. Les Français adorent passer du temps° à la terrasse des cafés. C'est un des symboles de l'art de vivre° à la française.

Le matin, ils y° vont pour prendre un café et un croissant. À midi, pour le déjeuner, ils y vont pour manger un plat du jour° ou un sandwich. Après le travail, ils y vont pour prendre l'apéritif°. L'apéritif, c'est un moment où on boit un verre pour se détendre° avec ses amis. Les étudiants aussi se retrouvent souvent° au café, près de leur lycée ou de leur faculté, pour étudier ou pour prendre un verre.

Il y a de très célèbres° cafés à Paris: «Les Deux Magots» ou «Café de Flore» par exemple, dans le quartier° de Saint-Germain. Ils sont connus° parce que c'était le rendez-vous des intellectuels et des écrivains°, comme Jean-Paul Sartre, Simone de Beauvoir et Albert Camus, après la Deuxième Guerre mondiale°.

a ouvert *opened* **C'était** *It was* **lieu** *place* **à l'époque** *at the time* **pouvait** *could* **fréquentaient** *used to frequent* **passer du temps** *spending time* **vivre** *living* **y** *there* **plat du jour** *lunch special* **apéritif** *before-dinner drink* **se détendre** *to relax* **souvent** *often* **célèbres** *famous* **quartier** *neighborhood* **connus** *known* **écrivains** *writers* **Deuxième Guerre mondiale** *World War II*

ACTIVITÉS

1 **Vrai ou faux?** Indiquez si les phrases sont **vraies** ou **fausses**.

1. Le premier café parisien date de 1686.
2. Le café était une boisson courante (*common*) aux années 1600.
3. Napoléon Bonaparte et Benjamin Franklin sont d'anciens clients du Procope.
4. Le café est une partie importante de la culture française.
5. Les Français évitent (*avoid*) les terrasses des cafés.

6. Le matin, les Français prennent du jambon et du fromage.
7. Les Français ne prennent pas leur apéritif au café.
8. Les étudiants se retrouvent souvent avec leurs amis au café.
9. "Les Deux Magots" et le "Café de Flore" sont deux cafés célèbres à Paris.
10. Les intellectuels français fréquentent les cafés après la Première Guerre mondiale.

STRATÉGIE

Key words

Key words are important words that give you a good idea of the reading's focus, which can help you understand subtler points. Always look out for key words, no matter how many times you've read a selection, because your interpretation of the text's meaning can change over time. A word or expression that occurs several times in a reading is almost certainly a key word. So are words that appear in the title or a photo caption, especially if you see them again in the text.

LE MONDE FRANCOPHONE

Des spécialités à grignoter°

Voici quelques spécialités à grignoter dans les pays et régions francophones.

En Afrique du Nord la merguez (saucisse épicée°) et le makroud (pâtisserie° au miel° et aux dattes)

En Côte d'Ivoire l'aloco (bananes plantains frites°)

En France le pan-bagnat (sandwich avec de la salade, des tomates, des œufs durs° et du thon°) et les crêpes (pâte° cuite° composée de farine° et de lait, de forme ronde)

À la Martinique les accras de morue° (beignets° à la morue)

Au Québec la poutine (frites avec du fromage fondu° et de la sauce)

Au Sénégal le chawarma (de la viande°, des oignons et des tomates dans du pain pita)

grignoter *snack on* saucisse épicée *spicy sausage* pâtisserie *pastry* miel *honey* frites *fried* œufs durs *hard-boiled eggs* thon *tuna* pâte *batter* cuite *cooked* farine *flour* morue *cod* beignets *fritters* fondu *melted* viande *meat*

PORTRAIT

Les cafés nord-africains

Comme en France, les cafés ont une grande importance culturelle en Afrique du Nord. C'est *le* lieu où les amis se rencontrent pour discuter° ou pour jouer aux cartes° ou aux dominos. Les cafés offrent° une variété de boissons, mais ils n'offrent pas d'alcool. La boisson typique, au café comme à la maison, est le thé à la menthe°. Il a peu de caféine, mais il a des vertus énergisantes et il favorise la digestion. En général, ce sont les hommes qui le° préparent. C'est la boisson qu'on vous sert° quand vous êtes invité, et ce n'est pas poli de refuser!

pour discuter *to chat* jouer aux cartes *play cards* offrent *offer* menthe *mint* le *it* on vous sert *you are served*

Sur Internet

Comment est-ce qu'on prépare le thé à la menthe au Maghreb?

Go to **vhlcentral.com** to find more cultural information related to this **Lecture culturelle**. Then watch the corresponding **Flash culture**.

---

2 **Compréhension** Complétez les phrases.

1. Jouer aux _____ dans les cafés d'Afrique du Nord est une chose normale.

2. On ne peut pas y boire de/d' _____.

3. Les hommes préparent _____ dans les pays d'Afrique du Nord.

4. Il n'est pas poli de _____ une tasse de thé en Afrique du Nord.

5. Si vous aimez les frites, vous allez aimer _____ au Québec.

3 **Un café francophone** Un(e) ami(e) a envie de créer un café francophone. Par groupes de quatre, préparez une liste de suggestions pour aider votre ami(e): noms pour le café, idées (*ideas*) pour le menu, prix, heures, etc. Indiquez où le café va être situé et qui va fréquenter ce café.

 Practice more at **vhlcentral.com.**

ressources

LM
pp. 245–246

vhlcentral.com
Leçon 4B

A C T I V I T É S

STRUCTURES

The verbs *prendre* and *boire*

 **Presentation**

Point de départ The verbs **prendre** (*to take, to have food or drink*) and **boire** (*to drink*), like **être**, **avoir**, and **aller**, are irregular.

> Je prends la soupe et un sandwich au fromage.

> Je ne bois pas de limonade.

prendre

je prends	*I take*		**nous prenons**	*we take*
tu prends	*you take*		**vous prenez**	*you take*
il/elle/on prend	*he/she/it/one takes*		**ils/elles prennent**	*they take*

Brigitte **prend** le métro le soir.
Brigitte takes the subway in the evening.

Nous **prenons** un café chez moi.
We are having a coffee at my house.

• The forms of the verbs **apprendre** (*to learn*) and **comprendre** (*to understand*) follow the same pattern as that of **prendre**.

Tu ne **comprends** pas l'espagnol?
Don't you understand Spanish?

Elles **apprennent** beaucoup.
They're learning a lot.

boire

je bois	*I drink*		**nous buvons**	*we drink*
tu bois	*you drink*		**vous buvez**	*you drink*
il/elle/on boit	*he/she/it/one drinks*		**ils/elles boivent**	*they drink*

Ton père **boit** un jus d'orange.
Your father is drinking an orange juice.

Vous **buvez** un chocolat chaud, M. Dion?
Are you drinking hot chocolate, Mr. Dion?

Essayez! Utilisez la forme correcte du verbe entre parenthèses.

1. Ma sœur _____*prend*_____ (prendre) une salade au déjeuner.
2. Tes parents _____ (prendre) un taxi ce soir?
3. Tu _____ (boire) une eau minérale?
4. Si vous êtes fatigués, vous _____ (boire) un café.
5. Je vais _____ (apprendre) à parler japonais.
6. Vous _____ (apprendre) très vite (*fast*) les leçons.
7. Est-ce que les enfants _____ (boire) du lait?
8. Nous ne _____ (comprendre) pas le professeur.
9. Je _____ (comprendre) ton problème.

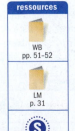

Le français vivant

0,92€

0,93€

BUVEZ DE L'EAU

Pure, claire, fraîche, elle arrive de la montagne.
Vous avez soif, vous prenez un verre, vous buvez de
l'eau et vous allez boire toute la bouteille!

Questions Avec un(e) partenaire, regardez la publicité (*ad*) et répondez
aux questions.

1. Quelles formes des verbes **prendre** et **boire** trouvez-vous dans la pub?

2. D'où vient (*comes*) cette eau minérale?

3. Combien coûte une bouteille d'eau minérale?

4. Selon (*According to*) la pub, pourquoi l'eau minérale est-elle bonne?

5. Buvez-vous de l'eau minérale? Pourquoi? Achetez-vous (*Do you buy*) une des eaux
mentionnées dans la pub?

6. Avez-vous soif quand vous regardez la pub? Que buvez-vous quand vous avez soif?

7. Trouve-t-on toutes ces marques (*these brands*) d'eau minérale dans les supermarchés
américains? Quelles autres marques trouve-t-on?

STRUCTURES

Mise en pratique

1 **À la bibliothèque** Un groupe d'amis parle des livres qu'ils empruntent (*borrow*) à la bibliothèque. Complétez leurs phrases.

> **MODÈLE**
>
> je / livre de sciences po
> *Je prends un livre de sciences po.*

1. nous / livre de psychologie _____
2. moi, je / livres d'histoire _____
3. Micheline / deux livres sur le sport _____
4. vous / romans (*novels*) de Stendhal _____
5. tu / ne / pas / livre _____
6. Marc et Abdel / livres d'art _____

2 **Au restaurant** Alain est au restaurant avec toute sa famille. Il note les préférences de tout le monde. Complétez ses phrases.

> **MODÈLE**
>
> Oncle Lucien aime bien le café. (prendre)
> *Il prend un café.*

1. Marie-Hélène et papa adorent le thé. (prendre) _____
2. Tu adores le chocolat chaud. (boire) _____
3. Vous aimez bien le jus de pomme. (prendre) _____
4. Mes nièces aiment la limonade. (boire) _____
5. Tu aimes les boissons gazeuses. (prendre) _____
6. Vous adorez le café. (boire) _____
7. Ma tante et moi, nous aimons l'eau minérale. (boire) _____
8. Ma sœur adore le jus d'orange. (boire) _____
9. J'aime le café. (prendre) _____
10. Mon petit neveu adore le lait froid. (boire) _____

3 **Les langues étrangères** Avec un(e) partenaire, regardez les images et indiquez les langues étrangères parlées par (*spoken by*) les étudiants.

Julie / espagnol

> **MODÈLE**
>
> **Étudiant(e) 1:** *Julie apprend l'espagnol?*
> **Étudiant(e) 2:** *Non, mais elle comprend l'anglais.*

1. vous / français

2. tes cousins / anglais

3. Nicole / italien

4. nous / japonais

Practice more at **vhlcentral.com**.

Communication

4 **Questions** Avec un(e) partenaire, posez-vous des questions en utilisant un élément de chaque (*each*) colonne. Si vous donnez une réponse négative, elle doit (*must*) correspondre à la réalité.

MODÈLE

Étudiant(e) 1: *Est-ce que tu apprends l'italien cette année?*
Étudiant(e) 2: *Non, mais j'apprends le français.*

A	B	C
apprendre	dessiner	aujourd'hui
boire	parler japonais	cette année
comprendre	un café	cette semaine
prendre	un cahier	en classe
	les devoirs	à la fac
	l'italien	à la librairie
	un Orangina	au resto U
	les femmes	
	les hommes	
	le professeur	

5 **Échanges** Posez les questions à un(e) partenaire.

1. Qu'est-ce que tu bois quand tu as très soif?
2. Qu'est-ce que tu apprends à la fac?
3. Quelles langues est-ce que tes parents comprennent?
4. Est-ce que tu bois beaucoup de café? Pourquoi?
5. Qu'est-ce que tu prends pour aller en cours?
6. Quelle langue est-ce que ton/ta camarade de chambre apprend?
7. Où est-ce que tu prends tes repas (*meals*)?
8. Qu'est-ce que tu bois le matin? À midi? Le soir?

6 **Les préférences** Avec un(e) partenaire, discutez de ce que vous et votre famille aimez prendre et boire d'habitude (*usually*) au restaurant.

MODÈLE

Étudiant(e) 1: *D'habitude, qu'est-ce que tu prends au café?*
Étudiant(e) 2: *D'habitude, je prends un sandwich au jambon.*
Étudiant(e) 1: *Et que bois-tu?*

7 **Un ami et sa famille** Vous êtes au supermarché. Un ami va passer le week-end chez vous avec sa femme, ses deux petits garçons et sa belle-mère. Avec un(e) partenaire, imaginez ce qu'ils vont boire et prendre.

Au supermarché, j'ai besoin de…
—deux bouteilles d'eau minérale

STRUCTURES

Partitives  Presentation

- Use partitive articles in French to express *some* or *any*. To form the partitive, use the preposition **de** followed by a definite article. Although the words *some* and *any* are often omitted in English, the partitive must always be used in French.

masculine singular	feminine singular	singular noun beginning with a vowel
du thé	**de la** limonade	**de l'**eau

Je bois **du** thé chaud.
I drink (some) hot tea.

Tu bois **de la** limonade?
Are you drinking (any) lemon soda?

Elle prend **de l'**eau?
Is she having (some) water?

- Note that partitive articles are only used with non-count nouns (nouns whose quantity cannot be expressed by a number).

PARTITIVE NON-COUNT
ARTICLE NOUN
Tu prends **du** pain tous les jours.
You have (some) bread every day.

INDEFINITE COUNT
ARTICLE NOUN
Tu prends **une** banane, aussi.
You have a banana, too.

- The article **des** also means *some*, but it is the plural form of the indefinite article, not the partitive.

PARTITIVE
ARTICLE
Vous prenez **de la** limonade.
You're having (some) lemon soda.

INDEFINITE
ARTICLE
Nous prenons **des** croissants.
We're having (some) croissants.

- As with the indefinite articles, the partitives **du**, **de la** and **de l'** also become **de** (meaning *not any*) in a negative sentence.

Est-ce qu'il y a **du** lait?
Is there (any) milk?

Non, il n'y a pas **de** lait.
No, there isn't (any) milk.

Prends-tu **de la** soupe?
Will you have (some) soup?

Non, je ne prends pas **de** soupe.
No, I'm not having (any) soup.

 Essayez! Complétez les phrases. Choisissez le partitif, l'article indéfini ou **de/d'**.

1. Samira boit ___de l'/une___ eau minérale tous les soirs.
2. Son frère mange _____ éclairs.
3. Est-ce qu'il y a _____ sucre pour le café?
4. Il y a _____ kilo de sucre sur la table.
5. Non, merci, je ne prends pas _____ frites.
6. Nous buvons _____ limonade.
7. Je vais prendre _____ bouteille de coca.
8. Tu bois _____ jus de pomme avec ton déjeuner?
9. Nous n'avons pas _____ pain à la maison.
10. Mes cousines ne boivent pas _____ boissons gazeuses.

Le français vivant

Mangez du pain. Prenez une baguette et du beurre. Le matin, du pain avec du café ou du chocolat chaud. À midi, un morceau de pain pour un sandwich, avec du jambon et du fromage. Le soir, du pain avec de la soupe. **Vive le pain!**

Savourez le pain. C'est si bon!

0,68€

1€

1,50€

2,50€

Identifiez Regardez la publicité (*ad*) et trouvez les articles partitifs et les articles indéfinis.

Questions Avec un(e) partenaire, répondez aux questions.

1. Selon (*According to*) la pub, quand et avec quoi mange-t-on du pain?
2. Mangez-vous souvent (*often*) du pain? Quand?
3. Avec quoi mangez-vous du pain?
4. Combien coûte le pain dans votre supermarché?
5. Est-ce que la pub vous donne envie de manger du pain? Pourquoi?
6. À votre avis (*opinion*), les Américains mangent-ils beaucoup de pain, comme (*like*) les Français?

STRUCTURES

Mise en pratique

1 **Au café** Indiquez l'article correct.

 MODÈLE

Prenez-vous _du/un_ thé glacé?

1. Avez-vous _____ lait froid?
2. Je voudrais _____ baguette, s'il vous plaît.
3. Elle prend _____ croissant.
4. Nous ne prenons pas _____ sucre dans le café.
5. Tu ne laisses pas _____ pourboire?
6. Vous mangez _____ frites.
7. Zeina commande _____ boisson gazeuse.
8. Voici _____ eau minérale.
9. Nous mangeons _____ pain.
10. Je ne prends pas _____ fromage.
11. Philippe et Serge boivent _____ jus de pomme.
12. Vous ne prenez pas _____ éclairs?

2 **Des suggestions** Laurent est au café avec des amis et il fait (*makes*) des suggestions. Que suggère-t-il?

▶ **MODÈLE**

On prend du jus d'orange?

1. _____ 2. _____ 3. _____ 4. _____

3 **Mauvais appétit** Gérard est difficile. Sa petite amie prépare le dîner, mais il refuse toutes ses suggestions. Avec un(e) partenaire, jouez (*play*) les deux rôles.

 MODÈLE

Étudiant(e) 1: *Je vais préparer du jambon.*
Étudiant(e) 2: *Mais, je ne mange pas de jambon!*

dessert (*m.*)	omelette (*f.*)	pain	sandwich
frites	hamburgers	pizza (*f.*)	soupe

Practice more at **vhlcentral.com.**

Communication

4 **Au menu** Vous allez dans un petit café où il y a peu de choix. Vous demandez au serveur/à la serveuse s'il/si elle a d'autres options. Avec un(e) partenaire, jouez (*play*) les deux rôles.

CAFÉ "LE BON PRIX"

Soupe à l'oignon.......................................3,50€
Sandwich fromage...4€
Frites maison...2,75€
Eau minérale..2€
Jus de pomme..2,50€

MODÈLE

Étudiant(e) 1: *Vous avez du chocolat chaud?*
Étudiant(e) 2: *Non, je n'ai pas de chocolat chaud, mais j'ai...*

5 **Je bois, je prends** Votre professeur va vous donner une feuille d'activités. Circulez dans la classe pour demander à vos camarades s'ils prennent rarement, une fois (*once*) par semaine ou tous les jours la boisson ou le plat (*dish*) indiqués. Écrivez (*Write*) les noms sur la feuille, puis présentez vos réponses à la classe.

MODÈLE

Étudiant(e) 1: *Est-ce que tu bois du café?*
Étudiant(e) 2: *Oui, je bois du café une fois par semaine. Et toi?*

Boisson ou plat	rarement	une fois par semaine	tous les jours
1. café		Didier	
2. fromage			
3. thé			
4. soupe			
5. chocolat chaud			
6. jambon			

6 **Après les cours** Vous retrouvez des amis au café. Par groupes de quatre, jouez (*play*) les rôles d'un(e) serveur/serveuse et de trois clients. Utilisez les mots de la liste et présentez la scène à la classe.

addition	chocolat chaud	frites
avoir faim	coûter	prix
avoir soif	croissant	sandwich
boisson	eau minérale	soupe
éclair	jambon	limonade

SYNTHÈSE

Révision

 1 **Ils aiment apprendre** Vous demandez à Sylvie et à Jérôme pourquoi ils aiment apprendre. Un(e) partenaire va poser des questions et l'autre partenaire va jouer les rôles de Jérôme et de Sylvie.

MODÈLE

Étudiant(e) 1: *Pourquoi est-ce que tu apprends à travailler sur l'ordinateur?*
Étudiant(e) 2: *J'apprends parce que j'aime les ordinateurs.*

1.

4.

2.

5.

3.

6.

2 **Quelle boisson?** Interviewez un(e) partenaire. Que boit-on dans ces circonstances? Ensuite (*Then*), posez les questions à un(e) partenaire différent(e). Présentez la comparaison à la classe.

1. au café
2. au cinéma
3. en classe
4. le dimanche matin
5. le matin très tôt
6. quand il/elle passe des examens
7. quand il/elle a très soif
8. quand il/elle étudie toute la nuit

3 **Notre café** Vous et votre partenaire allez ouvrir (*open*) un café français. Sélectionnez le nom du café et huit boissons pour le menu. Pour chaque (*each*) boisson, inventez deux prix, un pour le comptoir (*bar*) et un pour la terrasse. Comparez votre café au café d'un autre groupe.

4 **La terrasse du café** Avec un(e) partenaire, observez les deux dessins et trouvez au minimum quatre différences. Comparez votre liste à la liste d'un autre groupe.

MODÈLE

Étudiant(e) 1: *Mylène prend une limonade.*
Étudiant(e) 2: *Mylène prend de la soupe.*

Patrick   Mylène   Djamel

5 **Elle prend…** Vous êtes dans un café avec cinq membres de votre famille. Quelles boissons et quels plats (*dishes*) de la liste prennent-ils? Parlez avec un(e) partenaire. Les membres de sa famille prennent-ils les mêmes (*same*) choses?

boisson gazeuse	frites	limonade
café	fromage	pain
chocolat chaud	jambon	sandwich au…
croissant	jus de…	soupe
eau minérale	lait	thé

6 **La famille Arnal au café** Votre professeur va vous donner, à vous et à votre partenaire, des photos de la famille Arnal. Attention! Ne regardez pas la feuille de votre partenaire.

MODÈLE

Étudiant(e) 1: *Qui prend un sandwich?*
Étudiant(e) 2: *La grand-mère prend un sandwich.*

Écriture

STRATÉGIE

Adding details

How can you make your writing more informative or more interesting? You can add details by answering the "W" questions: Who? What? When? Where? Why? The answers to these questions will provide useful and interesting details that can be incorporated into your writing. You can use the same strategy when writing in French. Here are some useful question words that you have already learned:

(À/Avec) Qui?	À quelle heure?
Quoi?	Où?
Quand?	Pourquoi?

Compare these two sentences.

> Je vais aller nager.

> Aujourd'hui, à quatre heures, je vais aller nager à la piscine du parc avec mon ami Paul, parce que nous avons chaud.

While both sentences give the same basic information (the writer is going to go swimming), the second, with its details, is much more informative.

Thème

Un petit mot

Vous passez un an en France et vous vivez (*are living*) dans une famille d'accueil (*host family*). C'est samedi, et vous allez passer la journée en ville avec des amis. Écrivez un petit mot (*note*) pour informer votre famille de vos projets (*plans*) pour la journée. Faites une liste de cinq activités et répondez aux questions suggérées par les pronoms interrogatifs (**qui? quoi? quand? où? pourquoi?**) pour donner une description détaillée.

> Chère famille,
> Aujourd'hui, je vais visiter la ville avec Xavier et Laurent, deux étudiants belges de l'université.

SAVOIR-FAIRE

Panorama

les falaises° d'Étretat

LE ROYAUME-UNI

LA MANCHE

LA FRANCE

Dieppe

Cherbourg

Le Havre
Deauville
la Seine
Rouen

HAUTE-
NORMANDIE

Caen

BASSE-
NORMANDIE

Évreux

Brest   St-Brieuc   Le Mont-
St-Michel

Alençon

Quimper   **BRETAGNE**

Rennes

Lorient

Vannes

Belle Île en Mer

L'OCÉAN
ATLANTIQUE

un moulin° en Bretagne

l'art de faire° les crêpes

0 ____ 50 miles
0 ____ 50 kilomètres

La Normandie

La région en chiffres

▸ **Superficie:** 29.906 km² (vingt-neuf mille neuf cent six kilomètres carrés°)

▸ **Population:** 3.248.000 (trois millions deux cent quarante-huit mille)
SOURCE: Institut National de la Statistique et des Études Économiques (INSEE)

▸ **Industries principales:** élevage bovin°, énergie nucléaire, raffinage° du pétrole

▸ **Villes principales:** Alençon, Caen, Évreux, Le Havre, Rouen

Personnages célèbres

▸ **la comtesse de Ségur,** écrivain (1799–1874)

▸ **Guy de Maupassant,** écrivain (1850–1893)

▸ **Christian Dior,** couturier° (1905–1957)

La Bretagne

La région en chiffres

▸ **Superficie:** 27.208 km² (vingt-sept mille deux cent huit kilomètres carrés)

▸ **Population:** 3.011.000 (trois millions onze mille)

▸ **Industries principales:** agriculture, élevage°, pêche°, tourisme

▸ **Villes principales:** Brest, Quimper, Rennes, Saint-Brieuc, Vannes

Personnages célèbres

▸ **Anne de Bretagne,** reine° de France (1477–1514)

▸ **Jacques Cartier,** explorateur (1491–1557)

▸ **Bernard Hinault,** cycliste (1954–)

carrés *square* **élevage bovin** *raising cattle* **raffinage** *refining* **couturier** *fashion designer* **élevage** *raising livestock* **pêche** *fishing* **reine** *queen* **les plus grandes marées** *the highest tides* **presqu'île** *peninsula* **entourée de sables mouvants** *surrounded by quicksand* **basse** *low* **île** *island* **haute** *high* **chaque** *each* **onzième siècle** *11th century* **pèlerinage** *pilgrimage* **falaises** *cliffs* **faire** *make* **moulin** *mill*

Incroyable mais vrai!

C'est au Mont-Saint-Michel qu'il y a les plus grandes marées° d'Europe. Une presqu'île° entourée de sables mouvants° à marée basse°, le Mont-Saint-Michel est transformé en île° à marée haute°. Trois millions de touristes visitent chaque° année l'église du onzième siècle°, centre de pèlerinage° depuis 1000 (mille) ans.

La gastronomie

Les crêpes bretonnes et le camembert normand

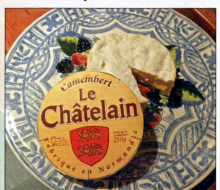

Les crêpes sont une des spécialités culinaires de Bretagne; en Normandie, c'est le camembert. Les crêpes sont appréciées sucrées, salées°, flambées... Dans les crêperies°, le menu est complètement composé de crêpes! Le camembert normand est un des grands symboles gastronomiques de la France. Il est vendu° dans la fameuse boîte en bois ronde° pour une bonne conservation.

Les arts

Giverny et les impressionnistes

La maison° de Claude Monet, maître du mouvement impressionniste, est à Giverny, en Normandie. Après des rénovations, la résidence et les deux jardins° ont aujourd'hui leur ancienne° splendeur. Le légendaire jardin aquatique est la source d'inspiration pour des peintures° célèbres comme *Les Nymphéas*° et *Le Pont japonais*°. Depuis la fin° du dix-neuvième siècle°, beaucoup d'artistes américains, influencés par les techniques impressionnistes, font de la peinture à Giverny.

Les monuments

Les menhirs et les dolmens

À Carnac, en Bretagne, il y a 3.000 (trois mille) menhirs et dolmens. Les menhirs sont d'énormes pierres° verticales. Alignés ou en cercle, ils ont une fonction rituelle associée au culte de la fécondité ou du soleil°. Les plus anciens° datent de 4.500 (quatre mille cinq cents) ans avant J.-C.° Les dolmens servent de° sépultures° collectives et sont peut-être utilisés dans des rites funéraires de passage de la vie° à la mort°.

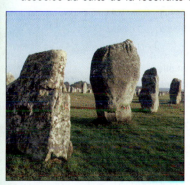

Les destinations

Deauville: station balnéaire de réputation internationale

Deauville, en Normandie, est une station balnéaire° de luxe et un centre de thalassothérapie°. La ville est célèbre pour sa marina, ses courses hippiques°, son casino, ses grands hôtels et son festival du film américain. La clientèle internationale apprécie beaucoup la plage°, le polo et le golf. L'hôtel le Royal Barrière est un palace° du début° du vingtième° siècle.

Compréhension Complétez ces phrases.

1. _____ est un explorateur breton.
2. À marée haute, le Mont-Saint-Michel est une _____.
3. _____ sont une spécialité bretonne.
4. Dans _____, on mange uniquement des crêpes.
5. _____ est vendu dans une boîte en bois ronde.
6. Le _____ de Monet est la source d'inspiration de beaucoup de peintures.
7. Beaucoup d'artistes _____ font de la peinture à Giverny.
8. Les menhirs ont une fonction _____.
9. Les dolmens servent de _____.
10. Deauville est une _____ de luxe.

ressources

WB pp. 55–56 | vhlcentral.com Unité 4

Sur Internet

Go to **vhlcentral.com** to find more cultural information related to this **Panorama**.

1. Cherchez des informations sur les marées du Mont-Saint-Michel. À quelle heure est la marée haute aujourd'hui?
2. Cherchez des informations sur deux autres peintres impressionnistes. Trouvez deux peintures que vous aimez et dites (*say*) pourquoi vous les aimez.

salées *savory* **crêperies** *crêpe restaurants* **vendu** *sold* **boîte en bois ronde** *round, wooden box* **maison** *house* **jardins** *gardens* **ancienne** *former* **peintures** *paintings* **Nymphéas** *Waterlilies* **Pont japonais** *Japanese Bridge* **Depuis la fin** *Since the end* **dix-neuvième siècle** *19th century* **pierres** *stones* **soleil** *sun* **Les plus anciens** *The oldest* **avant J.-C.** *B.C.* **servent de** *serve as* **sépultures** *graves* **vie** *life* **mort** *death* **station balnéaire** *seaside resort* **thalassothérapie** *seawater therapy* **courses hippiques** *horse races* **plage** *beach* **palace** *luxury hotel* **début** *beginning* **vingtième** *twentieth*

Dans la ville

une boîte (de nuit)	*nightclub*
un bureau	*office; desk*
un centre commercial	*shopping center, mall*
un cinéma (ciné)	*movie theater, movies*
une église	*church*
une épicerie	*grocery store*
un grand magasin	*department store*
un gymnase	*gym*
un hôpital	*hospital*
un kiosque	*kiosk*
un magasin	*store*
une maison	*house*
un marché	*market*
un musée	*museum*
un parc	*park*
une piscine	*pool*
une place	*square; place*
un restaurant	*restaurant*
une terrasse de café	*café terrace/outdoor seating*
une banlieue	*suburbs*
un centre-ville	*city/town center, downtown*
un endroit	*place*
un lieu	*place*
une montagne	*mountain*
une ville	*city, town*

À table

avoir faim	*to be hungry*
avoir soif	*to be thirsty*
manger quelque chose	*to eat something*
une baguette	*baguette (long, thin loaf of bread)*
le beurre	*butter*
un croissant	*croissant (flaky, crescent-shaped roll)*
un éclair	*éclair (pastry filled with cream)*
des frites (f.)	*French fries*
un fromage	*cheese*
le jambon	*ham*
un pain (de campagne)	*(country-style) bread*
un sandwich	*sandwich*
une soupe	*soup*
le sucre	*sugar*
une boisson (gazeuse)	*(soft/carbonated) drink/beverage*
un café	*coffee*
un chocolat (chaud)	*(hot) chocolate*
une eau (minérale)	*(mineral) water*
un jus (d'orange, de pomme, etc.)	*(orange, apple, etc.) juice*
le lait	*milk*
une limonade	*lemon soda*
un thé (glacé)	*(iced) tea*

Expressions de quantité

(pas) assez (de)	*(not) enough (of)*
beaucoup (de)	*a lot (of)*
d'autres	*others*
une bouteille (de)	*bottle (of)*
un morceau (de)	*piece, bit (of)*
un peu (plus/moins) (de)	*little (more/less) (of)*
plusieurs	*several*
quelque chose	*something; anything*
quelques	*some*
une tasse (de)	*cup (of)*
tous (m. pl.)	*all*
tout (m. sing.)	*all*
tout (tous) le/les (m.)	*all the*
toute(s) la/les (f.)	*all the*
trop (de)	*too many/much (of)*
un verre (de)	*glass (of)*

Au café

apporter l'addition (f.)	*to bring the check/bill*
coûter	*to cost*
laisser un pourboire	*to leave a tip*
Combien coûte(nt)...?	*How much is/are...?*
un prix	*price*
un serveur/une serveuse	*server*

Les questions

à quelle heure?	*at what time?*
à qui?	*to whom?*
avec qui?	*with whom?*
combien (de)?	*how many?; how much?*
comment?	*how?; what?*
où?	*where?*
parce que	*because*
pour qui?	*for whom?*
pourquoi?	*why?*
quand?	*when?*
quel(le)(s)?	*which?; what?*
que/qu'...?	*what?*
qui?	*who?; whom?*
quoi?	*what?*

Activités

bavarder	*to chat*
danser	*to dance*
déjeuner	*to eat lunch*
dépenser de l'argent (m.)	*to spend money*
explorer	*to explore*
fréquenter	*to frequent; to visit*
inviter	*to invite*
nager	*to swim*
passer chez quelqu'un	*to stop by someone's house*
patiner	*to skate*
quitter la maison	*to leave the house*

Verbes

aller	*to go*
apprendre	*to learn*
boire	*to drink*
comprendre	*to understand*
prendre	*to take; to have*

Expressions utiles	*See pp. 127 and 145.*
Prepositions	*See p. 131.*
Partitives	*See p. 152.*

Les loisirs

Pour commencer

- Où est Stéphane?
- A-t-il froid?
- Pensez-vous qu'il aime le sport?
- Quel sport pratique-t-il, le football ou le basket-ball?
- Quel mois sommes-nous? En septembre ou en décembre?

Savoir-faire
pages 198–199

Panorama: Pays de la Loire and **Centre**

Leçon 5A

You will learn how to...
- talk about activities
- tell how often and how well you do things

Le temps libre

Vocabulaire

aller à la pêche	*to go fishing*
bricoler	*to tinker; to do odd jobs*
désirer	*to want; to desire*
jouer (à/de)	*to play*
pratiquer	*to practice; to play (a sport)*
skier	*to ski*
le baseball	*baseball*
le cinéma	*movies*
le foot(ball)	*soccer*
le football américain	*football*
le golf	*golf*
un jeu	*game*
un loisir	*leisure activity*
un passe-temps	*pastime, hobby*
un spectacle	*show*
un stade	*stadium*
le temps libre	*free time*
le volley(-ball)	*volleyball*
une/deux fois	*one/two time(s)*
par jour, semaine, mois, an, etc.	*per day, week, month, year, etc.*
déjà	*already*
encore	*again; still*
jamais	*never*
longtemps	*a long time*
maintenant	*now*
parfois	*sometimes*
rarement	*rarely*
souvent	*often*

les joueuses (*f.*)

un match de tennis (*m.*)

Elle marche. (marcher)

le sport

une équipe

les joueurs (*m.*)

Il joue au foot. (jouer)

Il gagne. (gagner)

les cartes (*f.*)

une bande dessinée (B.D.)

Attention!

Use **jouer à** with games and sports.

Elle joue aux cartes/
au baseball.

She plays cards/baseball.

Use **jouer de** with musical instruments.

Vous jouez de la guitare/
du piano.

You play the guitar/piano.

le basket(-ball)

Il aide le joueur.
(aider)

Il chante.
(chanter)

Il indique.
(indiquer)

les échecs (*m.*)

Mise en pratique

 Audio: Vocabulary

1 **Écoutez** 🎧 Écoutez Sabine et Marc parler de leurs passe-temps préférés. Dans le tableau suivant, écrivez un **S** pour Sabine et un **M** pour Marc pour indiquer s'ils pratiquent ces activités **souvent**, **parfois**, **rarement** ou **jamais**. Attention, toutes les activités ne sont pas utilisées.

Activité	Souvent	Parfois	Rarement	Jamais
1. chanter	_____	_____	_____	_____
2. le basket	_____	_____	_____	_____
3. les cartes	_____	_____	_____	_____
4. le tennis	_____	_____	_____	_____
5. aller à la pêche	_____	_____	_____	_____
6. le golf	_____	_____	_____	_____
7. le cinéma	_____	_____	_____	_____
8. le spectacle	_____	_____	_____	_____

2 **Remplissez** Choisissez dans la liste le mot qui convient (*the word that fits*) et remplissez (*fill*) les espaces. N'oubliez pas de conjuguer les verbes.

aider	jeu	pratiquer
bande dessinée	jouer	skier
bricoler	marcher	sport
équipe		

1. Notre _____ joue un match cet après-midi.
2. Le _____ de cette équipe n'est pas très bon.
3. Mon livre préféré, c'est une _____ de Tintin, *Le Sceptre d'Ottokar.*
4. J'aime _____ aux cartes avec ma grand-mère.
5. Est-ce que tes amis _____ tous le volley?
6. Le dimanche, nous _____ beaucoup, environ (*about*) cinq kilomètres.
7. Mon _____ préféré, c'est le foot.
8. Mon père _____ mon frère à préparer son match de tennis.
9. J'aime mieux _____ dans les Alpes que dans le Colorado.
10. Il faut (*It's necessary*) réparer la table, mais je n'aime pas _____.

3 **Les loisirs** Utilisez un élément de chaque colonne pour former huit phrases au sujet des loisirs de ces personnes. N'oubliez pas les accords (*agreements*).

Personnes	Activités	Fréquence
Je	jouer aux échecs	maintenant
Ma sœur	chanter	parfois
Mes parents	jouer au tennis	rarement
Christian	gagner le match	souvent
Sandrine et Cédric	skier	déjà
Les étudiants	regarder un spectacle	une fois par semaine
Élise	jouer au basket	une fois par mois
Mon ami(e)	aller à la pêche	encore

CONTEXTES

Communication

4 **Répondez** Avec un(e) partenaire, posez-vous les questions suivantes et répondez à tour de rôle.

1. Quel est ton loisir préféré?
2. Quel est ton sport préféré à la télévision?
3. Es-tu sportif/sportive? Si oui, quel sport pratiques-tu?
4. Qu'est-ce que tu désires faire (*to do*) ce week-end?
5. Combien de fois par mois vas-tu au cinéma?
6. Que fais-tu (*do you do*) quand tu as du temps libre?
7. Est-ce que tu aides quelqu'un? Qui? À faire quoi? Comment?
8. Quel est ton jeu de société (*board game*) préféré? Pourquoi?

5 **Conversez** Avec un(e) partenaire, utilisez les expressions de la liste et les mots de la section **CONTEXTES** et écrivez une conversation au sujet de vos loisirs. Présentez votre travail au reste de la classe.

Avec qui?	Pourquoi?
Combien de fois par...?	Quand?
Comment?	Quel(le)(s)?
Où?	Quoi?

MODÈLE

Jacques: *Que fais-tu (do you do) comme sport?*
Clothilde: *Je joue au volley.*
Jacques: *Tu joues souvent?*
Clothilde: *Oui, trois fois par semaine, avec mon amie Julie.*
C'est un sport que j'adore. Et toi, quel est ton passe-temps préféré?

6 **Sondage** Avec la feuille d'activités que votre professeur va vous donner, circulez dans la classe et demandez à vos camarades s'ils pratiquent ces activités et si oui (*if so*), à quelle fréquence. Quelle est l'activité préférée de la classe?

MODÈLE

aller à la pêche
Simone: Est-ce que tu vas à la pêche?
François: Oui, je vais parfois à la pêche.

Activité	Nom	Fréquence
1. aller à la pêche	François	parfois
2. jouer au tennis		
3. jouer au foot		
4. skier		

7 **La lettre** Écrivez une lettre à un(e) ami(e). Dites ce que vous faites (*do*) pendant vos loisirs, quand, avec qui et avec quelle fréquence.

Cher Marc,

Pendant (during) mon temps libre, j'aime bien jouer au basket et au tennis. J'aime gagner, mais ça n'arrive pas (it doesn't happen) souvent! Je joue au tennis avec mes amis deux fois par semaine, le mardi et le vendredi, et au basket le samedi. J'adore les films et je vais souvent au cinéma avec ma sœur ou mes amis. Le soir...

Les sons et les lettres

Audio: Concepts, Activities Record & Compare

 ## Intonation

In short, declarative sentences, the pitch of your voice, or intonation, falls on the final word or syllable.

Nathalie est française.　　　　**Hector joue au football.**

In longer, declarative sentences, intonation rises, then falls.

À trois heures et demie, j'ai sciences politiques.

In sentences containing lists, intonation rises for each item in the list and falls on the last syllable of the last one.

Martine est jeune, blonde et jolie.

In long, declarative sentences, such as those containing clauses, intonation may rise several times, falling on the final syllable.

Le samedi, à dix heures du matin, je vais au centre commercial.

Questions that require a yes or no answer have rising intonation. Information questions have falling intonation.

C'est ta mère?　　　　**Est-ce qu'elle joue au tennis?**

Quelle heure est-il?　　　　**Quand est-ce que tu arrives?**

Prononcez Répétez les phrases suivantes à voix haute.

1. J'ai dix-neuf ans.
2. Tu fais du sport?
3. Quel jour sommes-nous?
4. Sandrine n'habite pas à Paris.
5. Quand est-ce que Marc arrive?
6. Charlotte est sérieuse et intellectuelle.

Articulez Répétez les dialogues à voix haute.

1. —Qu'est-ce que c'est?
   —C'est un ordinateur.
2. —Tu es américaine?
   —Non, je suis canadienne.
3. —Qu'est-ce que Christine étudie?
   —Elle étudie l'anglais et l'espagnol.
4. —Où est le musée?
   —Il est en face de l'église.

Dictons Répétez les dictons à voix haute.

Petit à petit, l'oiseau fait son nid.[2]

Si le renard court, le poulet a des ailes.[1]

[1] Though the fox runs, the chicken has wings.
[2] Little by little, a bird builds its nest.

ressources

LM p. 34　　vhlcentral.com Leçon 5A

ROMAN-PHOTO

Au parc Video: *Roman-photo* Record & Compare

PERSONNAGES

David

Rachid

Sandrine

Stéphane

DAVID Oh, là, là... On fait du sport aujourd'hui!

RACHID C'est normal! On est dimanche. Tous les week-ends à Aix, on fait du vélo, on joue au foot...

SANDRINE Oh, quelle belle journée! Faisons une promenade!

DAVID D'accord.

DAVID Moi, le week-end, je sors souvent. Mon passe-temps favori, c'est de dessiner la nature et les belles femmes. Mais Rachid, lui, c'est un grand sportif.

RACHID Oui, je joue au foot très souvent et j'adore.

RACHID Tiens, Stéphane! Déjà? Il est en avance.

SANDRINE Salut.

STÉPHANE Salut. Ça va?

DAVID Ça va.

STÉPHANE Salut.

RACHID Salut.

STÉPHANE Pfft! Je n'aime pas l'histoire-géo.

RACHID Mais, qu'est-ce que tu aimes alors, à part le foot?

STÉPHANE Moi? J'aime presque tous les sports. Je fais du ski, de la planche à voile, du vélo... et j'adore nager.

RACHID Oui, mais tu sais, le sport ne joue pas un grand rôle au bac.

RACHID Et puis les études, c'est comme le sport. Pour être bon, il faut travailler!

STÉPHANE Ouais, ouais.

RACHID Allez, commençons. En quelle année Napoléon a-t-il...

SANDRINE Dis-moi David, c'est comment chez toi, aux États-Unis? Quels sont les sports favoris des Américains?

DAVID Euh... chez moi? Beaucoup pratiquent le baseball ou le basket et surtout, on adore regarder le football américain. Mais toi, Sandrine, qu'est-ce que tu fais de tes loisirs? Tu aimes le sport? Tu sors?

A C T I V I T É S

1 **Les événements** Mettez les événements suivants dans l'ordre chronologique.

a. _____ David dessine un portrait de Sandrine.

b. _____ Stéphane se plaint (*complains*) de ses cours.

c. _____ Rachid parle du match de foot.

d. _____ David complimente Sandrine.

e. _____ David mentionne une activité que Rachid aime faire.

f. _____ Sandrine est curieuse de savoir (*to know*) quels sont les sports favoris des Américains.

g. _____ Stéphane dit (*says*) qu'il ne sait (*knows*) pas s'il va gagner son prochain match.

h. _____ Stéphane arrive.

i. _____ David parle de son passe-temps favori.

j. _____ Sandrine parle de sa passion.

 Practice more at **vhlcentral.com**.

Les amis parlent de leurs loisirs.

RACHID Alors, Stéphane, tu crois que tu vas gagner ton prochain match?

STÉPHANE Hmm, ce n'est pas garanti! L'équipe de Marseille est très forte.

RACHID C'est vrai, mais tu es très motivé, n'est-ce pas?

STÉPHANE Bien sûr.

RACHID Et, pour les études, tu es motivé? Qu'est-ce que vous faites en histoire-géo en ce moment?

STÉPHANE Oh, on étudie Napoléon.

RACHID C'est intéressant! Les cent jours, la bataille de Waterloo...

SANDRINE Bof, je n'aime pas tellement le sport, mais j'aime bien sortir le week-end. Je vais au cinéma ou à des concerts avec mes amis. Ma vraie passion, c'est la musique. Je désire être chanteuse professionnelle.

DAVID Mais tu es déjà une chanteuse extraordinaire! Eh! J'ai une idée. Je peux faire un portrait de toi?

SANDRINE De moi? Vraiment? Oui, si tu insistes!

Expressions utiles

Talking about your activities

- **Qu'est-ce que tu fais de tes loisirs? Tu sors?**
  What do you do in your free time? Do you go out?

- **Le week-end, je sors souvent.**
  On weekends I often go out.

- **J'aime bien sortir.**
  I like to go out.

- **Tous les week-ends, on/tout le monde fait du sport.**
  Every weekend, people play/everyone plays sports.

- **Qu'est-ce que tu aimes alors, à part le foot?**
  What else do you like then, besides soccer?

- **J'aime presque tous les sports.**
  I like almost all sports.

- **Je peux faire un portrait de toi?**
  Can/May I do a portrait of you?

- **Qu'est-ce que vous faites en histoire-géo en ce moment?**
  What are you doing in History-Geography right now?

- **Les études, c'est comme le sport. Pour être bon, il faut travailler!**
  School is like sports. To be good, you have to work!

- **Faisons une promenade!**
  Let's take a walk!

Additional vocabulary

- **Dis-moi.**
  Tell me.

- **Tu sais.**
  You know.

- **Ce n'est pas garanti!**
  It's not guaranteed!

- **Vraiment?**
  Really?

- **Bien sûr.**
  Of course.

- **Tiens.**
  Here you go./Here you are.

---

2 **Questions** Choisissez la traduction (*translation*) qui convient pour chaque activité. Essayez de ne pas utiliser de dictionnaire. Combien de traductions y a-t-il pour le verbe **faire**?

1. _____ faire du ski
2. _____ faire une promenade
3. _____ faire du vélo
4. _____ faire du sport

a. to play sports
b. to go biking
c. to ski
d. to take a walk

3 **À vous!** David et Rachid parlent de faire des projets (*plans*) pour le week-end, mais les loisirs qu'ils aiment sont très différents. Ils discutent de leurs préférences et finalement choisissent (*choose*) une activité qu'ils vont pratiquer ensemble (*together*). Avec un(e) partenaire, écrivez la conversation et jouez la scène devant la classe.

ressources

VM
pp. 203–204

DVD
Leçon 5A

vhlcentral.com
Leçon 5A

ACTIVITÉS

Ⓢ **Reading**
Video: *Flash culture*

Le football

Le football est le sport le plus° populaire dans la majorité des pays° francophones. Tous les quatre ans°, des centaines de milliers de° fans, ou «supporters», regardent la Coupe du Monde°: le championnat de foot(ball) le plus important du monde. En 1998 (mille neuf cent quatre-vingt-dix-huit), l'équipe de France gagne la Coupe du Monde et en 2000 (deux mille), elle gagne la Coupe d'Europe, autre championnat important.

Le Cameroun a aussi une grande équipe de football. «Les Lions Indomptables°» gagnent la médaille d'or° aux Jeux Olympiques de Sydney en 2000. En 2007, l'équipe camerounaise est la première équipe africaine à être dans le classement mondial° de la FIFA (Fédération Internationale de Football Association). Certains «Lions» jouent dans les clubs français et européens.

les Lions Indomptables

En France, il y a deux ligues professionnelles de vingt équipes chacune°. Ça fait° quarante équipes professionnelles de football pour un pays plus petit que° le Texas! Certaines équipes, comme le Paris Saint-Germain («le P.S.G.») ou l'Olympique de Marseille («l'O.M.»), ont beaucoup de supporters.

Les Français, comme les Camerounais, adorent regarder le football, mais ils sont aussi des joueurs très sérieux: aujourd'hui en France, il y a plus de 19.000 (dix-neuf mille) clubs amateurs de football et plus de deux millions de joueurs.

Nombre° de membres des fédérations sportives en France

Football	2.066.000
Tennis	1.068.000
Judo-jujitsu	577.000
Basket-ball	427.000
Golf	325.000
Rugby	253.000
Natation°	214.000
Ski	152.000
Escrime°	116.000
Vélo°	99.000

le plus *the most* pays *countries* Tous les quatre ans *Every four years* centaines de milliers de *hundreds of thousands of* Coupe du Monde *World Cup* Indomptables *Untamable* or *gold* classement mondial *world ranking* chacune *each* Ça fait *That makes* un pays plus petit que *a country smaller than* Nombre *Number* Natation *Swimming* Escrime *Fencing* Vélo *Cycling*

A C T I V I T É S

1 **Vrai ou faux?** Indiquez si ces phrases sont **vraies** ou **fausses**.

1. Le football est le sport le plus populaire en France.
2. La Coupe du Monde a lieu (*takes place*) tous les deux ans.
3. En 2000, l'équipe de France gagne la Coupe du Monde.
4. Le Cameroun gagne le tournoi de football aux Jeux Olympiques de Sydney.
5. Le Cameroun est la première équipe européenne à être au classement mondial de la FIFA.

6. Certains «Tigres Indomptables» jouent dans des clubs français et européens.
7. En France, il y a vingt équipes professionnelles de football.
8. La France est plus petite que le Texas.
9. L'Olympique de Marseille est un stade de football célèbre.
10. Les Français aiment jouer au football.

STRATÉGIE

Familiarizing yourself with activities

The activities associated with a reading were written specifically to help you discover the writer's intentions as well as form your own opinions. Before you read the selections on these two pages, familiarize yourself with the activity items. You don't need to provide answers at this stage, but the activities will give you clues about the selections' content to keep in mind as you read them. This will help you make better sense of the readings.

LE MONDE FRANCOPHONE

Des champions

Voici quelques champions olympiques récents.

Algérie Nouria Merah-Benida, athlétisme°, or°, Sydney, 2000

Burundi Venuste Niyongabo, athlétisme, or, Atlanta, 1996

Cameroun Patrick Mboma Dem, football, or, Sydney, 2000

Canada Jamie Salé et David Pelletier, patinage artistique°, or, Salt Lake City, 2002

France Laure Manaudou, natation, or, Athènes, 2004

Maroc Hicham El Guerrouj, athlétisme, or, Athènes, 2004

Suisse Simon Ammann, saut à skis°, or, Salt Lake City, 2002

Tunisie Fathi Missaoui, boxe°, bronze, Atlanta, 1996

athlétisme track and field **or** gold **patinage artistique** figure skating **saut à skis** ski jump **boxe** boxing

PORTRAIT

Zinédine Zidane et Laura Flessel

Zinédine Zidane, ou «Zizou», est un footballeur français. Né° à Marseille de parents algériens, il joue dans différentes équipes françaises. Nommé trois fois «Joueur de l'année» par la FIFA (la Fédération Internationale de Football Association), il gagne la Coupe du Monde avec l'équipe de France en 1998 (mille neuf cent quatre-vingt-dix-huit). Pendant° sa carrière, il joue aussi pour une équipe italienne et pour le Real Madrid, en Espagne°.

Née à la Guadeloupe, **Laura Flessel** commence l'escrime à l'âge de sept ans. Après plusieurs titres° de championne de Guadeloupe, elle va en France pour continuer sa carrière. En 1991 (mille neuf cent quatre-vingt-onze), à 20 ans, elle est championne de France et cinq ans plus tard, elle est double championne olympique à Atlanta en 1996 (mille neuf cent quatre-vingt-seize).

Né Born **Pendant** During **Espagne** Spain **plusieurs titres** several titles

 Sur Internet

 Qu'est-ce que le «free-running»?

Go to **vhlcentral.com** to find more cultural information related to this **Lecture culturelle**. Then watch the corresponding **Flash culture**.

2 Zinédine ou Laura? Indiquez de qui on parle.

1. _____ est de France métropolitaine (*mainland France*).
2. _____ est née à la Guadeloupe.
3. _____ gagne la Coupe du Monde pour la France en 1998.
4. _____ est championne de Guadeloupe en 1991.
5. _____ est double championne olympique en 1996.
6. _____ a été trois fois joueur de l'année.

3 Une interview Avec un(e) partenaire, préparez une interview entre un(e) journaliste et un(e) athlète que vous aimez. Jouez la scène devant la classe. Est-ce que vos camarades peuvent deviner (*can guess*) le nom de l'athlète?

 Practice more at **vhlcentral.com**.

ressources	
VM pp. 247–248	vhlcentral.com Leçon 5A

ACTIVITÉS

STRUCTURES

The verb *faire* Presentation

Point de départ Like other commonly used verbs, the verb **faire** (*to do, to make*) is irregular in the present tense.

faire (to do, to make)	
je fais	nous faisons
tu fais	vous faites
il/elle/on fait	ils/elles font

Il ne **fait** pas ses devoirs.
He doesn't do his homework.

Tes parents **font**-ils quelque chose vendredi?
Are your parents doing anything Friday?

Qu'est-ce que vous **faites** ce soir?
What are you doing this evening?

Nous **faisons** une sculpture dans mon cours d'art.
We're making a sculpture in my art class.

- Use the verb **faire** in these idiomatic expressions. Note that it is not always translated into English as *to do* or *to make*.

Expressions with *faire*			
faire de l'aérobic	to do aerobics	faire de la planche à voile	to go wind-surfing
faire attention (à)	to pay attention (to)	faire une promenade	to go for a walk
faire du camping	to go camping		
faire du cheval	to go horseback riding	faire une randonnée	to go for a hike
faire la connaissance de...	to meet (someone) for the first time	faire du ski	to go skiing
		faire du sport	to play sports
faire la cuisine	to cook	faire un tour (en voiture)	to go for a walk (drive)
faire de la gym	to work out		
faire du jogging	to go jogging	faire du vélo	to go bike riding

Boîte à outils

The verb **faire** is also used in idiomatic expressions relating to math. Example:

Trois et quatre **font** sept.
Three plus four equals (makes) seven.

Tu **fais** souvent **du sport**?
Do you play sports often?

Elles **font du camping**.
They go camping.

Je **fais de la gym**.
I'm working out.

Nous **faisons attention** en classe.
We pay attention in class.

Yves **fait la cuisine**.
Yves is cooking.

Faites-vous **une promenade**?
Are you going for a walk?

- Make sure to learn the correct article with each **faire** expression that calls for one. For **faire** expressions requiring a partitive or indefinite article (**un, une, du, de la**), the article is replaced with **de** when the expression is negated.

Elles font **de la** gym trois fois par semaine.
They work out three times a week.

Elles ne font pas **de** gym le dimanche.
They don't work out on Sundays.

Fais-tu **du** ski?
Do you ski?

Non, je ne fais pas **de** ski.
No, I don't ski.

- Use **faire la connaissance de** before someone's name or another noun that identifies a person whom you do not know.

Je vais enfin **faire la connaissance de Martin**.
I'm finally going to meet Martin.

Je vais **faire la connaissance des joueurs**.
I'm going to meet the players.

The expression *il faut*

Pour être bon, il faut travailler!

Il ne faut pas regarder la télé.

- When followed by a verb in the infinitive, the expression **il faut...** means *it is necessary to...* or *one must...*

Il faut faire attention en cours de maths.
It is necessary to pay attention in math class.

Il ne faut pas manger après dix heures.
One must not eat after 10 o'clock.

Faut-il laisser un pourboire?
Is it necessary to leave a tip?

Il faut gagner le match!
We must win the game!

Essayez! Complétez chaque phrase avec la forme correcte du verbe **faire** au présent.

1. Tu ___*fais*___ tes devoirs le samedi?
2. Vous ne _____ pas attention au professeur.
3. Nous _____ du camping.
4. Ils _____ du jogging.
5. On _____ une promenade au parc.
6. Il _____ du ski en montagne.
7. Je _____ de l'aérobic.
8. Elles _____ un tour en voiture.
9. Est-ce que vous _____ la cuisine?
10. Nous ne _____ pas de sport.
11. Je ne _____ pas de planche à voile.
12. Irène et Sandrine _____ une randonnée avec leurs copines.

Boîte à outils

Be careful not to confuse **il faut** and **il fait**. The infinitive of **fait** is **faire**.

The infinitive of **faut**, however, is **falloir**. **Falloir** is an irregular impersonal verb, which means that it only has one conjugated form in every tense: the third person singular. The verbs **pleuvoir** (*to rain*) and **neiger** (*to snow*), which you will learn in **Leçon 5B**, work the same way.

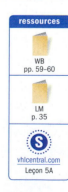

ressources

WB
pp. 59–60

LM
p. 35

vhlcentral.com
Leçon 5A

S T R U C T U R E S

Mise en pratique

1 **Que font-ils?** Regardez les dessins. Que font les personnages?

▶ **MODÈLE**
Julien fait du jogging.

Julien

1. Je

2. tu

3. Anne

4. Louis et Paul

5. Vous

6. Denis

7. Nous

8. Elles

2 **Chassez l'intrus** Quelle activité ne fait pas partie du groupe?

1. a. faire du jogging   b. faire une randonnée   c. faire de la planche à voile

2. a. faire du vélo   b. faire du camping   c. faire du jogging

3. a. faire une promenade   b. faire la cuisine   c. faire un tour

4. a. faire du sport   b. faire du vélo   c. faire la connaissance

5. a. faire ses devoirs   b. faire du ski   c. faire du camping

6. a. faire la cuisine   b. faire du sport   c. faire de la planche à voile

3 **La paire** Faites correspondre (*Match*) les éléments des deux colonnes et rajoutez (*add*) la forme correcte du verbe **faire**.

1. Elle aime courir
(*to run*), alors elle...

2. Ils adorent les
animaux. Ils...

3. Quand j'ai faim, je...

4. L'hiver, vous...

5. Pour marcher, nous...

6. Tiger Woods...

a. du golf.

b. la cuisine.

c. les devoirs.

d. du cheval.

e. du jogging.

f. une promenade.

g. du ski.

h. de l'aérobic.

Practice more at **vhlcentral.com.**

Communication

4 **Ce week-end** Que faites-vous ce week-end? Avec un(e) partenaire, posez les questions à tour de rôle.

MODÈLE

tu / jogging

Étudiant(e) 1: *Est-ce que tu fais du jogging ce week-end?*
Étudiant(e) 2: *Non, je ne fais pas de jogging. Je fais un tour en voiture.*

1. tu / le vélo
2. tes amis / la cuisine
3. ton/ta petit(e) ami(e) et toi, vous / le jogging
4. toi et moi, nous / une randonnée
5. tu / la gym
6. ton/ta camarade de chambre / le sport
7. on / faire de la planche à voile
8. tes parents et toi, vous / un tour au parc

5 **De bons conseils** Avec un(e) partenaire, donnez de bons conseils (*advice*). À tour de rôle, posez des questions et utilisez les éléments de la liste. Présentez vos idées à la classe.

MODÈLE

Étudiant(e) 1: *Qu'est-ce qu'il faut faire pour avoir de bonnes notes?*
Étudiant(e) 2: *Il faut étudier jour et nuit.*

être en pleine forme (*great shape*)	avoir de bonnes notes
avoir de l'argent	gagner une course (*race*)
avoir beaucoup d'amis	bien manger
être champion de ski	réussir (*succeed*) aux examens

6 **Les sportifs** Votre professeur va vous donner une feuille d'activités. Faites une enquête sur le nombre d'étudiants qui pratiquent certains sports et activités dans votre classe. Présentez les résultats à la classe.

MODÈLE

Étudiant(e) 1: *Est-ce que tu fais du jogging?*
Étudiant(e) 2: *Oui, je fais du jogging.*

Sport	Nom
1. jogging	Carole
2. vélo	
3. planche à voile	
4. cuisine	
5. camping	
6. cheval	
7. aérobic	
8. ski	

5A.2

Irregular *-ir* verbs  **Presentation**

Point de départ You are familiar with the class of French verbs whose infinitives end in **-er**. The infinitives of a second class of French verbs end in **-ir**. Some of the most commonly used verbs in this class are irregular.

- **Sortir** is used to express leaving a room or a building. It also expresses the idea of going out, as with friends or on a date.

sortir	
je sors	nous sortons
tu sors	vous sortez
il/elle/on sort	ils/elles sortent

Tu **sors** souvent avec tes copains?
Do you go out often with your friends?

Quand **sortez**-vous?
When are you going out?

Mon frère n'aime pas **sortir** avec Chloé.
My brother doesn't like to go out with Chloé.

Mes parents ne **sortent** pas lundi.
My parents aren't going out Monday.

- Use the preposition **de** after **sortir** when the place someone is leaving is mentioned.

L'étudiant **sort de** la salle de classe.
The student leaves the classroom.

Nous **sortons du** restaurant vers vingt heures.
We're leaving the restaurant around 8:00 p.m.

Le week-end, je sors souvent.

Ils partent pour la fac.

- **Partir** is generally used to say someone is leaving a large place such as a city, country, or region. Often, a form of **partir** is accompanied by the preposition **pour** and the name of a destination to say *to leave for (a place)*.

partir	
je pars	nous partons
tu pars	vous partez
il/elle/on part	ils/elles partent

Je **pars pour** l'Algérie.
I'm leaving for Algeria.

Ils **partent pour** Genève demain.
They're leaving for Geneva tomorrow.

À quelle heure **partez**-vous?
At what time are you leaving?

Nous **partons** à midi.
We're leaving at noon.

Other irregular *-ir* verbs

	dormir *(to sleep)*	servir *(to serve)*	sentir *(to feel)*	courir *(to run)*
je	dors	sers	sens	cours
tu	dors	sers	sens	cours
il/elle/on	dort	sert	sent	court
nous	dormons	servons	sentons	courons
vous	dormez	servez	sentez	courez
ils/elles	dorment	servent	sentent	courent

Rachid dort.

Nous courons.

Elles **dorment** jusqu'à midi.
They sleep until noon.

Vous **courez** vite!
You run fast!

Je **sers** du fromage à la fête.
I'm serving cheese at the party.

Nous **servons** du thé glacé.
We are serving iced tea.

• **Sentir** can mean *to feel, to smell,* or *to sense.*

Je **sens** que l'examen va être difficile.
I sense that the exam is going to be difficult.

Ça **sent** bon!
That smells good!

Vous **sentez** le café?
Do you smell the coffee?

Ils **sentent** sa présence.
They feel his presence.

Essayez! Complétez les phrases avec la forme correcte du verbe.

1. Nous _sortons_ (sortir) vers neuf heures.
2. Je _____ (servir) des boissons gazeuses aux invités.
3. Tu _____ (partir) quand pour le Canada?
4. Nous ne _____ (dormir) pas en cours.
5. Ils _____ (courir) pour attraper (*to catch*) le bus.
6. Tu manges des oignons? Ça _____ (sentir) mauvais.
7. Vous _____ (sortir) avec des copains ce soir.
8. Elle _____ (partir) pour Dijon ce week-end.

ressources

WB
pp. 61–62

LM
p. 36

S
vhlcentral.com
Leçon 5A

STRUCTURES

Mise en pratique

1 **Choisissez** Monique et ses amis aiment bien sortir. Choisissez la forme correcte des verbes **partir** ou **sortir** pour compléter la description de leurs activités.

1. Samedi soir, je _____ avec mes copains.

2. Mes copines Magali et Anissa _____ pour New York.

3. Nous _____ du cinéma.

4. Nicolas _____ pour Dakar vers dix heures du soir.

5. À minuit, vous _____ pour la boîte.

6. Je _____ pour le Maroc dans une semaine.

7. Tu _____ avec ton petit ami ce week-end.

8. Olivier et Bernard _____ tard du bureau.

9. Lucien et moi, nous _____ pour l'Algérie.

10. Thomas _____ du stade à deux heures de l'après-midi.

2 **Vos habitudes** Utilisez les éléments des colonnes pour décrire (*describe*) les habitudes de votre famille et de vos amis.

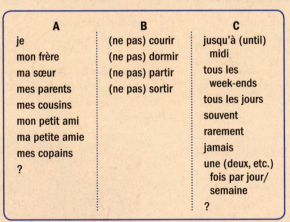

A	B	C
je	(ne pas) courir	jusqu'à (until) midi
mon frère	(ne pas) dormir	tous les week-ends
ma sœur	(ne pas) partir	tous les jours
mes parents	(ne pas) sortir	souvent
mes cousins		rarement
mon petit ami		jamais
ma petite amie		une (deux, etc.) fois par jour/ semaine
mes copains		
?		?

3 **La question** Vincent parle au téléphone avec sa mère. Vous entendez (*hear*) ses réponses, mais pas les questions. Avec un(e) partenaire, reconstruisez la conversation.

MODÈLE

<u>Comment vas-tu?</u> Ça va bien, merci.

1. _____ Oui, je sors ce soir.

2. _____ Je sors avec Marc et Audrey.

3. _____ Nous partons à six heures.

4. _____ Oui, nous allons jouer au tennis.

5. _____ Après, nous allons au restaurant.

6. _____ Nous sortons du restaurant à neuf heures.

7. _____ Marc et Audrey partent pour Nice le week-end prochain.

8. _____ Non. Moi, je pars dans deux semaines.

Practice more at **vhlcentral.com.**

Communication

4 **Descriptions** Avec un(e) partenaire, complétez les phrases avec la forme correcte d'un verbe de la liste.

| courir | dormir | partir | sentir | servir | sortir |

1. Véronique / _____ / tard

2. je / _____ / sandwichs

3. les enfants / _____ / le chocolat chaud

4. nous / _____ / souvent

5. tu / _____ / de l'hôpital

6. vous / _____ / pour la France demain

5 **Indiscrétions** Votre partenaire est curieux/curieuse et désire savoir (*to know*) ce que vous faites chez vous. Répondez à ses questions.

1. Jusqu'à (*Until*) quelle heure dors-tu le week-end?
2. Dors-tu pendant (*during*) les cours à la fac? Pendant quels cours? Pourquoi?
3. À quelle heure sors-tu le samedi soir?
4. Avec qui sors-tu le samedi soir?
5. Est-ce que tu sors souvent avec des copains pendant la semaine?
6. Que sers-tu quand tu as des invités à la maison?
7. Pars-tu bientôt en vacances (*vacation*)? Où?

6 **Dispute** Laëtitia est très active. Son petit ami Bertrand ne sort pas beaucoup, alors ils ont souvent des disputes. Avec un(e) partenaire, jouez les deux rôles. Utilisez les mots et les expressions de la liste.

dormir	partir
faire des promenades	un passe-temps
faire un tour (en voiture)	sentir
	sortir
par semaine	rarement
	souvent

Révision

1 **Au parc** C'est dimanche au parc. Avec un(e) partenaire, décrivez les activités de tous les personnages. Comparez vos observations avec les observations d'un autre groupe pour compléter votre description.

2 **Mes habitudes** Avec un(e) partenaire, parlez de vos habitudes de la semaine. Que faites-vous régulièrement? Utilisez tous les mots de la liste.

MODÈLE

Étudiant(e) 1: Je fais de la gym parfois le lundi. Et toi?

Étudiant(e) 2: Moi, je fais la cuisine parfois le lundi.

parfois le lundi	souvent à midi
le mercredi à midi	toujours le vendredi
le jeudi soir	tous les jours
le vendredi matin	trois fois par semaine
rarement le matin	une fois par semaine

3 **Mes vacances** Parlez de vos prochaines vacances (*vacation*) avec un(e) partenaire. Mentionnez cinq de vos passe-temps habituels en vacances et cinq nouvelles activités que vous allez essayer (*to try*). Comparez votre liste avec la liste de votre partenaire puis présentez les réponses à la classe.

4 **Que faire ici?** Avec un(e) partenaire, trouvez au minimum quatre choses à faire dans chaque (*each*) endroit. Quel endroit préférez-vous et pourquoi? Comparez votre liste avec un autre groupe et parlez de vos préférences avec la classe.

MODÈLE

Étudiant(e) 1: À la montagne, on fait des randonnées à cheval.

Étudiant(e) 2: Oui, et on fait aussi des promenades.

1. à la campagne

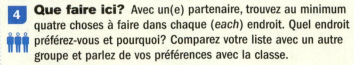
3. au parc

2. à la plage

4. au gymnase

5 **Le conseiller** Un(e) conseiller/conseillère à la fac suggère des stratégies à un(e) étudiant(e) pour l'aider (*help him or her*) à préparer les examens. Avec un(e) partenaire, jouez les deux rôles. Vos camarades vont sélectionner les meilleurs conseils (*best advice*).

MODÈLE

Il faut faire tous ses devoirs.

6 **Quelles activités?** Votre professeur va vous donner, à vous et à votre partenaire, deux feuilles d'activités différentes. Attention! Ne regardez pas la feuille de votre partenaire.

MODÈLE

Étudiant(e) 1: Est-ce que tu fais une randonnée dimanche après-midi?

Étudiant(e) 2: Oui, je fais une randonnée dimanche après-midi.

Video

Le Zapping

Sponsors de demain

Fondée en 1857, SwissLife est la plus grande° compagnie d'assurance vie° de Suisse, avec des filiales° dans plusieurs pays européens. C'est une entreprise° consciente de l'importance des activités culturelles et sportives. SwissLife sponsorise des associations et des programmes aux niveaux° national et local parce qu'elle reconnaît° qu'ils ont un effet positif sur les jeunes. En 2004, SwissLife commence à soutenir° l'équipe nationale suisse de football et, en 2007, le Kids Festival, un tournoi de football pour les enfants de six à dix ans.

Sponsor officiel des équipes nationales suisses de football

—Gagner la Ligue des Champions...

—Jouer en finale de la Coupe du Monde...

Compréhension Répondez aux questions.

1. Qui sont les personnes dans cette publicité (*ad*)?
2. Quel âge le narrateur a-t-il à peu près (*approximately*)?
3. Qu'est-ce que le narrateur a envie de faire un jour?

Discussion Par groupes de trois, répondez aux questions.

1. Pourquoi est-ce l'enfant qui parle dans la pub, et non les adultes? Quel est le rôle des adultes?
2. Qui est votre modèle? Que fait-il/elle dans la vie?

la plus grande *the largest* **assurance vie** *life insurance* **filiales** *branches* **entreprise*
company **niveaux** *levels* **reconnaît** *recognizes* **soutenir** *to support*

Go to **vhlcentral.com** to watch the TV clip featured in this **Le Zapping**.

Leçon 5B

You will learn how to...

- talk about seasons and the date
- discuss the weather

Quel temps fait-il?

Vocabulaire

Il fait 18 degrés.	*It is 18 degrees.*
Il fait beau.	*The weather is nice.*
Il fait bon.	*The weather is good/warm.*
Il fait mauvais.	*The weather is bad.*
Il fait un temps épouvantable.	*The weather is dreadful.*
Le temps est orageux.	*It is stormy.*
Quel temps fait-il?	*What is the weather like?*
Quelle température fait-il?	*What is the temperature?*
une saison	*season*
à l'automne	*in the fall*
en été	*in the summer*
en hiver	*in the winter*
au printemps	*in the spring*
Quelle est la date?	*What's the date?*
C'est le 1er (premier) octobre.	*It's the first of October.*
C'est quand votre/ton anniversaire?	*When is your birthday?*
C'est le 2 mai.	*It's the second of May.*
C'est quand l'anniversaire de Paul?	*When is Paul's birthday?*
C'est le 15 mars.	*It's March 15th.*
un anniversaire	*birthday*

Il neige. (neiger)

Il fait froid.

L'hiver: décembre, janvier, février

Il fait (du) soleil.

Bal du 14 juillet

Il fait chaud.

Quelle est la date d'aujourd'hui? C'est le 14 juillet.

L'été: juin, juillet, août

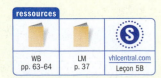

Attention!

In France and in most of the francophone world, temperature is given in Celsius. Convert from Celsius to Fahrenheit with this formula: $F = (C \times 1.8) + 32$. Convert from Fahrenheit to Celsius with this formula: $C = (F - 32) \times 0.56$. $11°C = 52°F$ $78°F = 26°C$

Il pleut. (pleuvoir)

un parapluie

un imperméable

Le printemps: mars, avril, mai

Il fait frais.

Le temps est nuageux.

Il fait du vent.

L'automne: septembre, octobre, novembre

Mise en pratique

S Audio: Vocabulary

1 **Écoutez** 🎧 Écoutez le bulletin météorologique et indiquez si les phrases suivantes sont vraies ou fausses.

	Vrai	Faux
1. C'est l'été.	☐	☐
2. Le printemps commence le 21 mars.	☐	☐
3. Il fait 11 degrés vendredi.	☐	☐
4. Il fait du vent vendredi.	☐	☐
5. Il va faire soleil samedi.	☐	☐
6. Il faut utiliser le parapluie et l'imperméable vendredi.	☐	☐
7. Il va faire un temps épouvantable dimanche.	☐	☐
8. Il ne va pas faire chaud samedi.	☐	☐

2 **Les fêtes et les jours fériés** Indiquez la date et la saison de chaque jour férié.

		Date	Saison
1.	la fête nationale française	_____	_____
2.	l'indépendance des États-Unis	_____	_____
3.	la Saint-Patrick	_____	_____
4.	Noël	_____	_____
5.	la Saint-Valentin	_____	_____
6.	le Nouvel An	_____	_____
7.	Halloween	_____	_____
8.	l'anniversaire de Washington	_____	_____

3 **Quel temps fait-il?** Répondez aux questions suivantes par des phrases complètes.

1. Quel temps fait-il en été?
2. Quel temps fait-il à l'automne?
3. Quel temps fait-il au printemps?
4. Quel temps fait-il en hiver?
5. Où est-ce qu'il neige souvent?
6. Quel est votre mois préféré de l'année? Pourquoi?
7. Quand est-ce qu'il pleut où vous habitez?
8. Quand est-ce que le temps y (*there*) est orageux?

Communication

4 **Conversez** Interviewez un(e) camarade de classe.

1. C'est quand ton anniversaire? C'est quand l'anniversaire de ton père? Et de ta mère?
2. En quelle saison est ton anniversaire? Quel temps fait-il?
3. Quelle est ta saison préférée? Pourquoi? Quelles activités aimes-tu pratiquer?
4. En quelles saisons utilises-tu un parapluie et un imperméable? Pourquoi?
5. À quel moment de l'année es-tu en vacances? Précise les mois. Pendant (*During*) quels mois de l'année préfères-tu voyager? Pourquoi?
6. À quelle période de l'année étudies-tu? Précise les mois.
7. Quelle saison détestes-tu le plus (*the most*)? Pourquoi?
8. Quand tu vas au café en janvier, qu'est-ce que tu bois? En juillet? En septembre?

5 **Une lettre** Vous avez un(e) correspondant(e) (*pen pal*) en France qui veut (*wants*) vous rendre visite (*to visit you*). Écrivez une lettre à votre ami(e) où vous décrivez le temps qu'il fait à chaque saison et les activités que vous pouvez (*can*) pratiquer ensemble (*together*). Comparez votre lettre avec la lettre d'un(e) camarade de classe.

> Cher Thomas,
>
> Ici à Boston, il fait très froid en hiver et il neige souvent. Est-ce que tu aimes la neige? Moi, j'adore parce que je fais du ski tous les week-ends.
>
> Et toi, tu fais du ski? ...

6 **Quel temps fait-il en France?** Votre professeur va vous donner, à vous et à votre partenaire, deux feuilles d'activités différentes. Attention! Ne regardez pas la feuille de votre partenaire.

> **MODÈLE**
>
> **Étudiant(e) 1:** *Quel temps fait-il à Paris?*
> **Étudiant(e) 2:** *À Paris, le temps est nuageux et la température est de dix degrés.*

7 **La météo** Préparez avec un(e) camarade de classe une présentation où vous:

- mentionnez le jour, la date et la saison.
- présentez la météo d'une ville francophone.
- présentez les prévisions météo (*weather forecasts*) pour le reste de la semaine.
- montrez (*show*) une affiche pour illustrer votre présentation.

La météo d'Haïti en juillet — Port-au-Prince

samedi 23	dimanche 24	lundi 25
27°C	35°C	37°C
soleil	nuageux	orageux

Aujourd'hui samedi, c'est le 23 juillet.
C'est l'été et il fait soleil...

Les sons et les lettres

Audio: Concepts, Activities Record & Compare

 ## Open vs. closed vowels: Part 1

You have already learned that **é** is pronounced like the vowel *a* in the English word *cake*. This is a closed **e** sound.

étudiant	agr**é**able	nationalit**é**	enchant**é**

The letter combinations **–er** and **–ez** at the end of a word are pronounced the same way, as is the vowel sound in single-syllable words ending in **-es**.

travaill**er**	av**ez**	m**es**	l**es**

The vowels spelled **è** and **ê** are pronounced like the vowel in the English word *pet*, as is an **e** followed by a double consonant. These are open **e** sounds.

rép**è**te	premi**è**re	p**ê**che	itali**e**nne

The vowel sound in *pet* may also be spelled **et**, **ai**, or **ei**.

secr**et**	franç**ai**s	f**ai**t	s**ei**ze

Compare these pairs of words. To make the vowel sound in *cake*, your mouth should be slightly more closed than when you make the vowel sound in *pet*.

m**es** m**ai**s		**c**es **c**ette		th**é**âtre th**è**me

Prononcez Répétez les mots suivants à voix haute.

1. thé
2. lait
3. belle
4. été
5. neige
6. aider
7. degrés
8. anglais
9. cassette
10. discret
11. treize
12. mauvais

Articulez Répétez les phrases suivantes à voix haute.

1. Hélène est très discrète.
2. Céleste achète un vélo laid.
3. Il neige souvent en février et en décembre.
4. Désirée est canadienne; elle n'est pas française.

Dictons Répétez les dictons à voix haute.

Péché avoué est à demi pardonné.[1]

Qui sème le vent récolte la tempête.[2]

[1] An offense admitted is half pardoned.
[2] You reap what you sow. (lit. He who sows the wind reaps a storm.)

ROMAN-PHOTO

Quel temps!

 **Video: *Roman-photo*** **Record & Compare**

David

Rachid

Sandrine

Stéphane

Au parc...

RACHID Napoléon établit le Premier Empire en quelle année?

STÉPHANE Euh... mille huit cent quatre?

RACHID Exact! On est au mois de novembre et il fait toujours chaud.

STÉPHANE Oui, il fait bon!... dix-neuf, dix-huit degrés!

RACHID Et on a chaud aussi parce qu'on court.

STÉPHANE Bon, allez, je rentre faire mes devoirs d'histoire-géo.

RACHID Et moi, je rentre boire une grande bouteille d'eau.

RACHID À demain, Stéph! Et n'oublie pas: le cours du jeudi avec ton professeur, Monsieur Rachid Kahlid, commence à dix-huit heures, pas à dix-huit heures vingt!

STÉPHANE Pas de problème! Merci et à demain!

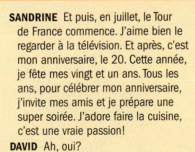

SANDRINE Et puis, en juillet, le Tour de France commence. J'aime bien le regarder à la télévision. Et après, c'est mon anniversaire, le 20. Cette année, je fête mes vingt et un ans. Tous les ans, pour célébrer mon anniversaire, j'invite mes amis et je prépare une super soirée. J'adore faire la cuisine, c'est une vraie passion!

DAVID Ah, oui?

SANDRINE En parlant d'anniversaire, Stéphane célèbre ses dix-huit ans samedi prochain. C'est un anniversaire important. ...On organise une surprise. Tu es invité!

DAVID Hmm, c'est très gentil, mais... Tu essaies de ne pas parler deux minutes, s'il te plaît? Parfait!

SANDRINE Pascal! Qu'est-ce que tu fais aujourd'hui? Il fait beau à Paris?

DAVID Encore un peu de patience! Allez, encore dix secondes... Voilà!

A C T I V I T É S

1 **Qui?** Identifiez les personnages pour chaque phrase. Écrivez **S** pour Sandrine, **St** pour Stéphane, **R** pour Rachid et **D** pour David.

1. Cette personne aime faire la cuisine.
2. Cette personne sort quand il fait froid.
3. Cette personne aime le Tour de France.
4. Cette personne n'aime pas la pluie.
5. Cette personne va boire de l'eau.
6. Ces personnes ont rendez-vous tous les jeudis.
7. Cette personne fête son anniversaire en janvier.
8. Ces personnes célèbrent un joli portrait.
9. Cette personne fête ses dix-huit ans samedi prochain.
10. Cette personne prépare des crêpes pour le dîner.

 Practice more at **vhlcentral.com.**

Les anniversaires à travers (*through*) les saisons.

À l'appartement de David et de Rachid...

SANDRINE C'est quand, ton anniversaire?

DAVID Qui, moi? Oh, c'est le quinze janvier.

SANDRINE Il neige en janvier, à Washington?

DAVID Parfois... et il pleut souvent à l'automne et en hiver.

SANDRINE Je déteste la pluie. C'est pénible. Qu'est-ce que tu aimes faire quand il pleut, toi?

DAVID Oh, beaucoup de choses! Dessiner, écouter de la musique. J'aime tellement la nature, je sors même quand il fait très froid.

SANDRINE Moi, je préfère l'été. Il fait chaud. On fait des promenades.

RACHID Oh là, là, j'ai soif! Mais... qu'est-ce que vous faites, tous les deux?

DAVID Oh, rien! Je fais juste un portrait de Sandrine.

RACHID Bravo, c'est pas mal du tout! Hmm, mais quelque chose ne va pas, David. Sandrine n'a pas de téléphone dans la main!

SANDRINE Oh, Rachid, ça suffit! C'est vrai, tu as vraiment du talent, David. Pourquoi ne pas célébrer mon joli portrait? Vous avez faim, les garçons?

RACHID ET DAVID Oui!

SANDRINE Je prépare le dîner. Vous aimez les crêpes ou vous préférez une omelette?

RACHID ET DAVID Des crêpes... Miam!

Expressions utiles

Talking about birthdays

- **Cette année, je fête mes vingt et un ans.**
  This year, I'm celebrating my twenty-first birthday.
- **Pour célébrer mon anniversaire, je prépare une super soirée.**
  To celebrate my birthday, I'm planning a great party.
- **Stéphane célèbre ses dix-huit ans samedi prochain.**
  Stéphane is celebrating his eighteenth birthday next Saturday.
- **On organise une surprise.**
  We are planning a surprise.

Talking about hopes and preferences

- **Tu essaies de ne pas parler deux minutes, s'il te plaît?**
  Could you try not to talk for two minutes, please?
- **J'aime tellement la nature, je sors même quand il fait très froid.**
  I like nature so much, I go out even when it's very cold.
- **Moi, je préfère l'été.**
  Me, I prefer summer.
- **Vous aimez les crêpes ou vous préférez une omelette?**
  Do you like crêpes or do you prefer an omelette?

Additional vocabulary

- **encore un peu**
  a little more
- **Quelque chose ne va pas.**
  Something's not right/working.
- **main**
  hand
- **Ça suffit!**
  That's enough!
- **Miam!**
  Yum!

---

2 **Faux!** Toutes ces phrases contiennent une information qui est fausse. Corrigez chaque phrase.

1. Stéphane a dix-huit ans.
2. David et Rachid préfèrent une omelette.
3. Il fait froid et il pleut.
4. On n'organise rien (*anything*) pour l'anniversaire de Stéphane.
5. L'anniversaire de Stéphane est au printemps.
6. Rachid et Stéphane ont froid.

3 **Conversez** Parlez avec vos camarades de classe pour découvrir (*find out*) qui a l'anniversaire le plus proche du vôtre (*closest to yours*). Qui est-ce? Quand est son anniversaire? En quelle saison? Quel mois? En général, quel temps fait-il le jour de son anniversaire?

ressources

| VM pp. 205–206 | DVD Leçon 5B | vhlcentral.com Leçon 5B |

A C T I V I T É S

S Reading

CULTURE À LA LOUPE

Les jardins publics français

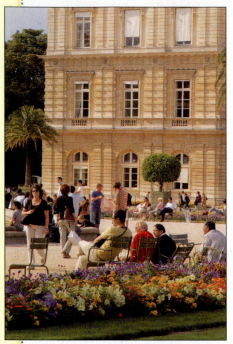

le jardin du Luxembourg

Dans toutes les villes françaises, la plupart° du temps au centre-ville, on trouve des jardins° publics. Les jardins à la française ou jardins classiques sont très célèbres° depuis° le 17ᵉ (dix-septième) siècle°. Les jardins de Versailles, créés° pour Louis XIV, le roi° Soleil, vont être copiés par toutes les cours° d'Europe. Dans le jardin à la française, l'ordre et la symétrie dominent: Il faut dompter° la nature «sauvage». La perspective et l'harmonie donnent une notion de grandeur absolue. De façon° très symbolique, la géométrie présente un monde° ordré où le contrôle règne°. Il y a beaucoup de châteaux qui ont de très beaux jardins.

À Paris, le jardin des Tuileries et le jardin du Luxembourg sont deux jardins publics de style classique. Il y a des parterres de fleurs° extraordinaires avec de savants° agencements° de couleurs. Dans les deux jardins, il n'y a pas de bancs° mais des chaises, où on peut° se reposer tranquillement à l'endroit de son choix, sous un arbre° ou près d'un bassin°. Il y a aussi deux grands parcs à côté de Paris: le bois° de Vincennes, qui a un zoo, et le bois de Boulogne, qui a un parc d'attractions° pour les enfants.

En général, les villes de France sont très fleuries°. Il y a même° des concours° pour la ville la plus° fleurie. Le concours des villes et villages fleuris a lieu° depuis 1959. Il est organisé pour promouvoir° le développement des espaces verts dans les villes.

Le bois de Vincennes et le bois de Boulogne

VINCENNES	BOULOGNE
• une superficie° totale de 995 hectares	• une superficie totale de 863 hectares
• un zoo de 15 hectares	• cinq entrées°
• 19 km de sentiers pour les promenades à cheval et à vélo	• 95 km d'allées
• 32 km d'allées pour le jogging	• une cascade° de 10 mètres de large° et 14 mètres de haut°
• la Ferme° de Paris, une ferme de 5 hectares	• deux hippodromes°

la plupart *most* **jardins** *gardens, parks* **célèbres** *famous* **depuis** *since* **siècle** *century* **créés** *created* **roi** *king* **cours** *courts* **dompter** *to tame* **façon** *way* **monde** *world* **règne** *reigns* **parterres de fleurs** *flower beds* **savants** *clever* **agencements** *schemes* **bancs** *benches* **peut** *can* **arbre** *tree* **bassin** *fountain, pond* **bois** *forest, wooded park* **parc d'attractions** *amusement park* **fleuries** *decorated with flowers* **même** *even* **concours** *competitions* **la plus** *the most* **a lieu** *takes place* **promouvoir** *to promote*

Coup de main

In France and elsewhere, units of measurement are different than those used in the United States.

1 hectare = *2.47 acres*

1 kilomètre = *0.62 mile*

1 mètre = *approximately 1 yard (3 feet)*

A C T I V I T É S

1 **Répondez** Répondez aux questions par des phrases complètes.

1. Où trouve-t-on, en général, des jardins publics?
2. Les jardins de Versailles sont créés pour quel roi?
3. Qu'est-ce qui domine dans le jardin à la française?
4. Quelle est la fonction de la perspective et de l'harmonie?
5. Qu'est-ce qu'il y a dans le jardin des Tuileries?

6. Que peut-on faire au jardin du Luxembourg grâce (*thanks*) aux chaises?
7. Quels deux grands parcs y a-t-il à côté de Paris?
8. Que peut-on faire au bois de Vincennes?
9. Comment les villes françaises sont-elles en général?
10. Pourquoi les concours sont-ils organisés?

STRATÉGIE

Skimming

Skimming involves quickly reading through a text to absorb its general meaning. Reading quickly in this way allows you to understand the main ideas without having to read word for word. You can skim a text as a preliminary step before an in-depth reading, as when reading once through without stopping. You can also skim an individual paragraph or section at any stage of the reading process to remind yourself of how it fits into the selection as a whole.

LE MONDE FRANCOPHONE

Des parcs publics

Voici quelques parcs publics du monde francophone.

Bruxelles, Belgique
le bois de la Cambre 123 hectares, un lac° avec une île° au centre

Casablanca, Maroc
le parc de la Ligue Arabe des palmiers°, un parc d'attractions pour enfants, des cafés et restaurants

Québec, Canada
le parc des Champs de Batailles («Plaines d'Abraham») 107 hectares, 6.000 arbres°

Tunis, Tunisie
le parc du Belvédère 110 hectares, un zoo de 13 hectares, 230.000 arbres (80 espèces° différentes), situé° sur une colline°

lac *lake* **île** *island* **palmiers** *palm trees* **arbres** *trees* **espèces** *species* **situé** *located* **colline** *hill*

PORTRAIT

Les Français et le vélo

Tous les étés, la course° cycliste du Tour de France attire° un grand nombre de spectateurs, Français et étrangers, surtout lors de° son arrivée sur les Champs-Élysées, à Paris. C'est le grand événement° sportif de l'année pour les amoureux du cyclisme. Les Français adorent aussi faire du vélo pendant° leur temps libre. Beaucoup de clubs organisent des randonnées en vélo de course° le week-end. Pour les personnes qui préfèrent le vélo tout terrain (VTT)°, il y a des sentiers° adaptés dans les parcs régionaux et nationaux. Certaines agences de voyages proposent aussi des vacances «vélo» en France ou à l'étranger°.

course *race* **attire** *attracts* **lors de** *at the time of* **événement** *event* **pendant** *during* **vélo de course** *road bike* **vélo tout terrain (VTT)** *mountain biking* **sentiers** *paths* **à l'étranger** *abroad*

le Tour de France sur les Champs-Élysées

Sur Internet

Qu'est-ce que Jacques Anquetil, Eddy Merckx et Bernard Hinault ont en commun?

Go to **vhlcentral.com** to find more cultural information related to this **Lecture culturelle**.

---

2 **Vrai ou faux?** Indiquez si les phrases sont **vraies** ou **fausses**. Corrigez les phrases fausses.

1. Les Français ne font pas de vélo.
2. Les membres de clubs de vélo font des promenades le week-end.
3. Les agences de voyages offrent des vacances «vélo».
4. On utilise un VTT quand on fait du vélo sur la route.
5. Le Tour de France arrive sur les Champs-Élysées à Paris.

3 **Les parcs publics** Avec un(e) partenaire, parlez des parcs publics du monde francophone. Quel temps fait-il dans les parcs pendant (*during*) les différentes saisons de l'année? Choisissez un parc et décrivez-le à vos camarades. Peuvent-ils deviner (*Can they guess*) de quel parc vous parlez?

 Practice more at **vhlcentral.com**.

ressources
vhlcentral.com
Leçon 5B

A C T I V I T É S

STRUCTURES

Numbers 101 and higher  Presentation

Numbers 101 and higher	
101 cent un	800 huit cents
125 cent vingt-cinq	900 neuf cents
198 cent quatre-vingt-dix-huit	1.000 mille
200 deux cents	1.100 mille cent
245 deux cent quarante-cinq	2.000 deux mille
300 trois cents	5.000 cinq mille
400 quatre cents	100.000 cent mille
500 cinq cents	550.000 cinq cent cinquante mille
600 six cents	1.000.000 un million
700 sept cents	8.000.000 huit millions

- Note that French uses a period, rather than a comma, to indicate thousands and millions.

- In multiples of one hundred, the word **cent** takes a final **-s**. However, if it is followed by another number, **cent** drops the **-s**.

J'ai **quatre cents** bandes dessinées. *I have 400 comic books.*	but	Il y a **deux cent cinquante** jours de soleil. *There are 250 sunny days.*
Il y a **cinq cents** animaux dans le zoo. *There are 500 animals in the zoo.*	but	Nous allons inviter **trois cent trente-huit** personnes. *We're going to invite 338 people.*

À noter

As you learned in **Leçon 3B**, **cent** does *not* take the number **un** before it to mean *one hundred*.

- The number **un** is not used before the word **mille** to mean *a/one thousand*. It is used, however, before **million** to say *a/one million*.

Mille personnes habitent le village. *One thousand people live in the village.*	but	**Un million** de personnes habitent la région. *One million people live in the region.*

- **Mille**, unlike **cent** and **million**, is invariable. It never takes an **-s**.

Aimez-vous *Les* **Mille** *et Une Nuits*? *Do you like "The Thousand and One Nights"?*	**Onze mille** étudiants sont inscrits. *Eleven thousand students are registered.*

- Before a noun, **million** and **millions** are followed by **de/d'**.

Un million de personnes sont en vacances. *One million people are on vacation.*	Il y a **seize millions d'habitants** dans la capitale. *There are 16,000,000 inhabitants in the capital.*

ressources

WB
pp. 65–66

LM
p. 39

vhlcentral.com
Leçon 5B

Essayez! Écrivez les nombres en toutes lettres. (*Write out the numbers.*)

1. 10.000 _dix mille_
2. 620 _____
3. 365 _____
4. 42.000 _____
5. 1.392.000 _____
6. 171 _____

7. 200.000.000 _____
8. 480 _____
9. 1.789 _____
10. 400 _____
11. 8.000.000 _____
12. 5.053 _____

Le français vivant

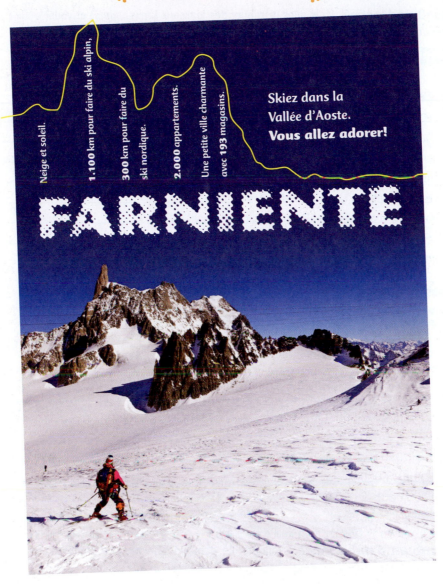

Neige et soleil.

1.100 km pour faire du ski alpin,

300 km pour faire du ski nordique.

2.000 appartements.

Une petite ville charmante avec 193 magasins.

Skiez dans la Vallée d'Aoste. **Vous allez adorer!**

FARNIENTE

Questions Avec un(e) partenaire, regardez la publicité (*ad*) et répondez aux questions. Écrivez les nombres en toutes lettres. (*Write out the numbers.*)

1. En quelle saison est-ce qu'on va dans la Vallée d'Aoste?

2. Combien de kilomètres y a-t-il pour faire du ski alpin? Pour faire du ski nordique?

3. Combien d'appartements y a-t-il dans la ville? Combien de magasins?

4. Quelles autres activités sportives pratique-t-on, à votre avis (*in your opinion*), dans la Vallée d'Aoste?

5. Faites-vous du ski? Avez-vous envie de faire du ski dans la Vallée d'Aoste? Pourquoi?

6. Avec votre partenaire, préparez votre propre (*own*) pub pour une station de ski. Utilisez cette pub comme modèle.

STRUCTURES

Mise en pratique

1 **Quelle adresse?** Vous allez distribuer des journaux (*newspapers*) et vous téléphonez aux clients pour avoir leur adresse. Écrivez les adresses.

> **MODÈLE**
>
> cent deux, rue Lafayette
> *102, rue Lafayette*

1. deux cent cinquante-deux, rue de Bretagne _____
2. quatre cents, avenue Malbon _____
3. cent soixante-dix-sept, rue Jeanne d'Arc _____
4. cinq cent quarante-six, boulevard St. Marc _____
5. six cent quatre-vingt-huit, avenue des Gaulois _____
6. trois cent quatre-vingt-douze, boulevard Micheline _____
7. cent vingt-cinq, rue des Pierres _____
8. trois cent quatre, avenue St. Germain _____

2 **Faisons des calculs** Faites les additions et écrivez les réponses.

> **MODÈLE**
>
> 200 + 300 =
> *Deux cents plus trois cents font cinq cents.*

1. 5.000 + 3.000 = _____
2. 650 + 750 = _____
3. 2.000.000 + 3.000.000 = _____
4. 4.400 + 3.600 = _____
5. 155 + 310 = _____
6. 7.000 + 3.000 = _____
7. 9.000.000 + 2.000.000 = _____
8. 1.250 + 2.250 = _____

3 **Combien d'habitants?** À tour de rôle, demandez à votre partenaire combien d'habitants il y a dans chaque ville d'après (*according to*) les statistiques.

> **MODÈLE**
>
> Dijon: 153.813
> **Étudiant(e) 1:** *Combien d'habitants y a-t-il à Dijon?*
> **Étudiant(e) 2:** *Il y a cent cinquante-trois mille huit cent treize habitants.*

1. Toulouse: 398.423 _____
2. Abidjan: 2.877.948 _____
3. Lyon: 453.187 _____
4. Québec: 510.559 _____
5. Marseille: 807.071 _____
6. Papeete: 26.181 _____
7. Dakar: 2.476.400 _____
8. Nice: 344.460 _____

Practice more at **vhlcentral.com.**

Communication

4 **Quand?** Avec un(e) partenaire, regardez les dates et dites quand ces événements ont lieu (*take place*).

1. Le *Pathfinder* arrive sur la planète Mars. _____
2. La Première Guerre mondiale commence. _____
3. La Seconde Guerre mondiale prend fin (*ends*). _____
4. L'Amérique déclare son indépendance. _____
5. Martin Luther King, Jr. est assassiné. _____
6. La Première Guerre Mondiale prend fin. _____
7. La Révolution française a lieu (*takes place*). _____
8. La Seconde Guerre mondiale commence. _____

5 **Combien ça coûte?** Vous regardez un catalogue avec un(e) ami(e). À tour de rôle, demandez à votre partenaire le prix des choses.

▶ **MODÈLE**

Étudiant(e) 1: Combien coûte l'ordinateur?
Étudiant(e) 2: Il coûte mille huit cents euros.

1.   2.   3.   4.

6 **Dépensez de l'argent** Vous et votre partenaire avez 100.000€. Décidez quels articles de la liste vous allez prendre. Expliquez vos choix à la classe.

MODÈLE

Étudiant(e) 1: On prend un rendez-vous avec Brad Pitt parce que c'est mon acteur favori.
Étudiant(e) 2: Alors, nous avons encore (*still*) 50.000 euros. Prenons les 5 jours à Paris pour pratiquer le français.

un ordinateur... 2.000€	des vacances à Tahiti... 7.000€
un rendez-vous avec Brad Pitt... 50.000€	un vélo... 1.000€
un rendez-vous avec Madonna... 50.000€	une voiture de luxe... 80.000€
5 jours à Paris... 8.500€	un dîner avec Justin Bieber... 45.000€
un séjour ski en Suisse... 4.200€	un jour de shopping... 10.000€
une montre 6.800€	un bateau (*boat*)... 52.000€

STRUCTURES

5B.2

Spelling-change *-er* verbs  Presentation

Point de départ Some **-er** verbs, though regular with respect to their verb endings, have spelling changes that occur in the verb stem (what remains after the **-er** is dropped).

- Most infinitives whose next-to-last syllable contains an **e** (no accent) change this letter to **è** in all forms except **nous** and **vous**.

acheter (to buy)	
j'ach**è**te	nous achetons
tu ach**è**tes	vous achetez
il/elle/on ach**è**te	ils/elles ach**è**tent

Où est-ce que tu **achètes** des skis?
Where do you buy skis?

Ils **achètent** beaucoup sur Internet.
They buy a lot on the Internet.

Achetez-vous une nouvelle maison?
Are you buying a new house?

Je n'**achète** pas de lait.
I'm not buying any milk.

- Infinitives whose next-to-last syllable contains an **é** change this letter to **è** in all forms except **nous** and **vous**.

espérer (to hope)	
j'esp**è**re	nous espérons
tu esp**è**res	vous espérez
il/elle/on esp**è**re	ils/elles esp**è**rent

Elle **espère** arriver tôt aujourd'hui.
She hopes to arrive early today.

Nos profs **espèrent** avoir de bons étudiants en classe.
Our professors hope to have good students in class.

Espérez-vous faire la connaissance de Joël?
Do you hope to meet Joël?

J'**espère** avoir de bonnes notes.
I hope to have good grades.

- Infinitives ending in **-yer** change **y** to **i** in all forms except **nous** and **vous**.

envoyer (to send)	
j'envo**i**e	nous envoyons
tu envo**i**es	vous envoyez
il/elle/on envo**i**e	ils/elles envo**i**ent

J'**envoie** une lettre.
I'm sending a letter.

Tes amis **envoient** un e-mail.
Your friends send an e-mail.

Nous **envoyons** des bandes dessinées aux enfants.
We're sending the children comic books.

Salima **envoie** un message à ses parents.
Salima is sending a message to her parents.

Elle achète quelque chose.

Ils répètent.

• The change of **y** to **i** is optional in verbs whose infinitives end in **-ayer**.

Je **paie** avec une carte de crédit.
I pay with a credit card.

Comment est-ce que tu **payes**?
How do you pay?

Other spelling change *-er* verbs

like *espérer*		like *acheter*	
célébrer	*to celebrate*	amener	*to bring (someone)*
considérer	*to consider*	emmener	*to take (someone)*
posséder	*to possess, to own*	**like *envoyer***	
préférer	*to prefer*	employer	*to use*
protéger	*to protect*	essayer (de + [*inf.*])	*to try (to)*
répéter	*to repeat; to rehearse*	nettoyer	*to clean*
		payer	*to pay*

Boîte à outils

Amener is used when you are bringing someone to the place where you are.

J'**amène** ma nièce chez moi.
I'm bringing my niece home.

Emmener is used when you are taking someone to a different location from where you are.

J'**emmène** ma grand-mère à l'hôpital.
I'm taking my grandmother to the hospital.

À noter

You learned in **Leçon 4A** that the verb **apporter** also means *to bring*. Use **apporter** instead of **amener** when you are bringing an object instead of a person or animal.

Qui **apporte** les cartes?
Who's bringing the cards?

Je préfère l'été. Il fait chaud.

Tu essaies de ne pas parler?

• Note that the **nous** and **vous** forms of the verbs presented in this section have no spelling changes.

Vous **achetez** des sandwichs aussi.
You're buying sandwiches, too.

Nous **espérons** partir à huit heures.
We hope to leave at 8 o'clock.

Nous **envoyons** les enfants à l'école.
We're sending the children to school.

Vous **payez** avec une carte de crédit.
You pay with a credit card.

Essayez! **Complétez les phrases avec la forme correcte du verbe.**

1. Les bibliothèques _emploient_ (employer) beaucoup d'étudiants.
2. Vous _____ (répéter) les phrases en français.
3. Nous _____ (payer) assez pour les livres.
4. Mon camarade de chambre ne _____ (nettoyer) pas son bureau.
5. Est-ce que tu _____ (espérer) gagner?
6. Vous _____ (essayer) parfois d'arriver à l'heure.
7. Tu _____ (préférer) prendre du thé ou du café?
8. Elle _____ (emmener) sa mère au cinéma.
9. On _____ (célébrer) une occasion spéciale.
10. Les parents _____ (protéger) leurs enfants?

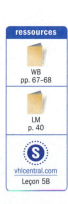
ressources

WB
pp. 67–68

LM
p. 40

S
vhlcentral.com
Leçon 5B

Mise en pratique

1 **Passe-temps** Chaque membre de la famille Desrosiers a son passe-temps préféré. Utilisez les éléments pour dire comment ils préparent leur week-end.

MODÈLE

Tante Manon fait une randonnée. (acheter / sandwichs)
Elle achète des sandwichs.

1. Nous faisons du vélo. (essayer / vélo) _____
2. Christiane aime chanter. (répéter) _____
3. Les filles jouent au foot. (espérer / gagner) _____
4. Vous allez à la pêche. (emmener / enfants) _____
5. Papa fait un tour en voiture. (nettoyer / voiture) _____
6. Mes frères font du camping. (préférer / partir tôt) _____
7. Ma petite sœur va à la piscine. (essayer de / plonger) _____
8. Mon grand-père aime la montagne. (préférer / faire une randonnée) _____
9. J'adore les chevaux. (espérer / faire du cheval) _____
10. Mes parents vont faire un dessert. (acheter / fruits) _____

2 **Que font-ils?** Dites ce que font les personnages.

 ▶ **MODÈLE**

Il achète une baguette.

acheter

1. envoyer

2. payer

3. répéter

4. nettoyer

3 **Invitation au cinéma** Avec un(e) partenaire, jouez les rôles de Halouk et de Thomas. Ensuite, présentez la scène à la classe.

THOMAS J'ai envie d'aller au cinéma.

HALOUK Bonne idée. Nous (1) _____ (emmener, protéger) Véronique avec nous?

THOMAS J' (2) _____ (acheter, espérer) qu'elle a du temps libre.

HALOUK Peut-être, mais j' (3) _____ (envoyer, payer) des e-mails tous les jours et elle ne répond pas.

THOMAS Parce que son ordinateur ne fonctionne pas. Elle (4) _____ (essayer, préférer) parler au téléphone.

HALOUK D'accord. Alors toi, tu (5) _____ (acheter, répéter) les tickets au cinéma et moi, je vais chercher Véronique.

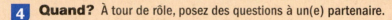

Communication

4 **Quand?** À tour de rôle, posez des questions à un(e) partenaire.

1. Qu'est-ce que tu achètes tous les jours?
2. Qu'est-ce que tu achètes tous les mois?
3. Quand tu sors avec ton/ta petit(e) ami(e), qui paie?
4. Est-ce que toi et ton/ta camarade de chambre partagez les frais *(expenses)*? Qui paie quoi?
5. Est-ce que tu possèdes une voiture?
6. Qui nettoie ta chambre?
7. À qui est-ce que tu envoies des e-mails?
8. Qu'est-ce que tu espères faire cet été?
9. Qu'est-ce que tu préfères faire le vendredi soir?
10. Quand tu vas en boîte de nuit, est-ce que tu emmènes quelqu'un? Qui?
11. Est-ce que ta famille célèbre une occasion spéciale cet *(this)* été? Quand?
12. Aimes-tu essayer une nouvelle cuisine?

5 **Réponses affirmatives** Votre professeur va vous donner une feuille d'activités. Trouvez au moins deux camarades de classe qui répondent oui à chaque question. Et si vous aussi, vous répondez oui aux questions, écrivez votre nom.

MODÈLE

Étudiant(e) 1: Est-ce que tu achètes tes livres sur Internet?
Étudiant(e) 2: Oui, j'achète mes livres sur Internet.

Questions	Noms
1. acheter ses livres sur Internet	Virginie, Éric
2. posséder un ordinateur	
3. envoyer des lettres à ses grands-parents	
4. célébrer une occasion spéciale demain	

6 **E-mail à l'oncle Marcel** Xavier va écrire un e-mail à son oncle pour raconter *(to tell)* ses activités de la semaine prochaine. Il prépare une liste des choses qu'il veut dire *(wants to say)*. Avec un(e) partenaire, écrivez son e-mail.

- lundi: emmener maman chez le médecin
- mercredi: fac envoyer notes
- jeudi: répéter rôle Roméo et Juliette
- vendredi: célébrer anniversaire papa
- vendredi: essayer faire gym
- samedi: parents acheter voiture

Révision

1 **Le basket** Avec un(e) partenaire, utilisez les verbes de la liste pour compléter le paragraphe.

acheter	considérer	envoyer	essayer	préférer
amener	employer	espérer	payer	répéter

Je m'appelle Stéphanie et je joue au basket. J' (1) _____ toujours (*always*) mes parents avec moi aux matchs le samedi. Ils (2) _____ que les filles sont de très bonnes joueuses. Mes parents font aussi du sport. Ma mère fait du vélo et mon père (3) _____ gagner son prochain match de foot! Le vendredi matin, j' (4) _____ un e-mail à ma mère pour lui rappeler (*remind her of*) le match. Mais elle n'oublie jamais! Ils n' (5) _____ pas de tickets pour les matchs, parce que les parents des joueurs ne (6) _____ pas. Nous (7) _____ toujours d'arriver une demi-heure à l'avance, parce que maman et papa (8) _____ s'asseoir (*to sit*) tout près du terrain (*court*). Ils sont tellement fiers!

2 **Que font-ils?** Avec un(e) partenaire, parlez des activités des personnages et écrivez une phrase par illustration.

1. _____ 2. _____ 3. _____

4. _____ 5. _____ 6. _____

3 **Où partir?** Avec un(e) partenaire, choisissez cinq endroits intéressants à visiter et où il fait le temps indiqué sur la liste. Ensuite, répondez aux questions.

Il fait chaud.	Il fait soleil.	Il fait du vent.	Il neige.	Il pleut.

1. Où essayez-vous d'aller cet été? Pourquoi?
2. Où préférez-vous partir cet hiver? Pourquoi?
3. Quelle est la première destination que vous espérez visiter? La dernière? Pourquoi?
4. Qui emmenez-vous avec vous? Pourquoi?

4 **J'achète** Vous allez payer un voyage aux membres de votre famille et à vos amis. À tour de rôle, choisissez un voyage et donnez à votre partenaire la liste des personnes qui partent. Votre partenaire va vous donner le prix à payer.

MODÈLE

Étudiant(e) 1: *J'achète un voyage de dix jours dans les Pays de la Loire à ma cousine Pauline et à mon frère Alexandre.*
Étudiant(e) 2: *D'accord. Tu paies deux mille cinq cent soixante-deux euros.*

Voyages	Prix par personne	Commission
Dix jours dans les Pays de la Loire ....1.250...................... 62
Deux semaines de camping....................660...................... 35
Sept jours au soleil en hiver ....2.100...................... 78
Trois jours à Paris en avril.......................500...................... 55
Trois mois en Europe en été ....10.400...................... 47
Un week-end à Nice en septembre.........350...................... 80
Une semaine à la montagne en juin........990...................... 66
Une semaine à la neige ....1.800...................... 73

5 **La vente aux enchères** Par groupes de quatre, organisez une vente aux enchères (*auction*) pour vendre les affaires (*things*) du professeur. À tour de rôle, un(e) étudiant(e) joue le rôle du/de la vendeur/vendeuse et les autres étudiants jouent le rôle des enchérisseurs (*bidders*). Vous avez 5.000 euros et toutes les enchères (*bids*) commencent à cent euros.

MODÈLE

Étudiant(e) 1: *J'ai le cahier du professeur. Qui paie cent euros?*
Étudiant(e) 2: *Moi, je paie cent euros.*
Étudiant(e) 1: *Qui paie cent cinquante euros?*

6 **À la bibliothèque** Votre professeur va vous donner, à vous et à votre partenaire, deux feuilles d'activités différentes. Attention! Ne regardez pas la feuille de votre partenaire.

MODÈLE

Étudiant(e) 1: *Est-ce que tu as le livre «Candide»?*
Étudiant(e) 2: *Oui, son numéro de référence est P, Q, deux cent soixante-six, cent quarante-sept, cent dix.*

Écriture

Using a dictionary

A common mistake made by beginning language learners is to embrace the dictionary as the ultimate resource for reading, writing, and speaking. While it is true that the dictionary is a useful tool that can provide valuable information about vocabulary, using the dictionary correctly requires that you understand the elements of each entry.

If you glance at a French-English dictionary, you will notice that its format is similar to that of an English dictionary. The word is listed first, usually followed by its pronunciation. Then come the definitions, organized by parts of speech. Sometimes, the most frequently used meanings are listed first.

To find the best word for your needs, you should refer to the abbreviations and the explanatory notes that appear next to the entries. For example, imagine that you are writing about your pastimes. You want to write *I want to buy a new racket for my match tomorrow*, but you don't know the French word for *racket*.

In the dictionary, you might find an entry like this one:

> **racket** n 1. boucan; 2. raquette (sport)

The abbreviation key at the front of the dictionary says that *n* corresponds to **nom** (*noun*). Then, the first word you see is **boucan**. The definition of **boucan** is *noise* or *racket,* so **boucan** is probably not the word you want. The second word is **raquette**, followed by the word *sport*, which indicates that it is related to **sports**. This detail indicates that the word **raquette** is the best choice for your needs.

Thème

Écrire une brochure

Choisissez un sujet:

1. Vous travaillez à la Chambre de Commerce de votre région pour l'été. Des hommes et des femmes d'affaires québécois vont visiter votre région cette année, mais ils n'ont pas encore décidé (*have not yet decided*) quand. La Chambre de Commerce vous demande de créer (*asks you to create*) une petite brochure sur le temps qu'il fait dans votre région aux différentes saisons de l'année. Dites quelle saison, à votre avis (*in your opinion*), est idéale pour visiter votre région et expliquez pourquoi.

2. Vous avez une réunion familiale pour décider où aller en vacances cette année, mais chaque membre de la famille suggère un endroit différent. Choisissez un lieu de vacances où vous avez envie d'aller et créez une brochure pour montrer à votre famille pourquoi vous devriez (*should*) tous y aller (*go there*). Décrivez la météo de l'endroit et indiquez les différentes activités culturelles et sportives qu'on peut y faire.

3. Vous passez un semestre/trimestre dans le pays francophone de votre choix (*of your choice*). Deux étudiants de votre cours de français ont aussi envie de visiter ce pays. Créez une petite brochure pour partager vos impressions du pays. Présentez le pays, donnez des informations météorologiques et décrivez vos activités préférées.

Panorama

Les Pays de la Loire

La région en chiffres

- **Superficie:** *32.082 km²°*
- **Population:** *3.344.000*
  SOURCE: INSEE
- **Industries principales:** *aéronautique, agriculture, informatique, tourisme, viticulture°*
- **Villes principales:** *Angers, Laval, Le Mans, Nantes, Saint Nazaire*

Personnages célèbres

- **Claire Bretécher,** *dessinatrice de bandes dessinées (1940–)*
- **Léon Bollée,** *inventeur d'automobiles (1870–1913)*
- **Jules Verne,** *écrivain° (1828–1905)*

Le Centre

La région en chiffres

- **Superficie:** *39.152 km²*
- **Population:** *2.480.000*
- **Industrie principale:** *tourisme*
- **Villes principales:** *Bourges, Chartres, Orléans, Tours, Vierzon*

Personnages célèbres

- **Honoré de Balzac,** *écrivain (1799–1850)*
- **George Sand,** *écrivain (1804–1876)*
- **Gérard Depardieu,** *acteur (1948–)*

km² **(kilomètres carrés)** *square kilometers* **viticulture** *wine-growing* **écrivain** *writer* **Construit** *Constructed* **siècle** *century* **pièces** *rooms* **escaliers** *staircases* **chaque** *each* **logis** *living area* **hélice** *helix* **même** *same* **ne se croisent jamais** *never cross* **pèlerinage** *pilgrimage* **course** *race*

un pèlerinage° à la cathédrale de Chartres

le Vendée Globe, course° nautique

la Loire

Incroyable mais vrai!

Construit° au XVIe (seizième) siècle°, l'architecture du château de Chambord est influencée par Léonard de Vinci. Le château a 440 pièces°, 84 escaliers° et 365 cheminées (une pour chaque° jour de l'année). Le logis° central a deux escaliers en forme de double hélice°. Les escaliers vont dans la même° direction, mais ne se croisent jamais°.

Les monuments

La vallée des rois

La vallée de la Loire, avec ses châteaux, est appelée la vallée des rois°. C'est au XVIe (seizième) siècle° que les Valois° quittent Paris pour habiter dans la région, où ils construisent° de nombreux° châteaux de style Renaissance. François Ier inaugure le siècle des «rois voyageurs»: ceux° qui vont d'un château à l'autre avec leur cour° et toutes leurs possessions. Chenonceau, Chambord et Amboise sont aujourd'hui les châteaux les plus° visités.

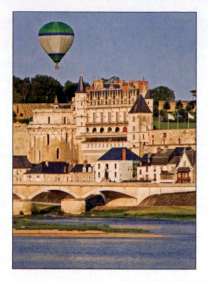

Les festivals

Le Printemps de Bourges

Le Printemps de Bourges est un festival de musique qui a lieu° chaque année, en avril. Pendant° une semaine, tous les styles de musique sont représentés: variété française, musiques du monde°, rock, musique électronique, reggae, hip-hop, etc... Il y a des dizaines° de spectacles, de nombreux artistes, des milliers de spectateurs et des noms légendaires comme Serge Gainsbourg, Yves Montand, Ray Charles et Johnny Clegg.

Les sports

Les 24 heures du Mans

Les 24 heures du Mans, c'est la course° d'endurance automobile la plus célèbre° du monde. Depuis° 1923, de prestigieuses marques° y° participent. C'est sur ce circuit de 13,6 km que Ferrari gagne neuf victoires et que Porsche détient° le record de 16 victoires avec une vitesse moyenne° de 222 km/h sur 5.335 km. Il existe aussi les 24 heures du Mans moto°.

Les destinations

La route des vins

La vallée de la Loire est réputée pour ses vignobles°, en particulier pour ses vins blancs°. Le Sauvignon et le Chardonnay, par exemple, constituent environ° 75% (pour cent) de la production. La vigne est cultivée dans la vallée depuis l'an 380. Aujourd'hui, les vignerons° de la région produisent 400 millions de bouteilles par an. Pour apprécier le vin, il est nécessaire de l'observer°, de le sentir, de le goûter° et de le déguster°. C'est tout un art!

Qu'est-ce que vous avez appris? Répondez aux questions par des phrases complètes.

1. Quel événement peut-on voir aux Sables d'Olonne?
2. Au seizième siècle, qui influence le style de construction de Chambord?
3. Combien de cheminées y a-t-il à Chambord?
4. De quel style sont les châteaux de la Loire?
5. Pourquoi les Valois sont-ils «les rois voyageurs»?
6. Combien de spectateurs vont au Printemps de Bourges chaque année?
7. Qu'est-ce que les 24 heures du Mans?
8. Quel autre type de course existe-t-il au Mans?
9. Quels vins produit-on principalement dans la vallée de la Loire?
10. Combien de bouteilles y sont produites chaque année?

ressources

WB
pp. 69–70

vhlcentral.com
Unité 5

Sur Internet

Go to **vhlcentral.com** to find more cultural information related to this **Panorama**.

1. Trouvez des informations sur le Vendée Globe. Quel est l'itinéraire de la course? Combien de bateaux (*boats*) y participent chaque année?

2. Qui étaient (*were*) les artistes invités au dernier Printemps de Bourges? En connaissez-vous quelques-uns? (*Do you know some of them?*)

rois *kings* **siècle** *century* **les Valois** *name of a royal dynasty* **construisent** *build* **de nombreux** *numerous* **ceux** *those* **cour** *court* **les plus** *the most* **a lieu** *takes place* **Pendant** *For* **monde** *world* **dizaines** *dozens* **course** *race* **célèbre** *famous* **Depuis** *Since* **marques** *brands* **y** *there* **détient** *holds* **vitesse moyenne** *average speed* **moto** *motorcycle* **vignobles** *vineyards* **vins blancs** *white wines* **environ** *around* **vignerons** *wine-growers* **l'observer** *observe it* **le goûter** *taste it* **le déguster** *savor it*

Activités sportives et loisirs

aider	to help
aller à la pêche	to go fishing
bricoler	to tinker; to do odd jobs
chanter	to sing
désirer	to want; to desire
gagner	to win
indiquer	to indicate
jouer (à/de)	to play
marcher	to walk (person); to work (thing)
pratiquer	to practice; to play (a sport)
skier	to ski
une bande dessinée (B.D.)	comic strip
le baseball	baseball
le basket(-ball)	basketball
les cartes (f.)	cards
le cinéma	movies
les échecs (m.)	chess
une équipe	team
le foot(ball)	soccer
le football américain	football
le golf	golf
un jeu	game
un joueur/une joueuse	player
un loisir	leisure activity
un match	game
un passe-temps	pastime, hobby
un spectacle	show
le sport	sport
un stade	stadium
le temps libre	free time
le tennis	tennis
le volley(-ball)	volleyball

Verbes irréguliers en –ir

courir	to run
dormir	to sleep
partir	to leave
sentir	to feel; to smell; to sense
servir	to serve
sortir	to go out, to leave

Le temps qu'il fait

Il fait 18 degrés.	It is 18 degrees.
Il fait beau.	The weather is nice.
Il fait bon.	The weather is good/warm.
Il fait chaud.	It is hot (out).
Il fait (du) soleil.	It is sunny.
Il fait du vent.	It is windy.
Il fait frais.	It is cool.
Il fait froid.	It is cold.
Il fait mauvais.	The weather is bad.
Il fait un temps épouvantable.	The weather is dreadful.
Il neige. (neiger)	It is snowing. (to snow)
Il pleut. (pleuvoir)	It is raining. (to rain)
Le temps est nuageux.	It is cloudy.
Le temps est orageux.	It is stormy.
Quel temps fait-il?	What is the weather like?
Quelle température fait-il?	What is the temperature?
un imperméable	rain jacket
un parapluie	umbrella

Verbes

acheter	to buy
amener	to bring (someone)
célébrer	to celebrate
considérer	to consider
emmener	to take (someone)
employer	to use
envoyer	to send
espérer	to hope
essayer (de + inf.)	to try (to)
nettoyer	to clean
payer	to pay
posséder	to possess, to own
préférer	to prefer
protéger	to protect
répéter	to repeat; to rehearse

La fréquence

une/deux fois	one/two time(s)
par jour, semaine, mois, an, etc.	per day, week, month, year, etc.
déjà	already
encore	again; still
jamais	never
longtemps	a long time
maintenant	now
parfois	sometimes
rarement	rarely
souvent	often

Les saisons, les mois, les dates

une saison	season
l'automne (m.)/ à l'automne	fall/in the fall
l'été (m.)/en été	summer/in the summer
l'hiver (m.)/en hiver	winter/in the winter
le printemps (m.)/ au printemps	spring/in the spring
Quelle est la date?	What's the date?
C'est le 1er (premier) octobre.	It's the first of October.
C'est quand votre/ton anniversaire?	When is your birthday?
C'est le 2 mai.	It's the second of May.
C'est quand l'anniversaire de Paul?	When is Paul's birthday?
C'est le 15 mars.	It's March 15th.
un anniversaire	birthday
janvier	January
février	February
mars	March
avril	April
mai	May
juin	June
juillet	July
août	August
septembre	September
octobre	October
novembre	November
décembre	December

Expressions utiles	*See pp. 167 and 185.*
Expressions with *faire*	*See p. 170.*
faire	*See p. 170.*
Il faut...	*See p. 171.*
Numbers 101 and higher	*See p. 188.*

ressources

vhlcentral.com
Unité 5

Les fêtes

Pour commencer
- Qui est la propriétaire sur la photo?
- Qu'est-ce qu'Amina et Valérie vont faire?
- Qu'est-ce qu'elles vont manger, du jambon ou un dessert?
- De quelle couleur est le tee-shirt d'Amina, orange ou violet?

Leçon 6A

You will learn how to...
- talk about celebrations
- talk about the stages of life

Surprise!

les invitées (f.)

les invités (m.)

l'hôte (m.)

l'hôtesse (f.)

le gâteau

la glace

les biscuits (m.)

le champagne

les bonbons (m.)

les desserts (m.)

les glaçons (m.)

Vocabulaire

faire la fête	to party
faire une surprise (à quelqu'un)	to surprise (someone)
fêter	to celebrate
organiser une fête	to plan a party
une fête	party; celebration
un jour férié	holiday
une bière	beer
le vin	wine
une amitié	friendship
un amour	love
le bonheur	happiness
un(e) fiancé(e)	fiancé; fiancée
des jeunes mariés (m.)	newlyweds
un rendez-vous	date; appointment
l'adolescence (f.)	adolescence
l'âge adulte (m.)	adulthood
un divorce	divorce
l'enfance (f.)	childhood
une étape	stage
l'état civil (m.)	marital status
la jeunesse	youth
un mariage	marriage; wedding
la mort	death
la naissance	birth
la vie	life
la vieillesse	old age
prendre sa retraite	to retire
tomber amoureux/ amoureuse	to fall in love
ensemble	together

ressources

WB pp. 71–72

LM p. 41

vhlcentral.com
Leçon 6A

BON ANNIVERSAIRE, MARC!

Mise en pratique

 **Audio: Vocabulary**

la surprise

le couple

le cadeau

1 Écoutez 🎧 Écoutez la conversation entre Anne et Nathalie. Indiquez si les affirmations sont **vraies** ou **fausses**.

	Vrai	Faux
1. Jean-Marc va prendre sa retraite dans six mois.	☐	☐
2. Nathalie a l'idée d'organiser une fête pour Jean-Marc.	☐	☐
3. Anne et Nathalie essaient de trouver un cadeau original.	☐	☐
4. Anne va acheter un gâteau.	☐	☐
5. Nathalie va apporter de la glace.	☐	☐
6. La fête est une surprise.	☐	☐
7. Nathalie va envoyer les invitations par e-mail.	☐	☐
8. La fête va avoir lieu (*take place*) dans le bureau d'Anne.	☐	☐
9. Elles ont besoin de beaucoup de décorations.	☐	☐
10. Tout le monde va donner des idées pour le cadeau.	☐	☐

2 Chassez l'intrus Indiquez le mot ou l'expression qui n'appartient pas (*doesn't belong*) à la liste.

1. l'amour, tomber amoureux, un fiancé, un divorce
2. un mariage, un couple, un jour férié, un fiancé
3. un biscuit, une bière, un dessert, un gâteau
4. une glace, une bière, le champagne, le vin
5. la vieillesse, la naissance, l'enfance, la jeunesse
6. faire la fête, un hôte, des invités, une étape
7. fêter, un cadeau, la vie, une surprise
8. l'état civil, la naissance, la mort, l'adolescence

3 Associez Faites correspondre les éléments de la colonne de gauche avec les définitions de la colonne de droite. Notez que tous les éléments ne sont pas utilisés. Ensuite (*Then*), avec un(e) partenaire, donnez votre propre définition de quatre de ces éléments. Votre partenaire doit deviner (*must guess*) de quoi vous parlez.

1. _____ la naissance
2. _____ l'enfance
3. _____ l'adolescence
4. _____ l'âge adulte
5. _____ tomber amoureux
6. _____ un jour férié
7. _____ le mariage
8. _____ le divorce
9. _____ prendre sa retraite
10. _____ la mort

a. C'est une date importante, comme le 4 juillet aux États-Unis.

b. C'est la fin de l'étape prénatale.

c. C'est l'étape de la vie pendant laquelle (*during which*) on va au lycée.

d. C'est un événement très triste.

e. C'est faire une rencontre romantique comme dans un conte de fées (*fairy tale*).

f. C'est le futur probable d'un couple qui se dispute (*fights*) tout le temps.

g. C'est un jour de bonheur et de célébration de l'amour.

h. C'est quand une personne décide de ne plus travailler.

CONTEXTES

Communication

4 Le mot juste Remplissez les espaces avec le mot illustré. Faites les accords nécessaires. Ensuite (*Then*), avec un(e) partenaire, créez (*create*) une phrase dans laquelle (*for which*) vous illustrez trois mots de **CONTEXTES**. Échangez votre phrase avec celle d'un autre groupe et résolvez le rébus (*puzzle*).

1. Caroline est une amie d' _____ . Je vais lui faire une _____ samedi. C'est son anniversaire.

2. Marc et Sophie sont inséparables. Ils sont toujours _____ . C'est le bonheur et le grand _____ .

3. Le _____ rouge va bien avec les viandes rouges alors que le _____ va mieux avec les _____ .

4. Les _____ ont beaucoup de _____ .

5. La _____ de ma sœur est un grand _____ pour mes parents.

5 C'est la fête! Vous avez terminé (*have finished*) les examens de fin d'année et vouz allez faire la fête! Avec un(e) partenaire, écrivez une conversation au sujet de la préparation de cette fête. N'oubliez pas de répondre aux questions suivantes. Ensuite (*Then*), jouez (*act out*) votre dialogue devant la classe.

1. Quand et où allez-vous organiser la fête?
2. Qui vont être les invités?
3. Qui est l'hôte?
4. Qu'allez-vous manger? Qu'allez-vous boire?
5. Qui va apporter quoi?
6. Qui est responsable de la musique? De la décoration?
7. Qu'allez-vous faire pendant (*during*) la fête?
8. Qui va nettoyer après?

6 Sept différences Votre professeur va vous donner, à vous et à votre partenaire, deux feuilles d'activités différentes. À tour de rôle, posez-vous des questions pour trouver les sept différences entre les illustrations de l'anniversaire des jumeaux (*twins*) Boniface. Attention! Ne regardez pas la feuille de votre partenaire.

> **MODÈLE**
>
> **Étudiant(e) 1:** *Sur mon image, il y a trois cadeaux. Combien de cadeaux y a-t-il sur ton image?*
> **Étudiant(e) 2:** *Sur mon image, il y a quatre cadeaux.*

Les sons et les lettres

Audio: Concepts, Activities Record & Compare

Open vs. closed vowels: Part 2

> The letter combinations **au** and **eau** are pronounced like the vowel sound in the English word *coat*, but without the glide heard in English. These are closed **o** sounds.
>
> | ch**au**d | **au**ssi | be**au**coup | tabl**eau** |
>
> When the letter **o** is followed by a consonant sound, it is usually pronounced like the vowel in the English word *raw*. This is an open **o** sound.
>
> | h**o**mme | téléph**o**ne | **o**rdinateur | **o**range |
>
> When the letter **o** occurs as the last sound of a word or is followed by a z sound, such as a single **s** between two vowels, it is usually pronounced with the closed **o** sound.
>
> | tr**o**p | hér**o**s | r**o**se | ch**o**se |
>
> When the letter **o** has an **accent circonflexe**, it is usually pronounced with the closed **o** sound.
>
> | dr**ô**le | bient**ô**t | p**ô**le | c**ô**té |

Prononcez Répétez les mots suivants à voix haute.

1. rôle
2. porte
3. dos
4. chaud
5. prose
6. gros
7. oiseau
8. encore
9. mauvais
10. nouveau
11. restaurant
12. bibliothèque

Articulez Répétez les phrases suivantes à voix haute.

1. À l'automne, on n'a pas trop chaud.
2. Aurélie a une bonne note en biologie.
3. Votre colocataire est d'origine japonaise?
4. Sophie aime beaucoup l'informatique et la psychologie.
5. Nos copains mangent au restaurant marocain aujourd'hui.
6. Comme cadeau, Robert et Corinne vont préparer un gâteau.

Dictons Répétez les dictons à voix haute.

La fortune vient en dormant.[2]

Tout nouveau, tout beau.[1]

[1] Shiny and new.
[2] Fortune comes while you sleep.

ROMAN-PHOTO

Les cadeaux

Video: *Roman-photo*
Record & Compare

PERSONNAGES

Amina

Astrid

Rachid

Sandrine

Valérie

Vendeuse

À l'appartement de Sandrine...

SANDRINE Allô, Pascal? Tu m'as téléphoné? Écoute, je suis très occupée là. Je prépare un gâteau d'anniversaire pour Stéphane... Il a dix-huit ans aujourd'hui... On organise une fête surprise au P'tit Bistrot.

SANDRINE J'ai fait une mousse au chocolat, comme pour ton anniversaire. Stéphane adore ça! J'ai aussi préparé des biscuits que David aime bien.

SANDRINE Quoi? David!... Mais non, il n'est pas marié. C'est un bon copain, c'est tout!... Désolée, je n'ai pas le temps de discuter. À bientôt.

RACHID Écoute, Astrid. Il faut trouver un cadeau... un *vrai* cadeau d'anniversaire.

ASTRID Excusez-moi, Madame. Combien coûte cette montre, s'il vous plaît?

VENDEUSE Quarante euros.

ASTRID Que penses-tu de cette montre, Rachid?

RACHID Bonne idée.

VENDEUSE Je fais un paquet cadeau?

ASTRID Oui, merci.

RACHID Eh, Astrid, il faut y aller!

VENDEUSE Et voilà dix euros. Merci, Mademoiselle, bonne fin de journée.

Au café...

VALÉRIE Ah, vous voilà! Astrid, aide-nous avec les décorations, s'il te plaît. La fête commence à six heures. Sandrine a tout préparé.

ASTRID Quelle heure est-il? Zut, déjà? En tout cas, on a trouvé des cadeaux.

RACHID Je vais chercher Stéphane.

A C T I V I T É S

1 Vrai ou faux? Indiquez si les affirmations suivantes sont **vraies** ou **fausses**.

1. Sandrine prépare un gâteau d'anniversaire pour Stéphane.

2. Sandrine est désolée parce qu'elle n'a pas le temps de discuter avec Rachid.

3. Rachid ne comprend pas la blague.

4. Pour aider Sandrine, Valérie va apporter les desserts.

5. Rachid et Astrid trouvent un cadeau pour Valérie.

6. Rachid n'aime pas l'idée de la montre pour Stéphane.

7. La fête d'anniversaire surprise pour Stéphane commence à huit heures.

8. Sandrine va chercher Stéphane.

9. Amina a apporté de la glace au chocolat.

10. Les parents d'Amina vont passer l'été en France.

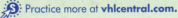 **Practice more at vhlcentral.com.**

Tout le monde prépare la surprise pour Stéphane.

VALÉRIE Oh là là! Tu as fait tout ça pour Stéphane?!

SANDRINE Oh, ce n'est pas grand-chose.

VALÉRIE Tu es un ange! Stéphane va bientôt arriver. Je t'aide à apporter ces desserts?

SANDRINE Oh, merci, c'est gentil.

Dans un magasin...

ASTRID Eh Rachid, j'ai eu une idée géniale... Des cadeaux parfaits pour Stéphane. Regarde! Ce matin, j'ai acheté cette calculatrice et ces livres.

RACHID Mais enfin, Astrid, Stéphane n'aime pas les livres.

ASTRID Oh Rachid, tu ne comprends rien, c'est une blague.

AMINA Bonjour! Désolée, je suis en retard!

VALÉRIE Ce n'est pas grave. Tu es toute belle ce soir!

AMINA Vous trouvez? J'ai acheté ce cadeau pour Stéphane. Et j'ai apporté de la glace au chocolat aussi.

VALÉRIE Oh, merci! Il faut aider Astrid avec les décorations.

ASTRID Salut, Amina. Ça va?

AMINA Oui, super. Mes parents ont téléphoné du Sénégal ce matin! Ils vont passer l'été ici. C'est le bonheur!

Expressions utiles

Talking about celebrations

- **J'ai fait une mousse au chocolat, comme pour ton anniversaire.**
  I made a chocolate mousse, (just) like for your birthday.
- **J'ai aussi préparé des biscuits que David aime bien.**
  I also made cookies that David likes.
- **Je fais un paquet cadeau?**
  Shall I wrap the present?
- **En tout cas, on a trouvé des cadeaux.**
  In any case, we found some presents.
- **Et j'ai apporté de la glace au chocolat.**
  And I brought some chocolate ice cream.

Talking about the past

- **Tu m'as téléphoné?**
  Did you call me?
- **Tu as fait tout ça pour Stéphane?!**
  You did all that for Stéphane?!
- **J'ai eu une idée géniale.**
  I had a great idea.
- **Sandrine a tout préparé.**
  Sandrine prepared everything.

Pointing out things

- **Je t'aide à apporter ces desserts?**
  Can I help you bring these desserts?
- **J'ai acheté cette calculatrice et ces livres.**
  I bought this calculator and these books.
- **J'ai acheté ce cadeau pour Stéphane.**
  I bought this present for Stéphane.

Additional vocabulary

- **Ce n'est pas grave.**
  It's okay./No problem.
- **Tu ne comprends rien.**
  You don't understand a thing.
- **désolé(e)**
  sorry
- **discuter**
  to talk
- **zut**
  darn

2 **Le bon mot** Choisissez entre **ce** (*m.*), **cette** (*f.*) et **ces** (*pl.*) pour compléter les phrases. Utilisez un dictionnaire. Attention, les phrases ne sont pas identiques aux dialogues!

1. Je t'aide à apporter _____ gâteau?
2. Ce matin, j'ai acheté _____ calculatrices et _____ livre.
3. Rachid ne comprend pas _____ blague.
4. Combien coûtent _____ montres?
5. À quelle heure commence _____ classe?

3 **Imaginez** Avec un(e) partenaire, imaginez qu'Amina est dans un grand magasin et qu'elle téléphone à Madame Forestier pour l'aider à choisir le cadeau idéal pour Stéphane. Amina propose et décrit plusieurs choses et Madame Forestier donne son avis (*opinion*) sur chacune d'entre elles (*each of them*).

ressources

| VM pp. 207–208 | DVD Leçon 6A | vhlcentral.com Leçon 6A |

A
C
T
I
V
I
T
É
S

S Reading
Video: *Flash culture*

le roi du carnaval de Nice

CULTURE À LA LOUPE

Le carnaval

Tous les ans, beaucoup de pays° et de régions francophones célèbrent le carnaval. Cette tradition est l'occasion de fêter la fin° de l'hiver et l'arrivée° du printemps. En général, la période de fête commence la semaine avant le Carême° et se termine° le jour du Mardi gras. Le carnaval demande très souvent des mois de préparation. La ville organise des défilés° de musique, de masques, de costumes et de chars fleuris°. La fête finit souvent par la crémation du roi° Carnaval, personnage de papier qui représente le carnaval et l'hiver.

Certaines villes et certaines régions sont réputées° pour leur carnaval: Nice, en France, la ville de Québec, au Canada, La Nouvelle-Orléans, aux États-Unis et la Martinique. Chaque ville a ses traditions particulières. La ville de Nice, lieu du plus grand carnaval français, organise une grande bataille de fleurs° où des jeunes, sur des chars, envoient des milliers° de fleurs aux spectateurs. À Québec, le climat intense transforme le carnaval en une célébration de l'hiver. Le symbole officiel de la fête est le «Bonhomme» (de neige°) et les gens font du ski, de la pêche sous la glace ou des courses de traîneaux à chiens°. À la Martinique, le carnaval continue jusqu'au° mercredi des Cendres°, à minuit: les gens, tout en noir° et blanc°, regardent la crémation de Vaval, le roi Carnaval. Le carnaval de La Nouvelle-Orléans est célébré avec de nombreux bals° et défilés costumés. Ses couleurs officielles sont l'or°, le vert et le violet.

le carnaval de Québec

Le carnaval en chiffres

Martinique	Chaque ville choisit° une reine°.
Nice	La première bataille de fleurs a eu lieu° en 1876. On envoie entre 80.000 et 100.000 fleurs aux spectateurs.
La Nouvelle-Orléans	Il y a plus de 70 défilés pendant° le carnaval.
la ville de Québec	Le premier carnaval a eu lieu en 1894.

pays *countries* fin *end* arrivée *arrival* Carême *Lent* se termine *ends* défilés *parades* chars fleuris *floats decorated with flowers* roi *king* réputées *famous* bataille de fleurs *flower battle* milliers *thousands* «Bonhomme» (de neige) *snowman* courses de traîneaux à chiens *dogsled races* jusqu'au *until* mercredi des Cendres *Ash Wednesday* noir *black* blanc *white* bals *balls (dances)* or *gold* choisit *chooses* reine *queen* a eu lieu *took place* pendant *during*

A
C
T
I
V
I
T
É
S

1 Compréhension Répondez par des phrases complètes.

 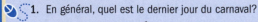

1. En général, quel est le dernier jour du carnaval?
2. Dans quelle ville des États-Unis est-ce qu'on célèbre le carnaval?
3. Où a lieu le plus grand carnaval français?
4. Qu'est-ce que les jeunes envoient aux spectateurs du carnaval de Nice?
5. Quel est le symbole officiel du carnaval de Québec?

6. Que fait-on pendant (*during*) le carnaval de Québec?
7. Qu'est-ce qui est différent au carnaval de la Martinique?
8. Qui est Vaval?
9. Comment est-ce qu'on célèbre le carnaval à La Nouvelle-Orléans?
10. Quelles sont les couleurs officielles du carnaval de La Nouvelle-Orléans?

STRATÉGIE

Recognizing word families

Recognizing how words are related to one another can help you guess their meaning, improving comprehension of a reading selection. The related words often belong to different parts of speech. For example, **fête** (*party*) is a noun, and **fêter** (*to celebrate*) is a verb. Both words in this pair are in the same word family. List at least two other pairs of related words from the selections in this **Lecture culturelle**.

LE MONDE FRANCOPHONE

Fêtes et festivals

Voici d'autres fêtes et festivals francophones.

En Côte d'Ivoire
La fête des Ignames (plusieurs dates) On célèbre° la fin° de la récolte° des ignames°, une ressource très importante pour les Ivoiriens.

Au Maroc
La fête du Trône (le 30 juillet) Tout le pays honore le roi° avec des parades et des spectacles.

À la Martinique/À la Guadeloupe
La fête des Cuisinières (en août) Les femmes défilent° en costumes traditionnels et présentent des spécialités locales qu'elles ont préparées pour la fête.

Dans de nombreux pays
L'Aïd el-Fitr C'est la fête musulmane° de la rupture du jeûne° à la fin du Ramadan.

fin *end* **récolte** *harvest* **ignames** *yams* **roi** *king* **défilent** *parade* **musulmane** *Muslim* **jeûne** *fast*

PORTRAIT

Le 14 juillet

Le 14 juillet 1789, sous le règne° de Louis XVI, les Français se sont rebellés contre° la monarchie et ont pris° la Bastille, une forteresse utilisée comme prison. Cette date est très importante dans l'histoire de France parce qu'elle représente le début de la Révolution. Le 14 juillet symbolise la fondation de la République française et a donc° été sélectionné comme date de la Fête nationale. Tous les ans, il y a un grand défilé° militaire sur les Champs-Élysées, la plus grande° avenue parisienne. Partout° en France, les gens assistent à des défilés et à des fêtes dans les rues°. Le soir, il y a de nombreux bals populaires° où les Français dansent et célèbrent cette date historique. À minuit, on assiste aux feux d'artifices° traditionnels.

règne *reign* **se sont rebellés contre** *rebelled against* **ont pris** *stormed* **donc** *therefore* **défilé** *parade* **la plus grande** *the largest* **Partout** *Everywhere* **rues** *streets* **bals populaires** *street dances* **feux d'artifices** *fireworks*

Sur Internet

Qu'est-ce que c'est, la fête des Rois?

Go to **vhlcentral.com** to find more cultural information related to this **Lecture culturelle**. Then watch the corresponding **Flash culture**.

---

2 **Les fêtes** Complétez les phrases.

1. Le 14 juillet 1789, c'est la date _____.
2. Aujourd'hui, le 14 juillet, c'est la _____.
3. En France, le soir du 14 juillet, il y a _____.
4. À plusieurs dates, les Ivoiriens fêtent _____.
5. Au Maroc, il y a un festival au mois de _____.
6. Dans les pays musulmans, l'Aïd el-Fitr célèbre _____.

3 **Faisons la fête ensemble!** Vous êtes en vacances dans un pays francophone et vous invitez un(e) ami(e) à aller à une fête ou à un festival francophone avec vous. Expliquez à votre partenaire ce que vous allez faire. Votre partenaire va vous poser des questions.

 Practice more at **vhlcentral.com.**

ressources	
VM pp. 249–250	vhlcentral.com Leçon 6A

A C T I V I T É S

STRUCTURES

6A.1

Demonstrative adjectives

 **Presentation**

Point de départ To identify or point out a noun with the French equivalent of *this/these* or *that/those*, you use a demonstrative adjective before the noun. In French, the form of the demonstrative adjective depends on the gender and number of the noun that it goes with.

Demonstrative adjectives			
	singular		plural
	Before consonant	Before vowel sound	
masculine	**ce** café	**cet** éclair	**ces** cafés, **ces** éclairs
feminine	**cette** surprise	**cette** amie	**ces** surprises, **ces** amies

Ce copain organise une fête.
This friend is planning a party.

Cet hôpital est trop loin du centre-ville.
That hospital is too far from downtown.

Cette glace est excellente.
This ice cream is excellent.

Je préfère **ces** cadeaux.
I prefer those gifts.

> Combien coûte cette montre?

> J'ai ce cadeau pour Stéphane.

● Although the forms of **ce** can refer to a noun that is near (*this/these*) and one that is far (*that/those*), the meaning will usually be clear from context.

Ce dessert est délicieux.
This dessert is delicious.

Joël préfère **cet** éclair.
Joël prefers that éclair.

Ils vont aimer **cette** surprise.
They're going to like this surprise.

Ces glaçons sont pour la limonade.
Those ice cubes are for the lemon soda.

La maison Julien

Pour toutes ces occasions...

pour célébrer tout ce bonheur...

nous pensons à tous les détails.

- To make it especially clear that you're referring to something near versus something far, add **-ci** or **-là**, respectively, to the noun following the demonstrative adjective.

ce couple-**ci**
this couple (here)

ces biscuits-**ci**
these cookies (here)

cette invitée-**là**
that guest (there)

ces bières-**là**
those beers (there)

- Use **-ci** and **-là** in the same sentence to contrast similar items.

On prend **cette glace-ci**, pas **cette glace-là**.
We'll have this ice cream, not that ice cream.

Tu achètes **ce fromage-ci** ou **ce fromage-là?**
Are you buying this cheese or that cheese?

J'aime **ce** cadeau-**ci** mais je préfère **ce** cadeau-**là**.
I like this gift, but I prefer that gift.

Nous achetons **ces** bonbons-ci et Isabelle achète **ce** gâteau-**là**.
We're buying these candies, and Isabelle is buying that cake.

Essayez! Complétez les phrases avec la forme correcte de l'adjectif démonstratif.

1. ___Cette___ glace au chocolat est très bonne!

2. Qu'est-ce que tu penses de _____ cadeau?

3. _____ homme-là est l'hôte de la fête.

4. Tu préfères _____ biscuits-ci ou _____ biscuits-là?

5. Vous aimez mieux _____ dessert-ci ou _____ dessert-là?

6. _____ année-ci, on va fêter l'anniversaire de mariage de nos parents en famille.

7. Tu achètes _____ éclair-là.

8. Vous achetez _____ montre?

9. _____ surprise va être géniale!

10. _____ invité-là est antipathique.

11. Ma mère fait _____ gâteaux pour mon anniversaire.

12. _____ champagne coûte 100 euros.

13. _____ divorce est très difficile pour les enfants.

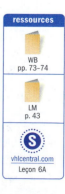

STRUCTURES

Mise en pratique

1 **Remplacez** Remplacez les noms au singulier par des noms au pluriel et vice versa. Faites tous les autres changements nécessaires.

> **MODÈLE**
>
> J'aime mieux ce dessert.
> *J'aime mieux ces desserts.*

1. Ces glaces au chocolat sont délicieuses.
2. Ce gâteau est énorme.
3. Ces biscuits ne sont pas bons.
4. Ces invitées sont gentilles.
5. Ces hôtes parlent japonais.
6. Cette bière est allemande.
7. Maman achète ces imperméables pour Julie.
8. Ces bonbons sont délicieux.

2 **Monsieur Parfait** Juste avant la fête, l'hôte fait le tour de la salle et donne son opinion. Complétez ce texte avec **ce, cette** ou **ces**.

Mmm! (1) ＿＿＿＿＿ champagne est parfait. Ah! (2) ＿＿＿＿＿ gâteaux sont magnifiques, (3) ＿＿＿＿＿ biscuits sont délicieux et j'adore (4) ＿＿＿＿＿ glace. Beurk! (5) ＿＿＿＿＿ bonbons sont originaux, mais pas très bons. Ouvrez (*Open*) (6) ＿＿＿＿＿ bouteille. (7) ＿＿＿＿＿ café sur (8) ＿＿＿＿＿ table sent très bon. (9) ＿＿＿＿＿ bière n'est pas froide! (10) ＿＿＿＿＿ tableau n'est pas droit (*straight*)! Oh là là! Arrangez (11) ＿＿＿＿＿ chaises autour de (*around*) (12) ＿＿＿＿＿ trois tables!

3 **Magazine** Vous regardez un vieux magazine. Complétez les phrases.

> **MODÈLE**
>
> <u>Ce cheval</u> est très grand.

1. ＿＿＿ au chocolat et ＿＿＿ sont délicieux.
2. ＿＿＿ aime beaucoup ＿＿＿.
3. ＿＿＿＿＿ sont très heureux.
4. ＿＿＿＿＿ va prendre sa retraite.

5. ＿＿＿＿ ne sort plus (*no longer*) ensemble.
6. ＿＿＿＿ adorent le chocolat chaud!
7. ＿＿＿＿＿ est très méchant.
8. ＿＿＿＿＿ est absolument super!

Practice more at **vhlcentral.com.**

Communication

4 **Comparez** Avec un(e) partenaire, regardez les illustrations. À tour de rôle, comparez les personnages et les objets.

MODÈLE

Étudiant(e) 1: *Comment sont ces hommes?*
Étudiant(e) 2: *Cet homme-ci est petit et cet homme-là est grand.*

1.   2.   3.   4.

5 **Préférences** Demandez à votre partenaire ses préférences, puis donnez votre opinion. Employez des adjectifs démonstratifs et présentez vos réponses à la classe.

MODÈLE

Étudiant(e) 1: *Quel film est-ce que tu aimes?*
Étudiant(e) 2: *J'aime bien Casablanca.*
Étudiant(e) 1: *Moi, je n'aime pas du tout ce vieux film.*

acteur/actrice	passe-temps
chanteur/chanteuse	restaurant
dessert	saison
film	sport
magasin	ville
?	?

6 **Invitation** Vous organisez une fête et vous êtes au supermarché avec un(e) ami(e). Vous n'êtes pas d'accord sur ce que (*what*) vous allez acheter. Avec un(e) partenaire, jouez les rôles.

MODÈLE

Étudiant(e) 1: *On achète cette glace-ci?*
Étudiant(e) 2: *Je n'aime pas cette glace-ci. Je préfère cette glace-là!*
Étudiant(e) 1: *Mais cette glace-là coûte dix euros!*
Étudiant(e) 2: *D'accord! On prend cette glace-ci.*

7 **Quelle fête!** Vous êtes à la fête d'un(e) ami(e) et il y a des personnes célèbres (*famous*). Avec un(e) partenaire, faites une liste des célébrités présentes et puis parlez d'elles. Employez des adjectifs démonstratifs.

MODÈLE

Étudiant(e) 1: *Qui est cet homme-ci?*
Étudiant(e) 2: *Ça, c'est Justin Timberlake. Il est sympa, mais cet homme-là est vraiment génial.*
Étudiant(e) 1: *Oui, c'est...*

STRUCTURES

6A.2 The *passé composé* with *avoir*  Presentation

Point de départ In order to talk about events in the past, French uses two principal tenses: the **passé composé** and the imperfect. In this lesson, you will learn how to form the **passé composé**, which is used to express actions or states completed in the past. You will learn about the imperfect in **Leçon 8A**.

- The **passé composé** is composed of two parts: the *auxiliary verb* (present tense of **avoir** or **être**) and the *past participle* of the main verb. Most verbs in French take **avoir** as the auxiliary verb in the **passé composé**.

AUXILIARY PAST
VERB PARTICIPLE

Nous **avons fêté**.
We celebrated / have celebrated.

- The past participle of a regular **-er** verb is formed by replacing the **-er** ending of the infinitive with **-é**.

infinitive → past participle

fêt**er** → fêt**é**
oubli**er** → oubli**é**
cherch**er** → cherch**é**

- Most regular **-er** verbs are conjugated in the **passé composé** as shown below for the verb **parler**.

The *passé composé*

j'ai parlé	*I spoke/have spoken*	**nous avons parlé**	*we spoke/ have spoken*
tu as parlé	*you spoke/ have spoken*	**vous avez parlé**	*you spoke/ have spoken*
il/elle/on a parlé	*he/she/it/one spoke/ has spoken*	**ils/elles ont parlé**	*they spoke/ have spoken*

Nous **avons parlé** à l'hôtesse.
We spoke to the hostess.

J'**ai oublié** mes devoirs.
I forgot my homework.

- To make a verb negative in the **passé composé**, place **ne/n'** and **pas** around the conjugated form of **avoir**.

On **n'**a **pas** fêté mon anniversaire.
We didn't celebrate my birthday.

Elles **n'**ont **pas** acheté de biscuits hier?
They didn't buy any cookies yesterday?

- To ask questions using inversion in the **passé composé**, invert the subject pronoun and the conjugated form of **avoir**. Note that this does not apply to other types of question formation.

Avez-vous fêté votre anniversaire?
Did you celebrate your birthday?

Est-ce qu'elles **ont acheté** des biscuits?
Did they buy any cookies?

Luc **a-t-il** aimé son cadeau?
Did Luc like his gift?

Est-ce que tu **as essayé** ce vin?
Have you tried this wine?

- The adverbs **hier** (*yesterday*) and **avant-hier** (*the day before yesterday*) are used often with the **passé composé**.

  Hier, Marie **a retrouvé** ses amis au stade.
  Marie met her friends at the stadium yesterday.

  Ses parents **ont téléphoné** avant-hier.
  Her parents called the day before yesterday.

- Place the adverbs **déjà**, **encore**, **bien**, **mal**, and **beaucoup** between the auxiliary verb or **pas** and the past participle.

  Tu as **déjà** mangé ta part de gâteau.
  You already ate your piece of cake.

  Elle n'a pas **encore** visité notre ville.
  She hasn't visited our town yet.

  Les filles ont **beaucoup** travaillé.
  The girls worked a lot.

  Je n'ai pas **bien** joué hier.
  I didn't play well yesterday.

- The past participles of spelling-change **-er** verbs have no spelling changes.

  Laurent a-t-il **acheté** le champagne?
  Did Laurent buy the champagne?

  Vous avez **envoyé** des bonbons.
  You sent candy.

- The past participle of most **-ir** verbs is formed by replacing the **-ir** ending with **-i**.

  Sylvie a **dormi** jusqu'à dix heures.
  Sylvie slept until 10 o'clock.

  Avez-vous **senti** ce bouquet?
  Did you smell this bouquet?

- The past participles of many common verbs are irregular. Learn these on a case-by-case basis.

Some irregular past participles

apprendre	appris		être	été
avoir	eu		faire	fait
boire	bu		pleuvoir	plu
comprendre	compris		prendre	pris
courir	couru		surprendre	surpris

  Nous avons **bu** du vin.
  We drank wine.

  Ils ont **été** très en retard.
  They were very late.

  A-t-il **plu** samedi?
  Did it rain Saturday?

  Mes sœurs ont **fait** un gâteau au chocolat.
  My sisters made a chocolate cake.

> **Boîte à outils**
>
> Some verbs, like **aller**, **sortir**, and **tomber**, use **être** instead of **avoir** to form the **passé composé**. You will learn more about these verbs in **Leçon 7A**.

- The **passé composé** of **il faut** is **il a fallu**; that of **il y a** is **il y a eu**.

  Il a fallu passer par le supermarché.
  It was necessary to stop by the supermarket.

  Il y a eu deux fêtes hier soir.
  There were two parties last night.

Essayez!

Indiquez les formes du passé composé des verbes.

1. j' *ai commencé, ai payé, ai bavardé* (commencer, payer, bavarder)
2. tu _____ (servir, comprendre, donner)
3. on _____ (parler, avoir, dormir)
4. nous _____ (adorer, faire, amener)
5. vous _____ (prendre, employer, courir)
6. elles _____ (espérer, boire, apprendre)
7. il _____ (avoir, regarder, sentir)
8. vous _____ (essayer, préférer, surprendre)
9. ils _____ (organiser, être, nettoyer)

ressources

WB
pp. 75–76

LM
p. 44

S
vhlcentral.com
Leçon 6A

STRUCTURES

Mise en pratique

1 **Qu'est-ce qu'ils ont fait?** Laurent parle de son week-end en ville avec sa famille. Complétez ses phrases avec le **passé composé** du verbe correct.

1. Nous _____ (nager, manger) des escargots.
2. Papa _____ (acheter, apprendre) une nouvelle montre.
3. J' _____ (prendre, oublier) une glace à la terrasse d'un café.
4. Vous _____ (enseigner, essayer) un nouveau restaurant.
5. Mes parents _____ (dessiner, célébrer) leur anniversaire de mariage.
6. Ils _____ (fréquenter, faire) une promenade.
7. Ma sœur _____ (boire, nettoyer) un chocolat chaud.
8. Le soir, nous _____ (écouter, avoir) sommeil.

2 **Pas encore** Un copain pose des questions pénibles. Écrivez ses questions puis donnez des réponses négatives.

MODÈLE

inviter vos amis (vous)
Vous avez déjà invité vos amis? Non, nous n'avons pas encore invité nos amis.

1. écouter mon CD (tu)
2. faire ses devoirs (Matthieu)
3. courir dans le parc (elles)
4. parler aux profs (tu)
5. apprendre les verbes irréguliers (André)
6. être à la piscine (Marie et Lise)
7. emmener Yassim au cinéma (vous)
8. avoir le temps d'étudier (tu)

3 **Vendredi soir** Vous et votre partenaire avez assisté à une fête vendredi soir. Parlez de la fête à tour de rôle. Qu'est-ce que les invités ont fait? Quelle a été l'occasion?

Practice more at **vhlcentral.com.**

Communication

4 **La semaine** À tour de rôle, assemblez les éléments des colonnes pour raconter (*to tell*) à votre partenaire ce que (*what*) tout le monde (*everyone*) a fait cette semaine.

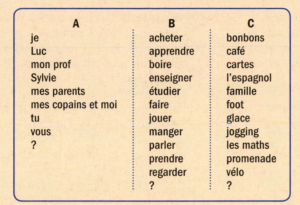

A	B	C
je	acheter	bonbons
Luc	apprendre	café
mon prof	boire	cartes
Sylvie	enseigner	l'espagnol
mes parents	étudier	famille
mes copains et moi	faire	foot
tu	jouer	glace
vous	manger	jogging
?	parler	les maths
	prendre	promenade
	regarder	vélo
	?	?

5 **L'été dernier** Vous avez passé l'été dernier avec deux amis, mais vos souvenirs (*memories*) diffèrent. Par groupes de trois, utilisez les expressions de la liste et imaginez le dialogue.

MODÈLE

Étudiant(e) 1: *Nous avons fait du cheval tous les matins.*
Étudiant(e) 2: *Mais non! Moi, j'ai fait du cheval. Vous deux, vous avez fait du jogging.*
Étudiant(e) 3: *Je n'ai pas fait de jogging. J'ai dormi!*

acheter	essayer	faire une promenade
courir	faire du cheval	jouer au foot
dormir	faire du jogging	jouer aux cartes
emmener	faire la fête	manger

6 **Qu'est-ce que tu as fait?** Avec un(e) partenaire, posez-vous les questions à tour de rôle. Ensuite, présentez vos réponses à la classe.

1. As-tu fait la fête samedi dernier? Où? Avec qui?

2. Est-ce que tu as célébré une occasion importante cette année? Quelle occasion?

3. As-tu organisé une fête? Pour qui?

4. Qui est-ce que tu as invité à ta dernière fête?

5. Qu'est-ce que tu as fait pour fêter ton dernier anniversaire?

6. Est-ce que tu as préparé quelque chose à manger pour une fête ou un dîner? Quoi?

7 **Ma fête** Votre partenaire a organisé une fête le week-end dernier. Posez sept questions pour avoir plus de détails sur la fête. Ensuite, alternez les rôles.

MODÈLE

Étudiant(e) 1: *Pour qui est-ce que tu as organisé la fête samedi dernier?*
Étudiant(e) 2: *Pour ma sœur.*

Révision

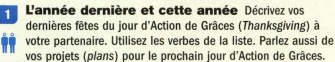

1 **L'année dernière et cette année** Décrivez vos dernières fêtes du jour d'Action de Grâces (*Thanksgiving*) à votre partenaire. Utilisez les verbes de la liste. Parlez aussi de vos projets (*plans*) pour le prochain jour d'Action de Grâces.

MODÈLE

Étudiant(e) 1: *L'année dernière, nous avons fêté le jour d'Action de Grâces chez mes grands-parents. Cette année, je vais manger au restaurant avec mes parents.*

Étudiant(e) 2: *Moi, j'ai fait la fête avec mes amis l'année dernière. Cette année, je vais visiter New York avec ma sœur.*

acheter	dormir	manger	regarder
boire	faire	prendre	téléphoner
donner	fêter	préparer	visiter

2 **Ce musée, cette ville** Faites par écrit (*Write*) une liste de cinq lieux (villes, musées, restaurants, etc.) que vous avez visités. Avec un(e) partenaire, comparez vos listes. Utilisez des adjectifs démonstratifs dans vos phrases.

MODÈLE

Étudiant(e) 1: *Ah, tu as visité Bruxelles. Moi aussi, j'ai visité cette ville. Elle est charmante.*

Étudiant(e) 2: *Tu as mangé au restaurant La Douce France. Je n'aime pas du tout ce restaurant!*

3 **La fête** Vous et votre partenaire avez préparé une fête avec vos amis. Vous avez acheté des cadeaux, des boissons et des snacks. À tour de rôle, parlez de ce qu'il y a sur l'illustration.

MODÈLE

Étudiant(e) 1: *J'aime bien ces biscuits-là.*

Étudiant(e) 2: *Moi, j'ai apporté cette glace-ci.*

4 **Enquête** Qu'est-ce que vos camarades ont fait de différent dans leur vie? Votre professeur va vous donner une feuille d'activités. Parlez à vos camarades pour trouver une personne différente pour chaque expérience, puis écrivez son nom.

MODÈLE

Étudiant(e) 1: *As-tu parlé à un acteur?*

Étudiant(e) 2: *Oui! Une fois, j'ai parlé à Bruce Willis!*

Expérience	Nom
1. parler à un(e) acteur/actrice	Julien
2. passer une nuit entière sans dormir	
3. dépenser plus de $100 pour de la musique en une fois	
4. faire la fête un lundi soir	
5. courir cinq kilomètres ou plus	
6. surprendre un(e) ami(e) pour son anniversaire	

5 **Conversez** Avec un(e) partenaire, préparez une conversation où un(e) copain/copine demande à un(e) autre copain/copine les détails d'un dîner romantique du week-end dernier. N'oubliez pas de mentionner dans la conversation:

- où ils ont mangé
- les thèmes de la conversation
- qui a payé
- qui a parlé de quoi
- la date du prochain rendez-vous

6 **Magali fait la fête** Votre professeur va vous donner, à vous et à votre partenaire, deux feuilles d'activités différentes. Attention! Ne regardez pas la feuille de votre partenaire.

MODÈLE

Étudiant(e) 1: *Magali a parlé avec un homme. Cet homme n'a pas l'air intéressant du tout!*

Étudiant(e) 2: *Après,...*

Le grand livre des crabes?

La compagnie Vidéotron est un fournisseur° de télévision, de téléphonie et d'Internet au Québec. C'est une entreprise° très dynamique et en pleine expansion°, qui propose° ses services à 90% des Québécois et qui a installé 56.000 kilomètres de câbles. Par exemple, Vidéotron est déjà le numéro un de l'Internet à haute vitesse° dans la province.

Pendant les fêtes de fin d'année, sa campagne publicitaire° encourage avec humour les Québécois à se gâter°: pourquoi ne pas acheter un enregistreur° HD (haute définition) à moitié° prix?

Ça doit° être la magie° de Noël°!   Magie, magie...

Compréhension Répondez aux questions.

1. D'après vous, est-ce que Patrick s'intéresse à la vie des crabes?
2. Cette année, quel est son cadeau idéal?
3. Qui lui apporte son cadeau idéal?

Discussion Avec un(e) partenaire, répondez aux questions et discutez.

1. Avez-vous déjà fait un cadeau surprise à quelqu'un? Quoi et à qui? Donnez des détails.
2. Est-ce que vous aimez les cadeaux surprises, ou préférez-vous recevoir (*receive*) les cadeaux que vous avez demandés? Expliquez pourquoi.
3. Est-ce que l'anticipation de recevoir quelque chose compte beaucoup pour vous, ou pas du tout?

fournisseur *provider* **entreprise** *company* **en pleine expansion** *at the height of its growth* **propose** *offers* **haute vitesse** *high speed* **campagne publicitaire** *ad campaign* **se gâter** *spoil themselves* **enregistreur** *recorder* **moitié** *half* **doit** *must* **magie** *magic* **Noël** *Christmas*

Go to **vhlcentral.com** to watch the TV clip featured in this **Le Zapping**.

Leçon 6B

You will learn how to...
- describe clothing
- offer and accept gifts

Très chic!

un chapeau (chapeaux *pl.*)

un maillot de bain

cher (chère *f.*)

une cravate

une robe

une ceinture

un short

des baskets (*f.*)

Il porte un costume. (porter)

un sac à main

des chaussures (*f.*)

jaune

vert (verte *f.*)

violet (violette *f.*)

rose

gris (grise *f.*)

orange

bleu (bleue *f.*)

noir (noire *f.*)

marron

blanc (blanche *f.*)

rouge

Vocabulaire

aller avec	to go with
un anorak	ski jacket, parka
une chaussette	sock
une chemise (à manches courtes/longues)	shirt (short-/long-sleeved)
un chemisier	blouse
un gant	glove
un jean	jeans
une jupe	skirt
un manteau	coat
un pantalon	pants
un pull	sweater
un sous-vêtement	underwear
une taille	clothing size
un tailleur	(woman's) suit; tailor
un tee-shirt	tee shirt
un vendeur/une vendeuse	salesman/saleswoman
des vêtements (*m.*)	clothing
De quelle couleur...?	In what color...?
des soldes (*m.*)	sales
chaque	each
large	loose; big
serré(e)	tight

Attention!

Note that the adjectives **orange** and **marron** are invariable; they do not vary in gender or number to match the noun they modify.

J'aime l'anorak orange.

Il porte des chaussures marron.

des lunettes (de soleil) (*f.*)

une casquette

une écharpe

un blouson

bon marché

Mise en pratique

Audio: Vocabulary

1 **Écoutez** 🎧 Guillaume prépare ses vacances d'hiver (*winter vacation*). Indiquez quels vêtements il va acheter pour son voyage.

	Oui	Non
1. des baskets	☐	☐
2. un maillot de bain	☐	☐
3. des chemises	☐	☐
4. un pantalon noir	☐	☐
5. un manteau	☐	☐
6. un anorak	☐	☐
7. un jean	☐	☐
8. un short	☐	☐
9. un pull	☐	☐
10. une robe	☐	☐

Guillaume

2 **Les vêtements** Chassez l'intrus et choisissez le mot qui ne va pas avec les autres.

1. des baskets, une cravate, une chaussure
2. un jean, un pantalon, une jupe
3. un tailleur, un costume, un short
4. des lunettes, un chemisier, une chemise
5. un tee-shirt, un pull, un anorak
6. une casquette, une ceinture, un chapeau
7. un sous-vêtement, une chaussette, un sac à main
8. une jupe, une robe, une écharpe

3 **De quelle couleur?** Indiquez de quelle(s) couleur(s) sont les choses suivantes.

MODÈLE

l'océan
Il est bleu.
la statue de la Liberté
Elle est grise.

1. le drapeau français _____
2. les dollars américains _____
3. les pommes (*apples*) _____
4. le soleil _____
5. la nuit _____
6. le zèbre _____
7. la neige _____
8. les oranges _____
9. le vin _____
10. les bananes _____

Communication

 4 **Qu'est-ce qu'ils portent?** Avec un(e) camarade de classe, regardez les images et, à tour de rôle, décrivez ce que les personnages portent.

MODÈLE

Elle porte un maillot de bain rouge.

1.   2.   3.   4.

5 **On fait du shopping** Choisissez deux partenaires et préparez une conversation. Deux client(e)s et un vendeur/une vendeuse sont dans un grand magasin; les client(e)s sont invité(e)s à un événement très chic, mais ils ou elles ne veulent pas (*don't want*) dépenser beaucoup d'argent.

Client(e)s
- Décrivez l'événement auquel (*to which*) vous êtes invité(e)s.
- Parlez des vêtements que vous cherchez, de vos couleurs préférées, de votre taille. Trouvez-vous le vêtement trop large, trop serré, etc.?
- Demandez les prix et dites si vous trouvez que c'est cher, bon marché, etc.

Vendeur/Vendeuse
- Demandez les tailles, préférences, etc. des client(e)s.
- Répondez à toutes les questions de vos client(e)s.
- Suggérez des vêtements appropriés.

> **Coup de main**
>
> To compare French and American sizes, see the chart on p. 226.

6 **Conversez** Interviewez un(e) camarade de classe.

1. Qu'est-ce que tu portes l'hiver? Et l'été?
2. Qu'est-ce que tu portes pour aller à l'université?
3. Qu'est-ce que tu portes pour aller à la plage (*beach*)?
4. Qu'est-ce que tu portes pour faire une randonnée?
5. Qu'est-ce que tu portes pour aller en boîte de nuit?
6. Qu'est-ce que tu portes pour un entretien d'embauche (*job interview*)?
7. Quelle est ta couleur préférée? Pourquoi?
8. Qu'est-ce que tu portes pour aller dans un restaurant très élégant?
9. Où est-ce que tu achètes tes vêtements? Pourquoi?
10. Est-ce que tu prêtes (*lend*) tes vêtements à tes ami(e)s?

7 **Défilé de mode** Votre classe a organisé un défilé de mode (*fashion show*). Votre partenaire est mannequin (*model*) et vous représentez la marque (*brand*) de vêtements. Pendant que votre partenaire défile, vous décrivez à la classe les vêtements qu'il ou elle porte. Après, échangez les rôles.

MODÈLE

Et voici la charmante Julie, qui porte les modèles de la dernière collection H&M: une chemise à manches courtes et un pantalon noir, ensemble idéal pour aller en boîte de nuit. Ses chaussures blanches vont parfaitement avec l'ensemble. Cette collection H&M est très à la mode et très bon marché.

Les sons et les lettres

Audio: Concepts, Activities Record & Compare

 ## Open vs. closed vowels: Part 3

The letter combination **eu** can be pronounced two different ways, open and closed. Compare the pronunciation of the vowel sounds in these words.

h**eu**re	meill**eu**r	chev**eu**x	nev**eu**

When **eu** is the last sound of a syllable, it has a closed vowel sound, sort of like the vowel sound in the English word *full*. While this exact sound does not exist in English, you can make the closed **eu** sound by saying **é** with your lips rounded.

d**eu**x	bl**eu**	p**eu**	mi**eu**x

When **eu** is followed by a *z* sound, such as a single **s** between two vowels, it is usually pronounced with the closed **eu** sound.

chant**eu**se	génér**eu**se	séri**eu**se	curi**eu**se

When **eu** is followed by a pronounced consonant, it has a more open sound. The open **eu** sound does not exist in English. To pronounce it, say **è** with your lips only slightly rounded.

p**eu**r	j**eu**ne	chant**eu**r	b**eu**rre

The letter combination **œu** is usually pronounced with an open **eu** sound.

s**œu**r	b**œu**f	**œu**f	c**œu**r

 Prononcez Répétez les mots suivants à voix haute.

1. leur
2. veuve
3. neuf
4. vieux
5. curieux
6. acteur
7. monsieur
8. coiffeuse
9. ordinateur
10. tailleur
11. vendeuse
12. couleur

Articulez Répétez les phrases suivantes à voix haute.

1. Le professeur Heudier a soixante-deux ans.
2. Est-ce que Matthieu est jeune ou vieux?
3. Monsieur Eustache est un chanteur fabuleux.
4. Eugène a les yeux bleus et les cheveux bruns.

Dictons Répétez les dictons à voix haute.

Les conseilleurs ne sont pas les payeurs.[2]

Qui vole un œuf, vole un bœuf.[1]

ressources

LM p. 46

vhlcentral.com Leçon 6B

ROMAN-PHOTO

L'anniversaire

 **Video:** *Roman-photo* **Record & Compare**

PERSONNAGES

Amina

Astrid

Rachid

Sandrine

Stéphane

Valérie

Au café...

VALÉRIE, SANDRINE, AMINA, ASTRID ET RACHID Surprise! Joyeux anniversaire, STÉPHANE!

STÉPHANE Alors là, je suis agréablement surpris!

VALÉRIE Bon anniversaire, mon chéri!

SANDRINE On a organisé cette surprise ensemble...

VALÉRIE Pas du tout! C'est Sandrine qui a presque tout préparé.

SANDRINE Oh, je n'ai fait que les desserts et ton gâteau d'anniversaire.

STÉPHANE Tu es un ange.

RACHID Bon anniversaire, Stéphane. Tu sais, à ton âge, il ne faut pas perdre son temps, alors cette année, tu travailles sérieusement, c'est promis?

STÉPHANE Oui, oui.

AMINA Rachid a raison. Dix-huit ans, c'est une étape importante dans la vie! Il faut fêter ça.

ASTRID Joyeux anniversaire, Stéphane.

STÉPHANE Oh, et en plus, vous m'avez apporté des cadeaux!

AMINA Oui. J'ai tout fait moi-même: ce tee-shirt, cette jupe et j'ai acheté ces chaussures.

SANDRINE Tu es une véritable artiste, Amina! Ta jupe est très originale! J'adore!

AMINA J'ai une idée. Tu me prêtes ta robe grise samedi et je te prête ma jupe. D'accord?

SANDRINE Bonne idée!

STÉPHANE Eh! C'est super cool, ce blouson en cuir noir. Avec des gants en plus! Merci, maman!

AMINA Ces gants vont très bien avec le blouson! Très à la mode!

STÉPHANE Tu trouves?

RACHID Tiens, Stéphane.

STÉPHANE Mais qu'est-ce que c'est? Des livres?

RACHID Oui, la littérature, c'est important pour la culture générale!

VALÉRIE Tu as raison, Rachid.

STÉPHANE Euh oui... euh... c'est gentil... euh... merci, Rachid.

A C T I V I T É S

1 **Vrai ou faux?** Indiquez si les affirmations suivantes sont **vraies** ou **fausses**. Corrigez les phrases fausses.

1. David ne veut pas (*doesn't want*) aller à la fête.
2. Sandrine porte une jupe bleue.
3. Amina a fait sa jupe elle-même (*herself*).
4. La jupe d'Amina est en soie.
5. Valérie donne un blouson en cuir et une ceinture à Stéphane.

6. Sandrine n'aime pas partager ses vêtements.
7. Pour Amina, 18 ans, c'est une étape importante.
8. Sandrine n'a rien fait (*didn't do anything*) pour la fête.
9. Rachid donne des livres de littérature à Stéphane.
10. Stéphane pense que ses amis sont drôles.

 Practice more at **vhlcentral.com.**

Les amis fêtent l'anniversaire de Stéphane.

SANDRINE Ah au fait, David est désolé de ne pas être là. Ce week-end, il visite Paris avec ses parents. Mais il pense à toi.
STÉPHANE Je comprends tout à fait. Les parents de David sont de Washington, n'est-ce pas?
SANDRINE Oui, c'est ça.

AMINA Merci, Sandrine. Je trouve que tu es très élégante dans cette robe grise! La couleur te va très bien.
SANDRINE Vraiment? Et toi, tu es très chic. C'est du coton?
AMINA Non, de la soie.
SANDRINE Cet ensemble, c'est une de tes créations, n'est-ce pas?

STÉPHANE Une calculatrice rose... pour moi?
ASTRID Oui, c'est pour t'aider à répondre à toutes les questions en maths et avec le sourire.
STÉPHANE Euh, merci beaucoup! C'est très... utile.
ASTRID Attends! Il y a encore un cadeau pour toi...

STÉPHANE Ouah, cette montre est géniale, merci!
ASTRID Tu as aimé notre petite blague? Nous, on a bien ri.
RACHID Eh Stéphane! Tu as vraiment aimé tes livres et ta calculatrice?
STÉPHANE Ouais, vous deux, ce que vous êtes drôles.

Expressions utiles

Talking about your clothes

- **Et toi, tu es très chic. C'est du coton/ de la soie?**
  And you, you're very chic. Is that cotton/silk?
- **J'ai tout fait moi-même.**
  I did/made everything myself.
- **La couleur te va très bien.**
  The color really suits you.
- **Tu es une véritable artiste! Ta jupe est très originale!**
  You're a true artist! Your skirt is very original!
- **Tu me prêtes ta robe grise samedi et je te prête ma jupe.**
  You lend me your gray dress Saturday and I'll lend you my skirt.
- **C'est super cool, ce blouson en cuir/laine/ velours noir(e). Avec des gants en plus!**
  This black leather/wool/velvet jacket is really cool. With gloves as well!

Additional vocabulary

- **Vous m'avez apporté des cadeaux!**
  You brought me presents!
- **Tu sais, à ton âge, il ne faut pas perdre son temps.**
  You know, at your age, one shouldn't waste time.
- **C'est pour t'aider à répondre à toutes les questions en maths et avec le sourire.**
  It's to help you solve all the math problems with a smile.

agréablement surpris(e) *pleasantly surprised*	**véritable** *true, genuine*
C'est promis? *Promise?*	**Pour moi?** *For me?*
Il pense à toi. *He's thinking of you.*	**Attends!** *Wait!*
tout à fait *absolutely*	**On a bien ri.** *We had a good laugh.*
Vraiment? *Really?*	

---

2 Identifiez Indiquez qui a dit (*said*) les phrases suivantes: Valérie **(V)**, Sandrine **(S)**, Amina **(A)**, Astrid **(As)**, Rachid **(R)** ou Stéphane **(St)**.

_____ 1. Tu es une véritable artiste.
_____ 2. On a bien ri.
_____ 3. Très à la mode.
_____ 4. Je comprends tout à fait.
_____ 5. C'est Sandrine qui a presque tout préparé.
_____ 6. C'est promis?

3 À vous! Ce sont les soldes. Sandrine, David et Amina vont dans un magasin pour acheter des vêtements. Ils essaient différentes choses, donnent leurs avis (*opinions*) et parlent de leurs préférences, des prix et des matières (*fabrics*). Avec deux partenaires, écrivez la conversation et jouez la scène devant la classe.

ressources

VM pp. 209–210	DVD Leçon 6B	vhlcentral.com Leçon 6B

A C T I V I T É S

LECTURE CULTURELLE

 **Reading**

La mode en France

Pour la majorité des Français, la mode est un moyen° d'expression. Les jeunes adorent les marques°, surtout les marques américaines. Avoir un *sweatshirt* de style américain est considéré comme très chic. C'est pareil° pour les chaussures. Bien sûr, les styles varient beaucoup. Il y a le style bourgeois, par exemple, plus classique avec la prédominance de la couleur bleu marine°. Il y a aussi le style «baba cool», c'est-à-dire° *hippie*.

Les marques coûtent cher, mais en France il y a encore beaucoup de boutiques indépendantes où les vêtements ne sont pas nécessairement plus chers. Souvent les vendeurs et les vendeuses sont aussi propriétaires du magasin. Ils encouragent donc° plus les clients à acheter. Mais il y a aussi beaucoup de chaînes françaises comme Lacoste, Bensimon et Kooples. Et les chaînes américaines sont de plus en plus présentes dans les villes. Les Français achètent également° des vêtements dans les hypermarchés°, comme Auchan ou Carrefour, et dans les centres commerciaux.

L'anthropologue américain Lawrence Wylie a écrit° sur les différences entre les vêtements français et américains. Les Américains portent des vêtements plus amples et plus confortables. Pour les Français, l'aspect esthétique est plus important que le confort. Les femmes mettent des baskets uniquement pour faire du sport. Les costumes français sont plus serrés et plus près du corps° et les épaules° sont en général plus étroites°.

Coup de main

Comparaison des tailles°

FEMMES

France	36	38	40	42	44	46
USA	6	8	10	12	14	16

HOMMES (PANTALONS)

France	36	38	40	42	44	46
USA	26	28	30	32	34	36

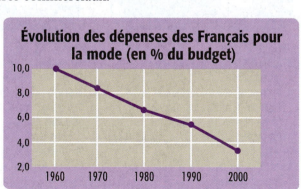

Évolution des dépenses des Français pour la mode (en % du budget)

moyen *means* marques *brand names* pareil *the same* marine *navy* c'est-à-dire *in other words* donc *therefore* également *also* hypermarchés *large supermarkets* a écrit *wrote* corps *body* épaules *shoulders* étroites *narrow*

ACTIVITÉS

1 Vrai ou faux? Indiquez si les phrases sont **vraies** ou **fausses**. Corrigez les phrases fausses.

1. Pour beaucoup de Français, la mode est un moyen d'expression.
2. Un *sweatshirt* de style américain est considéré comme du mauvais goût (taste).
3. La couleur bleu marine prédomine dans le style bourgeois.
4. En France les boutiques indépendantes sont rares.

5. Les vendeurs et les vendeuses des boutiques indépendantes sont souvent aussi propriétaires.
6. Lacoste, Bensimon et The Kooples sont des chaînes françaises.
7. Il est possible d'acheter des vêtements dans les hypermarchés.
8. Lawrence Wylie a écrit sur la mode italienne.
9. Les Français portent des vêtements plus amples et plus confortables.
10. Les costumes français sont très larges.

STRATÉGIE

Predicting content from titles

Predicting content from the title will help you increase your reading comprehension in French. We can usually predict the content of a newspaper article from its title, for example. More often than not, we decide whether to read the article based on its title. In pairs, read the titles of the selections in this **Lecture culturelle**, and try to guess what they are about.

LE MONDE FRANCOPHONE

Vêtements et tissus

Voici quelques vêtements et tissus traditionnels du monde francophone.

En Afrique centrale et de l'ouest

Le boubou tunique plus ou moins° longue et souvent très colorée portée par les hommes et les femmes

Les batiks tissus° traditionnels très colorés

En Afrique du Nord

La djellaba longue tunique à capuche° portée par les hommes et les femmes

Le kaftan sorte de djellaba portée à la maison

À la Martinique

Le madras tissu typique aux couleurs vives

À Tahiti

Le paréo morceau° de tissu attaché au-dessus de la poitrine° ou à la taille°

plus ou moins *more or less* tissus *fabrics* à capuche *hooded* morceau *piece* poitrine *chest* taille *waist*

PORTRAIT

Coco Chanel, styliste parisienne

«La mode se démode°, le style jamais.»
—*Coco Chanel*

Coco Chanel (1883–1971) est considérée comme étant° l'icône du parfum et de la mode du vingtième siècle°. Dans les années 1910, elle a l'idée audacieuse° d'intégrer la mode «à la garçonne» dans ses créations: les lignes féminines empruntent aux° éléments de la mode masculine. C'est la naissance du fameux tailleur Chanel.

Pour «Mademoiselle Chanel», l'important dans la mode, c'est que les vêtements permettent de bouger°; ils doivent° être simples et confortables. Son invention de «la petite robe noire» illustre l'esprit° classique et élégant de ses collections. De nombreuses célébrités ont immortalisé le nom de Chanel: Jacqueline Kennedy avec le tailleur et Marilyn Monroe avec le parfum No. 5, par exemple.

se démode *goes out of fashion* étant *being* vingtième siècle *twentieth century* idée audacieuse *daring idea* empruntent aux *borrow from* bouger *move* doivent *have to* esprit *spirit*

Sur Internet

Combien de couturiers présentent leurs collections dans les défilés de mode, à Paris, chaque hiver?

Go to **vhlcentral.com** to find more cultural information related to this **Lecture culturelle**.

---

2 **Coco Chanel** Complétez les phrases.

1. Coco Chanel était (*was*) _____.
2. Le style Chanel est inspiré de _____.
3. Les vêtements Chanel sont _____.
4. Jacqueline Kennedy portait souvent des _____ Chanel.
5. D'après «Mademoiselle Chanel», il est très important de pouvoir (*to be able to*) _____ dans ses vêtements.
6. C'est Coco Chanel qui a inventé _____.

3 **Le «relookage»** Vous êtes conseillers/conseillères en image (*image consultants*), spécialisé(es) dans le «relookage». Votre nouveau/nouvelle client(e), une célébrité, vous demande de l'aider à sélectionner un nouveau style. Discutez de ce nouveau look avec un(e) partenaire.

 Practice more at **vhlcentral.com**.

ressources
vhlcentral.com
Leçon 6B

A C T I V I T É S

STRUCTURES

Indirect object pronouns  Presentation

- An indirect object expresses *to whom* or *for whom* an action is done. An indirect object pronoun replaces an indirect object noun. Look for the preposition **à** followed by a name or noun referring to a person or animal. In the example below, the indirect object answers this question: **À qui parle Gisèle?** (*To whom does Gisèle speak?*)

SUBJECT	VERB	INDIRECT OBJECT NOUN
Gisèle	**parle**	**à sa mère.**
Gisèle	*speaks*	*to her mother.*

Indirect object pronouns

me	to/for me	nous	to/for us
te	to/for you	vous	to/for you
lui	to/for him/her	leur	to/for them

- Indirect object pronouns replace indirect object nouns and the prepositions that precede them.

Gisèle parle **à sa mère**.
Gisèle speaks to her mother.

Gisèle **lui** parle.
Gisèle speaks to her.

J'envoie des cadeaux **à mes nièces**.
I send gifts to my nieces.

Je **leur** envoie des cadeaux.
I send them gifts.

Vous m'avez apporté des cadeaux!

Je te prête ma jupe. D'accord?

- The indirect object pronoun usually precedes the conjugated verb.

Antoine, je **te** parle.
Antoine, I'm speaking to you.

Notre père **nous** a envoyé un poème.
Our father sent us a poem.

- In a negative statement, place the indirect object pronoun between **ne** and the conjugated verb.

Antoine, je **ne te parle** pas de ça.
Antoine, I'm not speaking to you about that.

Notre père **ne nous a** pas envoyé de poème.
Our father didn't send us a poem.

- When an infinitive follows a conjugated verb, the indirect object pronoun precedes the infinitive.

Nous allons **lui donner** la cravate.
We're going to give him the tie.

Ils espèrent **vous prêter** le costume.
They hope to lend you the suit.

- In the **passé composé**, the indirect object pronoun comes before the auxiliary verb **avoir**.

Tu **lui** as parlé?
Did you speak to her?

Non, je ne **lui** ai pas parlé.
No, I didn't speak to her.

Verbs used with indirect object pronouns			
demander à	*to ask, to request*	**parler à**	*to speak to*
donner à	*to give to*	**poser une question à**	*to pose/ ask a question (to)*
envoyer à	*to send to*	**prêter à**	*to lend to*
montrer à	*to show to*	**téléphoner à**	*to phone, to call*

- The indirect object pronouns **me** and **te** become **m'** and **t'** before a verb beginning with a vowel sound.

    Ton petit ami **t'**envoie des e-mails.
    Your boyfriend sends you e-mails.

    Isabelle **m'**a prêté son sac à main.
    Isabelle lent me her handbag.

    M'a-t-il acheté ce pull?
    Did he buy me this sweater?

    Elles ne **t'**ont pas téléphoné hier?
    Didn't they call you yesterday?

Disjunctive pronouns

- Disjunctive pronouns can be used alone or in phrases without a verb.

    Qui prend du café?
    Who's having coffee?

    Moi!
    Me!

    Eux aussi?
    Them, too?

- Disjunctive pronouns emphasize the person to whom they refer.

    Moi, je porte souvent une casquette.
    Me, I often wear a cap.

    Mon frère, **lui**, il déteste les casquettes.
    My brother, him, he hates caps.

- To say *myself, ourselves*, etc., add **-même(s)** after the disjunctive pronoun.

    Tu fais ça **toi-même**?
    Are you doing that yourself?

    Ils organisent la fête **eux-mêmes**.
    They're planning the party themselves.

- In the case of a few French verbs and expressions, you do not use the indirect object pronoun although the verb may be followed by **à** and a person or animal. Instead, use the disjunctive pronoun. One such expression is **penser à**.

    Il **pense** souvent **à** ses grands-parents, n'est-ce pas?
    He often thinks about his grandparents, doesn't he?

    DISJUNCTIVE PRONOUN
    Oui, il **pense** souvent **à** eux.
    Yes, he often thinks about them.

À noter

In **Leçon 3B**, you learned to use disjunctive pronouns (**moi, toi, lui, elle, nous, vous, eux, elles**) after prepositions: **J'ai une écharpe pour ton frère/ pour lui**. (*I have a scarf for your brother/for him.*)

Essayez! **Complétez les phrases avec le pronom d'objet indirect approprié.**

1. Tu _____nous_____ montres tes photos? (*us*)
2. Luc, je _____ donne ma nouvelle adresse. (*you, fam.*)
3. Vous _____ posez de bonnes questions. (*me*)
4. Nous _____ avons demandé. (*them*)
5. On _____ achète une nouvelle robe. (*you, form.*)
6. Ses parents _____ ont acheté un tailleur. (*her*)
7. Je vais _____ téléphoner à dix heures. (*him*)
8. Elle va _____ prêter sa jupe. (*me*)
9. Je _____ envoie des vêtements. (*you, plural*)
10. Est-ce que tu _____ as apporté ces chaussures? (*them*)
11. Il ne _____ donne pas son anorak? (*you, fam.*)
12. Nous ne _____ parlons pas! (*them*)

ressources

WB
pp. 79–80

LM
p. 47

vhlcentral.com
Leçon 6B

S T R U C T U R E S

Mise en pratique

1 **Complétez** Corinne fait du shopping avec sa copine Célia. Trouvez le bon pronom d'objet indirect ou disjonctif pour compléter ses phrases.

1. Je _____ achète des baskets. (à mes cousins)

2. Je _____ prends une ceinture. (à toi, Célia)

3. Nous _____ achetons une jupe. (à notre copine Christelle)

4. Célia _____ prend des lunettes de soleil. (à ma mère et à moi)

5. Je _____ achète des gants. (à ta mère et à toi, Célia)

6. Célia _____ achète un pantalon. (à moi)

7. Et, c'est l'annversaire de Magalie demain. Tu penses à _____, j'espère! (à Magalie)

2 **Dialogues** Complétez les dialogues.

1. **M. SAUNIER** Tu m'as posé une question, chérie?

   MME SAUNIER Oui. Je _____ ai demandé l'heure.

2. **CLIENT** Je cherche un beau pull.

   VENDEUSE Je vais _____ montrer ce pull noir.

3. **VALÉRIE** Tu as l'air triste. Tu penses à ton petit ami?

   MÉGHANE Oui, je pense à _____.

4. **PROF 1** Mes étudiants ont passé l'examen.

   PROF 2 Tu _____ envoies les résultats?

5. **MÈRE** Qu'est-ce que vous allez faire?

   ENFANTS On va aller au cinéma. Tu _____ donnes de l'argent?

6. **PIERRE** Tu _____ téléphones ce soir?

   CHARLOTTE D'accord. Je te téléphone.

7. **GÉRARD** Christophe a oublié son pull. Il a froid!

   VALENTIN Je _____ prête mon blouson.

8. **MÈRE** Tu ne penses pas à Théo et Sophie?

   PÈRE Mais si, je pense souvent à _____.

3 **Assemblez** Avec un(e) partenaire, assemblez les éléments pour comparer vos familles et vos amis.

> **MODÈLE**
>
> **Étudiant(e) 1:** *Mon père me prête souvent sa voiture.*
> **Étudiant(e) 2:** *Mon père, lui, il nous prête de l'argent.*

A	B	C
je	acheter	argent
tu	apporter	biscuits
mon père	envoyer	cadeaux
ma mère	expliquer	devoirs
mon frère	faire	e-mails
ma sœur	montrer	problèmes
mon/ma	parler	vêtements
petit(e) ami(e)	payer	voiture
mes copains	prêter	?
?	?	

Practice more at **vhlcentral.com.**

Communication

4 **Qu'allez-vous faire?** Avec un(e) partenaire, dites ce que vous allez faire dans ces situations. Employez les verbes de la liste et présentez vos réponses à la classe.

MODÈLE

Un ami a soif.
On va lui donner de l'eau.

acheter	montrer
apporter	parler
demander	poser des questions
donner	préparer
envoyer	prêter
faire	téléphoner

1. Une personne âgée a froid.
2. Des touristes sont perdus (*lost*).
3. Un homme est sans abri (*homeless*).
4. Votre tante est à l'hôpital.
5. Des amis vous invitent à manger chez eux.
6. Vos nièces ont faim.
7. Votre petit(e) ami(e) fête son anniversaire.
8. Votre meilleur(e) (*best*) ami(e) a des problèmes.
9. Vous ne comprenez pas le prof.
10. Vos parents voyagent en France pendant (*for*) un mois.

5 **Les cadeaux de l'année dernière** Par groupes de trois, parlez des cadeaux que vous avez achetés à votre famille et à vos amis l'année dernière. Que vous ont-ils acheté? Présentez vos réponses à la classe.

MODÈLE

Étudiant(e) 1: *Qu'est-ce que tu as acheté à ta mère?*
Étudiant(e) 2: *Je lui ai acheté un ordinateur.*
Étudiant(e) 3: *Ma copine Dominique m'a donné une montre.*

6 **Au grand magasin** Par groupes de trois, jouez les rôles de deux client(e)s et d'un(e) vendeur/vendeuse. Les client(e)s cherchent des vêtements pour faire des cadeaux. Ils parlent de ce qu'ils (*what they*) cherchent et le/la vendeur/vendeuse leur fait des suggestions.

STRUCTURES

Regular and irregular *-re* verbs  **Presentation**

Point de départ You've already seen infinitives that end in **-er** and **-ir**. The infinitive forms of a third group of French verbs end in **-re**.

- Many **-re** verbs, such as **attendre** (*to wait*), follow a regular pattern of conjugation, as shown below.

attendre	
j'attends	nous attendons
tu attends	vous attendez
il/elle/on attend	ils/elles attendent

Tu **attends** devant le café?
Are you waiting in front of the café?

Nous **attendons** dans le magasin.
We're waiting in the store.

Où **attendez**-vous?
Where are you waiting?

Il faut **attendre** dans la bibliothèque.
One must wait in the library.

- The verb **attendre** means *to wait* or *to wait for*. Unlike English, it does not require a preposition.

Marc **attend le bus**.
Marc is waiting for the bus.

Ils **attendent Robert**.
They're waiting for Robert.

Il **attend** ses parents à l'école.
He's waiting for his parents at school.

J'**attends** les soldes.
I'm waiting for a sale.

Other regular *-re* verbs			
descendre	to go down; to take down	rendre (à)	to give back, to return (to)
entendre	to hear	rendre visite (à)	to visit someone
perdre (son temps)	to lose (to waste one's time)	répondre (à)	to respond, to answer (to)
		vendre	to sell

- To form the past participle of regular **-re** verbs, drop the **-re** from the infinitive and add **-u**.

Les étudiants ont **vendu** leurs livres.
The students sold their books.

Il a **entendu** arriver la voiture de sa femme.
He heard his wife's car arrive.

J'ai **répondu** à ton e-mail.
I answered your e-mail.

Nous avons **perdu** patience.
We lost patience.

- **Rendre visite à** means *to visit a person*, while **visiter** means *to visit a place*.

Tu **rends visite à ta grand-mère** le lundi.
You visit your grandmother on Mondays.

Cécile va **visiter le musée** aujourd'hui.
Cécile is going to visit the museum today.

Avez-vous **rendu visite à vos cousins**?
Did you visit your cousins?

Nous **avons visité Rome** l'année dernière.
We visited Rome last year.

- Some verbs whose infinitives end in **-re** are irregular.

Irregular -re verbs

	conduire (to drive)	mettre (to put (on))	rire (to laugh)
je	conduis	mets	ris
tu	conduis	mets	ris
il/elle/on	conduit	met	rit
nous	conduisons	mettons	rions
vous	conduisez	mettez	riez
ils/elles	conduisent	mettent	rient

Je **conduis** la voiture.
I'm driving the car.

Thérèse **met** ses gants.
Thérèse puts on her gloves.

Elles **rient** pendant le spectacle.
They laugh during the show.

Other irregular -re verbs

like *conduire*		like *mettre*	
construire	to build, to construct	**permettre**	to allow
détruire	to destroy	**promettre**	to promise
produire	to produce	like *rire*	
réduire	to reduce		
traduire	to translate	**sourire**	to smile

- The past participle of the verb **mettre** is **mis**. Verbs derived from **mettre** (**permettre**, **promettre**) follow the same pattern: **permis**, **promis**.

    Où est-ce que tu **as mis** mes lunettes de soleil?
    Where did you put my sunglasses?

    Je lui **ai promis** de faire la cuisine.
    I promised her that I'd cook.

- The past participle of **conduire** is **conduit**. Verbs like it follow the same pattern: **construire → construit**; **détruire → détruit**; **produire → produit**; **réduire → réduit**; **traduire → traduit**.

- The past participle of **rire** is **ri**. The past participle of **sourire** is **souri**.

Boîte à outils

The French verbs **permettre** and **promettre** are followed by the preposition **à** and an indirect object to express *to allow someone* or *to promise someone*: **permettre à quelqu'un** and **promettre à quelqu'un**.

Leur avez-vous permis de commencer à dix heures?
Did you allow them to start at 10 o'clock?

Je lui promets de ne pas partir.
I promise him I won't leave.

Essayez! Complétez les phrases avec la forme correcte du présent du verbe.

1. Ils ___attendent___ (attendre) l'arrivée du train.
2. Nous _____ (répondre) aux questions du professeur.
3. Je _____ (sourire) quand je suis heureuse.
4. Si on _____ (construire) trop, on _____ (détruire) la nature.
5. Quand il fait froid, vous _____ (mettre) un pull.
6. Est-ce que les étudiants _____ (entendre) le professeur?
7. Keiko _____ (conduire) sa voiture ce week-end.
8. Si le café n'est pas bon, je _____ (mettre) du sucre (*sugar*).

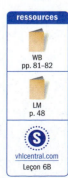

ressources

WB
pp. 81–82

LM
p. 48

S
vhlcentral.com
Leçon 6B

STRUCTURES

Mise en pratique

1 **Qui fait quoi?** Quelles phrases vont avec les illustrations?

1. _____   2. _____   3. _____   4. _____

_____ **a.** Martin attend ses copains.

_____ **b.** Nous rendons visite à notre grand-mère.

_____ **c.** Vous vendez de jolis vêtements.

_____ **d.** Je ris en regardant un film.

2 **Les clients difficiles** Henri et Gilbert travaillent pour un grand magasin. Complétez leur conversation.

GILBERT   Tu n'as pas encore mangé?

HENRI   Non, j' (1) _____ (attendre) Jean-Michel.

GILBERT   Il ne (2) _____ (descendre) pas tout de suite. Il (3) _____ (perdre) son temps avec un client difficile. Il (4) _____ (mettre) des cravates, des costumes, des chaussures...

HENRI   Nous ne (5) _____ (vendre) pas souvent à des clients comme ça.

GILBERT   C'est vrai. Ils (6) _____ (promettre) d'acheter quelque chose, puis ils partent les mains vides (*empty*).

3 **Au centre commercial** Daniel et ses copains ont passé (*spent*) la journée au centre commercial hier. Utilisez les éléments donnés pour faire des phrases complètes. Ajoutez d'autres éléments nécessaires.

1. Omar et moi / conduire / centre commercial
2. Guillaume / attendre / dix minutes / devant / cinéma
3. Hervé et Thérèse / vendre / pulls
4. Lise / perdre / sac à main
5. tu / mettre / robe / bleu
6. Sandrine et toi / ne pas répondre / vendeur

4 **La journée de Béatrice** Hier, Béatrice a fait une liste des choses à faire. Avec un(e) partenaire, utilisez les verbes de la liste au passé composé pour dire (*to say*) tout ce qu'elle a fait.

attendre	mettre
conduire	rendre visite
entendre	traduire

1. devoir d'espagnol	4. tante Albertine
2. mon nouveau CD	5. gants dans mon sac
3. e-mail de Sébastien	6. vieille voiture

Practice more at **vhlcentral.com.**

Communication

5 **Fréquence** Employez les verbes de la liste et d'autres verbes pour dire
(*to tell*) à un(e) partenaire ce que (*what*) vous faites tous les jours, une fois par
mois et une fois par an. Alternez les rôles.

Étudiant(e) 1: *J'attends mes copains au resto U tous les jours.*
Étudiant(e) 2: *Moi, je rends visite à mes grands-parents une fois par mois.*

attendre	perdre
conduire	rendre
entendre	répondre
mettre	sourire

6 **Les charades** Par groupes de quatre, jouez aux charades. Chaque
étudiant(e) pense à une phrase différente avec un des verbes en **-re**. La première
personne qui devine (*guesses*) propose la prochaine charade.

7 **Questions personnelles** Avec un(e) partenaire, posez-vous ces
questions à tour de rôle.

1. Réponds-tu tout de suite (*immediately*) à tes e-mails?
2. As-tu promis à tes parents de faire quelque chose? Quoi?
3. Que mets-tu quand tu vas à un mariage? Pour aller à l'école?
   Pour sortir avec des copains?
4. Tes parents te permettent-ils de sortir tard pendant la semaine?
5. Conduis-tu la voiture de tes parents? Comment conduis-tu?
6. À qui rends-tu visite pendant les vacances?
7. Quelle est la dernière fois que tu as beaucoup ri? Avec qui?
8. As-tu déjà vendu quelque chose sur Internet? Quoi?

8 **La journée des vendeuses** Votre professeur va vous donner, à vous et
à votre partenaire, une série d'illustrations qui montrent la journée d'Aude et
d'Aurélie. Attention! Ne regardez pas la feuille de votre partenaire.

Étudiant(e) 1: *Le matin, elles ont conduit pour aller au magasin.*
Étudiant(e) 2: *Après,…*

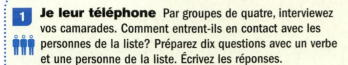

1 **Je leur téléphone** Par groupes de quatre, interviewez vos camarades. Comment entrent-ils en contact avec les personnes de la liste? Préparez dix questions avec un verbe et une personne de la liste. Écrivez les réponses.

MODÈLE

Étudiant(e) 1: *Est-ce que tu parles souvent à ton frère?*
Étudiant(e) 2: *Oui, je lui parle le lundi.*

verbes	personnes
donner un cadeau	copain ou copine d'enfance
envoyer une carte/un e-mail	cousin ou cousine
parler	grands-parents
rendre visite	petit(e) ami(e)
téléphoner	sœur ou frère

2 **Mes e-mails** Ces personnes vous envoient des e-mails. Que faites-vous? Vous ne répondez pas, vous attendez quelques jours, vous leur téléphonez? Par groupes de trois, comparez vos réactions.

MODÈLE

Étudiant(e) 1: *Ma mère m'envoie un e-mail tous les jours.*
Étudiant(e) 2: *Tu lui réponds tout de suite?*
Étudiant(e) 3: *Tu préfères lui téléphoner?*

1. un e-mail anonyme
2. un e-mail d'un(e) camarade de classe
3. un e-mail d'un professeur
4. un e-mail d'un(e) ami(e) d'enfance
5. un e-mail d'un(e) ex-petit(e) ami(e)
6. un e-mail de vos parents

3 **Une liste** Des membres de votre famille ou des amis vous ont donné ou acheté des vêtements que vous n'aimez pas du tout. Faites une liste de quatre ou cinq de ces vêtements. Comparez votre liste à la liste d'un(e) camarade.

MODÈLE

Étudiant(e) 1: *Ma sœur m'a donné une écharpe verte très laide et mon père m'a acheté des chaussettes marron trop petites!*
Étudiant(e) 2: *L'année dernière, mon petit ami m'a donné...*

4 **Quoi mettre?** Vous et votre partenaire allez faire des choses différentes: l'un(e) va fêter la retraite de ses grands-parents à Tahiti, l'autre va skier dans les Alpes. Qu'allez-vous porter? Demandez des vêtements à votre partenaire si vous n'aimez pas tous les vêtements de votre ensemble.

MODÈLE

Étudiant(e) 1: *Est-ce que tu me prêtes ton blouson jaune?*
Étudiant(e) 2: *Ah non, j'ai besoin de ce blouson. Tu me prêtes ton pantalon?*

Ensemble 1

Ensemble 2

5 **S'il te plaît** Votre ami(e) a acheté un nouveau vêtement que vous aimez beaucoup. Vous essayez de convaincre (*to convince*) cet(te) ami(e) de vous prêter ce vêtement. Préparez un dialogue avec un(e) partenaire où vous employez tous les verbes. Jouez la scène pour la classe.

aller avec	montrer
aller bien	prêter
donner	promettre
mettre	rendre

6 **Bon anniversaire, Nicolas!** Votre professeur va vous donner, à vous et à votre partenaire, deux feuilles d'activités différentes. Attention! Ne regardez pas la feuille de votre partenaire.

MODÈLE

Étudiant(e) 1: *Les amis de Nicolas lui téléphonent.*
Étudiant(e) 2: *Ensuite,...*

Écriture

How to report an interview

There are several ways to prepare a written report about an interview. For example, you can transcribe the interview verbatim, or you can summarize it. In any event, the report should begin with an interesting title and a brief introduction including the five *W*'s (*who, what, when, where, why*) and the H (*how*) of the interview. The report should end with an interesting conclusion. Note that when you transcribe a conversation in French, you should pay careful attention to format and punctuation.

Écrire une conversation en français

● Pour indiquer qui parle dans une conversation, on peut mettre le nom de la personne qui parle devant sa phrase.

MONIQUE Lucie, qu'est-ce que tu vas mettre pour l'anniversaire de Jean-Louis?

LUCIE Je vais mettre ma robe en soie bleue à manches courtes. Et toi, tu vas mettre quoi?

MONIQUE Eh bien, une jupe en coton et un chemisier, je pense. Ou peut-être mon pantalon en cuir avec… Tiens, tu me prêtes ta chemise jaune et blanche?

LUCIE Oui, si tu me la rends (*return it to me*) dimanche. Elle va avec le pantalon que je vais porter la semaine prochaine.

● On peut aussi commencer les phrases avec des tirets (*dashes*) pour indiquer quand une nouvelle personne parle.

— Qu'est-ce que tu as acheté comme cadeau pour Jean-Louis?

— Une cravate noire et violette. Elle est très jolie. Et toi?

— Je n'ai pas encore acheté son cadeau. Des lunettes de soleil peut-être?

— Oui, c'est une bonne idée! Et il y a des soldes à Saint-Louis Lunettes.

Thème

Écrire une interview

Clarisse Deschamps est une styliste de mode suisse. Elle dessine des vêtements pour les jeunes et va présenter sa nouvelle collection sur votre campus. Vous allez interviewer Clarisse pour le journal de votre université.

■ Commencez par une courte introduction.

MODÈLE *Voici une interview de Clarisse Deschamps, une styliste de mode suisse.*

■ Préparez une liste de questions à poser à Clarisse Deschamps sur sa nouvelle collection. Vous pouvez (*can*) poser des questions sur:

● les types de vêtements

● les couleurs

● le style

● les prix

■ Inventez une conversation de 10 à 12 lignes entre vous et Clarisse. Indiquez qui parle, avec des tirets ou avec les noms des personnes.

■ Terminez par une brève (*brief*) conclusion.

MODÈLE *On vend la collection de Clarisse Deschamps à Fun Clothes à côté de l'université. Cette semaine, il y a des soldes!*

SAVOIR-FAIRE

Panorama

LA FRANCE

la dune du Pilat

Aquitaine

La région en chiffres

▶ **Superficie:** *41.308 km²*

▶ **Population:** *3.049.000*

▶ **Industrie principale:** *agriculture*

▶ **Villes principales:** *Bordeaux, Pau, Périgueux*

Midi-Pyrénées

La région en chiffres

▶ **Superficie:** *45.348 km²*

▶ **Population:** *2.687.000*

▶ **Industries principales:** *aéronautique, agriculture*

▶ **Villes principales:** *Auch, Toulouse, Rodez*

Languedoc-Roussillon

La région en chiffres

▶ **Superficie:** *27.376 km²*

▶ **Population:** *2.458.000*

▶ **Industrie principale:** *agriculture*

▶ **Villes principales:** *Montpellier, Nîmes, Perpignan*

Personnages célèbres

▶ **Aliénor d'Aquitaine,** *Aquitaine, reine° de France (1122–1204)*

▶ **Jean Jaurès,** *Midi-Pyrénées, homme politique (1859–1914)*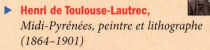

▶ **Henri de Toulouse-Lautrec,** *Midi-Pyrénées, peintre et lithographe (1864–1901)*

▶ **Georges Brassens,** *Languedoc-Roussillon, chanteur (1921–1981)*

▶ **Francis Cabrel,** *Aquitaine, chanteur (1953–)*

reine *queen* **grotte** *cave* **gravures** *carvings* **peintures** *paintings* **découvrent** *discover*

L'OCÉAN ATLANTIQUE

Périgueux

Bordeaux

la Garonne

AQUITAINE

Agen

Bayonne

Pau

Auch

Tarbes

la Garonne

MIDI-PYRÉNÉES

Toulouse

Rodez

Mende

le Tarn

LES CÉVENNES

Nîmes

Montpellier

Béziers

LANGUEDOC-ROUSSILLON

Perpignan

LA MER MÉDITERRANÉE

LES PYRÉNÉES

L'ESPAGNE

ANDORRE

le canal du Midi

la cité de Carcassonne

0		50 milles
0		50 kilomètres

Incroyable mais vrai!

Appelée parfois «la chapelle Sixtine préhistorique», la grotte° de Lascaux, en Aquitaine, est décorée de 1.500 gravures° et de 600 peintures°, vieilles de plus de 17.000 ans. En 1940, quatre garçons découvrent° ce sanctuaire. Les fresques, composées de plusieurs animaux, ont jusqu'à ce jour une signification mystérieuse.

La gastronomie

Le foie gras et le cassoulet

Le foie gras° et le cassoulet sont des spécialités du Sud-Ouest° de la France. Le foie gras est un produit° de luxe, en général réservé aux grandes occasions. On le mange sur du pain grillé ou comme ingrédient d'un plat° élaboré. Le cassoulet est un plat populaire, préparé à l'origine dans une «cassole°». Les ingrédients varient, mais en général cette spécialité est composée d'haricots° blancs, de viande° de porc et de canard, de saucisses°, de tomates, d'ail° et d'herbes.

Les monuments

Les arènes de Nîmes

Inspirées du Colisée de Rome, les arènes° de Nîmes, en Languedoc-Roussillon, datent de la fin du premier siècle. C'est l'amphithéâtre le plus grand° de France et le mieux° conservé de l'ère° romaine. Les spectacles de gladiateurs d'autrefois°, appréciés par plus de° 20.000 spectateurs, sont aujourd'hui remplacés° par des corridas° et des spectacles musicaux pour le plaisir de 15.000 spectateurs en été et 7.000 spectateurs en hiver.

Le sport

La pelote basque

L'origine de la pelote est ancienne°: on retrouve des versions du jeu chez les Mayas, les Grecs et les Romains. C'est au Pays Basque, à la frontière° entre la France et l'Espagne, en Aquitaine, que le jeu se transforme en véritable sport. La pelote basque existe sous sept formes différentes; le principe de base est de lancer° une balle en cuir°, la «pelote», contre un mur° avec la «paleta», une raquette en bois°, et le «chistera», un grand gant en osier°.

Les traditions

La langue d'Oc

La langue d'Oc (l'occitan) est une langue romane° développée dans le sud de la France. Cette langue a donné son nom à la région: Languedoc-Roussillon. La poésie lyrique occitane et la philosophie des troubadours° du Moyen Âge° influencent les valeurs° culturelles et intellectuelles européennes. Il existe plusieurs dialectes de l'occitan. «Los cats fan pas de chins» (les chats ne font pas des chiens) et «la bornicarié porta pas pa a casa» (la beauté n'apporte pas de pain à la maison) sont deux proverbes occitans connus°.

🔊📝 Qu'est-ce que vous avez appris? Répondez aux questions par des phrases complètes.

1. Qui était (was) peintre, lithographe et d'origine midi-pyrénéenne?
2. Quel est le surnom (nickname) de la grotte de Lascaux?
3. Que trouve-t-on dans la grotte de Lascaux?
4. Quand mange-t-on du foie gras en général?
5. Quels ingrédients utilise-t-on pour le cassoulet?
6. De quand datent les arènes de Nîmes?
7. Combien de spectateurs y a-t-il dans les arènes de Nîmes en hiver?
8. Quelles civilisations ont une version de la pelote?
9. Combien de formes différentes de pelote basque y a-t-il?
10. Qu'est-ce qui influence les valeurs culturelles et intellectuelles européennes?

Sur Internet

Go to **vhlcentral.com** to find more cultural information related to this **Panorama**.

🔊📝 1. Il existe une forme de la pelote basque aux États-Unis. Comment s'appelle ce sport?

🔊📝 2. Cherchez des peintures de la grotte de Lascaux. Quelles sont vos préférées? Pourquoi?

🔊📝 3. Cherchez plus d'informations sur Henri de Toulouse-Lautrec. Avez-vous déjà vu quelques-unes de ses peintures? Où?

foie gras *fattened liver of an animal served as a pâté* **Sud-Ouest** *Southwest* **produit** *product* **plat** *dish* **cassole** *pottery dish* **haricots** *beans* **viande** *meat* **saucisses** *sausages* **ail** *garlic* **arènes** *amphitheaters* **le plus grand** *the largest* **le mieux** *the best* **ère** *era* **autrefois** *long ago* **plus de** *more than* **remplacés** *replaced* **corridas** *bullfights* **ancienne** *ancient* **frontière** *border* **lancer** *throw* **cuir** *leather* **mur** *wall* **bois** *wood* **osier** *wicker* **langue romane** *Romance language* **troubadours** *minstrels* **Moyen Âge** *Middle Ages* **valeurs** *values* **connus** *well-known*

Les vêtements

aller avec	to go with
porter	to wear
un anorak	ski jacket, parka
des baskets (f.)	sneakers, tennis shoes
un blouson	jacket
une casquette	(baseball) cap
une ceinture	belt
un chapeau	hat
une chaussette	sock
une chaussure	shoe
une chemise (à manches courtes/longues)	shirt (short-/long-sleeved)
un chemisier	blouse
un costume	(man's) suit
une cravate	tie
une écharpe	scarf
un gant	glove
un jean	jeans
une jupe	skirt
des lunettes (de soleil) (f.)	(sun)glasses
un maillot de bain	swimsuit, bathing suit
un manteau	coat
un pantalon	pants
un pull	sweater
une robe	dress
un sac à main	purse, handbag
un short	shorts
un sous-vêtement	underwear
une taille	clothing size
un tailleur	(woman's) suit; tailor
un tee-shirt	tee shirt
des vêtements (m.)	clothing
des soldes (m.)	sales
un vendeur/ une vendeuse	salesman/ saleswoman
bon marché	inexpensive
chaque	each
cher/chère	expensive
large	loose; big
serré(e)	tight

Les fêtes

faire la fête	to party
faire une surprise (à quelqu'un)	to surprise (someone)
fêter	to celebrate
organiser une fête	to plan a party
une bière	beer
un biscuit	cookie
un bonbon	candy
le champagne	champagne
un dessert	dessert
un gâteau	cake
la glace	ice cream
un glaçon	ice cube
le vin	wine
un cadeau	present, gift
une fête	party; celebration
un hôte/une hôtesse	host(ess)
un(e) invité(e)	guest
un jour férié	holiday
une surprise	surprise

Périodes de la vie

l'adolescence (f.)	adolescence
l'âge adulte (m.)	adulthood
un divorce	divorce
l'enfance (f.)	childhood
une étape	stage
l'état civil (m.)	marital status
la jeunesse	youth
un mariage	marriage; wedding
la mort	death
la naissance	birth
la vie	life
la vieillesse	old age
prendre sa retraite	to retire
tomber amoureux/ amoureuse	to fall in love
avant-hier	the day before yesterday
hier	yesterday

Expressions utiles	*See pp. 207 and 225.*
Demonstrative adjectives	*See p. 210.*
Indirect object pronouns	*See p. 228.*
Disjunctive pronouns	*See p. 229.*

Les relations

une amitié	friendship
un amour	love
le bonheur	happiness
un couple	couple
un(e) fiancé(e)	fiancé; fiancée
des jeunes mariés (m.)	newlyweds
un rendez-vous	date; appointment
ensemble	together

Les couleurs

De quelle couleur...?	In what color...?
blanc(he)	white
bleu(e)	blue
gris(e)	gray
jaune	yellow
marron	brown
noir(e)	black
orange	orange
rose	pink
rouge	red
vert(e)	green
violet(te)	purple; violet

Verbes en –re

attendre	to wait
conduire	to drive
construire	to build; to construct
descendre	to go down; to take down
détruire	to destroy
entendre	to hear
mettre	to put (on); to place
perdre (son temps)	to lose (to waste one's time)
permettre	to allow
produire	to produce
promettre	to promise
réduire	to reduce
rendre (à)	to give back; to return (to)
rendre visite (à)	to visit someone
répondre (à)	to respond, to answer (to)
rire	to laugh
sourire	to smile
traduire	to translate
vendre	to sell

En vacances

Pour commencer

- Indiquez les couleurs qu'on voit (*sees*) sur la photo.
- Quel temps fait-il?
- Quel(s) vêtement(s) Stéphane porte-t-il?
- Quelle(s) activité(s) Stéphane peut-il pratiquer là où il se trouve?

Leçon 7A

You will learn how to...
- describe trips you have taken
- tell where you went

Bon voyage!

le soleil!

la plage

Elle bronze. (bronzer)

la mer

une sortie

Il utilise un plan. (utiliser)

les gens (m.)

Le Figaro

le journal

Vocabulaire

faire du shopping	to go shopping
faire un séjour	to spend time (somewhere)
partir en vacances	to go on vacation
prendre un train (un taxi, un (auto)bus, un bateau)	to take a train (taxi, bus, boat)
rouler en voiture	to ride in a car
un aéroport	airport
un arrêt d'autobus (de bus)	bus stop
un billet aller-retour	round-trip ticket
un billet (d'avion, de train)	(plane/train) ticket
un (jour de) congé	day(s) off
une douane	customs
une gare (routière)	train station (bus station)
une station (de métro)	(subway) station
une station de ski	ski resort
un ticket (de bus, de métro)	(bus/subway) ticket
des vacances (f.)	vacation
un vol	flight
à l'étranger	abroad, overseas
la campagne	country(side)
une capitale	capital
un pays	country
(en/l') Allemagne (f.)	(to, in) Germany
(en/l') Angleterre (f.)	(to, in) England
(en/la) Belgique (belge)	(to, in) Belgium (Belgian)
(au/le) Brésil (brésilien(ne))	(to, in) Brazil (Brazilian)
(en/la) Chine (chinois(e))	(to, in) China (Chinese)
(en/l') Espagne (f.)	(to, in) Spain
(en/l') Irlande (irlandais(e)) (f.)	(to, in) Ireland (Irish)
(en/l') Italie (f.)	(to, in) Italy
(au/le) Japon	(to, in) Japan
(en/la) Suisse	(to, in) Switzerland

ressources

WB pp. 85–86

LM p. 49

vhlcentral.com Leçon 7A

Mise en pratique Audio: Vocabulary

une arrivée

un départ

un avion

Elle fait
les valises.

Ils vont faire
un voyage.

la France
(en France)

le Canada
(au Canada)

les États-Unis (*m.*)
(aux États-Unis)

le Mexique
(au Mexique)

Le Monde

1 **Écoutez** 🎧 Écoutez Cédric et Nathalie parler de leurs vacances. Ensuite (*Then*), complétez les phrases avec un mot ou une expression de la section **CONTEXTES**. Notez que toutes les options ne sont pas utilisées.

1. ____ Nathalie va partir...
2. ____ Nathalie a déjà...
3. ____ Nathalie va peut-être...
4. ____ La famille de Cédric...
5. ____ Paul pense que l'Espagne est...
6. ____ Pour Cédric, les plages du Brésil...
7. ____ Un jour, Cédric va faire...
8. ____ Nathalie va utiliser...

a. sont idéales pour bronzer.
b. son billet d'avion.
c. le plan de Paris de Cédric.
d. la capitale du Mexique.
e. le tour du monde.
f. à l'étranger.
g. n'a pas encore décidé entre l'Espagne, le Mexique et le Brésil.
h. un pays superbe.
i. conduire Nathalie à l'aéroport.
j. faire un séjour en Italie.

2 **Chassez l'intrus** Indiquez le mot ou l'expression qui ne convient pas.

1. faire un séjour, partir en vacances, un jour de congé, une station de ski
2. un aéroport, une station de métro, une arrivée, une gare routière
3. une douane, un départ, une arrivée, une sortie
4. le monde, un pays, le journal, une capitale
5. la campagne, la mer, la plage, des gens
6. prendre un bus, un arrêt de bus, utiliser un plan, une gare routière
7. bronzer, prendre un avion, un vol, un aéroport
8. prendre un taxi, rouler en voiture, un vol, une gare routière

3 **Les vacances** Justine va partir en vacances demain. Complétez le paragraphe avec les mots et expressions de la liste. Notez que toutes les options ne sont pas utilisées.

aller-retour	faire ma valise	sortie
une arrivée	pays	station
faire un séjour	plage	taxi
faire du shopping	prendre un bus	vol

Demain, je pars en vacances. Je vais (1) _____ avec mon frère à l'île Maurice, une petite île (*island*) tropicale dans l'océan Indien. Nous allons (2) _____ pour l'aéroport à 7h. Mon frère veut (*wants*) prendre un (3) _____, mais moi, je pense qu'il faut économiser parce que j'ai envie de (4) _____ au marché et dans les boutiques de Port-Louis, la capitale. Le (5) _____ est à 10h. Nous n'avons pas besoin de visa pour le voyage; pour entrer dans le (6) _____, il faut seulement montrer un passeport et un billet (7) _____. J'ai acheté un nouveau maillot de bain pour aller à la (8) _____. Et maintenant, je vais (9) _____!

Communication

4 **Répondez** Avec un(e) partenaire, posez-vous les questions suivantes et répondez-y à tour de rôle.

1. Où pars-tu en vacances cette année? Quand?
2. Quand fais-tu tes valises? Avec combien de valises voyages-tu?
3. Préfères-tu la mer, la campagne ou les stations de ski?
4. Comment vas-tu à l'aéroport? Prends-tu l'autobus? Le métro?

5. Quelles sont tes vacances préférées?
6. Quand utilises-tu un plan?
7. Quel est ton pays favori? Pourquoi?
8. Dans quel(s) pays as-tu envie de voyager?

5 **Décrivez** Avec un(e) partenaire, écrivez une description des images. Donnez autant de (*as many*) détails que possible. Ensuite (*Then*), lisez vos descriptions à un autre groupe. L'autre groupe doit deviner (*must guess*) quelle image vous décrivez.

1.

2.

3.

4.

5.

6.

6 **Conversez** Votre professeur va vous donner, à vous et à votre partenaire, une feuille d'activités. L'un de vous est un(e) client(e) qui a besoin de faire une réservation pour des vacances, l'autre est l'agent de voyages. Travaillez ensemble pour finaliser la réservation. Attention! Ne regardez pas la feuille de votre partenaire.

7 **Un voyage** Vous allez faire un voyage en Europe et rendre visite à votre cousin, Jean-Marc, qui étudie en Belgique. Écrivez-lui une lettre et utilisez les mots de la liste.

un aéroport	la France
la Belgique	prendre un taxi
un billet	la Suisse
faire un séjour	un vol
faire les valises	un voyage

- Parlez des détails de votre départ.
- Expliquez votre tour d'Europe.
- Organisez votre arrivée en Belgique.
- Parlez de ce que vous allez faire ensemble.

Les sons et les lettres

 Audio: Concepts, Activities
Record & Compare

 ch, qu, ph, th, and gn

The letter combination **ch** is usually pronounced like the English *sh*, as in the word *shoe*.

chat	**ch**ien	**ch**ose	en**ch**anté

In words borrowed from other languages, the pronunciation of **ch** may be irregular. For example, in words of Greek origin, **ch** is pronounced **k**.

psy**ch**ologie	te**ch**nologie	ar**ch**aïque	ar**ch**éologie

The letter combination **qu** is almost always pronounced like the letter **k**.

quand	prati**qu**er	kios**qu**e	**qu**elle

The letter combination **ph** is pronounced like an **f**.

télé**ph**one	**ph**oto	pro**ph**ète	géogra**ph**ie

The letter combination **th** is pronounced like the letter **t**. English *th* sounds, as in the words *this* and *with*, never occur in French.

thé	a**th**lète	biblio**th**èque	sympa**th**ique

The letter combination **gn** is pronounced like the sound in the middle of the English word *onion*.

monta**gn**e	espa**gn**ol	ga**gn**er	Allema**gn**e

Prononcez Répétez les mots suivants à voix haute.

1. thé
2. quart
3. chose
4. question
5. cheveux
6. parce que
7. champagne
8. casquette
9. philosophie
10. fréquenter
11. photographie
12. sympathique

Articulez Répétez les phrases suivantes à voix haute.

1. Quentin est martiniquais ou québécois?
2. Quelqu'un explique la question à Joseph.
3. Pourquoi est-ce que Philippe est inquiet?
4. Ignace prend une photo de la montagne.
5. Monique fréquente un café en Belgique.
6. Théo étudie la physique.

Dictons Répétez les dictons à voix haute.

La vache la première au pré lèche la rosée.[1]

N'éveillez pas le chat qui dort.[2]

[1] The early bird gets the worm. (lit. The first cow at the pasture licks the dew.)
[2] Let sleeping dogs lie. (lit. Don't wake a sleeping cat.)

 ressources / LM p. 50 / vhlcentral.com Leçon 7A

ROMAN-PHOTO

De retour au P'tit Bistrot

Video: *Roman-photo*
Record & Compare

PERSONNAGES

David

Rachid

Sandrine

Stéphane

À la gare...

RACHID Tu as fait bon voyage?

DAVID Salut! Excellent, merci.

RACHID Tu es parti pour Paris avec une valise et te voici avec ces énormes sacs en plus!

DAVID Mes parents et moi sommes allés aux Galeries Lafayette. On a acheté des vêtements et des trucs pour l'appartement aussi.

RACHID Ah ouais?

DAVID Mes parents sont arrivés des États-Unis jeudi soir. Ils ont pris une chambre dans un bel hôtel, tout près de la tour Eiffel.

RACHID Génial!

DAVID Moi, je suis arrivé à la gare vendredi soir. Et nous sommes allés dîner dans une excellente brasserie. Mmm!

DAVID Samedi, on a pris un bateau-mouche sur la Seine. J'ai visité un musée différent chaque jour: le musée du Louvre, le musée d'Orsay...

RACHID En résumé, tu as passé de bonnes vacances dans la capitale... Bon, on y va?

DAVID Ah, euh, oui, allons-y!

STÉPHANE Pour moi, les vacances idéales, c'est un voyage à Tahiti. Ahhh... la plage, et moi en maillot de bain avec des lunettes de soleil... et les filles en bikini!

DAVID Au fait, je n'ai pas oublié ton anniversaire.

STÉPHANE Ouah! Super, ces lunettes de soleil! Merci, David, c'est gentil.

DAVID Désolé de ne pas avoir été là pour ton anniversaire, Stéphane. Alors, ils t'ont fait la surprise?

STÉPHANE Oui, et quelle belle surprise! J'ai reçu des cadeaux trop cool. Et le gâteau de Sandrine, je l'ai adoré.

DAVID Ah, Sandrine... elle est adorable... Euh, Stéphane, tu m'excuses une minute?

DAVID Coucou! Je suis de retour!

SANDRINE Oh! Salut, David. Alors, tu as aimé Paris?

DAVID Oui! J'ai fait plein de choses... de vraies petites vacances! On a fait...

A C T I V I T É S

1 **Les événements** Mettez les événements suivants dans l'ordre chronologique.

_____ a. Rachid va chercher David.

_____ b. Stéphane parle de son anniversaire.

_____ c. Sandrine va faire une réservation.

_____ d. David donne un cadeau à Stéphane.

_____ e. Rachid mentionne que David a beaucoup de sacs.

_____ f. Stéphane met les lunettes de soleil.

_____ g. Stéphane décrit (*describes*) ses vacances idéales.

_____ h. David parle avec Sandrine.

_____ i. Sandrine pense à ses vacances.

_____ j. Rachid et David repartent en voiture.

 Practice more at **vhlcentral.com**.

David parle de ses vacances.

STÉPHANE Alors, ces vacances? Tu as fait un bon séjour?
DAVID Oui, formidable!
STÉPHANE Alors, vous êtes restés combien de temps à Paris?
DAVID Quatre jours. Ce n'est pas très long, mais on a visité pas mal d'endroits.
STÉPHANE Comment est-ce que vous avez visité la ville? En voiture?

DAVID En voiture!? Tu es fou! On a pris le métro, comme tout le monde.
STÉPHANE Tes parents n'aiment pas conduire?
DAVID Si, à la campagne, mais pas en ville, surtout une ville comme Paris. On a visité les monuments, les musées...
STÉPHANE Et Monsieur l'artiste a aimé les musées de Paris?
DAVID Je les ai adorés!

SANDRINE Oh! Des vacances!
DAVID Oui... Des vacances? Qu'est-ce qu'il y a?
SANDRINE Je vais à Albertville pour les vacances d'hiver. On va faire du ski!

SANDRINE Est-ce que tu skies?
DAVID Un peu, oui...
SANDRINE Désolée, je dois partir. J'ai une réservation à faire! Rendez-vous ici demain, David. D'accord? Ciao!

Expressions utiles

Talking about vacations

- **Tu es parti pour Paris avec une valise et te voici avec ces énormes sacs en plus!**
  You left for Paris with one suitcase and here you are with these huge extra bags!
- **Nous sommes allés aux Galeries Lafayette.**
  We went to the Galeries Lafayette.
- **On a acheté des trucs pour l'appartement aussi.**
  We also bought some things for the apartment.
- **Moi, je suis arrivé à la gare vendredi soir et nous sommes allés dîner.**
  I got to/arrived at the train station Friday night and we went to dinner.
- **On a pris un bateau-mouche sur la Seine.**
  We took a sightseeing boat on the Seine.
- **Vous êtes restés combien de temps à Paris?**
  How long did you stay in Paris?
- **On a pris le métro, comme tout le monde.**
  We took the subway, like everyone else.
- **J'ai fait plein de choses.**
  I did a lot of things.
- **Les musées de Paris, je les ai adorés!**
  The museums in Paris, I loved them!

Additional vocabulary

- **Alors, ils t'ont fait la surprise?**
  So, they surprised you?
- **J'ai reçu des cadeaux trop cool.**
  I got the coolest gifts.
- **Le gâteau, je l'ai adoré.**
  The cake, I loved it.
- **Tu m'excuses une minute?**
  Would you excuse me a minute?
- **Oui, formidable!**
  Yes, wonderful!
- **Qu'est-ce qu'il y a?**
  What's the matter?
- **Désolé(e), je dois partir.**
  Sorry, I have to leave.

2 **Questions** Répondez aux questions suivantes.

1. David est parti pour Paris avec combien de valises? À son retour (*Upon his return*), est-ce qu'il a le même nombre de bagages?
2. Qu'est-ce que David a fait pendant ses vacances?
3. Qu'est-ce que David donne à Stéphane comme cadeau d'anniversaire? Stéphane aime-t-il le cadeau?
4. Quelles sont les vacances idéales de Stéphane?
5. Qu'est-ce que Sandrine va faire pendant ses vacances d'hiver?

3 **Écrivez** Imaginez: vous êtes David, Stéphane ou Sandrine et vous allez en vacances à Paris, Tahiti ou Albertville. Écrivez un e-mail à Madame Forestier. Quel temps fait-il? Où est-ce que vous dormez? Quels vêtements est-ce que vous avez apportés? Qu'est-ce que vous faites chaque jour?

ressources		
VM pp. 211–212	DVD Leçon 7A	vhlcentral.com Leçon 7A

A
C
T
I
V
I
T
É
S

LECTURE CULTURELLE

Reading
Video: *Flash culture*

Tahiti

Tahiti, dans le sud° de l'océan Pacifique, est la plus grande île° de la Polynésie française. Elle devient° un protectorat français en 1842, puis° une colonie française en 1880. Depuis 1959, elle fait partie de la collectivité d'outre-mer° de Polynésie française. Les langues officielles de Tahiti sont le français et le tahitien.

Le tourisme est une activité très importante pour l'île. Ses hôtels de luxe et leurs fameux bungalows sur l'eau accueillent° près de 200.000 visiteurs par an. Les touristes apprécient Tahiti pour son climat chaud, ses superbes plages et sa culture riche en traditions. À Tahiti, il y a la possibilité de faire toutes sortes d'activités aquatiques comme du bateau, de la pêche, de la planche à voile ou de la plongée°. On peut aussi faire des randonnées en montagne ou explorer les nombreux lagons bleus de l'île. Si on n'a pas envie de faire de sport, on peut se relaxer dans un spa, bronzer à la plage ou se promener° sur l'île. Papeete, capitale de la Polynésie française et ville principale de Tahiti, offre de bons restaurants, des boîtes de nuit, des boutiques variées et un marché.

sud *south* **la plus grande île** *the largest island* **devient** *becomes* **puis** *then* **collectivité d'outre-mer** *overseas territory* **accueillent** *welcome* **plongée** *scuba diving* **se promener** *go for a walk*

Coup de main

Si introduces a hypothesis. It may come at the beginning or in the middle of a sentence.

si + [*subject*] + [*verb*] + [*subject*] + [*verb*]

Si on n'a pas envie de faire de sport, on peut se relaxer dans un spa.

[*subject*] + [*verb*] + **si** + [*subject*] + [*verb*]

On peut se relaxer dans un spa **si** on n'a pas envie de faire de sport.

ACTIVITÉS

1 **Répondez** Répondez aux questions par des phrases complètes.

1. Où est Tahiti?
2. Quand est-ce que Tahiti devient une colonie française?
3. De quoi fait partie Tahiti?
4. Quelles langues parle-t-on à Tahiti?
5. Quelle particularité ont les hôtels de luxe à Tahiti?
6. Combien de personnes visitent Tahiti chaque année?
7. Pourquoi est-ce que les touristes aiment visiter Tahiti?
8. Quelles sont deux activités sportives que les touristes aiment faire à Tahiti?
9. Comment s'appelle la ville principale de Tahiti?
10. Où va-t-on à Papeete pour acheter un cadeau pour un ami?

STRATÉGIE

Breaking up the reading

Once you have finished the preliminary reading activities such as examining the visuals and skimming, you are ready for an in-depth reading. Here again, the goal is not to understand everything. Consider the divisions of the text (for example, the stanzas in a poem or paragraphs in a short story), and use them to break up the selection. During a close reading, smaller blocks of text will make the experience feel more manageable.

LE MONDE FRANCOPHONE

Les transports

Voici quelques faits insolites° dans les transports.

Au Canada Inauguré en 1966, le métro de Montréal est le premier du monde à rouler° sur des pneus° plutôt que° sur des roues° en métal. Chaque station a été conçue° par un architecte différent.

En France L'Eurotunnel (le tunnel sous la Manche°) permet aux trains Eurostar de transporter des voyageurs et des marchandises entre la France et l'Angleterre.

En Mauritanie Le train du désert, en Mauritanie, en Afrique, est peut-être le train de marchandises le plus long° du monde. Long de 3 km en général, le train fait deux ou trois voyages chaque jour du Sahara à la côte ouest°. C'est un voyage de plus de 600 km qui dure° 12 heures. Un des seuls moyens° de transport dans la région, ce train est aussi un train de voyageurs.

faits insolites *unusual facts* rouler *ride* pneus *tires* plutôt que *rather than* roues *wheels* conçue *designed* Manche *English Channel* le plus long *the longest* côte ouest *west coast* dure *lasts* seuls moyens *only means*

PORTRAIT

Le musée d'Orsay

Le musée d'Orsay est un des musées parisiens les plus° visités. Le lieu n'a pourtant° pas toujours été un musée. À l'origine, ce bâtiment° est une gare, construite par l'architecte Victor Laloux et inaugurée en 1900 à l'occasion de l'Exposition universelle. Les voies° de la gare d'Orsay deviennent° trop courtes et en 1939, on décide de limiter le service aux trains de banlieue. Plus tard, la gare sert de décor à des films, comme *Le Procès* de Kafka

adapté par Orson Welles, puis° de théâtre et de salle de ventes aux enchères°. En 1986, le bâtiment est transformé en musée. Il est principalement dédié° à l'art du dix-neuvième siècle°, avec une collection magnifique d'art impressionniste.

les plus *the most* pourtant *however* bâtiment *building* voies *tracks* deviennent *become* puis *then* ventes aux enchères *auction* principalement dédié *mainly dedicated* siècle *century*

Danseuses en bleu,
Edgar Degas

 Sur Internet

Qu'est-ce que le funiculaire de Montmartre? Go to **vhlcentral.com** to find more cultural information related to this **Lecture culturelle**. Then watch the corresponding **Flash culture**.

---

2 **Vrai ou faux?** Indiquez si les phrases sont **vraies** ou **fausses**. Corrigez les phrases fausses.

1. Le musée d'Orsay a été un théâtre.
2. Le musée d'Orsay a été une station de métro.
3. Le musée d'Orsay est dédié à la sculpture moderne.
4. Il y a un tunnel entre la France et la Guyane française.
5. Le métro de Montréal roule sur des roues en métal.
6. Le train du désert transporte aussi des voyageurs.

3 **Comment voyager?** Vous allez passer deux semaines en France. Vous avez envie de visiter Paris et deux autres régions. Par petits groupes, parlez des moyens (*means*) de transport que vous allez utiliser pendant votre voyage. Expliquez vos choix (*choices*).

ressources

VM
pp. 251–252

vhlcentral.com
Leçon 7A

 Practice more at **vhlcentral.com**.

ACTIVITÉS

STRUCTURES

7A.1

The *passé composé* with *être* **Presentation**

Point de départ In **Leçon 6A**, you learned to form the **passé composé** with **avoir**. Some verbs, however, form the **passé composé** with **être**. Many such verbs involve motion. You have already learned a few of them: **aller, arriver, descendre, partir, sortir, passer, rentrer,** and **tomber**.

- To form the **passé composé** of these verbs, use a present-tense form of the auxiliary verb **être** and the past participle of the verb that expresses the action.

	PRESENT TENSE	PAST PARTICIPLE		PRESENT TENSE	PAST PARTICIPLE
Je	**suis**	**allé.**	**Il**	**est**	**sorti.**

Tu es parti pour Paris.

Mes parents sont arrivés des États-Unis.

- The past participles of verbs conjugated with **être** agree with their subjects in number and gender.

The *passé composé*

je **suis** allé(e)	*I went/have gone*	nous **sommes** allé(e)s	*we went/have gone*
tu **es** allé(e)	*you went/have gone*	vous **êtes** allé(e)(s)	*you went/have gone*
il/on **est** allé	*he/it/one went/has gone*	ils **sont** allés	*they went/have gone*
elle **est** allée	*she/it went/has gone*	elles **sont** allées	*they went/have gone*

Charles, tu **es allé** à Montréal?
Charles, did you go to Montreal?

Florence **est partie** en vacances.
Florence left on vacation.

Mes frères **sont rentrés**.
My brothers came back.

Elles **sont arrivées** hier soir.
They arrived last night.

- To make a verb negative in the **passé composé**, place **ne/n'** and **pas** around the auxiliary verb, in this case, **être**.

Marie-Thérèse **n'est pas sortie**?
Marie-Thérèse didn't go out?

Nous **ne sommes pas allées** à la plage.
We didn't go to the beach.

Je **ne suis pas passé** chez mon amie.
I didn't drop by my friend's house.

Tu **n'es pas rentré** à la maison hier.
You didn't come home yesterday.

- Here is a list of verbs that take **être** in the **passé composé**, including ones you already know and some new ones.

À noter

The verb **venir** (*to come*) also takes **être** in the **passé composé**. You will learn this verb in **Leçon 9A**.

Verbs that take *être* in the *passé composé*			
aller		passer	
arriver		rentrer	
partir		sortir	
descendre		tomber	
entrer	*to enter*	rester	*to stay*
monter	*to go up; to get in/on*	retourner	*to return*
mourir	*to die*	naître	*to be born*

- These verbs have irregular past participles in the **passé composé**.

naître ▶ **né**   **mourir** ▶ **mort**

Mes parents **sont nés** en 1958 à Paris.
My parents were born in 1958 in Paris.

Ma grand-mère **est morte** l'année dernière.
My grandmother died last year.

- Note that the verb **passer** takes **être** when it means *to pass by,* but it takes **avoir** when it means *to spend time.*

Maryse **est passée** à la douane.
Maryse passed through customs.

Maryse **a passé** trois jours à la campagne.
Maryse spent three days in the country.

- The verb **sortir** takes **être** in the **passé composé** when it means *to go out* or *to leave,* but it takes **avoir** when it means *to take someone or something out.*

Elle **est sortie** de chez elle.
She left her house.

Elle **a sorti** la voiture du garage.
She took the car out of the garage.

- To form a question using inversion in the **passé composé**, invert the subject pronoun and the conjugated form of **être**.

Est-elle restée à l'hôtel Aquabella?
Did she stay at the Hotel Aquabella?

Êtes-vous arrivée ce matin, Madame Roch?
Did you arrive this morning, Mrs. Roch?

- In affirmative statements, place short adverbs such as **déjà**, **encore**, **bien**, **mal**, and **beaucoup** between the auxiliary verb **être** and the past participle. In negative statements, place these adverbs after **pas**.

Elle **est déjà rentrée** de vacances?
She already came back from vacation?

Nous **ne sommes pas encore arrivés** à Lyon.
We haven't arrived in Lyons yet.

Essayez!   **Choisissez le participe passé approprié.**

1. Vous êtes (nés/né) en 1959, Monsieur?
2. Les élèves sont (partis/parti) le 2 juin.
3. Les filles sont (rentrées/rentrés) de vacances.
4. Simone de Beauvoir est-elle (mort/morte) en 1986?
5. Mes frères sont (sortis/sortie).
6. Paul n'est pas (resté/restée) chez sa grand-mère.
7. Tu es (arrivés/arrivée) avant dix heures, Sophie.
8. Jacqueline a (passée/passé) une semaine en Suisse.

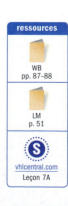

ressources

WB
pp. 87–88

LM
p. 51

vhlcentral.com
Leçon 7A

STRUCTURES

Mise en pratique

1 **Un week-end sympa** Carole raconte son week-end à Paris. Complétez l'histoire avec les formes correctes des verbes au passé composé.

Thomas et moi, nous (1) _____ (partir) de Lyon samedi et nous (2) _____ (arriver) à Paris à onze heures. Nous (3) _____ (passer) à l'hôtel et puis je (4) _____ (aller) au Louvre. En route, je (5) _____ (tomber) sur un vieil ami, et nous (6) _____ (aller) prendre un café. Ensuite, je (7) _____ (entrer) dans le musée. Samedi soir, Thomas et moi (8) _____ (monter) au sommet de la tour Eiffel et après nous (9) _____ (sortir) en boîte. Dimanche, nous (10) _____ (retourner) au Louvre. Alors aujourd'hui, je suis fatiguée.

2 **La routine** Voici ce que Nadia et Éric font aujourd'hui. Dites qu'ils ont fait les mêmes activités samedi dernier.

1. Ils vont au parc.

2. Nadia fait du cheval.

3. Éric passe une heure à la bibliothèque.

4. Nadia sort avec ses amis.

5. Ils rentrent tard le soir.

6. Ils jouent au golf.

3 **Dimanche dernier** Dites ce que (*what*) ces personnes ont fait dimanche dernier. Utilisez les verbes de la liste.

Laure

▶ **MODÈLE**

Laure est allée à la piscine.

aller	rentrer
arriver	rester
monter	sortir

1. je
_____

2. tu
_____

3. nous
_____

4. Pamela et Caroline
_____

4 **L'accident** Le mois dernier, Djénaba et Safiatou sont allées au Sénégal. Avec un(e) partenaire, complétez les phrases au passé composé. Ensuite, mettez-les dans l'ordre chronologique.

_____ **a.** les filles / partir pour Dakar en avion

_____ **b.** Djénaba / tomber de vélo

_____ **c.** elles / aller faire du vélo dimanche matin

_____ **d.** elles / arriver à Dakar tard le soir

_____ **e.** elles / rester à l'hôtel Sofitel

_____ **f.** elle / aller à l'hôpital

Practice more at **vhlcentral.com.**

Communication

5 **Les vacances de printemps** Avec un(e) partenaire, parlez de vos dernières vacances de printemps. Répondez à toutes ses questions.

MODÈLE

quand / partir
Étudiant(e) 1: *Quand es-tu parti(e)?*
Étudiant(e) 2: *Je suis parti(e) vendredi soir.*

1. où / aller
2. avec qui / partir
3. comment / voyager
4. à quelle heure / arriver
5. où / dormir
6. combien de temps / rester
7. que / visiter
8. sortir / souvent le soir
9. que / acheter
10. quand / rentrer

6 **Enquête** Votre professeur va vous donner une feuille d'activités. Circulez dans la classe et demandez à différents camarades s'ils ont fait ces choses récemment (*recently*). Présentez les résultats de votre enquête à la classe.

MODÈLE

Étudiant(e) 1: *Es-tu allé(e) au musée récemment?*
Étudiant(e) 2: *Oui, je suis allé(e) au musée jeudi dernier.*

Questions	Nom
1. aller au musée	François
2. passer chez ses amis	
3. sortir en boîte	
4. rester à la maison pour écouter de la musique	
5. partir en week-end avec un copain	
6. monter en avion	

7 **À l'aéroport** Par groupes de quatre, parlez d'une mauvaise expérience dans un aéroport. À tour de rôle, racontez (*tell*) vos aventures et posez le plus (*most*) de questions possible. Utilisez les expressions de la liste et d'autres aussi.

MODÈLE

Étudiant(e) 1: *Quand je suis rentré(e) de la Martinique, j'ai attendu trois heures à la douane.*
Étudiant(e) 2: *Quelle horreur! Pourquoi?*

aller	passer
arriver	perdre
attendre	plan
avion	prendre un avion
billet (aller-retour)	sortir
douane	tomber
gens	valise
partir	vol

STRUCTURES

7A.2 Direct object pronouns  Presentation

Point de départ In **Leçon 6B**, you learned about indirect objects. You are now going to learn about direct objects.

DIRECT OBJECT	INDIRECT OBJECT

J'ai donné **un cadeau à ma sœur**.
I gave a gift to my sister.

> **Boîte à outils**
>
> Some French verbs do not take a preposition although their English equivalents do: **écouter** (*to listen to*), **chercher** (*to look for*) and **attendre** (*to wait for*). In deciding whether an object is direct or indirect, always check if the French verb takes the preposition **à**.

- A direct object is a noun that follows a verb and answers the question *what* or *whom*. Note that a direct object receives the action of a verb directly and an indirect object receives the action of a verb indirectly. While indirect objects are frequently preceded by the preposition **à**, no preposition is needed before a direct object.

DIRECT OBJECT
J'emmène **mes parents**.
I'm taking my parents.

but

INDIRECT OBJECT
Je parle **à mes parents**.
I'm speaking to my parents.

Tes parents sont allés te chercher?

Tu m'excuses une minute?

Direct object pronouns

singular		plural	
me/m'	me	nous	us
te/t'	you	vous	you
le/la/l'	him/her/it	les	them

- You can use a direct object pronoun in the place of a direct object noun.

> **Boîte à outils**
>
> Unlike indirect object pronouns, direct object pronouns can replace a person, a place, or a thing.

Tu fais **les valises**?
Are you packing the suitcases?

▶ Tu **les** fais?
Are you packing them?

Ils retrouvent **Luc** à la gare.
They're meeting Luc at the train station.

▶ Ils **le** retrouvent à la gare.
They're meeting him at the train station.

Tu visites souvent **la Belgique**?
Do you visit Belgium often?

▶ Tu **la** visites souvent?
Do you visit there often?

- Place a direct object pronoun before the conjugated verb. In the **passé composé**, place a direct object pronoun before the conjugated form of the auxiliary verb **avoir**.

Les langues? Laurent et Xavier **les** étudient.
Languages? Laurent and Xavier study them.

Les étudiants **vous** ont entendu.
The students heard you.

M'attendez-vous à l'aéroport?
Are you waiting for me at the airport?

Et Daniel? **L'**as-tu retrouvé au cinéma?
And Daniel? Did you meet him at the movies?

- In a negative statement, place the direct object pronoun between **ne/n'** and the conjugated verb.

  Le chinois? Je **ne le parle pas**.
  Chinese? I don't speak it.

  Elle **ne l'a pas** pris à 14 heures?
  She didn't take it at 2 o'clock?

- When an infinitive follows a conjugated verb, the direct object pronoun precedes the infinitive.

  Marcel va **nous écouter**.
  Marcel is going to listen to us.

  Tu ne préfères pas **la porter** demain?
  Don't you prefer to wear it tomorrow?

Et le gâteau, je l'ai adoré!

Les musées, je les ai adorés!

- When a direct object pronoun is used with the **passé composé**, the past participle must agree with it in both gender and number.

  J'ai mis **la valise** dans la voiture ce matin.
  I put the suitcase in the car this morning.

  Je **l'ai mise** dans la voiture ce matin.
  I put it in the car this morning.

  J'ai attendu **les filles** à la gare.
  I waited for the girls at the train station.

  Je **les** ai **attendues** à la gare.
  I waited for them at the train station.

  Nous avons pris **le bus** hier.
  We took the bus yesterday.

  Nous **l'avons pris** hier.
  We took it yesterday.

- When the gender of the direct object pronoun is ambiguous, the past participle agreement will indicate the gender of the direct object to which it refers.

  Mes copains ne **m'ont** pas **trouvée**. (**trouvée** indicates that **m'** refers to a female.)
  My friends didn't find me.

  Mon père **nous** a **entendus**. (**entendus** indicates that **nous** refers to at least two males or a mixed group of males and females.)
  My father heard us.

Essayez! **Répondez aux questions en remplaçant l'objet direct par un pronom d'objet direct.**

1. Thierry prend le train? Oui, il _____le_____ prend.
2. Tu attends ta mère? Oui, je _____ attends.
3. Vous entendez Olivier et Vincent? Oui, on _____ entend.
4. Le professeur te cherche? Oui, il _____ cherche.
5. Barbara et Caroline retrouvent Linda? Oui, elles _____ retrouvent.
6. Vous m'invitez? Oui, nous _____ invitons.
7. Tu nous comprends? Oui, je _____ comprends.
8. Elles regardent la mer? Oui, elles _____ regardent.
9. Chloé aime la musique classique? Oui, elle _____ aime.
10. Vous avez regardé le film *Chacun cherche son chat*? Oui, nous _____ avons regardé.

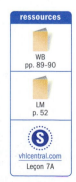

Mise en pratique

1 À l'aéroport Jules est à l'aéroport et il parle à sa mère. Choisissez le pronom d'objet direct approprié pour compléter ses phrases.

1. Ton CD préféré? Marie (le, la, l') écoute.
2. Le plan? Les Cartier (la, les, le) regardent.
3. Notre amie? Roger et Emma (l', le, la) cherchent.
4. Le journal français? Papa (la, l', le) achète.
5. Nos billets? Coralie (le, l', les) a pris.

2 On fait beaucoup de choses Dites ce que (*what*) ces gens font le week-end. Employez des pronoms d'objet direct.

> **MODÈLE**
>
> *Il l'écoute.*

Dominique / ce CD

1. Benoît / ses films   **2.** ma mère / cette robe   **3.** Philippe / son gâteau   **4.** Stéphanie et Marc / ces lunettes

_____   _____   _____   _____

3 À la plage La famille de Dalila a passé une semaine à la mer. Dalila parle de ce que (*what*) chaque membre de sa famille a fait. Employez des pronoms d'objet direct.

> **MODÈLE**
>
> J'ai conduit Ahmed à la plage. *Je l'ai conduit à la plage.*

1. Mon père a acheté le journal tous les matins.
2. Ma sœur a retrouvé son petit ami au café.
3. Mes parents ont emmené les enfants au cinéma.
4. Mon frère a invité sa fiancée au restaurant.
5. Anissa a porté ses lunettes de soleil.
6. Noah a pris les cartes.

4 Des doutes Julien et sa petite amie Caroline sont au café. Il est inquiet et lui pose des questions sur leurs vacances avec ses parents. Avec un(e) partenaire, jouez les deux rôles. Ensuite, présentez la scène à la classe.

1. Tes parents m'invitent au bord de la mer?
2. Tes parents vont m'écouter?
3. Tu vas m'attendre à l'aéroport?
4. Ton frère va nous emmener sur son bateau?
5. Tu penses que ta famille va m'aimer?
6. Tu m'adores?

Practice more at **vhlcentral.com.**

Communication

5 **Le départ** Clémentine va partir au Cameroun chez sa correspondante (*pen pal*) Léa. Sa mère veut (*wants*) être sûre qu'elle est prête, mais Clémentine n'a encore rien (*nothing*) fait. Avec un(e) partenaire, jouez leur conversation en utilisant les phrases de la liste.

> **MODÈLE**
>
> **Étudiant(e) 1:** *Tu as acheté le cadeau pour ton amie?*
> **Étudiant(e) 2:** *Non, je ne l'ai pas encore acheté.*
> **Étudiant(e) 1:** *Quand vas-tu l'acheter?*
> **Étudiant(e) 2:** *Je vais l'acheter cet après-midi.*

acheter ton billet d'avion	faire tes valises
avoir l'adresse de Léa	finir ton shopping
chercher un maillot de bain	prendre tes lunettes
choisir le cadeau de Léa	préparer tes vêtements
confirmer l'heure de l'arrivée	trouver ton passeport

6 **À Tahiti** Imaginez que vous alliez partir à Tahiti. Avec un(e) partenaire, posez-vous ces questions. Il/Elle vous répond en utilisant le pronom d'objet direct approprié. Ensuite, alternez les rôles.

> **MODÈLE**
>
> Est-ce que tu prends le bus pour aller à la plage?
> *Non, je ne le prends pas.*

1. Aimes-tu la mer?
2. Est-ce que tu prends l'avion?
3. Qui va t'attendre à l'aéroport?
4. Quand as-tu fait tes valises?
5. Est-ce que tu as acheté ton maillot de bain?
6. Est-ce que tu prends ton appareil photo?
7. Où as-tu acheté tes vêtements?
8. As-tu déjà choisi ton hôtel à Tahiti?
9. Est-ce que tu as réservé ta chambre d'hôtel?
10. Tu vas regarder la télévision tahitienne?
11. Vas-tu essayer les plats typiques de Tahiti?
12. As-tu regardé le plan de Tahiti?

Révision

1 **Il y a dix minutes** Avec un(e) partenaire, décrivez ce qui s'est passé (*what happened*) dans cette scène il y a dix minutes. Utilisez les verbes de la liste pour faire des phrases. Ensuite, comparez vos phrases avec les phrases d'un autre groupe.

MODÈLE

Étudiant(e) 1: *Il y a dix minutes, M. Hamid est parti.*
Étudiant(e) 2: *Il y a dix minutes,...*

aller	partir
arriver	rentrer
descendre	sortir
monter	tomber

2 **Qui aime quoi?** Votre professeur va vous donner une feuille d'activités. Circulez dans la classe pour trouver un(e) camarade différent(e) qui aime ou qui n'aime pas chaque lieu de la liste.

MODÈLE

Étudiant(e) 1: *Est-ce que tu aimes les aéroports?*
Étudiant(e) 2: *Je ne les aime pas du tout, je les déteste.*

3 **Les pays étrangers** Par groupes de quatre, interviewez vos camarades. Dans quels pays étrangers sont-ils déjà allés? Dans quelles villes? Comparez vos destinations puis présentez toutes les réponses à la classe. N'oubliez pas de demander:

- quand vos camarades sont parti(e)s
- où ils/elles sont allé(e)s
- où ils/elles ont dormi
- combien de temps ils/elles ont passé là-bas

4 **La valise** Sandra et Jean sont partis en vacances. Voici leur valise. Avec un(e) partenaire, faites une description écrite (*written*) de leurs vacances. Où sont-ils allés? Comment sont-ils partis?

5 **Un long week-end** Avec un(e) partenaire, préparez huit questions sur le dernier long week-end. Utilisez les verbes de la liste. Ensuite, par groupes de quatre, répondez à toutes les questions.

MODÈLE

Étudiant(e) 1: *Où es-tu allé(e) vendredi soir?*
Étudiant(e) 2: *Vendredi soir je suis resté(e) chez moi. Mais samedi je suis sorti(e)!*

aller	sortir
arriver	rentrer
partir	rester
passer	retourner

6 **Mireille et les Girard** Votre professeur va vous donner, à vous et à votre partenaire, une feuille sur le week-end de Mireille et de la famille Girard. Attention! Ne regardez pas la feuille de votre partenaire.

MODÈLE

Étudiant(e) 1: *Qu'est-ce que Mireille a fait vendredi soir?*
Étudiant(e) 2: *Elle est allée au cinéma.*

S Video

Le Zapping

Comparez, choisissez°, partez.

Le site Trivago est né en 2005 à Düsseldorf, en Allemagne. C'est un moteur de recherche gratuit° où les voyageurs ont la possibilité de comparer le prix des hôtels et de choisir la meilleure° offre. Sa technologie innovante lui permet de scanner plus de cent sites partenaires en quelques secondes. Aujourd'hui, Trivago réalise environ° un million de recherches par jour parmi° 500.000 hôtels.

Le petit plus de Trivago est la qualité des informations qu'il donne aux voyageurs. Le site présente non seulement° les hôtels les moins° chers, mais aussi ceux qui° correspondent parfaitement aux envies et aux besoins de chaque utilisateur.

Mais deux prix différents.

... où réserver la meilleure offre.

S **Compréhension** Répondez aux questions.

1. Qui sont les deux personnages dans cette publicité (*ad*)? Faites une description rapide de chacun (*each one*)?
2. Où est-ce qu'ils passent leurs vacances?
3. Quel personnage connaît (*knows*) le site Trivago?

Discussion Par groupes de trois, répondez ensemble aux questions.

1. Avez-vous déjà utilisé un site comme Trivago.fr? Quand et en quelle occasion?
2. Pour voyager, aimez-vous tout planifier et tout organiser avant de partir?
3. Que sont des vacances spontanées pour vous? Seriez-vous (*Would you be*) prêt(e)s à partir à l'aventure? Où et dans quelles conditions?

choisissez *choose* **moteur de recherche gratuit** *free search engine*
meilleure *best* **environ** *around* **parmi** *among* **non seulement** *not only*
les moins *the least* **ceux qui** *those that*

Go to **vhlcentral.com** to watch the TV clip featured in this **Le Zapping**.

Leçon 7B

You will learn how to...
- make hotel reservations
- give instructions

À l'hôtel

la réception

Bienvenue!

le lit

l'hôtelière (f.)

l'hôtelier (m.)

le passeport

la clé

les client(e)s

Vocabulaire

annuler une réservation	to cancel a reservation
réserver	to reserve
premier/première	first
cinquième	fifth
neuvième	ninth
vingt et unième	twenty-first
vingt-deuxième	twenty-second
trente et unième	thirty-first
centième	hundredth
une agence/un agent de voyages	travel agency/agent
une auberge de jeunesse	youth hostel
une chambre individuelle	single room
un hôtel	hotel
un passager/une passagère	passenger
complet/complète	full (no vacancies)
libre	available
alors	so, then; at that moment
après (que)	after
avant (de)	before
d'abord	first
donc	therefore
enfin	finally, at last
ensuite	then, next
finalement	finally
pendant (que)	during, while
puis	then
tout à coup	suddenly
tout de suite	right away

ressources

WB pp. 91–92	LM p. 53	vhlcentral.com Leçon 7B

Attention!

In French, form ordinal numbers by placing –ième at the end of the cardinal number. If the cardinal number ends in an –e, drop it before adding –ième. Note the spelling changes in cin**qu**ième and neu**v**ième. Also note that the French word for *first*, **premier/première** (1er/1ère), is an exception.

onze → onzième (11e)
vingt → vingtième (20e)

le premier étage

le rez-de-chaussée

l'ascenseur (m.)

les étages (m.)

le troisième

le premier

le deuxième

1er
2e 100–110
3e 200–210
4e 300–310
400–410

le quatrième

Mise en pratique

 **Audio: Vocabulary**

1 Écoutez 🎧 Écoutez la conversation entre Mme Renoir et un hôtelier et décidez si les phrases sont **vraies** ou **fausses**.

	Vrai	Faux
1. Mme Renoir est à l'agence de voyages.	☐	☐
2. Mme Renoir a fait une réservation.	☐	☐
3. Mme Renoir prend la chambre au cinquième étage.	☐	☐
4. Il y a un ascenseur dans l'hôtel.	☐	☐
5. Mme Renoir a réservé une chambre à deux lits.	☐	☐
6. La cliente s'appelle Margot Renoir.	☐	☐
7. L'hôtel a des chambres libres.	☐	☐
8. L'hôtelier donne à Mme Renoir la clé de la chambre 27.	☐	☐

2 Hôtel Paradis Virginie téléphone à l'hôtel Paradis pour faire une réservation. Mettez les phrases dans l'ordre chronologique.

a. _____ Finalement, il me demande le numéro de ma carte de crédit (*credit card*) pour finaliser la réservation.

b. _____ Pendant la conversation, je demande une chambre individuelle au troisième étage.

c. _____ D'abord, j'appelle l'hôtel Paradis pour faire une réservation.

d. _____ Je ne veux (*want*) pas dormir au rez-de-chaussée, donc je demande une chambre au deuxième étage.

e. _____ Ensuite, l'hôtel me rappelle (*calls me back*) pour annoncer qu'il n'y a plus de chambre libre au troisième étage, donc ma première réservation est annulée.

f. _____ C'est alors que l'hôtelier me donne une chambre au deuxième étage à côté de l'ascenseur.

3 Complétez Remplissez les espaces avec le nombre ordinal qui convient (*fits*).

MODÈLE

B est la *deuxième* lettre de l'alphabet.

1. Décembre est le _____ mois de l'année.
2. Mercredi est le _____ jour de la semaine.
3. Aux États-Unis, le rez-de-chaussée est le _____ étage.
4. Ma classe de français est au _____ étage.
5. Octobre est le _____ mois de l'année.
6. Z est la _____ lettre de l'alphabet.
7. Samedi est le _____ jour de la semaine.
8. Je suis le/la _____ enfant dans ma famille.
9. Mon prénom (*first name*) commence avec la _____ lettre de l'alphabet.
10. La fête nationale américaine est le _____ jour du mois de juillet.

CONTEXTES

Communication

4 **Conversez** Imaginez que vous prenez des vacances idéales dans un hôtel. Interviewez un(e) camarade de classe.

1. Quelles sont les dates de ton séjour?
2. Où vas-tu? Dans quel pays, région ou ville? Vas-tu à la plage, à la campagne, etc.?
3. À quel hôtel descends-tu (*do you stay*)?
4. Qui fait la réservation?
5. Comment est l'hôtel? Est-ce que l'hôtel a un ascenseur, une piscine, etc.?
6. À quel étage est ta chambre?
7. Combien de lits a ta chambre?
8. Laisses-tu ton passeport à la réception?

5 **Notre réservation** Travaillez avec deux partenaires pour préparer une présentation où deux touristes font une réservation dans un hôtel francophone ou une auberge de jeunesse. N'oubliez pas d'ajouter (*add*) les informations de la liste.

- le nom de l'hôtel
- le type de chambre(s)
- l'étage
- le nombre de lits
- les dates
- le prix

6 **Mon hôtel** Vous allez ouvrir (*open*) votre propre hôtel. Avec trois partenaires, créez un poster pour le promouvoir (*promote*) avec les informations de la liste et présentez votre hôtel au reste de la classe. Votre professeur va ensuite donner à chaque groupe un budget. Avec ce budget, vous allez faire la réservation à l'hôtel qui convient le mieux (*best suits*) à votre groupe.

- le nom de votre hôtel
- le nombre d'étoiles (*stars*)
- les services offerts
- le prix pour une nuit

★	★★	★★★	★★★★	★★★★★
une étoile	deux étoiles	trois étoiles	quatre étoiles	cinq étoiles

7 **Votre dernière réservation** Écrivez un paragraphe où vous décrivez (*describe*) ce que vous avez fait la dernière fois que vous avez réservé une chambre. Utilisez au moins cinq des mots de la liste. Échangez et comparez votre paragraphe avec un(e) camarade de classe.

alors	d'abord	puis
après (que)	donc	tout à coup
avant (de)	enfin	tout de suite

Les sons et les lettres

**Audio: Concepts, Activities
Record & Compare**

 ti, **sti**, and **ssi**

The letters **ti** followed by a consonant are pronounced like the English word *tea*, but without the puff released in the English pronunciation.

| ac**ti**f | pe**ti**t | **ti**gre | u**ti**les |

When the letter combination **ti** is followed by a vowel sound, it is often pronounced like the sound linking the English words *miss you*.

| dic**ti**onnaire | pa**ti**ent | ini**ti**al | addi**ti**on |

Regardless of whether it is followed by a consonant or a vowel, the letter combination **sti** is pronounced *stee*, as in the English word *steep*.

| ge**sti**on | que**sti**on | Séba**sti**en | arti**sti**que |

The letter combination **ssi** followed by another vowel or a consonant is usually pronounced like the sound linking the English words *miss you*.

| pa**ssi**on | expre**ssi**on | mi**ssi**on | profe**ssi**on |

Words that end in **-sion** or **-tion** are often cognates with English words, but they are pronounced quite differently. In French, these words are never pronounced with a *sh* sound.

| compre**ssi**on | na**ti**on | atten**ti**on | addi**ti**on |

Prononcez Répétez les mots suivants à voix haute.

1. artiste
2. mission
3. réservation
4. impatient
5. position
6. initiative
7. possession
8. nationalité
9. compassion
10. possible

Articulez Répétez les phrases suivantes à voix haute.

1. L'addition, s'il vous plaît.
2. Christine est optimiste et active.
3. Elle a fait une bonne première impression.
4. Laëtitia est impatiente parce qu'elle est fatiguée.
5. Tu cherches des expressions idiomatiques dans le dictionnaire.

Il n'est de règle sans exception.[2]

Dictons Répétez les dictons à voix haute.

De la discussion jaillit la lumière.[1]

[1] Discussion brings light.
[2] The exception proves the rule.

ressources

LM
p. 54

vhlcentral.com
Leçon 7B

ROMAN-PHOTO

La réservation d'hôtel

 **Video:** *Roman-photo*
Record & Compare

PERSONNAGES

Agent de voyages

Amina

Pascal

Sandrine

À l'agence de voyages...

SANDRINE J'ai besoin d'une réservation d'hôtel, s'il vous plaît. C'est pour les vacances de Noël.

AGENT Où allez-vous? En Italie?

SANDRINE Nous allons à Albertville.

AGENT Et c'est pour combien de personnes?

SANDRINE Nous sommes deux, mais il nous faut deux chambres individuelles.

AGENT Très bien. Quelles sont les dates du séjour, Mademoiselle?

SANDRINE Alors, le 25, c'est Noël donc je fête en famille. Disons du 26 décembre au 2 janvier.

AGENT Ce n'est pas possible à Albertville, mais à Megève j'ai deux chambres à l'hôtel Le Vieux Moulin pour 143 euros par personne. Ou alors à l'hôtel Le Mont Blanc pour 171 euros par personne.

SANDRINE Oh non, mais Megève, ce n'est pas Albertville... et ces prix! C'est vraiment trop cher.

AGENT C'est la saison, Mademoiselle. Les hôtels les moins chers sont déjà complets.

SANDRINE Oh là là. Je ne sais pas quoi faire... J'ai besoin de réfléchir. Merci, Monsieur. Au revoir!

AGENT Au revoir, Mademoiselle.

Chez Sandrine...

SANDRINE Oui, Pascal. Amina nous a trouvé une auberge à Albertville. C'est génial, non? En plus, c'est pas cher!

PASCAL Euh, en fait... Albertville, maintenant c'est impossible.

SANDRINE Qu'est-ce que tu dis?

PASCAL C'est que... j'ai du travail.

SANDRINE Du travail! Mais c'est Noël! On ne travaille pas à Noël! Et Amina a déjà tout réservé... Oh! C'est pas vrai!

PASCAL *(à lui-même)* Elle n'est pas très heureuse maintenant, mais quelle surprise en perspective!

Un peu plus tard...

AMINA On a réussi, Sandrine! La réservation est faite. Tu as de la chance! Mais, qu'est-ce qu'il y a?

SANDRINE Tu es super gentille, Amina, mais Pascal a annulé pour Noël. Il dit qu'il a du travail... Lui et moi, c'est fini. Tu as fait beaucoup d'efforts pour faire la réservation, je suis désolée.

A C T I V I T É S

1 **Vrai ou faux?** Indiquez si les affirmations suivantes sont **vraies** ou **fausses**.

1. Sandrine fait une réservation à l'agence de voyages.
2. Pascal dit un mensonge (*lie*).
3. Amina fait une réservation à l'hôtel Le Mont Blanc.
4. Il faut annuler la réservation à l'auberge de la Costaroche.
5. Amina est fâchée (*angry*) contre Sandrine.
6. Pascal est fâché contre Sandrine.
7. Sandrine est fâchée contre Pascal.
8. Sandrine a envie de voyager le 25 décembre.
9. Cent soixante et onze euros, c'est beaucoup d'argent pour Sandrine.
10. Il y a beaucoup de touristes à Albertville en décembre.

 Practice more at **vhlcentral.com**.

Sandrine essaie d'organiser son voyage.

Au P'tit Bistrot...
SANDRINE Amina, je n'ai pas réussi à faire une réservation pour Albertville. Tu peux m'aider?
AMINA C'est que... je suis connectée avec Cyberhomme.
SANDRINE Avec qui?
AMINA J'écris un e-mail à... Bon, je t'explique plus tard. Dis-moi, comment est-ce que je peux t'aider?

Un peu plus tard...
AMINA Bon, alors... Sandrine m'a demandé de trouver un hôtel pas cher à Albertville. Pas facile à Noël... Je vais essayer... Voilà! L'auberge de la Costaroche... 39 euros la nuit pour une chambre individuelle. L'hôtel n'est pas complet et il y a deux chambres libres. Quelle chance cette Sandrine! Bon, nom... Sandrine Aubry...

AMINA Bon, la réservation, ce n'est pas un problème. Mais toi, Sandrine, c'est évident, ça ne va pas.
SANDRINE C'est vrai. Mais, alors, c'est qui, ce «Cyberhomme»?
AMINA Oh, c'est juste un ami virtuel. On correspond sur Internet, c'est tout. Ce soir, c'est son dixième message!
SANDRINE Lis-le-moi!
AMINA Euh non, c'est personnel...

SANDRINE Alors, dis-moi comment il est!
AMINA D'accord... Il est étudiant, sportif mais sérieux. Très intellectuel.
SANDRINE S'il te plaît, écris-lui: «Sandrine cherche aussi un cyberhomme»!

Expressions utiles

Getting help
- **Je ne sais pas quoi faire... J'ai besoin de réfléchir.**
  I don't know what to do... I have to think.
- **Je n'ai pas réussi à faire une réservation pour Albertville.**
  I didn't manage to make a reservation for Albertville.
- **Tu peux m'aider?**
  Can you help me?
- **Dis-moi, comment est-ce que je peux t'aider?**
  Tell me, how can I help you?
- **Qu'est-ce que tu dis?**
  What are you saying/did you say?
- **On a réussi.**
  We succeeded./We got it.
- **S'il te plaît, écris-lui.**
  Please, write to him.

Additional vocabulary
- **C'est trop tard?**
  Is it too late?
- **Disons...**
  Let's say...
- **La réservation est faite.**
  The reservation has been made.
- **C'est fini.**
  It's over.
- **Je suis connectée avec...**
  I am online with...
- **Lis-le-moi.**
  Read it to me.
- **Il dit que...**
  He says that...
- **les moins chers**
  the least expensive
- **en fait**
  in fact

2 Questions Répondez aux questions suivantes.
1. Pourquoi est-il difficile de faire une réservation pour Albertville?
2. Pourquoi est-ce que Sandrine ne veut pas (*doesn't want*) aller à l'hôtel Le Vieux Moulin?
3. Pourquoi est-ce que Pascal ne peut pas (*can't*) aller à Albertville?
4. Qui est Cyberhomme?
5. À votre avis (*In your opinion*), Sandrine va-t-elle rester (*stay*) avec Pascal?

3 Devinez Inventez-vous une identité virtuelle. Écrivez un paragraphe dans lequel (*in which*) vous vous décrivez, vous et vos occupations (*activities*) préférées. Donnez votre nom d'internaute (*cybername*). Votre professeur va afficher (*post*) vos messages. Devinez (*Guess*) quelle description correspond à quel(le) camarade de classe.

ressources
VM pp. 213–214 | DVD Leçon 7B | vhlcentral.com Leçon 7B

ACTIVITÉS

LECTURE CULTURELLE

S **Reading**

Les vacances des Français

une plage à Biarritz, en France

En 1936, les Français obtiennent° leurs premiers congés payés: deux semaines par an. En 1956, les congés payés passent à trois semaines, puis à quatre en 1969, et enfin à cinq semaines en 1982. Aujourd'hui, ce sont les Français qui ont le plus de vacances en Europe. Pendant longtemps, les Français prennent un mois de congés l'été, en août, et beaucoup d'entreprises°, de bureaux et de magasins ferment° tout le mois (la fermeture annuelle). Aujourd'hui, les Français ont tendance à prendre des vacances plus courtes (sept jours en moyenne°) mais plus souvent. Quant aux° destinations de vacances, 90% (pour cent) des Français restent en France. S'ils partent à l'étranger, leurs destinations préférées sont l'Espagne, l'Afrique et l'Italie. Environ° 35% des Français vont à la campagne, 30% vont en ville, 25% vont à la mer et 10% vont à la montagne.

Ce sont les personnes âgées et les agriculteurs° qui partent le moins souvent en vacances et les étudiants qui voyagent le plus, parce qu'ils ont beaucoup de congés. Pour eux, les cours commencent en septembre ou octobre avec la rentrée des classes. Puis, il y a deux semaines de vacances plusieurs fois dans l'année: les vacances de la Toussaint en octobre-novembre, les vacances de Noël en décembre-janvier, les vacances d'hiver en février-mars et les vacances de printemps en avril-mai. L'été, les étudiants ont les grandes vacances de juin jusqu'à° la rentrée.

Les destinations de vacances des Français aujourd'hui	
PAYS / CONTINENT	**SÉJOURS (EN %)**
France	90,1
Espagne	1,9
Afrique	1,8
Italie	1,6
Amérique	1,3
Belgique / Luxembourg	0,9
Grande-Bretagne / Irlande	0,9
Allemagne	0,8
Asie / Océanie	0,7

obtiennent *obtain* entreprises *companies* ferment *close* en moyenne *on average* Quant aux *As for* Environ *Around* agriculteurs *farmers* jusqu'à *until*

Coup de main

To form the superlative of nouns, use **le plus (de)** + [*noun*] to say *the most* and **le moins (de)** + [*noun*] to say *the least*.

Les étudiants ont le plus de congés.

Les personnes âgées prennent le moins de congés.

A C T I V I T É S

1 **Complétez** Complétez les phrases.

1. C'est en 1936 que les Français obtiennent leurs premiers _____.

2. Depuis (*Since*) 1982, les Français ont _____ de congés payés.

3. Pendant longtemps, les Français prennent leurs vacances au mois _____.

4. Pendant _____, beaucoup de magasins sont fermés.

5. _____ est la destination de vacances préférée de 90% des Français.

6. Les destinations étrangères préférées des Français sont _____.

7. Le lieu de séjour favori des Français est _____.

8. _____ ne partent pas souvent en vacances.

9. Ce sont _____ qui ont le plus de vacances.

10. Les étudiants ont _____ plusieurs fois par an.

STRATÉGIE

Guessing meaning from context

As you read in French, you will often see words you have not learned. You can guess what they mean by looking at familiar words around them. You can also make assumptions about unknown words based on other details that you have understood in the selection. Context clues such as a theme, a person's actions, or a place can all shed light on a word's meaning. Always try to guess meaning from context before resorting to an English translation.

LE MONDE FRANCOPHONE

Des vacances francophones

Si vous voulez° partir en vacances et pratiquer le français, vous pouvez° aller en France, bien sûr, mais il y a aussi beaucoup d'autres destinations.

Près des États-Unis

En hiver, dans les Antilles, il y a la Guadeloupe et la Martinique. Ces deux îles° tropicales sont des départements français. Leurs habitants ont donc des passeports français.

Dans l'océan Pacifique

De la Côte Ouest des États-Unis, au sud° de Hawaï, vous pouvez aller dans les îles de la Polynésie française: les îles Marquises; les îles du Vent, avec Tahiti; les îles Tuamotu. Au total il y a 118 îles, dont° 67 sont habitées°.

voulez *want* **pouvez** *can* **îles** *islands* **sud** *south* **dont** *of which* **habitées** *inhabited*

PORTRAIT

Les Alpes et le ski

Près de 40% des Français partent à la montagne pour deux semaines en moyenne° pendant les vacances d'hiver. Soixante-dix pour cent d'entre eux° choisissent° une station de ski des Alpes françaises. La chaîne° des Alpes est la plus grande chaîne de montagnes d'Europe. Elle fait plus de 1.000 km de long et va de la Méditerranée à l'Autriche°. Plusieurs pays la partagent: entre autres° la France, la Suisse, l'Allemagne et l'Italie. Le Mont-Blanc, le sommet° le plus haut° d'Europe occidentale°, est à 4.808 mètres d'altitude. On trouve d'excellentes pistes° de ski dans les Alpes, comme à Chamonix, Tignes, Val d'Isère et aux Trois Vallées.

en moyenne *on average* **d'entre eux** *of them* **choisissent** *choose* **chaîne** *range* **l'Autriche** *Austria* **entre autres** *among others* **sommet** *peak* **le plus haut** *the highest* **occidentale** *Western* **pistes** *trails*

Sur Internet

 Chaque année, depuis (since) 1982, plus de 4 millions de Français utilisent des Chèques-Vacances pour payer leurs vacances. Qu'est-ce que c'est, un Chèque-Vacances?

Go to **vhlcentral.com** to find more cultural information related to this **Lecture culturelle**.

---

2 **Répondez** Répondez aux questions par des phrases complètes.

1. Quel pourcentage des Français partent à la montagne en hiver?
2. Des Français qui vont à la montagne en hiver, combien choisissent les Alpes?
3. Qu'est-ce que c'est, les Alpes?
4. Quel est le sommet le plus haut d'Europe occidentale?
5. Quelles îles des Antilles sont françaises?

3 **À l'agence de voyages** Vous travaillez dans une agence de voyages en France. Votre partenaire, un(e) client(e), va vous parler des activités et du climat qu'il/elle aime. Faites quelques suggestions de destinations. Votre client(e) va vous poser des questions sur les différents voyages que vous suggérez.

 Practice more at **vhlcentral.com.**

ressources

vhlcentral.com
Leçon 7B

ACTIVITÉS

7B.1

Regular *-ir* verbs  Presentation

Point de départ In **Leçon 5A**, you learned several irregular **-ir** verbs. Some **-ir** verbs, like **finir** (*to finish*), are regular in their conjugation.

finir	
je fin**is**	nous fin**issons**
tu fin**is**	vous fin**issez**
il/elle/on fin**it**	ils/elles fin**issent**

Je **finis** mes devoirs.
I finish my homework.

Alain et Chloé **finissent** de manger.
Alain and Chloé finish eating.

- Here are some other verbs that follow the same pattern as **finir**.

Other regular *-ir* verbs			
choisir	to choose	**réfléchir (à)**	to think (about), to reflect (on)
grossir	to gain weight		
maigrir	to lose weight	**réussir (à)**	to succeed in (doing something)

Marc **grossit** pendant les vacances.
Marc gains weight during vacation.

Elles **réussissent** à trouver un hôtel au centre-ville.
They succeed in finding a hotel downtown.

Tu **choisis** ta chambre.
You choose your room.

Vous **réfléchissez** à ma question?
Are you thinking about my question?

- To form the past participle of regular **-ir** verbs, drop the **-r** from the infinitive.

M. Leroy **a** beaucoup **maigri.**
Mr. Leroy lost a lot of weight.

Vous **avez choisi** une chambre?
Did you choose a room?

Une minute... je réfléchis.

On a réussi!

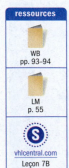

 Boîte à outils

Use the construction **finir de** + [*infinitive*] and **choisir de** + [*infinitive*] to mean *to finish doing* and *to choose to do something.*

Je **finis de manger** et puis tu m'aides.
I'll finish eating and then you help me.

Nous **choisissons de rester** à l'hôtel demain.
We choose to stay at the hotel tomorrow.

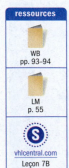

ressources

WB
pp. 93–94

LM
p. 55

vhlcentral.com
Leçon 7B

Essayez! **Complétez les phrases.**

1. Si tu manges de la salade, tu __*maigris*__ (maigrir).
2. Il _____ (réussir) tous ses projets.
3. Vous _____ (finir) vos devoirs?
4. Lundi prochain nous _____ (finir) le livre.
5. Les enfants _____ (grossir).
6. Vous _____ (choisir) quel magazine?
7. Son jean est trop grand parce qu'il _____ (maigrir).
8. Je _____ (réfléchir) beaucoup à ce problème.

Le français vivant

Les îles de **Guadeloupe** vous attendent

Je choisis la Guadeloupe
pour mes vacances.

Je réussis à trouver un
paradis pour mes enfants!

Les îles de Guadeloupe.

Les îles où tout finit par arriver!

Identifiez Regardez la publicité (*ad*) et trouvez les formes des
verbes en **-ir.**

 Répondez Par groupes de trois, répondez aux questions.

1. Qui parle dans la pub?
2. Que vend-on dans la pub?
3. Où sont les îles de Guadeloupe? Regardez sur une carte si vous
   ne savez (*know*) pas.
4. Pourquoi choisit-on de passer ses vacances à la Guadeloupe?
5. Avez-vous passé des vacances dans un endroit comme
   la Guadeloupe? Où?

STRUCTURES

Mise en pratique

1 **Notre voyage** Complétez le dialogue avec le présent des verbes.

FRÉDÉRIQUE L'agence de voyages (1) _____ (finir) d'organiser notre séjour aujourd'hui, n'est-ce pas?

MARC Oui, et elle (2) _____ (choisir) aussi notre hôtel.

LINDA Avez-vous assez d'argent? Est-ce que vous (3) _____ (réfléchir) un peu à ça?

MARC Bien sûr, nous (4) _____ (réfléchir) à ça!

FRÉDÉRIQUE Moi, je (5) _____ (réussir) toujours à dépenser tout mon argent.

LINDA Eh bien moi, je ne dépense pas d'argent pour manger. Je (6) _____ (maigrir) quand je vais à l'étranger.

MARC Moi, je (7) _____ (grossir) quand je voyage parce que je mange trop.

LINDA Est-ce que vous (8) _____ (finir) tous vos devoirs avant de voyager?

FRÉDÉRIQUE Moi, je les (9) _____ (finir) rarement!

MARC Et moi, je (10) _____ (choisir) de les finir.

2 **On fait quoi?** Complétez les phrases avec la forme correcte d'un verbe en -ir.

1. Nous _____ nos devoirs avant le dîner.
2. Ursula _____ les vêtements qu'elle va porter à l'école.
3. Eva et Léo _____ à faire un gâteau.
4. Omar _____ à ses problèmes d'argent.
5. Yves et toi, vous allez à la gym parce que vous _____ cet été.
6. Josiane, tu manges une salade parce que tu essaies de _____ ?

3 **On part!** Saïda a préparé une liste de choses qu'elle et ses copines doivent (*must*) faire avant leur voyage. Dites qui a déjà fait quoi.

	moi	Leyla	Patricia
1. finir les réservations		✓	
Leyla a déjà fini les réservations.			
2. réfléchir aux vêtements qu'on va prendre		✓	✓
3. maigrir	✓		
4. choisir une chambre au rez-de-chaussée	✓		✓
5. réussir à trouver un maillot de bain	✓	✓	✓
6. choisir une camarade de chambre			✓

Practice more at **vhlcentral.com.**

Communication

4 **Ça, c'est moi!** Avec un(e) partenaire, complétez les phrases suivantes pour parler de vous-même.

1. Je ne finis jamais (de)...

2. Je grossis quand...

3. Je maigris quand...

4. Au restaurant, je choisis souvent...

5. Je réfléchis quelquefois (*sometimes*) à...

6. Je réussis toujours (à)...

5 **Assemblez** Avec un(e) partenaire, assemblez les éléments des trois colonnes pour créer des phrases. Attention! Quelques verbes sont irréguliers.

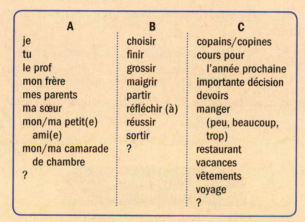

A	B	C
je	choisir	copains/copines
tu	finir	cours pour
le prof	grossir	l'année prochaine
mon frère	maigrir	importante décision
mes parents	partir	devoirs
ma sœur	réfléchir (à)	manger
mon/ma petit(e) ami(e)	réussir	(peu, beaucoup, trop)
mon/ma camarade de chambre	sortir	restaurant
?	?	vacances
		vêtements
		voyage
		?

6 **Votre vie à la fac** Posez ces questions à un(e) partenaire puis présentez vos réponses à la classe.

1. As-tu beaucoup réfléchi avant de choisir cette université? Pourquoi l'as-tu choisie?

2. Comment est-ce que tu as choisi ton/ta camarade de chambre?

3. Pendant ce semestre, dans quel cours as-tu le mieux (*best*) réussi?

4. En général, est-ce que tu réussis aux examens de français? Comment les trouves-tu?

5. Est-ce que tu maigris ou grossis à la fac? Pourquoi?

6. À quelle heure est-ce que tes cours finissent le vendredi? Que fais-tu après les cours?

7. Que font tes parents pour toi quand tu réussis tes examens?

8. Quand fais-tu tes devoirs? Est-ce que tu as déjà fini tes devoirs pour aujourd'hui?

7 **Libres** Vous partez en vacances avec un(e) ami(e). Vous avez des opinions très différentes. L'un(e) préfère la plage et l'autre préfère la campagne. Mettez-vous d'accord et prenez des décisions. Où allez-vous? Qu'est-ce que vous apportez? Où descendez-vous? Préparez un dialogue, puis jouez la scène pour la classe. Utilisez les verbes de la page précédente.

7B.2

The *impératif* (S) Presentation

Point de départ The **impératif** is the form of a verb that is used to give commands or to offer directions, hints, and suggestions. With command forms, *you do not use subject pronouns.*

- Form the **tu** command of **-er** verbs by dropping the **-s** from the present tense form. Note that **aller** also follows this pattern.

  Réserve deux chambres.
  Reserve two rooms.

  Travaille bien.
  Work well.

  Va au marché.
  Go to the market.

- The **nous** and **vous** command forms of **-er** verbs are the same as the present tense forms.

  Nettoyez votre chambre.
  Clean your room.

  Mangeons au restaurant ce soir.
  Let's eat out tonight.

- For **-ir** verbs, **-re** verbs, and most irregular verbs, the command forms are identical to the present tense forms.

  Finis la salade.
  Finish the salad.

  Attendez dix minutes.
  Wait ten minutes.

  Faisons du yoga.
  Let's do some yoga.

- To make a command negative, place **ne** before the verb and **pas** after it.

  Ne regarde pas la télé.
  Don't watch TV.

  Ne vendons pas la maison.
  Let's not sell the house.

  Ne finissez pas le jus d'orange.
  Don't finish the orange juice.

The *impératif* of *avoir* and *être*

	avoir	être
(tu)	aie	sois
(nous)	ayons	soyons
(vous)	ayez	soyez

- The forms of **avoir** and **être** in the **impératif** are irregular.

  Aie confiance.
  Have confidence.

  Soyons optimistes!
  Let's be optimistic!

  N'ayons pas peur.
  Let's not be afraid.

  Ne sois pas impatient!
  Don't be impatient!

- An object pronoun can be added to the end of an affirmative command. Use a hyphen to separate them. Use **moi** and **toi** for the first- and second-person object pronouns.

  Permettez-moi de vous aider.
  Allow me to help you.

  Achète le dictionnaire et **utilise-le.**
  Buy the dictionary and use it.

- In negative commands, place object pronouns between **ne** and the verb. Use **me** and **te** for the first- and second-person object pronouns.

  Ne **me montre** pas les réponses.
  Don't show me the answers.

  Ma photo! Ne **la touchez** pas.
  My picture! Don't touch it.

  Ne **lui donne** pas les bonbons.
  Don't give her the candy.

  Ne **leur téléphonez** pas.
  Don't phone them.

The verbs *dire*, *lire*, and *écrire*

dire, lire, écrire			
	dire *(to say)*	**lire** *(to read)*	**écrire** *(to write)*
je/j'	dis	lis	écris
tu	dis	lis	écris
il/elle/on	dit	lit	écrit
nous	disons	lisons	écrivons
vous	dites	lisez	écrivez
ils/elles	disent	lisent	écrivent

Disons du 26 décembre au 2 janvier.

J'écris un e-mail à…

Elle m'**écrit**.
She writes to me.

Ne **dis** pas ton secret.
Don't tell your secret.

Lisez cet e-mail.
Read that e-mail.

- The verb **décrire** (*to describe*) is conjugated like **écrire**.

  Elle **décrit** l'accident.
  She's describing the accident.

  Ils **décrivent** leurs vacances.
  They describe their vacation.

- The past participles of **dire**, **écrire**, and **décrire**, respectively, are **dit**, **écrit**, and **décrit**. The past participle of **lire** is **lu**.

  Ils l'**ont dit**.
  They said it.

  Tu l'**as écrit**.
  You wrote it.

  Nous l'**avons lu**.
  We read it.

Essayez! Employez l'impératif pour compléter ces phrases.

1. ___Envoie___ (envoyer: tu) cette lettre.
2. Ne _____ (quitter: nous) pas la maison ce soir.
3. _____ (attendre: vous) à l'aéroport.
4. Sébastien, _____ (aller: tu) à la bibliothèque.
5. Christine et Serena, ne _____ (être: vous) pas impatientes.
6. _____ (décrire: vous) votre famille.
7. Ne _____ (perdre: nous) pas de temps.
8. Chérie, n' _____ (avoir: tu) pas peur.
9. _____ (prendre: vous) des fraises.
10. _____ (écrire: tu) ton devoir pour demain.
11. Ne me _____ (dire: vous) pas comment le film finit!
12. _____ (lire: tu) ce livre.
13. _____ (apprendre: tu) une nouvelle langue.
14. _____ (mettre: nous) un anorak.

STRUCTURES

Mise en pratique

1 **Dites à...** Mettez les verbes à l'impératif.

 MODÈLE

Dites à votre petite sœur de nettoyer sa chambre.
Nettoie ta chambre.

Dites à votre petite sœur...

1. d'aller à l'école.

2. de ne pas regarder la télé.

3. de vous attendre.

Dites à vos camarades de chambre...

4. de ne pas mettre la radio.

5. d'être gentils.

6. de réfléchir avant de parler.

2 **Écoutez** Marilyne et Nicole sont des adolescentes difficiles. Leur mère leur demande de faire le contraire de ce qu'elles (*what they*) proposent.

MODÈLE

Nous allons regarder la télé.
Ne la regardez pas.

1. Nous allons téléphoner à nos copines.

2. Je ne vais pas parler à mon prof.

3. Nous n'allons pas lire ce livre.

4. Nous n'allons pas faire nos devoirs.

5. Je vais acheter cette nouvelle jupe.

6. Je ne vais pas écrire à mes grands-parents.

3 **Que dites-vous?** Que dites-vous à ces personnes? Avec un(e) partenaire, employez des verbes à l'impératif.

MODÈLE

Ne dormez pas tard.

1.

2.

3.

4.

Practice more at **vhlcentral.com.**

Communication

4 **Fais-le** Dites à un(e) camarade de classe de faire certaines choses. Ensuite, changez de rôle. Utilisez ces verbes ou d'autres.

MODÈLE

donner

Charles, donne-moi un crayon.

chanter	écrire
danser	essayer
décrire	faire
dessiner	lire
dire	nettoyer
donner	regarder

5 **Un voyage aux États-Unis** Un(e) étudiant(e) français(e) visite les États-Unis. Avec un(e) partenaire, suggérez des activités dans ces villes.

MODÈLE

À New York, va à la statue de la Liberté.

villes	verbes utiles
Boston	acheter
Chicago	aller
Los Angeles	faire
Miami	manger
New York	prendre
San Francisco	regarder
Washington, D.C.	réserver
	rester
	visiter

6 **Mme Réponsatout** Vous téléphonez à l'émission (*show*) de Madame Réponsatout, qui donne des conseils (*advice*) au public. Avec un(e) partenaire, imaginez les dialogues pour les problèmes de la liste. Employez des verbes à l'impératif et alternez les rôles.

MODÈLE

Étudiant(e) 1: *J'ai un problème d'argent.*
Étudiant(e) 2: *N'achetez pas de vêtements chers.*

- un problème d'argent
- un problème sentimental (*romantic*)
- où aller en vacances
- un(e) camarade de chambre pénible
- mauvaises notes à tous les cours
- un professeur difficile
- quoi faire après mes études
- un problème de poids (*weight*)

Révision

1 **Oui ou non?** Votre professeur va vous donner une feuille d'activités. Circulez dans la classe pour trouver deux camarades différent(e)s pour chaque situation, l'un(e) qui dit oui et l'autre qui dit non. Écrivez leur nom.

MODÈLE

Étudiant(e) 1: *Est-ce que tu écris des e-mails à tes grands-parents?*

Étudiant(e) 2: *Oui, je leur écris des e-mails parfois.*

Situation	Oui	Non
1. écrire des e-mails à ses grands-parents	Lionel	
2. dire la vérité (truth) dans toutes les circonstances		
3. grossir en été		
4. lire le journal tous les matins		
5. maigrir en hiver		
6. réussir à faire la fête tous les week-ends		

2 **Faites attention** Vous êtes médecin. Quels conseils (*advice*) donnez-vous à ces personnes? Employez des verbes à l'impératif. Ensuite, comparez vos suggestions aux suggestions de deux camarades.

Quels conseils donnez-vous à une personne...

1. fatiguée?
2. nerveuse?
3. sans énergie?
4. faible?
5. trop grosse?
6. trop mince?

3 **Apprenons le français** Vous et votre partenaire cherchez à progresser en français. Trouvez huit idées d'activités à faire en français et utilisez des verbes à l'impératif avec des pronoms d'objet direct ou indirect. Ensuite, comparez votre liste avec la liste d'un autre groupe.

MODÈLE

Étudiant(e) 1: *Regardons le dernier film de Catherine Deneuve.*

Étudiant(e) 2: *Oui, regardons-le.*

4 **Des solutions** Parlez de ces problèmes avec un(e) partenaire. Un(e) étudiant(e) présente les problèmes de la colonne A et l'autre les problèmes de la colonne B. Employez des impératifs pour répondre aux problèmes et alternez les rôles.

MODÈLE J'ai perdu mon cahier de français.

Étudiant(e) 1: *J'ai perdu mon cahier de français.*

Étudiant(e) 2: *Nettoie ta chambre et puis cherche-le.*

A	B
1. Je ne trouve pas de billet aller-retour pour la Guadeloupe.	1. Mon/Ma petit(e) ami(e) est allé(e) à une fête avec une autre personne.
2. Demain c'est l'anniversaire de ma mère et je n'ai pas son cadeau.	2. Je n'ai pas acheté de billet de train pour aller à Genève demain.
3. Je n'ai pas d'argent pour payer l'addition.	3. Il est 11h00 du matin, mais j'ai déjà faim.
4. L'avion est parti sans moi.	4. Il neige et j'ai très froid.

5 **La publicité** Par groupes de trois, créez le texte d'une publicité pour le magazine *Mer et soleil*. Décidez quel endroit l'illustration représente, puis employez des verbes à l'impératif pour attirer (*to attract*) des touristes. Ensuite, présentez votre pub (*ad*) à la classe.

6 **Un week-end en vacances** Votre professeur va vous donner, à vous et à votre partenaire, une feuille de dessins sur le week-end de M. et Mme Bardot et de leur fille Alexandra. Attention! Ne regardez pas la feuille de votre partenaire.

MODÈLE

Étudiant(e) 1: *D'abord, ils sont arrivés à l'hôtel.*

Étudiant(e) 2: *Après, ...*

Écriture

STRATÉGIE

Making an outline

When we write to share information, an outline can serve to separate topics and subtopics, providing a framework for presenting the data. Consider the following excerpt from an outline of a tourist brochure.

I. Itinéraire et description du voyage
   A. Jour 1
      1. ville: Ajaccio
      2. visites: visite de la ville à pied
      3. activités: dîner
   B. Jour 2
      1. ville: Bonifacio
      2. visites: la ville de Bonifacio
      3. activités: promenade en bateau, dîner

II. Description des hôtels et des transports
   A. Hôtels
   B. Transports

Schéma d'idées

Idea maps can be used to create outlines. The major sections of an idea map correspond to the Roman numerals in an outline. The minor sections correspond to the outline's capital letters, and so on. Consider the idea map that led to the outline above.

Thème

Créez une brochure

Vous allez préparer une brochure pour un voyage organisé que vous avez fait ou que vous avez envie de faire dans un pays francophone. Utilisez un schéma d'idées pour vous aider. Voici des exemples d'informations que votre brochure peut (*can*) donner.

- le pays et la ville
- le nombre de jours
- la date et l'heure du départ et du retour
- les transports utilisés (train, avion,...) et le lieu de départ (aéroport JFK, gare de Lyon...)
- le temps qu'il va probablement faire et quelques suggestions de vêtements à emporter (*take along*)
- où on va dormir (hôtel, auberge de jeunesse, camping...)
- où on va manger (restaurant, café, pique-nique dans un parc...)
- les visites culturelles (monuments, musées...)
- les autres activités au programme (explorer la ville, aller au marché, faire du sport...)
- le prix du voyage par personne

Panorama

Provence-Alpes-Côte d'Azur

La région en chiffres

▶ **Superficie:** *31.400 km²*

▶ **Population:** *4.666.000*
SOURCE: INSEE

▶ **Industries principales:** *agriculture, industries agro-alimentaires°, métallurgiques et mécaniques, parfumerie, tourisme*

▶ **Villes principales:** *Avignon, Gap, Marseille, Nice, Toulon*

Personnages célèbres

▶ **Nostradamus,** *astrologue et médecin (1503–1566)*

▶ **Marcel Pagnol,** *cinéaste° et écrivain (1895–1974)*

▶ **Surya Bonaly,** *athlète olympique (1973–)*

Rhône-Alpes

La région en chiffres

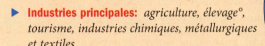

▶ **Superficie:** *43.698 km²*

▶ **Population:** *5.893.000*

▶ **Industries principales:** *agriculture, élevage°, tourisme, industries chimiques, métallurgiques et textiles*

▶ **Villes principales:** *Annecy, Chambéry, Grenoble, Lyon, Saint-Étienne*

Personnages célèbres

▶ **Louise Labé,** *poétesse (1524–1566)*

▶ **Stendhal,** *écrivain (1783–1842)*

▶ **Antoine de Saint-Exupéry,** *écrivain, auteur° du Petit Prince (1900–1944)*

agro-alimentaires *food-processing* **cinéaste** *filmmaker* **élevage** *livestock raising* **auteur** *author* **confrérie** *brotherhood* **gardians** *herdsmen* **depuis** *since* **sud** *south* **chevaux** *horses* **taureaux** *bulls* **flamants** *flamingos* **Montés sur** *Riding* **Papes** *Popes*

LA FRANCE

LA SUISSE

le ski dans les Alpes

Lyon

le Rhône

Annecy · Chamonix
▲ *Mont-Blanc*

Albertville

St-Étienne

Chambéry

RHÔNE-ALPES

L'ITALIE

Grenoble

l'Isère

Valence

la Drôme

Montélimar

le Rhône

Gap

la Durance

PROVENCE-ALPES-CÔTE D'AZUR (PACA)

le Verdon

le Var

Avignon

Nice

Grasse

Cannes

MONACO

Antibes

Arles

LA CAMARGUE

la Durance

Aix-en-Provence

Marseille

Toulon

Les îles d'Hyères

LA MER MÉDITERRANÉE

0   50 milles
0   50 kilomètres

le palais des Papes° à Avignon

la promenade des Anglais à Nice

Incroyable mais vrai!

Tous les cow-boys ne sont pas américains. En Camargue, la confrérie° des gardians° perpétue depuis° 1512 les traditions des cow-boys français. C'est dans le sud° que cohabitent les chevaux° blancs camarguais, des taureaux° noirs et des flamants° roses. Montés sur° des chevaux blancs, les gardians gardent les taureaux noirs.

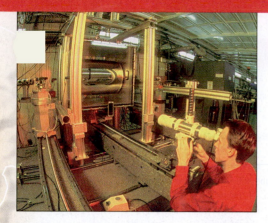

Les destinations

Grenoble

La ville de Grenoble, dans la région Rhône-Alpes, est surnommée «Capitale des Alpes» et «Ville Technologique». Située° à la porte des Alpes, elle donne accès aux grandes stations de ski alpines et elle est le premier centre de recherche° en France après Paris, avec plus de° 15.000 chercheurs°. Le synchrotron de Grenoble, un des plus grands° accélérateurs de particules du monde, permet à 5.000 chercheurs d'étudier la matière°. Grenoble est également° une ville universitaire avec quatre universités et 60.000 étudiants.

Les arts

Le festival de Cannes

Chaque année depuis° 1946, au mois de mai, de nombreux acteurs, réalisateurs° et journalistes viennent à Cannes, sur la Côte d'Azur, pour le Festival International du Film. Avec près de 1.000 films, 4.000 journalistes et plus de 70 pays représentés, c'est la manifestation cinématographique annuelle la plus médiatisée°. Après deux semaines de projections, de fêtes, d'expositions et de concerts, le jury international du festival choisit le meilleur° des vingt films présentés en compétition officielle.

La gastronomie

La raclette et la fondue

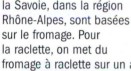

Deux des spécialités de la Savoie, dans la région Rhône-Alpes, sont basées sur le fromage. Pour la raclette, on met du fromage à raclette sur un appareil° à raclette pour le faire fondre°. Chaque personne racle° ce fromage dans son assiette° et le mange avec des pommes de terre° et de la charcuterie°. La fondue est un mélange° de fromages fondus°. Avec un bâton°, on trempe° un morceau° de pain dans la fondue. Attention! Ne le faites pas tomber!

Les traditions

Grasse, France

La ville de Grasse, sur la Côte d'Azur, est le centre de la parfumerie° française. Cette «capitale mondiale du parfum» cultive les fleurs depuis le Moyen Âge°: violette, lavande, rose, plantes aromatiques, etc. Au dix-neuvième siècle, ses parfumeurs, comme Molinard, ont conquis° les marchés du monde grâce à° la fabrication industrielle.

Qu'est-ce que vous avez appris? Répondez aux questions par des phrases complètes.

1. Comment s'appelle la région où les gardians perpétuent les traditions des cow-boys français?
2. Qui a écrit le livre *Le Petit Prince*?
3. Quel est le rôle des gardians?
4. Où est situé Grenoble?
5. À Grenoble, qui vient étudier la matière?
6. Depuis quand existe le festival de Cannes?
7. Qui choisit le meilleur film au festival de Cannes?
8. Avec quoi mange-t-on la raclette?
9. Quelle ville est le centre de la parfumerie française?
10. Pourquoi Grasse est-elle le centre de la parfumerie française?

ressources

WB pp. 97–98

vhlcentral.com Unité 7

Sur Internet

Go to **vhlcentral.com** to find more cultural information related to this **Panorama**.

1. Quels films étaient (*were*) en compétition au dernier festival de Cannes? Qui composait (*made up*) le jury?

2. Trouvez des informations sur une parfumerie de Grasse. Quelles sont deux autres parfumeries qu'on trouve à Grasse?

Située *Located* **recherche** *research* **plus de** *more than* **chercheurs** *researchers* **des plus grands** *of the largest* **matière** *matter* **également** *also* **depuis** *since* **réalisateurs** *filmmakers* **la plus médiatisée** *the most publicized* **meilleur** *best* **appareil** *machine* **fondre** *melt* **racle** *scrapes* **assiette** *plate* **pommes de terre** *potatoes* **charcuterie** *cured meats* **mélange** *mix* **fondus** *melted* **bâton** *stick* **trempe** *dips* **morceau** *piece* **parfumerie** *perfume industry* **Moyen Âge** *Middle Ages* **ont conquis** *conquered* **grâce à** *thanks to*

Partir en voyage

un aéroport	airport
un arrêt d'autobus (de bus)	bus stop
une arrivée	arrival
un avion	plane
un billet aller-retour	round-trip ticket
un billet (d'avion, de train)	(plane, train) ticket
un départ	departure
une douane	customs
une gare (routière)	train station (bus station)
une sortie	exit
une station (de métro)	(subway) station
une station de ski	ski resort
un ticket de bus, de métro	bus, subway ticket
un vol	flight
un voyage	trip
à l'étranger	abroad, overseas
la campagne	country(side)
une capitale	capital
des gens (m.)	people
le monde	world
un pays	country

Les pays

(en/l') Allemagne (f.)	(to, in) Germany
(en/l') Angleterre (f.)	(to, in) England
(en/la) Belgique (belge)	(to, in) Belgium (Belgian)
(au/le) Brésil (brésilien(ne))	(to, in) Brazil (Brazilian)
(au/le) Canada	(to, in) Canada
(en/la) Chine (chinois(e))	(to, in) China (Chinese)
(en/l') Espagne (f.)	(to, in) Spain
(aux/les) États-Unis (m.)	(to, in) the United States
(en/la) France	(to, in) France
(en/l') Irlande (f.) (irlandais(e))	(to, in) Ireland (Irish)
(en/l') Italie (f.)	(to, in) Italy
(au/le) Japon	(to, in) Japan
(au/le) Mexique	(to, in) Mexico
(en/la) Suisse	(to, in) Switzerland

Les vacances

bronzer	to tan
faire du shopping	to go shopping
faire les valises	to pack one's bags
faire un séjour	to spend time (somewhere)
partir en vacances	to go on vacation
prendre un train (un avion, un taxi, un (auto)bus, un bateau)	to take a train (plane, taxi, bus, boat)
rouler en voiture	to ride in a car
utiliser un plan	to use/read a map
un (jour de) congé	day(s) off
le journal	newspaper
la mer	sea
une plage	beach
des vacances (f.)	vacation

Adverbes et locutions de temps

alors	so, then; at that moment
après (que)	after
avant (de)	before
d'abord	first
donc	therefore
enfin	finally, at last
ensuite	then, next
finalement	finally
pendant (que)	during, while
puis	then
tout à coup	suddenly
tout de suite	right away

Verbes

aller	to go
arriver	to arrive
descendre	to go/take down
entrer	to enter
monter	to go/come up; to get in/on
mourir	to die
naître	to be born
partir	to leave
passer	to pass by; to spend time
rentrer	to return
rester	to stay
retourner	to return
sortir	to go out
tomber (sur quelqu'un)	to fall (to run into somebody)

Faire une réservation

annuler	to cancel
une réservation	a reservation
réserver	to reserve
une agence/un agent de voyages	travel agency/agent
un ascenseur	elevator
une auberge de jeunesse	youth hostel
une chambre individuelle	single room
une clé	key
un(e) client(e)	client; guest
un étage	floor
un hôtel	hotel
un hôtelier/ une hôtelière	hotel keeper
un lit	bed
un passager/ une passagère	passenger
un passeport	passport
la réception	reception desk
le rez-de-chaussée	ground floor
complet/complète	full (no vacancies)
libre	available

Verbes réguliers en –ir

choisir	to choose
finir	to finish
grossir	to gain weight
maigrir	to lose weight
réfléchir (à)	to think (about), to reflect (on)
réussir (à)	to succeed in (doing something)

Verbes irréguliers

décrire	to describe
dire	to say
écrire	to write
lire	to read

Expressions utiles	See pp. 247 and 265.
Direct object pronouns	See pp. 254–255.
Ordinal numbers	See pp. 260–261.

Chez nous

Pour commencer
- Qui est passée chez qui?
- Qu'est-ce qu'il y a dans la cafetière? Du lait? De l'eau? Du café?
- Qu'est-ce que Sandrine fait?
- De quelles couleurs sont les vêtements de Sandrine? Et les vêtements d'Amina?

Leçon 8A

You will learn how to...

- describe your home
- talk about habitual past actions

La maison

le balcon

la salle de bains

les toilettes (*f.*)
(W.-C.) (*m.*)

le miroir

le couloir

la baignoire

le canapé

le tapis

le fauteuil

une fleur

le sous-sol

la salle de séjour

Vocabulaire

déménager	*to move out*
emménager	*to move in*
louer	*to rent*
un appartement	*apartment*
une cave	*basement, cellar*
une cuisine	*kitchen*
un escalier	*staircase*
un immeuble	*building*
un jardin	*garden; yard*
un logement	*housing*
un loyer	*rent*
une pièce	*room*
un quartier	*area, neighborhood*
une résidence	*residence*
une salle à manger	*dining room*
un salon	*formal living/sitting room*
un studio	*studio (apartment)*
une armoire	*armoire, wardrobe*
une douche	*shower*
un lavabo	*bathroom sink*
un meuble	*piece of furniture*
un placard	*closet, cupboard*
un tiroir	*drawer*

ressources

WB pp. 99–100	LM p. 57	vhlcentral.com Leçon 8A

les rideaux (*m.*)

le mur

les affiches (*f.*)

les étagères (*f.*)

la lampe

la commode

la chambre

le garage

Mise en pratique

(S) **Audio: Vocabulary**

1 **Écoutez** 🎧 Patrice cherche un appartement. Écoutez sa conversation téléphonique et dites si les affirmations sont **vraies** ou **fausses**.

		Vrai	Faux
1.	Madame Dautry est la propriétaire de l'appartement.	☐	☐
2.	L'appartement est au 24, rue Pasteur.	☐	☐
3.	L'appartement est au cinquième étage.	☐	☐
4.	L'appartement est dans un vieil immeuble.	☐	☐
5.	L'appartement n'a pas de balcon, mais il a un garage.	☐	☐
6.	Il y a une baignoire dans la salle de bains.	☐	☐
7.	Les toilettes ne sont pas dans la salle de bains.	☐	☐
8.	L'appartement est un studio.	☐	☐
9.	Le loyer est de 490€.	☐	☐
10.	Patrice va emménager tout de suite.	☐	☐

2 **Chassez l'intrus** Indiquez le mot ou l'expression qui ne convient pas (*that doesn't belong*).

1. un appartement, un quartier, un logement, un studio
2. une baignoire, une douche, un sous-sol, un lavabo
3. un salon, une salle à manger, une salle de séjour, un jardin
4. un meuble, un canapé, une armoire, une affiche
5. un placard, un balcon, un jardin, un garage
6. une chambre, une cuisine, un rideau, une pièce
7. un meuble, une commode, un couloir, un tiroir
8. un mur, un tapis, une fenêtre, une affiche

3 **Définitions** Lisez les définitions et trouvez les mots ou expressions de **CONTEXTES** qui correspondent. Ensuite, avec un(e) partenaire, donnez votre propre définition de cinq mots ou expressions. Rejoignez un autre groupe et lisez vos définitions. L'autre groupe doit deviner (*must guess*) de quoi vous parlez.

1. C'est ce que (*what*) vous payez chaque mois quand vous n'êtes pas propriétaire de votre appartement. _____
2. Vous passez par ici pour aller d'une pièce à une autre. _____
3. C'est le fait de (*act of*) partir de votre appartement. _____
4. C'est là que vous mettez vos livres. _____
5. En général, il y en a quatre dans une pièce et ils sont entre les pièces de votre appartement. _____
6. C'est ce que vous utilisez pour lire le soir. _____
7. C'est là que vous mettez votre voiture. _____
8. C'est ce que vous utilisez pour aller du premier étage au deuxième étage d'un immeuble. _____
9. Quand vous avez des invités, c'est la pièce dans laquelle (*in which*) vous dînez. _____
10. En général, il est sur le sol (*floor*) d'une pièce. _____

Communication

4 Répondez À tour de rôle avec un(e) partenaire, posez-vous les questions suivantes et répondez-y.

1. Où est-ce que tu habites?
2. Quelle est la taille de ton appartement ou de ta maison? Combien de pièces y a-t-il?
3. Quand as-tu emménagé?
4. Est-ce que tu as un jardin? Un garage?
5. Combien de placards as-tu? Où sont-ils?
6. Quels meubles as-tu? Comment sont-ils?
7. Quel meuble est-ce que tu voudrais (*would like*) avoir dans ton appartement?
   (Répondez: Je voudrais...)
8. Qu'est-ce que tu détestes au sujet de ton appartement?

5 Votre chambre Écrivez une description de votre chambre. À tour de rôle, lisez votre description à votre partenaire. Il/Elle va vous demander d'autres détails et dessiner un plan. Ensuite, regardez le dessin (*drawing*) de votre partenaire et dites s'il correspond à votre chambre ou non.

6 Sept différences Votre professeur va vous donner, à vous et à votre partenaire, deux feuilles d'activités différentes. Il y a sept différences entre les deux images. Comparez vos dessins et faites une liste de ces différences. Quel est le groupe le plus rapide (*the quickest*) de la classe? Attention! Ne regardez pas la feuille de votre partenaire.

> **MODÈLE**
>
> **Étudiant(e) 1:** *Dans mon appartement, il y a un lit. Il y a une lampe à côté du lit.*
> **Étudiant(e) 2:** *Dans mon appartement aussi, il y a un lit, mais il n'y a pas de lampe.*

7 La décoration Formez un groupe de trois. L'un de vous est un décorateur d'intérieur qui a rendez-vous avec deux clients pour redécorer leur maison. Les clients sont très difficiles. Imaginez votre conversation et jouez la scène devant la classe. Utilisez les mots de la liste.

un canapé	un fauteuil
une chambre	un meuble
une cuisine	un mur
un escalier	un placard
une étagère	un tapis

Les sons et les lettres

Audio: Concepts, Activities
Record & Compare

 s and ss

You've already learned that an **s** at the end of a word is usually silent.

| lavabo**s** | copain**s** | va**s** | placard**s** |

An **s** at the beginning of a word, before a consonant, or after a pronounced consonant is pronounced like the s in the English word *set*.

| **s**oir | **s**alon | **s**tudio | ab**s**olument |

A double **s** is pronounced like the ss in the English word *kiss*.

| gro**ss**e | a**ss**ez | intére**ss**ant | rou**ss**e |

An **s** at the end of a word is often pronounced when the following word begins with a vowel sound. An **s** in a liaison sounds like a *z*, like the s in the English word *rose*.

| trè**s** élégant | troi**s** hommes |

The other instance where the French **s** has a *z* sound is when there is a single **s** between two vowels within the same word. The **s** is pronounced like the s in the English word *music*.

| mu**s**ée | amu**s**ant | oi**s**eau | be**s**oin |

These words look alike, but have different meanings. Compare the pronunciations of each word pair.

| poi**s**on | poi**ss**on | dé**s**ert | de**ss**ert |

Prononcez Répétez les mots suivants à voix haute.

1. sac
2. triste
3. suisse
4. chose
5. bourse
6. passer
7. surprise
8. assister
9. magasin
10. expressions
11. sénégalaise
12. sérieusement

Articulez Répétez les phrases suivantes à voix haute.

1. Le spectacle est très amusant et la chanteuse est superbe.
2. Est-ce que vous habitez dans une résidence universitaire?
3. De temps en temps, Suzanne assiste à l'inauguration d'expositions au musée.
4. Heureusement, mes professeurs sont sympathiques, sociables et très sincères.

Dictons Répétez les dictons à voix haute.

Si jeunesse savait, si vieillesse pouvait. [1]

Les oiseaux de même plumage s'assemblent sur le même rivage. [2]

[1] Youth is wasted on the young. (lit. If only youth knew, if only old age could.)
[2] Birds of a feather flock together.

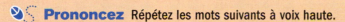

ressources
LM p. 58
vhlcentral.com
Leçon 8A

ROMAN-PHOTO

La visite surprise

 **Video:** *Roman-photo* **Record & Compare**

David

Pascal

Rachid

Sandrine

En ville, Pascal fait tomber (drops) ses fleurs.

PASCAL Aïe!
RACHID Tenez. *(Il aide Pascal.)*
PASCAL Oh, merci.
RACHID Aïe!
PASCAL Oh pardon, je suis vraiment désolé!
RACHID Ce n'est rien.
PASCAL Bonne journée!

Chez Sandrine...

RACHID Eh, salut, David! Dis donc, ce n'est pas un logement d'étudiants ici! C'est grand chez toi! Tu ne déménages pas, finalement?
DAVID Heureusement, Sandrine a décidé de rester.
SANDRINE Oui, je suis bien dans cet appartement. Seulement les loyers sont très chers au centre-ville.

RACHID Oui, malheureusement! Tu as combien de pièces?
SANDRINE Il y a trois pièces: le salon, la salle à manger, ma chambre. Bien sûr il y a une cuisine et j'ai aussi une grande salle de bains. Je te fais visiter?

SANDRINE Et voici ma chambre.
RACHID Elle est belle!
SANDRINE Oui... j'aime le vert.

RACHID Dis, c'est vrai, Sandrine, ta salle de bains est vraiment grande.
DAVID Oui! Et elle a un beau miroir au-dessus du lavabo et une baignoire!
RACHID Chez nous, on a seulement une douche.
SANDRINE Moi, je préfère les douches en fait.

Le téléphone sonne (rings).

RACHID Comparé à cet appartement, le nôtre c'est une cave! Pas de décorations, juste des affiches, un canapé, des étagères et mon bureau.
DAVID C'est vrai. On n'a même pas de rideaux.

A C T I V I T É S

1 **Vrai ou faux?** Indiquez si les affirmations suivantes sont **vraies** ou **fausses**.

1. C'est la première fois que Rachid visite l'appartement.
2. Sandrine ne déménage pas.
3. Les loyers au centre-ville ne sont pas chers.
4. Sandrine invite parfois ses amis à dîner chez elle.
5. Rachid préfère son appartement à l'appartement de Sandrine.
6. Chez les garçons, il y a une baignoire et des rideaux.
7. Quand Pascal arrive, Sandrine est contente *(pleased)*.
8. Pascal doit *(must)* travailler ce week-end.

 Practice more at **vhlcentral.com.**

Pascal arrive à Aix-en-Provence.

SANDRINE Voici la salle à manger.
RACHID Ça, c'est une pièce très importante pour nous, les invités.

SANDRINE Et puis, la cuisine.
RACHID Une pièce très importante pour Sandrine...
DAVID Évidemment!

SANDRINE Mais Pascal... je pensais que tu avais du travail... Quoi? Tu es ici, maintenant? C'est une blague!
PASCAL Mais ma chérie, ne sois pas fâchée, c'était une surprise...

SANDRINE Une surprise! Nous deux, c'est fini! D'abord, tu me dis que les vacances avec moi, c'est impossible et ensuite tu arrives à Aix sans me téléphoner!
PASCAL Bon, si c'est comme ça, reste où tu es. Ne descends pas. Moi, je m'en vais. Voilà tes fleurs. Tu parles d'une surprise!

Expressions utiles

Talking about your home

- **Tu ne déménages pas, finalement?**
  You're not moving after all?
- **Heureusement, Sandrine a décidé de rester.**
  Fortunately, Sandrine decided to stay.
- **Seulement, les loyers sont très chers au centre-ville.**
  However, rent is very expensive downtown.
- **Je te fais visiter?**
  Shall I give you a tour?
- **Ta salle de bains est vraiment grande.**
  Your bathroom is really big.
- **Elle a un beau miroir au-dessus du lavabo.**
  She has a nice mirror above the sink.
- **Chez nous, on a seulement une douche.**
  At our place, we only have a shower.

Additional vocabulary

- **Aïe!**
  Ouch!
- **Tenez.**
  Here.
- **Évidemment!**
  Evidently!
- **Oui, malheureusement!**
  Yes, unfortunately!
- **Je pensais que tu avais du travail.**
  I thought you had to work.
- **Mais ma chérie, ne sois pas fâchée, c'était une surprise.**
  But sweetie, don't be mad, it was a surprise.
- **sans**
  without
- **Moi, je m'en vais.**
  I'm leaving/getting out of here.

2 **Quel appartement?** Indiquez si les objets suivants sont dans l'appartement de Sandrine (**S**) ou dans l'appartement de David et Rachid (**D & R**).

1. baignoire
2. balcon
3. rideaux
4. canapé
5. trois pièces
6. étagères
7. miroir
8. affiches

3 **Conversez** Sandrine décide que son loyer est vraiment trop cher. Elle cherche un appartement à partager avec Amina. Avec deux partenaires, écrivez leur conversation avec un agent immobilier (*real estate agent*). Elles décrivent l'endroit idéal, le prix et les meubles qu'elles préfèrent. L'agent décrit plusieurs possibilités.

ressources

VM pp. 215–216	DVD Leçon 8A	vhlcentral.com Leçon 8A

ACTIVITÉS

S Reading
Video: *Flash culture*

Le logement en France

Il y a différents types de logements. En ville, on habite dans une maison ou un appartement. À la campagne, on peut° habiter dans une villa, un château, un chalet ou un mas° provençal.

Vous avez peut-être remarqué° dans un film français qu'il y a une grande diversité de style d'habitation°. En effet°, le style et l'architecture varient d'une région à l'autre, souvent en raison° du climat et des matériaux disponibles°. Dans le Nord°, les maisons sont traditionnellement en briques° avec des toits en ardoise°. Dans l'Est°, en Alsace-Lorraine, il y a de vieilles maisons à colombages° avec des parties de mur en bois°. Dans le Sud°, il y a des villas de style méditerranéen avec des toits en tuiles° rouges et des mas provençaux (de vieilles maisons en pierre°). Dans les Alpes, en Savoie, les chalets sont en bois avec de grands balcons très fleuris°, comme en Suisse. Les maisons traditionnelles de l'Ouest° ont des toits en chaume°. Toutes les maisons françaises ont des volets° et les fenêtres sont assez différentes aussi des fenêtres aux États-Unis. Très souvent il n'y a pas de moustiquaire°, même° dans le sud de la France où il fait très chaud en été.

En France les trois quarts des gens habitent en ville. Beaucoup habitent dans la banlieue, où il y a beaucoup de grands immeubles mais aussi de petits pavillons individuels (maisons avec de petits jardins). Dans les centres-villes et dans les banlieues, il y a des HLM. Ce sont des habitations à loyer modéré°. Les HLM sont construits par l'État. Ce sont souvent des logements réservés aux familles qui ont moins d'argent.

peut *can* mas *farmhouse* remarqué *noticed* habitation *dwelling* En effet *Indeed* en raison du *due to the* disponibles *available* Nord *North* en briques *made of bricks* toits en ardoise *slate roofs* Est *East* à colombages *half-timbered* en bois *made of wood* Sud *South* en tuiles *made of tiles* en pierre *made of stone* fleuris *full of flowers* Ouest *West* en chaume *thatched* volets *shutters* moustiquaire *window screen* même *even* habitations à loyer modéré *low-cost government housing*

Coup de main

Here are some terms commonly used in statistics.

un quart = *one quarter*

un tiers = *one third*

la moitié = *half*

la plupart de = *most of*

un sur cinq = *one in five*

A C T I V I T É S

1 **Vrai ou faux?** Indiquez si les phrases sont **vraies** ou **fausses**. Corrigez les phrases fausses.

1. Les maisons sont similaires dans les différentes régions françaises.
2. Dans le Nord les maisons sont traditionnellement en briques.
3. En Alsace-Lorraine il y a des chalets.
4. Dans les Alpes il y a des mas provençaux.
5. Les mas provençaux sont des maisons en bois.
6. Toutes les maisons françaises ont des volets.
7. Les maisons françaises n'ont pas toujours des moustiquaires.
8. La plupart (*majority*) des Français habite à la campagne.
9. Le pavillon individuel est une sorte de grand immeuble.
10. Les millionnaires habitent dans des HLM.

Using glosses

Glosses are the translations of unfamiliar words in a text. In **Lecture culturelle**, they appear at the bottom of the selections. Most of the readings that you will encounter here contain glosses. The glossed words are generally those whose meanings are not easily guessed from context and are there to help you. However, try to guess the meaning of unfamiliar words from context first, and use the glosses only to confirm your guess or if you are truly stumped.

L'architecture

Voici quelques exemples d'habitations traditionnelles.

En Afrique centrale et de l'Ouest des maisons construites sur pilotis°, avec un grenier à riz°

En Afrique du Nord des maisons en pisé (de la terre° rouge mélangée° avec de la paille°) construites autour d'un patio central et avec, souvent, une terrasse sur le toit°

Aux Antilles des maisons en bois de toutes les couleurs avec des toits en métal

En Polynésie française des bungalows, construits sur pilotis ou sur le sol, souvent en bambou avec des toits en paille ou en feuilles de cocotier°

Au Viêt-nam des maisons sur pilotis construites sur des lacs, des rivières ou simplement au-dessus du sol°

pilotis *stilts* **grenier à riz** *rice granary* **terre** *clay* **mélangée** *mixed* **paille** *straw* **toit** *roof* **feuilles de cocotier** *coconut palm leaves* **au-dessus du sol** *off the ground*

Le château Frontenac

Le château Frontenac est un hôtel de luxe et un des plus beaux° sites touristiques de la ville de Québec. Construit entre la fin° du XIXe siècle et le

début° du XXe siècle sur le Cap Diamant, dans le quartier du Vieux-Québec, le château offre une vue° spectaculaire sur la ville. Aujourd'hui, avec ses 618 chambres sur 18 étages, son restaurant gastronomique, sa piscine et son centre sportif, le château Frontenac est classé parmi° les 500 meilleurs° hôtels du monde.

un des plus beaux *one of the most beautiful* **fin** *end* **début** *beginning* **vue** *view* **classé parmi** *ranked among* **meilleurs** *best*

 Sur Internet

Qu'est-ce qu'une pendaison de crémaillère? D'où vient cette expression?

Go to **vhlcentral.com** to find more cultural information related to this **Lecture culturelle**. Then watch the corresponding **Flash culture.**

---

2 **Répondez** Répondez aux questions, d'après les informations données dans les textes.

1. Qu'est-ce que le château Frontenac?
2. À quel siècle a commencé la construction du château Frontenac?
3. Dans quel quartier de la ville de Québec le trouve-t-on?
4. Où trouve-t-on les maisons sur pilotis?
5. Quelles sont les caractéristiques des maisons d'Afrique du Nord?

3 **Une année en France** Vous allez habiter en France. Votre partenaire est agent immobilier (*real estate*). Expliquez-lui le type de logement que vous recherchez. Il/Elle va vous donner des renseignements sur les logements disponibles (*available*). Posez des questions pour avoir plus de détails. Voici quelques mots utiles: **le bail** (*lease*), **la caution** (*security deposit*), **les charges** (f.) (*basic utilities*), **le chauffage** (*heating*), **l'électricité** (f.) (*electricity*).

ressources

VM pp. 253–254

vhlcentral.com Leçon 8A

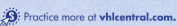 Practice more at **vhlcentral.com.**

A C T I V I T É S

STRUCTURES

Adverbs  Presentation

Point de départ Adverbs describe how, when, and where actions take place. They modify verbs, adjectives, and even other adverbs. You've already learned some adverbs such as **bien**, **déjà**, **surtout**, and **très**.

- To form an adverb from an adjective that ends in a consonant, take the feminine singular form and add **-ment**. This ending is equivalent to the English *-ly*.

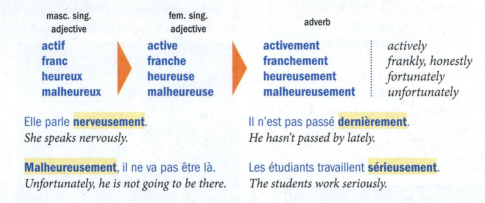

masc. sing. adjective		fem. sing. adjective		adverb	
actif	▶	active	▶	activement	*actively*
franc		franche		franchement	*frankly, honestly*
heureux		heureuse		heureusement	*fortunately*
malheureux		malheureuse		malheureusement	*unfortunately*

Elle parle **nerveusement**.
She speaks nervously.

Il n'est pas passé **dernièrement**.
He hasn't passed by lately.

Malheureusement, il ne va pas être là.
Unfortunately, he is not going to be there.

Les étudiants travaillent **sérieusement**.
The students work seriously.

- If the masculine singular form of an adjective already ends in a vowel, do not use the feminine form. Just add **-ment** to the end of the masculine form.

masc. sing. adjective		adverb	
absolu	▶	absolument	*absolutely*
vrai		vraiment	*really*

Martin répond **poliment**.
Martin answers politely.

Ils louent **facilement** l'appartement.
They rent the apartment easily.

J'ai **vraiment** sommeil aujourd'hui.
I'm really sleepy today.

Le musée est **absolument** magnifique.
The museum is absolutely magnificent.

- To form an adverb from an adjective that ends in **-ant** or **-ent** in the masculine singular, replace the ending with **-amment** or **-emment**, respectively. Both endings are pronounced identically.

masc. sing. adjective		adverb	
constant	▶	constamment	*constantly*
courant		couramment	*fluently*
différent		différemment	*differently*
évident		évidemment	*obviously*

Les élèves lisent **patiemment**.
The pupils are reading patiently.

Je préfère travailler **indépendamment**.
I prefer to work independently.

Elle parle **couramment** français.
She speaks French fluently.

Vous pensez **différemment**.
You think differently.

- The exception to the previous rule is the adjective **lent**. Its adverb is **lentement** (*slowly*).

Mon grand-père marche un peu **lentement**.
My grandfather walks a bit slowly.

Parlez **lentement**, s'il vous plaît.
Speak slowly, please.

- Some adverbs are irregular.

masculine singular adjective		adverb	
bon		**bien**	*well*
gentil		**gentiment**	*nicely*
mauvais		**mal**	*badly*
petit		**peu**	*little*

Son français est bon; il le parle **bien**.
His French is good; he speaks it well.

Leurs devoirs sont mauvais; ils écrivent **mal**.
Their homework is bad; they write badly.

- Although the adverb **rapidement** can be formed from the adjective **rapide**, you can also use the adverb **vite** to say *fast*.

Bérénice habite déjà ici?
Is Bérénice already living here?

Oui, elle a **vite** déménagé.
Yes, she moved fast.

Tu ne comprends pas M. Bellay?
Don't you understand Mr. Bellay?

Non, il parle trop **rapidement**.
No, he speaks too quickly.

- You've learned **jamais**, **parfois**, **rarement**, and **souvent**. Here are three more adverbs of frequency: **de temps en temps** (*from time to time*), **en général** (*in general*), and **quelquefois** (*sometimes*).

Elle visite la capitale **de temps en temps**.
She visits the capital from time to time.

En général, les Parisiens n'ont pas de garage.
In general, Parisians don't have garages.

- Place an adverb that modifies an adjective or another adverb before the word it modifies.

La pièce est **assez** grande.
The room is pretty large.

Ils font **très** vite les rénovations.
They're remodeling very quickly.

- Place an adverb that modifies a verb immediately after the verb.

Elle parle **bien** le français?
Does she speak French well?

Ils déménagent **constamment**.
They move constantly.

- In the **passé composé**, place short adverbs before the past participle.

Ils ont **vite** emménagé.   *but*
They moved in quickly.

Ils ont gagné **facilement**.
They won easily.

Vous avez **bien** joué hier.   *but*
You played well yesterday.

Elle a parlé **franchement**.
She spoke frankly.

> **Boîte à outils**
>
> Adverbs of frequency, such as **de temps en temps**, **en général, quelquefois,** and **aujourd'hui**, are often placed at the beginning or end of a sentence.

> **À noter**
>
> See **Leçon 6A**, p. 215, for a review of the placement of short adverbs with the **passé composé**.

Essayez!   **Donnez les adverbes qui correspondent à ces adjectifs.**

1. complet *complètement*
2. sérieux _____
3. séparé _____
4. constant _____
5. mauvais _____
6. actif _____

7. impatient _____
8. bon _____
9. franc _____
10. difficile _____
11. vrai _____
12. gentil _____

ressources

WB
pp. 101–102

LM
p. 59

vhlcentral.com
Leçon 8A

S T R U C T U R E S

Mise en pratique

1 **Assemblez** Trouvez l'adverbe opposé.

_____ 1. gentiment   a. rarement

_____ 2. bien   b. faiblement

_____ 3. lentement   c. impatiemment

_____ 4. patiemment   d. mal

_____ 5. fréquemment   e. méchamment

_____ 6. fortement   f. vite

2 **Ma maison** Béatrice décrit sa maison. Complétez les phrases avec les adverbes qui correspondent aux adjectifs.

MODÈLE

Il y a _évidemment_ (évident) un salon et une salle à manger.

Ma maison est (1) _____ (bon) construite et elle est (2) _____ (élégant) décorée. La cuisine est à côté de la salle à manger et je peux (*can*) (3) _____ (facile) avoir des amis à la maison. (4) _____ (Malheureux), je n'ai qu'une salle de bains. (5) _____ (Franc), ce n'est pas important parce que j'habite seule et j'aime (6) _____ (vrai) ma maison comme ça. (7) _____ (Heureux), je n'ai pas envie de déménager (8) _____ (rapide)!

3 **On le fait comment?** Décrivez comment Gilles et ses amis font ces actions. Employez l'adverbe logique correspondant à un des adjectifs.

1. Marc et Marie dessinent. (bon, gentil)

2. J'attends mon ami. (rapide, impatient)

3. Ousmane court. (fréquent, intelligent)

4. Tu conduis ta voiture. (fort, prudent)

5. Salima écoute le prof. (courant, attentif)

4 **Chez nous** Avec un(e) partenaire, assemblez les éléments des colonnes pour décrire à tour de rôle votre maison et ce que (*what*) vous faites chez vous.

MODÈLE

Étudiant(e) 1: *Notre cuisine est équipée intelligemment.*
Étudiant(e) 2: *Chez moi, mon père fait la cuisine constamment.*

A	B	C
chambre	déménager	brillamment
cuisine	être arrangé(e)	constamment
je	être décoré(e)	élégamment
meuble	être équipé(e)	gentiment
parents	être rénové(e)	intelligemment
placard	faire la cuisine	patiemment
salle de bains	nettoyer	rapidement
salon	travailler	utilement

Practice more at **vhlcentral.com.**

Communication

5 **À l'université** Vous désirez mieux connaître (*know better*) la vie universitaire. Répondez aux questions de votre partenaire avec les adverbes de la liste ou d'autres.

attentivement	lentement	rapidement
bien	mal	rarement
difficilement	parfois	sérieusement
élégamment	patiemment	souvent
facilement	prudemment	quelquefois

1. Quand vas-tu à l'université?
2. Comment étudies-tu en général?
3. Quand tes amis et toi étudiez-vous ensemble?
4. Comment les étudiants écoutent-ils leur prof?
5. Comment ton prof de français parle-t-il?
6. Comment conduis-tu quand tu vas à la fac?
7. Quand ton/ta camarade de chambre fait-il/elle du sport?
8. Tes amis et toi, allez-vous souvent au cinéma?
9. Tes amis et toi, mangez-vous toujours (*always*) au resto U?
10. Comment as-tu décoré ta chambre?

6 **Fréquences** Votre professeur va vous donner une feuille d'activités. Circulez dans la classe et demandez à vos camarades à quelle fréquence ils/elles font ces choses. Trouvez une personne différente pour chaque réponse, puis présentez-les à la classe.

MODÈLE

Étudiant(e) 1: *À quelle fréquence nettoies-tu ta chambre?*
Étudiant(e) 2: *Je nettoie ma chambre fréquemment.*

7 **Notre classe** Par groupes de quatre, choisissez les camarades de votre classe qui correspondent à ces descriptions. Trouvez le plus (*most*) de personnes possible.

Qui dans la classe...

1. ... bavarde constamment avec ses voisins?
2. ... parle bien français?
3. ... chante bien?
4. ... apprend facilement les langues?
5. ... écoute attentivement le prof?
6. ... travaille sérieusement après les cours?
7. ... aime beaucoup les maths?
8. ... travaille trop?
9. ... dessine souvent pendant le cours?
10. ... dort parfois pendant le cours?
11. ... oublie fréquemment ses devoirs?
12. ... mange rarement au resto U?

8A.2

The *imparfait* Presentation

Point de départ You've learned how the **passé composé** can express past actions. Now you'll learn another past tense, the **imparfait** *(imperfect)*.

- The **imparfait** can be translated into English in several ways.

  Hakim **déménageait** souvent quand il était petit.
  Hakim moved often when he was little.
  Hakim used to move often when he was little.
  Hakim was moving often when he was little.

  Nina **chantait** sous la douche tous les matins.
  Nina sang in the shower every morning.
  Nina used to sing in the shower every morning.
  Nina was singing in the shower every morning.

À noter

You'll learn to distinguish the **imparfait** from the **passé composé** in **Leçon 8B**.

- The **imparfait** is used to talk about actions that took place repeatedly or habitually during an unspecified period of time.

  Je **passais** l'hiver à Lausanne.
  I was spending the winters in Lausanne.

  Vous m'**écriviez** tous les jours.
  You used to write to me every day.

  Nous **achetions** des fleurs au marché.
  We used to buy flowers at the market.

  Il **vendait** des meubles.
  He used to sell furniture.

🏃 Boîte à outils

Note that the forms ending in -**ais**, -**ait**, and -**aient** are all pronounced identically. An easy way to avoid confusion while writing these forms is by remembering that the **je** and **tu** forms never end in a -**t**.

- The **imparfait** is a simple tense, which means that it does not require an auxiliary verb. To form the **imparfait**, drop the -**ons** ending from the **nous** form of the present tense and replace it with these endings.

The *imparfait*				
	parler (parl~~ons~~)	finir (finiss~~ons~~)	vendre (vend~~ons~~)	boire (buv~~ons~~)
je	parl**ais**	finiss**ais**	vend**ais**	buv**ais**
tu	parl**ais**	finiss**ais**	vend**ais**	buv**ais**
il/elle/on	parl**ait**	finiss**ait**	vend**ait**	buv**ait**
nous	parl**ions**	finiss**ions**	vend**ions**	buv**ions**
vous	parl**iez**	finiss**iez**	vend**iez**	buv**iez**
ils/elles	parl**aient**	finiss**aient**	vend**aient**	buv**aient**

- Verbs whose infinitives end in -**ger** add an **e** before all endings of the **imparfait** except in the **nous** and **vous** forms. Verbs whose infinitives end in -**cer** change **c** to **ç** before all endings except in the **nous** and **vous** forms.

  tu déménag**e**ais   *but*   nous déménagions

  les invités commen**ç**aient   *but*   vous commenciez

  Mes parents **voyageaient** parfois en Afrique.
  My parents used to travel sometimes to Africa.

  Vous **mangiez** tous des pâtes le soir?
  Did you all eat pasta in the evening?

  À quelle heure **commençait** l'école?
  At what time did school start?

  Nous **commencions** notre journée à huit heures.
  We used to start our day at 8 o'clock.

- Note that the **nous** and **vous** forms of infinitives ending in **-ier** contain a double **i** in the **imparfait**.

Vous **skiiez** dans les Alpes en janvier.
You used to ski in the Alps in January.

Nous **étudiions** parfois jusqu'à minuit.
We studied until midnight sometimes.

Je pensais que tu avais du travail.

Mais ma chérie, c'était une surprise.

- The **imparfait** is used for description, often with the verb **être**, which is irregular in this tense.

The *imparfait* of *être*	
j'étais	nous étions
tu étais	vous étiez
il/elle/on était	ils/elles étaient

La cuisine **était** à côté du salon.
The kitchen was next to the living room.

Les toilettes **étaient** au rez-de-chaussée.
The restrooms were on the ground floor.

Étiez-vous heureux avec Francine?
Were you happy with Francine?

Nous **étions** dans le jardin.
We were in the garden.

- Note the imperfect forms of these expressions.

Il pleuvait chaque matin.
It rained each morning.

Il neigeait parfois au printemps.
It snowed sometimes in the spring.

Il y avait deux lits et une lampe.
There were two beds and a lamp.

Il fallait payer le loyer.
It was necessary to pay rent.

 Essayez! **Choisissez la réponse correcte pour compléter les phrases.**

1. Muriel (louait/louais) un appartement en ville.
2. Rodrigue (partageait /partagiez) une chambre avec un autre étudiant.
3. Nous (payait/payions) notre loyer une fois par mois.
4. Il y (avait /était) des balcons au premier étage.
5. Vous (mangeait/mangiez) chez Arnaud le samedi.
6. Je n'(avais/étais) pas peur du chien.
7. Il (neigeait /fallait) mettre le chauffage (*heat*) quand il (faisaient/faisait) froid.
8. Qu'est-ce que tu (faisait/ faisais) dans le couloir?
9. Vous (aimiez /aimaient) beaucoup le quartier?
10. Nous (étaient/étions) trois dans le petit studio.
11. Rémy et Nathalie (louait/louaient) leur appartement.
12. Il (avais/pleuvait) constamment en juillet.

ressources

WB
pp. 103–104

LM
p. 60

S
vhlcentral.com
Leçon 8A

STRUCTURES

Mise en pratique

1 **Nos déménagements** La famille d'Emmanuel déménageait souvent quand il était petit. Complétez son histoire en mettant les verbes à l'imparfait.

Quand j'étais jeune, mon père (1) _____ (travailler) pour une société canadienne et nous (2) _____ (déménager) souvent. Quand nous (3) _____ (emménager), je (4) _____ (décorer) les murs de ma nouvelle chambre. Ma petite sœur (5) _____ (détester) déménager. Elle (6) _____ (dire) qu'elle (7) _____ (perdre) tous ses amis et que ce n' (8) _____ (être) pas juste!

2 **Rien n'a changé** Laurent parle de l'école à son grand-père, qui lui explique que les choses n'ont pas changé. Employez l'imparfait pour transformer les phrases de Laurent et donner les phrases de son grand-père.

Laurent: Les cours commencent à 7h30. Je prends le bus pour aller à l'école. J'ai beaucoup d'amis. Mes copains et moi, nous mangeons à midi. Mon dernier cours finit à 16h00. Mon école est très sympa et je l'adore!

Grand-père: Les cours...

_____

_____

3 **Le samedi** Dites ce que (*what*) ces personnes faisaient habituellement le samedi.

▶ **MODÈLE**

Paul dormait.

Paul

1. je

_____

2. ils

_____

3. vous

_____

4. tu

_____

4 **Maintenant et avant** Qu'est-ce qu'Emmanuel et sa famille font différemment aujourd'hui? Avec un(e) partenaire, écrivez des phrases à l'imparfait et trouvez les adverbes opposés.

MODÈLE

beaucoup travailler (je)
Maintenant je travaille beaucoup, mais avant je travaillais peu.

1. rarement déménager (je)

2. facilement louer une grande maison (nous)

3. souvent nettoyer ton studio (tu)

4. parfois acheter des meubles (mes parents)

5. vite conduire (vous)

6. patiemment attendre son anniversaire (ma sœur)

Practice more at **vhlcentral.com.**

Communication

 5 Quand tu avais seize ans À tour de rôle, posez ces questions à votre partenaire pour savoir (*to know*) les détails de sa vie quand il/elle avait seize ans.

1. Où habitais-tu?
2. Est-ce que tu conduisais déjà une voiture?
3. Où est-ce que ta famille et toi alliez en vacances?
4. Pendant combien de temps partiez-vous en vacances?
5. Est-ce que tes amis et toi, vous sortiez tard le soir?
6. Que faisaient tes parents le week-end?
7. Quels sports pratiquais-tu?
8. Quel genre de musique écoutais-tu?
9. Comment était ton école?
10. Aimais-tu l'école? Pourquoi?

6 La chambre de Rafik Voici la chambre de Rafik quand il était adolescent. Avec un(e) partenaire, employez des verbes à l'imparfait pour comparer la chambre de Rafik avec votre chambre quand vous aviez son âge.

MODÈLE

Étudiant(e) 1: *Je n'avais pas de salle de bains à côté de ma chambre. Et toi?*
Étudiant(e) 2: *Moi, je partageais la salle de bains avec ma sœur.*

7 Chez les grands-parents Quand vous étiez petit(e), vous passiez toujours les vacances à la campagne chez vos grands-parents. À tour de rôle, décrivez à votre partenaire une journée typique de vacances.

 MODÈLE

Notre journée commençait très tôt le matin. Mémé préparait du pain...

8 Une énigme La nuit dernière, quelqu'un est entré dans le bureau de votre professeur et a emporté (*took away*) l'examen de français. Vous devez (*must*) trouver qui. Qu'est-ce que vos camarades de classe faisaient hier soir? Relisez vos notes et dites qui est le voleur (*thief*). Ensuite, présentez vos conclusions à la classe.

SYNTHÈSE

Révision

1 **Mes affaires** Vous cherchez vos affaires (*belongings*). À tour de rôle, demandez de l'aide à votre partenaire. Où étaient-elles la dernière fois? Utilisez l'illustration pour les trouver.

MODÈLE

Étudiant(e) 1: *Je cherche mes baskets. Où sont-elles?*

Étudiant(e) 2: *Tu n'as pas cherché sur l'étagère? Elles étaient sur l'étagère.*

baskets	ordinateur
casquette	parapluie
journal	pull
livre	sac à dos

2 **Les anniversaires** Avec un(e) partenaire, préparez huit questions pour apprendre comment vos camarades de classe célébraient leur anniversaire quand ils étaient enfants. Employez l'imparfait et des adverbes dans vos questions, puis posez-les à un autre groupe.

MODÈLE

Étudiant(e) 1: *Que faisais-tu avant pour ton anniversaire?*

Étudiant(e) 2: *Quand j'étais petit, mes parents organisaient souvent une fête.*

3 **Sports et loisirs** Votre professeur va vous donner une feuille d'activités. Circulez dans la classe et demandez à vos camarades s'ils pratiquaient ces activités avant d'entrer à la fac. Trouvez une personne différente qui dit oui pour chaque activité. Présentez les réponses à la classe.

MODÈLE

Étudiant(e) 1: *Est-ce que tu faisais souvent du jogging avant d'entrer à la fac?*

Étudiant(e) 2: *Oui, je courais souvent le matin.*

4 **Avant et après** Voici la chambre d'Annette avant et après une visite de sa mère. Comment était sa chambre à l'origine? Avec un(e) partenaire, décrivez la pièce à tour de rôle et cherchez les différences entre les deux illustrations.

MODÈLE

Avant, la lampe était à côté de l'ordinateur. Maintenant, elle est à côté du canapé.

5 **Mes mauvaises habitudes** Vous aviez de mauvaises habitudes, mais vous les avez changées. Maintenant, vous parlez avec votre ancien(ne) patron(ne) (*former boss*) pour essayer de récupérer l'emploi que vous avez perdu. Avec un(e) partenaire, préparez la conversation.

MODÈLE

Étudiant(e) 1: *Impossible de vous employer! Vous dormiez tout le temps.*

Étudiant(e) 2: *Je dormais souvent, mais je travaillais aussi. Cette fois, je vais travailler sérieusement.*

6 **Nous cherchons une maison** Votre professeur va vous donner, à vous et à votre partenaire, une feuille d'information sur quatre maisons à louer. Attention! Ne regardez pas la feuille de votre partenaire.

MODÈLE

Étudiant(e) 1: *Malheureusement, la première maison avait un très petit balcon.*

Étudiant(e) 2: *Mais heureusement, elle avait deux salles de bains.*

(S) Video

Le Zapping

Century 21 France

La société immobilière° Century 21 France commence ses opérations en 1987. Ses agences franchisées ont un grand succès, et Century 21 devient° bientôt une des principales sociétés immobilières de France. Elle utilise un marketing innovateur, qui diffuse à la télévision et sur Internet des publicités° à l'humour contemporain et parfois décalé°. L'une de ses campagnes publicitaires, par exemple, montre les risques qu'on prend si on n'a pas d'agent immobilier quand on achète ou vend une maison.

L'IMMOBILIER, C'EST PLUS SIMPLE AVEC UN AGENT IMMOBILIER

www.century21france.fr

—Alors, d'abord le salon...

—Des pièces, des pièces, des pièces...

Compréhension Répondez aux questions.

1. Quelles pièces le propriétaire de l'appartement montre-t-il au couple?
2. Comment est sa description de l'appartement?
3. Que ne mentionne-t-il pas du tout?

Discussion Par groupes de trois, répondez aux questions et discutez-en (*discuss them*).

1. Un agent immobilier est-il vraiment nécessaire pour vendre ou acheter une maison? Pourquoi?
2. Jouez les rôles d'un agent immobilier très compétent qui montre une maison à deux clients. Quelles pièces montrez-vous? Quels détails donnez-vous? Jouez la scène devant la classe.

société immobilière *real estate company* **devient** *becomes* **publicités** *ads* **décalé** *offbeat*

Go to **vhlcentral.com** to watch the TV clip featured in this Le Zapping.

Leçon 8B

You will learn how to...
- talk about chores
- talk about appliances

Les tâches ménagères

Vocabulaire

débarrasser la table	to clear the table
enlever/faire la poussière	to dust
essuyer la vaisselle/ la table	to dry the dishes/ to wipe the table
faire la lessive	to do the laundry
faire le ménage	to do the housework
laver	to wash
mettre la table	to set the table
passer l'aspirateur	to vacuum
ranger	to tidy up; to put away
salir	to soil, to make dirty
sortir la/les poubelle(s)	to take out the trash
propre	clean
sale	dirty
un appareil électrique/ ménager	electrical/household appliance
une cafetière	coffeemaker
un grille-pain	toaster
un lave-linge	washing machine
un lave-vaisselle	dishwasher
un sèche-linge	clothes dryer
une tâche ménagère	household chore

un évier

un four à micro-ondes

Elle fait le lit.

un oreiller

les draps (m.)

Il fait la vaisselle.

une couverture

un congélateur

une cuisinière

Elle balaie. (balayer)

un frigo

un balai

le linge

Mise en pratique

 Audio: Vocabulary

1 **Écoutez** 🎧 Écoutez la conversation téléphonique (*phone call*) entre Édouard, un étudiant, et un psychologue à la radio. Ensuite, indiquez les tâches ménagères que faisaient Édouard et Paul au début du semestre.

	Édouard	Paul
1. Il faisait la cuisine.	☐	☐
2. Il faisait les lits.	☐	☐
3. Il passait l'aspirateur.	☐	☐
4. Il sortait la poubelle.	☐	☐
5. Il balayait.	☐	☐
6. Il faisait la lessive.	☐	☐
7. Il faisait la vaisselle.	☐	☐
8. Il nettoyait le frigo.	☐	☐

2 **On fait le ménage** Complétez les phrases suivantes avec le bon mot pour faire une phrase logique.

1. On balaie avec _____.
2. On repasse le linge avec _____.
3. On fait la lessive avec _____.
4. On lave la vaisselle avec _____.
5. On prépare le café avec _____.
6. On sèche la lessive avec _____.
7. On met la glace dans _____.
8. Pour faire le lit, on doit arranger _____, _____ et _____.

3 **Les tâches ménagères** Avec un(e) partenaire, indiquez quelles tâches ménagères vous faites dans chaque pièce ou partie de votre logement. Il y a plus d'une réponse possible.

1. La chambre: _____
2. La cuisine: _____
3. La salle de bains: _____
4. La salle à manger: _____
5. La salle de séjour: _____
6. Le garage: _____
7. Le jardin: _____
8. L'escalier: _____

Il sort la poubelle.

un fer à repasser

Il repasse. (repasser)

CONTEXTES

Communication

4 **Conversez** Interviewez un(e) camarade de classe.

1. Qui fait la vaisselle chez toi?
2. Qui fait la lessive chez toi?
3. Fais-tu ton lit tous les jours?
4. Quelles tâches ménagères as-tu faites le week-end dernier?
5. Repasses-tu tous tes vêtements?
6. Quelles tâches ménagères détestes-tu faire?
7. Quels appareils électriques as-tu chez toi?
8. Ranges-tu souvent ta chambre?

5 **Camarade de chambre** Vous cherchez un(e) camarade de chambre pour habiter dans une résidence universitaire et deux personnes ont répondu à votre petite annonce (*ad*) dans le journal. Travaillez avec deux camarades de classe et préparez un dialogue dans lequel (*in which*) vous:

- parlez des tâches ménagères que vous détestez/aimez faire.
- parlez des responsabilités de votre nouveau/nouvelle camarade de chambre.
- parlez de vos passions et de vos habitudes.
- décidez quelle est la personne qui vous convient le mieux (*suits you the best*).

6 **Qui fait quoi?** Votre professeur va vous donner une feuille d'activités. Dites si vous faites les tâches indiquées en écrivant **Oui** ou **Non** dans la première colonne. Ensuite, posez des questions à vos camarades de classe; écrivez leur nom dans la deuxième colonne quand ils répondent **Oui**. Présentez vos réponses à la classe.

> **MODÈLE**
>
> mettre la table pour prendre le petit-déjeuner
>
> **Étudiant(e) 1:** *Est-ce que tu mets la table pour prendre le petit-déjeuner?*
>
> **Étudiant(e) 2:** *Oui, je mets la table chaque matin./ Non, je prends le petit-déjeuner au resto U, donc je ne mets pas la table.*

Activités	Moi	Mes camarades de classe
1. mettre la table pour prendre le petit-déjeuner		
2. passer l'aspirateur tous les jours		
3. salir ses vêtements quand on mange		
4. nettoyer les toilettes		
5. balayer la cuisine		
6. débarrasser la table après le dîner		
7. enlever souvent la poussière sur son ordinateur		
8. laver les vitres (*windows*)		

7 **Écrivez** L'appartement de Martine est un désastre: la cuisine est sale et comme vous pouvez (*can*) l'imaginer, le reste de l'appartement est encore pire (*worse*). Préparez un paragraphe où vous décrivez les problèmes que vous voyez (*see*) et que vous imaginez. Ensuite, écrivez la liste des tâches que Martine va faire pour tout nettoyer.

Les sons et les lettres

Audio: Concepts, Activities
Record & Compare

 ## Semi-vowels

French has three semi-vowels. Semi-vowels are sounds that are produced in much the same way as vowels, but also have many properties in common with consonants. Semi-vowels are also sometimes referred to as *glides* because they glide from or into the vowel they accompany.

| h**i**er | ch**ien** | s**oi**f | n**ui**t |

The semi-vowel that occurs in the word **bien** is very much like the *y* in the English word *yes*. It is usually spelled with an **i** or a **y** (pronounced *ee*), then glides into the following sound. This semi-vowel sound may also be spelled **ll** after an **i**.

| nat**io**n | bala**ye**r | b**ie**n | br**ill**ant |

The semi-vowel that occurs in the word **soif** is like the *w* in the English word *was*. It usually begins with **o** or **ou**, then glides into the following vowel.

| tr**oi**s | fr**oi**d | **oui** | L**oui**s |

The third semi-vowel sound occurs in the word **nuit**. It is spelled with the vowel **u**, as in the French word **tu**, then glides into the following sound.

| l**ui** | s**ui**s | cr**ue**l | intellect**ue**l |

 Prononcez Répétez les mots suivants à voix haute.

1. oui
2. taille
3. suisse
4. fille
5. mois
6. cruel
7. minuit
8. jouer
9. cuisine
10. juillet
11. échouer
12. croissant

Articulez Répétez les phrases suivantes à voix haute.

1. Voici trois poissons noirs.
2. Louis et sa famille sont suisses.
3. Parfois, Grégoire fait de la cuisine chinoise.
4. Aujourd'hui, Matthieu et Damien vont travailler.
5. Françoise a besoin de faire ses devoirs d'histoire.
6. La fille de Monsieur Poirot va conduire pour la première fois.

Dictons Répétez les dictons à voix haute.

La nuit, tous les chats sont gris.[1]

Vouloir, c'est pouvoir.[2]

[1] All cats are gray in the dark.
[2] Where there's a will, there's a way.

ROMAN-PHOTO

La vie sans Pascal

Video: *Roman-photo*
Record & Compare

PERSONNAGES

Amina

Michèle

Sandrine

Stéphane

Valérie

Au P'tit Bistrot...

MICHÈLE Tout va bien, Amina?
AMINA Oui, ça va, merci. (*Au téléphone*) Allô?... Qu'est-ce qu'il y a Sandrine?... Non, je ne le savais pas, mais franchement, ça ne me surprend pas... Écoute, j'arrive chez toi dans quinze minutes, d'accord? ... À tout à l'heure!

MICHÈLE Je débarrasse la table?
AMINA Oui, merci et apporte-moi l'addition, s'il te plaît.
MICHÈLE Tout de suite.

VALÉRIE Tu as fait ton lit ce matin?
STÉPHANE Oui, maman.
VALÉRIE Est-ce que tu as rangé ta chambre?
STÉPHANE Euh... oui, ce matin pendant que tu faisais la lessive.

Chez Sandrine...

SANDRINE Salut, Amina! Merci d'être venue.
AMINA Mmmm. Qu'est-ce qui sent si bon?
SANDRINE Il y a des biscuits au chocolat dans le four.
AMINA Oh, est-ce que tu les préparais quand tu m'as téléphoné?

SANDRINE Tu as soif?
AMINA Un peu, oui.
SANDRINE Sers-toi, j'ai des jus de fruits au frigo.

Sandrine casse (breaks) une assiette.

SANDRINE Et zut!
AMINA Ça va, Sandrine?
SANDRINE Oui, oui... passe-moi le balai, s'il te plaît.
AMINA N'oublie pas de balayer sous la cuisinière.
SANDRINE Je sais! Excuse-moi, Amina. Comme je t'ai dit au téléphone, Pascal et moi, c'est fini.

A C T I V I T É S

1 Questions Répondez aux questions suivantes par des phrases complètes.

1. Avec qui Amina parle-t-elle au téléphone?
2. Comment va Sandrine aujourd'hui? Pourquoi?
3. Est-ce que Stéphane a fait toutes ses tâches ménagères?
4. Qu'est-ce que Sandrine préparait quand elle a téléphoné à Amina?

 Practice more at **vhlcentral.com**.

5. Amina a faim et a soif. À votre avis (*opinion*), qu'est-ce qu'elle va prendre?
6. Pourquoi Amina n'est-elle pas fâchée (*angry*) contre Sandrine?
7. Pourquoi Amina pense-t-elle que Sandrine aimerait (*would like*) un petit ami américain?
8. Sandrine pense qu'Amina devrait (*should*) rencontrer Cyberhomme, mais Amina pense que ce n'est pas une bonne idée. À votre avis, qui a raison?

Amina console Sandrine.

VALÉRIE Hmm... et la vaisselle? Tu as fait la vaisselle?
STÉPHANE Non, pas encore, mais...
MICHÈLE Il me faut l'addition pour Amina.
VALÉRIE Stéphane, tu dois faire la vaisselle avant de sortir.
STÉPHANE Bon ça va, j'y vais!

VALÉRIE Ah Michèle, il faut sortir les poubelles pour ce soir!
MICHÈLE Oui, comptez sur moi, Madame Forestier.
VALÉRIE Très bien! Moi, je rentre, il est l'heure de préparer le dîner.

SANDRINE Il était tellement pénible. Bref je suis de mauvaise humeur aujourd'hui.
AMINA Ne t'en fais pas, je comprends.
SANDRINE Toi, tu as de la chance.
AMINA Pourquoi tu dis ça?
SANDRINE Tu as ton Cyberhomme. Tu vas le rencontrer un de ces jours?
AMINA Oh... Je ne sais pas si c'est une bonne idée.

SANDRINE Pourquoi pas?
AMINA Sandrine, il faut être prudent dans la vie, je ne le connais pas vraiment, tu sais.
SANDRINE Comme d'habitude, tu as raison. Mais finalement, un cyberhomme c'est peut-être mieux qu'un petit ami. Ou alors un petit ami artistique, charmant et beau garçon.
AMINA Et américain?

Expressions utiles

Talking about what you know

- Je ne le savais pas, mais franchement, ça ne me surprend pas.
  I didn't know that, but frankly, I'm not surprised.
- Je sais!
  I know!
- Je ne sais pas si c'est une bonne idée.
  I don't know if that's a good idea.
- Je ne le connais pas vraiment, tu sais.
  I don't really know him, you know.

Additional vocabulary

- Comptez sur moi.
  Count on me.
- Ne t'en fais pas.
  Don't worry about it.
- J'y vais!
  I'm going there!/I'm on my way!
- pas encore
  not yet
- tu dois
  you must
- être de bonne/mauvaise humeur
  to be in a good/bad mood

---

2 **Le ménage** Indiquez qui a fait ou va faire les tâches ménagères suivantes: Michèle (**M**), Stéphane (**St**), Valérie (**V**), Sandrine (**S**), Amina (**A**) ou personne (*no one*) (**P**).

1. sortir la poubelle
2. balayer
3. passer l'aspirateur
4. faire la vaisselle
5. faire le lit
6. débarrasser la table
7. faire la lessive
8. ranger sa chambre

3 **Écrivez** Vous avez gagné un pari (*bet*) avec votre colocataire et, par conséquent, il/elle doit faire (*must do*) toutes les tâches ménagères que vous lui indiquez pendant un mois. Faites une liste de dix tâches minimum. Pour chaque tâche, précisez la pièce du logement et combien de fois par semaine il/elle doit l'exécuter.

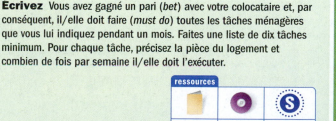

ressources		
VM pp. 217–218	DVD Leçon 8B	vhlcentral.com Leçon 8B

ACTIVITÉS

S Reading

L'intérieur des logements

L'intérieur des maisons et des appartements français est assez° différent de celui des Américains. Quand on entre dans un vieil immeuble en France, on est dans un hall° où il y a des boîtes aux lettres°. Ensuite, il y a souvent une deuxième porte. Celle-ci conduit à° l'escalier. Il n'y a pas souvent d'ascenseur, mais s'il y en a un°, en général, il est très petit et il est au milieu de° l'escalier. Le hall de l'immeuble peut aussi avoir une porte qui donne sur une cour° ou un jardin, souvent derrière le bâtiment°.

À l'intérieur des logements, les pièces sont en général plus petites que° les pièces américaines, surtout les cuisines et les salles de bains. Dans la cuisine, on trouve tous les appareils ménagers nécessaires (cuisinière, four, four à micro-ondes, frigo), mais ils sont plus petits qu'aux États-Unis. Les lave-vaisselle sont assez rares dans les appartements et plus communs dans les maisons. On a souvent une seule° salle de bains et les toilettes sont en général dans une autre petite pièce séparée°. Les lave-linge sont aussi assez petits et on les trouve dans la cuisine ou dans la salle de bains. Dans les chambres en France il n'y a pas de grands placards et les vêtements sont rangés la plupart° du temps dans une armoire. Les fenêtres s'ouvrent° sur l'intérieur, un peu comme des portes.

assez *rather* **hall** *entryway* **boîtes aux lettres** *mailboxes* **conduit à** *leads to* **s'il y en a un** *if there is one* **au milieu de** *in the middle of* **cour** *courtyard* **bâtiment** *building* **plus petites que** *smaller than* **une seule** *only one* **séparée** *separate* **la plupart** *most* **s'ouvrent** *open*

Combien de logements ont ces appareils ménagers?

Réfrigérateur	97%
Lave-linge	95%
Cuisinière/Four	94%
Four à micro-ondes	70%
Congélateur	58%
Lave-vaisselle	45%
Sèche-linge	28%

Coup de main

Demonstrative pronouns help to avoid repetition.

	S.	P.
M.	celui	ceux
F.	celle	celles

Ce lit est grand, mais le lit de Monique est petit.

Ce lit est grand, mais **celui** de Monique est petit.

A C T I V I T É S

1 **Complétez** Complétez chaque phrase logiquement.

1. Dans le hall d'un immeuble français, on trouve...
2. Au milieu de l'escalier, dans les vieux immeubles français,...
3. Derrière les vieux immeubles, on trouve souvent...
4. Les cuisines et les salles de bains françaises sont...
5. Dans les appartements français, il est assez rare d'avoir...
6. Les logements français ont souvent une seule...
7. En France, les toilettes sont souvent...
8. Les Français rangent souvent leurs vêtements dans une armoire parce qu'ils...
9. On trouve souvent le lave-linge...

Visualizing

As you read a text in French, pick a good stopping point and close your eyes. Try to picture an image in your mind's eye of the information that you have understood up to that point. Doing so might call to mind other visual details that you associate with those explicitly mentioned in the text. As you read the **Culture à la loupe** selection on the previous page, try to visualize the inside of a typical French home.

LE MONDE FRANCOPHONE

Architecture moderne et ancienne

Architecte suisse

Le Corbusier Originaire du canton de Neuchâtel, il est l'un des principaux représentants du mouvement moderne au début° du 20e siècle. Il est connu° pour être l'inventeur de l'unité d'habitation°, concept sur les logements collectifs qui rassemblent dans un même lieu garderie° d'enfants, piscine, écoles, commerces et lieux de rencontre. Il est naturalisé français en 1930.

Architecture du Maroc

Les riads, mot° qui à l'origine signifie «jardins» en arabe, sont de superbes habitations anciennes° construites pour préserver la fraîcheur°. On les trouve au cœur° des ruelles° de la médina (quartier historique). **Les kasbah,** bâtisses° de terre° dans le Sud marocain, ce sont des exemples d'un art typiquement berbère et rural.

début *beginning* **connu** *known* **unité d'habitation** *housing unit* **garderie** *nursery school* **mot** *word* **anciennes** *old* **fraîcheur** *coolness* **cœur** *heart* **ruelles** *alleyways* **bâtisses** *dwellings* **terre** *earth*

Le Vieux Carré

Le Vieux Carré, aussi appelé le Quartier Français, est le centre historique de La Nouvelle-Orléans. Il a conservé le souvenir° des époques° coloniales du 18e siècle°. La culture française est toujours présente avec des noms de rues° français comme *Toulouse* ou *Chartres*, qui sont de grandes villes françaises. Cependant° le style architectural n'est pas français; il est espagnol. Les maisons avec les beaux balcons sont l'héritage de l'occupation espagnole de la deuxième moitié° du 18e siècle.

Mardi gras, en février, est la fête la plus populaire de La Nouvelle-Orléans, qui est aussi très connue° pour son festival de jazz, en avril.

souvenir *memory* **époques** *times* **siècle** *century* **noms de rues** *street names* **Cependant** *However* **moitié** *half* **connue** *known*

🔊 Sur Internet

Qu'est-ce qu'on peut voir (*see*) au musée des Arts décoratifs de Paris?

Go to vhlcentral.com to find more cultural information related to this **Lecture culturelle**.

---

2 Complétez Complétez les phrases.

1. Le Vieux Carré est aussi appelé _____.
2. _____ et _____ sont deux noms de rues français à La Nouvelle-Orléans.
3. Le style architectural du Vieux Carré n'est pas français mais _____.
4. La Nouvelle-Orléans est connue pour son festival de _____.
5. Le Corbusier est l'inventeur de _____.
6. On trouve les riads parmi (*among*) les ruelles de _____.

3 C'est le désordre! Vos parents viennent vous rendre visite ce soir et c'est le désordre dans tout l'appartement. Avec un(e) partenaire, inventez une conversation où vous lui donnez cinq ordres pour nettoyer avant l'arrivée de vos parents. Jouez la scène devant la classe.

🔊 Practice more at **vhlcentral.com.**

ressources

vhlcentral.com
Leçon 8B

A C T I V I T É S

8B.1

The *passé composé* vs. the *imparfait* Presentation

Point de départ Although the **passé composé** and the **imparfait** are both past tenses, they have very distinct uses and are not interchangeable. The choice between these two tenses depends on the context and on the point of view of the speaker.

J'ai rangé ma chambre pendant que tu faisais la lessive.

Tu les préparais quand tu m'as téléphoné?

Uses of the *passé composé*

To express actions that started and ended in the past and are viewed by the speaker as completed	**J'ai balayé** l'escalier deux fois. *I swept the stairs twice.* Elle **a lavé** la vaisselle après le dîner. *She washed the dishes after dinner.*
To express the beginning or end of a past action	Le film **a commencé** à huit heures. *The movie began at 8 o'clock.* Ils **ont fini** leurs devoirs hier. *They finished their homework yesterday.*
To narrate a series of past actions or events	Nous **avons fait** les lits, nous **avons rangé** les chambres et nous **avons passé** l'aspirateur. *We made the beds, tidied up the rooms, and vacuumed.*

Uses of the *imparfait*

To describe an ongoing past action with no reference to its beginning or end	Vous **faisiez** la lessive très tôt. *You were doing laundry very early.* Tu **attendais** dans le café? *Were you waiting in the café?*
To express habitual past actions and events	On **débarrassait** toujours la table à neuf heures. *We always cleared the table at 9 o'clock.* Nous **allions** souvent à la plage. *We used to go to the beach often.*
To describe mental, physical, and emotional states or conditions	Mon ami **avait** faim et il **avait** envie de manger quelque chose. *My friend was hungry and felt like eating something.*

- When the **passé composé** and the **imparfait** occur in the same sentence, the action in the **passé composé** often interrupts the ongoing action in the **imparfait**.

  Vous **dormiez** et tout d'un coup,
  il a **téléphoné**.
  *You were sleeping, and all of
  a sudden he phoned.*

  Notre père **repassait** le linge
  quand vous **êtes arrivées**.
  *Our father was ironing when
  you arrived.*

- Sometimes the use of the **imparfait** and the **passé composé** in the same sentence expresses a cause and effect.

  J'**avais** faim, donc j'**ai mangé**
  quelque chose.
  I was hungry so I ate something.

  Elle **a dormi** parce qu'elle
  avait sommeil.
  She slept because she was sleepy.

- The **passé composé** and the **imparfait** are often used together to narrate. The **imparfait** provides the background description, such as time, weather, and location. The **passé composé** indicates the specific events foregrounded in the story.

  Il **était** deux heures et il **faisait** chaud. Les étudiants **attendaient** impatiemment les vacances d'été. Le prof **est entré** dans la salle pour leur donner les résultats...
  It was 2 o'clock and it was hot. The students were waiting impatiently for their summer vacation. The professor came into the classroom to give them the results...

  J'**avais** peur parce que j'**étais** seul dans la maison. Mes parents **dînaient** au restaurant avec des amis et le quartier **était** désert. Soudain, j'**ai entendu** quelque chose...
  I was afraid because I was alone in the house. My parents were having dinner at a restaurant with some friends and the neighborhood was deserted. Suddenly, I heard something...

- Certain adverbs often indicate a particular past tense.

Expressions that signal a past tense			
passé composé		imparfait	
soudain	*suddenly*	**autrefois**	*in the past*
tout d'un coup	*all of a sudden*	**d'habitude**	*usually*
une (deux, etc.) fois	*once (twice, etc.)*	**parfois**	*sometimes*
		souvent	*often*
		toujours	*always*
		tous les jours	*every day*

Essayez! **Donnez les formes correctes des verbes.**

passé composé

1. commencer (il) _il a commencé_
2. acheter (tu) _____
3. boire (nous) _____
4. apprendre (ils) _____
5. répondre (je) _____
6. sortir (il) _____
7. descendre (elles) _____
8. être (vous) _____

imparfait

1. jouer (nous) _nous jouions_
2. être (tu) _____
3. prendre (elles) _____
4. avoir (vous) _____
5. conduire (il) _____
6. falloir (il) _____
7. boire (je) _____
8. étudier (nous) _____

ressources

WB
pp. 107–108

LM
p. 63

vhlcentral.com
Leçon 8B

STRUCTURES

Mise en pratique

1 **Le week-end dernier** Qu'est-ce que la famille Tran a fait le week-end dernier?

MODÈLE nous / passer le week-end / chez des amis
Nous avons passé le week-end chez des amis.

1. faire / beau / quand / nous / arriver
2. nous / être / fatigué / mais content
3. Audrey et son amie / aller / à la piscine
4. moi, je / décider de / dormir un peu
5. samedi soir / pleuvoir / quand / nous / sortir / cinéma
6. nous / rire / beaucoup / parce que / film / être / amusant
7. minuit / nous / rentrer / chez nous
8. Lanh / regarder / télé / quand / nous / arriver
9. dimanche matin / nous / passer / chez des amis
10. nous / passer / cinq heures / chez eux
11. ce / être / très / sympa

2 **Une surprise désagréable** Récemment, Benoît a fait un séjour à Strasbourg avec un collègue. Complétez ses phrases avec l'imparfait ou le passé composé.

Ce matin, il (1) _____ (faire) chaud. J' (2) _____ (être) content de partir pour Strasbourg. Je (3) _____ (partir) pour la gare, où j' (4) _____ (retrouver) Émile. Le train (5) _____ (arriver) à Strasbourg à midi. Nous (6) _____ (commencer) notre promenade en ville. Nous (7) _____ (avoir) besoin d'un plan. J' (8) _____ (chercher) mon portefeuille (*wallet*), mais il (9) _____ (être) toujours dans le train! Émile et moi, nous (10) _____ (courir) à la gare!

3 **Qu'est-ce qu'ils faisaient quand...?** Que faisaient ces personnes au moment de l'interruption?

▶ **MODÈLE**

Papa débarrassait la table quand mon frère est arrivé.

débarrasser / arriver

1. sortir / dire

2. passer / tomber

3. faire / partir

4. laver / commencer

_____

_____

Practice more at **vhlcentral.com**.

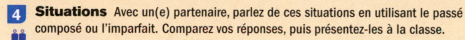

Communication

4 Situations Avec un(e) partenaire, parlez de ces situations en utilisant le passé composé ou l'imparfait. Comparez vos réponses, puis présentez-les à la classe.

MODÈLE

Le premier jour de cours...

Étudiant(e) 1: *Le premier jour de cours, j'étais tellement nerveux/nerveuse que j'ai oublié mes livres.*

Étudiant(e) 2: *Moi, j'étais nerveux/nerveuse aussi, alors j'ai quitté ma résidence très tôt.*

1. Quand j'étais petit(e),...

2. L'été dernier,...

3. Hier soir, mon/ma petit(e) ami(e)...

4. Hier, le professeur...

5. La semaine dernière, mon/ma camarade de chambre...

6. Ce matin, au resto U,...

7. Quand j'étais au lycée,...

8. La dernière fois que j'étais en vacances,...

5 Votre premier/première petit(e) ami(e) Posez ces questions à un(e) partenaire. Ajoutez (*Add*) d'autres questions si vous le voulez (*want*).

1. Qui a été ton/ta premier/première petit(e) ami(e)?

2. Quel âge avais-tu quand tu as fait sa connaissance?

3. Comment était-il/elle?

4. Est-ce que tu as fait la connaissance de sa famille?

5. Pendant combien de temps avez-vous été ensemble?

6. Où alliez-vous quand vous sortiez?

7. Aviez-vous les mêmes (*same*) centres d'intérêt?

8. Pourquoi avez-vous arrêté (*stopped*) de sortir ensemble?

6 Dialogue Jean-Michel, qui a seize ans, est sorti avec des amis hier soir. Quand il est rentré à trois heures du matin, sa mère était furieuse parce que ce n'était pas la première fois qu'il rentrait tard. Avec un(e) partenaire, préparez le dialogue entre Jean-Michel et sa mère.

MODÈLE

Étudiant(e) 1: *Que faisais-tu à minuit?*

Étudiant(e) 2: *Mes copains et moi, nous sommes allés manger une pizza...*

7 Un crime Vous avez été témoin (*witness*) d'un crime dans votre quartier et la police vous pose beaucoup de questions. Avec un(e) partenaire et à tour de rôle, jouez le détective et le témoin.

MODÈLE

Étudiant(e) 1: *Où étiez-vous vers huit heures hier soir?*

Étudiant(e) 2: *Chez moi.*

Étudiant(e) 1: *Avez-vous vu quelque chose?*

8B.2

The verbs *savoir* and *connaître*  **Presentation**

Point de départ **Savoir** and **connaître** both mean *to know*. The choice of verb in French depends on the context in which it is being used.

savoir and connaître		
	savoir	connaître
je	sais	connais
tu	sais	connais
il/elle/on	sait	connaît
nous	savons	connaissons
vous	savez	connaissez
ils/elles	savent	connaissent

Boîte à outils

The verb **connaître** is never followed by an infinitive. Always use the construction **savoir** + [*infinitive*] to mean *to know how to do something*.

- **Savoir** means *to know facts* or *to know how to do something*.

  Sait-elle chanter?
  Does she know how to sing?

  Ils ne **savent** pas qu'il est parti.
  They don't know that he left.

- **Connaître** means *to know* or *be familiar with a person, place, or thing*.

  Vous **connaissez** le prof.
  You know the professor.

  Tu **connais** ce quartier?
  Do you know that neighborhood?

  Nous **connaissons** bien Paris.
  We know Paris well.

  Je ne **connais** pas ce magasin.
  I don't know this store.

- In the **passé composé**, **savoir** and **connaître** have special connotations. **Savoir** in the **passé composé** means *found out*. **Connaître** in the **passé composé** means *met (for the first time)*. Their past participles, respectively, are **su** and **connu**.

  J'**ai su** qu'il y avait une fête.
  I found out there was a party.

  Nous l'**avons connu** à la fac.
  We met him at the university.

- **Reconnaître** means *to recognize*. It follows the same conjugation patterns as **connaître**.

  Mes profs de lycée me
    reconnaissent encore.
  *My high school teachers still
    recognize me.*

  Nous **avons reconnu** vos enfants
    à la soirée.
  *We recognized your children
    at the party.*

Essayez! Complétez les phrases avec les formes correctes des verbes **savoir** et **connaître**.

1. Je _____ de bons restaurants.
2. Ils ne _____ pas parler allemand.
3. Vous _____ faire du cheval?
4. Tu _____ une bonne coiffeuse?
5. Nous ne _____ pas Jacques.
6. Claudette _____ jouer aux échecs.
7. Laure et Béatrice _____ -elles tes cousins?
8. Nous _____ que vous n'aimez pas faire le ménage.

ressources

WB
pp. 109–110

LM
p. 64

vhlcentral.com
Leçon 8B

Le français vivant

Côte-Nord

Vous saviez qu'être chez vous, c'est agréable. Avec les sofas par **Côte-Nord**, vous connaissez aussi le confort et la joie d'être chez vous. Les sofas par **Côte-Nord**: savoir qu'on connaît le bonheur.

Identifiez Regardez la publicité (*ad*) et répondez à ces questions.

1. Quelles formes des verbes **savoir** et **connaître** avez-vous trouvées dans la pub?
2. Identifiez les objets sur la photo qui correspondent au vocabulaire de l'Unité 8.

Répondez Par groupes de trois, répondez aux questions.

1. Aimez-vous être chez vous? Pourquoi?
2. Vos meubles vous donnent-ils envie de rester chez vous? Pourquoi?
3. Un meuble apporte-t-il vraiment du confort et de la joie?
4. Avez-vous envie d'habiter dans une maison comme celle-ci (*this one*)? Pourquoi?
5. Y a-t-il une pièce que vous préférez dans votre maison? Laquelle? (*Which one?*)
6. Connaissez-vous un bon magasin de meubles dans votre ville? Lequel? (*Which one?*) Pourquoi est-il bon?

STRUCTURES

Mise en pratique

1 **Les passe-temps** Qu'est-ce que ces personnes savent faire?

▶ **MODÈLE**

Patrick sait skier.

Patrick

1. Halima _____

2. vous _____

3. tu _____

4. nous _____

2 **Dialogues brefs** Complétez les conversations avec le présent du verbe **savoir** ou **connaître**.

1. Marie _____ faire la cuisine?

Oui, mais elle ne _____ pas beaucoup de recettes (*recipes*).

2. Vous _____ les parents de François?

Non, je _____ seulement sa cousine.

3. Tes enfants _____ nager dans la mer.

Et mon fils aîné _____ toutes les espèces de poissons.

4. Je _____ que le train arrive à trois heures.

Est-ce que tu _____ à quelle heure il part?

5. Vous _____ le numéro de téléphone de Dorian?

Oui, je le _____.

6. Nous _____ bien la musique arabe.

Ah, bon? Tu _____ qu'il y a un concert de raï en ville demain?

3 **Assemblez** Assemblez les éléments des colonnes pour construire des phrases.

MODÈLE *Je sais parler une langue étrangère.*

A	B	C
Gérard Depardieu	(ne pas) connaître	des célébrités
Oprah	(ne pas) savoir	faire la cuisine
je		jouer dans un film
ton/ta camarade de chambre		Julia Roberts parler une langue étrangère

Practice more at **vhlcentral.com.**

Communication

4 **Enquête** Votre professeur va vous donner une feuille d'activités. Circulez dans la classe pour trouver au moins une personne différente qui répond oui à chaque question.

Sujet	Nom
1. Sais-tu faire une mousse au chocolat?	Jacqueline
2. Connais-tu New York?	
3. Connais-tu le nom des sénateurs de cet état (state)?	
4. Connais-tu quelqu'un qui habite en Californie?	

5 **Je sais faire** Votre célébrité préférée cherche un(e) assistant(e) mais il y a deux candidats pour le poste. Par groupes de trois, jouez la scène. Chaque (*Each*) candidat essaie de montrer toutes les choses qu'il/elle sait faire.

> **MODÈLE**
>
> **Étudiant(e) 1:** *Alors, vous savez faire la vaisselle?*
> **Étudiant(e) 2:** *Je sais faire la vaisselle, et je sais faire la cuisine aussi.*
> **Étudiant(e) 3:** *Moi, je sais faire la cuisine, mais il/elle ne sait pas passer l'aspirateur.*

6 **Questions** À tour de rôle, posez ces questions à un(e) partenaire. Ensuite, présentez vos réponses à la classe.

1. Quel bon restaurant connais-tu près d'ici? Est-ce que tu y (*there*) manges souvent?
2. Dans ta famille, qui sait chanter le mieux (*best*)?
3. Connais-tu l'Europe? Quelles villes connais-tu?
4. Reconnais-tu toutes les chansons (*songs*) que tu entends à la radio?
5. Tes parents savent-ils utiliser Internet? Le font-ils bien?
6. Connais-tu un(e) acteur/actrice célèbre? Une autre personne célèbre?
7. Ton/Ta meilleur(e) (*best*) ami(e) sait-il/elle écouter quand tu lui racontes (*tell*) tes problèmes?
8. Connais-tu la date d'anniversaire de tous les membres de ta famille et de tous tes amis? Donne des exemples.
9. Connais-tu des films français? Lesquels (*Which ones*)? Les aimes-tu? Pourquoi?
10. Sais-tu parler une langue étrangère? Laquelle? (*Which one*)?

Révision

1 **Un grand dîner** Émilie et son mari Vincent ont invité des amis à dîner ce soir. Qu'ont-ils fait cet après-midi pour préparer la soirée? Que vont-ils faire ce soir après le départ des invités? Conversez avec un(e) partenaire.

MODÈLE

Étudiant(e) 1: Cet après-midi, Émilie et Vincent ont mis la table.

Étudiant(e) 2: Ce soir, ils vont faire la vaisselle.

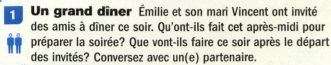

2 **Mes connaissances** Votre professeur va vous donner une feuille d'activités. Interviewez vos camarades. Pour chaque activité, trouvez un(e) camarade différent(e) qui dit oui.

Étudiant(e) 1: Connais-tu une personne qui aime faire le ménage?

Étudiant(e) 2: Oui, autrefois mon père aimait bien faire le ménage.

Activité	Nom
1. ne pas faire souvent la vaisselle	
2. aimer faire le ménage	Farid
3. dormir avec une couverture en été	
4. faire son lit tous les jours	
5. repasser rarement ses vêtements	

3 **Qui faisait le ménage?** Par groupes de trois, interviewez vos camarades. Qui faisait le ménage à la maison quand ils habitaient encore chez leurs parents? Préparez des questions avec ces expressions et comparez vos réponses.

balayer	mettre et débarrasser la table
faire la lessive	passer l'aspirateur
faire le lit	ranger
faire la vaisselle	repasser le linge

4 **Soudain!** Tout était calme quand soudain... Avec un(e) partenaire, choisissez l'une des deux photos et écrivez un texte de dix phrases. Faites cinq phrases pour décrire la photo et cinq autres pour raconter (*to tell*) un événement qui s'est passé soudainement (*that suddenly happened*). Employez des adverbes et soyez imaginatifs/imaginatives.

5 **J'ai appris…** Qu'avez-vous appris ou qui connaissez-vous depuis que (*since*) vous êtes à la fac? Avec un(e) partenaire, faites une liste de cinq choses et de cinq personnes. À chaque fois, utilisez un imparfait et un passé composé dans vos explications.

MODÈLE

Étudiant(e) 1: Avant, je ne savais pas comment dire bonjour en français, et puis j'ai commencé ce cours, et maintenant, je sais le dire.

Étudiant(e) 2: Avant, je ne connaissais pas tous les pays francophones, et maintenant, je les connais.

6 **Élise fait sa lessive** Votre professeur va vous donner, à vous et à votre partenaire, une feuille avec des dessins représentant Élise et sa journée d'hier. Attention! Ne regardez pas la feuille de votre partenaire.

MODÈLE

Étudiant(e) 1: Hier matin, Élise avait besoin de faire sa lessive.

Étudiant(e) 2: Mais, elle…

Écriture

Mastering the simple past tenses

In French, when you write about events that occurred in the past, you need to know when to use the **passé composé** and when to use the **imparfait**. A good understanding of the uses of each tense will make it much easier to determine which one to use as you write.

Look at the following summary of the uses of the **passé composé** and the **imparfait**. Write your own example sentence for each of the rules described.

Passé composé vs. imparfait

Passé composé

1. Actions viewed as completed

   _____

2. Beginning or end of past actions

   _____

3. Series of past actions

   _____

Imparfait

1. Ongoing past actions

   _____

2. Habitual past actions

   _____

3. Mental, physical, and emotional states and characteristics of the past

   _____

With a partner, compare your example sentences. Use the sentences as a guide to help you decide which tense to use as you are writing a story about something that happened in the past.

Thème

Écrire une histoire

Quand vous étiez petit(e), vous habitiez dans la maison ou l'appartement de vos rêves (*of your dreams*). Décrivez cette maison ou cet appartement. Écrivez sur la ville où vous habitiez et sur votre quartier. Décrivez les différentes pièces, les meubles et les objets décoratifs. Parlez aussi de votre pièce préférée et de ce que (*what*) vous aimiez faire dans cette pièce. Ensuite, imaginez qu'il y ait eu (*was*) un vol (*robbery*) dans cette maison ou dans cet appartement. Décrivez ce qui est arrivé (*what happened*). Attention à l'utilisation du passé composé et de l'imparfait!

Coup de main

Here are some terms that you may find useful in your narration.

le voleur	*thief*
cassé(e)	*broken*
j'ai vu	*I saw*
manquer	*to be missing*

Quand j'étais petit(e), j'habitais dans un château, en France. Le château était dans un joli quartier, dans une petite ville près de Paris. Il y avait un grand jardin, avec beaucoup d'animaux. Il y avait douze pièces...

Ma pièce préférée était la cuisine parce que j'aimais faire la cuisine et j'aidais souvent ma mère...

Un jour, je suis rentré(e) de...

 **Interactive Map**

SAVOIR-FAIRE

Panorama

L'Alsace

La région en chiffres

▶ **Superficie:** *8.280 km²*

▶ **Population:** *1.793.000*
SOURCE: INSEE

▶ **Industries principales:** *viticulture, culture du houblon° et brassage° de la bière, exploitation forestière°, industrie automobile, tourisme*

▶ **Villes principales:** *Colmar, Mulhouse, Strasbourg*

Personnages célèbres

▶ **Gustave Doré,** *dessinateur° et peintre° (1832–1883)*

▶ **Auguste Bartholdi,** *sculpteur, statue de la Liberté à New York, (1834–1904)*

▶ **Albert Schweitzer,** *médecin, prix Nobel de la paix en 1952 (1875–1965)*

La Lorraine

La région en chiffres

▶ **Superficie:** *23.547 km²*

▶ **Population:** *2.329.000*

▶ **Industries principales:** *industrie automobile, agro-alimentaire°, bois° pour le papier, chimie et pétrochimie, métallurgie, verre et cristal*

▶ **Villes principales:** *Épinal, Forbach, Metz, Nancy*

Personnages célèbres

▶ **Georges de La Tour,** *peintre (1593–1652)*

▶ **Bernard-Marie Koltès,** *dramaturge° (1948–1989)*

▶ **Patricia Kaas,** *chanteuse (1966–)*

houblon *hops* **brassage** *brewing* **exploitation forestière** *forestry*
dessinateur *illustrator* **peintre** *painter* **agro-alimentaire** *food processing*
bois *wood* **dramaturge** *playwright* **traité** *treaty* **envahit** *invades*

le quartier de la Petite France à Strasbourg

LA BELGIQUE
LE LUXEMBOURG
L'ALLEMAGNE

Thionville
Verdun
Forbach
Metz
Sarreguemines

LORRAINE

Bar-le-Duc
Nancy
Strasbourg

LA FRANCE

ALSACE
LES VOSGES
la Moselle
le Rhin

Épinal
Colmar

Mulhouse

LA SUISSE

la place Stanislas à Nancy

dans les Vosges

0 ────── 50 milles
0 ────── 50 kilomètres

Incroyable mais vrai!

Français depuis 1678, l'Alsace et le département de la Moselle en Lorraine deviennent allemands en 1871. Puis en 1919, le traité° de Versailles les rend à la France. Ensuite, en 1939, l'Allemagne envahit° la région qui redevient allemande entre 1940 et 1944. Depuis, l'Alsace et la Lorraine sont françaises.

PATISSERIE
CAKES
TEE-KAFFEE
CHOCOLAT

La gastronomie

La choucroute

La choucroute est typiquement alsacienne et son nom vient de l'allemand «sauerkraut». Du chou râpé° fermente dans un baril° avec du gros sel° et des baies de genièvre°. Puis, le chou est cuit° dans du vin blanc ou de la bière et mangé avec de la charcuterie° alsacienne et des pommes de terre°. La choucroute, qui se conserve longtemps° grâce à° la fermentation, est une nourriture appréciée° des marins° pendant leurs longs voyages.

L'histoire

Jeanne d'Arc

Jeanne d'Arc est née en 1412, en Lorraine, dans une famille de paysans°. En 1429, quand la France est en guerre avec l'Angleterre, Jeanne d'Arc décide de partir au combat pour libérer son pays. Elle prend la tête° d'une armée et libère la ville d'Orléans des Anglais. Cette victoire permet de sacrer° Charles VII roi de France. Plus tard, Jeanne d'Arc perd ses alliés° pour des raisons politiques. Vendue aux Anglais, elle est condamnée pour hérésie. Elle est exécutée à Rouen, en 1431. En 1920, l'Église catholique la canonise.

Les destinations

Strasbourg

Strasbourg, capitale de l'Alsace, est le siège° du Conseil de l'Europe depuis 1949 et du Parlement européen depuis 1979. Le Conseil de l'Europe est responsable de la promotion des valeurs démocratiques et des droits de l'homme°, de l'identité culturelle européenne et de la recherche de solutions° aux problèmes de société. Les membres du Parlement sont élus° dans chaque pays de l'Union européenne. Le Parlement contribue à l'élaboration de la législation européenne et à la gestion de l'Europe.

La société

Un mélange de cultures

L'Alsace a été enrichie° par de multiples courants° historiques et culturels grâce à sa position entre la France et l'Allemagne. La langue alsacienne vient d'un dialecte germanique et l'allemand est maintenant enseigné dans les écoles primaires. Quand la région est rendue à la France en 1919, les Alsaciens continuent de bénéficier des lois° sociales allemandes. Le mélange° des cultures est visible à Noël avec des traditions allemandes et françaises (le sapin de Noël, Saint Nicolas, les marchés).

Qu'est-ce que vous avez appris? Répondez aux questions par des phrases complètes.

1. En 1919, quel document rend l'Alsace et la Moselle à la France?
2. Combien de fois l'Alsace et la Moselle ont-elles changé de nationalité depuis 1871?
3. Quel est l'ingrédient principal de la choucroute?
4. Qui apprécie particulièrement la choucroute?
5. Pourquoi Strasbourg est-elle importante?
6. Quel est l'un des rôles du Conseil de l'Europe?
7. Contre qui Jeanne d'Arc a-t-elle défendu la France?
8. Comment est-elle morte?
9. Quelle langue étrangère enseigne-t-on aux petits Alsaciens?
10. À quel moment de l'année le mélange des cultures est-il particulièrement visible en Alsace?

Sur Internet

Go to **vhlcentral.com** to find more cultural information related to this **Panorama**.

1. Quelle est la différence entre le Conseil européen et le Conseil de l'Europe?
2. Trouvez d'autres informations sur Jeanne d'Arc. Quel est son surnom?
3. Pourquoi l'Alsace et le département de la Moselle sont-ils devenus allemands en 1871?

ressources

WB pp. 111–112

vhlcentral.com Unité 8

chou râpé *grated cabbage* **baril** *cask* **gros sel** *coarse sea salt* **baies de genièvre** *juniper berries* **cuit** *cooked* **charcuterie** *cured meats* **pommes de terre** *potatoes* **qui se conserve longtemps** *which keeps for a long time* **grâce à** *thanks to* **appréciée** *valued* **marins** *sailors* **paysans** *peasants* **prend la tête** *takes lead* **sacrer** *to crown* **alliés** *allies* **siège** *headquarters* **droits de l'homme** *human rights* **recherche de solutions** *finding solutions* **élus** *elected* **enrichie** *enriched* **courants** *trends, movements* **lois** *laws* **mélange** *mix*

Les parties d'une maison

un balcon	balcony
une cave	basement, cellar
une chambre	bedroom
un couloir	hallway
une cuisine	kitchen
un escalier	staircase
un garage	garage
un jardin	garden; yard
un mur	wall
une pièce	room
une salle à manger	dining room
une salle de bains	bathroom
une salle de séjour	living/family room
un salon	formal living/ sitting room
un sous-sol	basement
un studio	studio (apartment)
les toilettes/W.-C.	restrooms/toilet

Locutions de temps

autrefois	in the past
de temps en temps	from time to time
d'habitude	usually
en général	in general
parfois	sometimes
quelquefois	sometimes
soudain	suddenly
souvent	often
toujours	always
tous les jours	every day
tout d'un coup	all of a sudden
une (deux, etc.) fois	once (twice, etc.)
vite	fast, quickly

Chez soi

un appartement	apartment
un immeuble	building
un logement	housing
un loyer	rent
un quartier	area, neighborhood
une résidence	residence
une affiche	poster
une armoire	armoire, wardrobe
une baignoire	bathtub
un balai	broom
un canapé	couch
une commode	dresser, chest of drawers
une couverture	blanket
une douche	shower
les draps (m.)	sheets
une étagère	shelf
un évier	kitchen sink
un fauteuil	armchair
une fleur	flower
une lampe	lamp
un lavabo	bathroom sink
un meuble	piece of furniture
un miroir	mirror
un oreiller	pillow
un placard	closet, cupboard
un rideau	drape, curtain
un tapis	rug
un tiroir	drawer
déménager	to move out
emménager	to move in
louer	to rent

Adverbes

absolument	absolutely
activement	actively
bien	well
constamment	constantly
couramment	fluently
différemment	differently
évidemment	obviously, evidently; of course
franchement	frankly, honestly
gentiment	nicely
heureusement	fortunately
mal	badly
malheureusement	unfortunately
vraiment	really

Les tâches ménagères

une tâche ménagère	household chore
balayer	to sweep
débarrasser la table	to clear the table
enlever/faire la poussière	to dust
essuyer la vaisselle/ la table	to dry the dishes/ to wipe the table
faire la lessive	to do the laundry
faire le lit	to make the bed
faire le ménage	to do the housework
faire la vaisselle	to do the dishes
laver	to wash
mettre la table	to set the table
passer l'aspirateur	to vacuum
ranger	to tidy up; to put away
repasser (le linge)	to iron (the laundry)
salir	to soil, to make dirty
sortir la/les poubelle(s)	to take out the trash
propre	clean
sale	dirty

Les appareils ménagers

un appareil électrique/ménager	electrical/household appliance
une cafetière	coffeemaker
un congélateur	freezer
une cuisinière	stove
un fer à repasser	iron
un four (à micro-ondes)	(microwave) oven
un frigo	refrigerator
un grille-pain	toaster
un lave-linge	washing machine
un lave-vaisselle	dishwasher
un sèche-linge	clothes dryer

Verbes

connaître	to know, to be familiar with
reconnaître	to recognize
savoir	to know (facts), to know how to do something

Expressions utiles	See pp. 287 and 305.

La nourriture

Pour commencer

- Où est Sandrine, dans un supermarché ou une poissonnerie?
- Quand va-t-elle manger ce qu'elle (*what she*) a dans la main?
- Comment va-t-elle le servir, avec un steak, dans une salade ou dans une tarte?
- Est-ce qu'elle a déjà payé ou pas encore (*not yet*)?

Leçon 9A

You will learn how to...
- talk about food
- express needs, desires, and abilities

Quel appétit!

Vocabulaire

cuisiner	to cook
faire les courses (f.)	to go (grocery) shopping
une cantine	school cafeteria
un supermarché	supermarket
un aliment	food item
un déjeuner	lunch
un dîner	dinner
un goûter	afternoon snack
la nourriture	food, sustenance
un petit-déjeuner	breakfast
un repas	meal
des petits pois (m.)	peas
une salade	salad
le bœuf	beef
un escargot	escargot, snail
les fruits de mer (m.)	seafood
un pâté (de campagne)	pâté, meat spread
le porc	pork
un poulet	chicken
une saucisse	sausage
un steak	steak
le thon	tuna
la viande	meat
le riz	rice
des pâtes (f.)	pasta
un yaourt	yogurt

les poires (f.)

les oranges (f.)

les fraises (f.)

les pêches (f.)

les fruits (m.)

fruits

les bananes (f.)

les pommes (f.)

les légumes (m.)

les pommes de terre (f.)

légumes

les oignons (m.)

les carottes (f.)

les poivrons rouges (m.)

les aubergines (f.)

les haricots verts (m.)

l'ail (m.)

les champignons (m.)

les tomates (f.)

ressources

WB pp. 113–114

LM p. 65

S vhlcentral.com Leçon 9A

Mise en pratique

 Audio: Vocabulary

1 **Écoutez** 🎧 Fatima et René se préparent à aller faire des courses. Ils décident de ce qu'ils vont acheter. Écoutez leur conversation. Ensuite, complétez les phrases.

Dans le frigo, il reste six (1) _____, quelques (2) _____, une petite (3) _____ et trois (4) _____. René va utiliser ce qui reste dans le frigo pour préparer (5) _____. Fatima va acheter des (6) _____ et des (7) _____. René va acheter des (8) _____: des (9) _____, des (10) _____ et quelques (11) _____. René va faire un bon petit repas avec des (12) _____.

2 **Les invités** Vous avez invité quelques amis pour le week-end. Vous vous préparez à les accueillir (*welcome*). Complétez les phrases suivantes avec les mots ou les expressions qui conviennent le mieux (*fit the best*).

1. Au petit-déjeuner, Sébastien aime bien prendre un café et manger des croissants et _____. (une salade, des fruits de mer, un yaourt)
2. Pour le petit-déjeuner, il faut aussi de _____. (la confiture, l'ail, l'oignon)
3. J'adore les fruits, alors je vais acheter _____. (des petits pois, un repas, des pêches)
4. Mélanie n'aime pas trop la viande, elle va préférer manger _____. (des fruits de mer, du pâté de campagne, des saucisses)
5. Je vais aussi préparer une salade pour Mélanie avec _____. (de la confiture, des pâtes, du bœuf)
6. Jean-François est allergique aux légumes verts. Je ne vais donc pas lui servir de _____. (carottes, pommes de terre, haricots verts)
7. Pour le dessert, je vais préparer une tarte aux fruits avec des _____. (poivrons, fraises, petits pois)
8. Il faut aller au supermarché pour acheter des _____ (yaourts, pâtes, oranges) pour faire du jus pour le petit-déjeuner.

3 **Vos habitudes alimentaires** Utilisez un élément de chaque colonne pour former des phrases au sujet de vos habitudes alimentaires. N'oubliez pas de faire les accords nécessaires.

A	B	C
au petit-déjeuner	acheter	des bananes
au déjeuner	adorer	des fruits
au goûter	aimer (bien)	des haricots verts
au dîner	ne pas tellement	des légumes
au resto U	aimer	des œufs
à la maison	détester	du porc
au restaurant	manger	du riz
au supermarché	prendre	de la viande

la confiture de fraises

les tartes (f.)

le poivron vert

la laitue

les œufs (m.)

CONTEXTES

Communication

4 **Quel repas?** Regardez les dessins et pour chacun d'eux, indiquez le repas qu'il représente et décrivez ce que chaque personnage mange. Ensuite, avec un(e) partenaire, décrivez une image à tour de rôle. Votre partenaire doit deviner (*must guess*) quel dessin vous décrivez.

1. _____

2. _____

3. _____

4. _____

5 **Sondage** Votre professeur va vous donner une feuille d'activités. Circulez dans la classe et utilisez les éléments du tableau pour demander à vos camarades ce qu'ils (*what they*) mangent. Quels sont les trois aliments les plus (*the most*) souvent mentionnés?

MODÈLE

Étudiant(e) 1: À quelle heure est-ce que tu prends ton petit-déjeuner? Que manges-tu?

Étudiant(e) 2: Je prends mon petit-déjeuner à sept heures. Je mange du pain avec du beurre et de la confiture et je bois du café au lait.

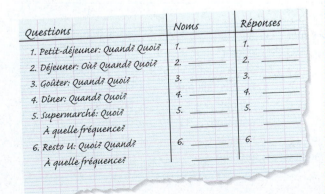

Questions	Noms	Réponses
1. Petit-déjeuner: Quand? Quoi?	1. _____	1. _____
2. Déjeuner: Où? Quand? Quoi?	2. _____	2. _____
3. Goûter: Quand? Quoi?	3. _____	3. _____
4. Dîner: Quand? Quoi?	4. _____	4. _____
5. Supermarché: Quoi? À quelle fréquence?	5. _____	5. _____
6. Resto U: Quoi? Quand? À quelle fréquence?	6. _____	6. _____

6 **La brochure** Avec un(e) partenaire, vous allez préparer une brochure pour les étudiants français qui viennent (*are coming*) étudier dans votre université. Cette brochure compare les habitudes alimentaires entre la France et les États-Unis. Ensuite, présentez votre brochure à la classe.

Coup de main

Here are some characteristics of traditional French eating habits.

Le petit-déjeuner is usually light, with bread, butter, and jam, or cereal, and coffee or tea. Croissants are normally reserved for the weekend.

Le déjeuner is the main meal and typically includes a starter, a main dish (meat or fish with vegetables), cheese or yogurt, and dessert (often fruit). Lunch breaks may be one to two hours, allowing people to eat at home.

Le goûter is a light afternoon snack that may include cookies, bread with chocolate, pastry, yogurt, or fruit.

Le dîner starts between 7:30 and 8:00 p.m. Foods served at lunch and dinner are similar. However, dinner is typically lighter than lunch and is usually eaten at home.

Les sons et les lettres

Audio: Concepts, Activities
Record & Compare

e caduc and e muet

In **Leçon 4A**, you learned that the vowel **e** in very short words is pronounced similarly to the *a* in the English word *about*. This sound is called an **e caduc**. An **e caduc** can also occur in longer words and before words beginning with vowel sounds.

r**e**chercher	d**e**voirs	l**e** haricot	l**e** onze

An **e caduc** often occurs in order to break up clusters of several consonants.

appart**e**ment	quelqu**e**fois	poivr**e** vert	gouvern**e**ment

An **e caduc** is sometimes called **e muet** (*mute*). It is often dropped in spoken French.

Tu n~~e~~ sais pas.	J~~e~~ veux bien!	C'est un livr~~e~~ intéressant.

An unaccented **e** before a single consonant sound is often silent unless its omission makes the word difficult to pronounce.

s~~e~~maine	p~~e~~tit	final~~e~~ment

An unaccented **e** at the end of a word is usually silent and often marks a feminine noun or adjective.

frais~~e~~	salad~~e~~	intelligent~~e~~	jeun~~e~~

Prononcez Répétez les mots suivants à voix haute.

1. vendredi
2. logement
3. exemple
4. devenir
5. tartelette
6. finalement
7. boucherie
8. petits pois
9. pomme de terre
10. malheureusement

Articulez Répétez les phrases suivantes à voix haute.

1. Tu ne vas pas prendre de casquette?
2. J'étudie le huitième chapitre maintenant.
3. Il va passer ses vacances en Angleterre.
4. Marc me parle souvent au téléphone.
5. Mercredi, je réserve dans une auberge.
6. Finalement, ce petit logement est bien.

Dictons Répétez les dictons à voix haute.

L'habit ne fait pas le moine.[1]

Le soleil luit pour tout le monde.[2]

[1] Clothes don't make the man. (lit. The habit doesn't make the monk.)
[2] The sun shines for everyone.

ROMAN-PHOTO

Au supermarché

 **Video: *Roman-photo*** Record & Compare

Au supermarché...

AMINA Mais quelle heure est-il? Sandrine devait être là à deux heures et quart. On l'attend depuis quinze minutes!

DAVID Elle va arriver!

AMINA Mais pourquoi est-elle en retard?

DAVID Elle vient peut-être juste de sortir de la fac.

En ville...

STÉPHANE Eh! Sandrine!

SANDRINE Salut, Stéphane, je suis très pressée! David et Amina m'attendent au supermarché depuis vingt minutes.

STÉPHANE À quelle heure est-ce qu'on doit venir ce soir, ma mère et moi?

SANDRINE À sept heures et demie.

STÉPHANE D'accord. Qu'est-ce qu'on peut apporter?

SANDRINE Oh, rien, rien.

STÉPHANE Mais maman insiste.

SANDRINE Bon, une salade, si tu veux.

AMINA Alors, Sandrine. Qu'est-ce que tu vas nous préparer?

SANDRINE Un repas très français. Je pensais à des crêpes.

DAVID Génial, j'adore les crêpes!

SANDRINE Il nous faut des champignons, du jambon et du fromage. Et, bien sûr, des œufs, du lait et du beurre.

SANDRINE Et puis non! Finalement, je vous prépare un bœuf bourguignon.

AMINA Qu'est-ce qu'il nous faut alors?

SANDRINE Du bœuf, des carottes, des oignons...

DAVID Mmm... Ça va être bon!

AMINA Mais le bœuf bourguignon, c'est long à préparer, non?

SANDRINE Tu as raison. Vous ne voulez pas plutôt un poulet à la crème et aux champignons, accompagné d'un gratin de pommes de terre?

AMINA ET DAVID Mmmm!

SANDRINE Alors c'est décidé.

1 **Les ingrédients** Répondez aux questions suivantes par des phrases complètes.

1. Quels ingrédients faut-il pour préparer les crêpes de Sandrine?
2. Quels ingrédients faut-il pour préparer le bœuf bourguignon?
3. Quels ingrédients faut-il à Sandrine pour préparer le poulet et le gratin?
4. Quelle va être la salade de Valérie à votre avis? Quels ingrédients va-t-elle mettre?
5. À votre avis, quel(s) dessert(s) Sandrine va-t-elle préparer?
6. Après avoir lu ce **ROMAN-PHOTO**, quel plat préférez-vous? Pourquoi?

 Practice more at **vhlcentral.com**.

Amina, Sandrine et David font les courses.

STÉPHANE Mais quoi comme salade?
SANDRINE Euh, une salade de tomates ou... peut-être une salade verte... Désolée, Stéphane, je suis vraiment pressée!
STÉPHANE Une salade avec du thon peut-être? Maman fait une salade au thon délicieuse!
SANDRINE Comme tu veux, Stéphane!

SANDRINE Je suis en retard. Je suis vraiment désolée. Je ne voulais pas vous faire attendre, mais je viens de rencontrer Stéphane et avant ça, mon prof de français m'a retenue pendant vingt minutes!
DAVID Oh, ce n'est pas grave!
AMINA Bon, on fait les courses?

SANDRINE Voilà exactement ce qu'il me faut pour commencer! Deux beaux poulets!
AMINA Tu sais, Sandrine, le chant, c'est bien, mais tu peux devenir chef de cuisine si tu veux!

CAISSIÈRE Ça vous fait 51 euros et 25 centimes, s'il vous plaît.
AMINA C'est cher!
DAVID Ah non, Sandrine, tu ne paies rien du tout, c'est pour nous!
SANDRINE Mais c'est mon dîner et vous êtes mes invités.
AMINA Pas question, Sandrine. C'est nous qui payons!

Expressions utiles

Meeting friends

- **Sandrine devait être là à deux heures et quart.**
  Sandrine should have been here at 2:15.
- **On l'attend depuis quinze minutes!**
  We've been waiting for her for fifteen minutes!
- **Elle vient peut-être juste de sortir de la fac.**
  Maybe she just got out of class.
- **Je suis très pressé(e)!**
  I'm in a big hurry!
- **À quelle heure est-ce qu'on doit venir ce soir?**
  What time should we come tonight?
- **Je ne voulais pas vous faire attendre, mais je viens de rencontrer Stéphane.**
  I didn't mean to make you wait, but I just ran into Stéphane.
- **Mon prof m'a retenue pendant vingt minutes!**
  My professor kept me for twenty minutes!

Additional vocabulary

- **une caissière**
  cashier (female)
- **Vous ne voulez pas plutôt un poulet accompagné d'un gratin de pommes de terre?**
  Wouldn't you rather have chicken with a side of potatoes au gratin?
- **Voilà exactement ce qu'il me faut.**
  This is exactly what I need.
- **Tu peux devenir chef de cuisine si tu veux!**
  You can become a chef if you want to!
- **Comme tu veux.**
  As you like./It's up to you./Whatever you want.
- **C'est pour nous.**
  It's on us.

2 **Les événements** Mettez les événements suivants dans l'ordre chronologique.

a. _____ Sandrine décide de ne pas préparer de bœuf bourguignon.
b. _____ Le prof de Sandrine parle avec elle après la classe.
c. _____ Amina dit que Sandrine peut devenir chef de cuisine.
d. _____ David et Amina paient.
e. _____ Stéphane demande à quelle heure il doit arriver.
f. _____ Sandrine essaie de payer.

3 **À vous!** Stéphane arrive chez lui et dit à sa mère qu'il faut faire une salade pour le dîner de Sandrine. Avec un(e) partenaire, préparez leur conversation. Parlez du dîner et décidez des ingrédients pour la salade. Utilisez un dictionnaire et présentez votre conversation à la classe.

ressources

| VM pp. 219–220 | DVD Leçon 9A | vhlcentral.com Leçon 9A |

ACTIVITÉS

CULTURE À LA LOUPE

Le Guide Michelin et la gastronomie

Chaque année le Guide Michelin sélectionne les meilleurs° restaurants et hôtels dans toute la France. Ce petit guide rouge est le guide gastronomique le plus réputé° et le plus ancien°. Les gastronomes et les professionnels de l'hôtellerie attendent sa sortie° au mois de mars avec impatience. Les plus grands restaurants reçoivent° des étoiles° Michelin, avec un maximum de trois étoiles. Il n'y a que° 26 restaurants trois étoiles en France, tous très prestigieux et

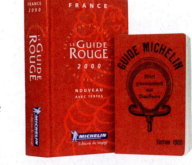

très chers, et 83 restaurants deux étoiles. Un repas au Plaza Athénée à Paris, célèbre° restaurant trois étoiles du chef Alain Ducasse, coûte environ° 450 dollars ou plus. Un restaurant trois étoiles est une «cuisine exceptionnelle qui vaut° le voyage»; un restaurant deux étoiles, une «excellente cuisine, qui vaut le détour»; un restaurant une étoile, une «très bonne cuisine dans sa catégorie». Beaucoup de restaurants ne reçoivent pas d'étoiles mais simplement des fourchettes°. Quoi qu'il en soit°, c'est un honneur d'être sélectionné et d'apparaître° dans le Guide Michelin. Tous les restaurants sont des «bonnes tables°». Maintenant le Guide Michelin est publié pour plus de douze autres pays en Europe ainsi que° pour des villes comme New York, San Francisco et Tokyo.

Le premier Guide Michelin a été créé en 1900 par André et Édouard Michelin, propriétaires des pneus° Michelin. Il était offert° avec l'achat de pneus. À cette époque°, il n'y avait en France que 2.400 conducteurs°. Le guide leur donnait des informations précieuses sur les rares garagistes°, le plan de quelques villes et une liste des curiosités. Un peu plus tard ils ont inclus les restaurants.

La gastronomie française fait maintenant partie du patrimoine mondial° de l'humanité depuis 2010.

meilleurs *best* **le plus réputé** *most renowned* **le plus ancien** *oldest* **sortie** *release* **reçoivent** *receive* **étoiles** *stars* **Il n'y a que** *There are only* **célèbre** *famous* **environ** *around* **vaut** *is worth* **fourchettes** *forks* **Quoi qu'il en soit** *Be that as it may* **apparaître** *appear* **bonnes tables** *good restaurants* **ainsi que** *as well as* **pneus** *tires* **offert** *offered* **époque** *time* **conducteurs** *drivers* **garagistes** *car mechanics* **patrimoine mondial** *world heritage*

ACTIVITÉS

1 Complétez Complétez les phrases.

1. Chaque année le Guide Michelin sélectionne les _____.
2. Les _____ de l'hôtellerie attendent la sortie du Guide avec impatience.
3. Les restaurants peuvent (*can*) recevoir un maximum de _____ étoiles.
4. Il y a _____ restaurants trois étoiles en France.
5. Un repas au Plaza Athénée coûte environ 450 _____ ou plus.
6. Un restaurant deux étoiles vaut le _____.
7. Beaucoup de restaurants ne reçoivent pas d'étoiles mais des _____.
8. Aujourd'hui le Guide Michelin est publié pour des villes américaines comme _____ ou San Francisco.
9. Le premier Guide Michelin a été créé en 1900 par les _____.
10. Autrefois le Guide Michelin donnait aux conducteurs des informations sur les rares _____.

STRATÉGIE

Reading for the main idea

Reading for the main idea is a useful strategy that involves locating the topic sentence of a paragraph or section of text to determine the author's purpose. Topic sentences provide clues about the content of each paragraph or section, as well as about the general content of the reading. As you read a selection, keeping the topic sentence in mind will help you stay focused on the main idea and at the same time will shed light on the supporting information.

LE MONDE FRANCOPHONE

La cuisine de La Nouvelle-Orléans

À La Nouvelle-Orléans, la cuisine combine les influences créoles des colons° français et les influences cajuns des immigrés acadiens du Canada. Voici quelques spécialités.

le beignet un morceau de pâte frit° et recouvert de sucre, servi à toute heure du jour et de la nuit avec un café au lait et à la chicorée°

le gumbo une soupe à l'okra et aux fruits de mer, souvent accompagnée de riz

le jambalaya un riz très pimenté° préparé avec du jambon, du poulet, des tomates et parfois des saucisses et des fruits de mer

le po-boy de *poor boy* (garçon pauvre), un sandwich au poisson, aux écrevisses°, aux huîtres° ou à la viande dans un morceau de baguette

colons *colonists* **morceau de pâte frit** *fried piece of dough* **chicorée** *chicory* **pimenté** *spicy* **écrevisses** *crawfish* **huîtres** *oysters*

PORTRAIT

Les fromages français

Les Français sont très fiers de leurs fromages, et beaucoup de ces fromages sont connus dans le monde entier. La France produit près de 500 fromages dont° le type varie dans chaque région. Ils sont au lait de vache° comme le Brie et le Camembert, au lait de chèvre° comme le crottin de Chavignol, au lait de brebis° comme le Roquefort ou faits d'un mélange° de plusieurs laits. Ils sont aussi classés en plusieurs catégories, comme cuit° ou non cuit, fermenté, fondu° ou frais°. Plus de 95% des Français mangent du fromage et ils dépensent sept milliards° d'euros par an pour le fromage. On célèbre aussi la Journée nationale du fromage avec des débats, des conférences, des démonstrations de recettes° et des dégustations°.

dont *of which* **vache** *cow* **chèvre** *goat* **brebis** *ewe* **mélange** *mix* **cuit** *cooked* **fondu** *melted* **frais** *fresh* **milliards** *billions* **recettes** *recipes* **dégustations** *tastings*

Sur Internet

Peut-on acheter des appareils ménagers dans un hypermarché?

Go to **vhlcentral.com** to find more cultural information related to this **Lecture culturelle**. Then watch the corresponding **Flash culture**.

---

2 **À table!** Répondez aux questions d'après les textes par des phrases complètes.

1. Combien de types de fromage sont produits en France?
2. Quels laits sont utilisés pour faire le fromage en France?
3. Quelles sont trois des catégories de fromages?
4. Comment célèbre-t-on la Journée nationale du fromage?
5. Que met-on dans le jambalaya?
6. Quand peut-on manger des beignets à La Nouvelle-Orléans?

3 **Le pique-nique** Vous et un(e) partenaire avez décidé de faire un pique-nique en plein air. Qu'allez-vous manger? Boire? Allez-vous apporter d'autres choses, comme des chaises ou une couverture? Parlez avec un autre groupe et échangez vos idées.

ressources

VM pp. 255–256 | vhlcentral.com Leçon 9A

 Practice more at **vhlcentral.com**.

A C T I V I T É S

STRUCTURES

9A.1 The verb *venir* and the *passé récent* Presentation

Point de départ In **Leçon 4A**, you learned the verb **aller** (*to go*). Now you will learn how to conjugate and use the irregular verb **venir** (*to come*).

venir	
je viens	nous venons
tu viens	vous venez
il/elle/on vient	ils/elles viennent

Vous **venez** souvent au resto U?
Do you come to the cafeteria often?

Tu **viens** avec moi au supermarché?
Are you coming with me to the supermarket?

Viens vers huit heures du soir.
Come around 8 o'clock in the evening.

Mes tantes **viennent** de Nice.
My aunts are coming from Nice.

À noter

In **Leçon 7A**, you learned about verbs that take **être** in the **passé composé**. Add the verbs **venir**, **devenir**, and **revenir** to that list to complete it.

- **Venir** takes the auxiliary **être** in the **passé composé**. Its past participle is **venu**.

  Ils **sont venus** vendredi dernier.
  They came last Friday.

  Nous **sommes venues** à la fac.
  We came to campus.

  Nadine **est venue** chez moi.
  Nadine came to my house.

  Es-tu **venu** trop tard?
  Did you come too late?

- **Venir** in the present tense can also be used with **de** and an infinitive to say that something has just happened. This is called the **passé récent**.

  Je **viens de prendre** mon goûter dans ma chambre.
  I just had a snack in my room.

  Ma mère **vient de cuisiner**.
  My mother just cooked.

  Nous **venons de regarder** cette émission.
  We just watched that show.

  Karine **vient de manger** à la cantine.
  Karine just ate at the cafeteria.

- **Venir** can be used with an infinitive to say that someone has come to do something.

  Papa **est venu** me **chercher**.
  Dad came to pick me up.

  Thuy et Mia **venaient répéter** avec nous.
  Thuy and Mia used to come rehearse with us.

  Elle **venait** nous **rendre** visite.
  She used to come visit us.

  Ali **vient** te **parler**.
  Ali is coming to talk to you.

- The verbs **devenir** (*to become*) and **revenir** (*to come back*) are conjugated like **venir**. They, too, take **être** in the **passé composé**.

  Estelle et sa copine **sont devenues** médecins.
  Estelle and her friend became doctors.

  Il **est revenu** avec une tarte aux fraises.
  He came back with a strawberry tart.

- The verbs **tenir** (*to hold*), **maintenir** (*to maintain*), and **retenir** (*to keep, to retain*) are also conjugated like **venir**. However, they take **avoir** in the **passé composé**.

  Corinne **tient** le livre de cuisine.
  Corinne is holding the cookbook.

  On **a retenu** mon passeport à la douane.
  They kept my passport at customs.

- A command form of **tenir** is often used when handing something to someone.

Tiens, une belle orange pour toi.
Here, a nice orange for you.

Votre sac est tombé! **Tenez**, Madame.
Your bag fell! Here, ma'am.

Depuis, pendant, il y a + [*time*]

- To say that something happened at a time *ago* in the past, use **il y a** + [*time ago*].

Il y a une heure, on était à la cantine.
An hour ago, we were at the cafeteria.

Il a visité Ouagadougou **il y a deux ans**.
He visited Ouagadougou two years ago.

- To say that something happened for a particular period of time and ended in the past, use **pendant** + [*time period*]. Often the verb will be in the **passé composé**.

Salim a fait la vaisselle **pendant deux heures**.
Salim washed dishes for two hours.

Les équipes ont joué au foot **pendant un mois**.
The teams played soccer for one month.

- To say that something has been going on *since* a particular time and continues into the present, use **depuis** + [*time period, date, or starting point*]. Unlike its English equivalent, the verb in the French construction is usually in the present tense.

Elle danse **depuis son arrivée à la fête**.
She has been dancing since she arrived at the party.

Nous passons l'été au Québec **depuis 1998**.
We have been spending summers in Quebec since 1998.

 Essayez!   Choisissez l'option correcte pour compléter chaque phrase.

1. Chloé, tu _____d_____ avec nous à la cantine?
2. Vous _____ d'où, Monsieur?
3. Les Aubailly _____ de dîner au café.
4. Julia Child est _____ célèbre en 1961.
5. Qu'est-ce qu'ils _____ dans la main?
6. Ils sont _____ du supermarché à midi.
7. On allait souvent en Europe _____ dix ans.
8. On mange bien _____ l'arrivée de maman.
9. Le prof _____ l'ordre dans la salle de classe.
10. Nous avons loué notre maison _____ les vacances d'été.
11. Alex et Sylvie, _____ ces valises, s'il vous plaît!

a. viennent
b. revenus
c. tenez
d. viens
e. il y a
f. pendant
g. tiennent
h. depuis
i. devenue
j. venez
k. maintient

STRUCTURES

Mise en pratique

1 **Qu'est-ce qu'ils viennent de faire?** Regardez les images et dites ce qu'ils (*what they*) viennent de faire.

> **MODÈLE**
>
> *Julien vient de faire du cheval.*

Julien

1. M. et Mme Martin   **2.** vous   **3.** nous   **4.** je

_____   _____   _____   _____

_____   _____   _____   _____

2 **Mes tantes** Tante Olga téléphone à tante Simone pour lui donner des nouvelles (*news*) de la famille. Complétez ses phrases au passé composé.

1. La semaine dernière, Georges _____ (revenir) de vacances.

2. Marc a déménagé, mais je _____ (ne pas retenir) sa nouvelle adresse.

3. J'ai rencontré Martine ce matin; elle _____ (devenir) très jolie.

4. Alfred va avoir 100 ans; c'est parce qu'il _____ (maintenir) un bon rythme de vie.

5. Hier midi, Charles et Antoinette _____ (venir) déjeuner à la maison.

6. Marie-Louise et Roland _____ (devenir) avocats.

7. La fille d'Albert _____ (ne pas venir) le voir le mois dernier.

8. Mélanie _____ (tenir) son chien dans ses bras parce que les enfants avaient peur.

3 **Nos activités** Avec un(e) partenaire, dites ce que (*what*) chaque personne vient de faire et ce qu'elle va faire maintenant.

> **MODÈLE**
>
> *Je viens de manger. Maintenant, je vais faire la vaisselle.*

A	B	C
je	manger	emménager
tu	faire la lessive	répondre
elle	recevoir une lettre	faire un séjour
nous	acheter une maison	faire la vaisselle
vous	partir en vacances	prendre le train
ils	faire ses valises	repasser le linge
on	faire les courses	cuisiner

Practice more at **vhlcentral.com.**

Communication

4 **Préparation de la fête** Marine a invité ses amis ce soir. Elle a demandé à un(e) ami(e) de l'aider. Ils/Elles sont tous/toutes les deux impatient(e)s et ont besoin de savoir si tout est prêt. Avec un(e) partenaire, jouez les rôles de Marine et de son ami(e). Alternez les rôles et utilisez **venir de**, **il y a**, **depuis** et **pendant**.

> **MODÈLE**
>
> **Étudiant(e) 1:** *Étienne a téléphoné?*
> **Étudiant(e) 2:** *Oui, il a téléphoné il y a une heure.*

1. Ta mère a apporté les gâteaux?
2. Tu as mis les fleurs dans le vase?
3. Pierre et Stéphanie ont fini de faire les courses?
4. Quand est-ce que tu as sorti les boissons?
5. Il faut mettre les escargots au four pendant longtemps?
6. Les salades de fruits sont dans le frigo?
7. Tu as préparé les tartes aux poires?
8. Ton petit ami est déjà arrivé?

5 **Devinez** À tour de rôle avec un(e) partenaire, devinez (*guess*) ce que Floriane et ses amis viennent de faire.

> **MODÈLE**
>
> Michel débarrasse la table.
> *Il vient de dîner.*

1. Malika et moi, nous n'avons pas soif.
2. Josiane n'est pas à la maison.
3. Faroukh et Alisha ont dépensé beaucoup d'argent.
4. Vous êtes tout mouillés (*wet*).
5. Tu es très fatigué.
6. Hugo a l'air content.

6 **Un(e) Américain(e) à Paris** Vous venez de rencontrer un(e) Américain(e) de San Francisco (votre partenaire). Vous lui demandez de vous décrire sa vie à Paris, ses voyages, ce qui (*what*) l'intéresse, etc. Utilisez **depuis**, **il y a** et **pendant**. Ensuite, jouez la scène pour la classe.

> **MODÈLE**
>
> **Étudiant(e) 1:** *Tu habites en France depuis longtemps?*
> **Étudiant(e) 2:** *Oui, j'habite à Paris depuis 2004.*

7 **De nouveaux voisins** Deux policiers (*police officers*) vous interrogent sur une famille mystérieuse qui vient d'emménager dans votre quartier. Par groupes de trois, jouez les rôles. Utilisez **depuis**, **il y a** et **pendant** dans votre conversation.

> **MODÈLE**
>
> **Étudiant(e) 1:** *Quand est-ce que les Rocher ont emménagé?*
> **Étudiant(e) 2:** *Ils ont emménagé il y a trois mois.*
> **Étudiant(e) 1:** *D'habitude, qui est à la maison pendant la journée?*

STRUCTURES

9A.2

The verbs *devoir, vouloir, pouvoir*  **Presentation**

Point de départ The verbs **devoir** (*to have to [must]; to owe*), **vouloir** (*to want*), and **pouvoir** (*to be able to [can]*) are all irregular.

	devoir, vouloir, pouvoir		
	devoir	**vouloir**	**pouvoir**
je	dois	veux	peux
tu	dois	veux	peux
il/elle/on	doit	veut	peut
nous	devons	voulons	pouvons
vous	devez	voulez	pouvez
ils/elles	doivent	veulent	peuvent

Je **dois** repasser.
I have to iron.

Veut-elle des pâtes?
Does she want pasta?

Vous **pouvez** entrer.
You can come in.

- **Devoir**, **vouloir**, and **pouvoir** all take **avoir** in the **passé composé**. They have irregular past participles.

devoir → dû
vouloir → voulu
pouvoir → pu

- **Devoir** can be used with an infinitive to mean *to have to* or *must*.

  On **doit** manger des légumes tous les jours.
  One must eat vegetables every day.

  Nous ne **devons** pas parler en classe.
  We must not talk in class.

- When **devoir** is followed by a noun, it means *to owe*.

  Tu me **dois** cinq euros.
  You owe me five euros.

  Il **doit** sa vie aux médecins.
  He owes his life to the doctors.

- **Devoir** is often used in the **passé composé** with an infinitive to speculate on what *must have happened* or what someone *had to do*. The context will determine the meaning.

  Ils ne sont pas arrivés chez eux. Ils **ont dû avoir** un accident.
  They haven't arrived home. They must have had an accident.

  Louise n'est pas allée à la fête parce qu'elle **a dû travailler**.
  Louise didn't go to the party because she had to work.

- **Devoir** can be used with an infinitive to express *supposed to*.

  Je **dois faire** mes devoirs.
  I'm supposed to do my homework.

  Vous **deviez arriver** à huit heures.
  You were supposed to arrive at 8 o'clock.

- When **vouloir** is used with the infinitive **dire**, it is translated as *to mean*.

  Nous **voulons dire** exactement le contraire.
  We mean exactly the opposite.

  Biscuit? Ça **veut dire** "cookie" en français.
  Biscuit? That means "cookie" in French.

Sandrine devait être là. Elle a dû parler à son prof.

Enfin, j'ai pu vous retrouver.

- **Vouloir bien** can be used to express willingness.

Tu veux prendre de la glace?
Do you want to have some ice cream?

Oui, je **veux bien** prendre de la glace.
Yes, I'd really like to have some ice cream.

Voulez-vous dîner avec nous demain soir?
Do you want to have dinner with us tomorrow evening?

Nous **voulons bien** manger avec vous demain soir.
We'd love to eat with you tomorrow evening.

- **Vouloir** is often used in the **passé composé** with an infinitive in negative sentences to express *refused to.*

J'ai essayé, mais il **n'a pas voulu** parler.
I tried, but he refused to talk.

Elles **n'ont pas voulu** débarrasser la table.
They refused to clear the table.

Nous **n'avons pas voulu** aller chez lui.
We refused to go to his house.

Tu **n'as pas voulu** lui dire bonjour.
You refused to say hello to him.

- **Pouvoir** can be used in the **passé composé** with an infinitive to express *managed to do something.*

Nous **avons pu** tout finir.
We managed to finish everything.

Fathia **a pu** nous trouver.
Fathia managed to find us.

J'**ai pu** parler à l'avocat.
I managed to talk to the lawyer.

Vous **avez pu** acheter les billets?
Did you manage to buy the tickets?

Boîte à outils

Vouloir often takes the **imparfait** in the past since the action of wanting does not usually have a clear beginning or end and lasts an unspecified amount of time. In cases where the beginning or end is specified, use the **passé composé**.

Je voulais rire.
I wanted to laugh.
(no beginning or end)

Tout à coup, j'ai voulu rire.
All of a sudden, I felt like laughing.
(a specific moment in time)

Essayez! Complétez ces phrases avec les formes correctes du présent des verbes.

devoir

1. Tu _____dois_____ revenir à midi?
2. Elles _____ manger tout de suite.
3. Nous _____ encore vingt euros.
4. Je ne _____ pas assister au pique-nique.
5. Elle _____ nous téléphoner.

vouloir

6. _____ -vous manger sur la terrasse?
7. Tu _____ quelque chose à boire?
8. Il _____ faire la cuisine.

9. Nous ne _____ pas prendre de dessert.
10. Ils _____ préparer un grand repas.

pouvoir

11. Je _____ passer l'aspirateur ce soir.
12. Il _____ acheter de l'ail au marché.
13. Elles _____ emménager demain.
14. Vous _____ maigrir de quelques kilos.
15. Nous _____ mettre la table.

ressources

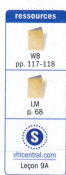

WB
pp. 117–118

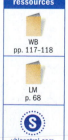

LM
p. 68

vhlcentral.com
Leçon 9A

STRUCTURES

Mise en pratique

1 **Que doit-on faire?** Qu'est-ce que ces personnes doivent faire pour avoir ce qu'elles (*what they*) veulent?

> **MODÈLE** André ___veut___ courir le marathon, alors il ___doit___ faire du jogging.

1. Je _____ grossir, alors je _____ manger des frites.
2. Il _____ être en forme, alors il _____ aller à la gym.
3. Vous _____ manger des spaghettis, alors vous _____ aller dans un resto italien.
4. Tu _____ manger chez toi, alors tu _____ faire la cuisine.
5. Elles _____ maigrir, alors elles _____ moins manger.
6. Nous _____ écouter de la musique, alors nous _____ acheter des CD.

2 **Qui peut faire quoi?** Ève prépare un grand repas. Dites ce que (*what*) chaque personne peut faire.

> **MODÈLE**
>
> Joseph / faire / courses
> *Joseph peut faire les courses.*

1. Marc / acheter / boissons
2. Benoît et Anne / préparer / gâteaux
3. Jean et toi / décorer / salle à manger
4. Patrick et moi / essuyer / verres
5. je / prendre / photos
6. tu / mettre / table

3 **Mes enfants** M. Dion est au restaurant avec ses enfants. Le serveur/ La serveuse lui demande ce qu'ils (*what they*) veulent prendre. Avec un(e) partenaire, posez les questions et répondez. Alternez les rôles.

> **MODÈLE** Éric: ou
>
> **Étudiant(e) 1:** *Veut-il un jus d'orange ou un verre de lait?*
> **Étudiant(e) 2:** *Il veut un jus d'orange, s'il vous plaît.*

1. Michèle: ou

2. Stéphanie et Éric: ou

3. Stéphanie: ou

4. Éric: ou

Practice more at **vhlcentral.com.**

Communication

4 **Que faire?** À tour de rôle avec un(e) partenaire, dites ce que (*what*) ces
personnes peuvent, doivent ou veulent faire ou ne pas faire. Utilisez **pouvoir**,
devoir et **vouloir** dans vos réponses.

▶ **MODÈLE**

Étudiant(e) 1: *Il veut
maigrir.*

Étudiant(e) 2: *Il ne peut
pas manger de dessert.*

1.

2.

3.

4.

5.

6.

5 **Ce n'est pas de ma faute.** Préparez une liste de cinq choses qui
vous sont arrivées (*happened to you*) par accident. Montrez la liste à un(e)
partenaire, qui va deviner pourquoi. A-t-il/elle raison?

MODÈLE

Étudiant(e) 1: *J'ai perdu les clés de ma maison.*
Étudiant(e) 2: *Tu as dû les laisser sur ton lit.*

6 **Ce week-end** Invitez vos camarades de classe à faire des choses avec vous
le week-end prochain. S'ils refusent votre invitation, ils doivent vous donner une
excuse. Quelles réponses avez-vous reçues (*received*)?

MODÈLE

Étudiant(e) 1: *Tu veux jouer au tennis avec moi le week-end prochain?*
Étudiant(e) 2: *Quel jour?*
Étudiant(e) 1: *Samedi matin.*
Étudiant(e) 2: *Désolé(e), je ne peux pas. Je dois rendre visite à ma famille.*

7 **La permission** La mère de Sylvain lui permet de faire certaines choses
mais pas d'autres. Avec un(e) partenaire, préparez leur dialogue. Utilisez les
verbes **devoir**, **vouloir** et **pouvoir**.

MODÈLE

Étudiant(e) 1: *Maman, je veux sortir avec Paul vendredi.*
Étudiant(e) 2: *Tu peux sortir, mais tu dois d'abord ranger ta chambre.*

8 **Des conseils** Votre ami(e) a beaucoup de problèmes et vous demande des
conseils (*advice*). Avec un(e) partenaire, préparez le dialogue. Utilisez le verbe
devoir pour lui faire des suggestions.

MODÈLE

Étudiant(e) 1: *Je ne peux pas dormir la nuit.*
Étudiant(e) 2: *Tu ne dois pas boire de café après le dîner.*

Révision

1 **Au restaurant** Avec un(e) partenaire, dites ce que *(what)* ces personnes viennent de faire. Utilisez les verbes de la liste et d'autres verbes.

apporter	manger
arriver	parler
boire	prendre
demander	téléphoner

2 **Au supermarché** Un(e) enfant et son père ou sa mère sont au supermarché. L'enfant demande ces choses à manger, mais le père ou la mère ne veut pas les acheter et doit lui donner des raisons. Avec un(e) partenaire, préparez un dialogue et puis jouez-le pour la classe. Employez les verbes **devoir**, **vouloir** et **pouvoir** et le passé récent.

MODÈLE

Étudiant(e) 1: *Maman, je veux de la confiture. Achète-moi cette confiture, s'il te plaît.*
Étudiant(e) 2: *Tu ne dois pas manger ça. Tu viens de manger un dessert et tu vas grossir.*

des chips	une glace
du chocolat	du pâté
un coca	une saucisse
de la confiture	des yaourts aux fruits

3 **Le chef de cuisine** Vous et votre partenaire êtes deux chefs. Choisissez une recette *(recipe)* facile et préparez une démonstration de cette recette pour la classe. Donnez des conseils *(advice)* avec les verbes **devoir**, **vouloir** et **pouvoir** et employez le passé récent.

MODÈLE

Étudiant(e) 1: *Combien de carottes doit-on utiliser?*
Étudiant(e) 2: *Vous pouvez utiliser deux ou trois carottes.*

4 **Dans le frigo** Vous et vos partenaires êtes colocataires et vous nettoyez votre frigo. Qu'allez-vous mettre à la poubelle? Par groupes de trois, regardez l'illustration et décidez. Ensuite, présentez vos décisions à la classe.

MODÈLE

Étudiant(e) 1: *Depuis combien de temps on a ce fromage dans le frigo?*
Étudiant(e) 2: *Je viens de l'acheter, nous pouvons le garder encore un peu.*

5 **Chez moi** Vous et votre partenaire voulez manger ensemble après le cours. Vous voulez manger chez vous ou chez votre partenaire, mais pas au resto U. Que pouvez-vous préparer? Que voulez-vous manger ou boire?

MODÈLE

Étudiant(e) 1: *Chez moi, j'ai du chocolat et du lait, et je peux te faire un chocolat chaud.*
Étudiant(e) 2: *Non merci, je veux plutôt une boisson froide et j'ai des boissons gazeuses à la maison.*

6 **Une journée bien occupée** Votre professeur va vous donner, à vous et à votre partenaire, une feuille sur les activités d'Alexandra. Attention! Ne regardez pas la feuille de votre partenaire.

MODÈLE

Étudiant(e) 1: *À quatre heures et demie, Alexandra a pu faire du jogging.*
Étudiant(e) 2: *Après, à cinq heures, elle...*

 Video

Le far breton

En Bretagne, région du nord-ouest de la France, il existe plusieurs variétés de *fars*. Ils ont tous comme ingrédient principal de la farine°, d'où vient leur nom. Les Bretons cuisinaient traditionnellement un far à l'occasion des fêtes religieuses. En Bretagne, il a toujours existé des fars salés° et sucrés°. Pourtant°, c'est une version sucrée avec des pruneaux° qui a traversé les limites régionales pour se populariser dans toute la France sous le nom de "far breton".

—Alors, je vais vous présenter la recette° du far breton.

—Donc, maintenant, je vais casser° les œufs pour les mélanger° ensuite à la farine.

Compréhension Répondez aux questions.

1. Quels sont les ingrédients pour le far breton?
2. Quel est le verbe de la liste que le chef de cuisine ne dit pas?

ajouter (*to add*), **casser**, **chauffer** (*to heat*), **couper** (*to cut*), **mélanger**, **verser** (*to pour*)

3. À quelle température et pendant combien de temps la pâte (*batter*) doit-elle rester au four?

Discussion Avec un(e) partenaire, posez-vous ces questions et discutez.

Quelle est votre recette préférée? Quels sont les ingrédients? Comment la prépare-t-on?

farine *flour* salés *savory* sucrés *sweet* Pourtant *However* pruneaux *prunes*
recette *recipe* casser *to crack* mélanger *to mix*

Go to **vhlcentral.com** to watch the TV clip featured in this **Le Zapping**.

Leçon 9B

You will learn how to...
- describe and discuss food
- shop for food

À table!

Il goûte la soupe. (goûter)

l'assiette (f.)

la carte

Carte

la serviette

la fourchette

le couteau

la nappe

Vocabulaire

être au régime	to be on a diet
une boîte (de conserve)	can
la crème	cream
la mayonnaise	mayonnaise
la moutarde	mustard
une tranche	slice
une entrée	appetizer, starter
un hors-d'œuvre	hors-d'œuvre, appetizer
un plat (principal)	(main) dish
À table!	Dinner is ready!
compris	included
une boucherie	butcher's shop
une boulangerie	bread shop, bakery
une charcuterie	delicatessen
un(e) commerçant(e)	shopkeeper
un kilo(gramme)	kilo(gram)
une pâtisserie	pastry shop, bakery
une poissonnerie	fish shop

ressources

WB pp. 119–120	LM p. 69	vhlcentral.com Leçon 9B

Mise en pratique

Audio: Vocabulary

1 **Écoutez** Catherine est au régime. Elle parle de ses habitudes alimentaires. Écoutez et indiquez si les affirmations suivantes sont **vraies** ou **fausses**.

		Vrai	Faux
1.	Catherine mange beaucoup de desserts.	☐	☐
2.	Catherine fait les courses au supermarché.	☐	☐
3.	Elle adore la viande.	☐	☐
4.	Elle est au régime.	☐	☐
5.	Catherine achète des fruits et des légumes au marché.	☐	☐
6.	Selon (*According to*) Catherine, le service chez les commerçants est désagréable.	☐	☐
7.	Elle va souvent à la boucherie et à la poissonnerie.	☐	☐
8.	Elle vient de devenir végétarienne.	☐	☐

2 **Le repas** Mettez ces différentes étapes dans l'ordre chronologique.

a. _____ dire «À table!»

b. _____ servir le plat principal

c. _____ mettre les assiettes, les fourchettes, les cuillères et les couteaux sur la table

d. _____ servir l'entrée

e. _____ faire les courses

f. _____ organiser un menu

g. _____ prendre le dessert avec les invités

h. _____ faire la cuisine

3 **Complétez** Complétez les phrases suivantes avec le bon mot pour faire une phrase logique.

1. Pour manger de la soupe on utilise...
   a. un couteau.
   b. une cuillère.
   c. une fourchette.

2. On sert la soupe dans...
   a. une boîte.
   b. une carafe.
   c. un bol.

3. Au restaurant le serveur/ la serveuse doit... la nourriture.
   a. commander
   b. apporter
   c. goûter

4. On vend des baguettes à...
   a. la boulangerie.
   b. la charcuterie.
   c. la boucherie.

5. On met... dans le café.
   a. du beurre
   b. du poivre
   c. de la crème

6. On vend des gâteaux à...
   a. la boucherie.
   b. la pâtisserie.
   c. la poissonnerie.

7. Au restaurant, on commande d'abord...
   a. une entrée.
   b. un plat principal.
   c. une serviette.

8. On vend du jambon à...
   a. la charcuterie.
   b. la crémerie.
   c. la pâtisserie.

Elle commande. (commander)

le menu

le sel

le poivre

l'huile d'olive (f.)

la carafe d'eau

le bol

la cuillère à soupe

la cuillère à café

CONTEXTES

Communication

 4 **Conversez** Interviewez un(e) camarade de classe.

 1. En général, qu'est-ce que tu commandes au restaurant? Comme entrée? Comme plat principal?

 2. Qui fait les courses chez toi? Où? Quand?

3. Est-ce que tu préfères faire les courses au supermarché ou chez les commerçants? Pourquoi?

4. Es-tu au régime? Qu'est-ce que tu manges?

5. Quel est ton plat principal préféré?

6. Aimes-tu la moutarde? Avec quel(s) plat(s) l'utilises-tu?

7. Aimes-tu la mayonnaise? Avec quel(s) plat(s) l'utilises-tu?

8. Dans quel(s) plat(s) mets-tu de l'huile d'olive?

5 **Sept différences** Votre professeur va vous donner, à vous et à votre partenaire, deux feuilles d'activités avec le dessin (*drawing*) d'un restaurant. Il y a sept différences entre les deux images. Sans regarder l'image de votre partenaire, faites une liste de ces différences. Quel est le groupe le plus rapide de la classe?

> **MODÈLE**
>
> **Étudiant(e) 1:** *Dans mon restaurant, le serveur apporte du beurre à la table.*
>
> **Étudiant(e) 2:** *Dans mon restaurant aussi, on apporte du beurre à la table, mais c'est une serveuse, pas un serveur.*

6 **Au restaurant** Travaillez avec deux camarades de classe pour présenter le dialogue suivant.

- Une personne invite un(e) ami(e) à dîner au restaurant.
- Une personne est le serveur/la serveuse et décrit le menu.
- Vous parlez du menu et de vos préférences.
- Une personne est au régime et ne peut pas manger certains ingrédients.
- Vous commandez les plats.
- Vous parlez des plats que vous mangez.

 7 **Écriture** Écrivez un paragraphe dans lequel vous:

- parlez de la dernière fois que vous avez préparé un dîner, un déjeuner ou un petit-déjeuner pour quelqu'un.
- décrivez les ingrédients que vous avez utilisés pour préparer le(s) plat(s).
- mentionnez les endroits où vous avez acheté les ingrédients et leurs quantités.
- décrivez comment vous avez mis la table.

Les sons et les lettres

Audio: Concepts, Activities
Record & Compare

 ## Stress and rhythm

In French, all syllables are pronounced with more or less equal stress, but the final syllable in a phrase is elongated slightly.

Je fais souvent du sport, mais aujourd'hui j'ai envie de rester à la maison.

French sentences are divided into three basic kinds of rhythmic groups.

Noun phrase
Caroline et Dominique

Verb phrase
sont venues

Prepositional phrase
chez moi.

The final syllable of a rhythmic group may be slightly accentuated either by rising intonation (pitch) or elongation.

Caroline et Dominique sont venues chez moi.

In English, you can add emphasis by placing more stress on certain words. In French, you can repeat the word to be emphasized by adding a pronoun or you can elongate the first consonant sound.

Je ne sais pas, moi.   **Quel idiot!**   **C'est fantastique!**

Prononcez Répétez les phrases suivantes à voix haute.

1. Ce n'est pas vrai, ça.
2. Bonjour, Mademoiselle.
3. Moi, je m'appelle Florence.
4. La clé de ma chambre, je l'ai perdue.
5. Je voudrais un grand café noir et un croissant, s'il vous plaît.
6. Nous allons tous au marché, mais Marie, elle va au centre commercial.

Articulez Répétez les phrases en mettant l'emphase sur les mots indiqués.

1. C'est *impossible*!
2. Le film était *super*!
3. Cette tarte est *délicieuse*!
4. Quelle idée *extraordinaire*!
5. Ma sœur parle *constamment*.

Dictons Répétez les dictons à voix haute.

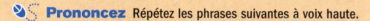

Le chat parti, les souris dansent.[2]

Les chemins les plus courts ne sont pas toujours les meilleurs.[1]

[2] When the cat is away, the mice will play.

[1] The shortest paths aren't always the best.

ressources

LM p. 70

vhlcentral.com
Leçon 9B

Le dîner

Video: *Roman-photo*
Record & Compare

Amina

David

Rachid

Sandrine

Stéphane

Valérie

Au centre-ville...

DAVID Qu'est-ce que tu as fait en ville?
RACHID Des courses à la boulangerie et chez le chocolatier.
DAVID Tu as acheté ces chocolats pour Sandrine?
RACHID Pourquoi? Tu es jaloux? Ne t'en fais pas! Elle nous a invités, il est normal d'apporter quelque chose.

DAVID Je n'ai pas de cadeau pour elle. Qu'est-ce que je peux lui acheter? Je peux lui apporter des fleurs!

Chez le fleuriste...

DAVID Ces roses sont très jolies, non?
RACHID Tu es tombé amoureux?
DAVID Mais non! Pourquoi tu dis ça?
RACHID Des roses, c'est romantique.
DAVID Ah... Ces fleurs-ci sont jolies. C'est mieux?

RACHID Non, c'est pire! Les chrysanthèmes sont réservés aux funérailles.
DAVID Hmmm. Je ne savais pas que c'était aussi difficile de choisir un bouquet de fleurs!
RACHID Regarde! Celles-là sont parfaites!
DAVID Tu es sûr?
RACHID Sûr et certain, achète-les!

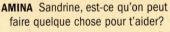

AMINA Sandrine, est-ce qu'on peut faire quelque chose pour t'aider?
SANDRINE Oui euh, vous pouvez finir de mettre la table, si vous voulez.
VALÉRIE Je vais t'aider dans la cuisine.
AMINA Tiens, Stéphane. Voilà le sel et le poivre. Tu peux les mettre sur la table, s'il te plaît.
SANDRINE À table!

SANDRINE Je vous sers autre chose? Une deuxième tranche de tarte aux pommes peut-être?
VALÉRIE Merci.
AMINA Merci. Je suis au régime.
SANDRINE Et toi, David?
DAVID Oh! J'ai trop mangé. Je n'en peux plus!
STÉPHANE Moi, je veux bien...
SANDRINE Donne-moi ton assiette.

STÉPHANE Tiens, tu peux la lui passer, s'il te plaît?
VALÉRIE Quel repas fantastique, Sandrine. Tu as beaucoup de talent, tu sais.
RACHID Vous avez raison, Madame Forestier. Ton poulet aux champignons était superbe!

1 **Vrai ou faux?** Indiquez si les affirmations suivantes sont **vraies** ou **fausses**.

1. Rachid est allé chez le chocolatier.
2. Rachid et David sont arrivés en avance.
3. David n'a pas apporté de cadeau.
4. Sandrine aime les fleurs de David.
5. Personne (*Nobody*) n'aide Sandrine.

6. David n'a pas beaucoup mangé.
7. Stéphane n'est pas au régime.
8. Sandrine a fait une tarte aux pêches pour le dîner.
9. Les plats de Sandrine ne sont pas très bons.
10. Les invités ont passé une soirée très agréable.

 Practice more at **vhlcentral.com**.

Sandrine a préparé un repas fantastique pour ses amis.

Chez Sandrine...

SANDRINE Bonsoir... Entrez! Oh!
DAVID Tiens. C'est pour toi.
SANDRINE Oh, David! Il ne fallait pas, c'est très gentil!
DAVID Je voulais t'apporter quelque chose.
SANDRINE Ce sont les plus belles fleurs que j'aie jamais reçues! Merci!

RACHID Bonsoir, Sandrine.
SANDRINE Oh, du chocolat! Merci beaucoup.
RACHID J'espère qu'on n'est pas trop en retard.
SANDRINE Pas du tout! Venez! On est dans la salle à manger.

STÉPHANE Oui, et tes desserts sont les meilleurs! C'est la tarte la plus délicieuse du monde!
SANDRINE Vous êtes adorables, merci. Moi, je trouve que cette tarte aux pommes est meilleure que la tarte aux pêches que j'ai faite il y a quelques semaines.

AMINA Tout ce que tu prépares est bon, Sandrine.
DAVID À Sandrine, le chef de cuisine le plus génial!
TOUS À Sandrine!

Expressions utiles

Making comparisons and judgments

- **Ces fleurs-ci sont jolies. C'est mieux?**
  These flowers are pretty. Is that better?
- **C'est pire! Les chrysanthèmes sont réservés aux funérailles.**
  That's worse! Chrysanthemums are only for funerals.
- **Je ne savais pas que c'était aussi difficile de choisir un bouquet de fleurs!**
  I didn't know it was so hard to choose a bouquet of flowers!
- **Ce sont les plus belles fleurs que j'aie jamais reçues!**
  These are the most beautiful flowers I have ever received!
- **C'est la tarte la plus délicieuse du monde!**
  This is the most delicious tart in the world!
- **Cette tarte aux pommes est meilleure que la tarte aux pêches.**
  This apple tart is better than the peach tart.

Additional vocabulary

- **Ah, tu es jaloux? Ne t'en fais pas!**
  Are you jealous? Don't worry!
- **sûr(e) et certain(e)**
  totally sure/completely certain
- **Il ne fallait pas.**
  You shouldn't have./There was no need.
- **J'ai trop mangé. Je n'en peux plus!**
  I ate too much. I can't take another bite!
- **Tu peux la lui passer?**
  Can you pass it to her?

2 Questions Répondez aux questions suivantes.
1. Qu'est-ce que Rachid a apporté à Sandrine?
2. Qu'a fait Amina pour aider?
3. Qui mange une deuxième tranche de tarte aux pommes?
4. Quel type de tarte Sandrine a-t-elle préparé il y a quelques semaines?
5. Pourquoi David n'a-t-il pas acheté les roses?

3 Écrivez David veut raconter le dîner de Sandrine à sa famille. Composez un e-mail. Quels ont été les préparatifs (*preparations*)? Qui a apporté quoi? Qui est venu? Qu'est-ce qu'on a mangé? Relisez le **ROMAN-PHOTO** de la Leçon 9A si nécessaire.

ressources

VM pp. 221–222 | DVD Leçon 9B | vhlcentral.com Leçon 9B

ACTIVITÉS

S Reading

Les repas en France

En France, un grand repas traditionnel peut être composé de beaucoup de plats différents et il peut durer° plusieurs heures. Avant de passer à table, on sert des amuse-gueules° comme des biscuits salés°, des olives ou des cacahuètes°. Ensuite, on commence le repas par un hors-d'œuvre ou directement par une ou deux entrées chaudes ou froides, comme une soupe, de la charcuterie, des escargots, etc. Après l'entrée, on prend parfois un sorbet pour nettoyer le palais°. Puis, on passe au plat principal, qui est en général une viande ou un poisson servi avec des légumes. Après, on apporte la salade, puis le fromage et enfin, on sert le dessert et le café. Le repas traditionnel est souvent accompagné de vin, et dans les grandes occasions, de champagne pour le dessert. Bien sûr, tous les Français ne font pas ce genre de repas tous les jours. En général, on mange beaucoup plus simplement. Au petit-déjeuner, on boit du café au lait, du thé ou du chocolat chaud. On mange des tartines° ou du pain grillé° avec du beurre et de la confiture, et des croissants le week-end. Le déjeuner est traditionnellement le repas principal, mais aujourd'hui, les Français n'ont pas souvent le temps de rentrer à la maison. Pour cette raison, on mange de plus en plus° au travail ou au café. Après l'école, les enfants prennent parfois un goûter, par exemple du pain avec du chocolat. Et le soir, on dîne à la maison, en famille.

durer *last* amuse-gueules *small appetizers* salés *savory* cacahuètes *peanuts* palais *palate* tartines *slices of bread* pain grillé *toast* de plus en plus *more and more* moins de *less than*

Les Français et les repas

- 10% des Français ne prennent pas de petit-déjeuner.
- 60% boivent du café le matin, 20% du thé, 15% du chocolat.
- 99% dînent chez eux en semaine.
- 35% dînent en famille, 30% en couple.
- 75% des dîners consistent en moins de° trois plats successifs.
- Le pain est présent dans plus de 60% des déjeuners et des dîners.

Coup de main

You can use these terms to specify how you would like meat to be cooked.

bleu(e)	*very rare*
saignant(e)	*medium rare*
à point	*medium*
bien cuit(e)	*well-done*

ACTIVITÉS

1 Vrai ou faux? Indiquez si les phrases sont **vraies** ou **fausses**. Corrigez les phrases fausses.

1. On mange les hors-d'œuvres avant les amuse-gueules.
2. On prend parfois un sorbet après l'entrée.
3. En France, on mange la salade en entrée.
4. En général, on ne boit pas de vin pendant le repas.
5. On sert le fromage entre la salade et le dessert.
6. Les Français mangent souvent des œufs au petit-déjeuner.
7. Tous les Français mangent un grand repas traditionnel chaque soir.
8. Le déjeuner est traditionnellement le repas principal de la journée en France.
9. À midi, les Français mangent toujours à la maison.
10. Les enfants prennent parfois un goûter après l'école.

STRATÉGIE

Predicting

A useful way to understand a reading in French better is to predict what you believe will happen next. Predicting encourages you to recall what you have read, organize your thoughts, and draw logical conclusions. Pick a good stopping point, and jot down on a sheet of paper a sentence or two predicting what the next part of the text will be about, or even how the reading will end. As you read further, confirm or correct your written predictions.

LE MONDE FRANCOPHONE

Si on est invité...

Voici quelques bonnes manières à observer quand on dîne chez des amis.

En Afrique du Nord
- Si quelqu'un vous invite à boire un thé à la menthe, ce n'est pas poli de refuser.
- En général, on enlève ses chaussures avant d'entrer dans une maison.
- On mange souvent avec les doigts°.

En France
- Il est poli d'apporter un petit cadeau pour les hôtes, par exemple des bonbons ou des fleurs.
- On dit parfois «Santé!°» ou «À votre santé°!» avant de boire et «Bon appétit!» avant de manger.
- On mange avec la fourchette dans la main gauche et le couteau dans la main droite et on garde toujours les deux mains sur la table.

doigts *fingers* **Santé!** *Cheers!* **santé** *health*

PORTRAIT

La couscousmania des Français

La cuisine du Maghreb est très populaire en France. Les restaurants orientaux sont nombreux et appréciés pour la qualité de leur nourriture et leur ambiance. Les merguez, des petites saucisses rouges pimentées°, sont vendues dans toutes les boucheries. Dans les grandes villes, des pâtisseries au miel° sont dégustées° au goûter. Le plat le plus célèbre reste le couscous, le quatrième plat préféré des Français, devant le steak-frites! Aujourd'hui, des restaurants trois étoiles° le proposent en plat du jour et on le sert dans les cantines. Les Français consomment 75.000 tonnes de couscous par an, une vraie couscousmania!

pimentées *spicy* **miel** *honey* **dégustées** *savored* **étoiles** *stars*

Sur Internet

Les Français mangent-ils beaucoup de glace?

Go to **vhlcentral.com** to find more cultural information related to this **Lecture culturelle**.

---

2 **Répondez** Répondez aux questions d'après les textes.

1. Qu'est-ce qu'il est impoli de refuser en Afrique du Nord?
2. Pourquoi les Français apprécient-ils les restaurants orientaux?
3. Où sert-on le couscous aujourd'hui?
4. Quel cadeau peut-on apporter quand on dîne chez des Français?
5. Une fourchette et un couteau sont-ils nécessaires en Afrique du Nord?

3 **Que choisir?** Avez-vous déjà mangé dans un restaurant nord-africain? Quand? Où? Qu'avez-vous mangé? Du couscous? Si vous n'êtes jamais allé(e) dans un restaurant nord-africain, imaginez que des amis vous invitent à en essayer un. Qu'avez-vous envie de goûter? Pourquoi?

ressources

vhlcentral.com
Leçon 9B

 Practice more at **vhlcentral.com**.

A C T I V I T É S

9B.1

Comparatives and superlatives of adjectives and adverbs

 **Presentation**

- To compare people, things, and actions, use the following expressions with adjectives and adverbs.

plus				*more... than*
aussi	+	[*adjective/adverb*]	+ **que**	*as... as*
moins				*less... than*

ADJECTIVE

Simone est **plus âgée que** son mari.
Simone is older than her husband.

ADVERB

Elle parle **plus vite que** son mari.
She speaks more quickly than her husband.

ADJECTIVE

Guillaume est **moins grand que** son père.
Guillaume is less tall than his father.

ADVERB

Il m'écrit **moins souvent que** son père.
He writes me less often than his father.

ADJECTIVE

Nina est **aussi indépendante qu'**Anne.
Nina is as independent as Anne.

ADVERB

Elle joue au golf **aussi bien qu'** Anne.
She plays golf as well as Anne.

- Superlatives express extremes like *the most* or *the least*. The preposition **de** often follows the superlative to express *in* or *of*.

		le				
[*noun*]	+	**la**	+	**plus/moins**	+ [*adjective*] +	**de**
		les				

NOUN DEFINITE ARTICLE COMPARATIVE

Le TGV est **le train le plus rapide du** monde.
The TGV is the fastest train in the world.

NOUN DEFINITE ARTICLE COMPARATIVE

Éva et Martine sont **(les filles) les moins réservées de la** classe.
Éva and Martine are the least reserved (girls) in class.

- The superlative construction goes before or after the noun depending on whether the adjective precedes or follows the noun. In the case of adjectives like **beau**, **bon**, **grand**, and **nouveau** that precede the nouns they modify, the superlative forms can precede the nouns they modify or they can follow them.

SUPERLATIVE NOUN

C'est **la plus grande ville**.
It's the largest city.

NOUN SUPERLATIVE

C'est **la ville la plus grande**.
It's the largest city.

- Since adverbs are invariable, you always use **le** to form the superlative.

M. Duval est le prof qui parle **le plus vite**.
Mr. Duval is the professor who speaks the fastest.

C'est Amandine qui écoute **le moins patiemment.**
Amandine listens the least patiently.

- Some adjectives and adverbs have irregular comparative and superlative forms.

Irregular comparative and superlative adjectives

Adjective	Comparative	Superlative
bon(ne)(s) *good*	**meilleur(e)(s)** *better*	**le/la/les meilleur(e)(s)** *best*
mauvais(e)(s) *bad*	**pire(s)** *worse or* **plus mauvais(e)(s)**	**le/la/les pire(s)** *worst or* **le/la/les plus mauvais(e)(s)**

Irregular comparative and superlative adverbs

Adverb	Comparative	Superlative
bien *well*	**mieux** *better*	**le mieux** *best*

En été, les pêches sont **meilleures** que les pommes.
In the summer, peaches are better than apples.

Quand on est au régime, les frites sont **pires** que les pâtes.
When you're dieting, fries are worse than pasta.

Mon ami chante bien mais sa sœur chante **mieux** que lui.
My friend sings well, but his sister sings better than he does.

Les plats dans ce restaurant sont mauvais mais la soupe est **la pire**.
The food in this restaurant is bad, but the soup is the worst.

Voilà **la meilleure** boulangerie de la ville.
There's the best bakery in town.

Dans la classe, c'est Clémentine qui écrit **le mieux.**
In class, it's Clémentine who writes the best.

- The other comparative and superlative forms of **bon** and **mauvais** (**aussi bon, (la) moins mauvaise**, etc.) are regular. This is also true of the other comparative and superlative forms of **bien** (**aussi bien, (le) moins bien**).

 Essayez! Complétez les phrases avec le comparatif ou le superlatif.

Comparatifs

1. Les étudiants sont _moins âgés que_ (- âgés) le professeur.

2. Les plages de la Martinique sont-elles _____ (+ bonnes) les plages de la Guadeloupe?

3. Évelyne parle _____ (= poliment) Luc.

4. Les chaussettes sont _____ (- chères) les baskets.

5. Ses sœurs sont _____ (= généreux) lui.

6. La soupe est _____ (- bon) la salade.

Superlatifs

7. Quelle librairie vend les livres ___les plus intéressants___ (+ intéressants)?

8. Le jean est _____ (- élégant) de tous mes pantalons.

9. Je joue aux cartes avec ma mère. C'est elle qui joue _____ (+ bien).

10. Les fraises de son jardin sont _____ (- belles).

11. Victor et son cousin sont _____ (+ beau) garçons de l'école.

12. Mme Damier a _____ (- vieux) maison du quartier.

STRUCTURES

Mise en pratique

1 **Oui, mais...** Deux amis comparent deux restaurants. Complétez les phrases avec **bon**, **bien**, **meilleur** ou **mieux**.

1. J'ai bien mangé au Café du marché hier.

   Oui, mais nous avons _____ mangé Chez Charles.

2. Le vin blanc au Café du marché est _____.

   Oui, mais le vin blanc de Chez Charles est meilleur.

3. Mes amis ont bien aimé le Café du marché.

   Oui, mais mes amis ont _____ mangé Chez Charles.

4. Au Café du marché, le chef prépare _____ le poulet.

   Oui, mais le chef de Chez Charles le prépare mieux.

5. Les salades au Café du marché sont bonnes.

   Oui, mais elles sont _____ Chez Charles.

6. Tout est bon au Café du marché!

   Tout est _____ Chez Charles!

2 **Un nouveau quartier** Vous venez d'emménager. Assemblez les éléments des trois colonnes pour poser des questions sur le quartier à un(e) voisin(e).

MODÈLE

Est-ce que le jambon est moins cher au supermarché ou à la charcuterie?

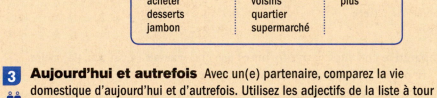

A	B	C
pain	boucherie	aussi
fruits de mer	boulangerie	meilleur(e)
faire les courses	charcuterie	mieux
dîner	pâtisserie	moins
aller	poissonnerie	pire
acheter	voisins	plus
desserts	quartier	
jambon	supermarché	

3 **Aujourd'hui et autrefois** Avec un(e) partenaire, comparez la vie domestique d'aujourd'hui et d'autrefois. Utilisez les adjectifs de la liste à tour de rôle. Ensuite, présentez vos opinions à la classe.

 MODÈLE

Aujourd'hui, les tâches ménagères sont moins difficiles.

bon	difficile	mauvais	poli
compliqué	grand	naturel	rapide
curieux	indépendant	occupé	sophistiqué

1. les congélateurs
2. la nourriture
3. les femmes
4. les commerçants
5. les voyages
6. les voitures
7. les enfants
8. la vie

Practice more at **vhlcentral.com.**

Communication

 4 **Trouvez quelqu'un** Votre professeur va vous donner une feuille d'activités. Circulez dans la classe pour trouver des camarades différents qui correspondent aux phrases.

MODÈLE

Étudiant(e) 1: *Quel âge as-tu?*
Étudiant(e) 2: *J'ai dix-neuf ans.*
Étudiant(e) 3: *Alors tu es plus jeune que moi.*

Trouvez dans la classe quelqu'un qui...	*Nom*
1. ... *est plus jeune que vous.*	Myriam
2. ... *habite plus loin de la fac que vous.*	
3. ... *prend l'avion aussi souvent que vous.*	
4. ... *fait moins de gym que vous.*	

5 **Comparaisons** Par groupes de trois, comparez les sujets présentés. Utilisez des comparatifs et des superlatifs.

▶ **MODÈLE**

Étudiant(e) 1: *Les vacances à la mer sont plus amusantes que les vacances à la montagne.*

Étudiant(e) 2: *Moi, je pense que les vacances à la montagne sont plus intéressantes.*

Étudiant(e) 3: *D'accord, mais les vacances à l'étranger sont les plus amusantes.*

1. 2. 3. 4.

6 **À mon avis** À tour de rôle avec un(e) partenaire, comparez ces personnes et ces choses en utilisant des comparatifs.

1. New York / Chicago
2. Johnny Depp / Daniel Craig
3. George W. Bush / Barack Obama
4. Tiger Woods / Phil Mickelson

5. Rihanna / Katy Perry
6. le cours de français / le cours d'anglais
7. la vie à la campagne / la vie en ville
8. *Modern Family* / *Revenge*

7 **Comparaisons** À tour de rôle avec un(e) partenaire, parlez de votre famille et de vos amis. Utilisez des comparatifs et des superlatifs dans vos descriptions.

MODÈLE

 Ma sœur Amy est plus sérieuse que moi, mais mon frère Thomas est la personne la plus sérieuse de ma famille.

9B.2

Double object pronouns  Presentation

Point de départ In **Leçon 6B** and **Leçon 7A**, respectively, you learned to use indirect and direct object pronouns. Now you will learn to use these pronouns together.

DIRECT OBJECT	INDIRECT OBJECT		DIRECT OBJECT PRONOUN	INDIRECT OBJECT PRONOUN

J'ai rendu **le menu** à **la serveuse**. ▶ Je **le** **lui** ai rendu.
I returned the menu to the waitress. *I returned it to her.*

- Use this sequence when a sentence contains both a direct and an indirect object pronoun.

me	le			
te	la		**lui**	
nous	*before*	l'	*before*	**leur**	**+**	[verb]
vous	les			

Gérard m'envoie les messages de Christiane.
Il **me les** envoie tous les jours.
Gérard sends me Christiane's messages.
He sends them to me every day.

Je lui envoie aussi les messages de Laurent.
Je **les lui** envoie tous les week-ends.
I send him Laurent's messages, too.
I send them to him every weekend.

Le chef nous prépare son meilleur plat.
Les serveurs **nous l'**apportent.
The chef prepares his best dish for us.
The waiters bring it to us.

Nous avons laissé le pourboire des serveurs sur la table. Nous **le leur** avons laissé quand nous sommes partis.
We left a tip for the waiters on the table.
We left it for them when we left.

- In an infinitive construction, the double object pronouns come after the conjugated verb and precede the infinitive, just like single object pronouns.

Mes notes de français? Je vais **vous les** prêter.
My French notes? I'm going to lend them to you.

Carole veut lire mon poème? Je vais **le lui** montrer.
Carole wants to read my poem? I'm going to show it to her.

- In the **passé composé** the double object pronouns precede the auxiliary verb, just like single object pronouns. The past participle agrees with the preceding direct object.

Rémi a-t-il acheté ces fleurs pour sa mère?
Did Rémi buy those flowers for his mother?

Oui, il **les lui** a **achetées**.
Yes, he bought them for her.

Vous m'avez donné la plus grande chambre?
Did you give me the biggest room?

Oui, nous **vous** l'avons **donnée**.
Yes, we gave it to you.

- In affirmative commands, the verb is followed by the direct object pronoun and then the indirect object pronoun, with hyphens in between. Remember to use **moi** and **toi** instead of **me** and **te**.

Vous avez trois voitures? Montrez-**les-moi**.
You have three cars? Show them to me.

Tu connais la réponse à la question du prof? Dis-**la-nous**.
You know the answer to the professor's question? Tell it to us.

Voici le livre. Donne-**le-leur**.
Here's the book. Give it to them.

Ce poème? Traduisons-**le-lui**.
This poem? Let's translate it for her.

 Essayez! **Utilisez deux pronoms pour refaire ces phrases.**

1. Le prof vous donne les résultats des examens. _____*Le prof vous les donne.*_____
2. Tes parents t'achètent le billet. _____
3. Qui t'a donné cette belle lampe bleue? _____
4. Il nous a réservé les chambres. _____
5. Pose-moi tes questions. _____
6. Explique-leur le problème de maths. _____
7. Peux-tu me montrer les photos? _____
8. Tu préfères lui prêter ton dictionnaire? _____
9. Dites-moi la vérité (*truth*)! _____
10. Nous n'avons pas apporté les couteaux à Paul. _____

STRUCTURES

Mise en pratique

1 **Les livres** Le père de Bertrand lui a acheté des livres. Refaites l'histoire avec deux pronoms pour chaque phrase.

1. Papa a acheté ces *livres à Bertrand*.
2. Il a lu *les livres à ses petits frères*.
3. Maintenant, ses frères veulent lire *les livres à leur père*.
4. Bertrand donne *les livres à ses petits frères*.
5. Les garçons montrent *les livres à leur père*.
6. Leur père préfère donner *sa place à leur mère*.
7. Les enfants lisent *les livres à leur mère*.
8. «Maintenant, lisez *les livres à votre père*», dit-elle.

2 **Comment?** Un groupe d'amis parle de l'anniversaire de Claudette. Antoine n'entend pas très bien. Il répète tout ce que les gens disent. Utilisez des pronoms pour écrire ses questions.

MODÈLE

Je veux donner cette chemise noire à Claudette.
Tu veux la lui donner?

1. Son père a acheté la petite voiture bleue à Claudette.
2. Nous envoyons les invitations aux amis.
3. Le prof a donné la meilleure note à Claudette le jour de son anniversaire.
4. Je vais prêter mon tailleur à Claudette vendredi soir.
5. Est-ce que vous voulez me lire l'invitation?
6. Nous n'avons pas envoyé la carte au professeur.
7. Gilbert et Arthur vont nous apporter le gâteau.
8. Sa mère va payer le restaurant à sa fille.

3 **De quoi parle-t-on?** Avec un(e) partenaire, imaginez les questions qui ont donné ces réponses. Ensuite, présentez vos questions à la classe.

MODÈLE

Il veut le lui vendre.
Il veut vendre son vélo à son camarade?

1. Marc va la lui donner.
2. Nous te l'avons envoyée hier.
3. Elle te les a achetés la semaine dernière.
4. Tu me les prêtes souvent.
5. Micheline ne va pas vous les prendre.
6. Tu ne nous les as pas prises.
7. Rendez-les-moi!
8. Ne le lui disons pas!
9. Vous n'allez pas le leur apporter.

Practice more at **vhlcentral.com.**

Communication

4 **Qui vous aide?** Avec un(e) partenaire, posez des questions avec les mots interrogatifs **qui** et **quand**. Vous pouvez choisir le présent, le passé composé ou l'imparfait. Répondez aux questions avec deux pronoms.

 MODÈLE prêter sa voiture

Étudiant(e) 1: *Qui te prête sa voiture?*
Étudiant(e) 2: *Ma mère me la prête.*
Étudiant(e) 1: *Quand est-ce qu'elle te la prête?*
Étudiant(e) 2: *Elle me la prête le vendredi.*

faire le lit	faire la cuisine
prêter ses livres	nettoyer la chambre
payer l'université	laver les vêtements

5 **Une entrevue** Avec un(e) partenaire, répondez aux questions sur votre enfance. Utilisez deux pronoms dans vos réponses.

1. Est-ce que tes parents te montraient les films de Disney quand tu étais petit(e)?
2. Est-ce que tu vas montrer les films de Disney à tes enfants un jour?
3. Est-ce que quelqu'un te parlait français quand tu étais petit(e)?
4. Qui t'a acheté ton premier vélo?
5. Qui te faisait à dîner quand tu étais petit(e)?
6. Qui te préparait le petit-déjeuner le matin?
7. Qui t'achetait tes vêtements quand tu étais petit(e)?
8. Est-ce que quelqu'un vous lisait les livres du Dr. Seuss à toi et à tes frères et sœurs?

6 **Au marché** Avec un(e) partenaire, préparez deux dialogues basés sur deux des photos. À tour de rôle, jouez le/la client(e) et le/la marchand(e). Utilisez le vocabulaire et deux pronoms si possible dans les dialogues.

commander	une entrée	une tarte
être au régime	un plat	une saucisse
cuisiner	du poulet	des croissants
les fruits de mer	un steak	du porc

SYNTHÈSE

Révision

1 **Fais les courses pour moi** Vous n'avez pas le temps d'aller dans tous ces magasins. Choisissez un magasin et puis, par groupes de quatre, trouvez des camarades qui vont dans d'autres magasins. À tour de rôle, demandez-leur de faire des courses pour vous. Utilisez des pronoms doubles dans vos réponses.

MODÈLE

Étudiant(e) 1: *J'ai besoin de deux poissons. Tu peux me les prendre à la poissonnerie?*
Étudiant(e) 2: *Pas de problème. Et moi, j'ai besoin de...*

deux bouteilles de lait	trois baguettes
douze œufs	un camembert
deux poissons	une boîte de tomates
quatre côtes (*chops*) de porc	une tarte aux pêches
six croissants	une tranche de jambon

BOUCHERIE BOULANGERIE CHARCUTERIE POISSONNERIE PÂTISSERIE

2 **Je les leur commande** Vous êtes au restaurant. Avec un(e) partenaire, choisissez le meilleur plat pour chaque membre de votre famille. Employez des comparatifs, des superlatifs et des pronoms doubles dans vos réponses.

MODÈLE

Étudiant(e) 1: *Et le poulet?*
Étudiant(e) 2: *Mon père mange du poulet plus souvent que ma mère. Je vais le lui commander.*

Assiette de fruits de mer	Petits pois et carottes
Bœuf avec une sauce au vin	Pizza aux quatre fromages
Hamburger et frites	Sandwich au thon
Pêches à la crème	Tarte aux pommes

3 **Mes plats préférés** Par groupes de trois, interviewez vos camarades. Quels sont les plats qu'ils aiment le mieux? Quand les ont-ils mangés la dernière fois? Choisissez vos trois plats préférés et puis comparez-les avec les plats de vos camarades. Employez des comparatifs, des superlatifs et le passé récent.

4 **Le week-end dernier** Préparez deux listes par écrit, une pour les choses que vous avez pu faire le week-end dernier et une pour les choses que vous n'avez pas pu faire. Ensuite, avec un(e) partenaire, comparez vos listes et expliquez vos réponses. Employez les verbes **devoir**, **vouloir** et **pouvoir** au passé composé et, si possible, les pronoms doubles.

MODÈLE

Étudiant(e) 1: *J'ai voulu envoyer un e-mail à ma cousine.*
Étudiant(e) 2: *Est-ce que tu as pu le lui envoyer?*

Choses que j'ai pu faire

Choses que je n'ai pas pu faire

5 **C'est mieux** Par groupes de trois, donnez votre opinion sur ces sujets. Pour chaque sujet, comparez les deux options. Soyez prêts à présenter les résultats de vos discussions à la classe.

MODÈLE apporter des fleurs ou du vin à un dîner

Étudiant(e) 1: *C'est plus sympa d'apporter des fleurs à un dîner.*
Étudiant(e) 2: *Oui, on peut les mettre sur la table. Elles sont plus jolies qu'une bouteille de vin.*
Étudiant(e) 3: *Peut-être, mais le vin est un cadeau plus généreux.*

- commencer ou finir un régime
- faire les courses ou faire la cuisine
- manger ou faire la cuisine

6 **Six différences** Votre professeur va vous donner, à vous et à votre partenaire, deux feuilles d'activités différentes. Comparez les deux familles pour trouver les six différences. Attention! Ne regardez pas la feuille de votre partenaire.

MODÈLE

Étudiant(e) 1: *Fatiha est aussi grande que Samira.*
Étudiant(e) 2: *Non, Fatiha est moins grande que Samira.*

Écriture

Expressing and supporting opinions

Written reviews are just one of the many kinds of writing that require you to state your opinions. In order to convince your reader to take your opinions seriously, it is important to support them as thoroughly as possible. Details, facts, examples, and other forms of evidence are necessary. In a restaurant review, for example, it is not enough just to rate the food, service, and atmosphere. Readers will want details about the dishes you ordered, the kind of service you received, and the type of atmosphere you encountered. If you were writing a concert or album review, what kinds of details might your readers expect to find?

It is easier to include details that support your opinions if you plan ahead. Before going to a place or event that you are planning to review, write a list of questions that your readers might ask. Decide which aspects of the experience you are going to rate, and list the details that will help you decide upon a rating. You can then organize these lists into a questionnaire and a rating sheet. Bring these forms with you to remind you of the kinds of information you need to gather in order to support your opinions. Later, these forms will help you organize your review into logical categories. They can also provide the details and other evidence you need to convince your readers of your opinions.

Thème

Écrire une critique

Écrivez la critique d'un restaurant de votre ville pour le journal de l'université. Indiquez d'abord le nom du restaurant et le type de cuisine (cuisine chinoise, indienne, italienne, barbecue, etc.). Ensuite, parlez des catégories de la liste suivante. Enfin, donnez votre opinion personnelle sur le restaurant. Combien d'étoiles (*stars*) mérite-t-il (*deserve*)?

■ **Cuisine**

Quel(s) type(s) de plat(s) y a-t-il au menu? Le restaurant a-t-il une spécialité? Citez quelques plats typiques (entrées et plats principaux) que vous avez goûtés et indiquez les ingrédients utilisés dans ces plats.

■ **Service**

Comment est le service? Les serveurs sont-ils gentils et polis? Sont-ils lents ou rapides à apporter le menu, les boissons et les plats?

■ **Ambiance**

Comment est le restaurant? Est-il beau? Grand? Bien décoré? Est-ce un restaurant simple ou élégant? Y a-t-il une terrasse? Un bar? Des musiciens?

■ **Informations pratiques**

Quel est le prix moyen d'un repas dans ce restaurant (au déjeuner et/ou au dîner)? Où est le restaurant? Donnez son adresse et indiquez comment on y (*there*) va de l'université. Indiquez aussi le numéro de téléphone du restaurant et ses heures d'ouverture (*operating hours*).

Panorama

les vendanges° en Bourgogne

La Bourgogne

La région en chiffres

▶ **Superficie:** *31.582 km²*

▶ **Population:** *1.616.000*
SOURCE: INSEE

▶ **Industries principales:** *industries automobile et pharmaceutique, tourisme, viticulture°*

▶ **Villes principales:** *Auxerre, Chalon-sur-Saône, Dijon, Mâcon, Nevers*

Personnages célèbres

▶ **Gustave Eiffel,** *ingénieur (la tour Eiffel) (1832–1923)*

▶ **Colette,** *écrivain (1873–1954)*

▶ **Claude Jade,** *actrice (1948–2006)*

La Franche-Comté

La région en chiffres

▶ **Superficie:** *16.202 km²*

▶ **Population:** *1.133.000*

▶ **Industries principales:** *agriculture, artisanat, industrie automobile, horlogerie°, tourisme*

▶ **Villes principales:** *Belfort, Besançon, Dole, Pontarlier, Vesoul*

Personnages célèbres

▶ **Louis (1864–1948) et Auguste (1862–1954) Lumière,** *inventeurs du cinématographe°*

▶ **Claire Motte,** *danseuse étoile° à l'Opéra de Paris (1937–)*

viticulture *grape growing* **horlogerie** *watch and clock making* **cinématographe** *motion picture camera* **danseuse étoile** *principal dancer* **servaient à** *were used for* **toux** *cough* **persil** *parsley* **lutter contre** *fight against* **vendanges** *grape harvest*

Sens
Auxerre
la Seine
Luxeuil-les-Bains
Vesoul
Belfort
la Saône
Montbéliard
Dijon
Besançon
le Doubs
BOURGOGNE
FRANCHE-COMTÉ
l'Yonne
Nevers
Beaune
Dole
le Doubs
Pontarlier
la Loire
Chalon-sur-Saône
Lons-le-Saunier
LA SUISSE
la Saône
l'Ain
Mâcon

LA FRANCE

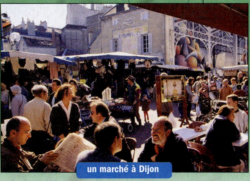

un marché à Dijon

la ville d'Ornans

L'ITALIE

0   50 milles
0   50 kilomètres

Incroyable mais vrai!

Au Moyen Âge, les escargots servaient à° la fabrication de sirops contre la toux°. La recette bourguignonne (beurre, ail, persil°) est popularisée au 19ᵉ siècle. La France produit 500 à 800 tonnes d'escargots par an, mais en importe 5.000 tonnes. L'escargot aide à lutter contre° le mauvais cholestérol et les maladies cardio-vasculaires.

Les sports

Les sports d'hiver dans le Jura

On peut pratiquer de nombreux sports d'hiver dans les montagnes du Jura, en Franche-Comté: ski alpin, surf°, monoski, planche à voile sur neige. Mais le Jura est surtout le paradis du ski de fond°. Avec des centaines de kilomètres de pistes°, on y skie de décembre à avril, y compris° la nuit, sur des pistes éclairées°. La célèbre Transjurassienne

est la 2e course° d'endurance du monde avec un parcours° de 76 km pour les hommes et 50 km pour les femmes. Il y a aussi une minitrans de 10 km pour les enfants.

Les destinations

Besançon: capitale de l'horlogerie

L'artisanat de l'horlogerie commence au 16e siècle avec l'installation de grandes horloges dans les monastères. Au 18e siècle, 400 horlogers suisses viennent s'installer° en Franche-Comté. Au 19e siècle, Montbéliard compte 5.000 horlogers. En hiver, les paysans°-horlogers s'occupent°, dans leurs fermes°, de la finition° et de la décoration des horloges. En 1862, une école d'horlogerie est créée° et en 1900, Besançon devient le berceau° de l'horlogerie française avec 8.000 horlogers qui produisent 600.000 montres par an.

L'architecture

Les toits de Bourgogne

Les toits° en tuiles vernissées° multicolores sont typiques de la Bourgogne. Inspirés de l'architecture flamande° et d'Europe centrale, ils forment des dessins géométriques. Le plus célèbre bâtiment° est l'Hôtel-Dieu° de Beaune, construit en 1443 pour accueillir° les pauvres et les victimes de la guerre° de 100 ans. Aujourd'hui, l'Hôtel-Dieu organise la plus célèbre vente aux enchères° de vins du monde.

Les gens

Louis Pasteur (1822–1895)

Louis Pasteur est né à Dole, en Franche-Comté. Il découvre° que les fermentations sont dues à des micro-organismes spécifiques. Dans ses recherches° sur les maladies° contagieuses, il montre la relation entre le microbe et l'apparition d'une maladie. Cette découverte° a des applications dans le monde hospitalier et industriel avec les méthodes de désinfection, de stérilisation et de pasteurisation. Le vaccin contre la rage° est aussi une de ses inventions. L'Institut Pasteur est créé à Paris en 1888. Aujourd'hui, il a des filiales° sur cinq continents.

Qu'est-ce que vous avez appris? Répondez aux questions par des phrases complètes.

1. Comment s'appellent les inventeurs du cinématographe?
2. À quoi servaient les escargots au Moyen Âge?
3. Avec quoi sont préparés les escargots de Bourgogne?
4. Quel est le sport le plus pratiqué dans le Jura?
5. Qu'est-ce que la Transjurassienne?
6. D'où viennent les horlogers au 18e siècle?

7. Quel style d'architecture a influencé les toits de Bourgogne?
8. Quel est le bâtiment avec le toit le plus célèbre en Bourgogne?
9. Comment les recherches de Pasteur ont-elles été utilisées par les hôpitaux et l'industrie?
10. Où trouve-t-on des Instituts Pasteur aujourd'hui?

ressources

WB pp. 125–126

vhlcentral.com Unité 9

Sur Internet

Go to **vhlcentral.com** to find more cultural information related to this **Panorama**.

1. Quand ont lieu les vendanges en Bourgogne?
2. Cherchez trois recettes à base (*using*) d'escargots.
3. Trouvez des informations sur les vacances d'hiver dans le Jura: logement, prix, activités, etc.
4. Cherchez des informations sur Louis Pasteur. Quel effet ont eu ses découvertes sur des produits alimentaires d'usage courant (*everyday use*)?

surf *snowboarding* **ski de fond** *cross-country skiing* **pistes** *trails* **y compris** *including* **éclairées** *lit* **course** *race* **parcours** *course* **s'installer** *settle* **paysans** *peasants* **s'occupent** *take care* **fermes** *farms* **finition** *finishing* **créée** *created* **berceau** *cradle* **toits** *roofs* **tuiles vernissées** *glazed tiles* **flamande** *Flemish* **bâtiment** *building* **Hôtel-Dieu** *Hospital* **accueillir** *take care of* **guerre** *war* **vente aux enchères** *auction* **découvre** *discovers* **recherches** *research* **maladies** *illnesses* **découverte** *discovery* **rage** *rabies* **filiales** *branches*

 **Audio: Vocabulary Flashcards**

À table!

une assiette	plate
un bol	bowl
une carafe d'eau	pitcher of water
une carte	menu
un couteau	knife
une cuillère (à soupe/à café)	spoon (soupspoon/teaspoon)
une fourchette	fork
un menu	menu
une nappe	tablecloth
une serviette	napkin
une boîte (de conserve)	can
la crème	cream
l'huile (d'olive) (f.)	(olive) oil
la mayonnaise	mayonnaise
la moutarde	mustard
le poivre	pepper
le sel	salt
une tranche	slice
une cantine	school cafeteria
À table!	Dinner is ready!
compris	included

Les fruits

une banane	banana
une fraise	strawberry
un fruit	fruit
une orange	orange
une pêche	peach
une poire	pear
une pomme	apple
une tomate	tomato

Autres aliments

un aliment	food item
la confiture	jam
la nourriture	food, sustenance
des pâtes (f.)	pasta
le riz	rice
une tarte	pie, tart
un yaourt	yogurt

Verbes

devenir	to become
devoir	to have to (must); to owe
maintenir	to maintain
pouvoir	to be able to (can)
retenir	to keep, to retain
revenir	to come back
tenir	to hold
venir	to come
vouloir	to want; to mean (with dire)

Autres mots et locutions

depuis + [time]	since
il y a + [time]	ago
pendant + [time]	for

Les repas

commander	to order
cuisiner	to cook
être au régime	to be on a diet
goûter	to taste
un déjeuner	lunch
un dîner	dinner
un goûter	afternoon snack
un petit-déjeuner	breakfast
un repas	meal
une entrée	appetizer, starter
un hors-d'œuvre	hors-d'œuvre, appetizer
un plat (principal)	(main) dish

Les viandes et les poissons

le bœuf	beef
un escargot	escargot, snail
les fruits de mer (m.)	seafood
un œuf	egg
un pâté (de campagne)	pâté, meat spread
le porc	pork
un poulet	chicken
une saucisse	sausage
un steak	steak
le thon	tuna
la viande	meat

Les légumes

l'ail (m.)	garlic
une aubergine	eggplant
une carotte	carrot
un champignon	mushroom
des haricots verts (m.)	green beans
une laitue	lettuce
un légume	vegetable
un oignon	onion
des petits pois (m.)	peas
un poivron (vert, rouge)	(green, red) pepper
une pomme de terre	potato
une salade	salad

Les achats

faire les courses (f.)	to go (grocery) shopping
une boucherie	butcher's shop
une boulangerie	bread shop, bakery
une charcuterie	delicatessen
une pâtisserie	pastry shop, bakery
une poissonnerie	fish shop
un supermarché	supermarket
un(e) commerçant(e)	shopkeeper
un kilo(gramme)	kilo(gram)

Expressions utiles	See pp. 327 and 345.
Comparatives and superlatives	See pp. 348–349.

ressources

vhlcentral.com
Unité 9

La santé

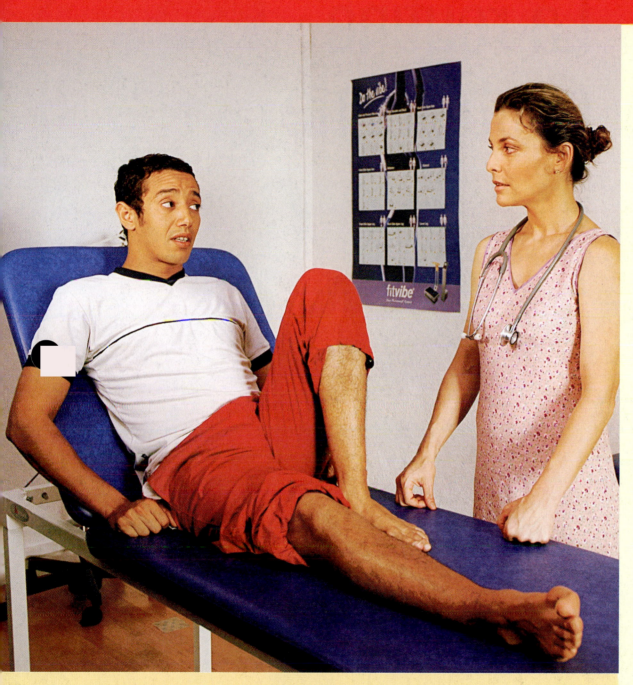

Pour commencer

- Quelle est la profession de la dame, coiffeuse ou médecin?
- Où sont Rachid et cette dame, à l'hôpital ou à l'épicerie?
- Est-ce qu'il veut revenir samedi prochain?
- Qu'est-ce qu'il faisait avant de venir, il jouait au foot ou il faisait les courses?

Leçon 10A

You will learn how to...
- describe your daily routine
- discuss personal hygiene

La routine quotidienne

Vocabulaire

faire sa toilette	*to wash up*
se brosser les cheveux/ les dents	*to brush one's hair/ teeth*
se coiffer	*to do one's hair*
se coucher	*to go to bed*
se déshabiller	*to undress*
s'endormir	*to go to sleep, to fall asleep*
s'habiller	*to get dressed*
se laver (les mains)	*to wash oneself (one's hands)*
se lever	*to get up, to get out of bed*
prendre une douche	*to take a shower*
se regarder	*to look at oneself*
se sécher	*to dry oneself*
le shampooing	*shampoo*
le cœur	*heart*
le corps	*body*
le dos	*back*
la gorge	*throat*
une joue	*cheek*
un orteil	*toe*
la peau	*skin*
la poitrine	*chest*
la taille	*waist*
le visage	*face*

une serviette de bain

une brosse à dents

une brosse à cheveux

le maquillage

un rasoir

un peigne

Elle se maquille. (se maquiller)

le savon

le dentifrice

la crème à raser

Il se rase. (se raser)

une pantoufle

ressources

WB pp. 127–128	LM p. 73	vhlcentral.com Leçon 10A

Attention!

The verbs following the pronoun **se** are called reflexive verbs. You will learn more about them in STRUCTURES. For now, when talking about another person, place the pronoun **se** between the subject and the verb.

Il se regarde. *He looks at himself.*

Elle se réveille. *She wakes up.*

la tête

un œil (yeux *pl.*)

le nez

une oreille

la bouche

un bras

le cou

le réveil

un doigt

le ventre

un genou (genoux *pl.*)

une jambe

Elle se réveille. (se réveiller)

un pied

un doigt de pied

Mise en pratique  Audio: Vocabulary

1 **Écoutez** 🎧 Sarah, son grand frère Guillaume et leur père parlent de qui va utiliser la salle de bains en premier ce matin. Écoutez la conversation et indiquez si les affirmations suivantes sont **vraies** ou **fausses**.

	Vrai	Faux
1. Guillaume ne va pas se raser.	☐	☐
2. Guillaume doit encore prendre une douche et se brosser les dents.	☐	☐
3. Sarah n'a pas entendu son réveil.	☐	☐
4. Guillaume demande à Sarah de lui apporter de la crème à raser.	☐	☐
5. Guillaume demande à Sarah un savon.	☐	☐
6. Guillaume demande à Sarah une grande serviette de bain.	☐	☐
7. Sarah doit prendre une douche et s'habiller en moins de vingt minutes.	☐	☐
8. Sarah décide de ne pas se maquiller et de ne pas se sécher les cheveux aujourd'hui.	☐	☐

2 **Association** Associez les activités de la colonne de gauche aux parties du corps correspondantes des colonnes de droite. Notez que certains éléments ne sont pas utilisés et que d'autres sont utilisés plus d'une fois.

1. _____ écouter
2. _____ manger
3. _____ marcher
4. _____ montrer
5. _____ parler
6. _____ penser
7. _____ sentir
8. _____ regarder

a. la bouche
b. la gorge
c. l'orteil
d. l'œil
e. l'oreille

f. le pied
g. la taille
h. la tête
i. le doigt
j. le nez

3 **Quel matin!** Remplissez les espaces par le mot ou l'expression de la liste qui convient afin de (*in order to*) trouver ce qui est arrivé à Alexandre aujourd'hui. Notez que tous les mots et expressions ne sont pas utilisés. Faites également les accords nécessaires.

le bras	s'habiller	le réveil	la gorge
se brosser les dents	le peigne	se laver	le ventre
se coucher	le pied	le cœur	les yeux

Ce matin, Alexandre n'entend pas son (1) _____. Quand il se lève, il met d'abord le (2) _____ gauche par terre. Il entre dans la salle de bains. Là, il ne trouve pas le (3) _____ pour se coiffer ni (*nor*) le dentifrice pour (4) _____. Il se regarde dans le miroir. Ses (5) _____ sont tout rouges. Comme il a très faim, son (6) _____ commence à faire du bruit (*noise*). Il retourne ensuite dans sa chambre pour (7) _____. Il met un pantalon noir et une chemise bleue. Puis, il descend les escaliers et tombe. Après un moment, il retourne dans sa chambre. Avec un tel début (*such a beginning*) de journée, Alexandre va (8) _____.

Communication

4 **Définition** Créez votre propre définition des mots de la liste suivante. Ensuite, à tour de rôle, lisez vos définitions à votre partenaire. Il/Elle doit deviner le mot correspondant.

MODÈLE

cheveux

Étudiant(e) 1: *On utilise une brosse ou un peigne pour les brosser. Qu'est-ce que c'est?*
Étudiant(e) 2: *Ce sont les cheveux.*

1. le cœur	4. les dents	7. la joue	10. le visage
2. le corps	5. le dos	8. le nez	11. l'œil
3. le cou	6. le genou	9. la poitrine	12. l'orteil

5 **Que font-ils?** Dites ce que font les personnes suivantes et ce qu'elles utilisent pour le faire. Donnez autant de (*as many*) détails que possible. Ensuite, à tour de rôle avec un(e) partenaire, lisez vos descriptions. Votre partenaire doit deviner quelle image vous décrivez.

1.

2.

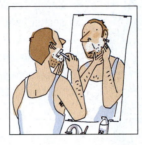

3.

4.

5.

6.

7.

8.

6 **Écrivez** Pensez à votre acteur/actrice préféré(e). Quelle est sa routine du matin? Décrivez-la et utilisez les adjectifs de la liste suivante et les mots et expressions de la section **CONTEXTES**.

beau	gros	petit
court	heureux	sincère
égoïste	jeune	de taille moyenne
grand	long	vieux

7 **Décrivez** Votre professeur va vous donner, à vous et à votre partenaire, deux feuilles d'activités différentes. À tour de rôle, posez-vous des questions pour savoir ce que fait Nadia chaque soir et chaque matin. Attention! Ne regardez pas la feuille de votre partenaire.

MODÈLE

Étudiant(e) 1: *À vingt-trois heures, Nadia se déshabille et met son pyjama. Que fait-elle ensuite?*
Étudiant(e) 2: *Après, elle…*

Les sons et les lettres

Audio: Concepts, Activities Record & Compare

 Diacriticals for meaning

Some French words with different meanings have nearly identical spellings except for a diacritical mark (*accent*). Sometimes a diacritical does not affect pronunciation at all.

ou	où	a	à
or	*where*	*has*	*to, at*

Sometimes, you can clearly hear the difference between the words.

côte	côté	sale	salé
coast	*side*	*dirty*	*salty*

Very often, two similar-looking words are different parts of speech. Many similar-looking word pairs are those with and without an **-é** at the end.

âge	âgé	entre	entré (entrer)
age (n.)	*elderly* (adj.)	*between* (prep.)	*entered* (p.p.)

In such instances, context should make their meaning clear.

Tu as quel âge?
How old are you? / What is your age?

C'est un homme âgé.
He's an elderly man.

Prononcez Répétez les mots suivants à voix haute.

1. la (*the*)   là (*there*)
2. êtes (*are*)   étés (*summers*)
3. jeune (*young*)   jeûne (*fasting*)
4. pêche (*peach*)   pêché (*fished*)

Articulez Répétez les phrases suivantes à voix haute.

1. J'habite dans une ferme (*farm*).
   Le magasin est fermé (*closed*).
2. Les animaux mangent du maïs (*corn*).
   Je suis suisse, mais il est belge.
3. Est-ce que tu es prête?
   J'ai prêté ma voiture à Marcel.
4. La lampe est à côté de la chaise.
   J'adore la côte ouest de la France.

Dictons Répétez les dictons à voix haute.

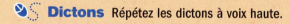

À vos marques, prêts, partez! [1]

C'est un prêté pour un rendu. [2]

[1] On your mark, get set, go!
[2] One good turn deserves another. (lit. It is one loaned for one returned.)

ressources

LM
p. 74

vhlcentral.com
Leçon 10A

ROMAN-PHOTO

Drôle de surprise

 **Video:** *Roman-photo* **Record & Compare**

PERSONNAGES

David

Rachid

Chez David et Rachid...

DAVID Oh là là, ça ne va pas du tout, toi!

RACHID David, tu te dépêches? Il est sept heures et quart. Je dois me préparer, moi aussi!

DAVID Ne t'inquiète pas. Je finis de me brosser les dents!

RACHID On doit partir dans moins de vingt minutes. Tu ne te rends pas compte!

DAVID Excuse-moi, mais on s'est couché tard hier soir.

RACHID Oui et on ne s'est pas réveillé à l'heure, mais mon prof de sciences po, ça ne l'intéresse pas tout ça.

DAVID Attends, je ne trouve pas le peigne... Ah, le voilà. Je me coiffe... Deux secondes!

RACHID C'était vraiment sympa hier soir... On s'entend tous super bien et on ne s'ennuie jamais ensemble... Mais enfin, qu'est-ce que tu fais? Je dois me raser, prendre une douche et m'habiller, en exactement dix-sept minutes!

RACHID Bon, tu veux bien me passer ma brosse à dents, le dentifrice et un rasoir, s'il te plaît?

DAVID Attends une minute. Je me dépêche.

RACHID Comment est-ce qu'un mec peut prendre aussi longtemps dans la salle de bains?

DAVID Euh, j'ai un petit problème...

RACHID Qu'est-ce que tu as sur le visage?

DAVID Aucune idée.

RACHID Est-ce que tu as mal à la gorge? Fais: Ah!

RACHID Et le ventre, ça va?

DAVID Oui, oui ça va...

RACHID Attends, je vais examiner tes yeux... regarde à droite, à gauche... maintenant ferme-les. Bien. Tourne-toi...

DAVID Hé!

A C T I V I T É S

1 **Vrai ou faux?** Indiquez si les affirmations suivantes sont **vraies** ou **fausses**.

1. David se sent (*feels*) bien ce matin.
2. Rachid est pressé ce matin.
3. David se rase.
4. David se maquille.
5. Rachid doit prendre une douche.

6. David ne s'est pas réveillé à l'heure.
7. David s'est couché tôt hier soir.
8. Tout le monde s'est bien amusé (*had a good time*) hier soir.
9. Les amis se disputent souvent.
10. Rachid est très inquiet pour David.

 Practice more at **vhlcentral.com**.

David et Rachid se préparent le matin.

DAVID Patience, cher ami!

RACHID Tu n'as pas encore pris ta douche?!

DAVID Ne te mets pas en colère. J'arrive, j'arrive! Voilà… un peu de crème sur le visage, sur le cou…

RACHID Tu te maquilles maintenant?

DAVID Ce n'est pas facile d'être beau, ça prend du temps, tu sais. Écoute, ça ne sert à rien de se disputer. Lis le journal si tu t'ennuies, j'ai bientôt fini.

RACHID Ne t'inquiète pas, c'est probablement une réaction allergique. Téléphone au médecin pour prendre un rendez-vous. Qu'est-ce que tu as mangé hier?

DAVID Eh ben… J'ai mangé un peu de tout! Hé! Je n'ai pas encore fini ma toilette!

RACHID Patience, cher ami!

Expressions utiles

Talking about your routine

- **Je dois me préparer.**
  I have to get (myself) ready.
- **Je finis de me brosser les dents!**
  I'm finishing brushing my teeth!
- **On s'est couché tard hier soir.**
  We went to bed late last night.
- **On ne s'est pas réveillé à l'heure.**
  We didn't get up on time.
- **Je me coiffe.**
  I'm doing my hair.
- **Je dois me raser et m'habiller.**
  I have to shave (myself) and get dressed.
- **Tu te maquilles maintenant?**
  Are you putting makeup on now?

Talking about states of being

- **Ça ne sert à rien de se disputer.**
  There's no point in arguing.
- **Tu te dépêches?**
  Are you hurrying?/Will you hurry?
- **Ne t'inquiète pas.**
  Don't worry.
- **Tu ne te rends pas compte!**
  You don't realize!
- **On s'entend tous super bien et on ne s'ennuie jamais ensemble.**
  We all get along really well and we're never bored when we're together.
- **Ne te mets pas en colère.**
  Don't get angry.
- **Lis le journal si tu t'ennuies.**
  Read the paper if you're bored.

Additional vocabulary

- **Je me dépêche.**
  I'm hurrying.
- **Tourne-toi.**
  Turn around.
- **un mec**
  a guy
- **aucune idée**
  no idea

---

2 **Les opposés** Trouvez pour chaque verbe de la colonne de gauche son opposé dans les colonnes de droite. Utilisez un dictionnaire. Attention! Tous les mots ne sont pas utilisés.

1. _____ bien s'entendre
2. _____ s'ennuyer
3. _____ se dépêcher
4. _____ se réveiller
5. _____ se reposer

a. s'amuser
b. s'occuper
c. se détendre

d. s'appeler
e. se disputer
f. se coucher

3 **Écrivez** Écrivez un paragraphe dans lequel vous décrivez la routine du matin et du soir de David ou de Rachid. Utilisez votre imagination et ce que vous savez de **ROMAN-PHOTO**.

ressources

VM
pp. 223–224

DVD
Leçon 10A

vhlcentral.com
Leçon 10A

ACTIVITÉS

S Reading

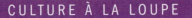
CULTURE À LA LOUPE

Les Français et la maladie

Que fait-on en France quand on ne se sent pas bien? On peut bien sûr contacter son médecin. Généralement, il vous reçoit° dans son cabinet° pour une consultation et vous donne une ordonnance. Il faut ensuite se rendre° à la pharmacie et présenter son ordonnance pour acheter ses médicaments. Beaucoup de médicaments ne sont pas en vente libre°, donc consulter un médecin est important et nécessaire.

Cependant°, pour leurs petites maladies, les Français aiment demander conseil° à leur pharmacien. Les pharmaciens en France ont un diplôme spécialisé et font six années d'études supérieures. Ils sont donc très compétents pour donner des conseils de qualité. Les pharmacies sont faciles à trouver: elles ont toutes une grande croix° verte lumineuse° suspendue° à l'extérieur. Elles sont en général ouvertes du lundi au samedi, entre 9h00 et 20h00. Pour les jours fériés et la nuit, il existe des pharmacies de garde°, dont° la liste est affichée sur la porte de chaque pharmacie.

Quand on est très malade, le médecin donne une consultation à domicile°, ce qui° est très pratique pour les enfants et les personnes âgées! En cas d'urgence, on peut appeler deux autres numéros. SOS Médecin existe dans toutes les grandes villes. Ses médecins répondent aux appels 24 heures sur 24 et font des visites à domicile. Pour les accidents et les gros problèmes, on peut contacter le Samu. C'est un service qui emmène les patients à l'hôpital si nécessaire.

Coup de main

In France, body temperature is measured in Celsius.

37°C is the normal body temperature.

Between **37°** and **38°C** is a slight fever.

For a fever above **38.5°C**, medication should be taken.

Between **39°** and **40°C** is a high fever.

Les services et les produits de santé

- 85% des Français voient° un médecin généraliste dans l'année.
- 52% vont chez le dentiste dans l'année.
- Les médecins donnent une ordonnance dans 75% des consultations.
- 57% des Français utilisent les médecines alternatives.
- 39% utilisent l'homéopathie° au moins une fois dans l'année.

reçoit *sees* **cabinet** *office* **se rendre** *to go* **en vente libre** *available over the counter* **Cependant** *However* **conseil** *advice* **croix** *cross* **lumineuse** *illuminated* **suspendue** *hung* **de garde** *emergency* **dont** *of which* **à domicile** *at home* **ce qui** *which* **voient** *see* **homéopathie** *homeopathy*

A C T I V I T É S

1 Complétez Complétez les phrases, d'après le texte et le tableau.

1. À la fin d'une consultation, le médecin vous donne parfois _____.

2. _____ en France ne sont pas en vente libre.

3. Les pharmaciens en France font six années _____.

4. Les pharmacies sont faciles à trouver grâce à _____.

5. Parfois, le médecin vient à domicile pour donner _____.

6. Quand on est très malade, on peut appeler _____.

7. _____ voient un médecin généraliste dans l'année.

8. 39% des Français utilisent _____ au moins une fois dans l'année.

9. La température normale du corps est de _____.

10. On a une forte fièvre quand on a _____.

STRATÉGIE

Activating background knowledge

Using what you already know about a particular subject will often help you better understand a reading. As you read the **Culture à la loupe** selection on the previous page, think about what you already know about the subject of health. Remember that you possess a certain amount of knowledge on a wide range of subjects. Rely on it to inform your interpretation of unfamiliar words or concepts.

LE MONDE FRANCOPHONE

Des expressions près du corps

Voici quelques expressions idiomatiques.

En France

avoir le bras long être une personne importante qui peut influencer quelqu'un

avoir un chat dans la gorge ne pas pouvoir parler

casser les pieds à quelqu'un ennuyer une personne

coûter les yeux de la tête coûter très cher

se mettre le doigt dans l'œil faire une grosse erreur

Au Québec

avoir quelqu'un dans le dos détester quelqu'un

coûter un bras coûter très cher

un froid à couper un cheveu un très grand froid

sur le bras gratuit, qu'on n'a pas besoin de payer

En Suisse

avoir des tournements de tête avoir des vertiges°

donner une bonne-main donner un pourboire

vertiges *dizziness, vertigo*

PORTRAIT

L'Occitane en Provence

En 1976, un jeune étudiant en littérature de 23 ans, Olivier Baussan, a commencé à fabriquer chez lui de l'huile de romarin° et l'a vendue sur les marchés de Provence. Son huile a été très appréciée par le public et Baussan a fondé° L'Occitane en Provence, marque° de produits de beauté. La première boutique a ouvert ses portes dans le sud de la France en 1980 et aujourd'hui, la compagnie a plus de 500 boutiques dans 60 pays, y compris aux États-Unis et au Canada. Les produits de L'Occitane, tous faits d'ingrédients naturels comme la lavande° ou l'olive, s'inspirent de la Provence et sont fabriqués avec des méthodes traditionnelles. L'Occitane offre des produits de beauté, des parfums, du maquillage et des produits pour le bain, pour la douche et pour la maison.

huile de romarin *rosemary oil* **fondé** *founded* **marque** *brand* **lavande** *lavender*

 Sur Internet

 Les hommes en France dépensent-ils beaucoup d'argent pour les produits de beauté ou de soin?

Go to **vhlcentral.com** to find more cultural information related to this **Lecture culturelle**.

2 Vrai ou faux? Indiquez si les phrases suivantes sont **vraies** ou **fausses**. Corrigez les phrases fausses.

1. La compagnie L'Occitane en Provence a été fondée en Provence.
2. Le premier magasin L'Occitane a ouvert ses portes en 1976.
3. On trouve de l'olive dans certains produits de L'Occitane.
4. L'Occitane se spécialise dans les produits pour le corps.
5. Les produits de L'Occitane utilisent des ingrédients naturels et sont fabriqués avec des méthodes traditionnelles.

3 Les expressions idiomatiques Regardez bien la liste des expressions dans **Le monde francophone**. En petits groupes, discutez de ces expressions. Lesquelles (*Which*) aimez-vous? Pourquoi? Essayez de deviner l'équivalent de ces expressions en anglais.

ressources

vhlcentral.com
Leçon 10A

 Practice more at **vhlcentral.com**.

A C T I V I T É S

STRUCTURES

Reflexive verbs  Presentation

Point de départ A reflexive verb usually describes what a person does to or for himself or herself. In other words, it "reflects" the action of the verb back to the subject. Reflexive verbs always use reflexive pronouns. (**me**, **te**, **se**, **nous**, **vous**)

SUBJECT **André** REFLEXIVE VERB **se rase** à huit heures.

Reflexive verbs		
se laver *(to wash oneself)*		
je	**me lave**	*I wash (myself)*
tu	**te laves**	*you wash (yourself)*
il/elle/on	**se lave**	*he/she/it/one washes (himself/herself/itself/oneself)*
nous	**nous lavons**	*we wash (ourselves)*
vous	**vous lavez**	*you wash (yourself/yourselves)*
ils/elles	**se lavent**	*they wash (themselves)*

- The pronoun **se** before an infinitive identifies the verb as reflexive: **se laver**.

Je me coiffe.

Tu te maquilles, maintenant?

- When a reflexive verb is conjugated, the reflexive pronoun agrees with the subject. Except for **se**, reflexive pronouns have the same forms as direct and indirect object pronouns (**me**, **te**, **nous**, **vous**); **se** is used for both singular and plural third-person subjects.

Tu **te couches**.
You're going to bed.

Les enfants **se réveillent**.
The children wake up.

Je **me maquille** aussi.
I put on makeup too.

Nous **nous levons** très tôt.
We get up very early.

- Note that the reflexive pronouns **nous** and **vous** are identical to the corresponding subject pronouns.

Nous **nous regardons** dans le miroir.
We look at ourselves in the mirror.

Vous habillez-vous déjà?
Are you getting dressed already?

Nous ne **nous levons** pas avant six heures.
We don't get up before six o'clock.

À quelle heure est-ce que **vous vous couchez**?
At what time do you go to bed?

Common reflexive verbs

se brosser les cheveux/ les dents	*to brush one's hair/teeth*	**se laver (les mains)**	*to wash oneself (one's hands)*
se coiffer	*to do one's hair*	**se lever**	*to get up, to get out of bed*
se coucher	*to go to bed*	**se maquiller**	*to put on makeup*
se déshabiller	*to undress*	**se raser**	*to shave oneself*
s'endormir	*to go to sleep, to fall asleep*	**se regarder**	*to look at oneself*
		se réveiller	*to wake up*
s'habiller	*to get dressed*	**se sécher**	*to dry oneself*

- **S'endormir** is conjugated like **dormir**. **Se lever** and **se sécher** follow the same spelling-change patterns as **acheter** and **espérer**, respectively.

Il **s'endort** tôt.	Tu **te lèves** à quelle heure?	Elles **se sèchent**.
He falls asleep early.	*At what time do you get up?*	*They dry off.*

- Some verbs can be used reflexively or non-reflexively. If the verb acts upon something other than the subject (for example, **son fils** in the second example below), the non-reflexive form is used.

La mère **se réveille** à sept heures.	Ensuite, elle **réveille** son fils.
The mother wakes up at 7 o'clock.	*Then, she wakes her son up.*

- When a body part is the direct object of a reflexive verb, it is usually preceded by a definite article.

Je ne **me brosse** pas **les** dents.	Vous **vous lavez les** mains.
I'm not brushing my teeth.	*You wash your hands.*

- You form the imperative of a reflexive verb as you would that of a non-reflexive verb. Add the reflexive pronoun to the end of an affirmative command. In negative commands, place the reflexive pronoun between **ne** and the verb. (Remember to change **te** to **toi** in affirmative commands.)

Réveille-toi, Bruno!	*but*	**Ne te réveille pas!**
Wake up, Bruno!		*Don't wake up!*

- In the **futur proche** and **passé récent**, place the reflexive pronoun after the conjugated forms of **aller** and **venir** and before the infinitive. Note that although the reflexive pronoun changes according to the subject, the second verb stays in the infinitive.

Nous n'**allons** pas **nous réveiller** tôt demain.	Est-ce que tu **viens de te raser**?
We're not going to wake up early tomorrow.	*Did you just shave?*

Essayez!

Complétez les phrases avec les formes correctes des verbes.

1. Ils ___se brossent___ (se brosser) les dents.
2. À quelle heure est-ce que vous _____ (se coucher)?
3. Tu _____ (s'endormir) en cours.
4. Nous _____ (se sécher) les cheveux.
5. On _____ (s'habiller) vite! Il faut partir.
6. Les hommes _____ (se maquiller) rarement.
7. Tu ne _____ (se déshabiller) pas encore.
8. Je _____ (se lever) vers onze heures.

Boîte à outils

Since reflexive verbs already imply that the action is performed on the subject, French uses definite articles (**le, la, les**) with body parts, whereas English uses possessive adjectives (*my, your, his/her/its, our, their*).

Je me lave les mains.
I wash my hands.

À noter

There are some special rules for using reflexive verbs in the **passé composé**. You will learn these in **Leçon 10B**.

ressources

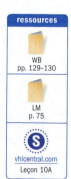

WB
pp. 129–130

LM
p. 75

vhlcentral.com
Leçon 10A

STRUCTURES

Mise en pratique

1 **Les habitudes** Vous allez chez vos amis Frédéric et Pauline. Tout le monde a ses habitudes. Que fait-on tous les jours?

MODÈLE

Frédéric / se raser
Frédéric se rase.

1. vous / se réveiller / à six heures
2. Frédéric et Pauline / se brosser / dents
3. tu / se lever / puis / prendre une douche
4. nous / se sécher / cheveux
5. on / s'habiller / avant le petit-déjeuner
6. Frédéric et Pauline / se coiffer / avant / sortir
7. je / se déshabiller / et après / se coucher
8. tout le monde / s'endormir / tout de suite
9. leurs tantes / se maquiller / et après / s'habiller
10. leur père / se laver / mains / avant / manger
11. Les cousins de Pauline / ne pas se raser

2 **La routine** Tous les matins, Juliette suit (*follows*) la même routine. Regardez les illustrations et dites ce que (*what*) fait Juliette.

1. _____ 2. _____ 3. _____ 4. _____

3 **L'ordre logique** À tour de rôle avec un(e) partenaire, indiquez dans quel ordre vous (ou quelqu'un que vous connaissez) faites ces choses.

MODÈLE

se lever / se réveiller
D'abord je me réveille, ensuite je me lève.

1. se laver / se sécher
2. se maquiller / prendre une douche
3. se lever / s'habiller
4. se raser / se réveiller
5. se coucher / se brosser les cheveux
6. s'endormir / se coucher
7. se coucher / se déshabiller
8. se lever / se réveiller
9. se brosser les cheveux / se coiffer
10. se maquiller / se sécher

Practice more at **vhlcentral.com.**

Communication

4 **Tous les jours** Que fait votre partenaire tous les jours? Posez-lui les questions et il/elle vous répond.

MODÈLE

se lever tôt le matin
Étudiant(e) 1: *Est-ce que tu te lèves tôt le matin?*
Étudiant(e) 2: *Non, je ne me lève pas tôt le matin.*

1. se réveiller tôt ou tard le week-end
2. se lever tout de suite
3. se maquiller tous les matins
4. se laver les cheveux tous les jours
5. se raser le soir ou le matin
6. se coucher avant ou après minuit
7. se brosser les dents chaque nuit
8. s'habiller avant ou après le petit-déjeuner
9. s'endormir parfois en classe

5 **Enquête** Votre professeur va vous donner une feuille d'activités. Circulez dans la classe et trouvez un(e) camarade différent(e) pour chaque action. Présentez les réponses à la classe.

MODÈLE

Étudiant(e) 1: *Est-ce que tu te lèves avant six heures du matin?*
Étudiant(e) 2: *Oui, je me lève parfois à cinq heures!*

Activité	Nom
1. se lever avant six heures du matin	Carole
2. se maquiller pour venir en cours	
3. se brosser les dents trois fois par jour	
4. se laver les cheveux le soir	
5. se coiffer à la dernière mode	
6. se reposer le vendredi soir	

6 **Jacques a dit** Par groupes de quatre, un(e) étudiant(e) donne des ordres au groupe. Attention! Vous devez obéir seulement si l'ordre est précédé de **Jacques a dit...** (*Simon says...*) La personne qui se trompe devient le meneur de jeu (*leader*). Le gagnant (*winner*) est l'étudiant(e) qui n'a pas été le meneur de jeu. Utilisez les expressions de la liste puis trouvez vos propres expressions.

se brosser les dents	se laver les mains
se coiffer	se lever
s'endormir	se maquiller
s'habiller	se sécher les cheveux

STRUCTURES

10A.2

Reflexives: *Sens idiomatique* **S** Presentation

Point de départ You've learned that reflexive verbs "reflect" the action back to the subject. Some reflexive verbs, however, do not literally express a reflexive meaning.

Common idiomatic reflexives

s'amuser	to play; to have fun		**s'intéresser (à)**	to be interested (in)
s'appeler	to be called		**se mettre à**	to begin to
s'arrêter	to stop		**se mettre en colère**	to become angry
s'asseoir	to sit down			
se dépêcher	to hurry		**s'occuper (de)**	to take care of, to keep oneself busy
se détendre	to relax			
se disputer (avec)	to argue (with)		**se préparer**	to get ready
s'énerver	to get worked up, to become upset		**se promener**	to take a walk
			se rendre compte	to realize
s'ennuyer	to get bored		**se reposer**	to rest
s'entendre bien (avec)	to get along well (with)		**se souvenir (de)**	to remember
			se tromper	to be mistaken
s'inquiéter	to worry		**se trouver**	to be located

Le marché **se trouve** derrière l'église.
The market is located behind the church.

Nous **nous amusons** bien chez Fabien.
We have fun at Fabien's house.

Mon grand-père **se repose** à la maison.
My grandfather is resting at home.

Ne **te mets** pas **en colère**.
Don't get angry.

Je **m'occupe du** linge.
I'm taking care of the laundry.

Vous devez **vous dépêcher**.
You must hurry.

Lis le journal si tu t'ennuies.

Ne t'inquiète pas.

- **Se souvenir** is conjugated like **venir**.

  Souviens-toi de son anniversaire.
  Remember her birthday.

  Nous nous souvenons de cette date.
  We remember that date.

- **S'ennuyer** has the same spelling changes as **envoyer**. **Se promener** and **s'inquiéter** have the same spelling changes as **acheter** and **espérer**, respectively.

  Je **m'ennuie** à mourir aujourd'hui.
  I'm bored to death today.

  On **se promène** dans le parc.
  We take a walk in the park.

  Ils **s'inquiètent** plus que mes parents.
  They worry more than my parents.

- Note the spelling changes of **s'appeler** in the present tense.

s'appeler (to be named, to call oneself)	
je m'appe**ll**e	nous nous appelons
tu t'appe**ll**es	vous vous appelez
il/elle/on s'appe**ll**e	ils/elles s'appe**ll**ent

Tu **t'appelles** comment?
What is your name?

Vous **vous appelez** Laure?
Is your name Laure?

- Note the irregular conjugation of the verb **s'asseoir**.

s'asseoir (to be seated, to sit down)	
je m'assieds	nous nous asseyons
tu t'assieds	vous vous asseyez
il/elle/on s'assied	ils/elles s'asseyent

Asseyez-vous, Monsieur.
Have a seat, sir.

Assieds-toi ici sur le canapé.
Sit here on the sofa.

- Many idiomatically reflexive expressions can be used alone, with a preposition, or with the conjunction **que**.

Tu **te trompes**.
You're wrong.

Il **se trompe** toujours **de** date.
He's always mixing up the date.

Marlène **s'énerve** facilement.
Marlène gets mad easily.

Marlène **s'énerve contre** Thierry.
Marlène gets mad at Thierry.

Ils **se souviennent de** ton anniversaire.
They remember your birthday.

Je **me souviens que** tu m'as téléphoné.
I remember you phoned me.

Vous **vous inquiétez** trop!
You worry too much!

Tu **t'inquiètes pour** tes enfants?
Are you worried about your children?

Essayez! Complétez les phrases avec les formes correctes des verbes.

1. Mes parents __*s'inquiètent*__ (s'inquiéter) beaucoup.
2. Nous _____ (s'entendre) bien, ma sœur et moi.
3. Alexis ne _____ (se rendre) pas compte que sa petite amie ne l'aime pas.
4. On doit _____ (se dépêcher) pour arriver à la fac.
5. Papa _____ (s'occuper) toujours de la cuisine.
6. Tu _____ (s'amuser) quand tu vas au cinéma?
7. Vous _____ (s'intéresser) au cours d'histoire de l'art?
8. Je ne _____ (se disputer) pas souvent avec les profs.
9. Tu _____ (se reposer) un peu sur le lit.
10. Angélique _____ (s'asseoir) toujours près de la porte.
11. Je _____ (s'appeler) Susanne.
12. Elles _____ (s'ennuyer) chez leurs cousins.

ressources

WB
pp. 131–132

LM
p. 76

vhlcentral.com
Leçon 10A

STRUCTURES

Mise en pratique

1 **Ma sœur et moi** Complétez ce texte avec les formes correctes des verbes.

Je (1) _____ (s'appeler) Anne, et j'ai une sœur, Stéphanie. Nous (2) _____ (s'habiller) souvent de la même manière, mais nous sommes très différentes. Stéphanie (3) _____ (s'intéresser) à la politique et elle étudie le droit, et moi, je (4) _____ (s'intéresser) à la peinture et je fais de l'art. Nous habitons ensemble, et nous (5) _____ (s'entendre bien). On (6) _____ (s'asseoir) souvent sur un banc (*bench*) au parc pour bavarder. Quelquefois on (7) _____ (se mettre en colère). Heureusement, on (8) _____ (se rendre compte) que c'est inutile et on (9) _____ (s'arrêter). En fait, Stéphanie et moi, nous (10) _____ (ne pas s'ennuyer) ensemble.

2 **Que faire?** Que font Diane et ses copains? Utilisez les verbes de la liste pour compléter les phrases.

s'amuser	se disputer	s'occuper
s'appeler	s'énerver	se préparer
s'asseoir	s'ennuyer	se promener
se dépêcher	s'entendre bien	se reposer
se détendre	s'inquiéter	se tromper

1. Si je suis en retard pour mon cours, je _____.

2. Parfois, Toufik _____ et ne donne pas la bonne réponse.

3. Quand un cours n'est pas intéressant, nous _____.

4. Le week-end, Hubert et Édith sont fatigués, alors ils _____.

5. Quand je ne comprends pas mon prof, je _____.

6. Quand il fait beau, vous allez dans le parc et vous _____.

7. Quand tes parents sortent, tu _____ de tes petites sœurs.

8. Ils _____ tout le temps. Ils vont sûrement divorcer!

3 **La fête** Marc a invité ses amis pour célébrer la fin (*end*) du semestre. Avec un(e) partenaire, décrivez la scène à tour de rôle. Utilisez tous les verbes possibles de la liste de l'**Activité 2**.

Marc Fatima Virginie

Christine et Mohammed

Rachel et Victor

Tran et Yves

Chrystelle et Thomas

Practice more at **vhlcentral.com.**

Communication

4 **Se connaître** Vous voulez mieux connaître vos camarades. Par groupes de quatre, posez-vous des questions et puis présentez les réponses à la classe.

MODÈLE

s'intéresser à la politique

Étudiant(e) 1: *Je ne m'intéresse pas à la politique. Et toi, t'intéresses-tu à la politique?*

Étudiant(e) 2: *Je m'intéresse beaucoup à la politique et je lis le journal tous les jours.*

1. s'amuser en cours de français
2. s'inquiéter pour des questions d'argent
3. s'asseoir au premier rang (*row*) dans la classe
4. s'énerver facilement
5. se mettre souvent en colère
6. se reposer le week-end
7. s'entendre bien avec ses camarades de classe
8. se promener souvent

5 **Curieux** Utilisez ces verbes et expressions pour interviewer un(e) partenaire.

MODÈLE

 avec qui / s'amuser

Étudiant(e) 1: *Avec qui est-ce que tu t'amuses?*

Étudiant(e) 2: *Je m'amuse avec mes amis.*

1. avec qui / s'entendre bien
2. à quoi / s'intéresser
3. quand, pourquoi / s'ennuyer
4. pourquoi / se mettre en colère
5. quand, comment / se détendre
6. avec qui, où, quand / se promener
7. avec qui, pourquoi / se disputer
8. quand, pourquoi / se dépêcher

6 **Une mère inquiète** La mère de Philippe lui a écrit cet e-mail. Avec un(e) partenaire, préparez par écrit la réponse de Philippe. Employez des verbes réfléchis à sens idiomatique.

> Mon chéri,
>
> Je m'inquiète beaucoup pour toi. Je me rends compte que tu as changé. Tu ne t'amuses pas avec tes amis et tu te mets constamment en colère. Maintenant, tu restes tout le temps dans ta chambre et tu t'intéresses seulement à la télé. Est-ce que tu t'ennuies à l'école? Te souviens-tu que tu as des amis? J'espère que je me trompe.

SYNTHÈSE

Révision

1 Les colocataires Avec un(e) partenaire, décrivez cette maison de colocataires à sept heures du matin. Que font-ils?

1.

2.

3.

2 Le camping Vous et votre partenaire faites du camping dans un endroit isolé. Malheureusement, vous avez tout oublié. À tour de rôle, parlez de ces problèmes à votre partenaire. Il/Elle va essayer de vous aider.

MODÈLE

Étudiant(e) 1: *Je veux me laver les cheveux, mais je n'ai pas pris mon shampooing.*
Étudiant(e) 2: *Moi, j'ai apporté mon shampooing. Je te le prête.*

prendre une douche	se brosser les cheveux
se brosser les dents	se laver les mains
se coiffer	se sécher les cheveux
se laver le visage	se raser

3 Débat Par groupes de quatre, débattez cette question: Qui prend plus de temps pour se préparer avant de sortir, les hommes ou les femmes? Préparez une liste de raisons pour défendre votre point de vue. Présentez vos arguments à la classe.

4 Dépêchez-vous! Avec un(e) partenaire, imaginez que vous soyez (are) les parents de trois enfants. Ils doivent partir pour l'école dans dix minutes, mais ils viennent juste de se réveiller! Que leur dites-vous? Utilisez des verbes réfléchis.

MODÈLE

Étudiant(e) 1: *Dépêchez-vous!*
Étudiant(e) 2: *Lève-toi!*

5 Départ de vacances Avec un(e) partenaire, observez les images et décrivez-les. Utilisez tous les verbes de la liste. Ensuite, racontez à la classe l'histoire du départ en vacances de la famille Glassié.

s'amuser	s'énerver
se dépêcher	se mettre en colère
se détendre	se préparer
se disputer (avec)	se rendre compte

6 La personnalité de Martin Votre professeur va vous donner, à vous et à votre partenaire, une feuille d'information sur Martin. Attention! Ne regardez pas la feuille de votre partenaire.

MODÈLE

Étudiant(e) 1: *Martin s'habille élégamment.*
Étudiant(e) 2: *Mais...*

S Video

S'aimer mieux

La marque° Krys veut que la beauté soit° accessible à tous. Ses lunettes ont donc des prix raisonnables et elles sont vendues partout° en France, en Belgique et sur Internet. Ses opticiens sont des professionnels qui savent aussi donner de bons conseils° esthétiques à leurs clients.

Cette compagnie est apparue° en 1966 quand les 14 plus grands opticiens de France ont décidé de travailler ensemble. Pour choisir leur nom, ils ont pensé à la transparence et au cristal, et «Krys» est née.

Collection [K]
60€* monture + verres

conseillé pour une monture K + 2 verres organiques 1.5 blancs durcis unifocaux, correction...

Non merci.

Jolies lunettes!

Compréhension Répondez aux questions.

1. Est-ce que le jeune homme se sentait (*felt*) bien avant? Quel était son plus gros problème?
2. Qu'est-ce qui a ensuite changé dans sa vie?

Discussion Par groupes de quatre, répondez aux questions et discutez.

1. Quelle partie de votre routine matinale prend le plus de temps ou est vraiment essentielle?
2. En général, est-ce que votre *look* vous aide à vous sentir (*feel*) mieux et à passer une bonne journée, ou est-ce qu'il n'a pas d'importance?
3. Comme la jeune fille dans la pub (*ad*), avez-vous déjà essayé de faire un compliment à un(e) inconnu(e) (*stranger*) sur son *look*? Quelle réaction a eu cette personne?

marque *brand* **soit** *be* **partout** *everywhere* **conseils** *advice* **apparue** *appeared*

Go to **vhlcentral.com** to watch the TV clip featured in this **Le Zapping**.

Leçon 10B

You will learn how to...
- describe your health
- talk about remedies and well-being

J'ai mal!

Vocabulaire

aller aux urgences/ à la pharmacie	to go to the emergency room/ to the pharmacy
avoir mal	to have an ache
avoir mal au cœur	to feel nauseous
enfler	to swell
être en bonne/ mauvaise santé	to be in good/ bad health
être en pleine forme	to be in good shape
éviter de	to avoid
faire mal	to hurt
garder la ligne	to stay slim
guérir	to get better
se blesser	to hurt oneself
se casser (la jambe/ le bras)	to break one's (leg/arm)
se fouler la cheville	to twist/sprain one's ankle
se porter mal/mieux	to be ill/better
se sentir	to feel
tomber/être malade	to get/to be sick
un(e) dentiste	dentist
un(e) pharmacien(ne)	pharmacist
une allergie	allergy
une douleur	pain
la grippe	flu
un symptôme	symptom
une aspirine	aspirin
un médicament (contre/pour)	medication (to prevent/for)
une ordonnance	prescription
la salle des urgences	emergency room
déprimé(e)	depressed
grave	serious
sain(e)	healthy

ressources

WB pp. 133–134

LM p. 77

(S) vhlcentral.com Leçon 10B

Mise en pratique

 **Audio: Vocabulary**

1 **Écoutez** 🎧 Monsieur Sebbar est tombé malade. Vous allez écouter une conversation entre lui et son médecin. Choisissez les éléments de chaque catégorie qui sont vrais.

Symptômes

1. J'ai mal à la tête. ☐
2. J'ai mal au ventre. ☐
3. J'ai mal aux yeux. ☐
4. J'ai mal à la gorge. ☐
5. J'ai mal au cœur. ☐
6. J'ai mal à la cheville. ☐

Diagnostic

1. la grippe ☐
2. un rhume ☐
3. la cheville cassée ☐
4. de la fièvre ☐

Traitement

1. faire de l'exercice ☐
2. faire une piqûre ☐
3. prendre des médicaments ☐

2 **Chassez l'intrus** Indiquez le mot qui ne va pas avec les autres.

1. un médicament, une pilule, une ordonnance, une aspirine
2. un médecin, un dentiste, un patient, une pharmacienne
3. un rhume, une aspirine, la grippe, une allergie
4. tomber malade, guérir, être en bonne santé, se porter mieux
5. éternuer, tousser, fumer, avoir mal à la gorge
6. être en pleine forme, être malade, être au régime, garder la ligne
7. se sentir bien, se porter mieux, être en mauvaise santé, éviter de fumer
8. une blessure, une pharmacie, un symptôme, une douleur

3 **Complétez** Complétez les phrases suivantes avec le bon mot choisi dans la section **CONTEXTES** pour faire des phrases logiques.

1. Vous allez chez le médecin quand vous tombez _____.
2. Vous allez chez _____ quand vous avez mal aux dents.
3. _____ aide les médecins.
4. Une femme qui va avoir un bébé est _____.
5. Une personne qui a eu un accident grave est emmenée (*taken*) aux _____.
6. On prend une _____ quand on a mal à la tête.
7. Pour être en forme et garder la ligne, il faut _____.
8. Si on n'est pas malade, on est _____.
9. Le médecin peut vous faire _____.
10. _____ est une liste de médicaments à prendre.
11. Être _____, c'est être tout le temps malheureux.
12. Si les fleurs vous font _____, vous avez une allergie.

un infirmier

ne pas fumer

Elle fait de l'exercice.

une infirmière

Il a mal au ventre.

Elle a mal à la tête.

Communication

4 **Conversez** Interviewez un(e) camarade de classe.

1. Quand t'a-t-on fait une piqûre pour la dernière fois? Pourquoi? Et une ordonnance?
2. Est-ce que tu as souvent des rhumes? Que fais-tu pour guérir?
3. Quel médicament prends-tu quand tu as de la fièvre? Et quand tu as mal à la tête?
4. Es-tu allé(e) chez le médecin cette année? À l'hôpital? Pourquoi?
5. Es-tu déjà allé(e) aux urgences? Pourquoi?
6. Connais-tu une femme enceinte? Comment se sent-elle?
7. Est-ce une bonne idée de fumer? Pourquoi pas?
8. Comment te sens-tu aujourd'hui? Et comment te sentais-tu hier?

5 **Qu'est-ce qui ne va pas?** Travaillez avec un(e) camarade de classe et à tour de rôle, indiquez ce qui ne va pas chez chaque personne, puis proposez un traitement (*treatment*).

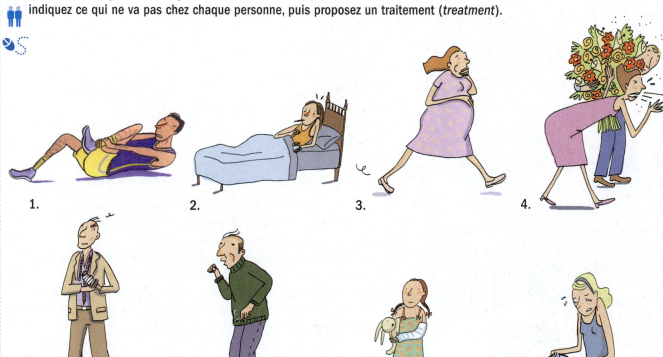

1. 2. 3. 4.

5. 6. 7. 8.

6 **Écriture** Suivez les instructions et composez un paragraphe. Ensuite, comparez votre paragraphe avec celui d'un(e) camarade de classe.

- Décrivez la dernière fois que vous avez été malade ou la dernière fois que vous avez eu un accident.
- Dites quels étaient vos symptômes.
- Dites si vous êtes allé(e) chez le médecin ou aux urgences.
- Mentionnez si on vous a donné une ordonnance et quels médicaments vous avez pris.

7 **Chez le médecin** Travaillez avec un(e) camarade de classe pour présenter un dialogue dans lequel vous:

- jouez le rôle d'un médecin et d'un(e) patient(e).
- parlez des symptômes du/de la patient(e).
- présentez le diagnostic (*diagnosis*) du médecin.
- proposez un traitement au/à la patient(e).

Les sons et les lettres

 Audio: Concepts, Activities Record & Compare

p, t, and c

Read the following English words aloud while holding your hand an inch or two in front of your mouth. You should feel a small burst of air when you pronounce each of the consonants.

pan	**t**op	**c**ope	**p**at

In French, the letters **p**, **t**, and **c** are not accompanied by a short burst of air. This time, try to minimize the amount of air you exhale as you pronounce these consonants. You should feel only a very small burst of air or none at all.

panne	**t**aupe	**c**api**t**al	**c**œur

To minimize a **t** sound, touch your tongue to your teeth and gums, rather than just your gums.

taille	**t**ête	**t**omber	**t**ousser

Similarly, you can minimize the force of a **p** by smiling slightly as you pronounce it.

pied	**p**oitrine	**p**ilule	**p**iqûre

When you pronounce a hard **c** sound, you can minimize the force by releasing it very quickly.

corps	**c**ou	**c**asser	**c**omme

Prononcez Répétez les mots suivants à voix haute.

1. plat
2. cave
3. tort
4. timide
5. commencer
6. travailler
7. pardon
8. carotte
9. partager
10. problème
11. rencontrer
12. confiture
13. petits pois
14. colocataire
15. canadien

Articulez Répétez les phrases suivantes à voix haute.

1. Paul préfère le tennis ou les cartes?
2. Claude déteste le poisson et le café.
3. Claire et Thomas ont-ils la grippe?
4. Tu préfères les biscuits ou les gâteaux?

Dictons Répétez les dictons à voix haute.

Il n'y a que le premier pas qui coûte.[2]

Les absents ont toujours tort.[1]

[1] Those who are absent are always the ones to blame.
[2] The first step is always the hardest.

ROMAN-PHOTO

L'accident

Video: *Roman-photo*
Record & Compare

PERSONNAGES

Amina

David

Dr Beaumarchais

Rachid

Stéphane

Au parc...
RACHID Comment s'appelle le parti politique qui gagne les élections en 1936?
STÉPHANE Le Front Populaire.
RACHID Exact. Qui en était le chef?
STÉPHANE Je ne m'en souviens pas.
RACHID Réfléchis. Qui est devenu président...?

AMINA Salut, vous deux!
RACHID Bonjour, Amina! (*Il tombe.*) Aïe!
STÉPHANE Tiens, donne-moi la main. Essaie de te relever.
RACHID Attends... non, je ne peux pas.
AMINA On va t'emmener chez le médecin tout de suite. Stéphane, mets-toi là de l'autre côté. Hop là! On y va? Allons-y.

Chez le médecin...
DOCTEUR Alors, expliquez-moi ce qui s'est passé.
RACHID Et bien, je jouais au foot quand tout à coup je suis tombé.
DOCTEUR Et où est-ce que vous avez mal? Au genou? À la jambe? Ça ne vous fait pas mal ici?
RACHID Non, pas vraiment.

AMINA Ah, te voilà Rachid!
STÉPHANE Alors, tu t'es cassé la jambe? Euh... tu peux toujours jouer au foot?
AMINA Stéphane!
RACHID Pas pour le moment, non; mais ne t'inquiète pas. Après quelques semaines de repos, je vais guérir rapidement et retrouver la forme.

AMINA Qu'est-ce que t'a dit le docteur?
RACHID Oh, ce n'est pas grave. Je me suis foulé la cheville. C'est tout.
AMINA Ah, c'est une bonne nouvelle. Bon, on rentre?
RACHID Oui, volontiers. Dis, est-ce qu'on peut passer par la pharmacie?
AMINA Bien sûr!

Chez David et Rachid...
DAVID Rachid! Qu'est-ce qui t'est arrivé?
RACHID On jouait au foot et je suis tombé. Je me suis foulé la cheville.
DAVID Oh! C'est idiot!
AMINA Bon, on va mettre de la glace sur ta cheville. Il y en a au congélateur?
DAVID Oui, il y en a.

A C T I V I T É S

1. **Les événements** Mettez les événements suivants dans l'ordre chronologique.

   a. _____ Rachid, Stéphane et Amina vont à la pharmacie.
   b. _____ Rachid tombe.
   c. _____ David explique qu'il a eu une réaction allergique.
   d. _____ Rachid et Stéphane jouent au foot.
   e. _____ Le docteur Beaumarchais explique que Rachid n'a pas la cheville cassée.
   f. _____ Stéphane ne se souvient pas de la réponse.
   g. _____ Amina et Stéphane aident Rachid.
   h. _____ Amina et Stéphane sont surpris de voir (*see*) le visage de David.
   i. _____ David dit qu'il est allé aux urgences.
   j. _____ Le docteur Beaumarchais prépare une ordonnance.

 Practice more at **vhlcentral.com**.

Rachid se foule la cheville.

DOCTEUR Et là, à la cheville?
RACHID Aïe! Oui, c'est ça!
DOCTEUR Vous pouvez tourner le pied à droite... Et à gauche? Doucement. La bonne nouvelle, c'est que ce n'est pas cassé.
RACHID Ouf, j'ai eu peur.

DOCTEUR Vous vous êtes simplement foulé la cheville. Alors, voilà ce que vous allez faire: mettre de la glace, vous reposer. Ça veut dire: pas de foot pendant une semaine au moins et prendre des médicaments contre la douleur. Je vous prépare une ordonnance tout de suite.
RACHID Merci, Docteur Beaumarchais.

STÉPHANE Et toi, David, qu'est-ce qui t'est arrivé? Tu fais le clown ou quoi?
DAVID Ah! Ah!... Très drôle, Stéphane.
AMINA Ça te fait mal?
DAVID Non. C'est juste une allergie. Ça commence à aller mieux. Je suis allé aux urgences. On m'a fait une piqûre et on m'a donné des médicaments. Ça va passer. En attendant, je dois éviter le soleil.

STÉPHANE Vous faites vraiment la paire, tous les deux!
AMINA Allez, Stéphane. Laissons-les tranquilles. Au revoir, vous deux. Reposez-vous bien!
RACHID Merci! Au revoir!
DAVID Au revoir!
DAVID Eh! Rends-moi la télécommande! Je regardais ce film...

Expressions utiles

Giving instructions and suggestions

- **Essaie de te relever.**
  Try to get up.
- **On y va? Allons-y.**
  Should we go (there)? Let's go (there).
- **Qu'est-ce qui t'est arrivé?**
  What happened to you?
- **Laissons-les tranquilles.**
  Let's leave them alone.
- **Rends-moi la télécommande.**
  Give me back the remote.

Referring to ideas, quantities, and places

- **Qui en était le chef?**
  Who was the leader of it?
- **Je ne m'en souviens pas.**
  I don't remember.
- **De la glace. Il y en a au congélateur?**
  Ice. Is there any in the freezer?
- **Oui, il y en a.**
  Yes, there is some (there).

Additional vocabulary

- **la bonne nouvelle**
  the good news
- **ça veut dire**
  that is to say/that means
- **volontiers**
  gladly
- **en attendant**
  in the meantime

---

2 **À vous!** Sandrine ne sait pas encore ce qui est arrivé à David et à Rachid. Avec deux camarades de classe, préparez une conversation dans laquelle Sandrine découvre ce qui s'est passé. Ensuite, jouez les rôles de Sandrine, David et Rachid devant la classe.

- Imaginez le contexte de la conversation: le lieu, qui fait/a fait quoi.
- Décidez si Sandrine rencontre les garçons ensemble ou séparément.
- Décrivez la surprise initiale de Sandrine. Détaillez ses questions et ses réactions.

3 **Écrivez** Rachid et David ont deux problèmes de santé très différents. Qu'est-ce que vous préférez, une cheville foulée pendant une semaine ou une réaction allergique au visage? Écrivez un paragraphe dans lequel vous comparez les deux situations. Quelle situation est la pire? Pourquoi?

ressources		
VM pp. 225–226	DVD Leçon 10B	vhlcentral.com Leçon 10B

A C T I V I T É S

S Reading
Video: *Flash culture*

CULTURE À LA LOUPE

La Sécurité sociale

En France, presque tous les habitants sont couverts par le système national de la Sécurité sociale. La Sécurité sociale, ou «la sécu», est un organisme d'État, financé principalement par les cotisations° sociales des travailleurs, qui donne une aide financière à ses bénéficiaires dans différents domaines. La branche «famille», par exemple, s'occupe des allocations° pour la maternité et les enfants. La branche «vieillesse» paie les retraites des personnes âgées. La branche «maladie» aide les gens en cas de maladies et d'accidents du travail.

Chaque personne qui bénéficie des prestations° de la Sécurité sociale a une carte Vitale qui ressemble à une carte de crédit et qui contient° toutes ses informations personnelles. La Sécurité sociale rembourse° en moyenne 75% des frais° médicaux. Les visites chez le médecin sont remboursées à 70%. Le taux° de remboursement varie entre 80 et 100% pour les séjours en clinique ou à l'hôpital et entre 70 et 100% pour les soins dentaires°. Pour les achats° en pharmacie, le taux de remboursement varie beaucoup: de 35 à 100% selon° les médicaments achetés. Beaucoup de gens ont aussi une mutuelle, une assurance santé supplémentaire qui rembourse ce que la Sécurité sociale ne rembourse pas. Ceux° qui ne peuvent pas avoir de mutuelle et ceux qui n'ont pas droit à° la Sécurité sociale traditionnelle bénéficient parfois de la Couverture Maladie Universelle (CMU). La CMU garantit le remboursement à 100% des frais médicaux aux gens qui n'ont pas beaucoup de ressources.

Les visites médicales

- En moyenne°, les Français consultent un médecin sept fois par an,
- dont° quatre fois un généraliste
- et trois fois un spécialiste.
- 70% des visites médicales ont lieu° chez le médecin.
- 20% ont lieu à la maison.
- 10% ont lieu à l'hôpital.

cotisations *contributions* **allocations** *allowances* **prestations** *benefits* **contient** *holds* **rembourse** *reimburses* **frais** *expenses* **taux** *rate* **soins dentaires** *dental care* **achats** *purchases* **selon** *depending on* **Ceux** *Those* **n'ont pas droit à** *don't qualify for* **En moyenne** *On average* **dont** *of which* **ont lieu** *take place*

A C T I V I T É S

1 Vrai ou faux? Indiquez si les phrases sont **vraies** ou **fausses**. Corrigez les phrases fausses.

1. Les cotisations des travailleurs financent la Sécurité sociale.
2. La Sécurité sociale a plusieurs branches.
3. La branche «vieillesse» s'occupe des accidents du travail.
4. La carte Vitale est une assurance supplémentaire.
5. La Sécurité sociale rembourse en moyenne 100% des frais médicaux.

6. Entre 70 et 100% des soins dentaires sont remboursés par la sécu.
7. La Sécurité sociale ne rembourse pas les médicaments.
8. En plus de la Sécurité sociale, certaines personnes ont des assurances santé supplémentaires.
9. Si on n'a pas beaucoup d'argent, on peut bénéficier de la CMU.
10. Vingt pour cent des consultations médicales ont lieu à l'hôpital.

Using a dictionary

Be careful not to reach for the dictionary every time you do not understand what you read. Instead, keep a running list of unfamiliar words that you come across in the selection. Only after you have tried several strategies and are still unable to guess a word's meaning should you consider using a dictionary. Remember to read and consider all the translations under an entry before choosing the right one for the context.

Des pionniers de la médecine

Voici quelques autres pionniers francophones de la médecine.

En Belgique
Jules Bordet (1870–1961) médecin et microbiologiste qui a découvert° le microbe de la coqueluche°

En France
Bernard Kouchner (1939–) médecin, cofondateur° de Médecins sans frontières° et de Médecins du monde

En Haïti
Yvonne Sylvain (1907–1989) première femme médecin et gynécologue obstétricienne d'Haïti

Au Québec
Jeanne Mance (1606–1673) fondatrice du premier hôpital d'Amérique du Nord

En Suisse
Henri Dunant (1828–1910) fondateur de la Croix-Rouge°

a découvert *discovered* **coqueluche** *whooping cough* **cofondateur** *cofounder* **frontières** *Borders* **Croix-Rouge** *Red Cross*

Marie Curie

Grande figure féminine du 20e siècle et de l'histoire des sciences, Marie Curie reçoit° en 1903 le prix Nobel de physique avec son mari, Pierre, pour leurs travaux° sur la radioactivité. Quelques années plus tard elle reçoit le prix Nobel de chimie pour la découverte° de deux éléments radioactifs: le polonium et le radium. Pendant la Première Guerre mondiale° elle organise un service de radiologie mobile pour mieux soigner° les blessés. La lutte° contre le cancer bénéficie aussi des vertus thérapeutiques du radium. Marie Curie est la première femme à recevoir° un prix Nobel et la seule personne à en avoir reçu° deux. Elle est née Maria Sklodowska à Varsovie en Pologne. À 24 ans elle est venue à Paris pour faire des études scientifiques car° l'université de Varsovie refusait l'accès aux jeunes filles. Elle a consacré° toute sa vie aux recherches scientifiques et est morte d'une leucémie en 1934.

reçoit *receives* **travaux** *work* **découverte** *discovery* **Première Guerre mondiale** *World War I* **soigner** *treat* **lutte** *fight* **recevoir** *receive* **reçu** *received* **car** *because* **consacré** *devoted*

Sur Internet

Qui a découvert le vaccin contre la tuberculose?

Go to **vhlcentral.com** to find more cultural information related to this **Lecture culturelle**. Then watch the corresponding **Flash culture**.

2 **Répondez** Répondez aux questions par des phrases complètes.
1. Quels grands prix Marie Curie a-t-elle reçus?
2. Quelles sont les implications pour la lutte contre le cancer?
3. Où Marie Curie est-elle née?
4. Pourquoi est-elle venue à Paris?
5. Qui a été la première femme médecin d'Haïti?

3 **Problèmes de santé** Avec un(e) camarade, écrivez cinq phrases où vous utilisez ce vocabulaire: **une angine** (*strep throat*), **une carie** (*cavity*), **des frissons** (*m.*) (*chills*), **le nez bouché** (*stuffy nose*), **une toux** (*cough*). Soyez prêts à les présenter devant la classe.

ressources

VM pp. 257–258

vhlcentral.com Leçon 10B

A C T I V I T É S

STRUCTURES

The *passé composé* of reflexive verbs

 **S** **Presentation**

Point de départ In **Leçon 10A**, you learned to form the present tense and command forms of reflexive verbs. You will now learn how to form the **passé composé** of reflexive verbs.

Vous vous êtes foulé la cheville.

Tu t'es cassé la jambe?

- Use the auxiliary verb **être** with all reflexive verbs in the **passé composé**, and place the reflexive pronoun before it.

Nous **nous sommes fait** mal hier, pendant la randonnée.
We hurt ourselves during the hike yesterday.

Il **s'est lavé** les mains avant de prendre le médicament.
He washed his hands before taking the medicine.

Où est-ce que tu **t'es blessé**?
Where did you hurt yourself?

Vous **vous êtes trompé**?
Did you make a mistake?

- If the verb is not followed by a direct object, the past participle should agree with the subject in gender and number.

SUBJECT   PAST PARTICIPLE

L'infirmier et le médecin **se sont disputés**.
The nurse and the doctor argued.

SUBJECT   PAST PARTICIPLE

Elle **s'est assise** dans le fauteuil du dentiste.
She sat in the dentist's chair.

SUBJECT   PAST PARTICIPLE

Ahmed et toi, vous **vous êtes** bien **entendus**?
Did you and Ahmed get along?

- If the verb is followed by a direct object, the past participle should not agree with the subject. Use the masculine singular form.

PAST   DIRECT
PARTICIPLE OBJECT

Régine **s'est foulé** les deux chevilles.
Régine twisted both ankles.

PAST   DIRECT
PARTICIPLE OBJECT

Ils **se sont cassé** les bras.
They broke their arms.

- To make a reflexive verb negative in the **passé composé**, place **ne** before the reflexive pronoun and **pas** after the auxiliary verb.

Elles **ne se sont pas** mises en colère.
They didn't get angry.

Nous **ne nous sommes pas** sentis mieux.
We didn't feel better.

Je **ne me suis pas** rasé ce matin.
I didn't shave this morning.

Tu **ne t'es pas** coiffée.
You didn't do your hair.

- To ask a question using inversion with a reflexive verb in the **passé composé**, follow the same pattern as you would with non-reflexive verbs. Invert the subject pronoun and the auxiliary verb, and keep the reflexive pronoun before the auxiliary.

Irène **s'est-elle** blessée au genou?
Did Irène hurt her knee?

Ne **vous êtes-vous** pas rendu compte de ça?
Didn't you realize that?

- Place a direct object pronoun between the reflexive pronoun and the auxiliary verb. Make the past participle agree with the direct object pronoun that precedes it.

Il a la cheville un peu enflée. Il **se l'est** **cassée** il y a une semaine.
His ankle is a bit swollen. He broke it a week ago.

Mes mains? Mais je **me les** suis déjà **lavées**.
My hands? But I already washed them.

- The irregular past participle of the verb **s'asseoir** is **assis(e)**.

Elle **s'est assise** près de la fenêtre.
She sat near the window.

Les jeunes mariés **se sont assis** dans le salon.
The newlyweds sat in the living room.

- Form the **imparfait** of reflexive verbs exactly as you would for non-reflexive verbs. Just add the corresponding reflexive pronoun.

Je **me brossais** les dents trois fois par jour.
I used to brush my teeth three times a day.

Nous **nous promenions** souvent au parc.
We often used to take walks in the park.

 Essayez!   **Complétez ces phrases.**

1. Natalia s'est (foulé/foulée) le bras.
2. Sa jambe? Comment Robert se l'est-il (cassé/cassée)?
3. Les deux joueurs de basket se sont (blessé/blessés) au genou.
4. L'infirmière s'est (lavé/lavées) les mains.
5. M. Pinchon s'est (fait/faite) mal à la jambe.
6. S'est-elle (rasé/rasées) les jambes?
7. Elles se sont (maquillé/maquillés) les yeux?
8. Nous nous les sommes (cassé/cassés).
9. Sandrine, tu t'es (réveillé/réveillée) tard ce matin.
10. Tout à coup, Omar s'est (senti/sentie) mal.
11. Nous ne nous sommes pas (déshabillé/déshabillées) avant de nous coucher.

ressources

WB
pp. 135–136

LM
p. 79

S
vhlcentral.com
Leçon 10B

Mise en pratique

1 **Une lettre** Complétez la lettre que Christine a écrite sur sa journée. Mettez les verbes au passé composé.

> Hier soir, je (1) _____ (se coucher) trop tard, et quand je (2) _____ (se réveiller), j'étais fatiguée. Mais je voulais jouer au basket, alors je (3) _____ (se lever) et je (4) _____ (se brosser) les dents. Mon amie est venue me chercher et je (5) _____ (s'endormir) dans la voiture! Je pense que mon amie (6) _____ (s'énerver) un peu contre moi. Nous (7) _____ (se préparer) pour le match et nous (8) _____ (se mettre) à jouer.

2 **Descriptions** Utilisez des verbes réfléchis pour décrire ce que (*what*) les personnages des illustrations ont fait ou n'ont pas fait hier. Mettez les verbes au passé composé.

Thomas

> **MODÈLE**
>
> Thomas ne s'est pas lavé.

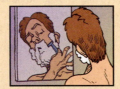   

1. mes amis _____ **2.** tu _____ **3.** je _____ **4.** vous _____

3 **Une mauvaise journée** Hier, Djamila a eu toutes sortes de difficultés. Avec un(e) partenaire, utilisez le vocabulaire de la liste pour raconter sa mauvaise journée.

> **MODÈLE**
>
> **Étudiant(e) 1:** Djamila s'est trompée.
> **Étudiant(e) 2:** Elle s'est brossé les dents avec du savon!

se brosser	se sentir	la cheville
se casser	se tromper	la jambe
se fouler	le bras	le pied
s'habiller	les chaussures	un rhume
se laver	du dentifrice	du savon
se lever	la salle des urgences	du shampooing

Practice more at **vhlcentral.com.**

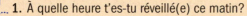

Communication

4 **Et toi?** Avec un(e) partenaire, posez-vous ces questions. Ensuite, présentez vos réponses à la classe.

1. À quelle heure t'es-tu réveillé(e) ce matin?
2. Avec quel dentifrice t'es-tu brossé les dents?
3. Avec quel shampooing t'es-tu lavé les cheveux aujourd'hui?
4. T'es-tu énervé(e) cette semaine? Pourquoi?
5. T'es-tu disputé(e) avec quelqu'un cette semaine? Avec qui?
6. T'es-tu endormi(e) facilement hier soir? Pourquoi?
7. T'es-tu promené(e) récemment? Où?
8. Comment t'es-tu détendu(e) le week-end dernier?
9. Comment t'es-tu amusé(e) le week-end dernier?
10. T'es-tu bien entendu(e) avec ton/ta camarade de chambre le premier mois?
11. T'es-tu couché(e) tard le week-end dernier? Pourquoi?
12. T'es-tu mis(e) en colère contre quelqu'un récemment? Contre qui? Pourquoi?

5 **Une enquête criminelle** Il y a eu un crime dans votre quartier et un agent de police vous pose des questions pour l'enquête (*investigation*). Avec un(e) partenaire, utilisez le vocabulaire de la liste pour créer le dialogue.

se coucher	se trouver
se disputer	appartement
s'énerver	blessure
se lever	corps
se mettre en colère	quartier
se réveiller	déprimé(e)
revenir	grave
se souvenir	soudain

6 **Charades** Par groupes de quatre, pensez à une phrase au passé composé avec un verbe réfléchi et jouez-la. La première personne qui devine joue la prochaine phrase.

10B.2

The pronouns *y* and *en*  **Presentation**

Point de départ The pronoun **y** replaces a previously mentioned phrase that begins with the prepositions **à**, **chez**, **dans**, **en**, or **sur**. The pronoun **en** replaces a previously mentioned phrase that begins with a partitive or indefinite article, or with the preposition **de**.

PREPOSITIONAL PHRASE		PRONOUN
Nous allons **chez le médecin**.	▶	Nous **y** allons.

PREPOSITIONAL PHRASE		PRONOUN
Il était le chef **du Front Populaire**.	▶	Il **en** était le chef.

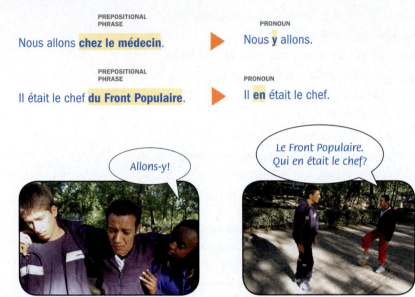

Allons-y!

Le Front Populaire. Qui en était le chef?

- The pronouns **y** and **en** precede the conjugated verb.

Es-tu allée **à la plage**?	Oui, j'**y** suis allée.
Did you go to the beach?	*Yes, I went there.*
Achètent-elles **de la moutarde**?	Oui, elles **en** achètent.
Are they buying mustard?	*Yes, they're buying some.*
Tu te mets **à la danse**?	Oui, je m'**y** mets.
Are you taking up dancing?	*Yes, I'm taking it up.*

- Like other pronouns in an infinitive construction, **y** and **en** follow the conjugated verb and precede the infinitive.

Quand préfères-tu manger **chez Fatima**?	Je **préfère y manger** demain soir.
When do you prefer to eat at Fatima's?	*I prefer to eat there tomorrow night.*
Allez-vous prendre **du thé**?	Oui, **nous allons en prendre.**
Are you going to have tea?	*Yes, we're going to have some.*

- Never omit **y** or **en** even when the English equivalents can be omitted.

Ah, vous allez **à la boulangerie**.	Tu **y** vas aussi?
Oh, you're going to the bakery.	*Are you going (there), too?*
Est-ce qu'elle prend **du sucre**?	Non, elle n'**en** prend pas.
Does she take sugar?	*No, she doesn't (take any).*

- Use **en** to replace a prepositional phrase that begins with **de**.

Vous revenez **de vacances**?	Oui, nous **en** revenons.
Are you coming back from vacation?	*Yes, we're coming back (from vacation).*

- Always use **en** to replace nouns that follow a number or expression of quantity. In such cases, you must still use the number or expression of quantity in the sentence together with **en**.

    Combien **de frères** a-t-elle?   Elle **en** a un (**deux, trois**).
    How many brothers does she have?   *She has one (two, three).*

    Avez-vous acheté **beaucoup de pain**?   Oui, j'**en** ai acheté **beaucoup**.
    Did you buy a lot of bread?   *Yes, I bought a lot.*

- In the **passé composé**, the past participle never agrees with **y** or **en**.

    Avez-vous trouvé **des fraises**?   Oui, nous **en** avons trouvé.
    Did you find some strawberries?   *Yes, we found some.*

    A-t-elle attendu **à la salle des urgences**?   Oui, elle **y** a attendu.
    Did she wait in the emergency room?   *Yes, she waited there.*

- In an affirmative **tu** command, do not drop the **-s** when an **-er** verb is followed by **y** or **en**. Note that **aller** also follows this pattern.

    Tu vas chez le médecin? Va**s-y**!   *but*   Va chez le médecin!
    You're going to the doctor's? Go!   *Go to the doctor's!*

    Il y a des pommes. Mange**s-en**!   *but*   Mange des pommes!
    There are some apples. Eat a few!   *Eat apples!*

- With imperatives, **moi** followed by **y** and **en** becomes **m'y** and **m'en**. **Toi** followed by **y** and **en** becomes **t'y** and **t'en**.

    Vous avez **des pêches** aujourd'hui?   Donnez-**m'en** dix.
    You have peaches today?   *Give me ten.*

- When using two pronouns in the same sentence, **y** and **en** always come in second position.

    Vous parlez **à Hélène de sa toux**?   Oui, nous **lui en** parlons.
    Are you talking to Hélène about her cough?   *Yes, we're talking to her about it.*

- When used together in the same sentence, **y** is placed before **en**.

    Il y a **de bons médecins** à l'hôpital?   Oui, il **y en** a.
    Are there good doctors at the hospital?   *Yes, there are.*

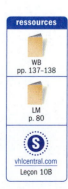

Boîte à outils

The pronoun **y** is not used to refer to people. The pronoun **en** may refer to people when the noun it refers to is preceded by the indefinite article **des**. However, in the constructions [*verb*] + **à** + [*person*] and [*verb*] + **de** + [*person*], **y** and **en** cannot be used to refer to people. Instead, use disjunctive pronouns.

Je pense **à ma mère**.
Je pense **à elle**.

Nous parlons de **notre père**.
Nous parlons de **lui**.

Essayez!   Complétez les phrases avec le(s) pronom(s) correct(s).

1. Faites-vous du sport? Oui, nous __en__ faisons.
2. Papa est au garage? Oui, il _____ est.
3. Nous voulons des fraises. Donnez-nous- _____ un kilo.
4. Mettez-vous du sucre dans votre café? Oui, nous _____ mettons.
5. Est-ce que tu t'intéresses à la médecine? Oui, je _____ intéresse.
6. Il est allé au cinéma? Oui, il _____ est allé.
7. Combien de pièces y avait-il? Il y _____ avait quatre.
8. Avez-vous des lampes? Non, nous n' _____ avons pas.
9. Elles sont chez leur copine. Elles _____ sont depuis samedi.
10. Êtes-vous allés en France? Oui, nous _____ sommes déjà allés.

ressources

WB
pp. 137–138

LM
p. 80

S
vhlcentral.com
Leçon 10B

STRUCTURES

Mise en pratique

1 **Une lettre** M. Renaud répond aux questions d'un journaliste qui fait un sondage (*poll*) pour un magazine français. Utilisez **y** ou **en** pour compléter les notes du journaliste.

Nombre/Fréquence		Notes
1. Enfants	3	M. Renaud en a trois.
2. Chiens	0	_____ .
3. Voiture	2	_____ .
4. Cinéma	rarement	_____ .
5. Argent	peu	_____ .
6. Thé/café	parfois	_____ .
7. New York	en 2005	_____ .
8. Chez le médecin	une fois par an	_____ .

2 **Dossier médical** Avec un(e) partenaire, choisissez une célébrité. Cette personne est allée à l'hôpital, où on lui pose ces questions. Comment répond votre célébrité? Justifiez toutes vos réponses. Utilisez les pronoms **y** et **en**.

1. Avez-vous des allergies?
2. Êtes-vous allé(e) aux urgences cette année?
3. Allez-vous chez le médecin régulièrement?
4. Combien d'aspirines prenez-vous par jour?
5. Faites-vous du sport tous les jours?
6. Avez-vous des douleurs?
7. Avez-vous de la fièvre?
8. Vous êtes-vous blessé(e) au travail?

3 **Chez le dentiste** Mme Hanh emmène ses fils chez un nouveau dentiste. Complétez le dialogue entre le dentiste et les deux garçons. Utilisez les pronoms **y** et **en**.

LE DENTISTE   C'est la première fois que vous venez chez le dentiste?

FRÉDÉRIC   Oui, (1) _____

LE DENTISTE   N'ayez pas peur. Alors, mangez-vous beaucoup de sucre?

HENRI   (2) _____

LE DENTISTE   Et toi, Frédéric, utilises-tu du dentifrice?

FRÉDÉRIC   (3) _____

HENRI   Est-ce que vous allez nous faire une piqûre?

LE DENTISTE   (4) _____

HENRI   Moi, je n'ai pas peur des piqûres... mais j'espère que vous n'allez pas trouver de caries (*cavities*).

LE DENTISTE   (5) _____

Practice more at **vhlcentral.com**.

Communication

4 **Trouvez quelqu'un qui…** Votre professeur va vous donner une feuille d'activités. Circulez dans la classe pour trouver un(e) camarade différent(e) qui donne une réponse affirmative à chaque question. Employez les pronoms **y** et **en**.

MODÈLE

Étudiant(e) 1: *Je suis né(e) à Los Angeles. Y es-tu né(e) aussi?*
Étudiant(e) 2: *Oui, j'y suis né(e) aussi!*

Qui…	Nom
1. *est né(e) dans la même (same) ville que vous?*	Mireille
2. *a pris une aspirine aujourd'hui? Pourquoi?*	
3. *est allé(e) en Suisse? Quand?*	
4. *a mangé au resto U cette semaine? Combien de fois?*	
5. *est déjà allé(e) aux urgences une fois? Pourquoi?*	
6. *est allé(e) chez le dentiste ce mois-ci? Quand?*	

5 **Interview** Posez ces questions à un(e) partenaire. Employez **y** ou **en** dans vos réponses, puis présentez-les à la classe.

Demandez à un(e) partenaire…

1. s'il/elle va à la bibliothèque (au restaurant, à la plage, chez le dentiste) aujourd'hui. Pourquoi?

2. s'il/elle a besoin d'argent (d'une voiture, de courage, de temps libre). Pourquoi?

3. s'il/elle s'intéresse aux sports (à la littérature, au jazz, à la politique). Que préfère-t-il/elle?

4. combien de personnes il y a dans sa famille (dans la classe de français, dans sa résidence).

5. s'il/elle a un chien (beaucoup de cousins, un grand-père, un vélo, un ordinateur). Où sont-ils?

6. s'il/elle a des allergies (une blessure, un rhume). Que fait-il/elle contre les symptômes?

6 **Chez le docteur** Vous avez ces problèmes et vous allez chez le docteur. Votre partenaire va jouer le rôle du docteur. Parlez de vos symptômes. Que faut-il faire? Utilisez les pronoms **y** et **en**.

- des allergies
- une grippe
- un rhume
- une cheville foulée
- mal à la gorge
- se sentir mal

7 **Devinez!** Avec un(e) partenaire, décrivez un endroit ou une chose en utilisant les pronoms **y** ou **en**. Votre partenaire va essayer de deviner (*guess*) ce que vous décrivez.

MODÈLE

Étudiant(e) 1: *J'y vais pour jouer au foot.*
Étudiant(e) 2: *Tu vas au stade?*
Étudiant(e) 1: *J'en mange deux le matin.*
Étudiant(e) 2: *Tu manges des croissants?*

SYNTHÈSE

Révision

1 **La salle d'attente** Observez cette salle d'attente (*waiting room*) et, avec un(e) partenaire, décrivez la situation ou la maladie de chaque personnage. À tour de rôle, essayez de prescrire un remède. Utilisez le passé composé des verbes réfléchis dans vos dialogues.

MODÈLE

Étudiant(e) 1: *Ce garçon s'est foulé la cheville. Il doit aller aux urgences.*
Étudiant(e) 2: *Oui, et cette fille...*

2 **Êtes-vous souvent malade?** Avec un(e) partenaire, préparez huit questions pour savoir si vos camarades de classe sont en bonne ou en mauvaise santé. Ensuite, par groupes de quatre, posez les questions à vos camarades et écrivez leurs réponses.

3 **Oh! Ça va!?** Vous êtes un(e) piéton(ne) (*pedestrian*) et tout d'un coup, vous voyez (*see*) un(e) cycliste tomber de son vélo. Avec un(e) partenaire, suivez (*follow*) ces instructions et préparez la scène. Utilisez les pronoms **y** et **en**.

Piéton(ne)		Cycliste
Demandez s'il/elle s'est fait mal.	▶	Dites quel est le problème.
Posez des questions sur les symptômes.	▶	Décrivez les symptômes.
Proposez de l'emmener aux urgences.	▶	Acceptez ou refusez la proposition.

4 **Pour partir loin** Vous et un(e) partenaire allez vivre (*to live*) un mois dans une région totalement isolée. Regardez l'illustration: vous pouvez mettre seulement cinq choses dans votre sac de voyage. Choisissez-les avec votre partenaire.

MODÈLE

Étudiant(e) 1: *On prend une bouteille de shampooing pour se laver les cheveux?*
Étudiant(e) 2: *D'accord, mais on n'en prend pas deux!*

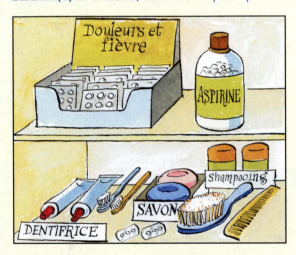

5 **Le malade imaginaire** Vous êtes hypocondriaque et vous pensez que vous êtes très malade. À tour de rôle, parlez de vos peurs à votre partenaire, qui va essayer de vous rassurer. Utilisez les pronoms **y** et **en** dans vos dialogues.

MODÈLE

Étudiant(e) 1: *J'ai de la fièvre, n'est-ce pas?*
Étudiant(e) 2: *Mais non, tu n'en as pas!*
Étudiant(e) 1: *J'ai besoin d'un médicament!*
Étudiant(e) 2: *Mais non, tu n'en as pas besoin!*

6 **La famille à problèmes!** Votre professeur va vous donner, à vous et à votre partenaire, une feuille d'informations sur la famille Valmont. Attention! Ne regardez pas la feuille de votre partenaire.

MODÈLE

Étudiant(e) 1: *David jouait au baseball.*
Étudiant(e) 2: *Voilà pourquoi il s'est cassé le bras!*

Écriture

Sequencing events

Paying attention to sequencing in a narrative will ensure that your writing flows logically from one part to the next. Of course, every composition should have an introduction, a body, and a conclusion.

The introduction presents the subject, the setting, the situation, and the people involved. The main part, or the body, describes the events and people's reactions to these events. The conclusion brings the narrative to a close.

Adverbs and adverbial phrases are often used as transitions between the introduction, the body, and the conclusion. Here is a list of commonly used adverbs in French.

Adverbes	
(tout) d'abord	*first*
premièrement / en premier	*first*
avant (de)	*before*
après	*after*
alors	*then, at that time*
(et) puis	*(and) then*
ensuite	*then*
plus tard	*later*
bientôt	*soon*
enfin	*finally*
finalement	*finally*

Thème

Écrire une lettre

Vous avez été malade le jour du dernier examen de français et vous n'avez pas pu passer l'examen. Préparez une lettre que vous allez envoyer à votre professeur de français pour lui expliquer ce qui s'est passé. Écrivez votre lettre au passé (passé composé et imparfait) et utilisez des adverbes. À la fin de la lettre, excusez-vous et demandez à votre professeur si vous pouvez passer l'examen la semaine prochaine. (Attention! Cette partie de la lettre doit être au présent.) Répondez aux questions suivantes pour vous aider.

- Que s'est-il passé? (maladie, accident, autre problème de santé, etc.)
- Quels étaient les symptômes ou quelle blessure avez-vous eue? (avoir mal au ventre, avoir de la fièvre, avoir la jambe cassée, etc.)
- Qu'est-ce qui a peut-être causé ce problème? (accident, pas assez d'exercice physique, ne pas manger sainement, etc.)
- Qu'avez-vous fait? (prendre des médicaments, aller chez le docteur ou le dentiste, aller aux urgences, etc.)
- Qu'est-ce qu'on vous a fait là-bas? (une piqûre, une radio [*X-ray*], une ordonnance, etc.)
- Comment vous sentez-vous maintenant et qu'allez-vous faire pour rester en forme? (ne plus fumer, faire plus attention, faire de l'exercice, etc.)

Panorama

La Suisse

Le pays en chiffres 🇨🇭

▶ **Superficie:** *41.293 km²*

▶ **Population:** *7.073.000*
SOURCE: Population Division, UN Secretariat

▶ **Industries principales:** *activités financières°
(banques, assurances), agroalimentaire°, élevage
bovin°, horlogerie°, métallurgie, tourisme*

▶ **Villes principales:** *Bâle, Berne, Genève,
Lausanne, Zurich*

▶ **Langues:** *allemand, français, italien, romanche*

*L'allemand, le français et l'italien sont les langues
officielles, parlées dans les différentes régions du
pays. Le romanche, langue d'origine latine, est
parlée à l'est° du pays. Langue nationale depuis
1938, elle n'est pas utilisée au niveau° fédéral.
Aujourd'hui en Suisse, l'italien et le romanche sont
moins parlés que d'autres langues étrangères.*

▶ **Monnaie:** *le franc suisse*

Suisses célèbres

▶ **Johanna Spyri,** *auteur de «Heidi» (1827–1901)*

▶ **Louis Chevrolet,** *coureur
automobile°, fondateur de la
société Chevrolet (1878–1941)*

▶ **Alberto Giacometti,** *sculpteur
(1901–1966)*

▶ **Charles Édouard Jeanneret
Le Corbusier,** *architecte (1887–1965)*

▶ **Ella Maillart,** *écrivain, journaliste,
photographe et sportive (1903–1997)*

▶ **Jean-Luc Godard,** *cinéaste (1930–)*

financières *financial* **agroalimentaire** *food processing* **élevage bovin**
cattle farming **horlogerie** *watch and clock making* **est** *east*
niveau *level* **coureur automobile** *racecar driver* **barques** *small
boats* **guerres** *wars* **Battue** *Defeated* **paix** *peace treaty* **statut**
status **ne... ni** *neither... nor* **OTAN** *NATO*

le château de Chillon sur le lac Léman

des barques° sur le lac de Saint-Moritz

LA FRANCE
L'ALLEMAGNE
le Rhin
le Rhin
le lac de Constance
Bâle
Saint-Gall
Zurich
le Rhin
L'AUTRICHE
LE LIECHTENSTEIN
le lac de Zurich
le Doubs
La Chaux-de-Fonds
Berne
Lucerne
Neuchâtel
LE JURA
le lac de Neuchâtel
Fribourg
LES ALPES
Lausanne
le lac Léman
Montreux
le Tessin
L'ITALIE
Genève
le Rhône
Lugano
le lac de Côme
le lac Majeur
LA FRANCE

■ Région francophone

0 ___ 50 milles
0 ___ 50 kilomètres

Incroyable mais vrai!

*La Suisse n'a pas connu de guerres° depuis
le 16ᵉ siècle! Battue° par la France en 1515,
elle signe une paix° perpétuelle avec ce pays
et inaugure donc sa période de neutralité.
Ce statut° est reconnu par les autres pays
européens en 1815 et, depuis, la Suisse
ne peut participer à aucune guerre ni° être
membre d'alliances militaires comme l'OTAN°.*

L'économie

Des montres et des banques

L'économie suisse se caractérise par la présence de grandes entreprises° multinationales et par son secteur financier. Les multinationales sont particulièrement actives dans le domaine des banques, des assurances, de l'agroalimentaire (Nestlé), de l'industrie pharmaceutique et de l'horlogerie (Longines, Rolex, Swatch). Cinquante pour cent de la production mondiale° d'articles° d'horlogerie viennent de Suisse. Le franc suisse est une des monnaies les plus stables du monde et les banques suisses ont la réputation de bien gérer° les fortunes de leurs clients.

Les gens

Jean-Jacques Rousseau (1712–1778)

Né à Genève, Jean-Jacques Rousseau a passé sa vie entre la France et la Suisse. Vagabond et autodidacte°, Rousseau est devenu écrivain, philosophe, théoricien politique et musicien. Il a comme principe° que l'homme naît bon et que c'est la société qui le corrompt°. Défenseur de la tolérance religieuse et de la liberté de pensée, les idées de Rousseau, exprimées° principalement dans son œuvre° *Du contrat social*, se retrouvent° dans la Révolution française. À la fin de sa vie, il écrit *Les Confessions*, son autobiographie, un genre nouveau pour l'époque°.

Les traditions

Le couteau suisse

En 1884, Carl Elsener, coutelier° suisse, se rend compte que les soldats° suisses portent des couteaux allemands. Il décide donc de fonder sa propre compagnie et invente le «couteau du soldat» à quatre outils°. Depuis 1891, chaque soldat de l'armée suisse en a un. En 1897, Elsener développe le «couteau d'officier°» pour l'armée et aujourd'hui, il est vendu au grand public. Le célèbre couteau, orné de la croix° suisse sur fond° rouge, offre un choix de 90 accessoires.

Les destinations

Genève

La ville de Genève, sur la frontière° franco-suisse, est une ville internationale et francophone. C'est une belle ville verte, avec sa rade° sur le lac Léman et son célèbre jet d'eau°. Son horloge fleurie°, ses promenades, ses magasins divers et ses nombreux chocolatiers font de Genève une ville très appréciée des touristes. On y trouve aussi de nombreuses grandes entreprises et organisations internationales ou non gouvernementales, comme l'O.N.U.°, la Croix-Rouge° et l'O.M.S.° C'est pourquoi 40% de la population de Genève est d'origine étrangère.

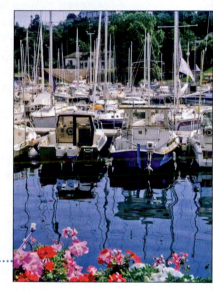

Qu'est-ce que vous avez appris? Répondez aux questions par des phrases complètes.

1. Quelles sont les langues officielles de la Suisse?
2. Quand la Suisse a-t-elle commencé sa période de neutralité?
3. Que signifie la neutralité pour la Suisse?
4. Quels sont deux secteurs importants de l'économie suisse?
5. Quel est le principe fondamental de Rousseau?
6. Quel événement a été influencé par les idées de Rousseau?
7. À quoi servait le couteau suisse à l'origine?
8. Pourquoi Carl Elsener a-t-il inventé le couteau suisse?
9. Où se trouve la ville de Genève en Suisse?
10. Quel pourcentage de la population de Genève est d'origine étrangère?

ressources

WB
pp. 139–140

vhlcentral.com
Unité 10

Sur Internet

Go to **vhlcentral.com** to find more cultural information related to this **Panorama**.

1. Cherchez plus d'informations sur Ella Maillart. Qu'a-t-elle fait de remarquable?
2. Cherchez plus d'informations sur les œuvres de Rousseau. Quelles autres œuvres a-t-il écrites?
3. La Suisse est membre des Nations Unies. Depuis quand en est-elle membre? Quel est son statut (*status*) dans l'Union européenne?

entreprises *companies* **mondiale** *worldwide* **articles** *products* **gérer** *manage* **autodidacte** *self-taught* **comme principe** *as a principle* **corrompt** *corrupts* **exprimées** *expressed* **œuvre** *work* **se retrouvent** *are found* **époque** *time* **coutelier** *knife maker* **soldats** *soldiers* **outils** *tools* **officier** *officer* **orné de la croix** *adorned with the cross* **fond** *background* **frontière** *border* **rade** *harbor* **jet d'eau** *fountain* **horloge fleurie** *flower clock* **O.N.U. (Organisation des Nations Unies)** *U.N.* **Croix-Rouge** *Red Cross* **O.M.S. (Organisation Mondiale de la Santé)** *W.H.O. (World Health Organization)*

La routine

faire sa toilette	to wash up
se brosser les cheveux/les dents	to brush one's hair/teeth
se coiffer	to do one's hair
se coucher	to go to bed
se déshabiller	to undress
s'endormir	to go to sleep, to fall asleep
s'habiller	to get dressed
se laver (les mains)	to wash oneself (one's hands)
se lever	to get up, to get out of bed
se maquiller	to put on makeup
prendre une douche	to take a shower
se raser	to shave oneself
se regarder	to look at oneself
se réveiller	to wake up
se sécher	to dry oneself

Dans la salle de bains

un réveil	alarm clock
une brosse (à cheveux, à dents)	brush (hairbrush, toothbrush)
la crème à raser	shaving cream
le dentifrice	toothpaste
le maquillage	makeup
une pantoufle	slipper
un peigne	comb
un rasoir	razor
le savon	soap
une serviette (de bain)	(bath) towel
le shampooing	shampoo

La forme

être en pleine forme	to be in good shape
faire de l'exercice	to exercise
garder la ligne	to stay slim

Expressions utiles	See pp. 367 and 385.
The pronouns **y** and **en**	See pp. 392–393.

La santé

aller aux urgences/ à la pharmacie	to go to the emergency room/ to the pharmacy
avoir mal	to have an ache
avoir mal au cœur	to feel nauseous
enfler	to swell
éternuer	to sneeze
être en bonne/ mauvaise santé	to be in good/ bad health
éviter de	to avoid
faire mal	to hurt
faire une piqûre	to give a shot
fumer	to smoke
guérir	to get better
se blesser	to hurt oneself
se casser (la jambe/ le bras)	to break one's (leg/ arm)
se faire mal (à la jambe, au bras...)	to hurt one's (leg, arm...)
se fouler la cheville	to twist/sprain one's ankle
se porter mal/mieux	to be ill/better
se sentir	to feel
tomber/être malade	to get/to be sick
tousser	to cough

une allergie	allergy
une blessure	injury, wound
une douleur	pain
la fièvre (avoir de la fièvre)	(to have a) fever
la grippe	flu
un rhume	cold
un symptôme	symptom

une aspirine	aspirin
un médicament (contre/pour)	medication (to prevent/for)
une ordonnance	prescription
une pilule	pill
la salle des urgences	emergency room

déprimé(e)	depressed
enceinte	pregnant
grave	serious
sain(e)	healthy

un(e) dentiste	dentist
un infirmier/ une infirmière	nurse
un(e) patient(e)	patient
un(e) pharmacien(ne)	pharmacist

Verbes pronominaux

s'amuser	to play, to have fun
s'appeler	to be called
s'arrêter	to stop
s'asseoir	to sit down
se dépêcher	to hurry
se détendre	to relax
se disputer (avec)	to argue (with)
s'énerver	to get worked up, to become upset
s'ennuyer	to get bored
s'entendre bien (avec)	to get along well (with)
s'inquiéter	to worry
s'intéresser (à)	to be interested (in)
se mettre à	to begin to
se mettre en colère	to become angry
s'occuper (de)	to take care of, to keep oneself busy
se préparer	to get ready
se promener	to take a walk
se rendre compte	to realize
se reposer	to rest
se souvenir (de)	to remember
se tromper	to be mistaken
se trouver	to be located

Le corps

la bouche	mouth
un bras	arm
le cœur	heart
le corps	body
le cou	neck
un doigt	finger
un doigt de pied	toe
le dos	back
un genou (genoux *pl.*)	knee (knees)
la gorge	throat
une jambe	leg
une joue	cheek
le nez	nose
un œil (yeux *pl.*)	eye (eyes)
une oreille	ear
un orteil	toe
la peau	skin
un pied	foot
la poitrine	chest
la taille	waist
la tête	head
le ventre	stomach
le visage	face

La technologie

Pour commencer
- Stéphane est dans une salle...
  a. d'urgences.   b. de bains.
  c. d'ordinateurs.
- Qu'est-ce qu'il a dans la main gauche (*left*)?
  a. un savon   b. un CD   c. un smartphone
- Qu'est-ce qu'il va faire?
  a. ses devoirs   b. surfer sur Internet
  c. écrire des e-mails

Leçon 11A

You will learn how to...
- talk about communication
- talk about electronics

Le son et l'image

Vocabulaire

allumer	to turn on
composer (un numéro)	to dial (a number)
démarrer	to start up
effacer	to erase
enregistrer	to record
éteindre	to turn off
être connecté(e) (avec)	to be connected (to)
être en ligne (avec)	to be online/on the phone (with)
fermer	to close; to shut off
fonctionner/marcher	to function, to work
graver	to record, to burn
imprimer	to print
sauvegarder	to save
surfer sur Internet	to surf the Internet
télécharger	to download
un e-mail	e-mail
un fichier	file
un jeu vidéo (jeux vidéo *pl.*)	video game(s)
un lien	link
un logiciel	software, program
un mot de passe	password
une page d'accueil	home page
un réseau (social)	(social) network
un site Internet/web	web site
un smartphone	smartphone
un texto/SMS	text message
un appareil photo (numérique)	(digital) camera
une chaîne (de télévision)	(television) channel
une chaîne stéréo	stereo system
un lecteur (de) DVD	DVD player

un lecteur MP3-/(de) CD

un portable

un moniteur

un écran

des écouteurs

un disque dur

un clavier

une souris

une imprimante

une tablette (tactile)

ressources

WB
pp. 141–142

LM
p. 81

vhlcentral.com
Leçon 11A

Attention!

- The prefix **re-** in French is used much as it is in English. It expresses the idea of doing an action again.

to dial	**composer**
to redial	**recomposer**
to start	**démarrer**
to restart	**redémarrer**

- The conjugation of **éteindre** is irregular:

j'**éteins**	nous **éteignons**
tu **éteins**	vous **éteignez**
il/elle/on **éteint**	ils/elles **éteignent**

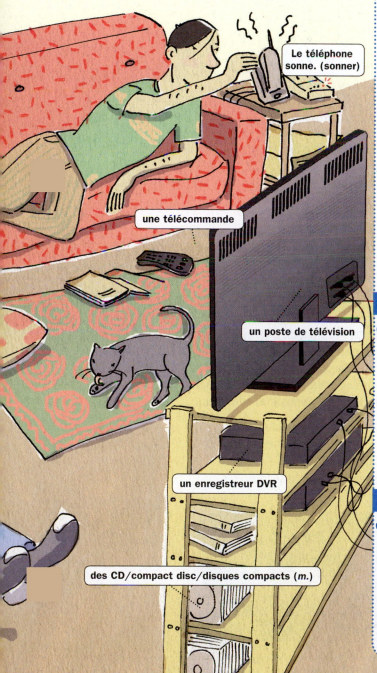

Le téléphone sonne. (sonner)

une télécommande

un poste de télévision

un enregistreur DVR

des CD/compact disc/disques compacts (m.)

Mise en pratique

 Audio: Vocabulary

1 Écoutez 🎧 Écoutez la conversation entre Jérôme et l'employée d'un cybercafé. Ensuite, complétez les phrases suivantes.

1. Jérôme voudrait (*would like*)...
   a. imprimer et envoyer ses photos.
   b. sauvegarder ses photos sur son disque dur.
   c. effacer ses photos.

2. Jérôme peut sélectionner les photos...
   a. par un clic de la souris.
   b. avec une arobase.
   c. avec le clavier.

3. L'employée propose à Jérôme...
   a. de faire fonctionner le logiciel.
   b. de graver un CD.
   c. d'utiliser une imprimante noir et blanc.

4. Pour regarder les photos, Jérôme doit utiliser...
   a. une télécommande.
   b. un écran.
   c. le lecteur de CD.

5. L'adresse du site web de Jérôme est...
   a. www.email.fr.
   b. www.courriel.fr.
   c. www.courriel.com.

6. L'employée demande à Jérôme de ne pas oublier...
   a. d'éteindre.
   b. de sonner.
   c. de fermer.

Coup de main

Here are some useful terms to help you read e-mail addresses in French.

at sign (@)	**arobase** (*f.*)
dash	**tiret** (*m.*)
dot	**point** (*m.*)
underscore	**tiret bas** (*m.*)

2 Association Faites correspondre les activités de la colonne de gauche aux objets correspondants de la colonne de droite.

1. enregistrer une émission
2. protéger ses e-mails
3. parler avec un ami à tout moment
4. jouer sur l'ordinateur
5. taper (*type*) un e-mail
6. écouter de la musique
7. changer de chaîne
8. prendre des photos

a. une télécommande
b. un appareil photo
c. un mot de passe
d. un jeu vidéo
e. un enregistreur DVR
f. un portable
g. un lecteur MP3
h. un clavier

3 Chassez l'intrus Choisissez le mot ou l'expression qui ne va pas avec les autres.

1. un lien, une page d'accueil, un site web, un texto
2. sonner, démarrer, un portable, un smartphone
3. une souris, un clavier, un moniteur, une chaîne stéréo
4. un lecteur CD, un jeu vidéo, une chaîne stéréo, un CD
5. un fichier, sauvegarder, une télécommande, effacer
6. un site web, être en ligne, télécharger, composer

Communication

4 **Qui fait quoi?** Avec un(e) partenaire, formez des questions à partir de la liste d'expressions et de mots suivants. Ensuite, à tour de rôle, posez vos questions à votre partenaire afin d'en savoir plus sur ses habitudes par rapport à la technologie.

> **MODÈLE**
>
> **Étudiant(e) 1:** *À qui est-ce que tu envoies des e-mails?*
> **Étudiant(e) 2:** *J'envoie des e-mails à mes professeurs pour les devoirs et à mes amis qui sont loin d'ici.*

A	B	C
à qui	toi	être en ligne
combien de	tes parents	télécharger
comment	tes grands-parents	un e-mail
où	ton professeur de français	un texto
pour qui	ta sœur	un site web
pourquoi	tes amis	graver
quand	les autres étudiants	un appareil photo numérique
quel(le)(s)	les enfants	un jeu vidéo

5 **Mots croisés** Votre professeur va vous donner, à vous et à votre partenaire, une grille de mots croisés (*crossword puzzle*) incomplète. Votre partenaire a les mots qui vous manquent, et vice versa. Donnez-lui une définition et des exemples pour compléter la grille. Attention! N'utilisez pas le mot recherché.

> **MODÈLE**
>
> **Étudiant(e) 1:** *Horizontalement (Across), le numéro 1, c'est ce que tu fais pour mettre ton fichier Internet sur ton disque dur.*
> **Étudiant(e) 2:** *Télécharger!*

6 **La technologie d'hier et d'aujourd'hui**
Avec un(e) partenaire, imaginez que vous ayez (*are having*) une conversation avec une personne célèbre du passé. Vous parlez de l'évolution de la technologie et, bien sûr, cette personne est choquée de voir (*see*) les appareils électroniques du 21e siècle (*century*).

- Choisissez trois ou quatre appareils différents.
- Demandez/Donnez une définition pour chaque objet.
- Demandez/Expliquez comment utiliser chaque appareil.
- Demandez quels sont les points positifs et négatifs de chaque appareil, et expliquez-les.

7 **Le cybercafé** Le patron d'un cybercafé souhaite (*wishes*) avoir plus de clients et vous demande de créer une brochure. Avec un(e) partenaire, présentez les différents services offerts et tous les avantages de ce cybercafé. Incluez les informations suivantes:

- nom, adresse et horaires du cybercafé
- nombre et type d'appareils électroniques
- description des services
- liste des prix par type de service

Les sons et les lettres

**Audio: Concepts, Activities
Record & Compare**

 Final consonants

You already learned that final consonants are usually silent, except for the letters **c**, **r**, **f**, and **l**.

ave**c**	hive**r**	che**f**	hôte**l**

You've probably noticed other exceptions to this rule. Often, such exceptions are words borrowed from other languages. These final consonants are pronounced.

Latin	*English*	*Inuit*	*Latin*
foru**m**	sno**b**	anora**k**	ga**z**

Numbers, geographical directions, and proper names are common exceptions.

cin**q**	su**d**	Agnè**s**	Maghre**b**

Some words with identical spellings are pronounced differently to distinguish between meanings or parts of speech.

fil**s** = *son*	fil~~s~~ = *threads*
tou**s** (pronoun) = *everyone*	tou~~s~~ (adjective) = *all*

The word **plus** can have three different pronunciations.

plu~~s~~ **de** (silent *s*)   plu**s** **que** (*s* sound)   plu**s ou** moins (*z* sound in liaison)

Prononcez Répétez les mots suivants à voix haute.

1. cap
2. six
3. truc
4. club
5. slip
6. actif
7. strict
8. avril
9. index
10. Alfred
11. bifteck
12. bus

Articulez Répétez les phrases suivantes à voix haute.

1. Leur fils est gentil, mais il est très snob.
2. Au restaurant, nous avons tous pris du bifteck.
3. Le sept août, David assiste au forum sur le Maghreb.
4. Alex et Ludovic jouent au tennis dans un club de sport.
5. Prosper prend le bus pour aller à l'est de la ville.

Dictons Répétez les dictons à voix haute.

Un pour tous, tous pour un![2]

Plus on boit, plus on a soif.[1]

[1] The more you drink, the thirstier you are.
[2] All for one and one for all!

ROMAN-PHOTO

C'est qui, Cyberhomme?

 **Video:** *Roman-photo*
Record & Compare

Amina

David

Rachid

Sandrine

Valérie

Chez David et Rachid...
RACHID Dis donc, David! Un peu de silence. Je n'arrive pas à travailler!
DAVID Qu'est-ce que tu dis?
RACHID Je dis que je ne peux pas me concentrer! La télé est allumée, tu ne la regardes même pas, et en même temps, la chaîne stéréo fonctionne et tu ne l'écoutes pas!

DAVID Oh, désolé, Rachid.
RACHID Ah, on arrive enfin à s'entendre parler et à s'entendre réfléchir! À quoi est-ce que tu joues?
DAVID Un jeu vidéo génial!
RACHID Tu n'étudies pas? Tu n'avais pas une dissertation à faire? Lundi, c'est dans deux jours!
DAVID Okay. Je la commence.

Au café...
SANDRINE Tu as un autre e-mail de Cyberhomme? Qu'est-ce qu'il dit?
AMINA Oh, il est super gentil, écoute: «Chère Technofemme, je ne sais pas comment te dire combien j'adore lire tes messages. On s'entend si bien et on a beaucoup de choses en commun. J'ai l'impression que toi et moi, on peut tout se dire.»

Chez David et Rachid...
DAVID Et voilà! J'ai fini ma dissert', Rachid.
RACHID Bravo!
DAVID Maintenant, je l'imprime.
RACHID N'oublie pas de la sauvegarder.
DAVID Oh, non!
RACHID Tu n'as pas sauvegardé?

DAVID Si, mais... Attends... le logiciel redémarre. Ce n'est pas vrai! Il a effacé les quatre derniers paragraphes! Oh non!
RACHID Téléphone à Amina. C'est une pro de l'informatique. Peut-être qu'elle peut retrouver la dernière version de ton fichier.
DAVID Au secours, Amina! J'ai besoin de tes talents.

Un peu plus tard...
AMINA Ça y est, David. Voilà ta dissertation.
DAVID Tu me sauves la vie!
AMINA Ce n'était pas grand-chose, mais tu sais, David, il faut sauvegarder au moins toutes les cinq minutes pour ne pas avoir de problème.
DAVID Oui. C'est idiot de ma part.

A C T I V I T É S

1 **Vrai ou faux?** Indiquez si les affirmations suivantes sont vraies ou **fausses**.

1. Rachid est en train d'écrire (*in the process of writing*) une dissertation pour son cours de sciences po.

2. David ne fait pas ses devoirs immédiatement; il a tendance à remettre les choses à plus tard.

3. David aime les jeux vidéo.

4. David regarde la télévision avec beaucoup d'attention.

5. Rachid n'aime pas les distractions.

6. Valérie s'inquiète de la sécurité d'Amina.

7. David sauvegarde ses documents toutes les cinq minutes.

8. David pense qu'il a perdu la totalité de son document.

9. Amina sait beaucoup de choses à propos de la technologie.

10. Amina et Cyberhomme décident de se rencontrer.

Practice more at vhlcentral.com.

Amina découvre l'identité de son ami virtuel.

SANDRINE Il est adorable, ton Cyberhomme! Continue! Est-ce qu'il veut te rencontrer en personne?

VALÉRIE Qui vas-tu rencontrer, Amina? Qui est ce Cyberhomme?

SANDRINE Amina l'a connu sur Internet. Ils s'écrivent depuis longtemps, n'est-ce pas, Amina?

AMINA Oui, mais comme je te l'ai déjà dit, je ne sais pas si c'est une bonne idée de se rencontrer en personne. S'écrire des e-mails, c'est une chose; se donner rendez-vous, ça peut être dangereux.

VALÉRIE Amina a raison, Sandrine. On ne sait jamais.

SANDRINE Mais il est si charmant et tellement romantique...

RACHID Merci, Amina. Tu me sauves la vie aussi. Peut-être que maintenant je vais pouvoir me concentrer.

AMINA Ah? Et tu travailles sur quoi? Ce n'est pas possible!... C'est toi, Cyberhomme?!

RACHID Et toi, tu es Technofemme?!

DAVID Évidemment, tu me l'as dit toi-même: Amina est une pro de l'informatique.

2 Questions Répondez aux questions par des phrases complètes.

1. Pourquoi Rachid se met-il en colère?
2. Pourquoi y a-t-il beaucoup de bruit (*noise*) chez Rachid et David?
3. Est-ce qu'Amina s'entend bien avec Cyberhomme?
4. Que pense Valérie de la possibilité d'un rendez-vous avec Cyberhomme?
5. Qu'est-ce que Rachid fait pendant que David joue au jeu vidéo et écrit sa dissertation?

3 À vous Par rapport aux (*With respect to*) études, David et Rachid sont très différents. David aime les distractions et Rachid a besoin de silence pour travailler. Avec un(e) partenaire, décrivez vos habitudes par rapport aux études. Avez-vous les mêmes habitudes? Pouvez-vous être de bon(nes) colocataires? Présentez vos conclusions à la classe.

ressources

| VM pp. 227–228 | DVD Leçon 11A | vhlcentral.com Leçon 11A |

A C T I V I T É S

S Reading

CULTURE À LA LOUPE

La technologie et les Français

le Minitel

Pendant les années 1980, la technologie a connu une grande évolution. En France, cette révolution technologique a commencé par l'invention du Minitel, développé par France Télécom, la compagnie nationale française de téléphone, au début des années 1980. Le Minitel peut être considéré comme le prédécesseur d'Internet. C'est un petit terminal qu'on branche° sur sa ligne de téléphone et qui permet d'accéder à toutes sortes d'informations et de jeux, de faire des réservations de train ou d'hôtel, de commander des articles en ligne ou d'acheter des billets de concert, par exemple. Aujourd'hui, le Minitel n'existe plus. Internet l'a remplacé et de plus en plus de Français sont équipés chez eux d'un ordinateur et d'une connexion. Moins de 300.000 abonnés° utilisent encore une connection bas débit° et la majorité des connections se font avec le haut débit°. Les Français ont le choix, pour ce haut débit, entre la connexion par câble et la connexion ADSL°. Enfin, pour ceux° qui n'ont pas d'autre manière° de se connecter à Internet, il existe les smartphones et—beaucoup plus qu'aux États-Unis—de nombreux cybercafés.

En ce qui concerne les autres appareils électroniques à la mode, on note une augmentation des achats° de consoles de jeux vidéo, de lecteurs de CD/DVD, de caméras vidéo, de tablettes tactiles, d'appareils photos numériques ou de produits périphériques° pour les ordinateurs, comme les imprimantes ou, les scanners. Mais l'appareil qui a connu le plus grand succès en France, c'est sans doute le téléphone portable. En 1996, moins de 2,5 millions de Français avaient un téléphone portable. Aujourd'hui, presque tous les Français en possèdent un.

L'équipement technologique des Français (% de ménages)

Téléphone	89
Téléphone portable	85
Ordinateur	78
Connexion Internet	75
Smartphone	17
Tablette tactile	4

Coup de main

When saying an e-mail address aloud, follow this example.

claude-monet@yahoo.fr

*claude tiret monet
arobase yahoo point F R*

branche connects **abonnés** subscribers **bas débit** low-speed **haut débit** high-speed
ADSL DSL **ceux** those **manière** way **achats** purchases **périphériques** peripheral

A C T I V I T É S

1 **Répondez** Répondez par des phrases complètes.

1. Quelle invention française est le prédécesseur d'Internet?
2. Qu'est-ce que le Minitel?
3. Quel est le nom de la compagnie nationale française de téléphone?
4. La connexion Internet haut débit existe-t-elle en France?
5. Où peut-on aller si on n'a pas d'accès Internet à la maison?
6. Quels sont deux appareils électroniques qu'on achète souvent en France en ce moment?
7. Quel appareil électronique a eu le plus de succès depuis 1996?
8. Quel est le pourcentage de Français qui possèdent un ordinateur?
9. Est-il courant (*common*) d'avoir Internet en France?
10. La majorité des Français ont-ils encore un Minitel?

STRATÉGIE

The purpose of a text

When you are faced with an unfamiliar text, it is important to determine the writer's purpose. If you are reading an editorial in a newspaper, for example, you know that the journalist's objective is to persuade you of his or her point of view. Identifying the purpose of a text will help you better comprehend its meaning. Scan the **Portrait** article on this page. Is the author expressing an opinion? What might the purpose of the article be?

LE MONDE FRANCOPHONE

Quelques stations de radio francophones

Voici quelques radios francophones en ligne.

En Afrique
Africa 1 radio africaine qui propose des actualités et beaucoup de musique africaine (www.africa1.com)

En Belgique
Classic 21 radio pour les jeunes qui passe° de la musique rock et propose des emplois° pour les étudiants (www.classic21.be)

En France
NRJ radio privée nationale pour les jeunes qui passe tous les grands tubes° (www.nrj.fr)

En Suisse
Fréquence Banane radio universitaire de Lausanne (www.frequencebanane.ch)

passe plays **emplois** jobs **tubes** hits

PORTRAIT

La fusée Ariane

Après la Seconde Guerre mondiale°, la conquête de l'espace° s'est amplifiée. En Europe, le premier programme spatial, le programme Europa, n'a pas bien marché et a été abandonné. En 1970, la France a proposé un nouveau programme spatial, le projet Ariane, qui a eu, lui, un succès considérable. La fusée° Ariane est un lanceur° civil de satellites européen à Kourou, en Guyane française, une région française d'outre-mer° située en Amérique du Sud. Elle transporte des satellites commerciaux dans l'espace. La première fusée Ariane a été lancée en 1979. Depuis, il y a eu plusieurs générations de fusées. Aujourd'hui, Ariane V (cinq), un lanceur beaucoup plus puissant° que ses prédécesseurs, est utilisé.

Guerre mondiale World War **espace** space **fusée** rocket **lanceur** launcher **outre-mer** overseas **puissant** powerful

Sur Internet

Qui est Jean-Loup Chrétien?

Go to **vhlcentral.com** to find more cultural information related to this **Lecture culturelle.**

2 Complétez Complétez les phrases d'après les textes.

1. Africa 1, la radio africaine, propose de la musique, mais aussi _____.
2. La radio privée nationale française destinée aux jeunes s'appelle _____.
3. En Suisse, beaucoup d'étudiants apprécient la radio _____.
4. Le premier programme spatial européen s'appelait _____.
5. La fusée Ariane est le _____ européen.

3 À vous... Avec un(e) partenaire, choisissez une des stations de radio présentées dans **Le monde francophone** et écrivez six phrases où vous donnez des exemples de ce qu'on entend sur cette station. Soyez prêt(e)s à les présenter à la classe.

ressources
vhlcentral.com
Leçon 11A

Practice more at **vhlcentral.com.**

ACTIVITÉS

11A.1 Prepositions with the infinitive   Presentation

Point de départ Infinitive constructions, where the first verb is conjugated and the second verb is an infinitive, are common in French.

CONJUGATED VERB	INFINITIVE
Vous **pouvez**	**fermer** le document.
You can	*close the document.*

- Some conjugated verbs are followed directly by an infinitive. Others are followed by the preposition **à** or **de** before the infinitive.

verbs followed directly by infinitive	verbs followed by **à** before infinitive		verbs followed by **de** before infinitive	
adorer	aider à		arrêter de	*to stop*
aimer	s'amuser à	*to pass time by*	décider de	*to decide to*
aller	apprendre à		éviter de	
détester	arriver à	*to manage to*	finir de	
devoir	commencer à		s'occuper de	*to take care of, to see to*
espérer	continuer à		oublier de	
pouvoir	hésiter à	*to hesitate to*	permettre de	
préférer	se préparer à		refuser de	*to refuse to*
savoir	réussir à		rêver de	*to dream about/of*
vouloir			venir de	*to have just*

Nous **allons manger** à midi.
We are going to eat at noon.

Elle **a appris à conduire** une voiture.
She learned to drive a car.

Il **rêve de visiter** l'Afrique.
He dreams of visiting Africa.

- Place object pronouns before infinitives. Unlike definite articles, they do not contract with the prepositions **à** and **de**.

J'ai **décidé de les télécharger**.
I decided to download them.

Il **est arrivé à lui donner** l'argent.
He managed to give him the money.

N'**oublie** pas **de l'éteindre**.
Don't forget to turn it off.

Elle **continue à t'envoyer** des e-mails?
Does she continue to send you e-mails?

- The infinitive is also used after the prepositions **pour** and **sans**.

Nous sommes venus **pour t'aider**.
We came to help you.

Elle part **sans manger**.
She's leaving without eating.

Il a téléphoné **pour dire** bonjour.
He called to say hello.

Ne fermez pas le fichier **sans le sauvegarder**.
Don't close the file without saving it.

Essayez!   Décidez s'il faut ou non une préposition. S'il en faut une, choisissez entre **à** et **de**.

1. Tu sais __Ø__ cuisiner.
2. Commencez _____ travailler.
3. Tu veux _____ goûter la soupe?
4. Allez-vous vous occuper _____ vos chiens?
5. J'espère _____ avoir mon diplôme cette année.
6. Elles vont _____ revenir.
7. Je finis _____ mettre la table.
8. Il hésite _____ me poser la question.
9. Marc continue _____ lui parler.
10. Arrête _____ m'énerver!

Le français vivant

Football? Jeux?
Musique?
Films et séries?

Vous avez toujours rêvé de posséder un ordinateur comme ça. Vous vouliez l'acheter, et vous venez de l'allumer. Maintenant, vous commencez à vous rendre compte de ses possibilités. N'hésitez pas à en profiter. En tout confort.

Identifiez Quels verbes trouvez-vous devant un infinitif dans le texte de cette publicité (*ad*)? Lesquels (*Which ones*) prennent une préposition? Quelle préposition?

  Questions À tour de rôle avec un(e) partenaire, posez-vous ces questions.

1. As-tu toujours rêvé de posséder quelque chose? De faire quelque chose? Explique.
2. Que veux-tu acheter en ce moment? Pourquoi?
3. D'habitude, qu'hésites-tu à faire?
4. La technologie peut-elle vraiment apporter le confort?
5. Qu'as-tu commencé à faire grâce à (*thanks to*) la technologie? Qu'as-tu arrêté de faire à cause de la technologie?
6. Y a-t-il quelqu'un dans ta famille qui évite d'utiliser la technologie? Qui? Pourquoi?

STRUCTURES

Mise en pratique

1 **Les vacances** Paul veut voyager cet été. Il vous raconte ses problèmes. Complétez le paragraphe avec les prépositions **à** ou **de**, si nécessaire.

Je n'arrive pas (1) _____ décider où partir en vacances. Je veux (2) _____ visiter un pays chaud et ensoleillé (*sunny*). J'espère (3) _____ trouver des billets d'avion pour la Martinique. Cet après-midi, je me suis amusé (4) _____ regarder les prix des billets d'avion sur Internet. Je n'ai pas réussi (5) _____ trouver un bon tarif (*fare*). Je vais continuer (6) _____ chercher. J'hésite (7) _____ payer plein tarif mais je refuse (8) _____ voyager en stand-by.

2 **Le week-end dernier** Sophie et ses copains ont fait beaucoup de choses le week-end dernier. Regardez les illustrations et dites ce qu'ils (*what they*) ont fait.

je / décider

▶ **MODÈLE**

J'ai décidé de conduire.

1. nous / devoir
_____

2. elles / apprendre
_____

3. André / refuser
_____

4. vous / aider
_____

5. tu / s'amuser
_____

6. mes cousins / éviter
_____

7. Sébastien / continuer
_____

8. il / finir
_____

3 **Questionnaire** Vous cherchez un travail d'été. Complétez les phrases avec les prépositions **à** ou **de**, quand c'est nécessaire. Ensuite, indiquez si vous êtes d'accord avec ces affirmations.

	oui	non	
1.	_____	_____	Vous savez _____ parler plusieurs langues.
2.	_____	_____	Vous acceptez _____ voyager souvent.
3.	_____	_____	Vous n'hésitez pas _____ travailler tard.
4.	_____	_____	Vous oubliez _____ répondre au téléphone.
5.	_____	_____	Vous pouvez _____ travailler le week-end.
6.	_____	_____	Vous commencez _____ travailler immédiatement.

Practice more at **vhlcentral.com.**

Communication

4 **Assemblez** Avez-vous eu de bonnes ou de mauvaises expériences avec la technologie? À tour de rôle, avec un(e) partenaire, assemblez les éléments des colonnes pour créer des phrases logiques.

MODÈLE

Étudiant(e) 1: *Je déteste télécharger des logiciels.*
Étudiant(e) 2: *Chez moi, ma mère n'arrive pas à envoyer des e-mails.*

A	B	C	D
mère		aimer	composer
mon père		arriver	effacer
mon frère		décider	envoyer
ma sœur		détester	éteindre
mes copains		hésiter	être en ligne
mon petit ami	(ne pas)	oublier	fermer
ma petite amie		refuser	graver
notre prof		réussir	ouvrir
nous		savoir	sauvegarder
?		?	télécharger

5 **Les voyages** Vous et votre partenaire parlez des vacances et des voyages. Utilisez ces éléments pour vous poser des questions. Justifiez vos réponses.

MODÈLE

aimer / faire des voyage
Étudiant(e) 1: *Aimes-tu faire des voyages?*
Étudiant(e) 2: *Oui, j'aime faire des voyages. J'aime faire la connaissance de beaucoup de personnes.*

1. rêver / aller en Afrique
2. vouloir / visiter des musées
3. préférer / voyager avec un groupe ou seul(e)
4. commencer / lire des guides touristiques
5. réussir / trouver des vols bon marché
6. aimer / rencontrer des amis à l'étranger
7. hésiter / visiter un pays où on ne parle pas anglais
8. apprendre / parler des langues étrangères
9. s'occuper / faire les réservations d'hôtel

6 **Une pub** Par groupes de trois, préparez une publicité pour École-dinateur, une école qui enseigne l'informatique aux technophobes. Utilisez le plus de verbes possible de la liste avec un infinitif.

MODÈLE

Rêvez-vous d'écrire des e-mails? Continuez-vous à travailler comme vos grands-parents? Alors...

aimer	détester	refuser
s'amuser	éviter	réussir
apprendre	espérer	rêver
arriver	hésiter	savoir
continuer	oublier	vouloir

11A.2

Reciprocal reflexives  Presentation

Point de départ In **Leçon 10A**, you learned that reflexive verbs indicate that the subject of a sentence does the action to itself. Reciprocal reflexives, on the other hand, express a shared or reciprocal action between two or more people or things. In this context, the pronoun means *(to) each other* or *(to) one another*.

Il **se regarde** dans le miroir.
He looks at himself in the mirror.

Alain et Diane **se regardent**.
Alain and Diane look at each other.

Common reciprocal verbs			
s'adorer	*to adore one another*	**s'entendre bien**	*to get along well (with one another)*
s'aider	*to help one another*		
s'aimer (bien)	*to love (like) one another*	**se parler**	*to speak to one another*
se connaître	*to know one another*	**se quitter**	*to leave one another*
se dire	*to tell one another*	**se regarder**	*to look at one another*
se donner	*to give one another*	**se rencontrer**	*to meet one another (make an acquaintance)*
s'écrire	*to write one another*		
s'embrasser	*to kiss one another*	**se retrouver**	*to meet one another (planned)*
		se téléphoner	*to phone one another*

Boîte à outils

The pronouns **nous**, **vous**, and **se** are used to reflect reciprocal actions.

Annick et Joël **s'écrivent** tous les jours.
Annick and Joël write one another every day.

Vous **vous donnez** souvent rendez-vous le lundi?
Do you often arrange to meet each other on Mondays?

Nous **nous retrouvons** devant le métro à midi.
We're meeting each other in front of the subway at noon.

Vous **embrassez**-vous devant vos parents?
Do you kiss each other in front of your parents?

- The past participle of a reciprocal verb only agrees with the subject when the subject is also the direct object of the verb.

DIRECT OBJECT
Marie a aidé **son frère**.
Marie helped her brother.

DIRECT OBJECT → AGREEMENT
Marie et son frère **se** sont **aidés**.
Marie and her brother helped each other.

DIRECT OBJECT
Son frère a aidé **Marie**.
Her brother helped Marie.

INDIRECT OBJECT
Régine a parlé à **Sophie**.
Régine spoke to Sophie.

INDIRECT OBJECT → NO AGREEMENT
Régine et Sophie **se** sont **parlé**.
Régine and Sophie spoke to each other.

INDIRECT OBJECT
Sophie a parlé à **Régine**.
Sophie spoke to Régine.

 Essayez! Donnez les formes correctes des verbes.

1. (s'embrasser) nous _nous embrassons_
2. (se quitter) vous _____
3. (se rencontrer) ils _____
4. (se dire) nous _____
5. (se parler) elles _____
6. (se retrouver) ils _____
7. (se regarder) vous _____
8. (s'aider) nous _____

ressources

WB
pp. 145–146

LM
p. 84

vhlcentral.com
Leçon 11A

Le français vivant

MIEUX CHERCHER ▪ MIEUX COMMUNIQUER ▪ MIEUX JOUER

▪ **POUR MIEUX S'ENTENDRE** ▪

Avec le smartphone, je cherche l'heure de mes cours.
Nous nous retrouvons entre amis.

Nous nous écrivons.
Nous nous entendons mieux.
Avec ce téléphone, c'est facile de se parler.

Identifiez Quels verbes réciproques avez-vous trouvés dans la publicité (*ad*)?

Questions À tour de rôle avec un(e) partenaire, posez-vous ces questions.

1. Tes amis et toi, vous écrivez-vous avec un téléphone? Comment vous écrivez-vous?

2. Penses-tu que les gens s'entendent mieux grâce à (*thanks to*) la technologie? Pourquoi?

3. Quels gadgets technologiques utilises-tu pour communiquer avec tes amis? Pourquoi les utilises-tu?

4. Quels gadgets technologiques utilisaient tes grands-parents pour communiquer avec leurs amis? Pourquoi les utilisaient-ils?

5. Quelles applications de ton portable utilises-tu le plus souvent?

STRUCTURES

Mise en pratique

1 **L'amour réciproque** Employez des verbes réciproques pour raconter l'histoire d'amour de Laure et d'Habib.

> **MODÈLE** Laure retrouve Habib tous les jours. Habib retrouve Laure tous les jours.
>
> *Laure et Habib se retrouvent tous les jours.*

1. Laure connaît bien Habib. Habib connaît bien Laure.
2. Elle le regarde amoureusement. Il la regarde amoureusement.
3. Laure écrit des e-mails à Habib. Habib écrit des e-mails à Laure.
4. Elle lui téléphone tous les soirs. Il lui téléphone tous les soirs.
5. Elle lui dit tous ses secrets. Il lui dit tous ses secrets.
6. Laure aime beaucoup Habib. Habib aime beaucoup Laure.

2 **Souvenir** Les étudiants de votre classe se retrouvent pour fêter leur réunion. Employez l'imparfait.

> **MODÈLE** Marie et moi / s'aider souvent
>
> *Marie et moi, nous nous aidions souvent.*

1. Marc et toi / se regarder en cours
2. Anne et Mouna / se téléphoner
3. François et moi / s'écrire deux fois par semaine
4. Paul et toi / s'entendre bien
5. Luc et Sylvie / s'adorer
6. Patrick et moi / se retrouver après les cours
7. Alisha et Malik / ne pas se connaître bien
8. Agnès et moi / se parler à la cantine
9. Félix et toi / se donner parfois des cadeaux

3 **Une rencontre** Regardez les illustrations. Qu'est-ce que ces personnages ont fait?

ils

> ▶ **MODÈLE**
>
> *Ils se sont rencontrés.*

1. Arnaud et moi   2. vous   3. elles   4. nous

_____   _____   _____   _____
_____   _____   _____   _____

Practice more at **vhlcentral.com.**

Communication

4 **Curieux** Pensez à deux amis qui sont amoureux. Votre partenaire va vous poser beaucoup de questions pour tout savoir sur leur relation. Répondez à ses questions.

MODÈLE

Étudiant(e) 1: Est-ce qu'ils se regardent tout le temps?
Étudiant(e) 2: Non, ils ne se regardent pas tout le temps, mais ils n'arrêtent pas de se téléphoner!

s'adorer	se retrouver	régulièrement
s'aimer	se téléphoner	souvent
s'écrire	bien	tout le temps
s'embrasser	mal	tous les jours
s'entendre	quelquefois	?

5 **Un rendez-vous** Avec un(e) partenaire, posez-vous des questions sur la dernière fois que vous êtes sorti(e) avec quelqu'un.

MODÈLE

à quelle heure / se donner rendez-vous
Étudiant(e) 1: À quelle heure est-ce que vous vous êtes donné rendez-vous?
Étudiant(e) 2: Nous nous sommes donné rendez-vous à sept heures.

1. où / se retrouver
2. longtemps / se parler
3. se regarder / amoureusement
4. s'entendre / bien
5. à quelle heure / se quitter
6. s'embrasser / avant de se quitter
7. plus tard / se téléphoner
8. s'écrire des textos / souvent

6 **On se quitte** Julie a reçu (*received*) cette lettre de son petit ami Sébastien. Elle ne comprend pas du tout, mais elle doit lui répondre. Avec un(e) partenaire, employez des verbes réciproques pour écrire la réponse.

> Chère Julie,
> Nous devons nous quitter, ma chérie.
> Pourquoi sommes-nous encore
> ensemble? Nous ne nous sommes pas
> vraiment aimés. Nous nous disputons
> tout le temps et nous ne nous parlons
> pas assez. Soyons réalistes. Je te quitte et
> j'espère que tu comprends.
> Sébastien

Révision

1 **À deux** Que peuvent faire deux personnes avec chacun (*each one*) de ces objets? Avec un(e) partenaire, répondez à tour de rôle et employez des verbes réciproques.

MODÈLE un appareil photo numérique

Avec un appareil photo numérique, deux personnes peuvent s'envoyer des photos tout de suite.

- un portable
- du papier et un stylo
- un ordinateur
- un réseau social
- un enregistreur DVR
- une tablette

2 **La communication** Votre professeur va vous donner une feuille d'activités. Circulez dans la classe pour interviewer vos camarades. Comment communiquent-ils avec leurs familles et leurs amis? Pour chaque question, parlez avec des camarades différents qui doivent justifier leurs réponses.

MODÈLE

Étudiant(e) 1: *Tes amis et toi, vous écrivez-vous plus de cinq textos par jour?*
Étudiant(e) 2: *Oui, parfois nous nous écrivons dix textos.*
Étudiant(e) 1: *Pourquoi vous écrivez-vous tellement souvent?*

Activité	Oui	Non
1. s'écrire plus de cinq textos par jour	Jules	Corinne
2. s'envoyer des lettres par la poste		
3. se téléphoner le week-end		
4. se parler dans les couloirs		
5. se retrouver au resto U		
6. se donner rendez-vous		
7. se rencontrer sur Internet		
8. bien s'entendre		

3 **Dimanche au parc** Ces personnes sont allées au parc dimanche dernier. Avec un(e) partenaire, décrivez à tour de rôle leurs activités. Employez des verbes réciproques.

4 **Leur rencontre** Comment ces couples se sont-ils rencontrés? Par groupes de trois, inventez une histoire courte pour chaque couple. Utilisez les verbes donnés (*given*) plus des verbes réciproques.

1. venir de

3. continuer à

2. commencer à

4. rêver de

5 **Les bonnes relations** Parlez avec deux camarades. Que faut-il faire pour maintenir de bonnes relations avec ses amis ou sa famille? À tour de rôle, utilisez les verbes de la liste pour donner des conseils (*advice*).

MODÈLE

Étudiant(e) 1: *Dans une bonne relation, deux personnes peuvent tout se dire.*
Étudiant(e) 2: *Oui, et elles apprennent à se connaître.*

s'adorer	se connaître	hésiter à
s'aider	se dire	oublier de
apprendre à	s'embrasser	pouvoir
arrêter de	espérer	refuser de
commencer à	éviter de	savoir

6 **Rencontre sur Internet** Votre professeur va vous donner, à vous et à votre partenaire, une feuille d'illustrations sur la rencontre sur Internet d'Amandine et de Gilles. Attention! Ne regardez pas la feuille de votre partenaire.

S Video

LeZapping

L'iPad est là!

France 24 est une chaîne d'information° française lancée° en 2006. Elle couvre l'actualité° française et internationale 24 heures sur 24°. Ses programmes sont disponibles gratuitement° sur Internet, sur le site de France 24, et à travers° ses applications et podcasts. La mission de France 24 est d'apporter une perspective française sur l'actualité internationale. France 24 prête° aussi une grande attention à la culture. En mai 2010, la chaîne était présente à Paris pour couvrir l'arrivée de l'iPad en France.

Aurore DUPUIS
Journaliste France24
PARIS

Oui, il y a déjà du monde°...

FOCUS - TECHNOLOGIES
L'IPAD À LA CONQUÊTE DU MONDE ?

Les gens avec qui j'ai parlé ici sont des adeptes°...

Compréhension Répondez aux questions.

1. Pourquoi est-ce que les gens font la queue (*wait in line*) derrière la journaliste, au début du reportage (*news report*)? Où est-ce qu'ils vont?

2. Comment est-ce que la journaliste décrit l'iPad?

3. D'après la journaliste, qu'est-ce qu'on peut faire avec l'iPad?

Discussion Par groupes de trois, répondez aux questions et discutez.

1. Quels types de personnes s'intéressent (*are interested*) à l'iPad en France? Est-ce qu'un ou plusieurs types de personnes semblent (*seem*) absents du reportage?

2. Est-ce que vous êtes d'accord avec la journaliste quand elle décrit les usages et les défauts (*flaws*) de l'iPad?

chaîne d'information *news channel* lancée *launched* l'actualité *news* 24 heures sur 24 *24/7*
disponibles gratuitement *available for free* à travers *through* prête *pays* du monde *a crowd* adeptes *enthusiasts*

Go to **vhlcentral.com** to watch the TV clip featured in this **Le Zapping**.

Leçon 11B

You will learn how to...
- talk about cars
- talk about traffic
- say what you would do

En voiture!

libre-service

une station-service

un coffre

une voiture

Il fait le plein d'essence (f.).

un volant

un capot

une ceinture de sécurité

un moteur

un mécanicien (mécanicienne f.)

une portière

un pneu crevé

Vocabulaire

arrêter (de faire quelque chose)	to stop (doing something)
attacher	to buckle
avoir un accident	to have/to be in an accident
dépasser	to go over; to pass
freiner	to brake
se garer	to park
offrir	to offer, to give something
ouvrir	to open
rentrer (dans)	to hit (another car)
réparer	to repair
tomber en panne	to break down
vérifier (l'huile/ la pression des pneus)	to check (the oil/ the air pressure)
l'embrayage (m.)	clutch
les freins (m.)	brakes
l'huile (f.)	oil
un pare-chocs (pare-chocs pl.)	bumper
un réservoir d'essence	gas tank
un rétroviseur	rearview mirror
une roue (de secours)	(emergency) tire
un voyant (d'essence/ d'huile)	(gas/oil) warning light
une amende	fine
une autoroute	highway
la limitation de vitesse	speed limit
un parking	parking lot
un permis de conduire	driver's license
une rue	street

ressources

WB pp. 147–148

LM p. 85

(S) vhlcentral.com Leçon 11B

Mise en pratique

S Audio: Vocabulary

1 **Écoutez** 🎧 Madeleine a eu une mauvaise journée. Écoutez son histoire, ensuite indiquez si les phrases suivantes sont **vraies** ou **fausses**.

	Vrai	Faux
Madeleine...		
1. a oublié son permis de conduire.	☐	☐
2. a dépassé la limitation de vitesse.	☐	☐
3. a fait le plein avant d'aller à la fac.	☐	☐
4. a attaché sa ceinture de sécurité.	☐	☐
5. s'est garée à l'université.	☐	☐
6. conduisait quand un policier l'a arrêtée.	☐	☐
Sa voiture...		
7. a redémarré.	☐	☐
8. avait un pneu crevé.	☐	☐
9. n'avait pas d'essence.	☐	☐
10. était en panne.	☐	☐

2 **Les correspondances** Choisissez l'élément de la liste **B** qui convient le mieux à chaque verbe de la liste **A**.

A	B
1. _____ dépasser	a. les freins
2. _____ tomber en panne	b. la limitation de vitesse
3. _____ freiner	c. la ceinture de sécurité
4. _____ faire le plein	d. une voiture
5. _____ réparer une voiture	e. l'essence
6. _____ se garer	f. un parking
7. _____ attacher	g. un mécanicien
8. _____ vérifier la pression	h. les pneus

3 **Complétez** Complétez les phrases suivantes avec le bon mot de vocabulaire pour faire une phrase logique.

1. La personne qui répare une voiture est un _____.
2. Il faut _____ le capot de la voiture pour vérifier l'huile.
3. On met de l'essence dans le _____.
4. Le _____ est un document officiel qui vous autorise à conduire.
5. On utilise les _____ pour voir (see) quand on conduit la nuit.
6. On utilise les _____ pour voir à travers (through) le pare-brise quand il pleut.
7. Le _____ sert à diriger la voiture.
8. Vous utilisez le _____ pour voir la circulation derrière vous.
9. La personne qui peut donner une amende est un _____.
10. On peut ranger ses valises dans le _____ de la voiture.
11. On utilise les _____ quand on veut s'arrêter.
12. Quand il y a beaucoup de voitures sur la route, il y a de la _____.

Attention!

The verbs **ouvrir** and **offrir** are irregular. Although they end in **-ir**, they use the endings of regular **-er** verbs in the present tense. See the Verb Conjugation Tables appendix for all their forms.
The verbs **couvrir** (to cover), **découvrir** (to discover), and **souffrir** (to suffer) use the same endings as **ouvrir** and **offrir**.

un agent de police/un policier (policière f.)

les essule-glaces (m.)

un pare-brise (pare-brise pl.)

la circulation

les phares (m.)

Communication

4 **Conversez** Interviewez un(e) camarade de classe.

1. As-tu une voiture? De quelle sorte? Tes parents te l'ont-ils offerte?
2. À quel âge as-tu obtenu (*obtained*) ton permis de conduire? Comment s'est passé l'examen?
3. Sais-tu comment changer un pneu crevé? En as-tu déjà changé un?
4. Ta voiture est-elle tombée en panne récemment? Qui l'a réparée?
5. Respectes-tu la limitation de vitesse sur l'autoroute? Et tes amis?
6. As-tu déjà été arrêté(e) par un policier? Pour quelle(s) raison(s)?
7. Combien de fois par mois fais-tu le plein (d'essence)? Combien paies-tu à chaque fois?
8. À quelle occasion offre-t-on une voiture à un(e) adolescent(e)?
9. Qu'as-tu découvert pendant ton dernier voyage en voiture?
10. As-tu eu des problèmes de pare-chocs récemment? Et des problèmes d'essuie-glaces?

5 **Sept différences** Votre professeur va vous donner, à vous et à votre partenaire, deux feuilles d'activités différentes. À tour de rôle, posez-vous des questions pour trouver les sept différences entre vos dessins. Attention! Ne regardez pas la feuille de votre partenaire.

> **MODÈLE**
>
> **Étudiant(e) 1:** *Ma voiture est blanche. De quelle couleur est ta voiture?*
> **Étudiant(e) 2:** *Oh! Ma voiture est noire.*

6 **Chez le mécanicien** Travaillez avec un(e) camarade de classe pour présenter un dialogue. Jouez les rôles d'un(e) client(e) et d'un(e) mécanicien(ne).

Le/La client(e)...
- explique le problème qu'il/qu'elle a.
- donne quelques détails sur les problèmes qu'il/qu'elle a eus dans le passé.
- négocie le prix et la date à laquelle il/elle peut venir chercher la voiture.

Le/La mécanicien(ne)...
- demande quand le problème a commencé et s'il y en a d'autres.
- explique le problème et donne le prix des réparations.
- accepte les conditions du/de la client(e).

7 **Écriture** Écrivez un paragraphe à propos (*about*) d'un accident de la circulation. Suivez les instructions.

- Parlez d'un accident (voiture, moto, vélo) que vous avez eu récemment. Si vous n'avez jamais eu d'accident, inventez-en un.
- Décrivez ce qui s'est passé avant, pendant et après.
- Donnez des détails.
- Comparez votre paragraphe avec celui (*that*) d'un(e) camarade de classe.

Les sons et les lettres

Audio: Concepts, Activities Record & Compare

 ## The letter x

The letter **x** in French is sometimes pronounced *-ks*, like the *x* in the English word *axe*.

| ta**x**i | e**x**pliquer | me**x**icain | te**x**te |

Unlike English, some French words begin with a *ks-* sound.

| **x**ylophone | **x**énon | **x**énophile | **X**avière |

The letters **ex-** followed by a vowel are often pronounced like the English word *eggs*.

| e**x**emple | e**x**amen | e**x**il | e**x**act |

Sometimes an **x** is pronounced *s*, as in the following numbers.

| soi**x**ante | si**x** | di**x** |

An **x** is pronounced *z* in a liaison. Otherwise, an **x** at the end of a word is usually silent.

| deu**x** enfants | si**x** éléphants | mieu**x** | curieu**x** |

Prononcez Répétez les mots suivants à voix haute.

1. fax
2. eux
3. dix
4. prix
5. jeux
6. index
7. excuser
8. exercice
9. orageux
10. expression
11. contexte
12. sérieux

Articulez Répétez les phrases suivantes à voix haute.

1. Les amoureux sont devenus époux.
2. Soixante-dix euros! La note (*bill*) du taxi est exorbitante!
3. Alexandre est nerveux parce qu'il a deux examens.
4. Xavier explore le vieux quartier d'Aix-en-Provence.
5. Le professeur explique l'exercice aux étudiants exceptionnels.

Dictons Répétez les dictons à voix haute.

Les belles plumes font les beaux oiseaux.[2]

Les beaux esprits se rencontrent.[1]

[1] Great minds think alike.
[2] Beautiful feathers make beautiful birds.

ressources

LM p. 86

vhlcentral.com Leçon 11B

ROMAN-PHOTO

La panne

Video: Roman-photo
Record & Compare

Amina

Garagiste

Rachid

Sandrine

Valérie

À la station-service...
GARAGISTE Elle est belle, votre voiture! Elle est de quelle année?
RACHID Elle est de 2005.
GARAGISTE Je vérifie l'huile ou la pression des pneus?
RACHID Non, merci ça va. Je suis un peu pressé en fait. Au revoir.

Au P'tit Bistrot...
SANDRINE Ton Cyberhomme, c'est Rachid! Quelle coïncidence!
AMINA C'est incroyable, non? Je savais qu'il habitait à Aix, mais...
VALÉRIE Une vraie petite histoire d'amour, comme dans les films!
SANDRINE C'est exactement ce que je me disais!

AMINA Rachid arrive dans quelques minutes. Est-ce que cette couleur va avec ma jupe?
SANDRINE Vous l'avez entendue? Elle doit être amoureuse.
AMINA Arrête de dire des bêtises.

RACHID Oh non!!
AMINA Qu'est-ce qu'il y a? Un problème?
RACHID Je ne sais pas, j'ai un voyant qui s'est allumé.
AMINA Allons à une station-service.
RACHID Oui... c'est une bonne idée.

De retour à la station-service...
GARAGISTE Ah! Vous êtes de retour. Mais que se passe-t-il? Je peux vous aider?
RACHID J'espère. Il y a quelque chose qui ne va pas, peut-être avec le moteur, regardez, ce voyant est allumé.
GARAGISTE Ah, ça? C'est l'huile. Je m'en occupe tout de suite.

GARAGISTE Vous pouvez redémarrer? Et voilà.
RACHID Parfait. Au revoir. Bonne journée.
GARAGISTE Bonne route!

A C T I V I T É S

1 **Vrai ou faux?** Indiquez si les affirmations suivantes sont **vraies** ou **fausses**.

1. La voiture de Rachid est très vieille.
2. Quand Rachid va à la station-service la première fois, il a beaucoup de temps.
3. Amina savait que Cyberhomme habitait à Aix.
4. Sandrine trouve l'histoire de Rachid et d'Amina très romantique.

5. Amina ouvre la portière de la voiture.
6. Rachid est galant (*a gentleman*).
7. Le premier problème que Rachid rencontre, c'est une panne d'essence.
8. Le garagiste répare la voiture.
9. La voiture a un pneu crevé.
10. Rachid n'est pas très fier de lui.

Ⓢ Practice more at **vhlcentral.com**.

Amina sort avec Rachid pour la première fois.

SANDRINE Oh, regarde, il lui offre des fleurs.
RACHID Bonjour, Amina. Tiens, c'est pour toi.
AMINA Bonjour, Rachid. Oh, merci, c'est très gentil.
RACHID Tu es très belle aujourd'hui.
AMINA Merci.

RACHID Attends, laisse-moi t'ouvrir la portière.
AMINA Merci.
RACHID N'oublie pas d'attacher ta ceinture.
AMINA Oui, bien sûr.

AMINA Heureusement, ce n'était pas bien grave. À quelle heure est notre réservation?
RACHID Oh! C'est pas vrai!

AMINA Qu'est-ce que c'était?
RACHID On a un pneu crevé.
AMINA Oh, non!!

Expressions utiles

Talking about dating

- **Il lui offre des fleurs.**
  He's offering/giving her flowers.
- **Attends, laisse-moi t'ouvrir la portière.**
  Wait, let me open the (car) door for you.

Talking about cars

- **N'oublie pas d'attacher ta ceinture.**
  Don't forget to fasten your seatbelt.
- **J'ai un voyant qui s'est allumé.**
  A warning light came on.
- **Il y a quelque chose qui ne va pas.**
  There's something wrong.

Additional vocabulary

- **incroyable**
  incredible

---

2 **Qui?** Indiquez qui dirait (*would say*) les affirmations suivantes: Rachid (**R**), Amina (**A**), Sandrine (**S**), Valérie (**V**) ou le garagiste (**G**).

1. La prochaine fois, je vais suivre les conseils du garagiste.
2. Je suis un peu anxieuse.
3. C'est comme un conte de fées (*fairy tale*)!
4. Taisez-vous (*Be quiet*), s'il vous plaît!
5. Il aurait dû (*should have*) m'écouter.

3 **Écrivez** Qu'est-ce qui se passe pour Amina et Rachid après le deuxième incident? Utilisez votre imagination et écrivez un paragraphe qui raconte ce qu'ils ont fait. Est-ce que quelqu'un d'autre les aide? Amina est-elle fâchée? Y aura-t-il (*Will there be*) un deuxième rendez-vous pour Cyberhomme et Technofemme?

ressources

| VM pp. 229–230 | DVD Leçon 11B | vhlcentral.com Leçon 11B |

ACTIVITÉS

LECTURE CULTURELLE

Reading
Video: *Flash culture*

Les voitures

la Smart

Dans l'ensemble°, les Français utilisent moins leurs voitures que les Américains. Il n'est pas rare qu'un couple ou une famille possède une seule voiture. Dans les grandes villes, beaucoup de gens se déplacent° à pied ou utilisent les transports en commun°. Dans les villages ou à la campagne, les gens utilisent un peu plus fréquemment leurs voitures. Pour de longs voyages, pourtant°, ils ont tendance, plus que les Américains, à laisser leurs voitures chez eux et à prendre le train ou l'avion. En général, les voitures en France sont beaucoup plus petites que les voitures qu'on trouve aux États-Unis, mais on y trouve des quatre-quatre°, même dans les grandes villes. La Smart, une voiture minuscule produite par les compagnies Swatch et Mercedes-Benz, a aussi beaucoup de succès en France et en Europe.

Il y a plusieurs raisons qui expliquent ces différences. D'abord, les rues des villes françaises sont beaucoup moins larges. Au centre-ville, beaucoup de rues sont piétonnes° et d'autres sont si petites qu'il est parfois difficile de passer, même pour une petite voiture. Il y a aussi de gros problèmes de parking dans la majorité des villes françaises. Il y a peu de places de parking et elles sont en général assez petites. Il est donc nécessaire de faire un créneau° pour se garer et plus la voiture est petite, plus° on a de chance de le réussir. Les rues en dehors° des villes sont souvent plus larges. En plus, en France, l'essence est plus chère qu'aux États-Unis. Il vaut donc mieux avoir une petite voiture économique qui ne consomme pas beaucoup d'essence, ou prendre les transports en commun quand c'est possible.

Pourcentage de Français qui possèdent une voiture	
Dans les villages et à la campagne	92%
Dans les villes de moins de 20.000 habitants	86%
Dans les villes de 20.000 à 100.000 habitants	84%
Dans les villes de plus de 100.000 habitants	75%
En région parisienne	60%
À Paris	45%

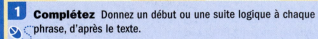

Dans l'ensemble *By and large* **se déplacent** *get around* **transports en commun** *public transportation* **pourtant** *however* **quatre-quatre** *sport utility vehicles* **piétonnes** *reserved for pedestrians* **faire un créneau** *parallel park* **plus..., plus...** *the more..., the more...* **en dehors** *outside*

1 **Complétez** Donnez un début ou une suite logique à chaque phrase, d'après le texte.

1. ... possèdent parfois une seule voiture.
2. Les Français qui habitent en ville se déplacent souvent...
3. Beaucoup de Français prennent le train ou l'avion...
4. ... sont en général plus petites qu'aux États-Unis.
5. Comme aux États-Unis, même dans les grandes villes en France, on trouve...
6. ..., on peut facilement faire un créneau pour se garer.
7. ... sont souvent plus larges.
8. Il n'est pas toujours facile de se garer dans les villes françaises...
9. ... parce que l'essence coûte cher en France.
10. ..., la grande majorité des Français a une voiture.

STRATÉGIE

Jotting down notes

As you read a text, you will find it helpful to jot down your thoughts and questions about it. You can write them either in the margins of the reading or in a separate notebook. If you make it a point to jot ideas down as you read, you will come up with questions, make connections, and draw conclusions about the text. When you return to the text later, your notes will reinforce what you understood as well as remind you of what you should revisit.

LE MONDE FRANCOPHONE

Conduire une voiture

Voici quelques informations utiles.

En France Il n'existe pas de carrefours° avec quatre panneaux° de stop.

En France, en Belgique et en Suisse Il est interdit d'utiliser un téléphone portable quand on conduit et on n'a pas le droit de tourner à droite quand le feu° est rouge.

À l'île Maurice et aux Seychelles Faites attention! On conduit à gauche.

En Suisse Pour conduire sur l'autoroute, il est nécessaire d'acheter une vignette° et de la mettre sur son pare-brise. On peut l'acheter à la poste ou dans les stations-service et elle est valable° un an.

Dans l'Union européenne Le permis de conduire d'un pays de l'Union européenne est valable dans tous les autres pays de l'Union.

carrefours *intersections* **panneaux** *signs* **feu** *traffic light* **vignette** *sticker* **valable** *valid*

PORTRAIT

Le constructeur automobile Citroën

La marque° Citroën est une marque de voitures française créée° en 1919 par André Citroën, ingénieur et industriel français. La marque est réputée pour son utilisation de technologies d'avant-garde et pour ses innovations dans le domaine de l'automobile. Le premier véhicule construit par Citroën, la voiture type A, a été la première voiture européenne construite en série°. En 1924, Citroën a utilisé la première carrosserie° entièrement en acier° d'Europe. Puis, dans les années 1930, Citroën a inventé la traction avant°. Parmi les modèles de voiture les plus vendus de la marque Citroën, on compte la 2CV, ou «deux chevaux», un modèle bon marché et très apprécié des jeunes dans les années 1970 et 1980. En 1976, Citroën a fusionné° avec un autre grand constructeur automobile français, Peugeot, pour former le groupe PSA Peugeot-Citroën.

marque *make* **créée** *created* **construite en série** *mass-produced* **carrosserie** *body* **acier** *steel* **traction avant** *front-wheel drive* **a fusionné** *merged*

 Sur Internet

Qu'est-ce que la Formule 1? Go to **vhlcentral.com** to find more cultural information related to this **Lecture culturelle**. Then watch the corresponding **Flash culture**.

---

2 **Répondez** Répondez par des phrases complètes.

1. Quelles sont les caractéristiques de la marque Citroën?
2. Quelle est une des innovations de la marque Citroën?
3. Quel modèle de voiture Citroën a eu beaucoup de succès?
4. Qu'a fait la compagnie Citroën en 1976?
5. Que faut-il avoir pour conduire sur l'autoroute en Suisse?
6. Les résidents d'autres pays de l'U.E. ont-ils le droit de conduire en France?

3 **À vous...** Quelle est votre voiture préférée? Pourquoi? Avec un(e) partenaire, discutez de ce sujet et soyez prêt(e)s à expliquer vos raisons au reste de la classe.

Practice more at **vhlcentral.com**.

ressources

VM pp. 259–260

vhlcentral.com Leçon 11B

A C T I V I T É S

STRUCTURES

Le conditionnel  **Presentation**

Point de départ The conditional expresses what you *would* do or what *would* happen under certain circumstances.

Sans réservation, nous ne mangerions pas avant minuit!

Y aurait-il une autre station-service près d'ici?

> ### À noter
>
> Review the **imparfait** endings you learned in **Leçon 8A**. The **conditionnel** has the same endings as the **imparfait**.

Conditional of regular verbs			
	parler	**réussir**	**attendre**
je/j'	parler**ais**	réussir**ais**	attendr**ais**
tu	parler**ais**	réussir**ais**	attendr**ais**
il/elle/on	parler**ait**	réussir**ait**	attendr**ait**
nous	parler**ions**	réussir**ions**	attendr**ions**
vous	parler**iez**	réussir**iez**	attendr**iez**
ils/elles	parler**aient**	réussir**aient**	attendr**aient**

- Note that you form the conditional of **-er** and **-ir** verbs by adding the conditional endings to the infinitive. The conditional endings are the same as those of the **imparfait**. To form the conditional of **-re** verbs, drop the final **-e** and add the endings.

Nous **voyagerions** cet été.	Tu ne **sortirais** pas.	Ils **attendraient** Luc.
We'd travel this summer.	*You wouldn't go out.*	*They would wait for Luc.*

- Note the conditional forms of most spelling-change **-er** verbs:

present form of je	→	+r	→	conditional forms
j'achète		achèter-		j'achèterais
je nettoie		nettoier-		je nettoierais
je paie/paye		paier-/payer-		je paierais/payerais
je m'appelle		m'appeller-		je m'appellerais

Tu te **lèverais** si tôt?	Vous **essaieriez** de vous garer.
Would you get up that early?	*You would try to park.*
Je n'**achèterais** pas cette voiture.	Il **nettoierait** le pare-brise.
I would not buy this car.	*He would clean the windshield.*

- The conditional of **-er** verbs with an **é** before the infinitive ending follows the same pattern as that of regular **-er** verbs.

Elle **répéterait** ses questions.	Elles **considéreraient** le pour et le contre.
She would repeat her questions.	*They'd consider the pros and cons.*

- Although the conditional endings are the same for all verbs, some verbs use irregular stems.

Irregular verbs in the conditional		
infinitive	stem	conditional forms
aller	ir-	j'irais
avoir	aur-	j'aurais
devoir	devr-	je devrais
envoyer	enverr-	j'enverrais
être	ser-	je serais
faire	fer-	je ferais
mourir	mourr-	je mourrais
pouvoir	pourr-	je pourrais
savoir	saur-	je saurais
venir	viendr-	je viendrais
vouloir	voudr-	je voudrais

Vous **auriez** de longues vacances.
You would have a long vacation.

Nous **irions** en Tunisie.
We'd go to Tunisia.

Il **enverrait** des e-mails.
He would send e-mails.

Tu le **saurais** dans une semaine.
You would know it in a week.

Elles y **seraient** plus heureuses.
They'd be happier there.

Je **ferais** le plein pour toi.
I would fill the tank for you.

- The verbs **devenir**, **maintenir**, **retenir**, **revenir**, and **tenir** are patterned after **venir** in the conditional, just as they are in the present tense.

Elle **viendrait** en voiture cette fois.
She would come by car this time.

Ils **tiendraient** le capot pendant que tu regardes le moteur.
They'd hold up the hood while you look at the engine.

Nous **reviendrions** bientôt.
We would come back soon.

Tu **deviendrais** architecte un jour?
Would you become an architect one day?

- The conditional forms of **il y a**, **il faut**, and **il pleut** are, respectively, **il y aurait**, **il faudrait**, and **il pleuvrait**.

Il **faudrait** apporter le parapluie.
We'd need to bring the umbrella.

Quand **pleuvrait**-il dans ce pays?
When would it rain in this country?

Essayez! Indiquez la forme correcte du conditionnel de ces verbes.

1. je (perdre, devoir, venir) _____ *perdrais, devrais, viendrais* _____
2. tu (vouloir, aller, essayer) _____
3. Michel (dire, prendre, savoir) _____
4. nous (préférer, nettoyer, faire) _____
5. vous (être, pouvoir, avoir) _____
6. elles (dire, espérer, amener) _____
7. je (boire, choisir, essuyer) _____
8. il (tenir, se lever, envoyer) _____

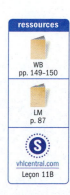

STRUCTURES

Mise en pratique

1 **Changer de vie** Alexandre parle à son ami de ce qu'il aimerait changer dans sa vie. Complétez ses phrases avec les formes correctes du conditionnel.

> **MODÈLE**
>
> J' _étudierais_ (étudier) tous les week-ends.

1. Ma petite amie et moi _____ (faire) des études dans la même (*same*) ville.

2. Je _____ (vendre) ma vieille voiture.

3. Nous _____ (acheter) une Porsche.

4. Je _____ (travailler) bien.

5. Nos amis nous _____ (rendre) souvent visite.

6. Quelqu'un _____ (nettoyer) la maison.

7. Je n' _____ (avoir) pas de problèmes d'argent.

8. Ma petite ami et moi, nous _____ (pouvoir) nous retrouver tous les jours.

9. Tous mes cours _____ (être) très faciles.

2 **Les professeurs** Que feraient ces personnes si elles étaient profs de français?

> **MODÈLE** tu / donner / examen / difficile
>
> *Tu donnerais des examens difficiles.*

1. Marc / donner / devoirs

2. vous / répondre / à / questions / étudiants

3. nous / permettre / à / étudiants / de / manger / en classe

4. tu / parler / français / tout le temps

5. tes parents / boire / café / classe

6. nous / montrer / films / français

7. je / enseigner / chansons françaises / étudiants

8. Guillaume et Robert / être / gentil / avec / étudiants

3 **Sur une île** Vous découvrez une île (*island*) et vous y emmenez un groupe de personnes et leurs familles. Assemblez les éléments des colonnes pour faire des phrases avec le conditionnel. Quels rôles joueraient ces personnes?

> **MODÈLE**
>
> *Le professeur enseignerait les mathématiques aux enfants.*

A	B	C
agent de police	construire	cartes
agent de voyages	découvrir	disputes
chauffeur	enseigner	enfants
dentiste	s'occuper de	logement
hôtelier/hôtelière	organiser	nourriture
infirmier/infirmière	parler	problèmes
mécanicien(ne)	préparer	réunions
professeur	servir	transports
serveur/serveuse	trouver	urgences
?	?	?

Practice more at **vhlcentral.com.**

Communication

4 **Une grosse fortune** Avec un(e) partenaire, parlez de la façon dont (*the way in which*) vous dépenseriez l'argent si quelqu'un vous laissait une grosse fortune. Posez-vous ces questions à tour de rôle.

1. Partirais-tu en voyage? Où irais-tu?

2. Quelle profession choisirais-tu?

3. Où habiterais-tu?

4. Qu'est-ce que tu achèterais? À tes amis? À ta famille?

5. Donnerais-tu de l'argent à des œuvres de charité (*charities*)? Auxquelles (*To which ones*)?

6. Qu'est-ce qui changerait dans ta vie quotidienne (*daily*)?

5 **Sans ça...** Par groupes de trois, dites ce qui (*what*) changerait dans le monde sans ces choses.

> **MODÈLE** sans écoles?
> *Les étudiants n'apprendraient pas.*

- sans voitures?
- sans télévisions?
- sans téléphones?
- sans ordinateurs?
- sans avions?
- ?

6 **Le tour de la France** Vous aimeriez faire le tour de la France avec un(e) partenaire. Regardez la carte et discutez de l'itinéraire. Où commenceriez-vous? Que visiteriez-vous? Utilisez ces idées et trouvez-en d'autres.

> **MODÈLE**
>
> *Nous commencerions à Paris.*

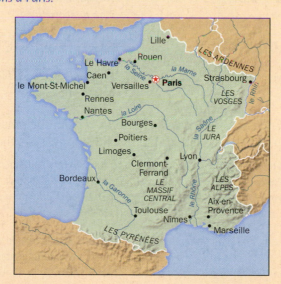

- les plages de la Côte d'Azur
- les randonnées dans le Centre
- le ski dans les Alpes
- les musées à Paris
- les châteaux (*castles*) de la Loire

STRUCTURES

11B.2 | **Uses of *le conditionnel*; *Si clauses***  **Presentation**

Uses of *le conditionnel*

- Use the conditional to make a polite request, soften a demand, or express what someone *could* or *should* do.

Je **voudrais** acheter une nouvelle imprimante.
I would like to buy a new printer.

Pourriez-vous nous dire où elles sont?
Could you tell us where they are?

Tu **devrais** dormir jusqu'à onze heures.
You should sleep until 11 o'clock.

Nous **aimerions** recevoir un salaire élevé.
We would like to receive a high salary.

Tu pourrais t'arrêter à la station-service?

Vous devriez faire plus attention au voyant d'huile.

- To express what someone said or thought would happen in the future at a past moment in time, use a past tense verb before **que** and the **conditionnel** after it.

Guillaume a dit qu'il **arriverait** vers midi.
Guillaume said that he would arrive around noon.

Nous pensions que tu **ferais** tes devoirs.
We thought that you would do your homework.

Je savais que Lucie **reviendrait** dans deux jours.
I knew that Lucie would come back in two days.

Mes parents ont expliqué qu'ils ne **pourraient** pas les aider.
My parents explained that they would not be able to help them.

- Unlike French, in English *would* can also mean *used to*, in the sense of past habitual action. To express past habitual actions in French, you must use the **imparfait**.

Je **travaillais** pour une compagnie à Paris tous les étés.
I would (used to) work for a company in Paris every summer.

but

Je **travaillerais** seulement pour une compagnie à Paris.
I would work only for a company in Paris.

Ils **attendaient** le week-end pour surfer sur Internet.
They'd (used to) wait for the weekend to surf the Internet.

but

Ils **attendraient** bien le week-end, mais ils sont trop impatients.
They'd wait for the weekend, but they're too impatient.

Avec la vieille voiture, nous **tombions** en panne.
With the old car, we would (used to) break down.

but

Sans un bon moteur, nous **tomberions** en panne.
Without a good engine, we would break down.

Si clauses

- **Si** (*If*) clauses describe a condition or event upon which another condition or event depends. Sentences with **si** clauses consist of a **si** clause and a main (or result) clause.

> Si je faisais une robe, elle serait laide.

> Si j'échouais, ma mère se mettrait en colère.

- **Si** clauses can speculate or hypothesize about a current event or condition. They express what *would happen* if an event or condition *were* to *occur*. This is called a contrary-to-fact situation. In such instances, the verb in the **si** clause is in the **imparfait** while the verb in the main clause is in the conditional. Either clause can come first.

Si j'**étais** chez moi, je lui **enverrais** un e-mail.
If I were home, I'd send her an e-mail.

Vous **partiriez** souvent en vacances si vous **aviez** de l'argent.
You would go on vacation often if you had money.

Si tu **avais** ton permis, tu **pourrais** conduire.
If you had your license, you could drive.

Nous ne **grossirions** pas si nous **mangions** moins.
We wouldn't put on weight if we ate less.

- Note that **si** and **il/ils** contract to become **s'il** and **s'ils**, respectively.

Nous **marcherions s'il** ne **pleuvait** pas.
We'd walk if it weren't raining.

S'ils faisaient le plein d'essence, ils **iraient** plus loin.
If they filled the tank, they'd go farther.

- Use a **si** clause alone with the **imparfait** to make a suggestion or to express a wish.

Si nous **faisions** des projets pour le week-end?
What about making plans for the weekend?

Ah! Si elle **obtenait** un meilleur travail!
Oh! If only she got a better job!

Essayez! **Complétez les phrases avec la forme correcte des verbes.**

1. Si on visitait la Tunisie, on _____ (aller) admirer les ruines.
2. Vous _____ (être) plus heureux si vous faisiez vos devoirs.
3. Si tu _____ (avoir) la grippe, tu devrais aller chez le médecin.
4. Si elles avaient un million d'euros, que _____-elles (faire)?
5. Mes parents me _____ (rendre) visite ce week-end s'ils avaient le temps.
6. J'_____ (écrire) au président si j'avais son adresse.
7. Si nous lisions, nous _____ (savoir) les réponses.
8. Il _____ (avoir) le temps s'il ne regardait pas la télé.

STRUCTURES

Mise en pratique

1 **Questions** Votre voiture est tombée en panne et vous la laissez chez un(e) mécanicien(ne), à qui vous posez des questions. Indiquez ses réponses.

> **MODÈLE**
> Quand est-ce que vous pourriez commencer? (vous / être pressé(e) / je / pouvoir commencer demain)
>
> *Si vous étiez pressé(e), je pourrais commencer demain.*

1. Les pneus sont neufs (*new*). Ne devriez-vous pas vérifier leur pression? (pneus / être usés (*worn*) / je / vérifier leur pression)
2. Auriez-vous besoin de mon numéro de fax? (je / avoir un fax / je / prendre votre numéro)
3. Quand est-ce que je pourrais reprendre ma voiture? (nous / ne pas fermer le week-end / vous / pouvoir / la reprendre samedi)
4. Pourriez-vous m'appeler au bureau lundi? (je / ne pas pouvoir / finir / secrétaire / vous appeler)

2 **Et si...** D'abord, complétez les questions. Ensuite, employez le conditionnel pour y répondre. Comparez vos réponses aux réponses d'un(e) partenaire.

> **MODÈLE**
> Que ferais-tu si... tu / être malade?
>
> *Que ferais-tu si tu étais malade? Si j'étais malade, je dormirais toute la journée.*

Situation 1: Que ferais-tu si...

1. tu / être fatigué(e)?
2. il / pleuvoir?
3. il / faire beau?
4. tu / ne pas réussir à tes examens?

Situation 2: Que feraient tes parents si...

1. tu / quitter l'université?
2. tu / choisir de devenir avocat(e)?
3. tu / partir habiter en France?
4. tu / vouloir se marier (*to marry*) très jeune?

3 **Des réactions** À tour de rôle avec un(e) partenaire, dites ce que (*what*) vous aimeriez, devriez, pourriez ou voudriez faire dans ces circonstances.

> **MODÈLE**
> Vous vous rendez compte que votre petit(e) ami(e) et vous ne vous aimez plus.
>
> *Nous devrions nous quitter.*

1. Vous n'avez pas de devoirs ce week-end.
2. Votre ami(e) organise une fête sans rien vous dire.
3. Vos parents ne vous téléphonent pas pendant un mois.
4. Le prof de français vous donne une mauvaise note.
5. Vous tombez malade.
6. Votre voiture tombe en panne.
7. Vous n'êtes pas en bonne forme.
8. Vous pouvez aller n'importe où (*anywhere*) pour les vacances.

Practice more at **vhlcentral.com.**

Communication

4 **L'imagination** Par groupes de trois, choisissez un de ces sujets et préparez un paragraphe par écrit. Ensuite, lisez votre paragraphe à la classe. Vos camarades décident quel groupe est le gagnant (*winner*).

- Si je pouvais devenir invisible, ...
- Si j'étais un extraterrestre à New York, ...
- Si j'inventais une machine, ...
- Si j'étais une célébrité, ...
- Si nous pouvions prendre des vacances sur Mars, ...

5 **Le portefeuille** Vos camarades de classe trouvent un portefeuille (*wallet*) plein d'argent. Par groupes de quatre, parlez d'abord avec un(e) de vos camarades pour deviner ce que (*what*) feraient les deux autres. Ensuite, rejoignez-les pour comparer vos prédictions.

MODÈLE

Étudiant(e) 1: *Si vous trouviez le portefeuille, vous le donneriez à la police.*
Étudiant(e) 2: *Oui, mais nous garderions l'argent pour aller dans un bon restaurant.*

6 **Interview** Par groupes de trois, préparez cinq questions pour un(e) candidat(e) à la présidence des États-Unis. Ensuite, jouez les rôles de l'interviewer et du/de la candidat(e). Alternez les rôles.

MODÈLE

Étudiant(e) 1: *Que feriez-vous au sujet du sexisme dans l'armée?*
Étudiant(e) 2: *Alors, si j'étais président(e), nous...*

7 **Ma voiture** Vous voulez une voiture mais vous devez d'abord convaincre (*convince*) votre père de vous en acheter une. Il vous pose des questions. Avec un(e) partenaire, préparez cette conversation. Alternez les rôles.

MODÈLE

Étudiant(e) 1: *Si je t'achetais une voiture, est-ce que tu conduirais prudemment?*
Étudiant(e) 2: *Oui, je ne dépasserais pas la limitation de vitesse.*

SYNTHÈSE

Révision

1 Du changement Avec un(e) partenaire, observez ces bureaux. Faites une liste d'au minimum huit changements que les employés feraient s'ils en avaient les moyens (*means*).

MODÈLE

Étudiant(e) 1: *Si ces gens pouvaient changer quelque chose, ils achèteraient de nouveaux ordinateurs.*
Étudiant(e) 2: *Si les affaires allaient mieux, ils déménageraient.*

2 Si j'étais… Par groupes de quatre, discutez et faites votre propre (*own*) portrait à travers (*through*) ces occupations. Comparez vos réponses et présentez le portrait d'un(e) camarade à la classe.

MODÈLE

Étudiant(e) 1: *Si j'étais journaliste, j'écrirais sur la vie politique.*
Étudiant(e) 2: *Si je travaillais comme chauffeur, je conduirais tout le temps sur l'autoroute.*

architecte	chauffeur	médecin
artiste	homme/femme	musicien(ne)
athlète	d'affaires	professeur
avocat(e)	journaliste	propriétaire

3 Je la vendrais… Pour quelles raisons seriez-vous prêt(e)s à vendre votre voiture? Par groupes de trois, donnez chacun(e) (*each one*) au minimum deux raisons positives et deux raisons négatives.

MODÈLE

Étudiant(e) 1: *Je la vendrais si les freins ne marchaient pas.*
Étudiant(e) 2: *Moi, je vendrais ma voiture si je déménageais à Paris, où les transports en commun sont excellents.*

4 Au travail Avec un(e) partenaire, observez ces personnes et écrivez une phrase avec **si** pour expliquer leur situation. Ensuite, comparez vos phrases aux phrases d'un autre groupe.

MODÈLE

Si elle dormait mieux la nuit, elle ne serait pas fatiguée pendant la journée.

1.

3.

2.

4.

5 Soyons polis! Avec un(e) partenaire, inventez un dialogue entre un(e) mécanicien(ne) et son assistant(e). Le/La mécanicien(ne) demande méchamment plusieurs services à l'assistant(e), qui refuse. Le/La mécanicien(ne) réitère alors ses demandes, mais plus poliment, et l'assistant(e) accepte.

MODÈLE

Étudiant(e) 1: *Apportez-moi le téléphone!*
Étudiant(e) 2: *Si vous me parliez gentiment, je vous apporterais le téléphone.*
Étudiant(e) 1: *Pourriez-vous m'apporter le téléphone, s'il vous plaît?*
Étudiant(e) 2: *Avec plaisir!*

6 Causes et effets Votre professeur va vous donner, à vous et à votre partenaire, deux feuilles d'activités différentes sur des causes et leurs effets. Attention! Ne regardez pas la feuille de votre partenaire.

Écriture

Listing key words

Once you have determined the purpose for a piece of writing and identified your audience, it is helpful to make a list of key words you can use while writing. If you were to write a description of your campus, for example, you would probably need a list of prepositions that describe location, such as **devant**, **à côté de**, and **derrière**. Likewise, a list of descriptive adjectives would be useful if you were writing about the people and places of your childhood.

By preparing a list of potential words ahead of time, you will find it easier to avoid using the dictionary while writing your first draft. You will probably also learn a few new words in French while preparing your list of key words.

Listing useful vocabulary is also a valuable organizational strategy since the act of brainstorming key words will help you form ideas about your topic. In addition, a list of key words can help you avoid redundancy when you write.

If you were going to write a composition about your communication habits with your friends, what French words would be the most helpful to you? Jot a few of them down and compare your list with a partner's. Did you choose the same words? Would you choose any different or additional words, based on what your partner wrote?

Thème

Écrire une dissertation

Écrivez une dissertation pour décrire vos préférences et vos habitudes en ce qui concerne (*regarding*) les moyens (*means*) de communication d'hier et d'aujourd'hui.

- Quel est votre moyen de communication préféré (e-mail, téléphone, lettre,...)? Pourquoi?

- En général, comment communiquez-vous avec les gens que vous connaissez? Pourquoi? Avez-vous toujours communiqué avec eux de cette manière (*in this way*)?

- Communiquez-vous avec tout le monde de la même manière ou cela dépend-il des personnes? Par exemple, restez-vous en contact avec vos grands-parents de la même manière qu'avec votre professeur de français? Expliquez.

- Comment restez-vous en contact avec les membres de votre famille? Et avec vos amis et vos camarades de classe?

- Communiquez-vous avec certaines personnes tous les jours? Avec qui? Comment?

Avant de commencer, faites une liste des personnes avec qui vous communiquez régulièrement et donnez le moyen de communication que vous avez utilisé dans le passé et que vous utilisez aujourd'hui. Utilisez aussi votre liste de mots-clés comme point de départ pour votre dissertation.

Panorama

La Belgique

Le pays en chiffres

- **Superficie:** 30.500 km²
- **Population:** 10.296.000
  SOURCE: Population Division, UN Secretariat
- **Industries principales:** agroalimentaire°, chimie, métallurgie, sidérurgie°, textile
- **Villes principales:** Anvers, Bruges, Bruxelles, Gand, Liège, Namur
- **Langues:** allemand, français, néerlandais°

  Les Belges néerlandais parlent une variante° de la langue néerlandaise qui s'appelle le flamand°. Environ° 60% de la population belge parlent flamand et habitent dans la partie nord° du pays, la Flandre. Le français est parlé surtout dans la partie sud° du pays, la Wallonie, par environ 40% des Belges. L'allemand est parlé par très peu de gens, environ 1%, dans l'est° du pays.

- **Monnaie:** l'euro

Belges célèbres

- **Marguerite Yourcenar,** écrivain (1903–1987)
- **Georges Simenon,** écrivain (1903–1989)
- **Jacques Brel,** chanteur (1929–1978)
- **Eddy Merckx,** cycliste, cinq fois gagnant° du Tour de France (1945–)
- **Cécile de France,** actrice (1975–)
- **Justine Hénin** joueuse de tennis (1982–)

une barque° sur l'Escaut

LA MER DU NORD

la Meuse

LES PAYS-BAS

L'ALLEMAGNE

Ostende

Bruges

Anvers

Gand

le Lys

l'Escaut

LA FLANDRE

★ Bruxelles

Mons

la Meuse

Liège

Charleroi

Namur

la Sambre

LES ARDENNES

LA WALLONIE

LE LUXEMBOURG

LA FRANCE

Bruges

l'Ommegang, festival historique

Régions francophones

0 ———— 50 milles
0 ———— 50 kilomètres

Incroyable mais vrai!

Acheter de la bière ou du fromage au monastère? Pourquoi pas? Les moines° trappistes suivent° des principes monastiques stricts: isolés, ils se consacrent° au travail et à la prière°. Pour subvenir° à leurs besoins, ils font des bières et des fromages de qualité. Seules six bières belges peuvent porter l'appellation «trappiste».

agroalimentaire food processing **sidérurgie** steel industry **néerlandais** Dutch **variante** variant **flamand** Flemish **Environ** About **nord** north **sud** south **est** east **gagnant** winner **moines** monks **suivent** follow **se consacrent** devote themselves **prière** prayer **subvenir** provide **barque** small boat

Les destinations

Bruxelles, capitale de l'Europe

Fondée au septième siècle, la ville de Bruxelles a été choisie en 1958, en partie pour sa situation géographique centrale, comme siège° de la C.E.E.° Aujourd'hui, elle reste encore le siège de l'Union européenne (l'U.E.), lieu central des institutions et des décisions européennes. On y trouve le Parlement européen, organe législatif de l'U.E., et depuis 1967, le siège de l'OTAN°. Bruxelles est une ville très cosmopolite, avec un grand nombre d'habitants étrangers. Elle est aussi touristique, renommée pour sa Grand-Place, ses nombreux chocolatiers et la grande qualité de sa cuisine.

Les traditions

La bande dessinée

Les dessinateurs° de bandes dessinées (BD) sont très nombreux en Belgique. À Bruxelles, il y a de nombreuses peintures murales° et statues de BD. Le dessinateur Peyo est devenu célèbre avec la création des Schtroumpfs° en 1958, mais le père de la BD belge est Hergé, dessinateur qui a créé Tintin et Milou en 1929. Tintin est un reporter qui a des aventures partout dans° le monde. En 1953, il devient le premier homme, avant Neil Armstrong, à marcher sur la Lune° dans *On a marché sur la Lune*. La BD de Tintin est traduite en 45 langues.

La gastronomie

Les moules frites

Les moules° frites sont une spécialité belge. Les moules, cuites° dans du vin blanc, et les frites sont servies dans des plats séparés mais on les mange ensemble, et c'est délicieux. Beaucoup de gens ne savent pas que les frites ne sont pas françaises mais belges! On peut en acheter dans les nombreuses

friteries. Elles sont servies dans un cornet° en papier avec une sauce, souvent de la mayonnaise. Il existe même en Belgique une Semaine nationale de la frite et une Union nationale des frituristes.

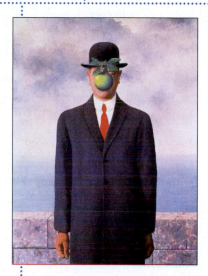

Les arts

René Magritte (1898–1967)

René Magritte, peintre surréaliste, s'intéressait à la représentation des images mentales. En montrant° la divergence entre un objet et sa représentation, son désir était de «faire hurler° les objets les plus familiers», mais toujours avec humour. Le musée Magritte à Bruxelles se trouve dans la maison où il a habité pendant 24 ans, et qui était aussi le quartier général° des surréalistes belges. Le portrait de Magritte était sur les billets de 500 francs belges. Une de ses œuvres° les plus célèbres, à gauche, est *Le Fils de l'homme*.

Qu'est-ce que vous avez appris? Répondez aux questions par des phrases complètes.

1. Quelle est la langue la plus parlée en Belgique?
2. Que produisent les moines trappistes?
3. À quelles activités se consacrent-ils?
4. Pourquoi Bruxelles a-t-elle été choisie comme capitale de l'Europe?
5. Qui est le père de la bande dessinée belge?
6. Qui est allé sur la Lune avant Armstrong?
7. Quelle bande dessinée a été créée (*created*) par Peyo?
8. Où peut-on acheter des frites?
9. Qu'est-ce que Magritte montre dans ses œuvres?
10. Où se trouvait le quartier général des surréalistes belges?

ressources

WB pp. 153–154

vhlcentral.com Unité 11

Sur Internet

Go to **vhlcentral.com** to find more cultural information related to this **Panorama**.

1. Quels sont les noms de trois autres personnages de bandes dessinées belges?
2. Dans quelles peintures Magritte a-t-il représenté des parties de la maison (fenêtre, cheminée, escalier)?
3. Cherchez des informations sur la ville de Bruges. Combien de kilomètres de canaux (*canals*) y a-t-il?

siège *headquarters (lit. seat)* **C.E.E** *European Economic Community (predecessor of the European Union)* **OTAN** *NATO* **dessinateurs** *artists* **peintures murales** *murals* **Schtroumpfs** *Smurfs* **partout dans** *all over* **Lune** *moon* **moules** *mussels* **cuites** *cooked* **cornet** *cone* **En montrant** *In showing* **faire hurler** *make scream* **quartier général** *headquarters* **œuvres** *works*

L'ordinateur

un CD/compact disc/ disque compact	CD, compact disc
(CD/compact disc/ disques compacts *pl.*)	(CDs, compact discs)
un clavier	keyboard
un disque dur	hard drive
un écran	screen
un e-mail	e-mail
un fichier	file
une imprimante	printer
un jeu vidéo (jeux vidéo *pl.*)	video game(s)
un logiciel	software, program
un moniteur	monitor
un mot de passe	password
une page d'accueil	home page
un site Internet/web	web site
une souris	mouse
démarrer	to start up
être connecté(e) (avec)	to be connected (to)
être en ligne (avec)	to be online/on the phone (with)
graver	to record, to burn
imprimer	to print
sauvegarder	to save
surfer sur Internet	to surf the Internet
télécharger	to download

Verbes

couvrir	to cover
découvrir	to discover
offrir	to offer, to give something
ouvrir	to open
souffrir	to suffer

Expressions utiles	See pp. 407 and 425.
Prepositions with the infinitive	See p. 410.

La voiture

arrêter (de faire quelque chose)	to stop (doing something)
attacher sa ceinture de sécurité (f.)	to buckle one's seatbelt
avoir un accident	to have/to be in an accident
dépasser	to go over; to pass
faire le plein	to fill the tank
freiner	to brake
se garer	to park
rentrer (dans)	to hit (another car)
réparer	to repair
tomber en panne	to break down
vérifier (l'huile/la pression des pneus)	to check (the oil/ the air pressure)
un capot	hood
un coffre	trunk
l'embrayage (*m.*)	clutch
l'essence (*f.*)	gas
un essuie-glace (des essuie-glaces)	windshield wiper(s)
les freins (*m.*)	brakes
l'huile (*f.*)	oil
un moteur	engine
un pare-brise (pare-brise *pl.*)	windshield
un pare-chocs (pare-chocs *pl.*)	bumper
les phares (*m.*)	headlights
un pneu (crevé)	(flat) tire
une portière	car door
un réservoir d'essence	gas tank
un rétroviseur	rearview mirror
une roue (de secours)	(emergency) tire
une voiture	car
un volant	steering wheel
un voyant (d'essence/d'huile)	(gas/oil) warning light
un agent de police/ un(e) policier/policière	police officer
une amende	fine
une autoroute	highway
la circulation	traffic
la limitation de vitesse	speed limit
un(e) mécanicien(ne)	mechanic
un parking	parking lot
un permis de conduire	driver's license
une rue	street
une station-service	service station

Verbes pronominaux réciproques

s'adorer	to adore one another
s'aider	to help one another
s'aimer (bien)	to love (like) one another
se connaître	to know one another
se dire	to tell one another
se donner	to give one another
s'écrire	to write one another
s'embrasser	to kiss one another
s'entendre bien (avec)	to get along well (with one another)
se parler	to speak to one another
se quitter	to leave one another
se regarder	to look at one another
se rencontrer	to meet one another (make an acquaintance)
se retrouver	to meet one another (planned)
se téléphoner	to phone one another

L'électronique

un appareil photo (numérique)	(digital) camera
une chaîne (de télévision)	(television) channel
une chaîne stéréo	stereo system
des écouteurs (*m.*)	headphones
un enregistreur DVR	DVR
un lecteur MP3/(de) CD/DVD	MP3/CD/DVD player
un lien	link
un portable	cell phone
un poste de télévision	television set
un réseau (social)	(social) network
un smartphone	smartphone
une tablette (tactile)	tablet computer
une télécommande	remote control
un texto/SMS	text message
allumer	to turn on
composer (un numéro)	to dial (a number)
effacer	to erase
enregistrer	to record
éteindre	to turn off
fermer	to close; to shut off
fonctionner/marcher	to work; to function
sonner	to ring

En ville

Pour commencer

- Qu'est-ce que David a dans la main?
- Quel temps fait-il?
- Qu'est-ce que Valérie fait?
- Est-ce que David va conduire jusqu'à sa destination?

Leçon 12A

You will learn how to...

- make business transactions
- get around town

Les courses

une papeterie

LA POSTE

Bijouterie Martin

cyberc@fé espace connexion

La Maison du Papier

SOLDES

un bureau de poste

une bijouterie

un cybercafé

LA POSTE

un colis

une boîte aux lettres

Elle poste une lettre. (poster)

un marchand de journaux

Vocabulaire

accompagner	to accompany
avoir un compte bancaire	to have a bank account
déposer de l'argent	to deposit money
emprunter	to borrow
payer avec une carte de crédit	to pay with a credit card
payer en liquide	to pay in cash
payer par chèque	to pay by check
remplir un formulaire	to fill out a form
retirer de l'argent	to withdraw money
signer	to sign
une adresse	address
une carte postale	postcard
une enveloppe	envelope
un timbre	stamp
une boutique	boutique, store
une brasserie	café, restaurant
un commissariat de police	police station
une laverie	laundromat
une mairie	town/city hall; mayor's office
un compte de chèques	checking account
un compte d'épargne	savings account
une dépense	expenditure, expense
des pièces de monnaie/ de la monnaie	coins/change
fermé(e)	closed
ouvert(e)	open

ressources

WB pp. 155–156

LM p. 89

vhlcentral.com Leçon 12A

Mise en pratique

un salon de beauté

Salon de Beauté Claude

le facteur

le courrier

BANQUE

une banque

guichet

les billets (m.)

un distributeur automatique/de billets

Elle fait la queue.

S   **Audio:** Vocabulary

1 **Écoutez** 🎧 Écoutez la conversation entre Jean-Pierre et Carole. Ensuite, complétez les phrases avec le bon mot.

1. Carole demande à Jean-Pierre d'acheter des timbres et de _____ un colis. (déposer, poster, retirer)

2. Le _____ se trouve sur la route de Jean-Pierre. (bureau de poste, papeterie, laverie)

3. Jean-Pierre veut _____ de l'argent à la banque. (retirer, déposer, emprunter)

4. Jean-Pierre doit _____ et signer des formulaires. (accompagner, remplir, payer)

5. Jean-Pierre a acheté le journal chez le _____. (papeterie, marchand de journaux, bureau de poste)

6. Jean-Pierre n'avait pas assez de _____ sur lui. (compte de chèques, carte de crédit, liquide)

2 **Associez** Associez chaque activité de la colonne de gauche avec le lieu qui correspond dans la colonne de droite.

____ 1. acheter un chemisier	a. un bureau de poste
____ 2. acheter du maquillage	b. une banque
____ 3. acheter un magazine	c. une bijouterie
____ 4. acheter une montre	d. une boutique
____ 5. boire un café	e. une brasserie
____ 6. envoyer une carte	f. un commissariat de police
____ 7. envoyer un e-mail	g. un cybercafé
____ 8. faire la lessive	h. une laverie
____ 9. ouvrir un compte	i. un marchand de journaux
____ 10. payer une amende	j. un salon de beauté

3 **Complétez** Complétez les phrases suivantes avec le mot ou l'expression qui convient le mieux. N'oubliez pas de faire les accords nécessaires.

1. _____ apporte le courrier tous les jours à la même heure.

2. Quand les magasins sont _____, on ne peut pas faire de courses.

3. Pour poster une lettre, on peut simplement la mettre dans _____.

4. Quand on n'a pas beaucoup d'argent, il faut faire attention à ses _____.

5. Si la banque n'est pas ouverte, on peut toujours _____ au distributeur automatique.

6. Quand on envoie une lettre, il ne faut pas oublier d'écrire _____ et de mettre _____.

7. Pour acheter une voiture, il faut souvent _____ de l'argent.

8. Si on n'a pas de lave-linge à la maison, il faut aller à _____.

CONTEXTES

Communication

4 **Décrivez** Avec un(e) partenaire, regardez les photos et décrivez où et comment Annick et Charles ont passé la journée samedi dernier.

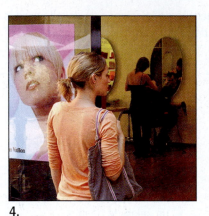

1.

2.

3.

4.

5.

6.

5 **Répondez** Avec un(e) partenaire, posez les questions suivantes et répondez-y à tour de rôle. Ensuite, comparez vos réponses avec celles d'un autre groupe.

1. Vas-tu souvent au bureau de poste? Pour quoi faire?
2. Quel genre de courses fais-tu le week-end?
3. Où est-ce que tu fais souvent la queue? Pourquoi?
4. Y a-t-il une laverie près de chez toi? Combien de fois par mois y vas-tu?
5. Comment préfères-tu payer tes achats (*purchases*)? Pourquoi?
6. Combien de fois par semaine utilises-tu un distributeur de billets?

6 **À vous de jouer** Par petits groupes, choisissez une des situations suivantes et écrivez un dialogue. Ensuite, jouez la scène.

1. À la banque, un(e) étudiant(e) veut ouvrir un compte bancaire et connaître les services offerts.
2. À la poste, une vieille dame (*lady*) veut envoyer un colis, acheter des timbres et faire un changement d'adresse. Il y a la queue derrière elle.
3. Dans un salon de beauté, deux femmes discutent de leurs courses à la mairie, à la papeterie et chez le marchand de journaux.
4. Dans un cybercafé, des étudiants font des achats en ligne sur différents sites.

Les sons et les lettres

Audio: Concepts, Activities
Record & Compare

The letter **h**

You already know that the letter **h** is silent in French, and you are familiar with many French words that begin with an **h muet**. In such words, the letter **h** is treated as if it were a vowel. For example, the articles **le** and **la** become **l'** and there is a liaison between the final consonant of a preceding word and the vowel following the **h**.

| l'heure | l'homme | des hôtels | des hommes |

Some words begin with an **h aspiré**. In such words, the **h** is still silent, but it is not treated like a vowel. Words beginning with **h aspiré**, like these you've already learned, are not preceded by **l'** and there is no liaison.

| la honte | les haricots verts | le huit mars | les hors-d'œuvre |

Words that begin with an **h aspiré** are normally indicated in dictionaries by some kind of symbol, usually an asterisk (*).

Prononcez Répétez les mots suivants à voix haute.

1. le hall
2. la hi-fi
3. l'humeur
4. la honte
5. le héron
6. l'horloge
7. l'horizon
8. le hippie
9. l'hilarité
10. la Hongrie
11. l'hélicoptère
12. les hamburgers
13. les hiéroglyphes
14. les hors-d'œuvre
15. les hippopotames
16. l'hiver

Articulez Répétez les phrases suivantes à voix haute.

1. Hélène joue de la harpe.
2. Hier, Honorine est allée à l'hôpital.
3. Le hamster d'Hervé s'appelle Henri.
4. La Havane est la capitale de Cuba.
5. L'anniversaire d'Héloïse est le huit mars.
6. Le hockey et le hand-ball sont mes sports préférés.

Dictons Répétez les dictons à voix haute.

La honte n'est pas d'être inférieur à l'adversaire, c'est d'être inférieur à soi-même.[1]

L'heure, c'est l'heure; avant l'heure, c'est pas l'heure; après l'heure, c'est plus l'heure.[2]

[1] Shame is not being inferior to an adversary; it's being inferior to oneself.
[2] On time is on time; before the hour is not on time; after the hour is no longer on time.

ressources

LM p. 90

vhlcentral.com
Leçon 12A

ROMAN-PHOTO

On fait des courses

Video: *Roman-photo*
Record & Compare

À la charcuterie...

EMPLOYÉE Bonjour, Mademoiselle, Monsieur. Qu'est-ce que je vous sers?

RACHID Bonjour, Madame, quatre tranches de pâté et de la salade de carottes pour deux personnes, s'il vous plaît.

EMPLOYÉE Et avec ça?

RACHID Deux tranches de jambon, s'il vous plaît.

RACHID Vous prenez les cartes de crédit?

EMPLOYÉE Ah désolée, Monsieur, nous n'acceptons que les paiements en liquide ou par chèque.

RACHID Amina, je viens de m'apercevoir que je n'ai pas de liquide sur moi!

AMINA Ce n'est pas grave, j'en ai assez. Tiens.

Dans la rue...

RACHID Merci, chérie. Passons à la banque avant d'aller au parc.

AMINA Mais nous sommes samedi midi, la banque est fermée.

RACHID Peut-être, mais il y a toujours le distributeur automatique.

AMINA Bon d'accord... J'ai quelques courses à faire plus tard cet après-midi. Tu veux m'accompagner?

Dans une autre partie de la ville...

DAVID Tu aimes la cuisine alsacienne?

SANDRINE Oui, j'adore la choucroute!

DAVID Tu veux aller à la brasserie La Petite France? C'est moi qui t'invite.

SANDRINE D'accord, avec plaisir.

DAVID Excellent! Avant d'y aller, il faut trouver un distributeur automatique.

SANDRINE Il y en a un à côté de la banque.

Au distributeur automatique...

SANDRINE Eh regarde qui fait la queue!

RACHID Tiens, salut, qu'est-ce que vous faites de beau, vous deux?

SANDRINE On va à la brasserie. Vous voulez venir avec nous?

AMINA Non non! Euh... je veux dire... Rachid et moi, on va faire un pique-nique dans le parc.

RACHID Oui, et après ça, Amina a des courses importantes à faire.

SANDRINE Je comprends, pas de problème... David et moi, nous avons aussi des choses à faire cet après-midi.

1 Vrai ou faux? Indiquez si les affirmations suivantes sont **vraies** ou **fausses**.

1. Aujourd'hui, la banque est ouverte.

2. Amina doit aller à la poste pour envoyer un colis.

3. Amina doit aller à la poste pour acheter des timbres.

4. Amina va mettre ses cartes postales dans une boîte aux lettres à côté de la banque.

5. Sandrine n'aime pas la cuisine alsacienne.

6. David et Rachid vont retirer de l'argent.

7. Il n'y a pas de queue au distributeur automatique.

8. David et Sandrine invitent Amina et Rachid à la brasserie.

9. Amina et Rachid vont à la brasserie.

10. Amina va faire ses courses après le pique-nique.

 Practice more at **vhlcentral.com.**

Amina et Rachid préparent un pique-nique.

RACHID Volontiers. Où est-ce que tu vas?

AMINA Je dois aller à la poste pour acheter des timbres et envoyer quelques cartes postales, et puis je voudrais aller à la bijouterie. J'ai reçu un e-mail de la bijouterie qui vend les bijoux que je fais. Regarde.

RACHID Très joli!

AMINA Oui, tu aimes? Et après ça, je dois passer à la boutique Olivia où l'on vend mes vêtements.

RACHID Tu vends aussi des vêtements dans une boutique?

AMINA Oui, mes créations! J'étudie le stylisme de mode, tu ne t'en souviens pas?

RACHID Si, bien sûr, mais... Tu as vraiment du talent.

AMINA Alors! On n'a plus besoin de chercher un Cyberhomme?

SANDRINE Pour le moment, je ne cherche personne. David est super.

DAVID De quoi parlez-vous?

SANDRINE Oh, rien d'important.

RACHID Bon, Amina. On y va?

AMINA Oui. Passez un bon après-midi.

SANDRINE Vous aussi.

Expressions utiles

Dealing with money

- **Nous n'acceptons que les paiements en liquide.**
  We only accept payment in cash.
- **Je viens de m'apercevoir que je n'ai pas de liquide.**
  I just noticed/realized I don't have any cash.
- **Il y a toujours le distributeur automatique.**
  There's always the ATM.

Running errands

- **J'ai quelques courses à faire plus tard cet après-midi.**
  I have a few/some errands to run later this afternoon.
- **Je voudrais aller à la bijouterie qui vend les bijoux que je fais.**
  I'd like to go to the jewelry shop that sells the jewelry I make.

Expressing negation

- **Pas de problème.**
  No problem.
- **On n'a plus besoin de chercher un Cyberhomme?**
  We no longer need to look for a Cyberhomme?
- **Pour le moment, je ne cherche personne.**
  For the time being/the moment, I'm not looking for anyone.
- **Rien d'important.**
  Nothing important.

Additional vocabulary

- **J'ai reçu un e-mail.**
  I received an e-mail.
- **Qu'est-ce que vous faites de beau?**
  What are you up to?

---

2 **Complétez** Complétez les phrases suivantes.

1. La charcuterie accepte les paiements en liquide et _____.
2. Amina veut aller à la poste, à la boutique de vêtements et à la _____.
3. À côté de la banque, il y a un _____.
4. Amina paie avec des pièces de monnaie et des _____.
5. Amina a des _____ à faire cet après-midi.

3 **À vous!** Que se passe-t-il au pique-nique ou à la brasserie? Avec un(e) camarade de classe, écrivez une conversation entre Amina et Sandrine ou Rachid et David, dans laquelle elles/ils se racontent ce qu'ils ont fait. Qu'ont-ils mangé? Se sont-ils amusés? Était-ce romantique? Jouez la scène devant la classe.

ACTIVITÉS

S Reading
Video: *Flash culture*

CULTURE À LA LOUPE

Les petits commerces

Dans beaucoup de pays francophones, on fait toujours les courses chez les petits commerçants, même° s'il est plus pratique d'aller au supermarché. On allie° modernité et tradition: on fait souvent les courses une fois par semaine au supermarché mais quand on a plus de temps, on se rend° dans les petits commerces où on achète des produits plus authentiques et parfois plus proches° de son domicile°.

Pour le fromage, par exemple, on va à la crémerie; pour la viande, on va à la boucherie; pour le poisson, à la poissonnerie. Dans les épiceries de quartier, on trouve aussi toutes sortes de produits, par exemple des fruits et des légumes, des produits frais°, des boîtes de conserve°, des produits surgelés°, etc. Les épiceries fines se spécialisent dans les produits de luxe et parfois, dans les plats préparés.

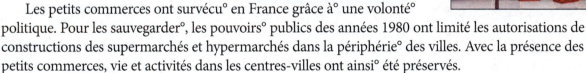

En France, la boulangerie reste le petit commerce le plus fréquenté. Le pain artisanal, les croissants et les brioches au beurre ont aussi un goût° bien différent des produits industriels. Chaque quartier, chaque village a au minimum une boulangerie. Dans certaines rues des grandes villes françaises (Paris, Lyon, Marseille, Bordeaux, etc.) il y en a parfois quatre ou cinq proches les unes des autres. Les pâtisseries aussi sont très nombreuses°.

Les petits commerces ont survécu° en France grâce à° une volonté° politique. Pour les sauvegarder°, les pouvoirs° publics des années 1980 ont limité les autorisations de constructions des supermarchés et hypermarchés dans la périphérie° des villes. Avec la présence des petits commerces, vie et activités dans les centres-villes ont ainsi° été préservés.

même *even* **allie** *combines* **se rend** *goes* **proches** *close* **domicile** *home* **frais** *fresh* **boîtes de conserve** *canned goods*
surgelés *frozen* **goût** *flavor* **nombreuses** *numerous* **survécu** *survived* **grâce à** *thanks to* **volonté** *will* **sauvegarder** *save*
pouvoirs *authorities* **périphérie** *outskirts* **ainsi** *thus*

A C T I V I T É S

1 **Complétez** Complétez les phrases.

1. Dans beaucoup de pays francophones, on fait les courses au supermarché ou chez _____.
2. On fait souvent les courses une fois par semaine _____.
3. Dans les petits commerces on achète des produits plus _____.
4. Pour acheter du fromage, on peut aller à _____.
5. Dans _____, on peut acheter des produits frais et surgelés.

6. On peut acheter des plats préparés et des produits de luxe dans certaines _____.
7. Le pain artisanal des boulangeries a _____ très différent des produits industriels.
8. Dans certaines rues _____, il y a parfois cinq boulangeries.
9. Les petits commerces français ont survécu grâce à une volonté _____.
10. Les pouvoirs publics en France ont limité la construction des supermarchés dans _____ des villes.

STRATÉGIE

Summarizing a text

Summarizing a text in your own words can help you comprehend it better. Before summarizing a text, you might find it helpful to skim it and jot down a few notes about its general meaning. You can then read the text again, writing down the important details. Your notes will help you summarize what you have read. If the text is particularly long, you may want to subdivide it into smaller segments so that you can summarize it more easily.

LE MONDE FRANCOPHONE

Où faire des courses?

Voici quelques endroits où faire des courses.

En Afrique du Nord les souks, quartiers des vieilles villes où il y a une grande concentration de magasins et de stands
En Côte d'Ivoire le marché de Cocody à Abidjan où on trouve des tissus° et des objets locaux
À la Martinique le grand marché de Fort-de-France, un marché couvert°, ouvert tous les jours, qui offre toutes sortes de produits
À Montréal la ville souterraine°, un district du centre-ville où il y a de nombreux centres commerciaux reliés° entre eux par des tunnels
À Paris le marché aux puces° de Saint-Ouen où on trouve des antiquités et des objets divers
À Tahiti le marché couvert de Papeete où on offre des produits pour les touristes et pour les Tahitiens

tissus *fabrics* couvert *covered* souterraine *underground* reliés *connected* marché aux puces *flea market*

PORTRAIT

Le «Spiderman» français

Alain Robert, le «Spiderman» français, découvre l'escalade° quand il est enfant et devient un des meilleurs grimpeurs° de falaises° du monde. Malgré° deux accidents qui l'ont laissé invalide à 60%°, avec des problèmes de vertiges°, il commence sa carrière de grimpeur «urbain» et escalade son premier gratte-ciel° à Chicago, en 1994. Depuis, il a escaladé plus de 70 gratte-ciel et autres structures du monde, dont la tour Eiffel à Paris et la Sears Tower à Chicago. En 1997, il a été arrêté par la police pendant son ascension du plus grand bâtiment du monde, les tours Petronas en Malaisie. Parfois en costume de Spiderman, mais toujours sans corde° et à mains nues°, Robert fait souvent des escalades pour collecter des dons° et il attire° parfois des milliers de spectateurs.

escalade *climbing* grimpeurs *climbers* falaises *cliffs* Malgré *In spite of* invalide à 60% *60% disabled* vertiges *vertigo* gratte-ciel *skyscraper* corde *rope* nues *bare* dons *charitable donations* attire *attracts*

Sur Internet

Que peut-on acheter chez les bouquinistes, à Paris?

Go to **vhlcentral.com** to find more cultural information related to this **Lecture culturelle**. Then watch the corresponding **Flash culture.**

---

2 Vrai ou faux? Indiquez si les phrases sont **vraies** ou **fausses**.

1. Alain Robert escalade seulement des falaises.
2. Alain Robert a escaladé son premier bâtiment à Chicago.
3. Alain Robert n'a jamais eu de problèmes de santé dans sa carrière de grimpeur.
4. À Montréal, il y a un quartier souterrain.
5. Il y a des souks dans les marchés d'Abidjan.

3 Le marchandage En Afrique du Nord, il est très courant de marchander ou de discuter avec un vendeur pour obtenir un meilleur prix. Avez-vous déjà eu l'occasion de marchander? Où? Quand? Qu'avez-vous acheté? Avez-vous obtenu un bon prix? Discutez de ce sujet avec un(e) partenaire.

ressources	
VM pp. 261–262	vhlcentral.com Leçon 12A

Practice more at **vhlcentral.com.**

A C T I V I T É S

STRUCTURES

Voir, recevoir, and *apercevoir* Ⓢ Presentation

Je m'aperçois que je n'ai pas d'argent.

On vous a vus devant le distributeur!

The verb *voir* (to see)	
je vois	nous voyons
tu vois	vous voyez
il/elle/on voit	ils/elles voient

Nous **voyons** le nouveau commissariat de police.
We see the new police station.

Tu **vois** les cartes postales sur la table?
Do you see the postcards on the table?

- **Voir** takes **avoir** as an auxiliary verb in the **passé composé**, and its past participle is **vu**.

  Tu **as vu** le nouveau facteur?
  Did you see the new mailman?

  Ils **ont vu** *Un air de famille* en DVD.
  They saw Un air de famille *on DVD.*

- The **conditionnel** of **voir** is formed with the stem **verr-**.

  S'ils pouvaient, ils **verraient** le film ce week-end.
  If they could, they would see the film this weekend.

  Elle **verrait** mieux si elle portait des lunettes.
  She would see better if she wore glasses.

- The verb **revoir** (*to see again*) is derived from **voir** and is conjugated in the same way.

Au revoir!

Boîte à outils

You can use the expression **aller voir** to mean *to go (and) see/visit*.

On va voir les ruines.
We're going to see (visit) the ruins.

Se voir can be used either reflexively or reciprocally.

Je me vois dans le miroir. (reflexive)

Dorian et Lise se voient. (reciprocal)

On se **revoit** mercredi ou jeudi?
Will we see each other again Wednesday or Thursday?

On a **revu** nos camarades à la papeterie.
We saw our classmates again at the stationery store.

- In **Leçon 9A**, you learned to conjugate **devoir**. **Recevoir** and **apercevoir** are conjugated similarly.

	recevoir (to receive)	**apercevoir** (to catch sight of, to see)
je/j'	reçois	aperçois
tu	reçois	aperçois
il/elle/on	reçoit	aperçoit
nous	recevons	apercevons
vous	recevez	apercevez
ils/elles	reçoivent	aperçoivent

recevoir and apercevoir

Je **reçois** une lettre de mon copain.
I receive a letter from my friend.

Vous **recevez** le courrier à la même heure tous les après-midi.
You receive the mail at the same time every afternoon.

Les criminels **aperçoivent** le policier.
The criminals see the police officer.

Le chien **aperçoit** le facteur quand il s'approche.
The dog sees the mailman when he approaches.

- **Recevoir** and **apercevoir** take **avoir** as the auxiliary verb in the **passé composé**. Their past participles are, respectively, **reçu** and **aperçu**.

Guillaume **a reçu** une carte postale.
Guillaume received a postcard.

J'**ai aperçu** un distributeur automatique.
I saw an ATM.

- The **conditionnel** of **recevoir** and **apercevoir** is formed with the stems **recevr-** and **apercevr-**, respectively.

Nous **recevrions** des colis si elle nous en envoyait.
We would receive packages if she sent us some.

D'ici, on **apercevrait** le bureau de poste.
From here, you would catch sight of the post office.

- The verb **s'apercevoir (de)** means *to notice* or *to realize*.

Elle **s'est aperçue** qu'il fallait faire la queue.
She realized it was necessary to wait in line.

Nous **nous sommes aperçus** du problème hier.
We noticed the problem yesterday.

 Essayez!   Donnez la forme appropriée du verbe au présent.

voir
1. tu _____ *vois*
2. vous _____
3. elle _____
4. elles _____

recevoir
5. il _____ *reçoit*
6. nous _____
7. ils _____
8. je _____

apercevoir
9. vous _____ *apercevez*
10. tu _____
11. elles _____
12. Houda _____

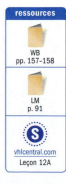

STRUCTURES

Mise en pratique

1 **À la Martinique** Alain et Chantal sont en vacances. Que disent-ils? Utilisez le présent de l'indicatif du verbe **voir**.

> **MODÈLE**
>
> tu / voir / la plage et la mer
> *Tu vois la plage et la mer.*

1. je / voir / couleurs / merveilleux
2. Chantal / voir / énorme / poisson
3. ils / voir / que / marché aux fruits / fermer / tôt
4. nous / voir / le Carnaval / balcon de l'hôtel
5. tu / voir / enfants / dans / parc
6. vous / voir / boutique de vêtements
7. on / voir / le marchand / à côté de / bijouterie

2 **Recevoir ou apercevoir?** Vous parlez avec un(e) ami(e) de votre vie sur le campus. Complétez les phrases avec les verbes appropriés au présent.

1. De sa chambre, mon ami Marc _____ le campus.
2. Mon camarade de chambre et moi, nous ne _____ pas de visites pendant la semaine.
3. Tu _____ parfois le facteur passer en voiture.
4. Ma petite amie et sa sœur _____ souvent des colis de leurs parents.
5. Quelquefois, je/j' _____ mes profs au supermarché.
6. Ton meilleur ami et toi, vous _____ souvent des amis le week-end.
7. Mon amie Fabienne _____ beaucoup de cadeaux pour son anniversaire.
8. Malik et moi, nous _____ le cybercafé de la bibliothèque.

3 **Revoir** Alain et Chantal ont beaucoup aimé leur séjour à la Martinique et ils disent à une amie qu'ils ont déjà vu ces endroits et qu'ils les reverraient volontiers.

la montagne Pelée
(nous)

> **MODÈLE**
>
> *Nous avons vu la montagne Pelée et nous la reverrions volontiers.*

1. d'énormes poissons (tu)

2. la forêt tropicale (je)

3. le marché (Alain)

4. les plages (vous)

Practice more at **vhlcentral.com.**

Communication

 4 **Curieux!** Avec un(e) partenaire, posez-vous ces questions à tour de rôle.

 1. Reçois-tu souvent des lettres? De qui? Quand?

2. As-tu vu un bon film récemment? Quel film?

3. Tes parents recevaient-ils souvent des amis quand tu étais petit(e)? Aimais-tu leurs amis?

4. Voyais-tu tes camarades pendant les vacances d'été? Pourquoi?

5. Qu'aperçois-tu de ta chambre? Que préférerais-tu apercevoir?

6. Est-ce que tu as reçu beaucoup de cadeaux pour Noël? De qui?

7. D'habitude, quand est-ce que tu vois tes cousins?

8. Reçois-tu toujours de bonnes notes? Dans quels cours?

9. Que ferais-tu si tu apercevais un crime sur le campus?

5 **Assemblez** Achetez-vous sur Internet? Avec un(e) partenaire, assemblez les éléments des colonnes pour raconter vos expériences. Utilisez les verbes **voir**, **recevoir**, **apercevoir** et **s'apercevoir** dans votre conversation.

MODÈLE

Étudiant(e) 1: *Je commande parfois des livres sur Internet. Une fois, je n'ai pas reçu mes livres!*
Étudiant(e) 2: *Mon père adore acheter sur Internet. Il voit souvent des objets qui l'intéressent.*

A	B	C
je	apercevoir	billets d'avion
tu	s'apercevoir	billets de concert
un(e) ami(e)	commander	CD
nous	poster	DVD
vous	recevoir	livres
tes parents	voir	vêtements
?	?	?

 6 **Enquête** Votre professeur va vous donner une feuille d'activités. Circulez dans la classe et demandez à vos camarades s'ils connaissent quelqu'un qui pratique chaque activité de la liste. S'ils répondent par l'affirmative, demandez-leur qui est la personne et écrivez la réponse. Ensuite, présentez vos réponses à la classe.

MODÈLE

Étudiant(e) 1: *Connais-tu quelqu'un qui reçoit rarement des e-mails?*
Étudiant(e) 2: *Oui, mon frère aîné reçoit très peu d'e-mails.*

Activités	Nom	Réponses
1. recevoir / rarement / e-mails	Quang	son frère aîné
2. s'inquiéter / quand / ne pas / recevoir / e-mails		
3. apercevoir / e-mail bizarre / le / ouvrir		

STRUCTURES

Negative/affirmative expressions  Presentation

Point de départ In **Leçon 2A**, you learned how to negate verbs with **ne... pas**, which is used to make a general negation. In French, as in English, you can also use a variety of expressions that add a more specific meaning to the negation.

- The other negative expressions are also made up of two parts: **ne** and a second negative word. The verb is placed between these two parts.

Negative expressions

ne... aucun(e)	*none (not any)*	ne... plus	*no more (not anymore)*
ne... jamais	*never (not ever)*	ne... que	*only*
ne... ni... ni	*neither... nor*	ne... rien	*nothing (not anything)*
ne... personne	*nobody, no one*		

Je **n'**ai **aucune** envie de manger.
I have no desire to eat.

Il **n'**a **plus** faim.
He's not hungry anymore.

Le bureau de poste **n'**est **jamais** ouvert.
The post office is never open.

Ils **n'**ont **que** des timbres de la poste aérienne.
They only have airmail stamps.

Elle **ne** parle à **personne**.
She doesn't talk to anyone.

Le facteur **n'**avait **rien** pour nous.
The mailman had nothing for us.

- To negate the expression **il y a**, place **n'** before **y** and the second negative word after the form of **avoir**.

Il **n'**y a **aucune** banque près d'ici?
Aren't there any banks nearby?

Il **n'**y avait **rien** sur mon compte.
There wasn't anything in my account.

- The negative words **personne** and **rien** can be the subject of a verb, in which case they are placed before a third-person singular verb with **ne** following them.

Personne n'était là.
No one was there.

Rien n'est arrivé dans le courrier.
Nothing arrived in the mail.

- Note that **aucun(e)** can be either an adjective or a pronoun. Therefore, it must agree with the noun it modifies or replaces. It is always used in the singular.

Tu **ne** trouves **aucune boîte aux lettres**?
Can't you find any mailboxes?

Je **n'**en trouve **aucune** par ici.
I can't find any around here.

Il **n'**a choisi **aucun** de ces pulls?
Didn't he pick any of these sweaters?

Non, il **n'**en a aimé **aucun**.
No, he didn't like any of them.

- **Jamais**, **personne**, **plus**, and **rien** can be doubled up with **ne**.

Elle **ne** parle **jamais** à **personne**.
She never talks to anyone.

Il **n'**y a **plus personne** ici.
There isn't anyone here anymore.

Elle **ne** dit **jamais rien**.
She never says anything.

Il **n'**y a **plus rien** ici.
There isn't anything here anymore.

- To say *neither... nor*, you use three negative words: **ne... ni... ni**. Note that partitive and indefinite articles are usually omitted.

  Le facteur **n**'est **ni** sympa **ni** sociable.
  The mailman is neither nice nor sociable.

  Je **n**'ai **ni** frères **ni** sœurs.
  I have neither brothers nor sisters.

- Note that in the **passé composé**, the words **jamais**, **plus**, and **rien** are placed between the auxiliary verb and the past participle. **Aucun(e)**, **personne**, and **que** follow the past participle.

  Elle **n**'est **jamais** revenue.
  She's never returned.

  Nous **n**'avons **plus** emprunté d'argent.
  We haven't borrowed money anymore.

  Je **n**'ai **rien** dit aujourd'hui.
  I didn't say anything today.

  Vous **n**'avez signé **aucun** papier.
  You didn't sign any papers.

  Il **n**'a parlé à **personne**.
  He didn't speak to anyone.

  Ils **n**'en ont posté **que** deux.
  They only mailed two.

- These expressions can be used in affirmative phrases. Note that when **jamais** is not accompanied by **ne**, it can mean *ever*.

jamais	*ever*
quelque chose	*something*

quelqu'un	*someone*
toujours	*always; still*

  As-tu **jamais** été à cette brasserie?
  Have you ever been to that brasserie?

  Il y a **quelqu'un**?
  Is someone there?

  Vous cherchez **quelque chose**?
  Are you looking for something?

  Il est **toujours** aussi réservé?
  Is he still so reserved?

- Note that **personne**, **quelque chose**, **quelqu'un**, and **rien** can be modified with an adjective after **de**.

  Nous cherchons **quelque chose de joli**.
  We're looking for something pretty.

  Ce n'est **rien de nouveau**.
  It's nothing new.

  Il y a **quelqu'un de généreux** dans ta famille?
  Is there anyone generous in your family?

  Je ne connais **personne de plus intelligent** que lui.
  I don't know anyone more intelligent than him.

Boîte à outils

Some expressions, when used in questions, often result in a logical negative expression in the answer.

quelqu'un (*someone*) → **ne... personne** (*no one*)

quelquefois / toujours (*sometimes / always*) → **ne... jamais** (*never*)

quelque chose / tout (*something / everything*) → **ne... rien** (*nothing*)

toujours (*still*) → **ne... plus** (*anymore*)

déjà (*already*) → **ne... pas encore** (*not yet*)

Essayez! Choisissez l'expression correcte.

1. (Jamais / Personne) ne trouve cet homme agréable.
2. Je ne veux (rien / jamais) faire aujourd'hui.
3. Y a-t-il (quelqu'un / personne) à la banque?
4. Je n'ai reçu (pas de / aucun) colis.
5. Il n'y avait (ne / ni) lettres ni colis dans la boîte aux lettres.
6. Il n'y a (plus / aucun) d'argent à la banque?
7. Jérôme ne va (toujours / jamais) à la poste.
8. Le facteur n'arrive (toujours / qu') à trois heures.

ressources

WB
pp. 159–160

LM
p. 92

S
vhlcentral.com
Leçon 12A

Mise en pratique

1 **Les jumelles** Olivia et Anaïs sont des jumelles (*twin sisters*) bien différentes. Expliquez comment.

> **MODÈLE**
>
> Olivia est toujours heureuse.
> *Anaïs n'est jamais heureuse.*

1. Olivia rit tout le temps.
2. Olivia remarque (*notes*) tout.
3. Olivia voit encore ses amies d'enfance.
4. Olivia aime le chocolat et la glace.
5. Olivia connaît beaucoup de monde.
6. Olivia reçoit beaucoup de colis.
7. Olivia est toujours étudiante.

2 **À la banque** Vous voulez ouvrir un nouveau compte et vous posez des questions au banquier. Écrivez ses réponses à la forme négative.

> **MODÈLE**
>
> La banque ferme-t-elle à midi? (jamais)
> *Non, la banque ne ferme jamais à midi.*

1. La banque est-elle ouverte le samedi? (jamais)
2. Peut-on ouvrir un compte sans papier d'identité? (personne)
3. Avez-vous des distributeurs automatiques dans les supermarchés? (aucun)
4. Pour retirer de l'argent, avons-nous encore besoin de remplir ce document? (plus)
5. Avez-vous des billets et des pièces dans vos distributeurs automatiques? (que)
6. Est-ce que tout le monde peut retirer de l'argent de mon compte bancaire? (personne)

3 **Pas exactement** Tristan exagère souvent. Il a écrit cet e-mail et vous lui répondez pour dire que les choses ne sont pas arrivées exactement comme ça. Mettez toutes ses phrases à la forme négative dans votre réponse.

> **MODÈLE**
>
> *Tu n'es pas arrivé tard à la banque...*

> Je suis arrivé tard à la banque. Quelqu'un m'a ouvert la porte. J'ai regardé les affiches et les brochures. J'ai demandé quelque chose. Il y avait encore beaucoup d'argent sur mon compte. Je vais souvent revenir dans cette banque.

Practice more at **vhlcentral.com.**

Communication

4 **De mauvaise humeur** Aujourd'hui, Anne-Marie est très négative. Elle répond négativement à toutes les questions. Avec un(e) partenaire, jouez les rôles d'Anne-Marie et de son amie. Rajoutez (*Add*) deux lignes supplémentaires de dialogue à la fin.

MODÈLE

tu / sortir avec quelqu'un en ce moment
Étudiant(e) 1: *Est-ce que tu sors avec quelqu'un en ce moment?*
Étudiant(e) 2: *Non, je ne sors avec personne.*

1. tu / faire quelque chose ce soir

2. tes parents / déjà venir chez toi le week-end

3. ton frère / avoir encore sa vieille voiture

4. tes amis et toi / aller toujours au Canada en été

5. quelqu'un / habiter dans ta maison cet été

6. tu / prendre quelquefois des vacances

7. ?

8. ?

5 **Activités dangereuses** Avec un(e) partenaire, faites une liste de dix activités dangereuses. Ensuite, travaillez avec un autre groupe et demandez à vos camarades s'ils pratiquent ces activités. Répondent-ils toujours par des phrases négatives?

MODÈLE

Étudiant(e) 1: *Fais-tu du jogging la nuit?*
Étudiant(e) 2: *Non! Je ne fais jamais de jogging la nuit.*

6 **Quel désastre!** En vacances, vous vous apercevez que votre valise a disparu (*disappeared*) avec votre argent liquide, vos papiers et vos cartes de crédit. Vous avez besoin de retirer de l'argent à la banque. Préparez un dialogue entre vous et deux employés de banque. Utilisez les expressions de la liste.

jamais	ne... que	quelqu'un
ne... aucun(e)	ne... rien	rien
ne... ni... ni...	quelque chose	toujours
ne... plus		

Révision

1 **Je ne vais jamais…** Votre professeur va vous donner une feuille d'activités. Circulez dans la classe pour trouver un(e) camarade différent(e) qui fait ses courses à ces endroits. Où ne vont-ils jamais? Où ne vont-ils plus? Justifiez toutes vos réponses.

MODÈLE

Étudiant(e) 1: *Vas-tu à la laverie?*
Étudiant(e) 2: *Non, je n'y vais plus parce que j'ai acheté un lave-linge. Mais, je vais toujours à la banque le lundi.*

Endroit	Nom
1. banque	Yvonne
2. bijouterie	
3. boutique de vêtements	
4. cybercafé	
5. laverie	

2 **Le courrier** Avec un(e) partenaire, préparez six questions pour interviewer vos camarades. Que reçoivent-ils dans leur courrier? Qu'envoient-ils? Utilisez les expressions négatives et les verbes **recevoir** et **envoyer**. Ensuite, par groupes de quatre, posez vos questions et écrivez les réponses.

MODÈLE

Étudiant(e) 1: *Est-ce que tu ne reçois que des lettres dans ton courrier?*
Étudiant(e) 2: *Non, je reçois des cadeaux parfois, mais je n'en envoie jamais.*

3 **Au village** Vous visitez un petit village pour la première fois. Malheureusement, tout y est fermé. Vous posez des questions à un(e) habitant(e) sur les endroits de la liste et il/elle vous répond par des expressions négatives. Préparez le dialogue avec un(e) partenaire.

MODÈLE

Étudiant(e) 1: *À quelle heure le bureau de poste ouvre-t-il aujourd'hui?*
Étudiant(e) 2: *Malheureusement, le bureau de poste n'existe plus, Monsieur!*

banque	laverie
bureau de poste	mairie
commissariat de police	salon de beauté

4 **Vrai ou faux?** Par groupes de quatre, travaillez avec un(e) partenaire pour préparer huit phrases au sujet des deux autres partenaires de votre groupe. Essayez de deviner ce qu'ils/elles (*what they*) ont fait et n'ont pas fait. Dans vos phrases, utilisez le passé composé et les expressions négatives indiquées. Ensuite, lisez les phrases à vos deux camarades, qui vont essayer de deviner si elles sont vraies ou fausses.

MODÈLE

Étudiant(e) 1: *Tu n'es jamais allée dans le bureau du prof.*
Étudiant(e) 2: *C'est faux. J'ai dû y aller hier pour lui poser une question.*

- ne… aucun(e)
- ne… jamais
- ne… personne
- ne… plus
- ne… que
- ne… rien

5 **Au secours!** Avec un(e) partenaire, préparez un dialogue pour représenter la scène de cette illustration. Utilisez le verbe **voir** et des expressions négatives et affirmatives.

6 **Dix ans plus tard** Votre professeur va vous donner, à vous et à votre partenaire, deux plans d'une ville. Attention! Ne regardez pas la feuille de votre partenaire.

MODÈLE

Étudiant(e) 1: *Il y a dix ans, la laverie avait beaucoup de clients.*
Étudiant(e) 2: *Aujourd'hui, il n'y a personne dans la laverie.*

Le Zapping

S Video

Rennes: capitale bretonne

La ville de Rennes devient capitale de la Bretagne en 1532, année où cette région est aussi annexée à la France. Mais elle commence sa longue histoire il y a plus de 2.000 ans, à l'époque des Gaulois°. Rennes se trouve sur le confluent de deux fleuves°, "l'Ille" et la Vilaine, à un emplacement stratégique qui attire° ses premiers habitants. Au centre-ville, on peut admirer son architecture de différentes périodes historiques, comme les maisons médiévales à colombages° et le Parlement de Bretagne du XVIIe siècle.

—Au centre-ville, on trouve des cafés, la mairie, des boutiques, des distributeurs automatiques...

—Une promenade à travers les rues anciennes du centre historique vous fait découvrir la magnifique architecture bretonne...

Compréhension Répondez aux questions.

1. Quelles courses peut-on faire dans un centre-ville français?
2. Quels lieux d'intérêt culturel peut-on visiter à Rennes?
3. Comment peut-on s'y détendre?

Discussion Avec un(e) partenaire, discutez de ces questions.

1. Y a-t-il des villes dans ce pays avec des centres-villes de style français? Lesquelles (*Which ones*)?
2. Que pensez-vous des centres-villes français? Aimeriez-vous habiter à Rennes? Pourquoi?

Gaulois *Gauls (ancient Celtic people)* **fleuves** *rivers* **attire** *attracts* **à colombages** *half-timbered*

Go to **vhlcentral.com** to watch the TV clip featured in this **Le Zapping**.

Leçon 12B

You will learn how to...
- ask for directions
- say what you will do

Où se trouve...?

Vocabulaire

continuer	to continue
se déplacer	to move (change location)
suivre	to follow
tourner	to turn
traverser	to cross
un angle	corner
une avenue	avenue
un bâtiment	building
un boulevard	boulevard
un chemin	way; path
un coin	corner
des indications (f.)	directions
un office du tourisme	tourist office
au bout (de)	at the end (of)
au coin (de)	at the corner (of)
autour (de)	around
jusqu'à	until
(tout) près (de)	(very) close (to)
tout droit	straight ahead

un pont

Elle monte les escaliers. (monter)

une statue

Il descend les escaliers. (descendre)

une fontaine

OUEST NORD SUD EST

Il est perdu. (perdue f.)

Elle s'oriente. (s'orienter)

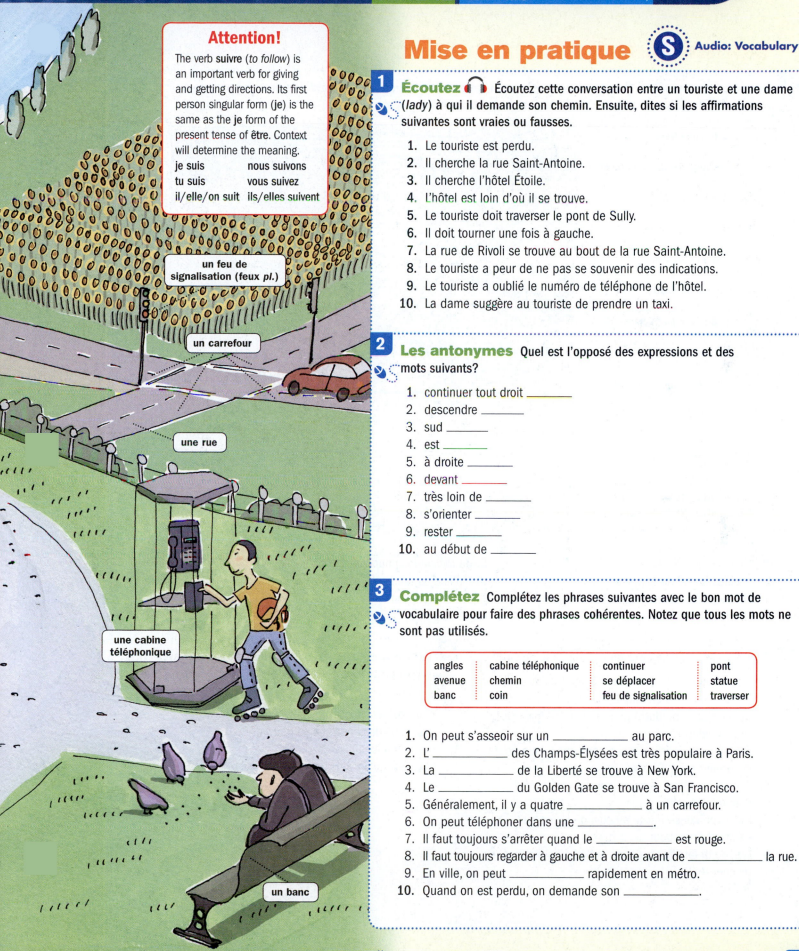

Attention!

The verb **suivre** (*to follow*) is an important verb for giving and getting directions. Its first person singular form (**je**) is the same as the **je** form of the present tense of **être**. Context will determine the meaning.

je suis	nous suivons
tu suis	vous suivez
il/elle/on suit	ils/elles suivent

un feu de signalisation (feux *pl.*)

un carrefour

une rue

une cabine téléphonique

un banc

Mise en pratique

S Audio: Vocabulary

1 **Écoutez** 🎧 Écoutez cette conversation entre un touriste et une dame (*lady*) à qui il demande son chemin. Ensuite, dites si les affirmations suivantes sont vraies ou fausses.

1. Le touriste est perdu.
2. Il cherche la rue Saint-Antoine.
3. Il cherche l'hôtel Étoile.
4. L'hôtel est loin d'où il se trouve.
5. Le touriste doit traverser le pont de Sully.
6. Il doit tourner une fois à gauche.
7. La rue de Rivoli se trouve au bout de la rue Saint-Antoine.
8. Le touriste a peur de ne pas se souvenir des indications.
9. Le touriste a oublié le numéro de téléphone de l'hôtel.
10. La dame suggère au touriste de prendre un taxi.

2 **Les antonymes** Quel est l'opposé des expressions et des mots suivants?

1. continuer tout droit _____
2. descendre _____
3. sud _____
4. est _____
5. à droite _____
6. devant _____
7. très loin de _____
8. s'orienter _____
9. rester _____
10. au début de _____

3 **Complétez** Complétez les phrases suivantes avec le bon mot de vocabulaire pour faire des phrases cohérentes. Notez que tous les mots ne sont pas utilisés.

angles	cabine téléphonique	continuer	pont
avenue	chemin	se déplacer	statue
banc	coin	feu de signalisation	traverser

1. On peut s'asseoir sur un _____ au parc.
2. L'_____ des Champs-Élysées est très populaire à Paris.
3. La _____ de la Liberté se trouve à New York.
4. Le _____ du Golden Gate se trouve à San Francisco.
5. Généralement, il y a quatre _____ à un carrefour.
6. On peut téléphoner dans une _____.
7. Il faut toujours s'arrêter quand le _____ est rouge.
8. Il faut toujours regarder à gauche et à droite avant de _____ la rue.
9. En ville, on peut _____ rapidement en métro.
10. Quand on est perdu, on demande son _____.

Communication

4 **Le plan de la ville** Travaillez avec un(e) partenaire et, à tour de rôle, demandez des indications pour pouvoir vous rendre (*to get*) aux endroits de la liste. Indiquez votre point de départ.

 Café de la Gare

 Boulangerie Le Pain Chaud

 Hôpital St-Jean

 Office du tourisme

 Épicerie Bresson

 Bureau de poste

 Pharmacie La Molière

 Banque

 Université Joseph Fourier

Téléphone

MODÈLE

la boulangerie Le Pain Chaud, le bureau de poste
Étudiant(e) 1: *Excusez-moi, où se trouve la boulangerie Le Pain Chaud, s'il vous plaît?*
Étudiant(e) 2: *Du bureau de poste, suivez le boulevard jusqu'à l'avenue Félix Viallet, ensuite prenez à droite, continuez tout droit, la boulangerie est à droite, juste après le cours Jean Jaurès.*

1. l'hôpital, la pharmacie
2. le café, l'office du tourisme
3. la banque, le bureau de poste
4. l'université, l'épicerie

5. la cabine téléphonique, la boulangerie
6. l'office du tourisme, la pharmacie
7. la banque, l'université
8. la boulangerie, la pharmacie

5 **Conversez** Interviewez un(e) camarade de classe.

1. Quelles statues célèbres connais-tu? Connais-tu aussi des ponts et des bâtiments célèbres?
2. Quand t'es-tu perdu(e) pour la dernière fois? Où? Qui t'a aidé(e)?
3. Quand as-tu utilisé une cabine téléphonique pour la dernière fois? Où étais-tu?
4. Es-tu déjà allé(e) dans un office du tourisme? Pour quoi faire?
5. Qu'est-ce qui se trouve au coin de la rue où tu habites? Et au bout de la rue?
6. Qui, de ta famille ou de tes ami(e)s, habite près de chez toi?

6 **En vacances** Préparez cette conversation avec un(e) partenaire. Soyez prêt(e)s à jouer la scène devant la classe.

- Vous êtes un(e) touriste perdu(e) en ville.
- Vous demandez où se trouvent deux endroits différents.
- Quelqu'un vous indique le chemin.

Les sons et les lettres

 S Audio: Concepts, Activities
Record & Compare

Les majuscules et les minuscules

Some of the rules governing capitalization are the same in French as they are in English. However, many words that are capitalized in English are not capitalized in French. For example, the French pronoun **je** is never capitalized except when it is the first word in a sentence.

Aujourd'hui, **je** vais au marché.　　　　Today, **I** am going to the market.

Days of the week, months, and geographical terms are not capitalized in French.

Qu'est-ce que tu fais **l**undi après-midi?　　Mon anniversaire, c'est le 14 **o**ctobre.
Cette ville est sur la **m**er Méditerranée.　　Il habite 5 **r**ue de la Paix.

Languages are not capitalized in French, nor are adjectives of nationality. However, if the word is a noun that refers to a person or people of a particular nationality, it is capitalized.

Tu apprends le **f**rançais.　　　　　　C'est une voiture **a**llemande.
You are learning French.　　　　　　*It's a German car.*

Elle s'est mariée avec un **I**talien.　　Les **F**rançais adorent le foot.
She married an Italian.　　　　　　*The French love soccer.*

As a general rule, you should write capital letters with their accents. Diacritical marks can change the meaning of words, so not including them can create ambiguities.

LES AVOCATS SERONT JUG**É**S.　　　　LES AVOCATS SERONT JUG**E**S.
Lawyers will be judged.　　　　　　*Lawyers will be the judges.*

Corrigez Corrigez la capitalisation des mots suivants.

1. MAI
2. QUÉBEC
3. VENDREDI
4. ALLEMAND
5. L'OCÉAN PACIFIQUE
6. LE BOULEVARD ST-MICHEL

Écrivez Écrivez correctement les phrases en utilisant les minuscules et les majuscules.

1. LE LUNDI ET LE MERCREDI, J'AI MON COURS D'ITALIEN.
2. CHARLES BAUDELAIRE ÉTAIT UN POÈTE FRANÇAIS.
3. LES AMÉRICAINS AIMENT BEAUCOUP LE LAC MICHIGAN.
4. UN MONUMENT SE TROUVE SUR L'AVENUE DES CHAMPS-ÉLYSÉES.

Dictons Répétez les dictons à voix haute.

Si le Français est "tout yeux", l'Anglais est "tout oreilles."[2]

La France, c'est le français quand il est bien écrit.[1]

[1] France is French (when it is) well written.
[2] If the Frenchman is all eyes, the Englishman is all ears.

ressources
LM p. 94
vhlcentral.com
Leçon 12B

ROMAN-PHOTO

Chercher son chemin

 Video: *Roman-photo*
Record & Compare

PERSONNAGES

Amina

David

M. Hulot

Rachid

Sandrine

Stéphane

Touriste

Au kiosque de M. Hulot...

M. HULOT Bonjour, Monsieur.
TOURISTE Bonjour.
M. HULOT Trois euros, s'il vous plaît.
TOURISTE Je n'ai pas de monnaie.
M. HULOT Voici cinq, six, sept euros qui font dix. Merci...
TOURISTE Excusez-moi, où est le bureau de poste, s'il vous plaît?

M. HULOT Euh... c'est par là... Ah... non... euh... voyons... vous prenez cette rue, là et... euh, non non... je ne sais pas vraiment comment vous expliquer... Attendez, vous voyez le café qui est juste là? Il y aura certainement quelqu'un qui saura vous dire comment y aller.
TOURISTE Ah, merci, Monsieur, au revoir!

Au P'tit Bistrot...

SANDRINE Qu'est-ce que vous allez faire le week-end prochain?
RACHID Je pense que nous irons faire une randonnée à la Sainte-Victoire.
AMINA Oui, j'espère qu'il fera beau!
DAVID S'il ne pleut pas, nous irons au concert en plein air de Pauline Ester. C'est la chanteuse préférée de Sandrine, n'est-ce pas, chérie?

DAVID Non! À droite!
RACHID Non, à gauche! Puis, vous continuez tout droit, vous traversez le cours Mirabeau et c'est juste là, en face de la fontaine de La Rotonde, à côté de la gare.
DAVID Non, c'est à côté de l'office du tourisme.

TOURISTE Euh merci, je... je vais le trouver tout seul. Au revoir.
TOUS Bonne journée, Monsieur.

À la terrasse...

STÉPHANE Bonjour, je peux vous aider?
TOURISTE J'espère que oui.
STÉPHANE Vous êtes perdu?
TOURISTE Exactement. Je cherche le bureau de poste.

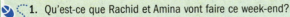

1 Questions Répondez par des phrases complètes.

1. Qu'est-ce que Rachid et Amina vont faire ce week-end?
2. Qu'est-ce que Sandrine et David vont faire ce week-end?
3. Quels points de repères (*landmarks*) Stéphane donne-t-il au touriste?
4. Est-ce que vous pensez que la musique de Pauline Ester est très appréciée aujourd'hui? Pourquoi?

5. Est-ce que vous pensez que les choses vont bien entre Amina et Rachid? Pourquoi?
6. Est-ce que vous pensez que les choses vont bien entre Sandrine et David? Pourquoi?
7. Comment pensez-vous que le touriste se sent quand il sort du P'tit Bistrot?
8. Qui avait raison, à votre avis (*in your opinion*), David ou Rachid?

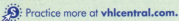 Practice more at **vhlcentral.com**.

A C T I V I T É S

Un touriste se perd à Aix… heureusement, il y a Stéphane!

SANDRINE Absolument! «Oui, je l'adore, c'est mon amour, mon trésor…»

AMINA Pauline Ester! Tu aimes la musique des années quatre-vingt-dix?

SANDRINE Pas tous les styles de musique, mais Pauline Ester, oui.

AMINA Comme on dit, les goûts et les couleurs, ça ne se discute pas!

RACHID Tu n'aimes pas Pauline Ester, mon cœur?

TOURISTE Excusez-moi, est-ce que vous savez où se trouve le bureau de poste, s'il vous plaît?

RACHID Oui, ce n'est pas loin d'ici. Vous descendez la rue, juste là, ensuite vous continuez jusqu'au feu rouge et vous tournez à gauche.

STÉPHANE Le bureau de poste? C'est très simple.

TOURISTE Ah bon! C'est loin d'ici?

STÉPHANE Non, pas du tout. C'est tout près. Vous prenez cette rue, là, à gauche. Vous continuez jusqu'au cours Mirabeau. Vous le connaissez?

TOURISTE Non, je ne suis pas d'ici.

STÉPHANE Bon… Le cours Mirabeau, c'est le boulevard principal de la ville.

STÉPHANE Alors, une fois que vous serez sur le cours Mirabeau, vous tournerez à gauche et suivrez le cours jusqu'à La Rotonde. Vous la verrez… Il y a une grande fontaine. Derrière la fontaine, vous trouverez le bureau de poste, et voilà!

TOURISTE Merci beaucoup.

STÉPHANE De rien. Au revoir!

2 **Comment y aller?** Remettez les indications pour aller du P'tit Bistrot au bureau de poste dans l'ordre. Écrivez un **X** à côté de l'indication que l'on ne doit pas suivre.

a. _____ Suivez le cours Mirabeau jusqu'à la fontaine.

b. _____ Le bureau de poste se trouve derrière la fontaine.

c. _____ Tournez à gauche.

d. _____ Tournez à droite au feu rouge.

e. _____ Prenez cette rue à gauche jusqu'au boulevard principal.

3 **Écrivez** Le touriste est soulagé (*relieved*) d'arriver enfin au bureau de poste. Il était très découragé; presque personne ne savait lui expliquer comment y aller. Il écrit une carte postale à sa femme pour lui raconter son aventure. Composez son message.

A C T I V I T É S

S Reading

CULTURE À LA LOUPE

Villes et villages

Quand on regarde le plan d'un village, d'une petite ville ou celui d'un quartier dans une grande ville, on remarque qu'il y a souvent une place au centre, autour de laquelle° la vie urbaine s'organise. C'est un peu comme «le cœur» de la ville ou du quartier.

Sur la place principale des villes et villages français, on trouve souvent une église. Il peut aussi y avoir l'hôtel de ville (la mairie), ainsi que° d'autres bâtiments administratifs comme la poste, le commissariat de police ou l'office du tourisme. Autour de cette grande place se trouve le centre-ville où beaucoup de gens vont pour faire leurs courses dans les magasins ou pour se détendre dans un café, restaurant ou cinéma. Parfois, on y trouve aussi un musée ou

un théâtre. La place principale peut être piétonne° ou ouverte à la circulation, mais dans les deux cas, elle est souvent très animée°.

En général, cette place est bien entretenue° et décorée d'une fontaine, d'un parterre de fleurs° ou d'une statue. La majorité des rues principales de la ville ou du quartier y sont connectées. Le nom de cette place reflète ce qui s'y trouve, par exemple place de l'Église, place de la Mairie ou place de la Comédie. Les rues, elles, portent souvent le nom d'un écrivain ou d'un personnage célèbre de l'histoire de France, par exemple rue Victor Hugo ou avenue du général de Gaulle. Au centre-ville, les rues sont souvent très étroites et beaucoup sont à sens unique°.

laquelle which **ainsi que** as well as **piétonne** pedestrian **animée** busy **entretenue** cared for **parterre de fleurs** flower bed **à sens unique** one-way

Coup de main

Some major cities in France, such as Paris, Lyon, and Marseille, are divided into **arrondissements**, or districts. You can determine in which **arrondissement** something is located by the final numbers of its zip code. For example, 75011 indicates the 11th **arrondissement** in Paris and 13001 is the 1st **arrondissement** in Marseille.

A C T I V I T É S

1 Complétez Donnez un début logique à chaque phrase, d'après le texte.

1. ... au centre de la majorité des petites villes françaises.
2. ... autour de sa grande place.
3. ... se situe souvent sur la place principale d'une ville française.
4. ... pour faire leurs courses ou pour se détendre.
5. ... décorent souvent les places.
6. ... sont réservées exclusivement aux piétons.
7. ... détermine souvent le nom d'une place.
8. ... donnent souvent leur nom aux rues françaises.
9. ... sont souvent à sens unique.
10. ... sont parfois divisées en arrondissements.

STRATÉGIE

Previously learned grammar and vocabulary

As you read, remember to identify and take advantage of previously learned grammar and vocabulary. Doing so has two advantages. First, concepts and words that you have already learned function as clues for understanding new or unfamiliar ones. Second, by identifying known grammar and vocabulary, you recycle and thereby retain them better for future reference.

LE MONDE FRANCOPHONE

Le centre des villes

Les places centrales reflètent le cœur des centres-villes.

En Belgique

La Grand-Place à Bruxelles est bordée de superbes bâtiments ornés aux riches architectures néo-gothiques et baroques du 17e siècle. Énorme, elle est considérée comme une des plus belles places du monde.

Au Maroc

La place Djemaa El Fna à Marrakesh est immense et débordante° d'activités. Et quelles activités! On y trouve des acrobates, des charmeurs de serpents, des danseurs, des groupes de musique, des conteurs° et beaucoup de restaurants ambulants°.

Ces deux places sont inscrites° au patrimoine mondial° de l'UNESCO.

débordante *overflowing* **conteurs** *storytellers* **restaurants ambulants** *food stalls* **inscrites** *registered* **patrimoine mondial** *world heritage*

PORTRAIT

Le baron Haussmann

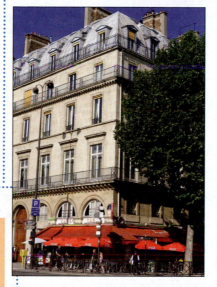

En 1853, Napoléon III demande au baron Georges Eugène Haussmann (1809-1891) de moderniser Paris. Le baron imagine alors un programme de transformation de la ville entière°. Il en est le premier vrai urbaniste. Il multiplie sa surface par deux. Pour améliorer° la circulation, il ouvre de larges avenues et des boulevards, comme le boulevard Haussmann, qu'il borde° d'immeubles bourgeois. Il crée de grands carrefours, comme l'Étoile ou la place de la Concorde, et de nombreux parcs et jardins. Plus de 600 km d'égouts° sont construits. Parce qu'il a aussi détruit beaucoup de bâtiments historiques, les Français ont longtemps détesté le baron Haussmann. Pourtant°, son influence a été remarquable.

entière *entire* **améliorer** *improve* **borde** *lines with* **égouts** *sewers* **Pourtant** *However*

Sur Internet

Quelle est la particularité de la ville de Rocamadour, en France?

Go to **vhlcentral.com** to find more cultural information related to this **Lecture culturelle**.

---

2 **Complétez** Donnez une suite logique à chaque phrase.

1. En 1853, Napoléon III demande à Haussmann...
2. Pour améliorer la circulation dans Paris, le baron Haussmann a créé...
3. Les Français ont longtemps détesté le baron Haussmann...
4. La Grand-Place est bordée de bâtiments ornés aux riches architectures...
5. Sur la place Djemaa El Fna, on peut trouver des restaurants...

3 **Une école de langues** Vous et un(e) partenaire dirigez une école de langues située en plein centre-ville. Préparez une petite présentation de votre école où vous expliquez où elle se situe, les choses à faire au centre-ville, etc. Vos camarades ont-ils envie de s'y inscrire (*enroll*)?

ressources

S

vhlcentral.com
Leçon 12B

Practice more at **vhlcentral.com**.

A C T I V I T É S

STRUCTURES

Le futur simple

 **Presentation**

Point de départ In **Leçon 4A**, you learned to use **aller** + [*infinitive*] to express actions that are going to happen in the immediate future (**le futur proche**). You will now learn the future tense to say what *will happen*.

- The future uses the same verb stems as the conditional.

Future tense of regular verbs			
	parler	**réussir**	**attendre**
je/j'	parlerai	réussirai	attendrai
tu	parleras	réussiras	attendras
il/elle/on	parlera	réussira	attendra
nous	parlerons	réussirons	attendrons
vous	parlerez	réussirez	attendrez
ils/elles	parleront	réussiront	attendront

Au Québec, nous **parlerons** français.
In Quebec, we will speak French.

Je **suivrai** le chemin autour du parc.
I'll follow the path around the park.

- The same patterns that you learned for forming the conditional of spelling-change **-er** verbs also apply to the future.

Vous m'**emmènerez** avec vous?
Will you take me with you?

Tu **répéteras** les indications?
Will you repeat the directions?

Nous **achèterons** une maison dans deux ans.
We'll buy a house in two years.

Mes parents t'**appelleront** demain.
My parents will call you tomorrow.

- The same irregular stems you learned for the conditional are used for the future.

J'**irai** chez toi, mais pas aujourd'hui.
I'll go to your house, but not today.

Elles **feront** du vélo ce week-end.
They'll go bike-riding this weekend.

Vous **viendrez** par le petit chemin.
You'll come down the small path.

À l'angle, tu **devras** tourner à gauche.
At the corner, you'll have to turn left.

> ### À noter
>
> See **Leçon 11B** for the explanation of how to form the conditional of spelling-change verbs and for the list of verbs with irregular conditional stems.

- In **Leçon 11B**, you learned how to use **si** clauses to express contrary-to-fact situations.

Si + [*imparfait*] ▶ **conditionnel**

Si clauses can also express conditions or events that are possible or likely to occur. In such instances, the **si** clause is in the present while the main clause uses the **futur** or **futur proche**.

Si + [*present tense*] ▶ **futur / futur proche**

Si je **tombe** en panne, je **trouverai** une station-service.
If I break down, I'll find a service station.

Si vous **réparez** la voiture, vous **allez éviter** l'amende.
If you repair the car, you're going to avoid the fine.

Si tu **continues** tout droit, tu **arriveras** au pont.
If you continue straight ahead, you will arrive at the bridge.

Nous **verrons** la statue si nous **traversons** la rue.
We'll see the statue if we cross the street.

> Je te rendrai l'argent dès que je passerai au distributeur.

> Quand vous serez dans le café, quelqu'un pourra vous aider.

- In English, you use the present tense after words like *when* or *as soon as* even if you're talking about an action that takes place in the future. However, in French, you use the future tense after **quand** or **dès que** (*as soon as*) if the clause describes an event that will happen in the future.

Il **enverra** les e-mails **quand il aura** le temps.
He will send the e-mails when he has time.

Je **posterai** les lettres **dès que je pourrai**.
I will mail the letters as soon as I can.

Quand j'**arriverai** à Lyon, je **prendrai** un taxi pour aller à l'hôtel.
When I arrive in Lyons, I'll take a taxi to go to the hotel.

Dès qu'on **finira** nos études, on **voyagera**.
As soon as we finish our studies, we'll travel.

- If a clause with **quand** or **dès que** does not describe a future action, another tense may be used for the verb.

Quand avez-vous fait vos valises?
When did you pack your bags?

Il me téléphone **dès qu'il arrive**.
He calls me as soon as he arrives.

- The words **le futur** and **l'avenir** (*m.*) both mean *future*. Use the first word when referring to the grammatical future; use the second word when referring to events that haven't occurred yet.

On étudie **le futur** en cours.
We're studying the future (tense) in class.

Je parlerai de **mon avenir** au prof.
I'll speak to the professor about my future.

Essayez!   Conjuguez ces verbes au futur.

1. je/j' (aller, vouloir, savoir) _____*irai, voudrai, saurai*_____
2. tu (suivre, pouvoir, tourner) _____
3. Marc (venir, être, ouvrir) _____
4. nous (avoir, devoir, choisir) _____
5. vous (recevoir, tenir, aller) _____
6. elles (vouloir, faire, être) _____
7. je/j' (devenir, dire, envoyer) _____
8. elle (aller, avoir, continuer) _____

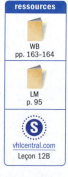

ressources

WB
pp. 163–164

LM
p. 95

S

vhlcentral.com
Leçon 12B

STRUCTURES

Mise en pratique

1 **Projets** Cécile et ses amis parlent de leurs projets (*plans*) d'avenir. Employez le futur pour refaire leurs phrases.

> **MODÈLE**
>
> Je vais chercher une belle maison.
> *Je chercherai une belle maison.*

1. Je vais finir mes études.
2. Philippe va me dire où trouver un travail.
3. Tu vas gagner beaucoup d'argent.
4. Mes amis vont habiter près de chez moi.
5. Mon petit ami et moi, nous allons acheter un chien.
6. Vous allez nous rendre visite de temps en temps.

2 **Plus tard** Aurélien parle de ses projets (*plans*) et des projets de sa famille et de ses amis. Mettez les verbes au futur.

> **MODÈLE**
>
> dès que / je / avoir / le bac / je / aller / à l'université
> *Dès que j'aurai le bac, j'irai à l'université.*

1. quand / je / être / à l'université / ma sœur et moi / habiter ensemble
2. quand / ma sœur / étudier plus / elle / réussir
3. quand / mes parents / être / à la retraite / je / emprunter pour payer mes études
4. dès que / vous / finir vos études / vous / contacter / employeurs
5. quand / tu / travailler / tu / acheter une voiture
6. quand / nous / trouver / nouveau travail / nous / ne plus lire / les annonces (*want ads*)

3 **Si...** Avec un(e) partenaire, finissez ces phrases à tour de rôle. Employez le futur des verbes de la liste dans toutes vos réponses.

> **MODÈLE**
>
> Si mon ami(e) ne me téléphone pas ce soir, ...
> *Si mon amie ne me téléphone pas ce soir, je ne serai pas très content.*

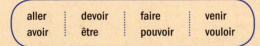

aller	devoir	faire	venir
avoir	être	pouvoir	vouloir

1. Si on m'invite à une fête samedi soir, ...
2. Si mes parents me donnent $100, ...
3. Si mon ami(e) me prête sa voiture, ...
4. Si le temps est mauvais, ...
5. Si je suis fatigué(e) vendredi, ...
6. Si ma famille me rend visite, ...

Practice more at **vhlcentral.com.**

Communication

 4 Faites des projets Travaillez avec un(e) camarade de classe pour faire des projets (*plans*) pour ces événements qui auront lieu dans l'avenir.

MODÈLE

Étudiant(e) 1: *Après l'université, je chercherai un travail à San Diego. J'enseignerai dans un lycée.*
Étudiant(e) 2: *Moi, après l'université, j'irai en Europe. Je travaillerai comme serveuse dans un café.*

1. Samedi soir: Décidez où vous irez et comment vous y arriverez.
2. Les prochaines vacances: Parlez de ce que (*what*) vous ferez. Que visiterez-vous?
3. Votre prochain anniversaire: Quel âge aurez-vous? Que ferez-vous? Avec qui ferez-vous la fête?
4. À 65 ans: Où serez-vous? Que ferez-vous? Avec qui partagerez-vous votre vie?

5 Content(e) Votre professeur va vous donner une feuille d'activités. Circulez dans la classe pour trouver une réponse affirmative et une réponse négative à chaque question. Justifiez toutes vos réponses.

MODÈLE

Étudiant(e) 1: *Est-ce que tu seras plus content(e) quand tu auras du temps libre?*
Étudiant(e) 2: *Oui, je serai plus content(e) dès que j'aurai du temps libre, parce que je ferai plus souvent de la gym.*

6 Partir très loin Vous et votre partenaire avez décidé de prendre des vacances très loin de chez vous. Regardez les photos et choisissez deux endroits où vous voulez aller, puis comparez-les. Utilisez ces questions pour vous guider. Ensuite, présentez vos réponses à la classe.

- Qu'apporterez-vous?
- Quand partirez-vous?
- Que ferez-vous?
- Comment vous détendrez-vous? (*relax*)
- Combien de temps y resterez-vous?
- Quand rentrerez-vous?

7 Un autre monde Vous espérez devenir homme ou femme politique à l'avenir. Que ferez-vous pour changer le monde? Précisez au moins (*at least*) cinq choses qui seront différentes. Avec un(e) partenaire, discutez de ce sujet à tour de rôle.

MODÈLE

Si je deviens homme/femme politique, il n'y aura plus d'enfants pauvres.

8 Des prédictions Par groupes de quatre, jouez le rôle d'un(e) voyant(e) (*fortune teller*) qui peut prédire (*predict*) l'avenir. Donnez des prédictions pour chaque personne de votre groupe. Les autres personnes vous poseront des questions.

MODÈLE

Étudiant(e) 1: *Je pense que tu deviendras médecin.*
Étudiant(e) 2: *Quand est-ce que je finirai mes études?*

Relative pronouns *qui, que, dont, où* **Presentation**

Point de départ Relative pronouns combine two sentences into one, more complex sentence. The second phrase gives more information about a noun that both sentences have in common. In English, relative pronouns can be omitted, but the relative pronoun in French cannot be.

Vous traversez **l'avenue**.
You are crossing the avenue.

Je connais bien **l'avenue**.
I know the avenue well.

Vous traversez l'avenue **que** je connais bien.
You are crossing the avenue that I know well.

> C'est Pauline Ester qui chante ça?

> Je ne vois pas la fontaine dont il parle.

Relative pronouns			
qui	who, that, which	**dont**	of which, of whom
que	that, which	**où**	where

🏃 Boîte à outils

The pronoun **qui** does not drop the **i** before another vowel sound.

La femme qui ouvre la porte est ma mère.

Je préfère le café qui est au coin de cette rue.

- Use **qui** if the noun in common is the subject of the second phrase. Since **qui** is the subject, it is followed by a conjugated verb.

COMMON NOUN   SUBJECT

Nous écoutons **le prof**.
We listen to the professor.

Le prof parle vite.
The professor speaks fast.

Nous écoutons le prof **qui** parle vite.
We listen to the professor who speaks fast.

COMMON NOUN   SUBJECT

Les étudiantes vont au **café**.
The students go to the café.

Le café se trouve près de la fac.
The café is near the university.

Les étudiantes vont au café **qui** se trouve près de la fac.
The students go to the café that is near the university.

COMMON NOUN   SUBJECT

Ta cousine travaille beaucoup.
Your cousin works a lot.

Ta cousine habite à Boston.
Your cousin lives in Boston.

Ta cousine **qui** habite à Boston travaille beaucoup.
Your cousin who lives in Boston works a lot.

À noter

As the last set of sample sentences on this page shows, the relative clause antecedent is not always the final noun in the first sentence.

- Use **que** if the noun in common is the direct object in the second phrase. If **que** is followed by the **passé composé**, the past participle should agree in gender and number with the noun that **que** represents.

COMMON NOUN

DIRECT OBJECT

J'apporte **les CD**.
I'm bringing the CDs.

J'ai acheté **les CD** hier.
I bought the CDs yesterday.

J'apporte les CD **que** j'ai acheté**s** hier.
I'm bringing the CDs (that) I bought yesterday.

COMMON NOUN

DIRECT OBJECT

Stéphanie arrive bientôt.
Stéphanie arrives soon.

Samir a retrouvé **Stéphanie** à la gare.
Samir met Stéphanie at the train station.

Stéphanie, **que** Samir a retrouvé**e** à la gare, arrive bientôt.
Stéphanie, whom Samir met at the train station, arrives soon.

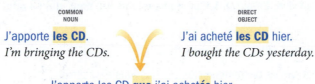

Boîte à outils

The pronoun **que** is usually followed by a subject and a verb. **Que** becomes **qu'** if it precedes a word that begins with a vowel sound. Note that the word *that* or *whom* is often omitted in English, but **que** must always be used in French.

La fille que j'ai vue était blonde.
The girl (whom) I saw was blond.

- Use **dont**, meaning *that* or *of which*, after the noun in common if it is the object of the preposition **de** in the second phrase. There is never agreement of the past participle in the **passé composé** with **dont**.

COMMON NOUN

OBJECT OF PREPOSITION DE

Voici **l'huile**.
Here's the oil.

Tu m'as parlé **de l'huile**.
You talked to me about the oil.

Voici l'huile **dont** tu m'as parlé.
Here's the oil (that) you talked to me about.

Boîte à outils

Dont (*whose*) can also indicate possession.

Voilà M. Duval. **La femme de M. Duval est actrice**.

Voilà M. Duval, dont la femme est actrice.

- Use **où**, meaning *where*, *when*, or *in which*, if the noun in common is a place or a period of time.

COMMON NOUN

PERIOD OF TIME

Venez me parler à **ce moment-là**.
Come speak with me at that time.

Vous arrivez à **ce moment-là**.
You arrive at that time.

Venez me parler au moment **où** vous arrivez.
Come speak with me at the time (when) you arrive.

Essayez!   Complétez les phrases avec qui, que, dont, où.

1. La France est le pays ___que___ j'aime le plus.
2. Tu te souviens du jour _____ tu as fait ma connaissance?
3. Rocamadour est le village _____ mes amis m'ont parlé.
4. C'est la voiture _____ vous avez louée?
5. Voici l'enveloppe _____ tu as besoin.
6. Vous connaissez l'autoroute _____ descend à Montpellier?
7. On passe devant la fac _____ j'ai fait mes études.
8. Je reconnais le mécanicien _____ a réparé ma voiture.

ressources

WB
pp. 165–166

LM
p. 96

vhlcentral.com
Leçon 12B

Mise en pratique

1 **Des publicités** Complétez les phrases pour ces publicités de boutiques qui viennent d'ouvrir en ville. Employez les pronoms relatifs **où, dont, qui** ou **que**.

MODÈLE

Nous avons des bracelets ___qui___ sont vraiment élégants.

1. Il y a des soldes sur les dictionnaires _____ vous avez besoin.

2. Il y a des montres _____ ne sont pas chères.

3. Nous avons des sacs à dos _____ sont légers (*light*) mais solides.

4. Regardez notre site web _____ nous avons des photos de notre magasin.

5. Nous avons les nouveaux CD _____ vous désirez.

6. Nos produits, _____ sont de la meilleure qualité, sont aussi parfaits comme cadeaux.

7. Nous avons tous les vêtements _____ vous avez besoin pour l'école.

8. Venez dans notre boutique _____ vous allez trouver tous les objets _____ vous cherchez.

2 **À mon avis...** La grand-mère d'Édith parle de la technologie avec sa petite-fille. Assemblez les deux phrases avec **où, dont, qui** ou **que** pour faire une seule phrase.

1. Je ne sais pas utiliser Skype avec tes cousins. Tu vois tes cousins à Noël.

2. J'aime bien lire les e-mails. Tu m'envoies des e-mails.

3. Tu devras réparer ton ordinateur un jour. Tu auras de l'argent un jour.

4. Tu m'as donné un portable. Je n'utilise pas ce portable.

5. Je ne peux pas allumer le poste de télévision. Le poste de télévision est dans ma chambre.

6. J'ai visité le site web. On parle de ton université sur ce site.

7. Explique-moi comment sauvegarder ces documents. J'ai besoin de ces documents.

8. Je voudrais aller au magasin. Tu as acheté ton appareil photo dans ce magasin.

3 **Les choses que je préfère** Marianne parle des choses qu'elle préfère. À tour de rôle avec un(e) partenaire, utilisez les pronoms relatifs pour écrire ses phrases. Présentez vos phrases à la classe.

1. Marc est l'ami... (qui, dont)

2. «Chez Henri», c'est le restaurant... (où, que)

3. Ce CD est le cadeau... (que, qui)

4. Ma sœur est la personne... (dont, que)

5. Paris est la ville... (où, dont)

6. L'acteur/L'actrice... (qui, que)

7. Les livres... (dont, que)

8. J'aimerais sortir avec une personne... (qui, que)

Practice more at **vhlcentral.com.**

Communication

4 **Des opinions** Avec un(e) partenaire, donnez votre opinion sur ces thèmes. Utilisez les pronoms relatifs **qui**, **que**, **dont** et **où**.

MODÈLE

le printemps / saison

Étudiant(e) 1: *Le printemps est la saison que je préfère parce que j'aime les fleurs.*
Étudiant(e) 2: *L'hiver est la saison que moi, je préfère, parce que j'aime la neige.*

1. le petit-déjeuner / repas
2. surfer sur Internet / passe-temps
3. mon/ma camarade de chambre / personne
4. le samedi / jour
5. la chimie / cours
6. la France / pays
7. Tom Cruise / acteur
8. ? / ?

5 **Des endroits intéressants** Par groupes de trois, organisez un voyage. Parlez des endroits qui vous intéressent et expliquez pourquoi vous voulez y aller. Utilisez des pronoms relatifs dans vos réponses et décidez où vous partez.

MODÈLE

Allons à Bruxelles où nous pouvons acheter des chocolats délicieux.

6 **Chère Madame** Avec un(e) partenaire, écrivez une lettre à votre professeur où vous lui expliquez pourquoi vous n'avez pas fini votre devoir. Utilisez des pronoms relatifs et le vocabulaire de cette leçon.

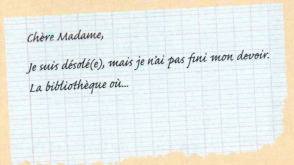

Chère Madame,

Je suis désolé(e), mais je n'ai pas fini mon devoir.

La bibliothèque où...

7 **Mes préférences** Avec un(e) partenaire, parlez de vos préférences dans chaque catégorie ci-dessous (*below*). Donnez des raisons pour vos choix (*choices*). Utilisez les pronoms relatifs **qui**, **que**, **dont** et **où** dans vos descriptions.

MODÈLE

mon film préféré
Le film que j'aime le plus, c'est Pirates des Caraïbes. *Johnny Depp, qui joue dans ce film, est super!*

1. mon film préféré
2. mon roman (*novel*) préféré
3. mon chanteur/ma chanteuse préféré(e)
4. la meilleure ville pour aller en vacances

SYNTHÈSE

Révision

1 **Mes stratégies** Avec un(e) partenaire, faites une liste de dix stratégies pour bien mener (*to lead*) votre prochaine année universitaire. Utilisez **quand** ou **dès que**.

MODÈLE

Étudiant(e) 1: *Dès qu'un cours deviendra trop difficile, j'irai parler au prof.*
Étudiant(e) 2: *Quand je serai trop fatiguée, je dormirai au moins sept heures par nuit.*

2 **La visite de Québec** Avec un(e) partenaire, vous visitez la ville de Québec. Préparez un itinéraire où vous vous arrêterez souvent pour visiter ou acheter quelque chose, manger, boire, etc. Soyez prêt(e)s à présenter votre itinéraire à la classe.

MODÈLE

Étudiant(e) 1: *Le matin, nous prendrons le petit-déjeuner dans l'hôtel.*
Étudiant(e) 2: *Ensuite, nous irons visiter le musée de la Civilisation.*

Québec vous attend!

Visitez:
• le château Frontenac
• la terrasse Dufferin
• le musée de la Civilisation
• la basilique Notre Dame-de-Québec
• le musée de l'Amérique française et beaucoup plus!

3 **C'est l'histoire de…** Avec un(e) partenaire, commentez ces titres de films français et imaginez les histoires. Utilisez des pronoms relatifs. Ensuite, découvrez les vraies histoires sur Internet et travaillez avec un autre groupe pour comparer toutes les histoires.

MODÈLE

Étudiant(e) 1: *C'est l'histoire d'un homme qui…*
Étudiant(e) 2: *… et que la police cherche…*

- *Le Dernier métro*
- *Les Visiteurs*
- *Toto le héros*
- *La Chèvre* (goat)
- *L'Argent de poche* (pocket)
- *Le Professionnel*

4 **La leçon de conduite** Vous êtes moniteur/monitrice (*instructor*) et c'est la première leçon de conduite (*driving*) que prend votre partenaire. Inventez une scène où il / elle découvre la voiture et où vous lui expliquez la fonction des différents accessoires. Utilisez plusieurs pronoms relatifs dans votre dialogue.

MODÈLE

Étudiant(e) 1: *Et ça, c'est le bouton qu'on utilise pour freiner?*
Étudiant(e) 2: *Mais non! C'est le bouton qui sert à allumer les phares que tu dois utiliser la nuit.*

5 **Des prévisions météo** Avec un(e) partenaire, parlez des prévisions météo pour le week-end prochain. Chacun (*Each one*) doit faire cinq prévisions et dire ce qu'on (*what one*) peut faire par ce temps. Soyez prêt(e)s à parler de vos prévisions et des possibilités pour le week-end à la classe.

MODÈLE

Étudiant(e) 1: *Samedi, il fera beau dans le nord. On pourra faire une promenade.*
Étudiant(e) 2: *Dimanche, il pleuvra dans l'ouest. On devra passer la journée dans l'appartement.*

samedi   dimanche

6 **La vie de Gaëlle et de Jean-Georges** Votre professeur va vous donner, à vous et à votre partenaire, deux feuilles d'activités différentes sur l'avenir de Gaëlle et de Jean-Georges. Attention! Ne regardez pas la feuille de votre partenaire.

MODÈLE

Étudiant(e) 1: *Jean-Georges et Gaëlle finiront leurs études au lycée.*
Étudiant(e) 2: *Ensuite, …*

Écriture

Using linking words

You can make your writing more sophisticated by using linking words to connect simple sentences or ideas in order to create more complex sentences. Consider these passages that illustrate this effect:

Without linking words

Aujourd'hui, j'ai fait beaucoup de courses. Je suis allé à la poste. J'ai fait la queue pendant une demi-heure. J'ai acheté des timbres. J'ai aussi posté un colis. Je suis allé à la banque. La banque est rue Girardeau. J'ai perdu ma carte de crédit hier. Je devais aussi retirer de l'argent. Je suis allé à la brasserie pour déjeuner avec un ami. Cet ami s'appelle Marc. Je suis rentré à la maison. Ma mère rentrait du travail.

With linking words

Aujourd'hui, j'ai fait beaucoup de courses. D'abord, je suis allé à la poste où j'ai fait la queue pendant une demi-heure. J'ai acheté des timbres et j'ai aussi posté un colis. Après, je suis allé à la banque qui est rue Girardeau, parce que j'ai perdu ma carte de crédit hier et parce que je devais aussi retirer de l'argent. Ensuite, je suis allé à la brasserie pour déjeuner avec un ami qui s'appelle Marc. Finalement, je suis rentré à la maison alors que ma mère rentrait du travail.

Linking words			
alors	*then*	mais	*but*
alors que	*as*	ou	*or*
après	*then, after that*	où	*where*
d'abord	*first*	parce que	*because*
donc	*so*	pendant (que)	*while*
dont	*of which*	(et) puis	*(and) then*
enfin	*finally*	puisque	*since*
ensuite	*then, after that*	quand	*when*
et	*and*	que	*that, which*
finalement	*finally*	qui	*who, that*

❧ Thème

Faire la description d'un nouveau commerce

Avec des amis, vous allez ouvrir un commerce (*business*) dans le quartier de votre université. Vous voulez créer quelque chose d'original qui n'existe pas encore et qui sera très utile aux étudiants: un endroit où ils pourront faire plusieurs choses en même temps (par exemple, une laverie/salon de coiffure). Préparez une description détaillée de votre idée et de ce que (*what*) votre commerce proposera comme services. Utilisez votre imagination et les questions suivantes comme point de départ de votre description.

- Quel sera le nom du commerce?

- Quel type de commerce voulez-vous ouvrir?

- Quels seront les produits (*products*) que vous vendrez? Quels seront les prix? Donnez quelques détails sur l'activité commerciale.

- Où se trouvera le commerce?

- Comment sera l'intérieur du commerce (style, décoration, etc.)?

- Quels seront ses jours et heures d'ouverture (*business hours*)?

- En quoi consistera l'originalité de votre commerce? Expliquez pourquoi votre commerce sera unique et donnez les raisons pour lesquelles (*which*) des étudiants le fréquenteront.

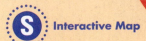
SAVOIR-FAIRE

Panorama

un traîneau à chiens°

Le Québec

La province en chiffres

▶ **Superficie:** *1.540.680 km²*

▶ **Population:** *7.542.800*
SOURCE: Statistique Canada

▶ **Industries principales:** *agriculture, exploitation forestière°, hydroélectricité, industrie du bois (papier), minerai° (fer°, cuivre°, or°)*

▶ **Villes principales:** *Montréal, Québec, Trois-Rivières*

▶ **Langues:** *anglais, français*

Le français parlé par les Québécois a une histoire très intéressante. La population française qui s'installe° au Québec en 1608 est composée en majorité de Français du nord-ouest de la France. Ils parlent tous leur langue régionale, comme le normand ou le breton. Beaucoup d'entre eux parlent aussi le français de la cour du roi°, langue qui devient la langue commune de tous les Québécois. Assez isolés du reste du monde francophone et ardents défenseurs de leur langue, les Québécois continuent à parler un français considéré plus pur même° que celui° des Français.

▶ **Monnaie:** *le dollar canadien*

Québécois célèbres

▶ **Antonine Maillet,** *écrivain (1929–)*

▶ **Jean Chrétien,** *ancien premier ministre du Canada (1934–)*

▶ **Robert Charlebois,** *chanteur (1944–)*

▶ **Carole Laure,** *actrice (1948–)*

   ▶ **Julie Payette,** *astronaute (1963–)*

▶ **Mario Lemieux,** *joueur de hockey sur glace (1965–)*

exploitation forestière *forestry* minerai *ore* fer *iron* cuivre *copper* or *gold* s'installe *settles* cour du roi *king's court* même *even* celui *that* traîneau à chiens *dogsled* loger *house* Bonhomme *Snowman (mascot of the carnival)* de haut *high* de profondeur *deep*

Région francophone

LA BAIE D'HUDSON

LA MER DU LABRADOR

Kangiqsujuaq

Inukjuak

LE QUÉBEC

Chisasibi

Labrador City

La Tabatière

TERRE-NEUVE-ET-LABRADOR

LE CANADA

la ville de Trois-Rivières

le Saint-Laurent

L'ÎLE-DU-PRINCE-ÉDOUARD

Québec

Trois-Rivières

LE NOUVEAU-BRUNSWICK

L'ONTARIO

Ottawa

Montréal

LA NOUVELLE-ÉCOSSE

Toronto

le lac Ontario

LES ÉTATS-UNIS

0 — 200 milles
0 — 200 kilomètres

le Stade olympique, Montréal

L'OCÉAN ATLANTIQUE

Incroyable mais vrai!

Chaque année, pour le carnaval d'hiver de la ville de Québec, 15 personnes travaillent pendant deux mois à la construction d'un immense palais de glace pour loger° le Bonhomme° Carnaval. L'architecture et la taille du palais changent chaque année, mais il mesure parfois jusqu'à 50 mètres de long, 20 m de haut° et 20 m de profondeur°.

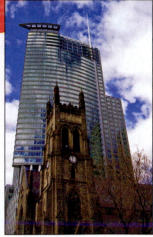

La société
Un Québec indépendant

Pour des raisons politiques, économiques et culturelles, un grand nombre de Québécois, surtout les francophones, luttent°, depuis les années soixante, pour un Québec indépendant du Canada. Ils forment le mouvement souverainiste° et font des efforts pour conserver l'identité culturelle québécoise. Ces Canadiens français ont pris le nom de québécois pour montrer leur «nationalisme». Les séparatistes ont perdu deux référendums en 1980 et en 1995, mais aujourd'hui, l'indépendance est une idée toujours d'actualité°.

Les destinations
Montréal

Montréal, deuxième ville francophone du monde après Paris, est située sur une île° du fleuve° Saint-Laurent et présente une ambiance américano-européenne. Elle a été fondée° en 1642 et a, à la fois, l'énergie d'un centre urbain moderne et le charme d'une vieille ville de style européen. Ville cosmopolite et largement bilingue de 1,8 million d'habitants, elle attire° beaucoup de touristes et accueille° de nombreux étudiants dans ses quatre universités. La majorité des Montréalais, 68%, est de langue maternelle française; 12% parlent l'anglais et 19% une autre langue. Pourtant°, 57% de la population montréalaise peuvent communiquer en français et en anglais.

La musique
Le festival de jazz de Montréal

Le festival international de jazz de Montréal est parmi° les plus prestigieux du monde. Avec 500 concerts, dont 300 donnés gratuitement en plein air°, le festival attire 2.000 artistes de plus de 20 pays, et près de 2 millions de spectateurs. Le centre-ville, fermé à la circulation, se transforme en un village musical. De grands noms internationaux comme Miles Davis, Ella Fitzgerald, Dizzy Gillespie ou Pat Metheny sont venus au festival, ainsi que° des jazzmen locaux.

L'histoire
La ville de Québec

Capitale de la province de Québec, la ville de Québec est la seule ville d'Amérique du Nord qui a conservé ses fortifications. Fondée par l'explorateur français Samuel de Champlain en 1608, Québec est située sur un rocher°, au bord du° fleuve Saint-Laurent. Elle est connue en particulier pour sa vieille ville, son carnaval d'hiver et le château Frontenac. Les plaines d'Abraham, où les Britanniques ont vaincu° les Français en 1759 pour prendre le contrôle du Canada, servent aujourd'hui de vaste parc public. De nombreux étudiants de l'Université Laval profitent° du charme de cette ville francophone.

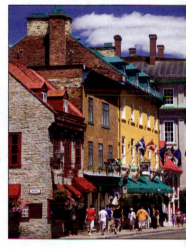

Qu'est-ce que vous avez appris? Répondez aux questions par des phrases complètes.

1. Quelle était la deuxième langue de beaucoup de Français quand ils sont arrivés au Québec?
2. Quel est le nom d'un chanteur québécois célèbre?
3. Combien de temps et combien de personnes sont nécessaires à la construction du palais de glace?
4. Le palais est-il identique pour chaque carnaval?
5. Que désire le mouvement souverainiste pour le Québec?
6. Quelles sont les deux langues principales parlées à Montréal?
7. Pourquoi le centre-ville de Montréal est-il fermé pour le festival de jazz?
8. Y a-t-il seulement de grandes stars du jazz au festival?
9. Où se situe la ville de Québec?
10. Qui a fondé la ville de Québec?

Sur Internet

Go to **vhlcentral.com** to find more cultural information related to this **Panorama**.

1. Quelles sont quelques-unes des expressions qui sont particulières au français des Québécois?
2. Quels sont les autres grands festivals du Québec? Quand ont-ils lieu?
3. Cherchez plus d'informations sur le carnaval d'hiver de Québec. Le palais de glace a-t-il toujours été fait de glace?

ressources

WB
pp. 167–168

vhlcentral.com
Unité 12

luttent *fight* **souverainiste** *in support of sovereignty for Quebec* **d'actualité** *current, relevant* **île** *island* **fleuve** *river* **fondée** *founded* **attire** *attracts* **accueille** *welcomes* **Pourtant** *However* **parmi** *among* **en plein air** *outdoors* **ainsi que** *as well as* **rocher** *rock* **au bord du** *on the banks of the* **ont vaincu** *defeated* **profitent** *take advantage of, benefit from*

Panorama

L'Algérie

Le pays en chiffres

- **Superficie:** 2.380.000 km²
- **Population:** 35.635.000
  SOURCE: Population Division, UN Secretariat
- **Industries principales:** agriculture, gaz naturel, pétrole°
- **Ville capitale:** Alger ▸ **Monnaie:** dinar algérien
- **Langues:** arabe, français

Le Maroc

Le pays en chiffres

- **Superficie:** 710.000 km²
- **Population:** 35.324.000
- **Industries principales:** agriculture, tourisme
- **Ville capitale:** Rabat ▸ **Monnaie:** dirham
- **Langues:** arabe, français

La Tunisie

Le pays en chiffres

- **Superficie:** 164.000 km²
- **Population:** 10.629.000
- **Industries principales:** agriculture, tourisme
- **Ville capitale:** Tunis ▸ **Monnaie:** dinar tunisien
- **Langues:** arabe, français

Personnages célèbres

- **Juliette Smája-Zerah,** Tunisie, première avocate de Tunisie (1890–1973)
- **Khaled,** Algérie, chanteur (1960–)
- **Saïd Aouita,** Maroc, coureur de fond° (1960–)

pétrole oil coureur de fond long-distance runner
Grâce aux Thanks to the sources springs sable sand
faire pousser grow En plein milieu Right in the middle

le marché de Douz, en Tunisie

L'OCÉAN ATLANTIQUE · LE PORTUGAL · L'ESPAGNE · LA MER MÉDITERRANÉE · Bizerte · Sétif · Alger · Tunis · Tanger · Oran · Constantine · Rabat · Fès · Sfax · Casablanca · LA TUNISIE · Marrakech · LES CHAÎNES DE L'ATLAS · LE MAROC · L'ALGÉRIE · LA LYBIE · LE SAHARA OCCIDENTAL · LA MAURITANIE · LE SAHARA · LE MALI · LE NIGER

Pays francophones

0 — 500 milles
0 — 500 kilomètres

la mosquée Hassan II à Casablanca, au Maroc

un café à Tlemcen, en Algérie

Incroyable mais vrai!

Des oranges du Sahara? Dans ce désert, il ne tombe que 12 cm de pluie par an. Grâce aux° sources° et aux rivières sous le sable°, les Sahariens ont développé un système d'irrigation pour faire pousser° des fruits et des légumes dans les oasis. En plein milieu° du désert, on peut trouver des tomates, des abricots ou des oranges!

Les régions

Le Maghreb

La région du Maghreb, en Afrique du Nord, se compose° du Maroc, de l'Algérie et de la Tunisie. Envahis° aux 7ᵉ et 8ᵉ siècles par les Arabes, les trois pays deviennent plus tard des colonies françaises avant de retrouver leur indépendance dans les années 1950–1960. La population du Maghreb est composée d'Arabes, d'Européens et de Berbères, les premiers résidents de l'Afrique du Nord. Le Grand Maghreb inclut ces trois pays, plus la Libye et la Mauritanie. En 1989, les cinq pays ont formé l'Union du Maghreb Arabe dans l'espoir° de créer une union politique et économique.

Les arts

Assia Djebar (1936–)

Lauréate de nombreux prix littéraires et cinématographiques, Assia Djebar fait partie des écrivains et cinéastes algériens les plus talentueux. Dans ses œuvres°, Djebar présente le point de vue° féminin avec l'intention de donner une voix° aux femmes algériennes. *La Soif*, son premier roman°, sort en 1957. C'est plus tard, pendant qu'elle enseigne l'histoire à l'Université d'Alger, qu'elle devient cinéaste et sort son premier film, *La Nouba des femmes du Mont Chenoua*, en 1979. Le film reçoit le prix de la critique internationale au festival du film de Venise. En 2005, Assia Djebar est élue° à l'Académie française.

Les destinations

Marrakech

La ville de Marrakech, fondée en 1062, est un grand symbole du Maroc médiéval. Sa médina, ou vieille ville, est entourée° de fortifications et fermée aux automobiles. On y trouve la mosquée de Kutubiyya et la place Djema'a el-Fna. La mosquée est le joyau° architectural de la ville, et la place Djema'a el-Fna est la plus active de toute l'Afrique à tout moment de la journée, avec ses nombreux artistes et vendeurs. La médina a aussi le plus grand souk (grand marché couvert°) du Maroc, où toutes sortes d'objets sont proposés, au milieu de délicieuses odeurs de thé à la menthe°, d'épices et de pâtisseries au miel°.

Les traditions

Les hammams

Inventés par les Romains et adoptés par les Arabes, les hammams, ou «bains turcs», sont très nombreux et populaires en Afrique du Nord. Ce sont des bains de vapeur° composés de plusieurs pièces—souvent trois—où la chaleur est plus ou moins forte. L'architecture des hammams varie d'un endroit à un autre, mais ces bains de vapeur servent tous de lieux où se laver et de centres sociaux très importants dans la culture régionale. Les gens s'y réunissent aux grandes occasions de la vie, comme les mariages et les naissances, et y vont aussi de manière habituelle pour se détendre et bavarder entre amis.

Qu'est-ce que vous avez appris? Répondez aux questions par des phrases complètes.

1. Qui est un chanteur algérien célèbre?
2. Où fait-on pousser des fruits et des légumes dans le Sahara?
3. Pourquoi le français est-il parlé au Maghreb?
4. Combien de pays composent le Grand Maghreb? Lesquels?
5. Qui est Assia Djebar?
6. Qu'essaie-t-elle de faire dans ses œuvres?
7. Qu'est-ce qu'un souk?
8. Quel est l'autre nom pour la vieille ville de Marrakech?
9. Où peut-on aller au Maghreb pour se détendre et bavarder entre amis?
10. Qui a inventé les hammams?

Sur Internet

Go to **vhlcentral.com** to find more cultural information related to this **Panorama**.

1. Cherchez plus d'information sur les Berbères. Où se trouvent les grandes populations de Berbères? Ont-ils encore une identité commune?
2. Le henné est une tradition dans le monde maghrébin. Comment et pourquoi est-il employé?
3. Cherchez des informations sur les oasis du Sahara. Comment est la vie là-bas? Que peut-on y faire?

se compose *is made up* **Envahis** *Invaded* **espoir** *hope* **œuvres** *works* **point de vue** *point of view* **voix** *voice* **roman** *novel* **élue** *elected* **entourée** *surrounded* **joyau** *jewel* **couvert** *covered* **menthe** *mint* **miel** *honey* **vapeur** *steam*

Lecture  ⓢ Audio: Reading

Avant la lecture

STRATÉGIE

Identifying point of view

You can understand a text more completely if you identify the point of view of the narrator. You can do this by simply asking yourself from whose perspective the story is being told. Some stories are narrated in the first person. That is, the narrator is a character in the story, and everything you read is filtered through that person's thoughts, emotions, and opinions. Other texts have an omniscient narrator who is not a character in the story but who reports the thoughts and actions of the story's characters.

Examinez le texte

Regardez le titre du texte et l'image. De quoi va parler ce texte, à votre avis? Décrivez l'image.

À propos de l'auteur
Charles Baudelaire (1821–1867)

Charles Baudelaire est aujourd'hui considéré comme un des plus grands poètes français du dix-neuvième siècle.

Né à Paris, où il passera la plus grande partie de sa vie, il connaît une enfance et une adolescence difficiles avec un beau-père, général dans l'armée, qu'il n'aime pas. Baudelaire devient poète, mais est peu apprécié de ses contemporains. En 1857, son recueil° de poèmes *Les Fleurs du mal*, dont «Paysage» est tiré, paraît. Cette œuvre°, qui reflète ses pensées° sur la société, est qualifiée de scandaleuse et il est condamné à payer une amende. Il part alors s'installer° pour quelques temps à Bruxelles, en Belgique, où il devient critique d'art et où il réussit enfin à publier° une partie de son recueil hors de° la juridiction française. Il meurt à Paris sans avoir exaucé° son rêve° de publier *Les Fleurs du mal* dans son intégralité°.

recueil *collection* **œuvre** *work* **pensées** *thoughts* **s'installer** *to settle* **publier** *publish* **hors de** *outside* **exaucé** *satisfied* **rêve** *dream* **intégralité** *entirety*

Paysage

1   Je veux, pour composer chastement mes églogues°,
    Coucher auprès du ciel°, comme les astrologues,
    Et, voisin des clochers°, écouter en rêvant°
    Leurs hymnes solennels emportés° par le vent.

5   Les deux mains au menton°, du haut de ma mansarde°,
    Je verrai l'atelier° qui chante et qui bavarde°;
    Les tuyaux°, les clochers, ces mâts° de la cité,
    Et les grands ciels qui font rêver d'éternité.

    Il est doux, à travers les brumes°, de voir naître
10 L'étoile° dans l'azur°, la lampe à la fenêtre,
    Les fleuves de charbon° monter au firmament
    Et la lune° verser° son pâle° enchantement.

«Paysage» dans *Les Fleurs du mal* de Charles Baudelaire

Charles Baudelaire

Je verrai les printemps, les étés, les automnes;
Et quand viendra l'hiver aux neiges monotones,
15 Je fermerai partout° portières et volets°
Pour bâtir° dans la nuit mes féeriques° palais.
Alors je rêverai des horizons bleuâtres,
Et tout ce que° l'Idylle° a de plus enfantin.
L'Émeute°, tempêtant vainement à ma vitre°,
20 Ne fera pas lever mon front de mon pupitre;
Car je serai plongé° dans cette volupté°
D'évoquer le Printemps avec ma volonté°,
De tirer un soleil de mon cœur, et de faire
De mes pensers brûlants une tiède° atmosphère.

églogues *eclogues (poems about shepherds)* ciel *sky* clochers *bell towers* en rêvant *while dreaming* emportés *carried away* menton *chin* mansarde *attic* atelier *workshop* bavarde *chats* tuyaux *pipes* mâts *masts* brumes *mists* étoile *star* azur *blue sky* fleuves de charbon *rivers of coal* lune *moon* verser *to pour* partout *everywhere* volets *shutters* bâtir *to build* féeriques *enchanted* ce que *that* Idylle *Romance* Émeute *Riot* vitre *windowpane* plongé *immersed* volupté *voluptuousness* volonté *will* tiède *warm*

Après la lecture

Vrai ou faux? Indiquez si les phrases sont **vraies** ou **fausses**. Citez le texte pour justifier vos réponses.

	Vrai	Faux
1.	☐	☐
2.	☐	☐
3.	☐	☐
4.	☐	☐
5.	☐	☐
6.	☐	☐
7.	☐	☐
8.	☐	☐
9.	☐	☐
10.	☐	☐

Le narrateur Regardez rapidement tout le texte et notez les pronoms sujets utilisés dans ce poème. D'après vous, qui est le narrateur? Qui voudrait-il être? Expliquez votre réponse.

Réflexions Et vous, si (*if*) vous deviez écrire un poème sur la vie à la campagne tout en habitant (*living*) en ville, ou vice versa, comment feriez-vous pour trouver l'inspiration? Comme l'auteur du haut de sa fenêtre? Expliquez votre réponse.

Retrouver son chemin

continuer	to continue
se déplacer	to move (change location)
descendre	to go/come down
être perdu(e)	to be lost
monter	to go up/come up
s'orienter	to get one's bearings
suivre	to follow
tourner	to turn
traverser	to cross
un angle	corner
une avenue	avenue
un banc	bench
un bâtiment	building
un boulevard	boulevard
une cabine téléphonique	phone booth
un carrefour	intersection
un chemin	way; path
un coin	corner
des indications (f.)	directions
un feu de signalisation (feux pl.)	traffic light(s)
une fontaine	fountain
un office du tourisme	tourist office
un pont	bridge
une rue	street
une statue	statue
est	east
nord	north
ouest	west
sud	south

Pour donner des indications

au bout (de)	at the end (of)
au coin (de)	at the corner (of)
autour (de)	around
jusqu'à	until
(tout) près (de)	(very) close (to)
tout droit	straight ahead

Vocabulaire supplémentaire

dès que	as soon as
quand	when

À la poste

poster une lettre	to mail a letter
une adresse	address
une boîte aux lettres	mailbox
une carte postale	postcard
un colis	package
le courrier	mail
une enveloppe	envelope
un facteur	mailman
un timbre	stamp

À la banque

avoir un compte bancaire	to have a bank account
déposer de l'argent	to deposit money
emprunter	to borrow
payer avec une carte de crédit	to pay with a credit card
payer en liquide	to pay in cash
payer par chèque	to pay by check
retirer de l'argent	to withdraw money
les billets (m.)	bills, notes
un compte de chèques	checking account
un compte d'épargne	savings account
une dépense	expenditure, expense
un distributeur automatique/de billets	ATM
les pièces de monnaie (f.)/ de la monnaie	coins/change

Pronoms relatifs

dont	of which, of whom
où	where
que	that, which
qui	who, that, which

En ville

accompagner	to accompany
faire la queue	to wait in line
remplir un formulaire	to fill out a form
signer	to sign
une banque	bank
une bijouterie	jewelry store
une boutique	boutique, store
une brasserie	café, restaurant
un bureau de poste	post office
un cybercafé	cybercafé
une laverie	laundromat
un marchand de journaux	newsstand
une papeterie	stationery store
un salon de beauté	beauty salon
un commissariat de police	police station
une mairie	town/city hall; mayor's office
fermé(e)	closed
ouvert(e)	open

La négation

jamais	never; ever
ne... aucun(e)	none (not any)
ne... jamais	never (not ever)
ne... ni... ni...	neither... nor
ne... personne	nobody, no one
ne... plus	no more (not anymore)
ne... que	only
ne... rien	nothing (not anything)
pas (de)	no, none
personne	no one
quelque chose	something
quelqu'un	someone
rien	nothing
toujours	always; still

Verbes

apercevoir	to catch sight of, to see
s'apercevoir	to notice; to realize
recevoir	to receive
voir	to see

Expressions utiles	See pp. 447 and 465.
Le futur simple	See pp. 468–469.

L'espace vert

Pour commencer

- Où est le groupe d'amis?
  a. à la mer   b. à la campagne   c. en ville
- Qu'est-ce qu'ils vont faire?
  a. un pique-nique   b. les courses   c. du vélo
- Qu'est-ce qu'il y a derrière eux?
  a. une jungle   b. une montagne   c. un pont

Savoir-faire
pages 522–527

Panorama: L'Afrique de l'Ouest, l'Afrique centrale, les Antilles et la Polynésie française
Lecture: Read a fable.

Leçon 13A

You will learn how to...
- talk about pollution
- talk about what needs to be done

Sauvons la planète!

un nuage de pollution

la pluie acide

l'énergie nucléaire (*f.*)

l'énergie solaire (*f.*)

une centrale nucléaire

USINE AUTOMOBILE

la pollution

le covoiturage

Vocabulaire

abolir	*to abolish*
améliorer	*to improve*
développer	*to develop*
gaspiller	*to waste*
préserver	*to preserve*
prévenir l'incendie	*to prevent fires*
proposer une solution	*to propose a solution*
sauver la planète	*to save the planet*
une catastrophe	*catastrophe*
un danger	*danger, threat*
des déchets toxiques (*m.*)	*toxic waste*
l'effet de serre (*m.*)	*greenhouse effect*
le gaspillage	*waste*
un glissement de terrain	*landslide*
une population croissante	*growing population*
le réchauffement de la Terre	*global warming*
la surpopulation	*overpopulation*
le trou dans la couche d'ozone	*hole in the ozone layer*
une usine	*factory*
l'écologie (*f.*)	*ecology*
un emballage en plastique	*plastic wrapping/packaging*
l'environnement (*m.*)	*environment*
un espace	*space, area*
un produit	*product*
la protection	*protection*
écologique	*ecological*
en plein air	*outdoor, open-air*
pur(e)	*pure*
un gouvernement	*government*
une loi	*law*

ressources

WB
pp. 171–172

LM
p. 97

S
vhlcentral.com
Leçon 13A

Mise en pratique

 **Audio:** Vocabulary

1 **Écoutez** 🎧 Écoutez l'annonce radio suivante. Ensuite, complétez les phrases avec le mot ou l'expression qui convient le mieux.

1. C'est l'annonce radio _____
   a. d'un groupe d'étudiants.
   b. d'une entreprise commerciale.
   c. d'une agence écologiste.
2. La protection de l'environnement, c'est l'affaire _____
   a. de tous.
   b. du gouvernement.
   c. des centres de recyclage.
3. L'annonce dit qu'on peut recycler _____
   a. les emballages en plastique et en papier.
   b. les boîtes de conserve.
   c. les bouteilles en plastique.
4. Pour les déchets toxiques, il y a _____
   a. le ramassage des ordures.
   b. le centre de recyclage.
   c. l'effet de serre.
5. Pour ne pas gaspiller l'eau, on peut _____
   a. acheter des produits écologiques.
   b. développer les incendies.
   c. prendre des douches plus courtes.

2 **Complétez** Complétez les phrases suivantes avec le mot ou l'expression qui convient le mieux pour parler de l'environnement. N'oubliez pas les accords.

1. Nous avons trois poubelles différentes pour pouvoir _____.
2. _____ contribue au réchauffement de la Terre.
3. _____ produisent près de 80% de l'énergie en France.
4. Les pluies ont provoqué _____. À présent, la route est fermée.
5. Chez moi, _____ des ordures se fait tous les lundis.
6. L'accident à l'usine chimique a provoqué un _____.

3 **Composez** Utilisez les éléments de chaque colonne pour former six phrases cohérentes au sujet de l'environnement. Vous pouvez composer des phrases affirmatives ou négatives.

Les gens	Les actions	Les éléments
vous	développer	l'eau
on	gaspiller	le covoiturage
les gens	polluer	l'énergie solaire
les politiciens	préserver	l'environnement
les entreprises	proposer	la planète
les centrales nucléaires	sauver	la Terre

le ramassage des ordures (f.)

Elle recycle. (recycler)

le recyclage

interdire

Ils ont pollué. (polluer)

Practice more at **vhlcentral.com**.

Communication

4 **Décrivez** Avec un(e) partenaire, décrivez ces photos et donnez autant de détails et d'informations que possible. Soyez prêt(e)s à présenter vos descriptions à la classe.

1.

3.

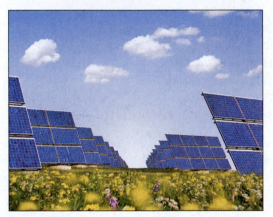

2.

4.

5 **À vous de jouer** Par petits groupes, préparez une conversation au sujet d'une des situations suivantes. Ensuite jouez la scène devant la classe.

- Un(e) employé(e) du centre de recyclage local vient dans votre université pour expliquer aux étudiants un nouveau système de recyclage. De nombreux étudiants posent des questions.
- Un groupe d'écologistes rencontre le patron d'une entreprise accusée de polluer la rivière (*river*) locale.
- Le ministre de l'environnement donne une conférence de presse au sujet d'une nouvelle loi sur la protection de l'environnement.
- Votre colocataire oublie systématiquement de recycler les emballages. Vous avez une conversation animée avec lui/elle.

6 **L'article** Vous êtes journaliste et vous devez écrire un article pour le journal local au sujet de la pollution. Vous en expliquez les causes et les conséquences sur l'environnement. Vous suggérez aussi des solutions pour améliorer la situation.

MODÈLE

Les dangers de la pollution chimique
Les usines chimiques de notre région polluent! C'est une catastrophe pour notre environnement. Il faut leur interdire de fonctionner jusqu'à ce qu'elles améliorent leurs systèmes de recyclage...

Les sons et les lettres

 Audio: Concepts, Activities Record & Compare

Les liaisons obligatoires et les liaisons interdites

Rules for making liaisons are complex and have many exceptions. Generally, a liaison is made between pronouns and between a pronoun and a verb that begins with a vowel or vowel sound.

vous_en_avez   nous_habitons   ils_aiment   elles_arrivent

Make liaisons between articles, numbers, or the verb **est** and a noun or adjective that begins with a vowel or a vowel sound.

un_éléphant   les_amis   dix_hommes (z)   Roger est_enchanté.

There is a liaison after many single-syllable adverbs, conjunctions, and prepositions.

très_intéressant   chez_eux   quand_elle (t)   quand_on décidera (t)

Many expressions have obligatory liaisons that may or may not follow these rules.

C'est-à-dire…   Comment_allez-vous?   plus_ou moins   avant-hier

Never make a liaison before or after the conjunction **et** or between a noun and a verb that follows it. Likewise, do not make a liaison between a singular noun and an adjective that follows it.

un garçon et une fille   Gilbert adore le football.   un cours intéressant

There is no liaison before **h aspiré** or before the word **oui** and before numbers.

un hamburger   les héros   un oui et un non   mes onze animaux

Prononcez Répétez les mots suivants à voix haute.
1. les héros 2. mon petit ami 3. un pays africain 4. les onze étages

Articulez Répétez les phrases suivantes à voix haute.
1. Ils en veulent onze.
2. Vous vous êtes bien amusés hier soir?
3. Cristelle et Albert habitent en Angleterre.
4. Quand est-ce que Charles a acheté ces objets?

Dictons Répétez les dictons à voix haute.

Deux avis valent mieux qu'un.[1]

Les murs ont des oreilles.[2]

ressources
LM p. 98 — vhlcentral.com Leçon 13A

[1] Two heads are better than one. (lit. Two opinions are better than one.) [2] The walls have ears.

ROMAN-PHOTO

Une idée de génie Video: *Roman-photo* Record & Compare

Au P'tit Bistrot...

VALÉRIE Stéphane, mon chéri, tu peux porter ces bouteilles en verre à recycler, s'il te plaît?

STÉPHANE Oui, bien sûr, maman.

VALÉRIE Oh, et puis, ces emballages en plastique aussi.

STÉPHANE Oui, je m'en occupe tout de suite.

RACHID ET AMINA Bonjour, Madame Forestier!

VALÉRIE Bonjour à vous deux.

AMINA Où est Michèle?

VALÉRIE Je n'en sais rien.

RACHID Mais elle ne travaille pas aujourd'hui?

VALÉRIE Non, elle ne vient ni aujourd'hui, ni demain, ni la semaine prochaine.

AMINA Elle est en vacances?

VALÉRIE Elle a démissionné.

RACHID Mais pourquoi?

AMINA Ça ne nous regarde pas!

VALÉRIE Oh, ça va, je peux vous le dire. Michèle voulait un autre travail.

RACHID Quelle sorte de travail?

VALÉRIE Plus celui-ci... Elle voulait une augmentation, ce n'était pas possible.

DAVID Madame Forestier, vous avez entendu la nouvelle? Je rentre aux États-Unis.

VALÉRIE Tu repars aux États-Unis?

DAVID Dans trois semaines.

VALÉRIE Il te reste très peu de temps à Aix, alors!

SANDRINE Oui. On sait.

DAVID Il faut que nous passions le reste de mon séjour de bonne humeur, hein?

RACHID Ah, mais vraiment, tout le monde a l'air triste aujourd'hui!

AMINA Oui. Pensons à quelque chose pour améliorer la situation. Tu as une idée?

RACHID Oui, peut-être.

AMINA Dis-moi! (*Il lui parle à l'oreille.*) Excellente idée!

RACHID Tu crois? Tu es sûre? Bon... Écoutez, j'ai une idée.

DAVID C'est quoi, ton idée?

RACHID Tout le monde a l'air triste aujourd'hui. Si on allait au mont Sainte-Victoire ce week-end. Ça vous dit?

DAVID Oui! J'aimerais bien y aller. J'adore dessiner en plein air.

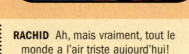

1 **Les évènements** Remettez les évènements suivants dans l'ordre chronologique.

____ **a.** David dit qu'il part dans trois semaines.

____ **b.** Valérie explique que Michèle ne travaille plus au P'tit Bistrot.

____ **c.** Amina dit qu'elle veut aller à la montagne Sainte-Victoire ce week-end.

____ **d.** Stéphane va apporter les bouteilles et les emballages à recycler.

____ **e.** Amina veut savoir où est Michèle.

____ **f.** David veut parler de ce qu'il a appris dans le journal au reste du groupe.

____ **g.** Sandrine semble (*seems*) avoir le trac (*stage fright*).

____ **h.** Ils décident de passer le week-end tous ensemble.

____ **i.** Rachid essaie de remonter le moral à ses amis.

____ **j.** David console Sandrine.

 Practice more at **vhlcentral.com**.

Rachid propose une excursion en montagne.

DAVID Bonjour, tout le monde. Vous avez lu le journal ce matin? Il faut que je vous parle de cet article sur la pollution. J'ai appris beaucoup de choses au sujet des pluies acides, du trou dans la couche d'ozone, de l'effet de serre...

AMINA Oh, David, la barbe.

RACHID Allez, assieds-toi et déjeune avec nous.

Un peu plus tard...

RACHID Ton concert est dans une semaine, n'est-ce pas Sandrine?

SANDRINE Oui.

RACHID Qu'est-ce que tu vas chanter?

SANDRINE Écoute, Rachid, je n'ai pas vraiment envie de parler de ça.

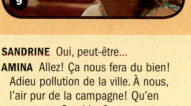

SANDRINE Oui, peut-être...

AMINA Allez! Ça nous fera du bien! Adieu pollution de la ville. À nous, l'air pur de la campagne! Qu'en penses-tu, Sandrine?

SANDRINE Bon, d'accord.

AMINA Super! Et vous, Madame Forestier? Vous et Stéphane avez besoin de vous reposer aussi, vous devez absolument venir avec nous!

VALÉRIE En effet, je crois que c'est une excellente idée!

Expressions utiles

Talking about necessities

- **Il faut que je vous parle de cet article sur la pollution.**
  I have to tell you about this article on pollution.

- **Il faut que nous passions le reste de mon séjour de bonne humeur.**
  We have to be in a good mood for the rest of my stay.

Getting someone's opinion

- **Qu'en penses-tu?**
  What do you think (about that)?

- **Je pense que...**
  I think that...

Expressing denial

- **Je n'en sais rien.**
  I have no idea.

- **Ça ne nous regarde pas.**
  That's none of our business.

- **Quelle sorte de travail? Plus celui-ci.**
  What kind of job? Not this one anymore.

Additional vocabulary

- **au sujet de**
  about

- **Adieu!**
  Farewell!

- **Il te reste très peu de temps.**
  You don't have much time left.

- **en effet**
  indeed/in fact

- **je crois**
  I think/believe

- **Ça te/vous dit?**
  Does that sound good to you?

---

2 **Répondez** Répondez aux questions suivantes par des phrases complètes.

1. Comment va Sandrine aujourd'hui?
2. Où est-ce qu'Amina croit (*believe*) que Michèle est?
3. Pourquoi Rachid veut-il aller à la montagne Sainte-Victoire?
4. À votre avis, qu'est-ce que David a appris après avoir lu le journal?

3 **Écrivez** Imaginez comment se passera le week-end du groupe d'amis à la montagne Sainte-Victoire. Composez un paragraphe qui explique comment ils vont y aller, ce qu'ils y feront, s'ils s'amuseront...

ACTIVITÉS

S **Reading**

L'écologie

l'agriculture française

une manifestation° des Verts

Le mouvement écologique a commencé en France dans les années 1970, mais ne s'est réellement développé que dans les années 1980. Ce sont surtout les crises majeures comme le nuage de Tchernobyl en 1986, la destruction de la couche d'ozone, l'effet de serre et les marées noires° qui ont réveillé la conscience écologique des Français. Le désir de préserver la qualité de la vie et les espaces naturels s'est développé en même temps.

Aujourd'hui, l'environnement n'est pas le sujet d'inquiétude° numéro un des Français. L'emploi, la baisse des revenus° et l'avenir des retraites les préoccupent° plus. Pourtant, le score aux élections du parti écologique des Verts est en hausse° depuis 1999 et on considère que le parti des Verts est le deuxième parti de gauche.

De manière générale, les problèmes liés à° l'environnement qui retiennent° le plus l'attention des Français sont la pollution atmosphérique des villes, la pollution de l'eau, le réchauffement du climat et la prolifération des déchets nucléaires. Pour l'opinion publique, le plus urgent à régler est la qualité de l'eau. En effet, à cause de° l'agriculture française, les taux° de nitrates et de phosphates dans l'eau sont presque partout largement supérieurs à la normale. Depuis la crise de la vache folle°, les Français sont aussi sensibles aux menaces alimentaires°. Les cultures OGM° ont porté le débat écologique dans les assiettes.

Les inquiétudes sur l'environnement

• les Français qui sont préoccupés par la pollution de l'air et de l'eau	70 à 80%
• les Français qui s'opposent à la culture de plantes génétiquement modifiées	66%
• les Français qui s'inquiètent de plus en plus des changements climatiques	35%
• les Français qui sont préoccupés par les problèmes de qualité du cadre de vie°: urbanisation en augmentation, pollution sonore°, disparition des paysages°, etc.	33%

marées noires oil spills **inquiétude** concern **baisse des revenus** lowering of incomes **préoccupent** worry **en hausse** on the rise **liés à** linked to **retiennent** hold **régler** solve **à cause de** because of **taux** levels **vache folle** mad cow **menaces alimentaires** food-related threats **OGM (organismes génétiquement modifiés)** GMO (genetically modified organisms) **cadre de vie** living environment **pollution sonore** noise pollution **disparition des paysages** changing landscapes **manifestation** demonstration

A C T I V I T É S

1 **Complétez** Complétez les phrases.

1. Le mouvement écologique s'est développé _____.
2. Les crises majeures comme _____ ont réveillé la conscience écologique des Français.
3. _____ n'est pas la principale préoccupation des Français.
4. _____ préoccupent plus les Français.
5. Le score aux élections du parti écologique des Verts est

6. Pour les Français, le problème écologique le plus urgent à régler est _____.
7. À cause de l'agriculture, _____ sont presque partout largement supérieurs à la normale.
8. 70 à 80% des Français sont préoccupés _____.
9. 66% des Français s'opposent _____.
10. _____ s'inquiètent de plus en plus des changements climatiques.

STRATÉGIE

Drawing conclusions

Every time you apply one of the reading strategies you have learned, you are able to draw a conclusion about one particular aspect of the text. The more conclusions you accumulate, the clearer the text's broader meaning should become. After you have applied all the reading strategies relevant to a text, draw your own general conclusions and form your own opinions about the overall text with confidence.

LE MONDE FRANCOPHONE

Des réponses

Voici deux exemples de réponses aux inquiétudes sur l'environnement.

En Suisse

Le tunnel ferroviaire° du Gothard, au cœur des Alpes suisses, est le plus long tunnel du monde (57 kilomètres). Il sera opérationnel en 2017 et permettra l'accroissement° du trafic ferroviaire et décongestionnera° le trafic routier°. L'objectif est de réduire la pollution.

Dans l'Océan Indien

Les espèces° exotiques envahissantes° créent des dégâts° écologiques importants qui ont un impact sur la biodiversité et sur la santé humaine. Des experts se sont réunis à Mayotte pour réfléchir à ce problème. Ils venaient de toutes les îles francophones environnantes° de l'Océan Indien.

ferroviaire *railroad* accroissement *increase* décongestionner *will relieve* routier *highway* espèces *species* envahissantes *invasive* dégâts *damages* environnantes *surrounding*

PORTRAIT

L'énergie nucléaire

En France, le nucléaire produit 75 à 80% de l'électricité. C'est EDF (Électricité de France) qui a construit les premières centrales° du pays. Aujourd'hui, le pays possède 58 réacteurs et une usine de traitement°, la COGEMA. Les déchets radioactifs de France, d'Europe et d'Asie y sont traités°. La France est un exemple de réussite de l'énergie nucléaire, mais sa population est inquiète. L'explosion de Tchernobyl en 1986 et l'accident de Fukushima en 2011 ont démontré les risques des centrales. Dix pour cent des déchets, dits «à vie longue», ne sont pas traitables° et deviennent un problème de santé publique. Le rôle des énergies renouvelables ne peut donc qu'augmenter° à l'avenir.

centrales *power plants* usine de traitement *reprocessing plant* traités *reprocessed* ne sont pas traitables *cannot be reprocessed* augmenter *increase*

Sur Internet

Quand la dernière marée noire a-t-elle eu lieu en France?

Go to **vhlcentral.com** to find more cultural information related to this **Lecture culturelle**.

---

2 **Répondez** Répondez aux questions d'après les textes.

1. En France, quelle quantité d'électricité le nucléaire produit-il?
2. Qui a construit les premières centrales françaises?
3. Quel type de déchets la COGEMA traite-t-elle?
4. Les Français sont-ils contents du nucléaire?
5. Qu'est-ce qui crée des dégâts écologiques aux îles dans l'Océan Indien?

3 **Nucléaire et environnement** Vous travaillez à la COGEMA et votre partenaire est un(e) militant(e) écologiste. Imaginez ensemble un dialogue où vous parlez de vos opinions pour et contre l'usage (*use*) de l'énergie nucléaire en France. Soyez prêt(e)s à jouer votre dialogue devant la classe.

 Practice more at **vhlcentral.com.**

ressources

vhlcentral.com
Leçon 13A

ACTIVITÉS

STRUCTURES

The interrogative pronoun *lequel* and demonstrative pronouns

S Presentation

Point de départ The interrogative pronoun **lequel** (*which one*) and its different forms ask a question about a person or thing previously mentioned. They replace the forms of the adjective **quel** + [*noun*].

Quel produit choisirez-vous?
Which product will you choose?

Lequel choisirez-vous?
Which one will you choose?

- The interrogative pronoun agrees in gender and number with the noun to which it refers.

	singular	plural
masculine	**lequel**	**lesquels**
feminine	**laquelle**	**lesquelles**

Quelle solution proposeraient-ils?
Which solution would they propose?

Laquelle proposeraient-ils?
Which one would they propose?

Quelles lois abolira-t-il?
Which laws will he abolish?

Lesquelles abolira-t-il?
Which ones will he abolish?

- Place the form of **lequel** wherever you would place **quel(le)(s)** + [*noun*] in a question.

Dans **quel emballage** l'envoie-t-il?
In which package is he sending it?

Dans **lequel** l'envoie-t-il?
In which one is he sending it?

Pour **quel gouvernement** travaillez-vous?
For which government do you work?

Pour **lequel** travaillez-vous?
For which one do you work?

- Remember that past participles agree with preceding direct objects.

Laquelle avez-vous **choisie**?
Which one did you choose?

Lesquels as-tu **faits**?
Which ones did you do?

- Forms of **lequel** contract with the prepositions **à** and **de**.

à + form of *lequel*		
	singular	plural
masculine	**auquel**	**auxquels**
feminine	**à laquelle**	**auxquelles**

de + form of *lequel*		
	singular	plural
masculine	**duquel**	**desquels**
feminine	**de laquelle**	**desquelles**

Auxquels vous intéressez-vous?
Which ones interest you?

Vous parlez **duquel**?
Which one are you talking about?

Michèle avait ses raisons? Lesquelles?

Les meilleures idées sont toujours celles de Rachid.

Demonstrative pronouns

- In **Leçon 6A**, you learned how to use demonstrative adjectives. Demonstrative *pronouns* refer to a person or thing that has already been mentioned. Examples of English demonstrative pronouns include *this one* and *those*.

La voiture qui coûte moins cher est plus dangereuse pour l'environnement.
The car that costs less is more dangerous for the environment.

Celle qui coûte moins cher est plus dangereuse pour l'environnement.
The one that costs less is more dangerous for the environment.

Les produits que tu développes sont très importants.
The products that you're developing are very important.

Ceux que tu développes sont très importants.
The ones that you're developing are very important.

- Demonstrative pronouns agree in number and gender with the noun to which they refer.

Demonstrative pronouns				
	singular		plural	
masculine	**celui**	*this one; that one; the one*	**ceux**	*these; those; the ones*
feminine	**celle**	*this one; that one; the one*	**celles**	*these; those; the ones*

- Demonstrative pronouns must be followed by one of three constructions: **-ci** or **-là**, a relative clause, or a prepositional phrase.

-ci; -là	**Quels emballages? Ceux-ci?** *Which packages? These here?*	**Quelle bouteille? Celle-là, en verre?** *Which bottle? The glass one there?*
relative clause	**Quelle femme? Celle qui parle?** *Which woman? The one who is talking?*	**Henri Rouet? C'est celui qu'on a entendu à la radio.** *Henri Rouet? He's the one we heard on the radio.*
prepositional phrase	**Quel problème? Celui de l'effet de serre?** *What problem? The one with the greenhouse effect?*	**Ces sacs coûtent plus cher que ceux en papier.** *Those bags cost more than the paper ones.*

Essayez!   Refaites les questions avec des formes de **lequel**.

1. Pour quelle compagnie travaillez-vous? _Pour laquelle travaillez-vous?_
2. Quel timbre préférez-vous? _____
3. Quels pays t'intéressent? _____
4. Quelles usines polluent? _____

   Choisissez le bon pronom démonstratif.

5. Le recyclage du plastique coûte plus cher que (celle / celui) du verre.
6. Les espaces verts sont (ceux / celles) dont on a le plus besoin en ville.
7. Les ordures les plus sales sont (ceux / celles) des industries.
8. Quel sac préfères-tu: (ceux / celui)-ci?

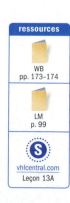

ressources

WB
pp. 173–174

LM
p. 99

vhlcentral.com
Leçon 13A

STRUCTURES

Mise en pratique

1 **Le marché aux puces** Vous êtes au marché aux puces (*flea market*) pour trouver des cadeaux. Complétez les phrases avec des pronoms démonstratifs.

1. Ce magnifique vase bleu, je pense que c'est _____ que maman voulait.

2. Ces deux jolis sacs: _____ est pour Sylvie et _____ est pour Soraya.

3. Cette casquette rouge est pour moi. Elle ressemble à _____ de Françoise.

4. Il y avait des boîtes pleines de livres anciens. _____ que j'ai achetés étaient les plus beaux.

5. J'adore ces deux affiches. _____ est pour Julien et _____ est pour André.

6. Nous allons acheter un nouveau vélo. _____ de Julien est trop vieux!

7. Tu aimes ces bottes-ci ou préfères-tu _____ -là?

8. Ces pulls coûtent trop cher! _____ que Stéphane a choisis sont mieux.

2 **Répétez** Vous rencontrez M. Dupont pendant un dîner où il y a beaucoup de bruit (*noise*). Il vous pose des questions, mais il n'entend pas vos réponses. Avec un(e) partenaire, alternez les rôles.

MODÈLE

examen / avoir réussi
Quel examen avez-vous réussi? Lequel avez-vous réussi?

1. produit / s'intéresser à

2. e-mail / avoir envoyé

3. solution / avoir trouvé pour améliorer les espaces verts

4. déchets / être les plus toxiques

5. lois / devoir suivre

6. domaine (*area*) de l'environnement / se spécialiser dans

3 **La culture francophone** À tour de rôle, posez-vous ces questions et répondez. Ensuite, posez-vous une question avec une forme de **lequel**.

MODÈLE

Qui chante en français?
a. Madonna   (b.) Céline Dion   c. Mariah Carey

Laquelle/Lesquelles de ces chanteuses aimes-tu?

1. Qui est un acteur français?
   a. Gérard Depardieu   b. Paul Newman   c. Johnny Depp

2. Où parle-t-on français?
   a. Philadelphie   b. Montréal   c. Athènes

3. Quelle voiture est française?
   a. Lotus   b. Ferrari   c. Peugeot

4. Quelle marque (*brand*) est française?
   a. Oscar de la Renta   b. Versace   c. L'Oréal

5. Qui est un réalisateur (*director*) français?
   a. Miyazaki   b. Besson   c. Spielberg

Practice more at **vhlcentral.com.**

Communication

4 **Définitions** Votre petit frère vous demande de lui expliquer ces expressions. Avec un(e) partenaire, alternez les rôles pour donner leurs définitions. Utilisez **celui qui**, **celle qui**, **ceux qui** ou **celles qui**.

MODÈLE

un pollueur

Étudiant(e) 1: *Qu'est-ce que c'est, un pollueur?*
Étudiant(e) 2: *C'est celui qui laisse des papiers sales dans la rue.*

- les déchets toxiques
- un(e) écologiste
- un écoproduit
- l'énergie solaire
- une loi
- la pluie acide
- une usine
- les voitures hybrides

5 **La pollution** Que pensent vos camarades de la pollution? Posez ces questions à un(e) partenaire. Ensuite, présentez les réponses à la classe. Utilisez **celui**, **celle**, **ceux** ou **celles**.

1. Quelles voitures polluent le moins: les voitures hybrides ou les voitures de sport? Lesquelles préfères-tu?
2. Connais-tu quelqu'un qui fait régulièrement du covoiturage? Qui? Pourquoi le fait-il/elle?
3. Les emballages en plastique polluent-ils plus que ceux en papier? Pourquoi?
4. Est-ce que ceux qui recyclent leurs déchets aident à préserver la nature? Pourquoi?
5. Quelles usines sont mauvaises pour l'environnement? Pourquoi?
6. À votre avis, le gouvernement doit-il passer des lois pour arrêter le gaspillage? Quelles sortes de lois?
7. Quelles solutions proposez-vous pour sauver la planète?
8. Parmi (*Among*) les pays industrialisés, lesquels polluent le plus? Lesquels polluent le moins?

6 **Enquête** Votre professeur va vous donner une feuille d'activités. Circulez dans la classe et parlez à des camarades différent(e)s pour trouver qui fait quoi. Demandez des détails.

MODÈLE

Étudiant(e) 1: *Écoutes-tu de la musique?*
Étudiant(e) 2: *Oui.*
Étudiant(e) 1: *Laquelle aimes-tu?*
Étudiant(e) 2: *J'écoute toujours de la musique classique.*

Activités	Nom	Réponse
1. écouter de la musique	Delphine	musique classique
2. avoir des passe-temps		
3. bien s'entendre avec des membres de sa famille		
4. s'intéresser aux livres		
5. travailler avec d'autres étudiant(e)s		

STRUCTURES

13A.2

The subjunctive (Part 1)  **S** Presentation

Introduction, regular verbs, and impersonal expressions

Point de départ With the exception of commands and the conditional, the verb forms you have learned have been in the indicative mood. The indicative is used to state facts and to express actions or states that the speaker considers real and definite. In contrast, the subjunctive mood expresses the speaker's subjective attitudes toward events and actions or states the speaker's views as uncertain or hypothetical.

Present subjunctive of one-stem verbs			
	parler	**finir**	**attendre**
que je/j'	parle	finisse	attende
que tu	parles	finisses	attendes
qu'il/elle/on	parle	finisse	attende
que nous	parlions	finissions	attendions
que vous	parliez	finissiez	attendiez
qu'ils/elles	parlent	finissent	attendent

- The **je**, **tu**, **il/elle/on**, and **ils/elles** forms of the three verb types form the subjunctive the same way. They add the subjunctive endings to the stem of the **ils/elles** form of the present indicative.

INFINITIVE	PRESENT INDICATIVE OF ILS/ELLES	PRESENT SUBJUNCTIVE
parler	**parlent**	**que je parle**
finir	**finissent**	**que je finisse**
attendre	**attendent**	**que j'attende**

Il est nécessaire qu'on **évite** le gaspillage.
It is necessary that we avoid waste.

Il est important que tu **réfléchisses** aux dangers.
It is important that you think about the dangers.

Il faut qu'elles **finissent** leurs devoirs.
They must finish their homework.

Il est essentiel que je **vende** ma voiture.
It is essential that I sell my car.

Il est bon qu'il **attende** à l'école.
It's good that he's waiting at school.

Il est nécessaire qu'elle **maigrisse** vite.
It's necessary that she lose weight quickly.

- The **nous** and **vous** forms of the present subjunctive are the same as those of the **imparfait**.

Il vaut mieux que nous **préservions** l'environnement.
It is better that we preserve the environment.

Il est essentiel que vous **trouviez** un meilleur travail.
It is essential that you find a better job.

Il faut que nous **commencions**.
It is necessary that we start.

Il est bon que vous **réfléchissiez.**
It is good that you're thinking.

Il est essentiel que nous lui **parlions** tout de suite.
It is essential that we talk to him immediately.

Il est dommage que vous n'**étudiiez** pas l'allemand.
It's a shame that you don't study German.

Boîte à outils

English also uses the subjunctive. It used to be very common, but now survives mostly in expressions such as *if I were you* and *be that as it may.*

À noter

Remember that verbs ending in **-ier** have a double **i** in the **nous** and **vous** forms of the present subjunctive: **étudiiez**, **skiions**, etc. You learned this in **Leçon 8A** with the **imparfait**.

- The verbs on the preceding page are called one-stem verbs because the same stem is used for all the endings. Two-stem verbs have a different stem for **nous** and **vous**, but their forms are still identical to those of the **imparfait**.

Present subjunctive of two-stem verbs				
	acheter	**venir**	**prendre**	**boire**
que je/j'	achète	vienne	prenne	boive
que tu	achètes	viennes	prennes	boives
qu'il/elle/on	achète	vienne	prenne	boive
que nous	achetions	venions	prenions	buvions
que vous	achetiez	veniez	preniez	buviez
qu'ils/elles	achètent	viennent	prennent	boivent

Il est important que nous ne **buvions** pas de vin.
It's important that we not drink wine.

Il faut que vous **preniez** votre médicament.
You must take your medicine.

- The subjunctive is usually used in complex sentences that consist of a main clause and a subordinate clause. The main clause contains a verb or expression that triggers the subjunctive. The word **que** connects the two clauses.

- These impersonal expressions of opinion are often followed by clauses in the subjunctive. They are followed by the infinitive, without **que**, if no person or thing is specified. Add **de** before the infinitive after expressions with **être**.

Il est bon que...	*It is good that...*	**Il est indispensable que...**	*It is essential that...*
Il est dommage que...	*It is a shame that...*	**Il est nécessaire que...**	*It is necessary that...*
Il est essentiel que...	*It is essential that...*	**Il est possible que...**	*It is possible that...*
Il est important que...	*It is important that...*	**Il faut que...**	*One must... / It is necessary that...*
		Il vaut mieux que...	*It is better that...*

Il est important qu'on réduise le gaspillage.
It is important that we reduce waste.

but

Il est important de réduire le gaspillage.
It is important to reduce waste.

Il faut qu'on ferme l'usine.
We must close the factory.

but

Il faut fermer l'usine.
The factory must be closed.

Il vaut mieux qu'on achète des produits écologiques.
It's better that we buy ecological products.

but

Il vaut mieux acheter des produits écologiques.
It's better to buy ecological products.

Essayez! **Indiquez la forme correcte du présent du subjonctif de ces verbes.**

1. (améliorer) que j' ____améliore____
2. (maigrir) que tu _____
3. (dire) qu'elle _____
4. (attendre) que nous _____
5. (revenir) que nous _____
6. (apprendre) que vous _____
7. (répéter) qu'ils _____
8. (choisir) qu'on _____

ressources

WB
pp. 175–176

LM
p. 100

S

vhlcentral.com
Leçon 13A

STRUCTURES

Mise en pratique

1 **Prévenir et améliorer** Complétez ces phrases avec la forme correcte des verbes au présent du subjonctif.

1. Il est essentiel que je _____ (recycler).
2. Il est important que nous _____ (réduire) la pollution.
3. Il faut que le gouvernement _____ (interdire) les voitures polluantes (*polluting*).
4. Il vaut mieux que vous _____ (améliorer) les transports en commun (*public transportation*).
5. Il est possible que les pays _____ (prendre) des mesures pour réduire les déchets toxiques.
6. Il est indispensable que tu _____ (boire) de l'eau pure.
7. Il est bon que vous _____ (proposer) des solutions pour préserver la nature.
8. Il est dommage qu'on _____ (gaspiller) de l'eau.

2 **Sur le campus** Quelles règles les étudiants qui habitent sur le campus doivent-ils suivre? Transformez ces phrases avec **il faut** et le présent du subjonctif.

> **MODÈLE**
>
> Vous devez vous coucher avant minuit.
> *Il faut que vous vous couchiez avant minuit.*

1. Le matin, vous devez vous lever à sept heures.
2. Ils doivent fermer leur porte avant de partir.
3. Tu dois prendre le bus au coin de la rue.
4. Je dois déjeuner au resto U à midi.
5. Nous devons rentrer tôt pendant la semaine.
6. Elle doit travailler pour payer ses études.
7. Nous devons étudier à la bibliothèque.
8. On doit se coucher avant minuit.

3 **Éviter une catastrophe** Que devons-nous faire pour préserver notre planète? Avec un(e) partenaire, faites des phrases avec des expressions impersonnelles.

> **MODÈLE**
>
> *Il est essentiel que tu évites le gaspillage.*

A	B	C
je/j'	améliorer	les écoproduits
tu	développer	les emballages
on	éviter	le gaspillage
nous	préserver	les glissements de terrain
vous	prévenir	les industries propres
le président	recycler	la nature
les pays	sauver	la pollution
?	trouver	le ramassage des ordures

Practice more at **vhlcentral.com.**

Communication

4 **Oui ou non?** Vous discutez avec un(e) partenaire des problèmes de l'environnement. À tour de rôle, dites si vous êtes d'accord ou non.

MODÈLE

Étudiant(e) 1: *Il faut que les pays industrialisés réduisent les émissions de gaz à effet de serre.*
Étudiant(e) 2: *C'est vrai, il faut qu'ils réduisent les émissions de gaz à effet de serre.*

1. Il est nécessaire que tu recycles les bouteilles.
2. Il est dommage que les étudiants prennent le bus pour aller à la fac.
3. Il est bon qu'on développe des énergies propres.
4. Il est essentiel qu'on signe le protocole de Kyoto.
5. Il est indispensable que nous évitions le gaspillage.
6. Il faut que les pays développent de nouvelles technologies pour réduire les émissions toxiques.

5 **Les opinions** Vous discutez avec un(e) partenaire des problèmes de pollution. À tour de rôle, répondez à ces questions. Justifiez vos réponses.

MODÈLE

Étudiant(e) 1: *Faut-il que nous préservions l'environnement?*
Étudiant(e) 2: *Oui, il faut que nous préservions l'environnement pour éviter le réchauffement de la Terre.*

1. Est-il important qu'on s'intéresse à l'écologie?
2. Faut-il qu'on évite de gaspiller?
3. Est-il essentiel que nous construisions des centrales nucléaires?
4. Vaut-il mieux que j'utilise des bacs (*bins*) à recyclage pour le ramassage des ordures?
5. Est-il indispensable qu'on prévienne les incendies?
6. Est-il possible qu'on développe l'énergie solaire?

6 **L'écologie** Par groupes de quatre, regardez les deux photos et parlez des problèmes écologiques qu'elles évoquent. Ensuite, préparez par écrit une liste de solutions. Comparez votre liste avec celles de la classe.

MODÈLE

Étudiant(e) 1: *Aujourd'hui, il y a trop de centrales nucléaires.*
Étudiant(e) 2: *Il faut qu'on développe l'énergie solaire.*

SYNTHÈSE

Révision

1 **Des solutions** Avec un(e) partenaire, décrivez ces problèmes et donnez des solutions. Utilisez le présent du subjonctif et un pronom démonstratif pour chaque photo. Présentez vos solutions à la classe.

MODÈLE

Étudiant(e) 1: *Cette eau est sale.*
Étudiant(e) 2: *Il faut que celui qui a pollué cette eau paie une grosse amende.*

1.   3.

2.   4.

2 **Attention!** Vous habitez un village où les autorités veulent construire un grand aéroport. Avec un(e) partenaire, écrivez une lettre aux responsables où vous expliquez vos inquiétudes *(worries)*. Utilisez des expressions impersonnelles, puis lisez la lettre à la classe.

3 **Lequel?** Avec un(e) partenaire, imaginez un dialogue entre le chef *(head)* d'un organisme qui défend l'environnement et un(e) collègue qui demande des précisions. Alternez les rôles.

MODÈLE

Étudiant(e) 1: *Vous appellerez le journaliste, s'il vous plaît?*
Étudiant(e) 2: *Oui, mais lequel?*
Étudiant(e) 1: *Celui qui est venu hier après-midi.*

accompagner un visiteur	envoyer des colis
appeler des clients	laisser un message à
chercher un numéro	un(e) employé(e)
de téléphone	prendre un rendez-vous

4 **Si...** Avec un(e) partenaire, observez ces scènes et lisez les phrases. Pour chaque scène, faites trois phrases au présent du subjonctif, puis présentez-les à la classe.

MODÈLE

Étudiant(e) 1: *Si l'eau est sale, il ne faut pas que les gens mangent les poissons.*
Étudiant(e) 2: *Oui, il faut qu'ils les achètent à la poissonnerie.*

1. **Si l'eau est sale,...**   3. **S'il tombe une pluie acide,...**

2. **S'il y a un nuage de pollution,...**   4. **S'il y a un glissement de terrain,...**

5 **Les plaintes** Par groupes de trois, interviewez vos camarades à tour de rôle. Que vous suggèrent-ils de faire quand vous vous plaignez *(complain)* d'une de ces personnes? Écrivez d'abord vos plaintes *(complaints)* et puis les réponses de vos camarades.

MODÈLE

Étudiant(e) 1: *Mon médecin ne s'intéresse pas à mes problèmes.*
Étudiant(e) 2: *Il est important que tu lui écrives une lettre.*

- vos parents
- votre professeur
- votre camarade de chambre
- un(e) serveur/serveuse
- un(e) patron(ne) *(boss)*
- un médecin

6 **Non, Solange!** Votre professeur va vous donner, à vous et à votre partenaire, deux feuilles d'activités différentes sur les mauvaises habitudes de Solange. Attention! Ne regardez pas la feuille de votre partenaire.

MODÈLE

Étudiant(e) 1: *Il est dommage que Solange conduise une voiture qui pollue.*
Étudiant(e) 2: *Il faut qu'elle conduise une voiture plus écologique.*

 Video

La BMCE

La Banque Marocaine du Commerce Extérieur est la deuxième plus grande banque du Maroc. Elle a des agences en Europe et en Asie et vise° constamment à étendre° les liens° entre le Maroc et le reste du monde. À travers la Fondation BMCE Éducation et Environnement, elle se soucie° aussi de la protection de l'environnement et du développement de la société marocaine. En 2000, elle a lancé le projet Medersat.com, dont un des objectifs les plus importants est la scolarisation° des enfants dans les villages ruraux du Maroc.

—Comme tu es belle, petite fleur! Seras-tu encore belle demain?

—Attends-moi! Moi aussi, j'ai envie d'apprendre.

Compréhension Répondez aux questions.

1. Sur quoi le garçon est-il debout (*standing*) dans la première scène?
2. Que demande-t-il à la colombe (*dove*)?
3. Où vont le garçon et sa sœur à la fin?

Discussion Par groupes de trois, répondez aux questions et discutez.

1. Pourquoi le garçon pose-t-il des questions? Pourquoi à une fleur, aux étoiles (*stars*), à une colombe et à un arbre (*tree*)? Quels sont leurs attributs?
2. Quels messages concernant les missions de la BMCE la publicité (*commercial*) nous transmet-elle?

vise *aims* **étendre** *to extend* **liens** *links* **se soucie** *cares* **scolarisation** *education*

Go to **vhlcentral.com** to watch the TV clip featured in this **Le Zapping**.

Leçon 13B

CONTEXTES

You will learn how to...
- discuss nature
- express feelings, opinions, and doubts

En pleine nature

le ciel

un arbre

une plante

Ils font un pique-nique(s). (faire)

un écureuil

Vocabulaire

chasser	to hunt
jeter	to throw away
un animal	animal
un bois	woods
un champ	field
une côte	coast
un désert	desert
un fleuve	river
une forêt (tropicale)	(tropical) forest
la jungle	jungle
la nature	nature
une région	region
une rivière	river
un sentier	path
un volcan	volcano
la chasse	hunt
le déboisement	deforestation
l'écotourisme (m.)	ecotourism
une espèce (menacée)	(endangered) species
l'extinction (f.)	extinction
la préservation	protection
une ressource naturelle	natural resource
le sauvetage des habitats	habitat preservation

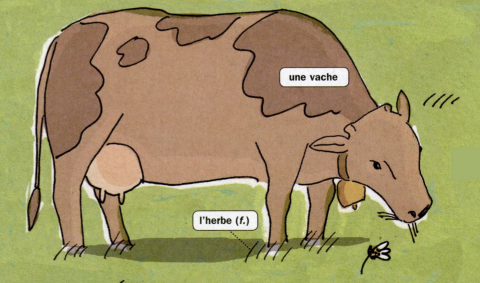

une vache

l'herbe (f.)

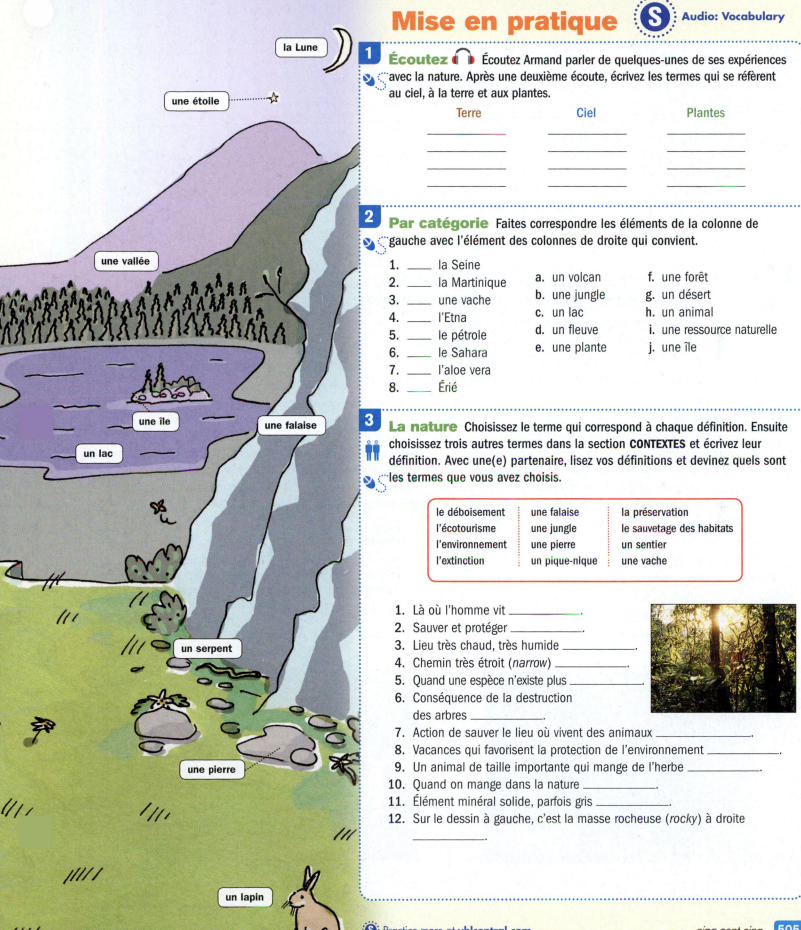

la Lune

une étoile

une vallée

une île

une falaise

un lac

un serpent

une pierre

un lapin

Mise en pratique

S Audio: Vocabulary

1 **Écoutez** 🎧 Écoutez Armand parler de quelques-unes de ses expériences avec la nature. Après une deuxième écoute, écrivez les termes qui se réfèrent au ciel, à la terre et aux plantes.

Terre	Ciel	Plantes
_____	_____	_____
_____	_____	_____
_____	_____	_____
_____	_____	_____

2 **Par catégorie** Faites correspondre les éléments de la colonne de gauche avec l'élément des colonnes de droite qui convient.

1. ____ la Seine
2. ____ la Martinique
3. ____ une vache
4. ____ l'Etna
5. ____ le pétrole
6. ____ le Sahara
7. ____ l'aloe vera
8. ____ Érié

a. un volcan
b. une jungle
c. un lac
d. un fleuve
e. une plante

f. une forêt
g. un désert
h. un animal
i. une ressource naturelle
j. une île

3 **La nature** Choisissez le terme qui correspond à chaque définition. Ensuite choisissez trois autres termes dans la section **CONTEXTES** et écrivez leur définition. Avec une(e) partenaire, lisez vos définitions et devinez quels sont les termes que vous avez choisis.

le déboisement	une falaise	la préservation
l'écotourisme	une jungle	le sauvetage des habitats
l'environnement	une pierre	un sentier
l'extinction	un pique-nique	une vache

1. Là où l'homme vit _____.
2. Sauver et protéger _____.
3. Lieu très chaud, très humide _____.
4. Chemin très étroit (*narrow*) _____.
5. Quand une espèce n'existe plus _____.
6. Conséquence de la destruction des arbres _____.
7. Action de sauver le lieu où vivent des animaux _____.
8. Vacances qui favorisent la protection de l'environnement _____.
9. Un animal de taille importante qui mange de l'herbe _____.
10. Quand on mange dans la nature _____.
11. Élément minéral solide, parfois gris _____.
12. Sur le dessin à gauche, c'est la masse rocheuse (*rocky*) à droite _____.

Communication

4 **Conversez** Interviewez un(e) camarade de classe.

1. As-tu déjà fait de l'écotourisme? Où? Sinon, où as-tu envie d'essayer d'en faire?
2. Aimes-tu les pique-niques? Quand en as-tu fait un pour la dernière fois? Avec qui?
3. Quelles activités aimes-tu pratiquer dans la nature?
4. As-tu déjà visité une forêt? Laquelle?
5. Connais-tu un lac? Quand y es-tu allé(e)? Qu'est-ce que tu y as fait?
6. Es-tu déjà allé(e) dans un désert? Lequel?
7. Es-tu déjà allé(e) sur une île? Laquelle? Comment as-tu passé le temps?
8. Quelles sont les régions du monde que tu veux visiter? Pour quelle(s) raison(s)?
9. Si tu étais un animal, lequel serais-tu? Pourquoi?
10. Quand tu regardes le ciel, que trouves-tu de beau? Pourquoi?

5 **La nature et moi** Écrivez un paragraphe dans lequel vous racontez votre expérience avec la nature. Ensuite, à tour de rôle, lisez votre description à votre partenaire et comparez vos paragraphes.

- Choisissez au minimum deux lieux naturels différents.
- Utilisez un minimum de huit mots de vocabulaire de **CONTEXTES.**
- Faites votre description avec le plus de détails possible.
- Expliquez ce que vous aimez ou ce que vous n'aimez pas à propos de chaque lieu.

6 **Les écologistes** Vous faites partie d'un club d'écologistes à l'université. Avec deux camarades de classe et les informations suivantes, préparez une brochure pour informer les étudiants du campus d'un grave problème écologique. Présentez ensuite votre brochure au reste de la classe. Quel groupe a présenté le problème le plus sérieux? Quel groupe a proposé les solutions les plus originales?

- le nom de votre club
- la situation géographique du problème écologique
- la description du problème
- les causes du problème
- les conséquences du problème
- les solutions possibles au problème

7 **À la radio** Vous travaillez pour le ministère du Tourisme d'un pays francophone et devez préparer un texte qui sera lu à la radio. L'objectif de ce message est de faire la promotion de ce pays pour son écotourisme. Décrivez la nature et les activités offertes. Utilisez les mots que vous avez appris dans la section **CONTEXTES.**

MODÈLE

Venez découvrir la beauté de l'île de Madagascar. Chaque région vous offre des sentiers qui permettent d'admirer des plantes rares ou des arbres magnifiques et de rencontrer des animaux extraordinaires… À Madagascar, la nature est unique, préservée. Le charme et l'exotisme sont ici!

Les sons et les lettres

**Audio: Concepts, Activities
Record & Compare**

 ## Homophones

Many French words sound alike, but are spelled differently. As you have already learned, sometimes the only difference between two words is a diacritical mark. Other words that sound alike have more obvious differences in spelling.

a / à   **ou / où**   **sont / son**   **en / an**

Several forms of a single verb may sound alike. To tell which form is being used, listen for the subject or words that indicate tense.

je parle   **tu parles**   **ils parlent**

vous parlez   **j'ai parlé**   **je vais parler**

Many words that sound alike are different parts of speech. Use context to tell them apart.

VERB	POSSESSIVE ADJECTIVE	PREPOSITION	NOUN
Ils sont belges.	**C'est son mari.**	**Tu vas en France?**	**Il a un an.**

You may encounter multiple spellings of words that sound alike. Again, context is the key to understanding which word is being used.

je peux *I can*   **elle peut** *she can*   **peu** *a little, few*

le foie *liver*   **la foi** *faith*   **une fois** *one time*

haut *high*   **l'eau** *water*   **au** *at, to, in the*

 Prononcez Répétez les paires de mots suivants à voix haute.

1. ce   se
2. leur   leurs
3. né   nez
4. foi   fois
5. ces   ses
6. vert   verre
7. au   eau
8. peut   peu
9. où   ou
10. lis   lit
11. quelle qu'elle
12. c'est   s'est

Choisissez Choisissez le mot qui convient à chaque phrase.

1. Je (lis / lit) le journal tous les jours.
2. Son chien est sous le (lis / lit).
3. Corinne est (née / nez) à Paris.
4. Elle a mal au (née / nez).

Jeux de mots Répétez les jeux de mots à voix haute.

Le ver vert va vers le verre.[1]

Mon père est maire, mon frère est masseur.[2]

[1] The green worm is going toward the glass.
[2] My father is a mayor, my brother is a masseur.

ressources

LM
p. 102

vhlcentral.com
Leçon 13B

ROMAN-PHOTO

La randonnée

Video: *Roman-photo*
Record & Compare

À la montagne...
DAVID Que c'est beau!
VALÉRIE C'est la première fois que tu viens à la montagne Sainte-Victoire?
DAVID Non, en fait, je viens assez souvent pour dessiner, mais malheureusement c'est peut-être la dernière fois. C'est dommage que j'aie si peu de temps.

SANDRINE Je préférerais qu'on parle d'autre chose.
AMINA Elle a raison, nous sommes venus ici pour passer un bon moment.
STÉPHANE Tiens, et si on essayait de trouver des serpents?
AMINA Des serpents ici?
RACHID Ne t'inquiète pas, ma chérie. Par précaution, je suggère que tu restes près de moi.

RACHID Mais il ne faut pas que tu sois aussi anxieuse.
SANDRINE C'est romantique ici, n'est-ce pas?
DAVID Comment? Euh, oui, enfin...
VALÉRIE Avant de commencer notre randonnée, je propose qu'on visite la Maison Sainte-Victoire.
AMINA Bonne idée. Allons-y!

Après le pique-nique...
DAVID Mais tu avais faim, Sandrine!
SANDRINE Oui. Pourquoi?
DAVID Parce que tu as mangé autant que Stéphane!
SANDRINE C'est normal, on a beaucoup marché, ça ouvre l'appétit. En plus, ce fromage est délicieux!
DAVID Mais, tu peux manger autant de fromage que tu veux, ma chérie.

Stéphane laisse tomber une serviette...
VALÉRIE Stéphane! Mais qu'est-ce que tu jettes par terre? Il est essentiel qu'on laisse cet endroit propre!
STÉPHANE Oh, ne t'inquiète pas, maman. J'allais mettre ça à la poubelle plus tard.

SANDRINE David, j'aimerais que tu fasses un portrait de moi, ici, à la montagne. Ça te dit?
DAVID Peut-être un peu plus tard... Cette montagne est tellement belle!
VALÉRIE David, tu es comme Cézanne. Il venait ici tous les jours pour dessiner. La montagne Sainte-Victoire était un de ses sujets favoris.

A C T I V I T É S

1 Vrai ou faux? Indiquez si les affirmations suivantes sont **vraies** ou **fausses**.

1. David fait un portrait de Sandrine sur-le-champ (*on the spot*).
2. C'est la première fois que Stéphane visite la Maison Sainte-Victoire.
3. Valérie traite la nature avec respect.
4. Sandrine mange beaucoup au pique-nique.
5. David et Sandrine passent un après-midi très romantique.

6. Le guide confirme qu'il y a des serpents sur la montagne Sainte-Victoire.
7. David est un peu triste de devoir bientôt retourner aux États-Unis.
8. Valérie pense que David est un artiste sans talent.
9. Rachid est très romantique.
10. Stéphane laisse Rachid et Amina tranquilles.

 Practice more at **vhlcentral.com.**

Les amis se promènent à la montagne Sainte-Victoire.

Expressions utiles

Expressing regrets and preferences

- **C'est dommage que j'aie si peu de temps.**
  It's a shame that I have so little time.
- **Je préférerais qu'on parle d'autre chose.**
  I would prefer to talk about something else.
- **J'aimerais que tu fasses un portrait de moi.**
  I would like you to do a portrait of me.

Making suggestions

- **Par précaution, je suggère que tu restes près de moi.**
  As a precaution, I suggest that you stay close to me.
- **Il ne faut pas que tu sois si anxieuse.**
  There's no need to be so anxious.
- **Je propose qu'on visite...**
  I propose that we visit...

À la Maison Sainte-Victoire

GUIDE Mesdames, Messieurs, bonjour et bienvenue. C'est votre première visite de la Maison Sainte-Victoire?

STÉPHANE Pour moi, oui.

GUIDE La Maison Sainte-Victoire a été construite après l'incendie de 1989.

DAVID Un incendie?

GUIDE Oui, celui qui a détruit une très grande partie de la forêt.

GUIDE Maintenant, la montagne est un espace protégé.

DAVID Protégé? Comment?

GUIDE Eh bien, nous nous occupons de la gestion de la montagne et de la forêt. Notre mission est la préservation de la nature, le sauvetage des habitats naturels et la prévention des incendies. Je vous fais visiter le musée?

VALÉRIE Oui, volontiers!

RACHID Tiens, chérie.

AMINA Merci, elle est très belle cette fleur.

RACHID Oui, mais toi, tu es encore plus belle. Tu es plus belle que toutes les fleurs de la nature réunies!

AMINA Rachid...

RACHID Chut! Ne dis rien... Stéphane! Laisse-nous tranquilles.

---

2 **À vous!** Vous êtes à la montagne Sainte-Victoire avec des amis. À l'entrée du parc, il y a une liste de règles (*rules*) à suivre pour protéger la nature. Avec un(e) camarade de classe, imaginez quelles sont ces règles et composez cette liste. Qu'est-ce qu'il faut faire si vous faites un pique-nique? Une randonnée? Quelles sont les activités interdites? Présentez votre liste à la classe.

3 **Écrivez** Il y a deux couples dans notre histoire, Sandrine et David, Amina et Rachid. Composez un paragraphe dans lequel vous expliquez quel couple va rester ensemble et quel couple va se séparer. Pourquoi? Attention! Le départ de David n'entre pas en jeu (*doesn't come into play*).

ressources

VM pp. 237–238	DVD Leçon 13B	vhlcentral.com Leçon 13B

A C T I V I T É S

LECTURE CULTURELLE

des perroquets°, en Guadeloupe

CULTURE À LA LOUPE

Les parcs nationaux

le parc de la Vanoise

Le gouvernement français protège et gère° neuf parcs nationaux. Tous offrent des sentiers de randonnée et la possibilité de découvrir la nature avec de l'écotourisme guidé. Ce sont aussi souvent des endroits où les visiteurs peuvent pratiquer différentes activités sportives. Par exemple, on peut faire des sports d'hiver dans cinq des sept parcs de montagnes et dans leurs nombreux sommets° et glaciers.

Les Cévennes, en Languedoc-Roussillon, est le plus grand parc forestier, avec 3.200 km² de forêts, mais on y trouve aussi des montagnes et des plateaux. La Vanoise, un parc de haute montagne dans les Alpes, a été le premier parc créé° en France, en 1963. Avec ses 107 lacs et sa vingtaine° de glaciers, c'est une réserve naturelle où le bouquetin° est protégé. Deux autres parcs, les Écrins et le Mercantour, sont aussi situés dans la région des Alpes. Toujours dans les parcs montagneux, le parc national des Pyrénées est composé de six vallées principales qui sont riches en forêts, cascades° et autres formations naturelles. C'est un refuge pour de nombreuses espèces menacées, comme l'ours° et l'aigle royal°. Quand il fait beau l'été, le parc marin de Port-Cros, composé d'îles méditerranéennes, est idéal pour les activités aquatiques.

Aux Antilles°, il fait chaud et humide toute l'année dans le parc national de la Guadeloupe. Les paysages° de ce parc sont très variés: forêt tropicale, volcan et paysages côtiers° ou maritimes. Ouverts depuis 2007 seulement, les deux parcs nationaux les plus récents sont le Parc Amazonien de Guyane, en Amérique du Sud, et le Parc national de La Réunion, dans l'océan Indien.

Les records naturels de la France en Europe de l'Ouest

- Le Mont-Blanc, dans les Alpes, est la plus haute montagne d'Europe de l'Ouest. Il mesure 4.807 mètres.
- La forêt de pins des Landes, en Aquitaine, est le plus grand massif forestier d'Europe. Il fait plus d'un million d'hectares.
- La dune du Pilat, en Aquitaine, est la plus haute dune de sable° d'Europe. Elle mesure 117 mètres.
- Le cirque° de Gavarnie, dans les Pyrénées, a la plus grande cascade d'Europe. Elle mesure 442 mètres.

gère *manages* **sommets** *summits* **créé** *created* **vingtaine** *about twenty* **bouquetin** *ibex, a type of wild goat* **cascades** *waterfalls* **ours** *bear* **aigle royal** *golden eagle* **Antilles** *the French West Indies* **paysages** *landscapes* **côtiers** *coastal* **perroquets** *parrots* **sable** *sand* **cirque** *steep-walled, mountainous basin*

ACTIVITÉS

1 **Répondez** Répondez aux questions par des phrases complètes.

1. Combien de parcs nationaux français y a-t-il?
2. Quel type de parc est le parc des Cévennes?
3. Quel parc est situé sur des îles méditerranéennes?
4. Quels sont deux animaux qu'on peut trouver dans les Pyrénées?
5. Quels sont deux types de paysages du parc de la Guadeloupe?
6. Comment s'appellent deux des parcs nationaux français et où se trouvent-ils (à la montagne, etc.)?
7. Quelle est la plus haute montagne d'Europe?
8. Où se trouve le plus grand massif forestier d'Europe?
9. Combien mesure la dune du Pilat?
10. Combien mesure la plus grande cascade d'Europe?

Being aware of the reading process

The reading strategies you have learned are part of a larger process to help you become a smarter and more efficient reader, in French and in general. The individual strategies are important, but don't forget to look at the big picture; you'll learn more if you remember how the strategies all work together.

LE MONDE FRANCOPHONE

Grands sites naturels

Voici deux exemples d'espaces naturels remarquables du monde francophone.

Au Sénégal Le parc national du Niokolo Koba est l'une des réserves naturelles les plus vastes d'Afrique de l'Ouest. Situé le long° des rives° de la Gambie, forêts et savanes abritent° une faune d'une grande richesse: des lions, des chimpanzés, des éléphants et de très nombreux° oiseaux et reptiles. Cet écosystème est classé au Patrimoine° mondial de l'UNESCO.

Aux Seychelles L'atoll Aldabra abrite la plus grande population de tortues° géantes du monde (152.000). Elles sont encore plus grosses que les tortues des Galapagos: elles peuvent atteindre° 1,2 mètre et 300 kilogrammes. L'atoll, qui comprend° quatre grandes îles de corail, est un autre site du Patrimoine mondial depuis 1982.

le long along **rives** riverbanks **abritent** shelter **nombreux** numerous **Patrimoine** Heritage **tortues** tortoises **atteindre** reach **comprend** encompasses

PORTRAIT

Madagascar

Madagascar, ancienne colonie française, est la quatrième plus grande île du monde, et, avec plus de 20 parcs nationaux et réserves naturelles, c'est un paradis pour l'écotourisme. Madagascar (avec plus de 16 millions d'habitants) est située à 400 km à l'est du Mozambique, dans l'océan Indien. Sa faune et sa flore sont exceptionnelles, avec 250.000 espèces différentes, dont 1.000 orchidées. Plus de 90% de ces espèces sont uniques au monde. Ses mangroves, rivières, lacs et récifs coralliens° offrent des milieux écologiques variés et ses forêts abritent° 90% des lémuriens° du monde. Caméléons, tortues terrestres°, tortues de mer° et baleines à bosse° sont aussi typiques de l'île.

récifs coralliens coral reefs **abritent** provide a habitat for **lémuriens** lemurs **tortues terrestres** tortoises **tortues de mer** sea turtles **baleines à bosse** humpback whales

🧭 Sur Internet

Quel est le sujet de l'émission *Thalassa*?

Go to **vhlcentral.com** to find more cultural information related to this **Lecture culturelle**. Then watch the corresponding **Flash culture**.

---

2 **Complétez** Complétez les phrases.

1. Madagascar est une grande _____ près du Mozambique.
2. Madagascar est une bonne destination pour _____.
3. À Madagascar, la majorité des espèces sont _____.
4. _____ sont des espèces typiques de l'île.
5. L'une des réserves naturelles les plus vastes d'Afrique de l'Ouest se trouve _____.

🧭 Practice more at **vhlcentral.com.**

3 **À la découverte** Vous et deux partenaires voulez visiter ensemble plusieurs pays francophones et découvrir la nature. Quelles destinations choisissez-vous? Comparez les activités qui vous intéressent et les endroits que vous voulez visiter. Soyez prêt(e)s à présenter votre itinéraire à la classe.

ressources

VM pp. 263–264

vhlcentral.com Leçon 13B

A C T I V I T É S

STRUCTURES

The subjunctive (Part 2) Ⓢ Presentation
Will and emotion, irregular subjunctive forms

• Use the subjunctive with verbs and expressions of will and emotion. Verbs and expressions of will are often used when someone wants to influence the actions of other people. Verbs and expressions of emotion express someone's feelings or attitude.

Je suggère que tu restes près de moi.

Je propose qu'on visite la Maison Sainte-Victoire.

• When the main clause contains an expression of will or emotion and the subordinate clause has a different subject, the subjunctive is required.

MAIN CLAUSE VERB OF WILL	CONNECTOR	SUBORDINATE CLAUSE SUBJUNCTIVE
Mes parents exigent	**que**	**je dorme** huit heures.
My parents demand	*that*	*I sleep eight hours.*

EXPRESSION OF EMOTION	CONNECTOR	SUBJUNCTIVE
Tu es triste	**que**	**Sophie ne vienne pas** avec nous.
You are sad	*that*	*Sophie isn't coming with us.*

VERB OF WILL	CONNECTOR	SUBJUNCTIVE
Je préfère	**que**	**tu travailles** ce soir.
I prefer	*that*	*you work tonight.*

EXPRESSION OF EMOTION	CONNECTOR	SUBJUNCTIVE
Elle est heureuse	**que**	**tu finisses** tes études.
She is happy	*that*	*you're finishing your studies.*

• Here are some verbs and expressions of will commonly followed by the subjunctive.

Verbs of will			
demander que...	*to ask that...*	**recommander que...**	*to recommend that...*
désirer que...	*to want/desire that...*	**souhaiter que...**	*to wish that...*
exiger que...	*to demand that...*	**suggérer que...**	*to suggest that...*
préférer que...	*to prefer that...*	**vouloir que...**	*to want that...*
proposer que...	*to propose that...*		

Mon père **recommande que** nous **dînions** au restaurant français.
My father recommends that we have dinner at the French restaurant.

Le gouvernement **exige qu'**on **recycle** les produits en plastique.
The government demands that we recycle plastic products.

- These are some verbs and expressions of emotion followed by the subjunctive.

Verbs and expressions of emotion			
aimer que...	to like that...	être heureux / heureuse que...	to be happy that...
avoir peur que...	to be afraid that...	être surpris(e) que...	to be surprised that...
être content(e) que...	to be glad that...		
être désolé(e) que...	to be sorry that...	être triste que...	to be sad that...
être furieux / furieuse que...	to be furious that...	regretter que...	to regret that...

Martine est **surprise que** Thomas **arrive** demain.
Martine is surprised that Thomas is arriving tomorrow.

Nous sommes **furieux que** les gens **jettent** des ordures dans la rivière.
We're furious that people throw trash in the river.

- In English, the word *that* introducing the subordinate clause may be omitted. In French, never omit **que** between the two clauses.

Ils sont heureux **que** j'arrive.
They're happy (that) I'm arriving.

Elle préfère **que** tu partes.
She prefers (that) you leave.

- If the subject doesn't change, use the infinitive with expressions of will and emotion. In the case of **avoir peur**, **regretter**, and expressions with **être**, add **de** before the infinitive.

Tu souhaites faire un pique-nique?
Do you wish to have a picnic?

Nous sommes tristes d'apprendre la mauvaise nouvelle.
We're sad to learn the bad news.

- Some verbs have irregular subjunctive forms.

Present subjunctive of *avoir, être, faire*			
	avoir	**être**	**faire**
que je/j'	aie	sois	fasse
que tu	aies	sois	fasses
qu'il/elle/on	ait	soit	fasse
que nous	ayons	soyons	fassions
que vous	ayez	soyez	fassiez
qu'ils/elles	aient	soient	fassent

Elle veut que je **fasse** le lit.
She wants me to make the bed.

Tu es désolé qu'elle **soit** loin.
You are sorry that she is far away.

Essayez! Indiquez les formes correctes du présent du subjonctif des verbes.

1. que je ___sois___ (être)
2. qu'il _____ (faire)
3. que vous _____ (être)
4. que leur enfant _____ (avoir)
5. qu'elle _____ (faire)
6. que nous _____ (faire)
7. qu'ils _____ (avoir)
8. que tu _____ (être)

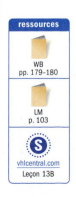

STRUCTURES

Mise en pratique

1 **Des réactions** Que devraient faire les personnages sur les illustrations? Employez ces expressions pour donner vos réactions.

vous (proposer que)

▶ **MODÈLE**

Je propose que vous mangiez quelque chose.

acheter une décapotable (*convertible*)	faire une fête
	garder le secret
boire de l'eau	manger quelque chose
me donner de l'argent	trouver des amis

1. tu (suggérer que)
_____
_____

2. mes voisins (vouloir que)
_____
_____

3. vous (exiger que)
_____
_____

4. Yves (souhaiter que)
_____
_____

5. elle (recommander que)
_____
_____

6. tu (désirer que)
_____
_____

2 **Des opinions** Complétez ces phrases avec le présent du subjonctif. Ensuite, comparez vos réponses avec celles d'un(e) partenaire.

1. Nous sommes furieux que les examens...

2. Notre prof exige que...

3. Nous aimons que le prof...

4. Je propose que... le vendredi.

5. Les étudiants veulent que les cours...

6. Je recommande que... tous les jours.

7. C'est triste que cette université...

8. Nous préférons que le resto U...

9. Mes ami(e)s suggèrent que...

10. Je souhaite que...

Practice more at **vhlcentral.com.**

Communication

3 **Enquête** Comparez vos idées sur la nature et l'environnement avec celles d'un(e) partenaire. Posez-vous ces questions.

1. Que suggères-tu qu'on fasse pour protéger les forêts tropicales?
2. Vaut-il mieux qu'on ne chasse plus? Pourquoi?
3. Que recommandes-tu qu'on fasse pour arrêter la pollution?
4. Comment souhaites-tu que nous préservions nos ressources naturelles?
5. Quels produits recommandes-tu qu'on développe?
6. Quel problème écologique veux-tu qu'on traite tout de suite?
7. Que proposes-tu qu'on fasse pour sauver les espèces menacées?
8. Est-il important qu'on arrête le déboisement? Pourquoi?

4 **Mme Quefège** Mme Quefège donne des conseils (*advice*) à la radio. Pensez à une difficulté que vous avez et préparez par écrit un paragraphe que vous lui lirez. Elle va vous faire des recommandations. Avec un(e) partenaire, alternez les rôles pour jouer les scènes.

MODÈLE

Étudiant(e) 1: *Ma petite amie fait constamment ses devoirs et elle ne quitte plus son appartement.*
Étudiant(e) 2: *Je suis désolée qu'elle n'arrête pas de travailler. Si elle ne quitte toujours pas l'appartement ce week-end, je suggère que vous écriviez à ses parents.*

5 **Il faut que...** À tour de rôle, donnez des conseils à votre partenaire pour chacune (*each one*) de ces situations. Utilisez des expressions de volonté et d'opinion avec le subjonctif.

- Il/Elle voyage en Europe pour la première fois.
- Il/Elle veut rester en forme.
- Il/Elle a un mauvais rhume.
- Il/Elle ne respecte pas la nature.

6 **Les habitats naturels** Par groupes de trois, préparez le texte pour cette affiche où vous expliquez ce qu'on doit faire pour sauver les habitats naturels. Utilisez des verbes au présent du subjonctif.

STRUCTURES

The subjunctive (Part 3)  Presentation
Verbs of doubt, disbelief, and uncertainty; more irregular subjunctive forms

The verb *croire*

The verb *croire* (to believe)	
je crois	nous croyons
tu crois	vous croyez
il/elle/on croit	ils/elles croient

Les touristes **croient** que
la forêt est en danger.
*The tourists believe that
the forest is in danger.*

Tu **crois** que l'extinction des espèces
menacées est imminente?
*Do you think that the extinction of
endangered species is imminent?*

- **Croire** takes **avoir** as an auxiliary verb in the **passé composé**, and its past participle is **cru**. In the **passé composé**, **croire** can mean *thought*.

J'**ai cru** qu'il y était.
I thought he was there.

Vous **avez cru** à son histoire?
Did you believe his story?

- The **futur simple** and **conditionnel** of **croire** are formed with the stem **croir-**.

Nous le **croirons** si nous le voyons.
We will believe it if we see it.

On **croirait** que c'est une tragédie.
One would think it's a tragedy.

The subjunctive

- The subjunctive is used in a subordinate clause when there is a change of subject and the main clause implies doubt, disbelief, or uncertainty.

MAIN CLAUSE	CONNECTOR	SUBORDINATE CLAUSE
Je doute	**que**	la rivière **soit** propre.
I doubt	*that*	*the river is clean.*

Expressions of doubt, disbelief, and uncertainty			
douter que...	to doubt that...	Il est impossible que...	It is impossible that...
ne pas croire que...	not to believe that...	Il n'est pas certain que...	It is uncertain that...
ne pas penser que...	not to think that...	Il n'est pas sûr que...	It is not sure that...
Il est douteux que...	It is doubtful that...	Il n'est pas vrai que...	It is untrue that...

Il n'est pas sûr qu'il y **ait**
un problème.
*It's not sure that there is
a problem.*

Je ne crois pas qu'on **fasse**
une randonnée sur le volcan.
*I don't believe that we're
hiking on the volcano.*

Il n'est pas vrai que Julie **sorte** avec
Ahmed.
*It's not true that Julie is going out
with Ahmed.*

Vous ne pensez pas qu'il y **ait** un sentier
là-bas?
Don't you think there's a path over there?

À noter

As you learned in **Structures 13B.1**, the connector *that* is often optional in English, but **que** is always required in French.

- The indicative is used in a subordinate clause when the main clause expresses certainty.

Expressions of certainty

croire que...	to believe that...	Il est clair que...	It is clear that...
penser que...	to think that...	Il est évident que...	It is obvious that...
savoir que...	to know that...		
Il est certain que...	It is certain that...	Il est sûr que...	It is sure that...
		Il est vrai que...	It is true that...

On **sait que** l'histoire **finit** mal.
We know the story ends badly.

Il **est certain qu'**elle **comprend**.
It is certain that she understands.

- Sometimes a speaker may opt to use the subjunctive in a question to indicate that he or she feels doubtful or uncertain of an affirmative response.

Crois-tu que cette loi **soit** juste pour tout le monde?
Do you believe that this law is just for everybody?

Est-il vrai que vous **partiez** déjà en vacances?
Is it true that you're already leaving on vacation?

- Here are more verbs that are irregular in the subjunctive.

Present subjunctive of *aller, pouvoir, savoir, vouloir*

	aller	pouvoir	savoir	vouloir
que je/j'	aille	puisse	sache	veuille
que tu	ailles	puisses	saches	veuilles
qu'il/elle/on	aille	puisse	sache	veuille
que nous	allions	puissions	sachions	voulions
que vous	alliez	puissiez	sachiez	vouliez
qu'ils/elles	aillent	puissent	sachent	veuillent

Je doute qu'on **aille** au théâtre ce soir.
I doubt we'll go to the theater tonight.

Il n'est pas sûr qu'on **puisse** voir les acteurs.
It's not sure that we'll be able to see the actors.

Ma copine ne croit pas qu'il **sache** l'adresse.
My friend doesn't think he knows the address.

Nous doutons qu'ils **veuillent** faire de l'écotourisme.
We doubt they want to do ecotourism.

Essayez! **Choisissez la forme correcte du verbe.**

1. Il est douteux que le guide (sait / sache) où est le champ.
2. Il est certain qu'elle (sait / sache) nager.
3. Nous doutons que vous (voulez / vouliez) recycler.
4. Ne crois-tu pas qu'Anne (va / aille) au Maroc seule?
5. Est-il vrai que les Français (font / fassent) de l'écotourisme?
6. Je ne crois pas qu'on (peut / puisse) nager dans ce lac.
7. Tu penses que l'énergie solaire (peut / puisse) sauver la planète.
8. Il n'est pas certain qu'ils (peuvent / puissent) chasser.

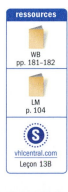

ressources

WB pp. 181–182

LM p. 104

vhlcentral.com
Leçon 13B

STRUCTURES

Mise en pratique

1 **Fort-de-France** Vous discutez de vos projets (*plans*) avec votre ami(e) martiniquais(e). Complétez les phrases avec les formes correctes du présent de l'indicatif ou du subjonctif.

1. Je crois que Fort-de-France _____ (être) plus loin de Paris que de New York.

2. Il n'est pas certain que je _____ (venir) à Fort-de-France cet été.

3. Il n'est pas sûr que nous _____ (partir) en croisière (*cruise*) ensemble.

4. Il est clair que nous _____ (ne pas partir) sans toi.

5. Nous savons que ce voyage _____ (aller) t'intéresser.

6. Il est douteux que le ski alpin _____ (être) un sport populaire ici.

2 **Camarade pénible** Vous faites une présentation sur la Martinique devant la classe. Un(e) camarade critique toutes vos idées. Avec un(e) partenaire, jouez la scène.

MODÈLE

Étudiant(e) 1: *Le carnaval martiniquais est populaire.*
Étudiant(e) 2: *Je doute qu'il soit populaire.*

1. Les ressources naturelles sont protégées.

2. Tout le monde va se promener dans la forêt.

3. Les Martiniquais font des pique-niques tous les jours.

4. L'île a de belles plages.

5. Les enfants y font des randonnées.

6. On y boit des jus de fruits délicieux.

3 **Le Tour de France** Maxime veut participer un jour au Tour de France. Employez des expressions de doute et de certitude pour lui dire ce que vous pensez de ses bonnes et de ses mauvaises habitudes.

▶ **MODÈLE**

Je ne crois pas que tu puisses dormir jusqu'à midi!

ne pas croire que...	Il faut que...
douter que...	penser que...
Il est clair que...	recommander que...
Il est essentiel que...	suggérer que...

1.

2.

3.

4.

5.

6.

Practice more at **vhlcentral.com.**

Communication

4 **Assemblez** Imaginez que vous ayez l'occasion de faire un séjour aux Antilles françaises. À tour de rôle avec un(e) partenaire, assemblez les éléments de chaque colonne pour parler de ces vacances.

MODÈLE

Il n'est pas certain que nous allions visiter une plantation.

A	B	C
Il est certain que	je/j'	être content(e)(s)
Il n'est pas certain que	tu	faire des excursions
Il est évident que	mon copain	faire beau temps
Il est impossible que	ma sœur	faire du bateau
Il est vrai que	mon frère	jouer sur la plage
Il n'est pas sûr que	nous	pouvoir parler créole
Je doute que	les touristes	visiter une plantation
Je crois que	mes parents	?
Je ne crois pas que	?	
?		

5 **Voyage en Afrique centrale** Vous voulez visiter ces endroits en Afrique centrale. Avec un(e) partenaire, préparez un dialogue dans lequel vous utilisez des expressions de doute et de certitude. Ensuite, échangez les rôles.

MODÈLE

Étudiant(e) 1: *Il est clair qu'on doit visiter Kribi, au Cameroun. Il y a beaucoup de plages.*
Étudiant(e) 2: *Je doute que nous en ayons le temps. Il vaut mieux que nous visitions le marché, au Gabon.*

> la forêt de Dzanga-Sangha (République centrafricaine)
> le lac Kivu (Rwanda)
> les marchés (Gabon)
> le parc national de Lobéké (Cameroun)
> le parc national de l'Ivindo (Congo)
> les plages de Kribi (Cameroun)

6 **L'avenir** Vous et votre partenaire parlez de vos doutes et de vos certitudes à propos de l'avenir. À tour de rôle, complétez ces phrases pour décrire comment vous envisagez (*envision*) l'avenir.

1. Je doute que...
2. Il est sûr que...
3. Il n'est pas certain que...
4. Il est impossible que...
5. Je ne crois pas que...
6. Je sais que...

7 **Je doute** Votre partenaire veut mieux vous connaître. Écrivez cinq phrases qui vous décrivent: quatre fausses et une vraie. Votre partenaire doit deviner laquelle est vraie et justifier sa réponse. Ensuite, alternez les rôles.

MODÈLE

Étudiant(e) 1: *Je finis toujours mes devoirs avant de me coucher.*
Étudiant(e) 2: *Je doute que tu finisses tes devoirs avant de te coucher, parce que tu as toujours beaucoup de devoirs.*

SYNTHÈSE

Révision

 1 Des changements Avec un(e) partenaire, observez ces endroits et dites, à tour de rôle, ce que vous aimeriez qu'il y ait pour améliorer la situation. Ensuite, comparez vos phrases à celles d'un autre groupe.

> **MODÈLE**
>
> **Étudiant(e) 1:** *Je préférerais qu'il y ait de l'eau dans cette rivière.*
> **Étudiant(e) 2:** *J'aimerais mieux qu'il y ait de l'herbe.*

1.

3.

2.

4.

2 Visite de votre région Interviewez vos camarades. Que recommandent-ils à des visiteurs qui ne connaissent pas votre région? Écrivez leurs réponses, puis comparez vos résultats à ceux d'un autre groupe. Utilisez ces expressions.

> **MODÈLE**
>
> **Étudiant(e) 1:** *Que devraient faire les visiteurs de cette région?*
> **Étudiant(e) 2:** *Je recommande qu'ils visitent les musées du centre-ville. Il serait bon qu'ils assistent aussi à un match de baseball.*

il est bon que	proposer que
il est indispensable que	recommander que
il faut que	suggérer que
?	?

3 Mes activités Faites la liste de quatre activités qui protègent l'environnement, une à laquelle vous participez et trois auxquelles vous ne participez pas. Donnez cette liste à deux de vos camarades, qui devineront celle à laquelle vous participez. Utilisez les verbes **croire** et **penser**. Ensuite, présentez vos discussions à la classe.

4 Je ne pense pas Que pensent vos camarades de ces affirmations? Par groupes de quatre, trouvez au moins une personne qui soit d'accord avec chaque phrase et une qui ne soit pas d'accord. Utilisez des expressions de doute et de certitude. Ensuite, présentez vos arguments à la classe.

> **MODÈLE** On lit moins à cause de la télévision.
>
> **Étudiant(e) 1:** *Penses-tu qu'on lise moins à cause de la télévision?*
> **Étudiant(e) 2:** *Non, je ne crois pas que ce soit vrai. Il est clair que les gens achètent toujours beaucoup de livres.*

- Le réchauffement de la Terre n'est pas vraiment un problème.
- L'écotourisme n'est qu'une mode passagère (*temporary*).
- Personne n'aime chasser aujourd'hui.
- Les humains peuvent sauver la planète.
- L'extinction des espèces va s'arrêter dans l'avenir.

5 Échange d'opinions Avec un(e) partenaire, imaginez une conversation entre un chasseur (*hunter*) et un défenseur de la nature. Préparez un dialogue où les deux se font des suggestions. Ensuite, jouez votre dialogue pour la classe.

> **MODÈLE**
>
> **Étudiant(e) 1:** *Il est dommage que vous disiez que les chasseurs n'aiment pas la nature.*
> **Étudiant(e) 2:** *Je souhaite que vous respectiez plus les animaux.*

6 La maman de Carine Votre professeur va vous donner, à vous et à votre partenaire, deux feuilles d'activités différentes sur Carine et sa mère. Attention! Ne regardez pas la feuille de votre partenaire.

> **MODÈLE**
>
> **Étudiant(e) 1:** *Si Carine prend l'avion,...*
> **Étudiant(e) 2:** *... sa mère veut qu'elle l'appelle de l'aéroport.*

Écriture

Considering audience and purpose

Writing always has a purpose. During the planning stages, you must determine to whom you are addressing the piece and what you want to express to your reader. Once you have defined both your audience and your purpose, you will be able to decide which genre, vocabulary, and grammatical structures will best serve your composition.

Let's say you want to share your thoughts on local traffic problems. Your audience can be either the local government or the community. You could choose to write a newspaper article, a letter to the editor, or a letter to the city's governing board. You should first ask yourself these questions:

1. Are you going to comment on traffic problems in general, or are you going to point out several specific problems?

2. Are you intending to register a complaint?

3. Are you simply intending to inform others and increase public awareness of the problems?

4. Are you hoping to persuade others to adopt your point of view?

5. Are you hoping to inspire others to take concrete actions?

The answers to these questions will help you establish the purpose of your writing and determine your audience. Of course, your writing can have more than one purpose. For example, you may intend for your writing to both inform others of a problem and inspire them to take action.

Thème

Écrire une lettre ou un article

Vous allez écrire au sujet d'un problème de l'environnement qui est important pour vous.

1. Choisissez d'abord le problème dont vous voulez parler. Vous pouvez choisir un problème local (par exemple, le ramassage des ordures sur votre campus) ou bien un problème mondial comme la surpopulation.

2. Décidez qui sera votre public: Voulez-vous écrire une lettre à un(e) ami(e), à un membre du gouvernement, à une association universitaire, etc.? Préférez-vous écrire un article pour un journal ou pour un magazine?

3. Identifiez le but de votre lettre ou article: Voulez-vous simplement informer votre public ou allez-vous aussi donner votre opinion personnelle?

4. Préparez une courte introduction, puis présentez le problème que vous avez choisi, de façon logique.

5. Si vous avez choisi d'exprimer votre opinion personnelle, justifiez-la pour essayer de persuader votre (vos) lecteur(s) que vous avez raison.

6. Préparez la conclusion de votre lettre ou article.

S Interactive Map

Panorama

un marché en Afrique

L'Afrique de l'Ouest

La région en chiffres

▶ **Bénin:** *(8.278.000 habitants), Porto Novo*

▶ **Burkina-Faso:** *(15.764.000), Ouagadougou*

▶ **Côte d'Ivoire:** *(19.625.000), Yamoussoukro*

▶ **Guinée:** *(9.996.000), Conakry*

▶ **Mali:** *(15.234.000), Bamako*

▶ **Mauritanie:** *(3.577.000), Nouakchott*

▶ **Niger:** *(15.550.000), Niamey*

▶ **Sénégal:** *(12.051.000), Dakar*

▶ **Togo:** *(5.826.000), Lomé*

SOURCE: Population Division, UN Secretariat

L'Afrique centrale

La région en chiffres

▶ **Burundi:** *(8.662.000), Bujumbura*

▶ **Cameroun:** *(18.347.000), Yaoundé*

▶ **Congo:** *(4.084.000), Brazzaville*

▶ **Gabon:** *(1.568.000), Libreville*

▶ **République centrafricaine:** *(4.430.000), Bangui*

▶ **République démocratique du Congo (R.D.C.):** *(71.272.000), Kinshasa*

▶ **Rwanda:** *(9.425.000), Kigali*

▶ **Tchad:** *(10.689.000), N'Djamena*

la ville d'Abidjan

Personnages célèbres

▶ **Mory Kanté,** *Guinée et Mali, chanteur et musicien (1950–)*

▶ **Djimon Hounsou,** *Bénin, acteur (1964–)*

▶ **Françoise Mbango-Etone,** *Cameroun, athlète olympique (1976–)*

liste du patrimoine mondial en péril *World Heritage in Danger List*

Map labels

LA TUNISIE
LE MAROC
L'ALGÉRIE
LE SAHARA OCCIDENTAL
LA LYBIE
LE SAHARA
LA MAURITANIE
Nouakchott
LE MALI
LE NIGER
LE TCHAD
le Nil
LE SÉNÉGAL
Dakar
LA GAMBIE
LE BURKINA-FASO
Niamey
N'Djamena
LE SOUDAN
LA GUINÉE
Conakry
Bamako
Ouagadougou
LE NIGÉRIA
LA GUINÉE-BISSAU
LE GHANA
LE BÉNIN
LA RÉPUBLIQUE CENTRAFRICAINE
LA SIERRA LEONE
Yamoussoukro
Lomé
Porto Novo
LE CAMEROUN
Bangui
L'OUGANDA
LA CÔTE D'IVOIRE
LE TOGO
Yaoundé
LE LIBÉRIA
LE GOLFE DE GUINÉE
Libreville
LA GUINÉE ÉQUATORIALE
LE GABON
LE CONGO
LE RWANDA
Kigali
Bujumbura
L'OCÉAN ATLANTIQUE
Brazzaville
Kinshasa
LA RÉPUBLIQUE DÉMOCRATIQUE DU CONGO
LE BURUNDI
LA TANZANIE
L'ANGOLA
LA ZAMBIE

Pays francophones

0   500 milles
0   500 kilomètres

la place des Artistes à Kinshasa

Incroyable mais vrai!

Progrès ou destruction? Dans le parc Kahuzi-Biega, à l'est de la R.D.C., habite une espèce menacée d'extinction: le gorille de montagne. Il est encore plus menacé, depuis peu, par l'exploitation d'un minerai qu'on trouve dans ce parc, le coltan, utilisé dans la fabrication de téléphones portables. Aujourd'hui, le parc est sur la liste du patrimoine mondial en péril°.

Les gens

Léopold Sédar Senghor, le président poète (1906–2001)

Senghor, homme politique et poète sénégalais, était professeur de lettres en France avant de mener° le Sénégal à l'indépendance et de devenir le premier président du pays en 1960. Humaniste et homme de culture, il est un des pères fondateurs° de la Négritude, un mouvement littéraire d'Africains et d'Antillais noirs qui examinent et mettent en valeur leur identité culturelle. Il a aussi organisé le premier Festival mondial des arts nègres, à Dakar, en 1966. Senghor a produit une importante œuvre° littéraire dans laquelle il explore le métissage° des cultures africaines, européennes et américaines. Docteur honoris causa de nombreuses universités, dont Harvard et la Sorbonne, il a été élu° à l'Académie française en 1983.

La musique

Le reggae ivoirien

La Côte d'Ivoire est un des pays d'Afrique où le reggae africain est le plus développé. Ce type de reggae se distingue du reggae jamaïcain par les instruments de musique utilisés et les thèmes abordés°. En fait, les artistes ivoiriens incorporent souvent des instruments traditionnels d'Afrique de l'Ouest et les thèmes sont souvent très politiques. Alpha Blondy, par exemple, est le plus célèbre des chanteurs ivoiriens de reggae et fait souvent des commentaires sociopolitiques. Le chanteur Tiken Jah Fakoly critique la politique occidentale et les gouvernants africains, et Ismaël Isaac dénonce les ventes d'armes° dans le monde. Le reggae ivoirien est chanté en français, en anglais et dans les langues africaines.

Alpha Blondy

Les lieux

Les parcs nationaux du Cameroun

Avec la forêt, la savane et la montagne dans ses réserves et parcs nationaux, le Cameroun présente une des faunes et flores les plus riches et variées d'Afrique. Deux cent quarante empreintes° de dinosaures sont fossilisées au site de dinosaures de Manangia, dans la province du Nord. Les différentes réserves du pays abritent°, entre autres, éléphants, gorilles, chimpanzés, antilopes et plusieurs centaines d'espèces de reptiles, d'oiseaux et de poissons. Le parc national Korup est une des plus anciennes forêts tropicales du monde. Il est connu surtout récemment pour une liane°, découverte là-bas, qui pourrait avoir un effet sur la guérison° de certains cancers et du VIH°.

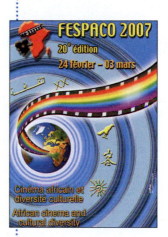

Les arts

Le FESPACO

Le FESPACO (Festival Panafricain du Cinéma et de la télévision à Ouagadougou), créé en 1969 pour favoriser la promotion du cinéma africain, est le plus grand festival de cinéma africain du monde et le plus grand événement culturel récurrent d'Afrique. Vingt films et vingt courts métrages° africains sont présentés en compétition officielle, tous les deux ans, à ce festival du Burkina-Faso. Le FESPACO est aussi une fête populaire avec une cérémonie d'ouverture à laquelle assistent 40.000 spectateurs et des stars de la musique africaine.

Qu'est-ce que vous avez appris? Répondez aux questions par des phrases complètes.

1. Qu'est-ce qui menace la vie des gorilles de montagne?
2. Quelle est une des utilisations du coltan?
3. Pourquoi Senghor est-il important dans l'histoire du Sénégal?
4. De quel mouvement Senghor était-il un des fondateurs?
5. Qu'est-ce qui fait la spécificité du son (*sound*) du reggae ivoirien?
6. De quoi parlent souvent les chanteurs de reggae en Côte d'Ivoire?
7. Qu'a-t-on trouvé sur le site de Manangia?
8. Pourquoi le parc national Korup est-il bien connu récemment?
9. Pourquoi le FESPACO a-t-il été créé?
10. Le FESPACO est-il un festival réservé exclusivement aux professionnels du cinéma?

ressources

WB
pp. 183–184

vhlcentral.com
Unité 13

Sur Internet

Go to **vhlcentral.com** to find more cultural information related to this **Panorama**.

1. Trouvez des informations sur le mouvement de la Négritude. Qui en étaient les autres principaux fondateurs?

2. Écoutez des chansons (*songs*) de reggae ivoirien. De quoi parlent-elles?

3. Cherchez plus d'informations sur le gorille de montagne et le coltan. Quel est le statut (*status*) du gorille aujourd'hui?

mener *lead* **pères fondateurs** *founding fathers* **œuvre** *body of work* **métissage** *mixing* **élu** *elected* **abordés** *dealt with* **ventes d'armes** *arms trade* **empreintes** *footprints* **abritent** *provide a habitat for, shelter* **liane** *vine* **guérison** *cure* **VIH** *HIV* **métrages** *films*

Ⓢ **Interactive Map**

Panorama

Les Antilles

L'archipel en chiffres

▶ **Guadeloupe:** *(460.000 habitants), Pointe-à-Pitre, Basse-Terre*

▶ **Haïti:** *(9.500.000), Port-au-Prince*

▶ **Martinique:** *(402.000), Fort-de-France*

▶ **Saint-Barthélemy:** *(6.858), Gustavia*

▶ **Saint-Martin:** *(en partie) (29.126), Marigot*
SOURCE: Population Division, UN Secretariat

Antillais célèbres

▶ **Aimé Césaire,** *la Martinique, poète (1913–2008)*

▶ **Raphaël Confiant,** *la Martinique, écrivain° (1951–)*

▶ **Garcelle Beauvais,** *Haïti, actrice (1966–)*

▶ **Wyclef Jean,** *Haïti, chanteur de rap (1972–)*

La Polynésie française

L'archipel en chiffres

▶ **Îles Australes:** *(6.386), Tubuai*

▶ **Îles de la Société:** *(214.445), Papeete*

▶ **Îles Gambier:** *(1.097), Mangareva*

▶ **Îles Marquises:** *(8.712), Nuku-Hiva*

▶ **Îles Tuamotu:** *(16.959), Fakarava, Rankiroa*

Polynésiens célèbres

▶ **Henri Hiro,** *Tahiti, îles de la Société, poète (1944–1990)*

▶ **Rodolphe Vinh Tung,** *Raiatea, îles de la Société, professionnel du wakeboard (1974–)*

écrivain *writer* **survivants** *survivors* **enfermé** *detained* **pirogues** *dugout canoes*

LES ÉTATS-UNIS

L'OCÉAN ATLANTIQUE

la ville de Gustavia, à Saint-Barthélemy

LES ANTILLES

CUBA

Porto Rico

Saint-Martin

Saint-Barthélemy

La Guadeloupe

La Martinique

LA JAMAÏQUE

HAÏTI

LE VENEZUELA

LE SURINAM

LA COLOMBIE

La Guyane française

L'OCÉAN PACIFIQUE

LA GUYANA

LE BRÉSIL

LA POLYNÉSIE FRANÇAISE

Les îles Marquises

L'OCÉAN PACIFIQUE

Les îles Tuamotu

Les îles de la Société

Tahiti

Les îles Australes

Les îles Gambier

Régions francophones

0   1,000 milles
0   1,000 kilomètres

0   500 milles
0   500 kilomètres

les courses de pirogues° en Polynésie française

Incroyable mais vrai!

Jusqu'au vingtième siècle, Saint-Pierre était le port le plus actif des Antilles et la capitale de la Martinique. Mais en 1902, son volcan, la montagne Pelée, entre en éruption. Il n'y a que deux survivants°, dont un qui a été protégé par les murs de la prison où il était enfermé°. Certains historiens doutent de l'authenticité de cette anecdote.

Les arts

Les peintures de Gauguin

En 1891, le peintre° Paul Gauguin (1848–1903) vend ses œuvres° à Paris et déménage à Tahiti, dans les îles de la Société, pour échapper à° la vie moderne. Il y reste deux ans avant de rentrer en France et, en 1895, il retourne en Polynésie française pour y habiter jusqu'à sa mort en 1903. Inspirée par le nouvel environnement du peintre et la nature qui l'entoure°, l'œuvre «tahitienne» de Gauguin est célèbre° pour sa représentation du peuple indigène et l'emploi° de couleurs vives°. Ses peintures° de femmes font partie de ses meilleurs tableaux°.

Les destinations

Haïti, première République noire

En 1791, un ancien esclave°, Toussaint Louverture, mène° une rébellion dans la colonie française de Saint-Domingue. Après avoir gagné le combat, Louverture se proclame gouverneur de l'île et abolit l'esclavage. Il est plus tard capturé par l'armée française et exilé en France. Son successeur, Jean-Jacques Dessalines, lui-même ancien esclave, vainc° définitivement l'armée française en 1803 et proclame l'indépendance d'Haïti en 1804. Haïti est donc la première République noire du monde et le premier pays du monde occidental à abolir l'esclavage.

L'économie

La perle noire

La Polynésie française est le principal producteur de perles° noires. Dans la nature, les perles sont très rares; on en trouve dans une huître° sur 15.000. Par contre°, aujourd'hui, la Polynésie française produit plusieurs tonnes de perles noires chaque année. Des milliers de Tahitiens vivent de° l'industrie perlière. Parce qu'elle s'est développée dans les lagons, la perliculture° a même aidé à repeupler° certaines îles et certains endroits ruraux, abandonnés par les gens partis en ville. Les perles sont très variées et présentent différentes formes ou nuances de noir.

Les gens

Maryse Condé

Née en Guadeloupe, puis étudiante à la Sorbonne, à Paris, Maryse Condé a vécu° huit ans en Afrique (Ghana, Sénégal, Guinée, etc.). En 1973, elle enseigne dans les universités françaises et commence sa carrière° d'écrivain°. Elle sera ensuite professeur en Californie et à l'Université de Columbia. Ses nombreux romans°, y compris° *Moi, Tituba Sorcière*, ont reçu de multiples récompenses°. Ils mêlent° souvent fiction et événements historiques pour montrer la complexité de la culture antillaise, culture liée° à l'Amérique, l'Europe et l'Afrique.

 Qu'est-ce que vous avez appris? Répondez aux questions par des phrases complètes.

1. Que s'est-il passé en Martinique au début du vingtième siècle?
2. L'éruption a-t-elle tué tous les habitants de Saint-Pierre?
3. Pour quelle raison Gauguin a-t-il déménagé à Tahiti?
4. Pour quelles raisons l'œuvre «tahitienne» de Gauguin est-elle célèbre?
5. Quelle est la principale particularité d'Haïti?
6. Qui a réussi à abolir l'esclavage en Haïti?
7. D'où viennent la majorité des perles noires?
8. Comment la perliculture a-t-elle changé la population de la Polynésie?
9. Où Maryse Condé a-t-elle étudié? Où est-elle née?
10. Ses romans sont-ils entièrement des œuvres de fiction?

Sur Internet

Go to **vhlcentral.com** to find more cultural information related to this **Panorama**.

1. Cherchez des informations sur Aimé Césaire. Qu'a-t-il en commun avec Léopold Sédar Senghor, poète et homme politique mentionné dans le **Panorama** précédent?
2. Trouvez des informations sur la ville de Saint-Pierre. Comment est-elle aujourd'hui?
3. Cherchez des informations sur les courses de pirogues en Polynésie française. Quelle est leur signification?

ressources

WB pp. 185–186

vhlcentral.com
Unité 13

peintre *painter* **œuvres** *artworks* **échapper à** *escape* **entoure** *surrounds* **célèbre** *famous* **emploi** *use* **vives** *bright* **peintures** *paintings* **tableaux** *paintings* **esclave** *slave* **mène** *leads* **vainc** *defeats* **perles** *pearls* **huître** *oyster* **Par contre** *However* **vivent de** *make a living from* **perliculture** *pearl farming* **repeupler** *repopulate* **a vécu** *lived* **carrière** *career* **écrivain** *writer* **romans** *novels* **y compris** *including* **récompenses** *awards* **mêlent** *mix* **liée** *tied*

Lecture Ⓢ Audio: Reading

Avant la lecture

STRATÉGIE

Recognizing chronological order

Recognizing the chronological order of events is key to understanding the cause and effect relationship between them. When you are able to establish the chronological chain of events, you will easily be able to follow the plot. In order to be more aware of the order of events, you may find it helpful to prepare a numbered list of the events as you read.

Examinez le texte

D'abord, regardez la forme du texte. Quel genre de texte est-ce? Puis, regardez les illustrations. Qu'y a-t-il sur ces illustrations? Qui sont les personnages de l'histoire (*story*)? Que font les insectes dans la première illustration? Et dans la deuxième?

À propos de l'auteur
Jean de La Fontaine (1621–1695)

Jean de La Fontaine est un auteur et un poète français très connu du dix-septième siècle. Né à Château-Thierry, à l'est de Paris, il a passé toute son enfance à la campagne avant de devenir avocat et de s'installer à Paris. C'est dans la capitale qu'il a rencontré des écrivains célèbres et qu'il a décidé d'écrire. Il est l'auteur de poèmes, de nouvelles en vers° et de contes°, mais il est connu surtout pour ses fables, considérées comme des chefs-d'œuvre° de la littérature française. Au total, La Fontaine a publié 12 livres de fables dans lesquels il a créé des histoires autour de concepts fondamentaux de la morale qu'il a empruntés principalement aux fables d'Ésope. Les fables de La Fontaine, avec leurs animaux et leurs histoires assez simples, étaient, pour lui, une manière° subtile de critiquer la société contemporaine et la nature humaine. Deux de ses fables les plus connues sont *La Cigale et la Fourmi* et *Le Corbeau et le Renard*.

nouvelles en vers *short stories in verse* **contes** *tales* **chefs-d'œuvre** *masterpieces* **manière** *manner, way*

La Cigale et

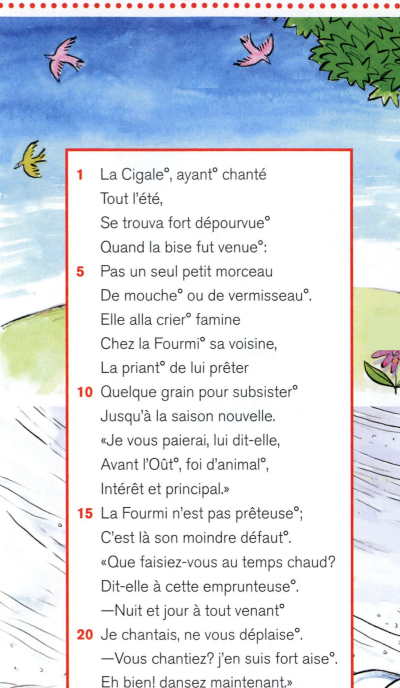

1   La Cigale°, ayant° chanté
    Tout l'été,
    Se trouva fort dépourvue°
    Quand la bise fut venue°:
5   Pas un seul petit morceau
    De mouche° ou de vermisseau°.
    Elle alla crier° famine
    Chez la Fourmi° sa voisine,
    La priant° de lui prêter
10   Quelque grain pour subsister°
    Jusqu'à la saison nouvelle.
    «Je vous paierai, lui dit-elle,
    Avant l'Oût°, foi d'animal°,
    Intérêt et principal.»
15   La Fourmi n'est pas prêteuse°;
    C'est là son moindre défaut°.
    «Que faisiez-vous au temps chaud?
    Dit-elle à cette emprunteuse°.
    —Nuit et jour à tout venant°
20   Je chantais, ne vous déplaise°.
    —Vous chantiez? j'en suis fort aise°.
    Eh bien! dansez maintenant.»

la Fourmi

de Jean
de La Fontaine

Cigale *Cicada* **ayant** *having* **Se trouva fort dépourvue** *Found itself left without a thing* **la bise fut venue** *the cold winds of winter arrived* **mouche** *fly* **vermisseau** *small worm* **alla crier** *went crying* **Fourmi** *Ant* **La priant** *Begging her* **subsister** *survive* **Oût** *August* **foi d'animal** *on my word as an animal* **n'est pas prêteuse** *doesn't like lending things* **moindre défaut** *the least of her faults* **emprunteuse** *borrower* **à tout venant** *all the time* **ne vous déplaise** *if you please* **fort aise** *delighted*

Après la lecture

Répondez Répondez aux questions par des phrases complètes.

1. Qu'est-ce que la Cigale a fait tout l'été?
   _____

2. Quel personnage de la fable a beaucoup travaillé pendant l'été?
   _____

3. Pourquoi la Cigale n'a-t-elle rien à manger quand l'hiver arrive?
   _____

4. Que fait la Cigale quand elle a faim?
   _____

5. Que fera la Cigale si la Fourmi lui donne à manger?
   _____

6. Qu'est-ce que la Fourmi demande à la Cigale?
   _____

7. Quel est le moindre défaut de la Fourmi?
   _____

8. La Fourmi va-t-elle donner quelque chose à manger à la Cigale? Expliquez.
   _____

Un résumé Écrivez un résumé (*summary*) de la fable de La Fontaine. Regardez le texte et prenez des notes sur ce qui se passe aux différents moments de l'histoire. Faites aussi une liste des mots importants que vous ne connaissez pas et trouvez-leur des synonymes que vous pourrez utiliser dans votre résumé. Par exemple, vous connaissez déjà le mot «vent», synonyme de «bise».

La morale de la fable Comme les fables en général, *La Cigale et la Fourmi* a une morale, mais La Fontaine ne la donne pas explicitement. À votre avis, quelle est la morale de cette fable? Êtes-vous d'accord avec cette morale? Discutez de ces questions par petits groupes.

Les fables Connaissiez-vous déjà l'histoire de cette fable? Connaissez-vous d'autres fables, comme celles du Grec Ésope, de l'Américain James Thurber, de l'Allemand Gotthold Lessing ou de l'Espagnol Félix Maria Samaniego? Que pensez-vous des fables en général? Aimez-vous les lire? À quoi servent-elles? Quels thèmes trouve-t-on souvent dans les fables? Quels animaux sont souvent utilisés? Discutez de ces questions par petits groupes.

La nature

un espace	space, area
une espèce (menacée)	(endangered) species
la nature	nature
un pique-nique	picnic
une région	region
une ressource naturelle	natural resource
un arbre	tree
un bois	woods
un champ	field
le ciel	sky
une côte	coast
un désert	desert
une étoile	star
une falaise	cliff
un fleuve	river
une forêt (tropicale)	(tropical) forest
l'herbe (f.)	grass
une île	island
la jungle	jungle
un lac	lake
la Lune	moon
une pierre	stone
une plante	plant
une rivière	river
un sentier	path
une vallée	valley
un volcan	volcano
en plein air	outdoor, open-air
pur(e)	pure

Vocabulaire supplémentaire

lequel	which one (m. sing.)
lesquels	which ones (m. pl.)
laquelle	which one (f. sing.)
lesquelles	which ones (f. pl.)

L'écologie

améliorer	to improve
chasser	to hunt
développer	to develop
gaspiller	to waste
jeter	to throw away
polluer	to pollute
préserver	to preserve
prévenir l'incendie	to prevent fires
proposer une solution	to propose a solution
recycler	to recycle
sauver la planète	to save the planet
une catastrophe	catastrophe
une centrale nucléaire	nuclear power plant
la chasse	hunt
le covoiturage	carpooling
un danger	danger, threat
le déboisement	deforestation
des déchets toxiques (m.)	toxic waste
l'écologie (f.)	ecology
l'écotourisme (m.)	ecotourism
l'effet de serre (m.)	greenhouse effect
un emballage en plastique	plastic wrapping/ packaging
l'énergie nucléaire (f.)	nuclear energy
l'énergie solaire (f.)	solar energy
l'environnement (m.)	environment
l'extinction (f.)	extinction
le gaspillage	waste
un glissement de terrain	landslide
un nuage de pollution	pollution cloud
la pluie acide	acid rain
la pollution	pollution
une population croissante	growing population
la préservation	protection
un produit	product
la protection	protection
le ramassage des ordures	garbage collection
le réchauffement de la Terre	global warming
le recyclage	recycling
le sauvetage des habitats	habitat preservation
la surpopulation	overpopulation
le trou dans la couche d'ozone	hole in the ozone layer
une usine	factory
écologique	ecological

Les animaux

un animal	animal
un écureuil	squirrel
un lapin	rabbit
un serpent	snake
une vache	cow

Les lois et les règlements

abolir	to abolish
interdire	to forbid, to prohibit
un gouvernement	government
une loi	law

Pronoms démonstratifs

celui	this one; that one; the one (m. sing.)
ceux	these; those; the ones (m. pl.)
celle	this one; that one; the one (f. sing.)
celles	these; those; the ones (f. pl.)

Expressions utiles	See pp. 491 and 509.
Impersonal expressions	See p. 499.
Verbs of will	See p. 512.
Verbs and expressions of emotion	See p. 513.
Expressions of doubt and certainty	See pp. 516–517.
croire	See p. 516.

Le monde francophone

L'OCÉAN ARCTIQUE

LE GROENLAND

LE CANADA

Le Québec

LES ÉTATS-UNIS

Saint-Pierre-
et-Miquelon
(*France*)

L'OCÉAN ATLANTIQUE

La
Louisiane

LE
MEXIQUE

LE
BELIZE

CUBA

HAÏTI

Les
Antilles
françaises

LA JAMAÏQUE

LE GUYANA

LE GUATEMALA

LE SALVADOR

LE HONDURAS

LE NICARAGUA

LE COSTA RICA

LE PANAMÁ

LE
VENEZUELA

LE SURINAME

La Guyane
française

L'OCÉAN PACIFIQUE

LA
COLOMBIE

L'ÉQUATEUR

LE PÉROU

LE BRÉSIL

Wallis-et-
-Futuna

TUVALU

KIRIBATI

LES
SAMOA

La Polynésie française

LA BOLIVIE

VANUATU

FIDJI

TONGA

LE PARAGUAY

La Nouvelle-Calédonie

LE CHILI

L'ARGENTINE

L'URUGUAY

LA
NOUVELLE-ZÉLANDE

Pays et régions francophones

0 ———— 3,000 milles

0 ———— 3,000 kilomètres

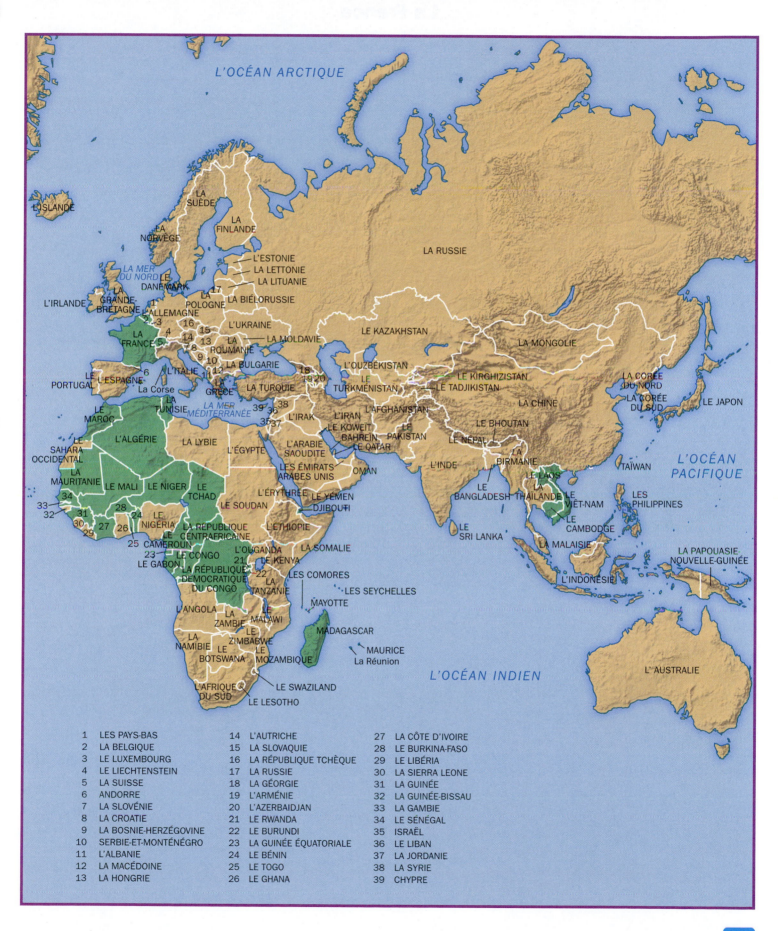

L'OCÉAN ARCTIQUE

L'ISLANDE

LA SUÈDE

LA NORVÈGE

LA FINLANDE

LA MER DU NORD

L'IRLANDE

LA GRANDE-BRETAGNE

LE DANEMARK

LA POLOGNE

L'ESTONIE

LA LETTONIE

LA LITUANIE

LA BIÉLORUSSIE

LA RUSSIE

L'ALLEMAGNE

L'UKRAINE

LE KAZAKHSTAN

LA MONGOLIE

LA FRANCE

LA MOLDAVIE

LA ROUMANIE

LA BULGARIE

L'OUZBÉKISTAN

LE KIRGHIZISTAN

LA CORÉE DU NORD

PORTUGAL

LE ESPAGNE

L'ITALIE

La Corse

LA GRÈCE

LA TURQUIE

LE TURKMÉNISTAN

LE TADJIKISTAN

LA CHINE

LA CORÉE DU SUD

LE JAPON

LA TUNISIE

LA MER MÉDITERRANÉE

L'IRAK

L'IRAN

L'AFGHANISTAN

LE MAROC

L'ÉGYPTE

LE KOWEÏT

BAHREÏN

LE QATAR

LE PAKISTAN

LE NÉPAL

LE BHOUTAN

TAÏWAN

L'OCÉAN PACIFIQUE

LE SAHARA OCCIDENTAL

L'ALGÉRIE

LA LYBIE

L'ARABIE SAOUDITE

OMAN

L'INDE

LA BIRMANIE

LA MAURITANIE

LE MALI

LE NIGER

LE TCHAD

LE SOUDAN

L'ÉRYTHRÉE

LE YÉMEN

LES ÉMIRATS ARABES UNIS

LE BANGLADESH

LE LAOS

LA THAÏLANDE

LE VIÊT-NAM

LES PHILIPPINES

LE NIGÉRIA

LE CAMEROUN

LA RÉPUBLIQUE CENTRAFRICAINE

L'ÉTHIOPIE

DJIBOUTI

LE SRI LANKA

LE CAMBODGE

LA MALAISIE

LA PAPOUASIE NOUVELLE-GUINÉE

L'INDONÉSIE

LE GABON

LE CONGO

L'OUGANDA

LE KENYA

LA SOMALIE

LA RÉPUBLIQUE DÉMOCRATIQUE DU CONGO

LE RWANDA

LE BURUNDI

LA TANZANIE

LES COMORES

LES SEYCHELLES

MAYOTTE

L'ANGOLA

LA ZAMBIE

LE MALAWI

MADAGASCAR

MAURICE

La Réunion

L'AUSTRALIE

LA NAMIBIE

LE BOTSWANA

LE ZIMBABWE

LE MOZAMBIQUE

L'OCÉAN INDIEN

L'AFRIQUE DU SUD

LE SWAZILAND

LE LESOTHO

1 LES PAYS-BAS	14 L'AUTRICHE	27 LA CÔTE D'IVOIRE
2 LA BELGIQUE	15 LA SLOVAQUIE	28 LE BURKINA-FASO
3 LE LUXEMBOURG	16 LA RÉPUBLIQUE TCHÈQUE	29 LE LIBÉRIA
4 LE LIECHTENSTEIN	17 LA RUSSIE	30 LA SIERRA LEONE
5 LA SUISSE	18 LA GÉORGIE	31 LA GUINÉE
6 ANDORRE	19 L'ARMÉNIE	32 LA GUINÉE-BISSAU
7 LA SLOVÉNIE	20 L'AZERBAÏDJAN	33 LA GAMBIE
8 LA CROATIE	21 LE RWANDA	34 LE SÉNÉGAL
9 LA BOSNIE-HERZÉGOVINE	22 LE BURUNDI	35 ISRAËL
10 SERBIE-ET-MONTÉNÉGRO	23 LA GUINÉE ÉQUATORIALE	36 LE LIBAN
11 L'ALBANIE	24 LE BÉNIN	37 LA JORDANIE
12 LA MACÉDOINE	25 LE TOGO	38 LA SYRIE
13 LA HONGRIE	26 LE GHANA	39 CHYPRE

La France

L'ANGLETERRE

LES PAYS-BAS

LA BELGIQUE

L'ALLEMAGNE

LA MANCHE

NORD-PAS DE-CALAIS

Pas-de-Calais 62   Lille
Arras 59
Nord

LE LUXEMBOURG

Somme 80   Amiens

PICARDIE

Charleville-Mézières 08
Laon   Ardennes
Aisne 02

Seine-Maritime 76   Rouen
Beauvais
Oise 60

HAUTE-NORMANDIE

LORRAINE 57
Meuse   Metz
55   Moselle

50
Saint-Lô
Manche
Caen 14
Calvados
Évreux
Eure 27

Val-d'Oise 95   Pontoise
Yvelines   Paris 77
78   Versailles
Évry 91
Essonne

Châlons-en-Champagne
Marne

Bar-le-Duc 54   Nancy
Meurthe-et-Moselle

Bas-Rhin 67
Strasbourg

BASSE-NORMANDIE
Orne 61
Alençon

ÎLE-DE-FRANCE

CHAMPAGNE-ARDENNE

ALSACE

22   St-Brieuc
Finistère 29
Côtes-d'Armor

BRETAGNE

Chartres

Melun
Seine-et-Marne

Chaumont

Vosges 88   Épinal
Colmar

Haut-Rhin
90   68

35
53   Rennes
Ille-et-Vilaine   Laval
72

Eure-et-Loir 28
Loiret

89
Auxerre
Yonne
Aube

Haute-Marne 70   Belfort
Vesoul
Haute-Saône

Morbihan 56   Vannes
Mayenne   Sarthe
PAYS DE LA LOIRE

Le Mans
41   Blois
Orléans 45

Troyes 10
52

Doubs
Besançon

Belfort

44
Angers 49
Loire-Atlantique   Nantes
Maine-et-Loire
37   Tours
Indre-et-Loire

Loir-et-Cher
CENTRE 18
Bourges

BOURGOGNE
Nièvre
Nevers 58

Côte-d'Or 21   Dijon

FRANCHE-COMTÉ
Jura 25
Lons-le-Saunier 39

LA SUISSE

85
79
Deux-Sèvres
86   Poitiers
Vienne

Châteauroux
Cher

Moulins
Allier 03

Saône-et-Loire 71

La-Roche-sur-Yon
Vendée

Indre 36

La Rochelle
Charente-Maritime 17

Niort
Vienne

POITOU-CHARENTES

87   Guéret
Creuse 23

AUVERGNE

Mâcon
Rhône 69   01
42   Lyon
Ain

Bourg-en-Bresse

74   Annecy
Haute-Savoie

Nanterre
92   75 Paris
Hauts-de-Seine   94
Val-de-Marne

Seine-Saint-Denis
Bobigny
93
Créteil

16   Limoges
Angoulême   Haute-Vienne
Charente

Clermont-Ferrand 63
Puy-de-Dôme

Loire 42
St-Étienne

RHÔNE-ALPES 38
Isère
Grenoble

Savoie 73

L'ITALIE

LIMOUSIN

Corrèze 19   Tulle
Périgueux 24
Dordogne

Cantal 15

Haute-Loire 43   Le Puy-en-Velay

Valence
Drôme 26

Hautes-Alpes 05   Gap

Bordeaux 33
Gironde
AQUITAINE

Lot 47
Cahors 46

Aurillac

48   Mende
Lozère

Privas
Ardèche 07

PROVENCE-ALPES-CÔTE-D'AZUR

Alpes-Maritimes 06   Nice

Lot-et-Garonne
Agen

Aveyron
Rodez

Gard 30

Digne-les-Bains 04
Alpes-de-Haute-Provence

MONACO

Landes 40
Mont-de-Marsan

Tarn-et-Garonne 82
Montauban
Gers   Auch

Albi
Tarn 12

34   Nîmes
Hérault
Montpellier

13   Avignon
Vaucluse

Bouches-du-Rhône

Var 83

64   Pau
Pyrénées-Atlantiques
Tarbes 65

32
Toulouse 81
Haute-Garonne

MIDI-PYRÉNÉES

LANGUEDOC-ROUSSILLON

Marseille

Toulon

31
Hautes-Pyrénées
09   Foix
Ariège

11   Carcassonne
Aude

66   Perpignan
Pyrénées-Orientales

L'ESPAGNE

ANDORRE

LA MER MÉDITERRANÉE

L'OCÉAN ATLANTIQUE

0   30 milles
0   30 kilomètres

Bastia
2B
Haute-Corse

CORSE

Ajaccio
2A
Corse-du-Sud

0   100 milles
0   100 kilomètres

L'Europe

0 _____ 500 milles

0 _____ 500 kilomètres

Pays francophones

LA MER DE BARENTS

LA MER DE NORVÈGE

L'ISLANDE
Reykjavik

LA SUÈDE

LA FINLANDE

LA NORVÈGE

Helsinki

LA RUSSIE

Oslo

Stockholm

Tallinn
L'ESTONIE

Moscou

LA MER BALTIQUE

Riga
LA LETTONIE

LA MER DU NORD

LE DANEMARK

Copenhague

LA RUSSIE

Vilnius
LA LITUANIE

Minsk
LA BIÉLORUSSIE

L'IRLANDE

Dublin

LA GRANDE BRETAGNE

LES PAYS-BAYS

Berlin

Varsovie

Kiev

Londres

La Haye

LA POLOGNE

L'UKRAINE

L'OCÉAN ATLANTIQUE

Bruxelles

LA BELGIQUE

L'ALLEMAGNE

Prague

Paris

Luxembourg

LA RÉPUBLIQUE TCHÈQUE

LA SLOVAQUIE

LA MOLDAVIE

LE LUXEMBOURG

LE LIECHTENSTEIN

Bratislava

Vienne

Budapest

Chisinau

Berne

LA SUISSE

L'AUTRICHE

LA HONGRIE

LA ROUMANIE

LA MER NOIRE

LA FRANCE

Ljubljana

LA SLOVÉNIE

Zagreb

Belgrade

Bucarest

Monte Carlo

LA CROATIE

LA BOSNIE-HERZÉGOVINE

SERBIE-ET-MONTÉNÉGRO

Andorre-la-Vieille

MONACO

L'ITALIE

Sarajevo

LA BULGARIE

LE PORTUGAL

ANDORRE

La Corse

Rome

Tirana

Sofia
Skopje

LA MACÉDOINE

LA TURQUIE

Madrid

L'ALBANIE

LA GRÈCE

Lisbonne

L'ESPAGNE

La Sardaigne

La Sicile

Athènes

Nicosie

CHYPRE

MALTE

La Valette

LA MER MÉDITERRANÉE

LE MAROC

L'ALGÉRIE

LA TUNISIE

LA LYBIE

L'ÉGYPTE

L'Afrique

Pays francophones

LA FRANCE
L'ITALIE
LE PORTUGAL L'ESPAGNE
LA GRÈCE
LA TURQUIE
Alger
Tunis
LA SYRIE
LE LIBAN
L'IRAK
L'IRAN
Rabat
LA TUNISIE
ISRAËL
LE KOWEÏT
LE MAROC
Tripoli
LA JORDANIE
BAHREÏN
LES ÉMIRATS ARABES UNIS
LA MER MÉDITERRANÉE
Le Caire
L'ALGÉRIE
LA LYBIE
L'ÉGYPTE
L'ARABIE SAOUDITE
OMAN
LE QATAR
LE SAHARA OCCIDENTAL
OMAN
LA MAURITANIE
LE MALI
Nouakchott
LE NIGER
LE TCHAD
Khartoum
Asmara
LE YÉMEN
LE SÉNÉGAL LA GAMBIE
LE BURKINA FASO
Niamey
L'ÉRYTHRÉE
Dakar
LE SOUDAN
Bissau LA GUINÉE
Bamako
Ouagadougou
N'Djamena
LA GUINÉE-BISSAU
LE GHANA
LE NIGÉRIA
Conakry
Yamoussoukro
Lomé
Abuja
DJIBOUTI
Djibouti
Freetown
Accra
LE BÉNIN
LE CAMEROUN
LA RÉPUBLIQUE CENTRAFRICAINE
Addis-Abeba
LA SOMALIE
Monrovia
Porto Novo
LA SIERRA LEONE
LA CÔTE D'IVOIRE
LE TOGO
Yaoundé
Bangui
L'ÉTHIOPIE
LE LIBÉRIA
LE GABON
L'OUGANDA
LE CONGO
LE RWANDA
Kampala
LE KENYA
Muqdisho
LA GUINÉE ÉQUATORIALE
Libreville
Kigali
Nairobi
LES SEYCHELLES
Brazzaville
LA RÉPUBLIQUE DÉMOCRATIQUE DU CONGO
Bujumbura
Kinshasa
LE BURUNDI
LA TANZANIE
Dar es-Salaam
Luanda
LES COMORES
MAYOTTE
L'ANGOLA
LA ZAMBIE
Llongwe
Lusaka
LE MALAWI
MADAGASCAR
L'OCÉAN ATLANTIQUE
Harare
LE MOZAMBIQUE
Antananarivo
LA NAMIBIE
LE ZIMBABWE
MAURICE
LE BOTSWANA
La Réunion
Windhoek
Gabarone
Pretoria
Maputo
Mbabane
LE SWAZILAND
Maseru
L'OCÉAN INDIEN
L'AFRIQUE DU SUD
LE LESOTHO

0   1,000 milles
0   1,000 kilomètres

L'Amérique du Nord et du Sud

L'OCÉAN ARCTIQUE

LE GROENLAND

L'Alaska

Le Nunavut

Le Yukon

Les Territoires
du Nord-Ouest

La Colombie-
Britannique

LE CANADA

L'Alberta

Le Manitoba

Le Québec

Terre-Neuve-
et-Labrador

Le Saskatchewan

Le Nouveau-
Brunswick

L'Ontario

Québec

Saint-Pierre-
et-Miquelon
(*France*)

Montréal

Ottawa

La Nouvelle-
Écosse

L'Île-du-Prince-Édouard

LES ÉTATS-UNIS

Washington

L'OCÉAN
ATLANTIQUE

L'OCÉAN PACIFIQUE

La
Louisiane

LE
MEXIQUE

LA JAMAÏQUE
LE
BELIZE

HAÏTI

CUBA

Les Antilles
françaises

Mexico

Belmopan
Tegucigalpa

LE GUATEMALA

Guatemala

San Salvador

LE HONDURAS
LE NICARAGUA

Managua

LE SALVADOR

Panamá

Caracas

LE COSTA RICA

LE PANAMÁ

LE
VENEZUELA

Georgetown
Paramaribo

Bogotá

Cayenne

Quito

LA
COLOMBIE

LE
GUYANA

LE
SURINAME

La Guyane
française

L'ÉQUATEUR

LE
PÉROU

Lima

LE BRÉSIL

Régions francophones

LA BOLIVIE

Brasília

La Paz
Sucre

LE
PARAGUAY

0   2,000 milles

LE CHILI

Asunción

0   2,000 kilomètres

L'ARGENTINE

Santiago

L'URUGUAY

Buenos Aires

Montevideo

PORTO
RICO

HAÏTI

LA RÉPUBLIQUE
DOMINICAINE

San Juan

Port-au-Prince

Saint-
Domingue

La Guadeloupe

LA MER DES ANTILLES

Pointe-à-Pitre

DOMINIQUE

Fort-de-France

0   500 milles

La Martinique

0   500 kilomètres

SAINTE-LUCIE

Verb Conjugation Tables

The list of verbs below and the model verb tables that start on page A-11 show you how to conjugate the verbs that appear in **PROMENADES**. Each verb in the list is followed by a model verb conjugated according to the same pattern. The number in parentheses indicates where in the verb tables you can find the conjugated forms of the model verb. For example, if you want to find out how to conjugate the verb **offrir**, look up number 31 to refer to its model verb, **ouvrir**. The phrase **p.c.** with **être** after a verb means that it is conjugated with **être** in the **passé composé**. Reminder: All reflexive (pronominal) verbs use **être** as their auxiliary verb in the **passé composé**. The infinitives of reflexive verbs begin with **se** (**s'**).

In the tables you will find the infinitive, past participles, and all the forms of each model verb you have learned.

abolir like finir (2)
aborder like parler (1)
abriter like parler (1)
accepter like parler (1)
accompagner like parler (1)
accueillir like ouvrir (31)
acheter (7)
adorer like parler (1)
afficher like parler (1)
aider like parler (1)
aimer like parler (1)
aller (13) **p.c.** with **être**
allumer like parler (1)
améliorer like parler (1)
amener like acheter (7)
animer like parler (1)
apercevoir like recevoir (36)
appeler (8)
applaudir like finir (2)
apporter like parler (1)
apprendre like prendre (35)
arrêter like parler (1)
arriver like parler (1) *except* **p.c.** with **être**
assister like parler (1)
attacher like parler (1)

attendre like vendre (3)
attirer like parler (1)
avoir (4)
balayer like essayer (10)
bavarder like parler (1)
boire (15)
bricoler like parler (1)
bronzer like parler (1)
célébrer like préférer (12)
chanter like parler (1)
chasser like parler (1)
chercher like parler (1)
choisir like finir (2)
classer like parler (1)
commander like parler (1)
commencer (9)
composer like parler (1)
comprendre like prendre (35)
compter like parler (1)
conduire (16)
connaître (17)
consacrer like parler (1)
considérer like préférer (12)
construire like conduire (16)
continuer like parler (1)

courir (18)
coûter like parler (1)
couvrir like ouvrir (31)
croire (19)
cuisiner like parler (1)
danser like parler (1)
débarrasser like parler (1)
décider like parler (1)
découvrir like ouvrir (31)
décrire like écrire (22)
décrocher like parler (1)
déjeuner like parler (1)
demander like parler (1)
démarrer like parler (1)
déménager like manger (11)
démissionner like parler (1)
dépasser like parler (1)
dépendre like vendre (3)
dépenser like parler (1)
déposer like parler (1)
descendre like vendre (3) *except* **p.c.** with **être**; **p.c.** w/**avoir** if takes a direct object
désirer like parler (1)
dessiner like parler (1)
détester like parler (1)

détruire like conduire (16)
développer like parler (1)
devenir like venir (41); **p.c.** with **être**
devoir (20)
dîner like parler (1)
dire (21)
diriger like parler (1)
discuter like parler (1)
divorcer like commencer (9)
donner like parler (1)
dormir like partir (32) *except* **p.c.** with **avoir**
douter like parler (1)
durer like parler (1)
échapper like parler (1)
échouer like parler (1)
écouter like parler (1)
écrire (22)
effacer like commencer (9)
embaucher like parler (1)
emménager like manger (11)
emmener like acheter (7)
employer like essayer (10)
emprunter like parler (1)
enfermer like parler (1)
enfler like parler (1)

enlever like acheter (7)

enregistrer like parler (1)

enseigner like parler (1)

entendre like vendre (3)

entourer like parler (1)

entrer like parler (1) *except* **p.c.** with **être**

entretenir like tenir (40)

envahir like finir (2)

envoyer like essayer (10)

épouser like parler (1)

espérer like préférer (12)

essayer (10)

essuyer like essayer (10)

éteindre (24)

éternuer like parler (1)

étrangler like parler (1)

être (5)

étudier like parler (1)

éviter like parler (1)

exiger like manger (11)

expliquer like parler (1)

explorer like parler (1)

faire (25)

falloir (26)

fermer like parler (1)

fêter like parler (1)

finir (2)

fonctionner like parler (1)

fonder like parler (1)

freiner like parler (1)

fréquenter like parler (1)

fumer like parler (1)

gagner like parler (1)

garder like parler (1)

garer like parler (1)

gaspiller like parler (1)

goûter like parler (1)

graver like parler (1)

grossir like finir (2)

guérir like finir (2)

habiter like parler (1)

imprimer like parler (1)

indiquer like parler (1)

interdire like dire (21)

inviter like parler (1)

jeter like appeler (8)

jouer like parler (1)

laisser like parler (1)

laver like parler (1)

lire (27)

loger like manger (11)

louer like parler (1)

lutter like parler (1)

maigrir like finir (2)

maintenir like tenir (40)

manger (11)

marcher like parler (1)

mêler like préférer (12)

mener like parler (1)

mettre (28)

monter like parler (1) *except* **p.c.** with **être**; **p.c.** w/**avoir** if takes a direct object

montrer like parler (1)

mourir (29); **p.c.** with **être**

nager like manger (11)

naître (30); **p.c.** with **être**

nettoyer like essayer (10)

noter like parler (1)

obtenir like tenir (40)

offrir like ouvrir (31)

organiser like parler (1)

oublier like parler (1)

ouvrir (31)

parler (1)

partager like manger (11)

partir (32); **p.c.** with **être**

passer like parler (1)

patienter like parler (1)

patiner like parler (1)

payer like essayer (10)

penser like parler (1)

perdre like vendre (3)

permettre like mettre (28)

pleuvoir (33)

plonger like manger (11)

polluer like parler (1)

porter like parler (1)

poser like parler (1)

posséder like préférer (12)

poster like parler (1)

pouvoir (34)

pratiquer like parler (1)

préférer (12)

prélever like parler (1)

prendre (35)

préparer like parler (1)

présenter like parler (1)

préserver like parler (1)

prêter like parler (1)

prévenir like tenir (40)

produire like conduire (16)

profiter like parler (1)

promettre like mettre (28)

proposer like parler (1)

protéger like préférer (12)

provenir like venir (41)

publier like parler (1)

quitter like parler (1)

raccrocher like parler (1)

ranger like manger (11)

réaliser like parler (1)

recevoir (36)

recommander like parler (1)

reconnaître like connaître (17)

recycler like parler (1)

réduire like conduire (16)

réfléchir like finir (2)

regarder like parler (1)

régner like préférer (12)

remplacer like parler (1)

remplir like finir (2)

rencontrer like parler (1)

rendre like vendre (3)

rentrer like parler (1) *except* **p.c.** with **être**

renvoyer like essayer (10)

réparer like parler (1)

repasser like parler (1)

répéter like préférer (12)

repeupler like parler (1)

répondre like vendre (3)

réserver like parler (1)

rester like parler (1) *except* **p.c.** with **être**

retenir like tenir (40)

retirer like parler (1)

retourner like parler (1) *except* **p.c.** with **être**

retrouver like parler (1)

réussir like finir (2)

revenir like venir (41); **p.c.** with **être**

revoir like voir (42)

rire (37)

rouler like parler (1)

salir like finir (2)

s'amuser like se laver (6)

s'asseoir (14)

sauvegarder like parler (1)

sauver like parler (1)

savoir (38)

se brosser like se laver (6)

se coiffer like se laver (6)

se composer like se laver (6)

se connecter like se laver (6)

se coucher like se laver (6)

se croiser like se laver (6)

se dépêcher like se laver (6)

se déplacer like se laver (6)

se déshabiller like se laver (6)

se détendre like vendre (3) *except* **p.c.** with **être**

se disputer like se laver (6)

s'embrasser like se laver (6)

s'endormir like partir (32) *except* **p.c.** with **être**

s'énerver like se laver (6)

s'ennuyer like essayer (10) *except* **p.c.** with **être**

s'excuser like se laver (6)

se fouler like se laver (6)

s'installer like se laver (6)

se laver (6)

se lever like se laver (6)

se maquiller like se laver (6)

se marier like se laver (6)

se promener like acheter (7) *except* **p.c.** with **être**

se rappeler like se laver (6)

se raser like se laver (6)

se rebeller like se laver (6)

se réconcilier like se laver (6)

se relever like se laver (6)

se reposer like se laver (6)

se réveiller like se laver (6)

servir like partir (32) *except* **p.c.** with **avoir**

se sécher like préférer (12) *except* **p.c.** with **être**

se souvenir like venir (41)

se tromper like se laver (6)

s'habiller like se laver (6)

sentir like partir (32) *except* **p.c.** with **avoir**

signer like parler (1)

s'inquiéter like préférer (12) *except* **p.c.** with **être**

s'intéresser like se laver (6)

skier like parler (1)

s'occuper like se laver (6)

sonner like parler (1)

s'orienter like se laver (6)

sortir like partir (32)

sourire like rire (37)

souffrir like ouvrir (31)

souhaiter like parler (1)

subvenir like venir (41) *except* **p.c.** with **avoir**

suffire like lire (27)

suggérer like préférer (12)

suivre (39)

surfer like parler (1)

surprendre like prendre (35)

télécharger like parler (1)

téléphoner like parler (1)

tenir (40)

tomber like parler (1) *except* **p.c.** with **être**

tourner like parler (1)

tousser like parler (1)

traduire like conduire (16)

travailler like parler (1)

traverser like parler (1)

trouver like parler (1)

tuer like parler (1)

utiliser like parler (1)

valoir like falloir (26)

vendre (3)

venir (41); **p.c.** with **être**

vérifier like parler (1)

visiter like parler (1)

vivre like suivre (39)

voir (42)

vouloir (43)

voyager like manger (11)

Regular verbs

Infinitive / Past participle	Subject Pronouns	INDICATIVE				CONDITIONAL	SUBJUNCTIVE	IMPERATIVE
		Present	Passé composé	Imperfect	Future	Present	Present	Present
1 parler (to speak) parlé	je (j')	parle	ai parlé	parlais	parlerai	parlerais	parle	
	tu	parles	as parlé	parlais	parleras	parlerais	parles	parle
	il/elle/on	parle	a parlé	parlait	parlera	parlerait	parle	
	nous	parlons	avons parlé	parlions	parlerons	parlerions	parlions	parlons
	vous	parlez	avez parlé	parliez	parlerez	parleriez	parliez	parlez
	ils/elles	parlent	ont parlé	parlaient	parleront	parleraient	parlent	
2 finir (to finish) fini	je (j')	finis	ai fini	finissais	finirai	finirais	finisse	
	tu	finis	as fini	finissais	finiras	finirais	finisses	finis
	il/elle/on	finit	a fini	finissait	finira	finirait	finisse	
	nous	finissons	avons fini	finissions	finirons	finirions	finissions	finissons
	vous	finissez	avez fini	finissiez	finirez	finiriez	finissiez	finissez
	ils/elles	finissent	ont fini	finissaient	finiront	finiraient	finissent	
3 vendre (to sell) vendu	je (j')	vends	ai vendu	vendais	vendrai	vendrais	vende	
	tu	vends	as vendu	vendais	vendras	vendrais	vendes	vends
	il/elle/on	vend	a vendu	vendait	vendra	vendrait	vende	
	nous	vendons	avons vendu	vendions	vendrons	vendrions	vendions	vendons
	vous	vendez	avez vendu	vendiez	vendrez	vendriez	vendiez	vendez
	ils/elles	vendent	ont vendu	vendaient	vendront	vendraient	vendent	

Auxiliary verbs: *avoir* and *être*

Infinitive / Past participle	Subject Pronouns	INDICATIVE Present	Passé composé	Imperfect	Future	CONDITIONAL Present	SUBJUNCTIVE Present	IMPERATIVE
avoir (*to have*) eu	j'	ai	ai eu	avais	aurai	aurais	aie	
	tu	as	as eu	avais	auras	aurais	aies	aie
	il/elle/on	a	a eu	avait	aura	aurait	ait	
	nous	avons	avons eu	avions	aurons	aurions	ayons	ayons
	vous	avez	avez eu	aviez	aurez	auriez	ayez	ayez
	ils/elles	ont	ont eu	avaient	auront	auraient	aient	
être (*to be*) été	je (j')	suis	ai été	étais	serai	serais	sois	
	tu	es	as été	étais	seras	serais	sois	sois
	il/elle/on	est	a été	était	sera	serait	soit	
	nous	sommes	avons été	étions	serons	serions	soyons	soyons
	vous	êtes	avez été	étiez	serez	seriez	soyez	soyez
	ils/elles	sont	ont été	étaient	seront	seraient	soient	

Reflexive (Pronominal)

Infinitive / Past participle	Subject Pronouns	INDICATIVE Present	Passé composé	Imperfect	Future	CONDITIONAL Present	SUBJUNCTIVE Present	IMPERATIVE
se laver (*to wash oneself*) lavé	je	me lave	me suis lavé(e)	me lavais	me laverai	me laverais	me lave	
	tu	te laves	t'es lavé(e)	te lavais	te laveras	te laverais	te laves	lave-toi
	il/elle/on	se lave	s'est lavé(e)	se lavait	se lavera	se laverait	se lave	
	nous	nous lavons	nous sommes lavé(e)s	nous lavions	nous laverons	nous laverions	nous lavions	lavons-nous
	vous	vous lavez	vous êtes lavé(e)(s)	vous laviez	vous laverez	vous laveriez	vous laviez	lavez-vous
	ils/elles	se lavent	se sont lavé(e)s	se lavaient	se laveront	se laveraient	se lavent	

4 5 6

Verbs with spelling changes

Infinitive / Past participle	Subject Pronouns	INDICATIVE Present	INDICATIVE Passé composé	INDICATIVE Imperfect	INDICATIVE Future	CONDITIONAL Present	SUBJUNCTIVE Present	IMPERATIVE
7 acheter (to buy) acheté	j'	achète	ai acheté	achetais	achèterai	achèterais	achète	
	tu	achètes	as acheté	achetais	achèteras	achèterais	achètes	achète
	il/elle/on	achète	a acheté	achetait	achètera	achèterait	achète	
	nous	achetons	avons acheté	achetions	achèterons	achèterions	achetions	achetons
	vous	achetez	avez acheté	achetiez	achèterez	achèteriez	achetiez	achetez
	ils/elles	achètent	ont acheté	achetaient	achèteront	achèteraient	achètent	
8 appeler (to call) appelé	j'	appelle	ai appelé	appelais	appellerai	appellerais	appelle	
	tu	appelles	as appelé	appelais	appelleras	appellerais	appelles	appelle
	il/elle/on	appelle	a appelé	appelait	appellera	appellerait	appelle	
	nous	appelons	avons appelé	appelions	appellerons	appellerions	appelions	appelons
	vous	appelez	avez appelé	appeliez	appellerez	appelleriez	appeliez	appelez
	ils/elles	appellent	ont appelé	appelaient	appelleront	appelleraient	appellent	
9 commencer (to begin) commencé	je (j')	commence	ai commencé	commençais	commencerai	commencerais	commence	
	tu	commences	as commencé	commençais	commenceras	commencerais	commences	commence
	il/elle/on	commence	a commencé	commençait	commencera	commencerait	commence	
	nous	commençons	avons commencé	commencions	commencerons	commencerions	commencions	commençons
	vous	commencez	avez commencé	commenciez	commencerez	commenceriez	commenciez	commencez
	ils/elles	commencent	ont commencé	commençaient	commenceront	commenceraient	commencent	
10 essayer (to try) essayé	j'	essaie	ai essayé	essayais	essaierai	essaierais	essaie	
	tu	essaies	as essayé	essayais	essaieras	essaierais	essaies	essaie
	il/elle/on	essaie	a essayé	essayait	essaiera	essaierait	essaie	
	nous	essayons	avons essayé	essayions	essaierons	essaierions	essayions	essayons
	vous	essayez	avez essayé	essayiez	essaierez	essaieriez	essayiez	essayez
	ils/elles	essayent	ont essayé	essayaient	essaieront	essaieraient	essaient	
11 manger (to eat) mangé	je (j')	mange	ai mangé	mangeais	mangerai	mangerais	mange	
	tu	manges	as mangé	mangeais	mangeras	mangerais	manges	mange
	il/elle/on	mange	a mangé	mangeait	mangera	mangerait	mange	
	nous	mangeons	avons mangé	mangions	mangerons	mangerions	mangions	mangeons
	vous	mangez	avez mangé	mangiez	mangerez	mangeriez	mangiez	mangez
	ils/elles	mangent	ont mangé	mangeaient	mangeront	mangeraient	mangent	

12

Infinitive / Past participle	Subject Pronouns	INDICATIVE Present	INDICATIVE Passé composé	INDICATIVE Imperfect	INDICATIVE Future	CONDITIONAL Present	SUBJUNCTIVE Present	IMPERATIVE
préférer (to prefer) préféré	je (j')	préfère	ai préféré	préférais	préférerai	préférerais	préfère	
	tu	préfères	as préféré	préférais	préféreras	préférerais	préfères	préfère
	il/elle/on	préfère	a préféré	préférait	préférera	préférerait	préfère	
	nous	préférons	avons préféré	préférions	préférerons	préférerions	préférions	préférons
	vous	préférez	avez préféré	préfériez	préférerez	préféreriez	préfériez	préférez
	ils/elles	préfèrent	ont préféré	préféraient	préféreront	préféreraient	préfèrent	

Irregular verbs

Infinitive / Past participle	Subject Pronouns	INDICATIVE Present	INDICATIVE Passé composé	INDICATIVE Imperfect	INDICATIVE Future	CONDITIONAL Present	SUBJUNCTIVE Present	IMPERATIVE
13 aller (to go) allé	je (j')	vais	suis allé(e)	allais	irai	irais	aille	
	tu	vas	es allé(e)	allais	iras	irais	ailles	va
	il/elle/on	va	est allé(e)	allait	ira	irait	aille	
	nous	allons	sommes allé(e)s	allions	irons	irions	allions	allons
	vous	allez	êtes allé(e)(s)	alliez	irez	iriez	alliez	allez
	ils/elles	vont	sont allé(e)s	allaient	iront	iraient	aillent	
14 s'asseoir (to sit down, to be seated) assis	je	m'assieds	me suis assis(e)	m'asseyais	m'assiérai	m'assiérais	m'asseye	
	tu	t'assieds	t'es assis(e)	t'asseyais	t'assiéras	t'assiérais	t'asseyes	assieds-toi
	il/elle/on	s'assied	s'est assis(e)	s'asseyait	s'assiéra	s'assiérait	s'asseye	
	nous	nous asseyons	nous sommes assis(e)s	nous asseyions	nous assiérons	nous assiérions	nous asseyions	asseyons-nous
	vous	vous asseyez	vous êtes assis(e)(s)	vous asseyiez	vous assiérez	vous assiériez	vous asseyiez	asseyez-vous
	ils/elles	s'asseyent	se sont assis(e)s	s'asseyaient	s'assiéront	s'assiéraient	s'asseyent	
15 boire (to drink) bu	je (j')	bois	ai bu	buvais	boirai	boirais	boive	
	tu	bois	as bu	buvais	boiras	boirais	boives	bois
	il/elle/on	boit	a bu	buvait	boira	boirait	boive	
	nous	buvons	avons bu	buvions	boirons	boirions	buvions	buvons
	vous	buvez	avez bu	buviez	boirez	boiriez	buviez	buvez
	ils/elles	boivent	ont bu	buvaient	boiront	boiraient	boivent	

Infinitive / Past participle	Subject Pronouns	INDICATIVE				CONDITIONAL	SUBJUNCTIVE	IMPERATIVE
		Present	Passé composé	Imperfect	Future	Present	Present	
16 conduire *(to drive; to lead)*	je (j')	conduis	ai conduit	conduisais	conduirai	conduirais	conduise	
	tu	conduis	as conduit	conduisais	conduiras	conduirais	conduises	conduis
	il/elle/on	conduit	a conduit	conduisait	conduira	conduirait	conduise	
conduit	nous	conduisons	avons conduit	conduisions	conduirons	conduirions	conduisions	conduisons
	vous	conduisez	avez conduit	conduisiez	conduirez	conduiriez	conduisiez	conduisez
	ils/elles	conduisent	ont conduit	conduisaient	conduiront	conduiraient	conduisent	
17 connaître *(to know, to be acquainted with)*	je (j')	connais	ai connu	connaissais	connaîtrai	connaîtrais	connaisse	
	tu	connais	as connu	connaissais	connaîtras	connaîtrais	connaisses	connais
	il/elle/on	connaît	a connu	connaissait	connaîtra	connaîtrait	connaisse	
connu	nous	connaissons	avons connu	connaissions	connaîtrons	connaîtrions	connaissions	connaissons
	vous	connaissez	avez connu	connaissiez	connaîtrez	connaîtriez	connaissiez	connaissez
	ils/elles	connaissent	ont connu	connaissaient	connaîtront	connaîtraient	connaissent	
18 courir *(to run)*	je (j')	cours	ai couru	courais	courrai	courrais	coure	
	tu	cours	as couru	courais	courras	courrais	coures	cours
	il/elle/on	court	a couru	courait	courra	courrait	coure	
couru	nous	courons	avons couru	courions	courrons	courrions	courions	courons
	vous	courez	avez couru	couriez	courrez	courriez	couriez	courez
	ils/elles	courent	ont couru	couraient	courront	courraient	courent	
19 croire *(to believe)*	je (j')	crois	ai cru	croyais	croirai	croirais	croie	
	tu	crois	as cru	croyais	croiras	croirais	croies	crois
	il/elle/on	croit	a cru	croyait	croira	croirait	croie	
cru	nous	croyons	avons cru	croyions	croirons	croirions	croyions	croyons
	vous	croyez	avez cru	croyiez	croirez	croiriez	croyiez	croyez
	ils/elles	croient	ont cru	croyaient	croiront	croiraient	croient	
20 devoir *(to have to; to owe)*	je (j')	dois	ai dû	devais	devrai	devrais	doive	
	tu	dois	as dû	devais	devras	devrais	doives	dois
	il/elle/on	doit	a dû	devait	devra	devrait	doive	
dû	nous	devons	avons dû	devions	devrons	devrions	devions	devons
	vous	devez	avez dû	deviez	devrez	devriez	deviez	devez
	ils/elles	doivent	ont dû	devaient	devront	devraient	doivent	

		INDICATIVE				CONDITIONAL	SUBJUNCTIVE	IMPERATIVE
Infinitive / Past participle	Subject Pronouns	Present	Passé composé	Imperfect	Future	Present	Present	
21 dire (to say, to tell)	je (j')	dis	ai dit	disais	dirai	dirais	dise	
	tu	dis	as dit	disais	diras	dirais	dises	dis
	il/elle/on	dit	a dit	disait	dira	dirait	dise	
dit	nous	disons	avons dit	disions	dirons	dirions	disions	disons
	vous	dites	avez dit	disiez	direz	diriez	disiez	dites
	ils/elles	disent	ont dit	disaient	diront	diraient	disent	
22 écrire (to write)	j'	écris	ai écrit	écrivais	écrirai	écrirais	écrive	
	tu	écris	as écrit	écrivais	écriras	écrirais	écrives	écris
	il/elle/on	écrit	a écrit	écrivait	écrira	écrirait	écrive	
écrit	nous	écrivons	avons écrit	écrivions	écrirons	écririons	écrivions	écrivons
	vous	écrivez	avez écrit	écriviez	écrirez	écririez	écriviez	écrivez
	ils/elles	écrivent	ont écrit	écrivaient	écriront	écriraient	écrivent	
23 envoyer (to send)	j'	envoie	ai envoyé	envoyais	enverrai	enverrais	envoie	
	tu	envoies	as envoyé	envoyais	enverras	enverrais	envoies	envoie
	il/elle/on	envoie	a envoyé	envoyait	enverra	enverrait	envoie	
envoyé	nous	envoyons	avons envoyé	envoyions	enverrons	enverrions	envoyions	envoyons
	vous	envoyez	avez envoyé	envoyiez	enverrez	enverriez	envoyiez	envoyez
	ils/elles	envoient	ont envoyé	envoyaient	enverront	enverraient	envoient	
24 éteindre (to turn off)	j'	éteins	ai éteint	éteignais	éteindrai	éteindrais	éteigne	
	tu	éteins	as éteint	éteignais	éteindras	éteindrais	éteignes	éteins
	il/elle/on	éteint	a éteint	éteignait	éteindra	éteindrait	éteigne	
éteint	nous	éteignons	avons éteint	éteignions	éteindrons	éteindrions	éteignions	éteignons
	vous	éteignez	avez éteint	éteigniez	éteindrez	éteindriez	éteigniez	éteignez
	ils/elles	éteignent	ont éteint	éteignaient	éteindront	éteindraient	éteignent	
25 faire (to do; to make)	je (j')	fais	ai fait	faisais	ferai	ferais	fasse	
	tu	fais	as fait	faisais	feras	ferais	fasses	fais
	il/elle/on	fait	a fait	faisait	fera	ferait	fasse	
fait	nous	faisons	avons fait	faisions	ferons	ferions	fassions	faisons
	vous	faites	avez fait	faisiez	ferez	feriez	fassiez	faites
	ils/elles	font	ont fait	faisaient	feront	feraient	fassent	
26 falloir (to be necessary)	il	faut	a fallu	fallait	faudra	faudrait	faille	
fallu								

Infinitive / Past participle	Subject Pronouns	INDICATIVE Present	INDICATIVE Passé composé	INDICATIVE Imperfect	INDICATIVE Future	CONDITIONAL Present	SUBJUNCTIVE Present	IMPERATIVE
27 lire (to read)	je (j')	lis	ai lu	lisais	lirai	lirais	lise	
lu	tu	lis	as lu	lisais	liras	lirais	lises	lis
	il/elle/on	lit	a lu	lisait	lira	lirait	lise	
	nous	lisons	avons lu	lisions	lirons	lirions	lisions	lisons
	vous	lisez	avez lu	lisiez	lirez	liriez	lisiez	lisez
	ils/elles	lisent	ont lu	lisaient	liront	liraient	lisent	
28 mettre (to put)	je (j')	mets	ai mis	mettais	mettrai	mettrais	mette	
mis	tu	mets	as mis	mettais	mettras	mettrais	mettes	mets
	il/elle/on	met	a mis	mettait	mettra	mettrait	mette	
	nous	mettons	avons mis	mettions	mettrons	mettrions	mettions	mettons
	vous	mettez	avez mis	mettiez	mettrez	mettriez	mettiez	mettez
	ils/elles	mettent	ont mis	mettaient	mettront	mettraient	mettent	
29 mourir (to die)	je	meurs	suis mort(e)	mourais	mourrai	mourrais	meure	
mort	tu	meurs	es mort(e)	mourais	mourras	mourrais	meures	meurs
	il/elle/on	meurt	est mort(e)	mourait	mourra	mourrait	meure	
	nous	mourons	sommes mort(e)s	mourions	mourrons	mourrions	mourions	mourons
	vous	mourez	êtes mort(e)(s)	mouriez	mourrez	mourriez	mouriez	mourez
	ils/elles	meurent	sont mort(e)s	mouraient	mourront	mourraient	meurent	
30 naître (to be born)	je	nais	suis né(e)	naissais	naîtrai	naîtrais	naisse	
né	tu	nais	es né(e)	naissais	naîtras	naîtrais	naisses	nais
	il/elle/on	naît	est né(e)	naissait	naîtra	naîtrait	naisse	
	nous	naissons	sommes né(e)s	naissions	naîtrons	naîtrions	naissions	naissons
	vous	naissez	êtes né(e)(s)	naissiez	naîtrez	naîtriez	naissiez	naissez
	ils/elles	naissent	sont né(e)s	naissaient	naîtront	naîtraient	naissent	
31 ouvrir (to open)	j'	ouvre	ai ouvert	ouvrais	ouvrirai	ouvrirais	ouvre	
ouvert	tu	ouvres	as ouvert	ouvrais	ouvriras	ouvrirais	ouvres	ouvre
	il/elle/on	ouvre	a ouvert	ouvrait	ouvrira	ouvrirait	ouvre	
	nous	ouvrons	avons ouvert	ouvrions	ouvrirons	ouvririons	ouvrions	ouvrons
	vous	ouvrez	avez ouvert	ouvriez	ouvrirez	ouvririez	ouvriez	ouvrez
	ils/elles	ouvrent	ont ouvert	ouvraient	ouvriront	ouvriraient	ouvrent	

Infinitive / Past participle	Subject Pronouns	INDICATIVE Present	Passé composé	Imperfect	Future	CONDITIONAL Present	SUBJUNCTIVE Present	IMPERATIVE
32 partir *(to leave)* / parti	je	pars	suis parti(e)	partais	partirai	partirais	parte	
	tu	pars	es parti(e)	partais	partiras	partirais	partes	pars
	il/elle/on	part	est parti(e)	partait	partira	partirait	parte	
	nous	partons	sommes parti(e)s	partions	partirons	partirions	partions	partons
	vous	partez	êtes parti(e)(s)	partiez	partirez	partiriez	partiez	partez
	ils/elles	partent	sont parti(e)s	partaient	partiront	partiraient	partent	
33 pleuvoir *(to rain)* / plu	il	pleut	a plu	pleuvait	pleuvra	pleuvrait	pleuve	
34 pouvoir *(to be able)* / pu	je (j')	peux	ai pu	pouvais	pourrai	pourrais	puisse	
	tu	peux	as pu	pouvais	pourras	pourrais	puisses	
	il/elle/on	peut	a pu	pouvait	pourra	pourrait	puisse	
	nous	pouvons	avons pu	pouvions	pourrons	pourrions	puissions	
	vous	pouvez	avez pu	pouviez	pourrez	pourriez	puissiez	
	ils/elles	peuvent	ont pu	pouvaient	pourront	pourraient	puissent	
35 prendre *(to take)* / pris	je (j')	prends	ai pris	prenais	prendrai	prendrais	prenne	
	tu	prends	as pris	prenais	prendras	prendrais	prennes	prends
	il/elle/on	prend	a pris	prenait	prendra	prendrait	prenne	
	nous	prenons	avons pris	prenions	prendrons	prendrions	prenions	prenons
	vous	prenez	avez pris	preniez	prendrez	prendriez	preniez	prenez
	ils/elles	prennent	ont pris	prenaient	prendront	prendraient	prennent	
36 recevoir *(to receive)* / reçu	je (j')	reçois	ai reçu	recevais	recevrai	recevrais	reçoive	
	tu	reçois	as reçu	recevais	recevras	recevrais	reçoives	reçois
	il/elle/on	reçoit	a reçu	recevait	recevra	recevrait	reçoive	
	nous	recevons	avons reçu	recevions	recevrons	recevrions	recevions	recevons
	vous	recevez	avez reçu	receviez	recevrez	recevriez	receviez	recevez
	ils/elles	reçoivent	ont reçu	recevaient	recevront	recevraient	reçoivent	
37 rire *(to laugh)* / ri	je (j')	ris	ai ri	riais	rirai	rirais	rie	
	tu	ris	as ri	riais	riras	rirais	ries	ris
	il/elle/on	rit	a ri	riait	rira	rirait	rie	
	nous	rions	avons ri	riions	rirons	ririons	riions	rions
	vous	riez	avez ri	riiez	rirez	ririez	riiez	riez
	ils/elles	rient	ont ri	riaient	riront	riraient	rient	

Infinitive / Past participle	Subject Pronouns	INDICATIVE Present	INDICATIVE Passé composé	INDICATIVE Imperfect	INDICATIVE Future	CONDITIONAL Present	SUBJUNCTIVE Present	IMPERATIVE
38 savoir (to know) — su	je (j')	sais	ai su	savais	saurai	saurais	sache	
	tu	sais	as su	savais	sauras	saurais	saches	sache
	il/elle/on	sait	a su	savait	saura	saurait	sache	
	nous	savons	avons su	savions	saurons	saurions	sachions	sachons
	vous	savez	avez su	saviez	saurez	sauriez	sachiez	sachez
	ils/elles	savent	ont su	savaient	sauront	sauraient	sachent	
39 suivre (to follow) — suivi	je (j')	suis	ai suivi	suivais	suivrai	suivrais	suive	
	tu	suis	as suivi	suivais	suivras	suivrais	suives	suis
	il/elle/on	suit	a suivi	suivait	suivra	suivrait	suive	
	nous	suivons	avons suivi	suivions	suivrons	suivrions	suivions	suivons
	vous	suivez	avez suivi	suiviez	suivrez	suivriez	suiviez	suivez
	ils/elles	suivent	ont suivi	suivaient	suivront	suivraient	suivent	
40 tenir (to hold) — tenu	je (j')	tiens	ai tenu	tenais	tiendrai	tiendrais	tienne	
	tu	tiens	as tenu	tenais	tiendras	tiendrais	tiennes	tiens
	il/elle/on	tient	a tenu	tenait	tiendra	tiendrait	tienne	
	nous	tenons	avons tenu	tenions	tiendrons	tiendrions	tenions	tenons
	vous	tenez	avez tenu	teniez	tiendrez	tiendriez	teniez	tenez
	ils/elles	tiennent	ont tenu	tenaient	tiendront	tiendraient	tiennent	
41 venir (to come) — venu	je	viens	suis venu(e)	venais	viendrai	viendrais	vienne	
	tu	viens	es venu(e)	venais	viendras	viendrais	viennes	viens
	il/elle/on	vient	est venu(e)	venait	viendra	viendrait	vienne	
	nous	venons	sommes venu(e)s	venions	viendrons	viendrions	venions	venons
	vous	venez	êtes venu(e)(s)	veniez	viendrez	viendriez	veniez	venez
	ils/elles	viennent	sont venu(e)s	venaient	viendront	viendraient	viennent	
42 voir (to see) — vu	je (j')	vois	ai vu	voyais	verrai	verrais	voie	
	tu	vois	as vu	voyais	verras	verrais	voies	vois
	il/elle/on	voit	a vu	voyait	verra	verrait	voie	
	nous	voyons	avons vu	voyions	verrons	verrions	voyions	voyons
	vous	voyez	avez vu	voyiez	verrez	verriez	voyiez	voyez
	ils/elles	voient	ont vu	voyaient	verront	verraient	voient	
43 vouloir (to want, to wish) — voulu	je (j')	veux	ai voulu	voulais	voudrai	voudrais	veuille	
	tu	veux	as voulu	voulais	voudras	voudrais	veuilles	veuille
	il/elle/on	veut	a voulu	voulait	voudra	voudrait	veuille	
	nous	voulons	avons voulu	voulions	voudrons	voudrions	voulions	veuillons
	vous	voulez	avez voulu	vouliez	voudrez	voudriez	vouliez	veuillez
	ils/elles	veulent	ont voulu	voulaient	voudront	voudraient	veuillent	

Guide to Vocabulary

Abbreviations used in this glossary

adj.	adjective	*form.*	formal	*p.p.*	past participle
adv.	adverb	*imp.*	imperative	*pl.*	plural
art.	article	*indef.*	indefinite	*poss.*	possessive
comp.	comparative	*interj.*	interjection	*prep.*	preposition
conj.	conjunction	*interr.*	interrogative	*pron.*	pronoun
def.	definite	*inv.*	invariable	*refl.*	reflexive
dem.	demonstrative	*i.o.*	indirect object	*rel.*	relative
disj.	disjunctive	*m.*	masculine	*sing.*	singular
d.o.	direct object	*n.*	noun	*sub.*	subject
f.	feminine	*obj.*	object	*super.*	superlative
fam.	familiar	*part.*	partitive	*v.*	verb

French-English

A

à *prep.* at; in; to 4
  À bientôt. See you soon. 1
  à condition que on the condition that, provided that
  à côté de *prep.* next to 3
  À demain. See you tomorrow. 1
  à droite (de) *prep.* to the right (of) 3
  à gauche (de) *prep.* to the left (of) 3
  à … heure(s) at … (o'clock) 4
  à la radio on the radio
  à la télé(vision) on television
  à l'automne in the fall 5
  à l'étranger abroad, overseas 7
  à mi-temps part-time (*job*)
  à moins que unless
  à plein temps full-time (*job*)
  À plus tard. See you later. 1
  À quelle heure? What time?; When? 2
  À qui? To whom? 4
  À table! Dinner is ready! 9
  à temps partiel part-time (*job*)
  À tout à l'heure. See you later. 1
  au bout (de) *prep.* at the end (of) 12
  au contraire on the contrary
  au fait by the way 3
  au printemps in the spring 5
  Au revoir. Good-bye. 1
  au secours help 11
  au sujet de on the subject of, about 13

abolir *v.* to abolish 13
absolument *adv.* absolutely 8
accident *m.* accident 11
  avoir un accident to have/to be in an accident 11
accompagner *v.* to accompany 12
acheter *v.* to buy 5
acteur *m.* actor 1
actif/active *adj.* active 3
activement *adv.* actively 8
actrice *f.* actress 1
addition *f.* check, bill 4
adieu farewell 13
adolescence *f.* adolescence 6
adorer *v.* to love, to adore 2
  J'adore… I love… 2
  s'adorer *v.* to adore one another 11
adresse *f.* address 12
aérobic *m.* aerobics 5
  faire de l'aérobic *v.* to do aerobics 5
aéroport *m.* airport 7
affaires *f., pl.* business 3
affiche *f.* poster 8
afficher *v.* to post 8
âge *m.* age 6
  âge adulte *m.* adulthood 6
agence de voyages *f.* travel agency 7
agent *m.* officer; agent 11
  agent de police *m.* police officer 11
  agent de voyages *m.* travel agent 7
  agent immobilier *m.* real estate agent
agréable *adj.* pleasant 1
agriculteur/agricultrice *m., f.* farmer
aider (à) *v.* to help (*to do something*) 5
  s'aider *v.* to help one another 11

aie (avoir) *imp. v.* have 7
ail *m.* garlic 9
aimer *v.* to like 2
  aimer mieux to prefer 2
  aimer que… to like that… 13
  J'aime bien… I really like… 2
  Je n'aime pas tellement… I don't like … very much 2
  s'aimer (bien) *v.* to love (like) one another 11
aîné(e) *adj.* elder 3
algérien(ne) *adj.* Algerian 1
aliment *m.* food item 9
Allemagne *f.* Germany 7
allemand(e) *adj.* German 1
aller *v.* to go 4
  aller à la pêche to go fishing 5
  aller aux urgences to go to the emergency room 10
  aller avec to go with 6
  aller-retour *adj.* round-trip 7
  billet aller-retour *m.* round-trip ticket 7
  Allons-y! Let's go! 2
  Ça va? What's up?; How are things? 1
  Comment allez-vous? *form.* How are you? 1
  Comment vas-tu? *fam.* How are you? 1
  Je m'en vais. I'm leaving. 8
  Je vais bien/mal. I am doing well/badly. 1
  J'y vais. I'm going/coming. 8
  Nous y allons. We're going/coming. 9
allergie *f.* allergy 10
allô (*on the phone*) hello 1
allumer *v.* to turn on 11
  s'allumer *v.* to light up 11
alors *adv.* so, then; at that moment 2
améliorer *v.* to improve
amende *f.* fine 11

amener *v.* to bring (*someone*) 5

américain(e) *adj.* American 1
   football américain *m.* football 5

ami(e) *m., f.* friend 1
   petit(e) ami(e) *m., f.* boyfriend/girlfriend 1

amitié *f.* friendship 6

amour *m.* love 6

amoureux/amoureuse *adj.* in love 6
   tomber amoureux/amoureuse *v.* to fall in love 6

amusant(e) *adj.* fun 1

s'amuser *v.* to play; to have fun 10
   s'amuser à *v.* to pass time by 11

an *m.* year 2

ancien(ne) *adj.* ancient, old; former

ange *m.* angel 1

anglais(e) *adj.* English 1

angle *m.* corner 12

Angleterre *f.* England 7

animal *m.* animal 13

année *f.* year 2
   cette année this year 2

anniversaire *m.* birthday 5
   C'est quand l'anniversaire de … ? When is …'s birthday? 5
   C'est quand ton/votre anniversaire? When is your birthday? 5

annuler (une réservation) *v.* to cancel (a reservation) 7

anorak *m.* ski jacket, parka 6

antipathique *adj.* unpleasant 3

août *m.* August 5

apercevoir *v.* to see, to catch sight of 12
   s'apercevoir *v.* to notice; to realize 12

aperçu (apercevoir) *p.p.* seen, caught sight of 12

appareil *m.* (on the phone) telephone
   appareil (électrique/ménager) *m.* (electrical/household) appliance 8
   appareil photo (numérique) *m.* (digital) camera 11
   C'est M./Mme/Mlle … à l'appareil. It's Mr./Mrs./Miss … on the phone.
   Qui est à l'appareil? Who's calling, please?

appartement *m.* apartment 7

appeler *v.* to call
   s'appeler *v.* to be named, to be called 10
   Comment t'appelles-tu? *fam.* What is your name? 1
   Comment vous appelez-vous? *form.* What is your name? 1

Je m'appelle… My name is… 1

applaudir *v.* to applaud

applaudissement *m.* applause

apporter *v.* to bring (*something*) 4

apprendre (à) *v.* to teach; to learn (*to do something*) 4

appris (apprendre) *p.p., adj.* learned 6

après (que) *adv.* after 2

après-demain *adv.* day after tomorrow 2

après-midi *m.* afternoon 2
   cet après-midi this afternoon 2
   de l'après-midi in the afternoon 2
   demain après-midi *adv.* tomorrow afternoon 2
   hier après-midi *adv.* yesterday afternoon 7

arbre *m.* tree 13

architecte *m., f.* architect 3

architecture *f.* architecture 2

argent *m.* money 12
   dépenser de l'argent *v.* to spend money 4
   déposer de l'argent *v.* to deposit money 12
   retirer de l'argent *v.* to withdraw money 12

armoire *f.* armoire, wardrobe 8

arrêt d'autobus (de bus) *m.* bus stop 7

arrêter (de faire quelque chose) *v.* to stop (doing something) 11
   s'arrêter *v.* to stop 10

arrivée *f.* arrival 7

arriver (à) *v.* to arrive; to manage (*to do something*) 2

art *m.* art 2
   beaux-arts *m., pl.* fine arts

artiste *m., f.* artist 3

ascenseur *m.* elevator 7

aspirateur *m.* vacuum cleaner 8
   passer l'aspirateur to vacuum 8

aspirine *f.* aspirin 10

s'asseoir *v.* to sit down 10

Asseyez-vous! (s'asseoir) *imp. v.* Have a seat! 10

assez *adv.* (*before adjective or adverb*) pretty; quite 8
   assez (de) (*before noun*) enough (of) 4
   pas assez (de) not enough (of) 4

assiette *f.* plate 9

assis (s'asseoir) *p.p., adj.* (*used as past participle*) sat down; (*used as adjective*) sitting, seated 10

assister à *v.* to attend 2

assurance (maladie/vie) *f.* (health/life) insurance

athlète *m., f.* athlete 3

attacher *v.* to attach 11
   attacher sa ceinture de sécurité to buckle one's seatbelt 11

attendre *v.* to wait 6

attention *f.* attention 5
   faire attention (à) *v.* to pay attention (to) 5

au (à + le) *prep.* to/at the 4

auberge de jeunesse *f.* youth hostel 7

aubergine *f.* eggplant 9

aucun(e) *adj.* no; *pron.* none 10
   ne… aucun(e) none, not any 12

augmentation (de salaire) *f.* raise (in salary)

aujourd'hui *adv.* today 2

auquel (à + lequel) *pron., m., sing.* which one

aussi *adv.* too, as well; as 1
   Moi aussi. Me too. 1
   aussi … que (*used with an adjective*) as … as 9

autant de … que *adv.* (*used with noun to express quantity*) as much/as many … as 13

auteur/femme auteur *m., f.* author

autobus *m.* bus 7
   arrêt d'autobus (de bus) *m.* bus stop 7
   prendre un autobus to take a bus 7

automne *m.* fall 5
   à l'automne in the fall 5

autoroute *f.* highway 11

autour (de) *prep.* around 12

autrefois *adv.* in the past 8

aux (à + les) to/at the 4

auxquelles (à + lesquelles) *pron., f., pl.* which ones

auxquels (à + lesquels) *pron., m., pl.* which ones

avance *f.* advance 2
   en avance *adv.* early 2

avant (de/que) *adv.* before 7

avant-hier *adv.* day before yesterday 7

avec *prep.* with 1
   Avec qui? With whom? 4

aventure *f.* adventure
   film d'aventures *m.* adventure film

avenue *f.* avenue 12

avion *m.* airplane 7
   prendre un avion *v.* to take a plane 7

avocat(e) *m., f.* lawyer 3

avoir *v.* to have 2
   aie *imp. v.* have 7
   avoir besoin (de) to need (*something*) 2

avoir chaud to be hot 2
avoir de la chance to be lucky 2
avoir envie (de) to feel like (*doing something*) 2
avoir faim to be hungry 4
avoir froid to be cold 2
avoir honte (de) to be ashamed (of) 2
avoir l'air to look like, seem 2
avoir mal to have an ache 10
avoir mal au cœur to feel nauseated 10
avoir peur (de/que) to be afraid (of/that) 2
avoir raison to be right 2
avoir soif to be thirsty 4
avoir sommeil to be sleepy 2
avoir tort to be wrong 2
avoir un accident to have/to be in an accident 11
avoir un compte bancaire to have a bank account 12
en avoir marre to be fed up 3
avril *m.* April 5
ayez (avoir) *imp. v.* have 7
ayons (avoir) *imp. v.* let's have 7

B

bac(calauréat) *m.* an important exam taken by high-school students in France 2
baguette *f.* baguette 4
baignoire *f.* bathtub 8
bain *m.* bath 6
salle de bains *f.* bathroom 8
balai *m.* broom 8
balayer *v.* to sweep 8
balcon *m.* balcony 8
banane *f.* banana 9
banc *m.* bench 12
bancaire *adj.* banking 12
avoir un compte bancaire *v.* to have a bank account 12
bande dessinée (B.D.) *f.* comic strip 5
banlieue *f.* suburbs 4
banque *f.* bank 12
banquier/banquière *m., f.* banker
barbant *adj.*, **barbe** *f.* drag 3
baseball *m.* baseball 5
basket(-ball) *m.* basketball 5
baskets *f., pl.* tennis shoes 6
bateau *m.* boat 7
prendre un bateau *v.* to take a boat 7
bateau-mouche *m.* riverboat 7
bâtiment *m.* building 12
batterie *f.* drums
bavarder *v.* to chat 4

beau (belle) *adj.* handsome; beautiful 3
faire quelque chose de beau *v.* to be up to something interesting 12
Il fait beau. The weather is nice. 5
beaucoup (de) *adv.* a lot (of) 4
Merci (beaucoup). Thank you (very much). 1
beau-frère *m.* brother-in-law 3
beau-père *m.* father-in-law; stepfather 3
beaux-arts *m., pl.* fine arts
belge *adj.* Belgian 7
Belgique *f.* Belgium 7
belle *adj., f.* (feminine form of **beau**) beautiful 3
belle-mère *f.* mother-in-law; stepmother 3
belle-sœur *f.* sister-in-law 3
besoin *m.* need 2
avoir besoin (de) to need (*something*) 2
beurre *m.* butter 4
bibliothèque *f.* library 1
bien *adv.* well 7
bien sûr *adv.* of course 2
Je vais bien. I am doing well. 1
Très bien. Very well. 1
bientôt *adv.* soon 1
À bientôt. See you soon. 1
bienvenu(e) *adj.* welcome 1
bière *f.* beer 6
bijouterie *f.* jewelry store 12
billet *m.* (*travel*) ticket 7; (*money*) bills, notes 12
billet aller-retour *m.* round-trip ticket 7
biologie *f.* biology 2
biscuit *m.* cookie 6
blague *f.* joke 2
blanc(he) *adj.* white 6
se blesser *v.* to hurt oneself 10
blessure *f.* injury, wound 10
bleu(e) *adj.* blue 3
blond(e) *adj.* blonde 3
blouson *m.* jacket 6
bœuf *m.* beef 9
boire *v.* to drink 4
bois *m.* woods 13
boisson (gazeuse) *f.* (carbonated) drink/beverage 4
boîte *f.* box; can 9
boîte aux lettres *f.* mailbox 12
boîte de conserve *f.* can (of food) 9
boîte de nuit *f.* nightclub 4
bol *m.* bowl 9
bon(ne) *adj.* kind; good 3

bon marché *adj.* inexpensive 6
Il fait bon. The weather is good/warm. 5
bonbon *m.* candy 6
bonheur *m.* happiness 6
Bonjour. Good morning.; Hello. 1
Bonsoir. Good evening.; Hello. 1
bouche *f.* mouth 10
boucherie *f.* butcher's shop 9
boulangerie *f.* bread shop, bakery 9
boulevard *m.* boulevard 12
suivre un boulevard *v.* to follow a boulevard 12
bourse *f.* scholarship, grant 2
bout *m.* end 12
au bout (de) *prep.* at the end (of) 12
bouteille (de) *f.* bottle (of) 4
boutique *f.* boutique, store 12
bras *m.* arm 10
brasserie *f.* café; restaurant 12
Brésil *m.* Brazil 7
brésilien(ne) *adj.* Brazilian 7
bricoler *v.* to tinker; to do odd jobs 5
brillant(e) *adj.* brilliant 1
bronzer *v.* to tan 6
brosse (à cheveux/à dents) *f.* (hair/tooth)brush 10
se brosser (les cheveux/les dents) *v.* to brush one's (hair/teeth) 9
brun(e) *adj.* (*hair*) dark 3
bu (boire) *p.p.* drunk 6
bureau *m.* desk; office 1
bureau de poste *m.* post office 12
bus *m.* bus 7
arrêt d'autobus (de bus) *m.* bus stop 7
prendre un bus *v.* to take a bus 7

C

ça *pron.* that; this; it 1
Ça dépend. It depends. 4
Ça ne nous regarde pas. That has nothing to do with us.; That is none of our business. 13
Ça suffit. That's enough. 5
Ça te dit? Does that appeal to you? 13
Ça va? What's up?; How are things? 1
ça veut dire that is to say 10
Comme ci, comme ça. So-so. 1
cabine téléphonique *f.* phone booth 12

cadeau *m.* gift 6
  paquet cadeau wrapped gift 6
cadet(te) *adj.* younger 3
cadre/femme cadre *m., f.* executive
café *m.* café; coffee 1
  terrasse de café *f.* café terrace 4
  cuillére à café *f.* teaspoon 9
cafetière *f.* coffeemaker 8
cahier *m.* notebook 1
calculatrice *f.* calculator 1
calme *adj.* calm 1; *m.* calm 1
camarade *m., f.* friend 1
  camarade de chambre *m., f.* roommate 1
  camarade de classe *m., f.* classmate 1
campagne *f.* country(side) 7
  pain de campagne *m.* country-style bread 4
  pâté (de campagne) *m.* pâté, meat spread 9
camping *m.* camping 5
  faire du camping *v.* to go camping 5
Canada *m.* Canada 7
canadien(ne) *adj.* Canadian 1
canapé *m.* couch 8
candidat(e) *m., f.* candidate; applicant
cantine *f.* cafeteria 9
capitale *f.* capital 7
capot *m.* hood 11
carafe (d'eau) *f.* pitcher (of water) 9
carotte *f.* carrot 9
carrefour *m.* intersection 12
carrière *f.* career
carte f. map 1; menu 9; card 12
  payer avec une carte de crédit to pay with a credit card 12
  carte postale *f.* postcard 12
  cartes *f. pl.* (playing) cards 5
casquette *f.* (baseball) cap 6
se casser *v.* to break 10
catastrophe *f.* catastrophe 13
cave *f.* basement, cellar 8
CD *m.* CD(s) 11
ce *dem. adj., m., sing.* this; that 6
  ce matin this morning 2
  ce mois-ci this month 2
  Ce n'est pas grave. It's no big deal. 6
  ce soir this evening 2
  ce sont... those are... 1
  ce week-end this weekend 2
ceinture *f.* belt 6
  attacher sa ceinture de sécurité *v.* to buckle one's seatbelt 11
célèbre *adj.* famous
célébrer *v.* to celebrate 5

célibataire *adj.* single 3
celle *pron., f., sing.* this one; that one; the one 13
celles *pron., f., pl.* these; those; the ones 13
celui *pron., m., sing.* this one; that one; the one 13
cent *m.* one hundred 3
  cent mille *m.* one hundred thousand 5
  cent un *m.* one hundred one 5
  cinq cents *m.* five hundred 5
centième *adj.* hundredth 7
centrale nucléaire *f.* nuclear power plant 13
centre commercial *m.* shopping center, mall 4
centre-ville *m.* city/town center, downtown 4
certain(e) *adj.* certain 9
  Il est certain que... It is certain that... 13
  Il n'est pas certain que... It is uncertain that... 13
ces *dem. adj., m., f., pl.* these; those 6
c'est... it/that is... 1
  C'est de la part de qui? On behalf of whom?
  C'est le 1ᵉʳ (premier) octobre. It is October 1st. 5
  C'est M./Mme/Mlle ... (à l'appareil). It's Mr./Mrs./Miss ... (on the phone).
  C'est quand l'anniversaire de... ? When is ...'s birthday? 5
  C'est quand ton/votre anniversaire? When is your birthday? 5
  Qu'est-ce que c'est? What is it? 1
cet *dem. adj., m., sing.* this; that 6
  cet après-midi this afternoon 2
cette *dem. adj., f., sing.* this; that 6
  cette année this year 2
  cette semaine this week 2
ceux *pron., m., pl.* these; those; the ones 13
chaîne (de télévision) *f.* (television) channel 11
chaîne stéréo *f.* stereo system 11
chaise *f.* chair 1
chambre *f.* bedroom 8
  chambre (individuelle) *f.* (single) room 7
  camarade de chambre *m., f.* roommate 1
champ *m.* field 13
champagne *m.* champagne 6
champignon *m.* mushroom 9
chance *f.* luck 2

  avoir de la chance *v.* to be lucky 2
chanson *f.* song
chanter *v.* to sing 5
chanteur/chanteuse *m., f.* singer 1
chapeau *m.* hat 6
chaque *adj.* each 6
charcuterie *f.* delicatessen 9
charmant(e) *adj.* charming 1
chasse *f.* hunt 13
chasser *v.* to hunt 13
chat *m.* cat 3
châtain *adj.* (hair) brown 3
chaud *m.* heat 2
  avoir chaud *v.* to be hot 2
  Il fait chaud. (weather) It is hot. 5
chauffeur de taxi/de camion *m.* taxi/truck driver
chaussette *f.* sock 6
chaussure *f.* shoe 6
chef d'entreprise *m.* head of a company
chef-d'œuvre *m.* masterpiece
chemin *m.* path; way 12
  suivre un chemin *v.* to follow a path 12
chemise (à manches courtes/ longues) *f.* (short-/long-sleeved) shirt 6
chemisier *m.* blouse 6
chèque *m.* check 12
  compte de chèques *m.* checking account 12
  payer par chèque *v.* to pay by check 12
cher/chère *adj.* expensive 6
chercher *v.* to look for 2
  chercher un/du travail to look for work 12
chercheur/chercheuse *m., f.* researcher
chéri(e) *adj.* dear, beloved, darling 2
cheval *m.* horse 5
  faire du cheval *v.* to go horseback riding 5
cheveux *m., pl.* hair 9
  brosse à cheveux *f.* hairbrush 10
  cheveux blonds blond hair 3
  cheveux châtains brown hair 3
  se brosser les cheveux *v.* to brush one's hair 9
cheville *f.* ankle 10
  se fouler la cheville *v.* to twist/sprain one's ankle 10
chez *prep.* at (someone's) house 3, at (a place) 3
  passer chez quelqu'un *v.* to stop by someone's house 4
chic *adj.* chic 4
chien *m.* dog 3
chimie *f.* chemistry 2

Chine *f.* China 7
chinois(e) *adj.* Chinese 7
chocolat (chaud) *m.* (hot) chocolate 4
chœur *m.* choir, chorus
choisir *v.* to choose 7
chômage *m.* unemployment
  être au chômage *v.* to be unemployed
chômeur/chômeuse *m., f.* unemployed person
chose *f.* thing 1
  quelque chose *m.* something; anything 4
chrysanthèmes *m., pl.* chrysanthemums 9
chut shh
-ci (*used with demonstrative adjective* **ce** *and noun or with demonstrative pronoun* **celui**) here 6
  ce mois-ci this month 2
ciel *m.* sky 13
cinéma (ciné) *m.* movie theater, movies 4
cinq *m.* five 1
cinquante *m.* fifty 1
cinquième *adj.* fifth 7
circulation *f.* traffic 11
clair(e) *adj.* clear 13
  Il est clair que... It is clear that... 13
classe *f.* (*group of students*) class 1
  camarade de classe *m., f.* classmate 1
  salle de classe *f.* classroom 1
clavier *m.* keyboard 11
clé *f.* key 7
client(e) *m., f.* client; guest 7
cœur *m.* heart 10
  avoir mal au cœur to feel nauseated 10
coffre *m.* trunk 11
se coiffer *v.* to do one's hair 10
coiffeur/coiffeuse *m., f.* hairdresser 3
coin *m.* corner 12
colis *m.* package 12
colocataire *m., f.* roommate (*in an apartment*) 1
Combien (de)... ? *adv.* How much/many... ? 1
  Combien coûte... ? How much is... ? 4
combiné *m.* receiver
comédie (musicale) *f.* comedy (musical)
commander *v.* to order 9
comme *adv.* how; like, as 2
  Comme ci, comme ça. So-so. 1

commencer (à) *v.* to begin (*to do something*) 2
comment *adv.* how 4
  Comment? *adv.* What? 4
  Comment allez-vous?, *form.* How are you? 1
  Comment t'appelles-tu? *fam.* What is your name? 1
  Comment vas-tu? *fam.* How are you? 1
  Comment vous appelez-vous? *form.* What is your name? 1
commerçant(e) *m., f.* shop-keeper 9
commissariat de police *m.* police station 12
commode *f.* dresser, chest of drawers 8
compact disc *m.* compact disc 11
complet (complète) *adj.* full (no vacancies) 7
composer (un numéro) *v.* to dial (a number) 11
compositeur *m.* composer
comprendre *v.* to understand 4
compris (comprendre) *p.p., adj.* understood; included 6
comptable *m., f.* accountant
compte *m.* account (*at a bank*) 12
  avoir un compte bancaire *v.* to have a bank account 12
  compte de chèques *m.* checking account 12
  compte d'épargne *m.* savings account 12
  se rendre compte *v.* to realize 10
compter sur quelqu'un *v.* to count on someone 8
concert *m.* concert
condition *f.* condition
  à condition que on the condition that..., provided that...
conduire *v.* to drive 6
conduit (conduire) *p.p., adj.* driven 6
confiture *f.* jam 9
congé *m.* day off 7
  jour de congé *m.* day off 7
  prendre un congé *v.* to take time off
congélateur *m.* freezer 8
connaissance *f.* acquaintance 5
  faire la connaissance de *v.* to meet (*someone*) 5
connaître *v.* to know, to be familiar with 8
  se connaître *v.* to know one another 11

connecté(e) *adj.* connected 11
  être connecté(e) avec quelqu'un *v.* to be online with someone 7, 11
connu (connaître) *p.p., adj.* known; famous 8
conseil *m.* advice
conseiller/conseillère *m., f.* consultant; advisor
considérer *v.* to consider 5
constamment *adv.* constantly 8
construire *v.* to build, to construct 6
conte *m.* tale
content(e) *adj.* happy
  être content(e) que... *v.* to be happy that... 13
continuer (à) *v.* to continue (*doing something*) 12
contraire *adj.* contrary
  au contraire on the contrary
copain/copine *m., f.* friend 1
corbeille (à papier) *f.* wastebasket 1
corps *m.* body 10
costume *m.* (man's) suit 6
côte *f.* coast 13
coton *m.* cotton 12
cou *m.* neck 10
couche d'ozone *f.* ozone layer 13
  trou dans la couche d'ozone *m.* hole in the ozone layer 13
se coucher *v.* to go to bed 10
couleur *f.* color 6
  De quelle couleur... ? What color... ? 6
couloir *m.* hallway 8
couple *m.* couple 6
courage *m.* courage
courageux/courageuse *adj.* courageous, brave 3
couramment *adv.* fluently 8
courir *v.* to run 5
courrier *m.* mail 12
cours *m.* class, course 2
course *f.* errand 9
  faire les courses *v.* to go (grocery) shopping 9
court(e) *adj.* short 3
  chemise à manches courtes *f.* short-sleeved shirt 6
couru (courir) *p.p.* run 6
cousin(e) *m., f.* cousin 3
couteau *m.* knife 9
coûter *v.* to cost 4
  Combien coûte... ? How much is... ? 4
couvert (couvrir) *p.p.* covered 11
couverture *f.* blanket 8
couvrir *v.* to cover 11

covoiturage *m.* carpooling 13

cravate *f.* tie 6

crayon *m.* pencil 1

crème *f.* cream 9

  crème à raser *f.* shaving cream 10

crêpe *f.* crêpe 5

crevé(e) *adj.* deflated; blown up 11

  pneu crevé *m.* flat tire 11

critique *f.* review; criticism

croire (que) *v.* to believe (that) 13

  ne pas croire que... to not believe that... 13

croissant *m.* croissant 4

croissant(e) *adj.* growing 13

  population croissante *f.* growing population 13

cru (croire) *p.p.* believed 13

cruel/cruelle *adj.* cruel 3

cuillère (à soupe/à café) *f.* spoon (soupspoon/teaspoon) 9

cuir *m.* leather 12

cuisine *f.* cooking; kitchen 5

  faire la cuisine *v.* to cook 5

cuisiner *v.* to cook 9

cuisinier/cuisinière *m., f.* cook

cuisinière *f.* stove 8

curieux/curieuse *adj.* curious 3

curriculum vitæ (C.V.) *m.* résumé

cybercafé *m.* cybercafé 12

D

d'abord *adv.* first 7

d'accord *(tag question)* all right? 2; *(in statement)* okay 2

  être d'accord to be in agreement 2

d'autres *m., f.* others 4

d'habitude *adv.* usually 8

danger *m.* danger, threat 13

dangereux/dangereuse *adj.* dangerous 11

dans *prep.* in 3

danse *f.* dance

danser *v.* to dance 4

danseur/danseuse *m., f.* dancer

date *f.* date 5

  Quelle est la date? What is the date? 5

de/d' *prep.* of 3; from 1

  de l'après-midi in the afternoon 2

  de laquelle *pron., f., sing.* which one 13

De quelle couleur... ? What color... ? 6

De rien. You're welcome. 1

de taille moyenne medium-sized 3

de temps en temps *adv.* from time to time 8

débarrasser la table *v.* to clear the table 8

déboisement *m.* deforestation 13

début *m.* beginning; debut

décembre *m.* December 5

déchets toxiques *m., pl.* toxic waste 13

décider (de) *v.* to decide (*to do something*) 11

découvert (découvrir) *p.p.* discovered 11

découvrir *v.* to discover 11

décrire *v.* to describe 7

décrocher *v.* to pick up

décrit (décrire) *p.p., adj.* described 7

degrés *m., pl.* (*temperature*) degrees 5

  Il fait ... degrés. (*to describe weather*) It is ... degrees. 5

déjà *adv.* already 5

déjeuner *m.* lunch 9; *v.* to eat lunch 4

délicieux/délicieuse delicious 8

demain *adv.* tomorrow 2

  À demain. See you tomorrow. 1

  après-demain *adv.* day after tomorrow 2

  demain matin/après-midi/soir *adv.* tomorrow morning/afternoon/evening 2

demander (à) *v.* to ask (*someone*), to make a request (*of someone*) 6

  demander que... *v.* to ask that... 13

démarrer *v.* to start up 11

déménager *v.* to move out 8

demie half 2

  et demie half past ... (o'clock) 2

demi-frère *m.* half-brother, stepbrother 3

demi-sœur *f.* half-sister, stepsister 3

démissionner *v.* to resign

dent *f.* tooth 9

  brosse à dents *f.* toothbrush 10

  se brosser les dents *v.* to brush one's teeth 9

dentifrice *m.* toothpaste 10

dentiste *m., f.* dentist 3

départ *m.* departure 7

dépasser *v.* to go over; to pass 11

dépense *f.* expenditure, expense 12

dépenser *v.* to spend 4

  dépenser de l'argent *v.* to spend money 4

se déplacer *v.* to move, to change location 12

déposer de l'argent *v.* to deposit money 12

déprimé(e) *adj.* depressed 10

depuis *adv.* since; for 9

dernier/dernière *adj.* last 2

dernièrement *adv.* lastly, finally 8

derrière *prep.* behind 3

des *part. art., m., f., pl.* some 4

des (de + les) *m., f., pl.* of the 3

dès que *adv.* as soon as 12

désagréable *adj.* unpleasant 1

descendre *v.* to go down; to take down 6

désert *m.* desert 13

se déshabiller *v.* to undress 10

désirer (que) *v.* to want (that), to desire 5

désolé(e) *adj.* sorry 6

  être désolé(e) que... to be sorry that... 13

desquelles (de + lesquelles) *pron., f., pl.* which ones 13

desquels (de + lesquels) *pron., m., pl.* which ones 13

dessert *m.* dessert 6

dessin animé *m.* cartoon

dessiner *v.* to draw 2

se détendre *v.* to relax 10

détester *v.* to hate 2

  Je déteste... I hate... 2

détruire *v.* to destroy 6

détruit (détruire) *p.p., adj.* destroyed 6

deux *m.* two 1

deuxième *adj.* second 7

devant *prep.* in front of 3

développer *v.* to develop 13

devenir *v.* to become 9

devoirs *m., pl.* homework 2; *v.* to have to, must 9

dictionnaire *m.* dictionary 1

différemment *adv.* differently 8

différence *f.* difference 1

différent(e) *adj.* different 1

difficile *adj.* difficult 1

dimanche *m.* Sunday 2

dîner *m.* dinner 9; *v.* to have dinner 2

diplôme *m.* diploma, degree 2
dire *v.* to say 7
  Ça te/vous dit? Does that appeal to you? 13
  ça veut dire that is to say 10
  veut dire *v.* means, signifies 9
  se dire *v.* to tell one another 11
diriger *v.* to manage
discret/discrète *adj.* discreet; unassuming 3
discuter *v.* discuss 6
se disputer (avec) *v.* to argue (with) 10
disque *m.* disk 11
  disque compact *m.* compact disc 11
  disque dur *m.* hard drive 11
dissertation *f.* essay 11
distributeur automatique/de billets *m.* ATM 12
dit (dire) *p.p., adj.* said 7
divorce *m.* divorce 6
divorcé(e) *adj.* divorced 3
divorcer *v.* to divorce 3
dix *m.* ten 1
dix-huit *m.* eighteen 1
dixième *adj.* tenth 7
dix-neuf *m.* nineteen 1
dix-sept *m.* seventeen 1
documentaire *m.* documentary
doigt *m.* finger 10
doigt de pied *m.* toe 10
domaine *m.* field
dommage *m.* harm 13
  Il est dommage que… It's a shame that… 13
donc *conj.* therefore 7
donner (à) *v.* to give (*to someone*) 2
  se donner *v.* to give one another 11
dont *rel. pron.* of which; of whom; that 11
dormir *v.* to sleep 5
dos *m.* back 10
  sac à dos *m.* backpack 1
douane *f.* customs 7
douche *f.* shower 8
  prendre une douche *v.* to take a shower 10
doué(e) *adj.* talented, gifted
douleur *f.* pain 10
douter (que) *v.* to doubt (that) 13
douteux/douteuse *adj.* doubtful 13
  Il est douteux que… It is doubtful that… 13
doux/douce *adj.* sweet; soft 3
douze *m.* twelve 1
dramaturge *m.* playwright

drame (psychologique) *m.* (psychological) drama
draps *m., pl.* sheets 8
droit *m.* law 2
droite *f.* the right (side) 3
  à droite de *prep.* to the right of 3
drôle *adj.* funny 3
du *part. art., m., sing.* some 4
du (de + le) *m., sing.* of the 3
dû (devoir) *p.p., adj.* (*used with infinitive*) had to; (*used with noun*) due, owed 9
duquel (de + lequel) *pron., m., sing.* which one

E

eau (minérale) *f.* (mineral) water 4
  carafe d'eau *f.* pitcher of water 9
écharpe *f.* scarf 6
échecs *m., pl.* chess 5
échouer *v.* to fail 2
éclair *m.* éclair 4
école *f.* school 2
écologie *f.* ecology 13
écologique *adj.* ecological 13
économie *f.* economics 2
écotourisme *m.* ecotourism 13
écouter *v.* to listen (to) 2
écouteurs *m.* headphones 11
écran *m.* screen 11
écrire *v.* to write 7
  s'écrire *v.* to write one another 11
écrivain/femme écrivain *m., f.* writer
écrit (écrire) *p.p., adj.* written 7
écureuil *m.* squirrel 13
éducation physique *f.* physical education 2
effacer *v.* to erase 11
effet de serre *m.* greenhouse effect 13
égaler *v.* to equal 3
église *f.* church 4
égoïste *adj.* selfish 1
Eh! *interj.* Hey! 2
électrique *adj.* electric 8
  appareil électrique/ménager *m.* electrical/household appliance 8
électricien/électricienne *m., f.* electrician
élégant(e) *adj.* elegant 1
élevé *adj.* high
élève *m., f.* pupil, student 1
elle *pron., f.* she; it 1; her 3
  elle est… she/it is… 1
elles *pron., f.* they 1; them 3
  elles sont… they are… 1

e-mail *m.* e-mail 11
emballage (en plastique) *m.* (plastic) wrapping/packaging 13
embaucher *v.* to hire
s'embrasser *v.* to kiss one another 11
embrayage *m.* (*automobile*) clutch 11
émission (de télévision) *f.* (television) program
emménager *v.* to move in 8
emmener *v.* to take (*someone*) 5
emploi *m.* job
  emploi à mi-temps/à temps partiel *m.* part-time job
  emploi à plein temps *m.* full-time job
employé(e) *m., f.* employee 25
employer *v.* to use 5
emprunter *v.* to borrow 12
en *prep.* in 3
  en avance early 2
  en avoir marre to be fed up 6
  en effet indeed; in fact 13
  en été in the summer 5
  en face (de) *prep.* facing, across (from) 3
  en fait in fact 7
  en général *adv.* in general 8
  en hiver in the winter 5
  en plein air in fresh air 13
  en retard late 2
  en tout cas in any case 6
  en vacances on vacation 7
  être en ligne to be online 11
en *pron.* some of it/them; about it/them; of it/them; from it/them 10
  Je vous en prie. *form.* Please.; You're welcome. 1
  Qu'en penses-tu? What do you think about that? 13
enceinte *adj.* pregnant 10
Enchanté(e). Delighted. 1
encore *adv.* again; still 3
s'endormir *v.* to fall asleep, to go to sleep 10
endroit *m.* place 4
énergie (nucléaire/solaire) *f.* (nuclear/solar) energy 13
s'énerver *v.* to get worked up, to become upset 10
enfance *f.* childhood 6
enfant *m., f.* child 3
enfin *adv.* finally, at last 7
enfler *v.* to swell 10
enlever la poussière *v.* to dust 8
s'ennuyer *v.* to get bored 10
ennuyeux/ennuyeuse *adj.* boring 3
énorme *adj.* enormous, huge 2
enregistrer *v.* to record 11
enregistreur DVR *m.* DVR 11

enseigner *v.* to teach 2
ensemble *adv.* together 6
ensuite *adv.* then, next 7
entendre *v.* to hear 6
  s'entendre bien (avec) *v.*
  to get along well (with one
  another) 10
entracte *m.* intermission
entre *prep.* between 3
entrée *f.* appetizer, starter 9
entreprise *f.* firm, business
entrer *v.* to enter 7
entretien: passer un
  entretien *to have an*
  interview
enveloppe *f.* envelope 12
envie *f.* desire, envy 2
  avoir envie (de) to feel like
  (*doing something*) 2
environnement *m.* environment 13
envoyer (à) *v.* to send (*to*
  someone) 5
épargne *f.* savings 12
  compte d'épargne *m.* savings account 12
épicerie *f.* grocery store 4
épouser *v.* to marry 3
épouvantable *adj.* dreadful 5
  Il fait un temps épouvan-
  table The weather is dreadful. 5
époux/épouse *m., f.* husband/
  wife 3
équipe *f.* team 5
escalier *m.* staircase 8
escargot *m.* escargot, snail 9
espace *m.* space 13
Espagne *f.* Spain 7
espagnol(e) *adj.* Spanish 1
espèce (menacée) *f.*
  (endangered) species 13
espérer *v.* to hope 5
essayer *v.* to try 5
essence *f.* gas 11
  réservoir d'essence *m.* gas
  tank 11
  voyant d'essence *m.* gas
  warning light 11
essentiel(le) *adj.* essential 13
  Il est essentiel que... It is
  essential that... 13
essuie-glace *m.* (**essuie-glaces**
  pl.) windshield wiper(s) 11
essuyer (la vaisselle/la
  table) *v.* to wipe (the dishes/
  the table) 8
est *m.* east 12
Est-ce que... ? (*used in forming*
  questions) 2
et *conj.* and 1
  Et toi? *fam.* And you? 1
  Et vous? *form.* And you? 1

étage *m.* floor 7
étagère *f.* shelf 8
étape *f.* stage 6
état civil *m.* marital status 6
États-Unis *m., pl.* the United
  States 7
été *m.* summer 5
  en été in the summer 5
été (être) *p.p.* been 6
éteindre *v.* to turn off 11
éternuer *v.* to sneeze 10
étoile *f.* star 13
étranger/étrangère *adj.*
  foreign 2
  langues étrangères *f., pl.*
  foreign languages 2
étranger *m.* (*places that are*)
  abroad, overseas 7
  à l'étranger abroad, overseas 7
étrangler *v.* to strangle
être *v.* to be 1
  être bien/mal payé(e) to be
  well/badly paid
  être connecté(e) avec
  quelqu'un to be online with
  someone 7, 11
  être en ligne avec to be
  online with 11
  être en pleine forme to be
  in good shape 10
études (supérieures) *f., pl.*
  studies; (higher) education 2
étudiant(e) *m., f.* student 1
étudier *v.* to study 2
eu (avoir) *p.p.* had 6
eux *disj. pron., m., pl.* they,
  them 3
évidemment *adv.* obviously,
  evidently; of course 8
évident(e) *adj.* evident,
  obvious 13
  Il est évident que... It is
  evident that... 13
évier *m.* sink 8
éviter (de) *v.* to avoid (*doing*
  something) 10
exactement *adv.* exactly 9
examen *m.* exam; test 1
  être reçu(e) à un examen *v.*
  to pass an exam 2
  passer un examen *v.* to take
  an exam 2
Excuse-moi. *fam.* Excuse me. 1
Excusez-moi. *form.* Excuse
  me. 1
exercice *m.* exercise 10
  faire de l'exercice *v.* to
  exercise 10
exigeant(e) *adj.* demanding
  profession (exigeante) *f.* a
  (demanding) profession
exiger (que) *v.* to demand
  (that) 13

expérience (professionnelle)
  f. (professional) experience
expliquer *v.* to explain 2
explorer *v.* to explore 4
exposition *f.* exhibit
extinction *f.* extinction 13

F

facile *adj.* easy 2
facilement *adv.* easily 8
facteur *m.* mailman 12
faculté *f.* university; faculty 1
faible *adj.* weak 3
faim *f.* hunger 4
  avoir faim *v.* to be hungry 4
faire *v.* to do; to make 5
  faire attention (à) *v.* to pay
  attention (to) 5
  faire quelque chose de
  beau *v.* to be up to something
  interesting 12
  faire de l'aérobic *v.* to do
  aerobics 5
  faire de la gym *v.* to work
  out 5
  faire de la musique *v.*
  to play music
  faire de la peinture *v.*
  to paint
  faire de la planche à voile *v.*
  to go windsurfing 5
  faire de l'exercice *v.* to
  exercise 10
  faire des projets *v.* to make
  plans
  faire du camping *v.* to go
  camping 5
  faire du cheval *v.* to go
  horseback riding 5
  faire du jogging *v.* to go
  jogging 5
  faire du shopping *v.* to go
  shopping 7
  faire du ski *v.* to go skiing 5
  faire du sport *v.* to do sports 5
  faire du vélo *v.* to go bike
  riding 5
  faire la connaissance de
  v. to meet (*someone*) for the
  first time 5
  faire la cuisine *v.* to cook 5
  faire la fête *v.* to party 6
  faire la lessive *v.* to do the
  laundry 8
  faire la poussière *v.* to
  dust 8
  faire la queue *v.* to wait in
  line 12
  faire la vaisselle *v.* to do the
  dishes 8
  faire le lit *v.* to make the
  bed 8

faire le ménage *v.* to do the housework 8

faire le plein *v.* to fill the tank 11

faire les courses *v.* to run errands 9

faire les musées *v.* to go to museums

faire les valises *v.* to pack one's bags 7

faire mal *v.* to hurt 10

faire plaisir à quelqu'un *v.* to please someone

faire sa toilette *v.* to wash up 10

faire une piqûre *v.* to give a shot 10

faire une promenade *v.* to go for a walk 5

faire une randonnée *v.* to go for a hike 5

faire un séjour *v.* to spend time (*somewhere*) 7

faire un tour (en voiture) *v.* to go for a walk (drive) 5

faire visiter *v.* to give a tour 8

fait (faire) *p.p., adj.* done; made 6

falaise *f.* cliff 13

faut (falloir) *v. (used with infinitive)* is necessary to… 5

Il a fallu… It was necessary to… 6

Il fallait… One had to… 8

Il faut que… One must…/It is necessary that… 13

fallu (falloir) *p.p. (used with infinitive)* had to… 6

Il a fallu… It was necessary to… 6

famille *f.* family 3

fatigué(e) *adj.* tired 3

fauteuil *m.* armchair 8

favori/favorite *adj.* favorite 3

félicitations congratulations

femme *f.* woman; wife 1

femme d'affaires businesswoman 3

femme au foyer housewife

femme auteur author

femme cadre executive

femme écrivain writer

femme peintre painter

femme politique politician

femme pompier firefighter

femme sculpteur sculptor

fenêtre *f.* window 1

fer à repasser *m.* iron 8

férié(e) *adj.* holiday 6

jour férié *m.* holiday 6

fermé(e) *adj.* closed 12

fermer *v.* to close; to shut off 11

festival (festivals *pl.***)** *m.* festival

fête *f.* party 6; celebration 6

faire la fête *v.* to party 6

fêter *v.* to celebrate 6

feu de signalisation *m.* traffic light 12

feuille de papier *f.* sheet of paper 1

feuilleton *m.* soap opera

février *m.* February 5

fiancé(e) *adj.* engaged 3

fiancé(e) *m., f.* fiancé 6

fichier *m.* file 11

fier/fière *adj.* proud 3

fièvre *f.* fever 10

avoir de la fièvre *v.* to have a fever 10

fille *f.* girl; daughter 1

film (d'aventures, d'horreur, de science-fiction, policier) *m.* (adventure, horror, science-fiction, crime) film

fils *m.* son 3

fin *f.* end

finalement *adv.* finally 7

fini (finir) *p.p., adj.* finished, done, over 7

finir (de) *v.* to finish (*doing something*) 7

fleur *f.* flower 8

fleuve *m.* river 13

fois *f.* time 8

une fois *adv.* once 8

deux fois *adv.* twice 8

fonctionner *v.* to work, to function 11

fontaine *f.* fountain 12

foot(ball) *m.* soccer 5

football américain *m.* football 5

forêt (tropicale) *f.* (tropical) forest 13

formation *f.* education; training

forme *f.* shape; form 10

être en pleine forme *v.* to be in good shape 10

formidable *adj.* great 7

formulaire *m.* form 12

remplir un formulaire to fill out a form 12

fort(e) *adj.* strong 3

fou/folle *adj.* crazy 3

se fouler (la cheville) *v.* to twist/to sprain one's (ankle) 10

four (à micro-ondes) *m.* (microwave) oven 8

fourchette *f.* fork 9

frais/fraîche *adj.* fresh; cool 5

Il fait frais. (*weather*) It is cool. 5

fraise *f.* strawberry 9

français(e) *adj.* French 1

France *f.* France 7

franchement *adv.* frankly, honestly 8

freiner *v.* to brake 11

freins *m., pl.* brakes 11

fréquenter *v.* to frequent; to visit 4

frère *m.* brother 3

beau-frère *m.* brother-in-law 3

demi-frère *m.* half-brother, stepbrother 3

frigo *m.* refrigerator 8

frisé(e) *adj.* curly 3

frites *f., pl.* French fries 4

froid *m.* cold 2

avoir froid to be cold 2

Il fait froid. (*weather*) It is cold. 5

fromage *m.* cheese 4

fruit *m.* fruit 9

fruits de mer *m., pl.* seafood 9

fumer *v.* to smoke 10

funérailles *f., pl.* funeral 9

furieux/furieuse *adj.* furious 13

être furieux/furieuse que… *v.* to be furious that… 13

G

gagner *v.* to win 5; to earn

gant *m.* glove 6

garage *m.* garage 8

garanti(e) *adj.* guaranteed 5

garçon *m.* boy 1

garder la ligne *v.* to stay slim 10

gare (routière) *f.* train station (bus station) 7

se garer *v.* to park 11

gaspillage *m.* waste 13

gaspiller *v.* to waste 13

gâteau *m.* cake 6

gauche *f.* the left (side) 3

à gauche (de) *prep.* to the left (of) 3

gazeux/gazeuse *adj.* carbonated, fizzy 4

boisson gazeuse *f.* carbonated drink/beverage 4

généreux/généreuse *adj.* generous 3

génial(e) *adj.* great 3

genou *m.* knee 10

genre *m.* genre

gens *m., pl.* people 7

gentil/gentille *adj.* nice 3

gentiment *adv.* nicely 8

géographie *f.* geography 2

gérant(e) *m., f.* manager

gestion *f.* business administration 2

glace *f.* ice cream 6

glaçon *m.* ice cube 6

glissement de terrain *m.* landslide 13

golf *m.* golf 5

gorge *f.* throat 10

goûter *m.* afternoon snack 9; *v.* to taste 9

gouvernement *m.* government 13

grand(e) *adj.* big 3

grand magasin *m.* department store 4

grand-mère *f.* grandmother 3

grand-père *m.* grandfather 3

grands-parents *m., pl.* grandparents 3

gratin *m.* gratin 9

gratuit(e) *adj.* free

grave *adj.* serious 10

Ce n'est pas grave. It's okay.; No problem. 6

graver *v.* to record, to burn (CD, DVD) 11

grille-pain *m.* toaster 8

grippe *f.* flu 10

gris(e) *adj.* gray 6

gros(se) *adj.* fat 3

grossir *v.* to gain weight 7

guérir *v.* to get better 10

guitare *f.* guitar

gym *f.* exercise 5

faire de la gym *v.* to work out 5

gymnase *m.* gym 4

H

s'habiller *v.* to dress 10

habitat *m.* habitat 13

sauvetage des habitats *m.* habitat preservation 13

habiter (à) *v.* to live (in/at) 2

haricots verts *m., pl.* green beans 9

Hein? *interj.* Huh?; Right? 3

herbe *f.* grass 13

hésiter (à) *v.* to hesitate (*to do something*) 11

heure(s) *f.* hour, o'clock; time 2

à … heure(s) at … (o'clock) 4

À quelle heure? What time?; When? 2

À tout à l'heure. See you later. 1

Quelle heure avez-vous? *form.* What time do you have? 2

Quelle heure est-il? What time is it? 2

heureusement *adv.* fortunately 8

heureux/heureuse *adj.* happy 3

être heureux/heureuse que… to be happy that… 13

hier (matin/après-midi/soir) *adv.* yesterday (morning/afternoon/evening) 7

avant-hier *adv.* day before yesterday 7

histoire *f.* history; story 2

hiver *m.* winter 5

en hiver in the winter 5

homme *m.* man 1

homme d'affaires *m.* businessman 3

homme politique *m.* politician

honnête *adj.* honest

honte *f.* shame 2

avoir honte (de) *v.* to be ashamed (of) 2

hôpital *m.* hospital 4

horloge *f.* clock 1

hors-d'œuvre *m.* hors d'œuvre, appetizer 9

hôte/hôtesse *m., f.* host 6

hôtel *m.* hotel 7

hôtelier/hôtelière *m., f.* hotel keeper 7

huile *f.* oil 9

huile *f.* (automobile) oil 11

huile d'olive *f.* olive oil 9

vérifier l'huile *to check the oil* 11

voyant d'huile *m.* oil warning light 11

huit *m.* eight 1

huitième *adj.* eighth 7

humeur *f.* mood 8

être de bonne/mauvaise humeur *v.* to be in a good/bad mood 8

I

ici *adv.* here 1

idée *f.* idea 3

il *sub. pron.* he; it 1

il est… he/it is… 1

Il n'y a pas de quoi. It's nothing.; You're welcome. 1

Il vaut mieux que… It is better that… 13

Il faut (falloir) *v.* (*used with infinitive*) It is necessary to… 6

Il a fallu… It was necessary to… 6

Il fallait… One had to… 8

Il faut (que)… One must…/ It is necessary that… 13

il y a there is/are 1

il y a eu there was/were 6

il y avait there was/were 8

Qu'est-ce qu'il y a? What is it?; What's wrong? 1

Y a-t-il… ? Is/Are there… ? 2

il y a… (*used with an expression of time*) … ago 9

île *f.* island 13

ils *sub. pron., m., pl.* they 1

ils sont… they are… 1

immeuble *m.* building 8

impatient(e) *adj.* impatient 1

imperméable *m.* rain jacket 5

important(e) *adj.* important 1

Il est important que… It is important that… 13

impossible *adj.* impossible 13

Il est impossible que… It is impossible that… 13

imprimante *f.* printer 11

imprimer *v.* to print 11

incendie *m.* fire 13

prévenir l'incendie to prevent a fire 13

incroyable *adj.* incredible 11

indépendamment *adv.* independently 8

indépendant(e) *adj.* independent 1

indications *f.* directions 12

indiquer *v.* to indicate 5

indispensable *adj.* essential, indispensable 13

Il est indispensable que… It is essential that… 13

individuel(le) *adj.* single, individual 7

chambre individuelle *f.* single (hotel) room 7

infirmier/infirmière *m., f.* nurse 10

informations (infos) *f., pl.* news

informatique *f.* computer science 2

ingénieur *m.* engineer 3

inquiet/inquiète *adj.* worried 3

s'inquiéter *v.* to worry 10

instrument *m.* instrument 1

intellectuel(le) *adj.* intellectual 3

intelligent(e) *adj.* intelligent 1

interdire *v.* to forbid, to prohibit 13

intéressant(e) *adj.* interesting 1

s'intéresser (à) *v.* to be interested in 10

inutile *adj.* useless 2

invité(e) *m., f.* guest 6

inviter *v.* to invite 4

irlandais(e) *adj.* Irish 7

Irlande *f.* Ireland 7

Italie *f.* Italy 7

italien(ne) *adj.* Italian 1

J

jaloux/jalouse *adj.* jealous 3

jamais *adv.* never 5

ne… jamais never, not ever 12

jambe *f.* leg 10
jambon *m.* ham 4
janvier *m.* January 5
Japon *m.* Japan 7
japonais(e) *adj.* Japanese 1
jardin *m.* garden; yard 8
jaune *adj.* yellow 6
je/j' *sub. pron.* I 1
   Je vous en prie. *form.* Please.; You're welcome. 1
jean *m., sing.* jeans 6
jeter *v.* to throw away 13
jeu *m.* game 5
   jeu télévisé *m.* game show
   jeu vidéo (des jeux vidéo) *m.* video game(s) 11
jeudi *m.* Thursday 2
jeune *adj.* young 3
   jeunes mariés *m., pl. newly-weds* 6
jeunesse *f.* youth 6
   auberge de jeunesse *f.* youth hostel 7
jogging *m.* jogging 5
   faire du jogging *v.* to go jogging 5
joli(e) *adj.* handsome; beautiful 3
joue *f.* cheek 10
jouer (à/de) *v.* to play (*a sport/a musical instrument*) 5
   jouer un rôle *v.* to play a role
joueur/joueuse *m., f.* player 5
jour *m.* day 2
   jour de congé *m.* day off 7
   jour férié *m.* holiday 6
   Quel jour sommes-nous? What day is it? 2
journal *m.* newspaper; journal 7
journaliste *m., f.* journalist 3
journée *f.* day 2
juillet *m.* July 5
juin *m.* June 5
jungle *f.* jungle 13
jupe *f.* skirt 6
jus (d'orange/de pomme) *m.* (orange/apple) juice 4
jusqu'à (ce que) *prep.* until 12
juste *adv.* just; right 3
   juste à côté right next door 3

K

kilo(gramme) *m.* kilo(gram) 9
kiosque *m.* kiosk 4

L

l' *def. art., m., f. sing.* the 1; *d.o. pron., m., f.* him; her; it 7
la *def. art., f. sing.* the 1; *d.o. pron., f.* her; it 7

là(-bas) (over) there 1
-là *(used with demonstrative adjective* **ce** *and noun or with demonstrative pronoun* **celui***)* there 6
lac *m.* lake 13
laid(e) *adj.* ugly 3
laine *f.* wool 12
laisser *v.* to let, to allow 11
   laisser tranquille *v.* to leave alone 10
   laisser un message *v.* to leave a message
   laisser un pourboire *v.* to leave a tip 4
lait *m.* milk 4
laitue *f.* lettuce 9
lampe *f.* lamp 8
langues (étrangères) *f., pl.* (foreign) languages 2
lapin *m.* rabbit 13
laquelle *pron., f., sing.* which one 13
   à laquelle *pron., f., sing.* which one 13
   de laquelle *pron., f., sing.* which one 13
large *adj.* loose; big 6
lavabo *m.* bathroom sink 8
lave-linge *m.* washing machine 8
laver *v.* to wash 8
se laver (les mains) *v.* to wash oneself (one's hands) 10
laverie *f.* laundromat 12
lave-vaisselle *m.* dishwasher 8
le *def. art., m. sing.* the 1; *d.o. pron.* him; it 7
lecteur MP3/de CD/ DVD *m.* MP3/CD/DVD player 11
légume *m.* vegetable 9
lent(e) *adj.* slow 3
lequel *pron., m., sing.* which one 13
   auquel (à + lequel) *pron., m., sing.* which one 13
   duquel (de + lequel) *pron., m., sing.* which one 13
les *def. art., m., f., pl.* the 1; *d.o. pron., m., f., pl.* them 7
lesquelles *pron., f., pl.* which ones 13
   auxquelles (à + lesquelles) *pron., f., pl.* which ones 13
   desquelles (de + lesquelles) *pron., f., pl.* which ones 13
lesquels *pron., m., pl.* which ones 13
   auxquels (à + lesquels) *pron., m., pl.* which ones 13
   desquels (de + lesquels) *pron., m., pl.* which ones 13

lessive *f.* laundry 8
   faire la lessive *v.* to do the laundry 8
lettre *f.* letter 12
   boîte aux lettres *f.* mailbox 12
   lettre de motivation *f.* letter of application
   lettre de recommandation *f.* letter of recommendation, reference letter
lettres *f., pl.* humanities 2
leur *i.o. pron., m., f., pl.* them 6
leur(s) *poss. adj., m., f.* their 3
se lever *v.* to get up, to get out of bed 10
librairie *f.* bookstore 1
libre *adj.* available 7
lien *m.* link 11
lieu *m.* place 4
ligne *f.* figure, shape 10
   garder la ligne *v.* to stay slim 10
limitation de vitesse *f.* speed limit 11
limonade *f.* lemon soda 4
linge *m.* laundry 8
   lave-linge *m.* washing machine 8
   sèche-linge *m.* clothes dryer 8
liquide *m.* cash (*money*) 12
   payer en liquide *v.* to pay in cash 12
lire *v.* to read 7
lit *m.* bed 7
   faire le lit *v.* to make the bed 8
littéraire *adj.* literary
littérature *f.* literature 1
livre *m.* book 1
logement *m.* housing 8
logiciel *m.* software, program 11
loi *f.* law 13
loin de *prep.* far from 3
loisir *m.* leisure activity 5
long(ue) *adj.* long 3
   chemise à manches longues *f.* long-sleeved shirt 6
longtemps *adv.* a long time 5
louer *v.* to rent 8
loyer *m.* rent 8
lu (lire) *p.p.* read 7
lui *pron., sing.* he 1; him 3; *i.o. pron. (attached to imperative)* to him/her 9
l'un(e) à l'autre to one another 11
l'un(e) l'autre one another 11
lundi *m.* Monday 2
Lune *f.* moon 13
lunettes (de soleil) *f., pl.* (sun)glasses 6
lycée *m.* high school 1

lycéen(ne) *m., f.* high school student 2

M

ma *poss. adj., f., sing.* my 3
Madame *f.* Ma'am; Mrs. 1
Mademoiselle *f.* Miss 1
magasin *m.* store 4
  grand magasin *m.* department store 4
magazine *m.* magazine
mai *m.* May 5
maigrir *v.* to lose weight 7
maillot de bain *m.* swimsuit, bathing suit 6
main *f.* hand 5
  sac à main *m.* purse, handbag 6
maintenant *adv.* now 5
maintenir *v.* to maintain 9
mairie *f.* town/city hall; mayor's office 12
mais *conj.* but 1
  mais non (but) of course not; no 2
maison *f.* house 4
  rentrer à la maison *v.* to return home 2
mal *adv.* badly 7
  Je vais mal. I am doing badly. 1
  le plus mal *super. adv.* the worst 9
  se porter mal *v.* to be doing badly 10
mal *m.* illness; ache, pain 10
  avoir mal *v.* to have an ache 10
  avoir mal au cœur *v.* to feel nauseated 10
  faire mal *v.* to hurt 10
malade *adj.* sick, ill 10
  tomber malade *v.* to get sick 10
maladie *f.* illness
  assurance maladie *f.* health insurance
malheureusement *adv.* unfortunately 2
malheureux/malheureuse *adj.* unhappy 3
manche *f.* sleeve 6
  chemise à manches courtes/ longues *f.* short-/long-sleeved shirt 6
manger *v.* to eat 2
  salle à manger *f.* dining room 8
manteau *m.* coat 6
maquillage *m.* makeup 10

se maquiller *v.* to put on make-up 10
marchand de journaux *m.* newsstand 12
marché *m.* market 4
  bon marché *adj.* inexpensive 6
marcher *v.* to walk (*person*) 5; to work (*thing*) 11
mardi *m.* Tuesday 2
mari *m.* husband 3
mariage *m.* marriage; wedding (*ceremony*) 6
marié(e) *adj.* married 3
mariés *m., pl.* married couple 6
  jeunes mariés *m., pl.* newlyweds 6
marocain(e) *adj.* Moroccan 1
marron *adj., inv.* (not for hair) brown 3
mars *m.* March 5
martiniquais(e) *adj.* from Martinique 1
match *m.* game 5
mathématiques (maths) *f., pl.* mathematics 2
matin *m.* morning 2
  ce matin *adv.* this morning 2
  demain matin *adv.* tomorrow morning 2
  hier matin *adv.* yesterday morning 7
matinée *f.* morning 2
mauvais(e) *adj.* bad 3
  Il fait mauvais. The weather is bad. 5
  le/la plus mauvais(e) *super. adj.* the worst 9
mayonnaise *f.* mayonnaise 9
me/m' *pron., sing.* me; myself 6
mec *m.* guy 10
mécanicien *m.* mechanic 11
mécanicienne *f.* mechanic 11
méchant(e) *adj.* mean 3
médecin *m.* doctor 3
médicament (contre/pour) *m.* medication (against/for) 10
meilleur(e) *comp. adj.* better 9
  le/la meilleur(e) *super. adj.* the best 9
membre *m.* member
même *adj.* even 5; same
-même(s) *pron.* -self/-selves 6
menacé(e) *adj.* endangered 13
  espèce menacée *f.* endangered species 13
ménage *m.* housework 8
  faire le ménage *v.* to do housework 8
ménager/ménagère *adj.* household 8
  appareil ménager *m.* household appliance 8

tâche ménagère *f.* household chore 8
mention *f.* distinction
menu *m.* menu 9
mer *f.* sea 7
Merci (beaucoup). Thank you (very much). 1
mercredi *m.* Wednesday 2
mère *f.* mother 3
  belle-mère *f.* mother-in-law; stepmother 3
mes *poss. adj., m., f., pl.* my 3
message *m.* message
  laisser un message *v.* to leave a message
météo *f.* weather
métier *m.* profession
métro *m.* subway 7
  station de métro *f.* subway station 7
metteur en scène *m.* director (*of a play*)
mettre *v.* to put, to place 6
  mettre la table to set the table 8
  se mettre *v.* to put (*something*) on (yourself) 10
  se mettre à *v.* to begin to 10
se mettre en colère *v.* to become angry 10
meuble *m.* piece of furniture 8
mexicain(e) *adj.* Mexican 1
Mexique *m.* Mexico 7
Miam! *interj.* Yum! 5
micro-onde *m.* microwave oven 8
  four à micro-ondes *m.* microwave oven 8
midi *m.* noon 2
  après-midi *m.* afternoon 2
mieux *comp. adv.* better 9
  aimer mieux *v.* to prefer 2
  le mieux *super. adv.* the best 9
  se porter mieux *v.* to be doing better 10
mille *m.* one thousand 5
  cent mille *m.* one hundred thousand 5
million, un *m.* one million 5
  deux millions *m.* two million 5
minuit *m.* midnight 2
miroir *m.* mirror 8
mis (mettre) *p.p.* put, placed 6
mode *f.* fashion 2
modeste *adj.* modest
moi *disj. pron., sing.* I, me 3; *pron. (attached to an imperative)* to me, to myself 9
  Moi aussi. Me too. 1
  Moi non plus. Me neither. 2
moins *adv.* before … (o'clock) 2
moins (de) *adv.* less (of); fewer 4

le/la moins *super. adv.* (used with verb or adverb) the least **9**

  le moins de... (used with noun to express quantity) the least... **13**

  moins de... que... (used with noun to express quantity) less... than... **13**

mois *m.* month **2**

  ce mois-ci this month **2**

moment *m.* moment **1**

mon *poss. adj., m., sing.* my **3**

monde *m.* world **7**

moniteur *m.* monitor **11**

monnaie *f.* change, coins; money **12**

Monsieur *m.* Sir; Mr. **1**

montagne *f.* mountain **4**

monter *v.* to go up, to come up; to get in/on **7**

montre *f.* watch **1**

montrer (à) *v.* to show (to someone) **6**

morceau (de) *m.* piece, bit (of) **4**

mort *f.* death **6**

mort (mourir) *p.p., adj.* (as past participle) died; (as adjective) dead **7**

mot de passe *m.* password **11**

moteur *m.* engine **11**

mourir *v.* to die **7**

moutarde *f.* mustard **9**

moyen(ne) *adj.* medium **3**

  de taille moyenne of medium height **3**

mur *m.* wall **8**

musée *m.* museum **4**

  faire les musées *v.* to go to museums

musical(e) *adj.* musical

  comédie musicale *f.* musical

musicien(ne) *m., f.* musician **3**

musique: faire de la musique *v.* to play music

N

nager *v.* to swim **4**

naïf/naïve *adj.* naïve **3**

naissance *f.* birth **6**

naître *v.* to be born **7**

nappe *f.* tablecloth **9**

nationalité *f.* nationality **1**

  Je suis de nationalité... I am of ... nationality. **1**

  Quelle est ta nationalité? *fam.* What is your nationality? **1**

  Quelle est votre nationalité? *fam., pl., form.* What is your nationality? **1**

nature *f.* nature **13**

naturel(le) *adj.* natural **13**

  ressource naturelle *f.* natural resource **13**

né (naître) *p.p., adj.* born **7**

ne/n' no, not **1**

  ne... aucun(e) none, not any **12**

  ne... jamais never, not ever **12**

  ne... ni... ni... neither... nor... **12**

  ne... pas no, not **2**

  ne... personne nobody, no one **12**

  ne... plus no more, not anymore **12**

  ne... que only **12**

  ne... rien nothing, not anything **12**

  N'est-ce pas? (tag question) Isn't it? **2**

nécessaire *adj.* necessary **13**

  Il est nécessaire que... It is necessary that... **13**

neiger *v.* to snow **5**

  Il neige. It is snowing. **5**

nerveusement *adv.* nervously **8**

nerveux/nerveuse *adj.* nervous **3**

nettoyer *v.* to clean **5**

neuf *m.* nine **1**

neuvième *adj.* ninth **7**

neveu *m.* nephew **3**

nez *m.* nose **10**

ni nor **12**

  ne... ni... ni... neither... nor **12**

nièce *f.* niece **3**

niveau *m.* level

noir(e) *adj.* black **3**

non no **2**

  mais non (but) of course not; no **2**

nord *m.* north **12**

nos *poss. adj., m., f., pl.* our **3**

note *f.* (academics) grade **2**

notre *poss. adj., m., f., sing.* our **3**

nourriture *f.* food, sustenance **9**

nous *pron.* we **1**; us **3**; ourselves **10**

nouveau/nouvelle *adj.* new **3**

nouvelles *f., pl.* news

novembre *m.* November **5**

nuage de pollution *m.* pollution cloud **13**

nuageux/nuageuse *adj.* cloudy **5**

  Le temps est nuageux. It is cloudy. **5**

nucléaire *adj.* nuclear **13**

  centrale nucléaire *f.* nuclear plant **13**

  énergie nucléaire *f.* nuclear energy **13**

nuit *f.* night **2**

  boîte de nuit *f.* nightclub **4**

nul(le) *adj.* useless **2**

numéro *m.* (telephone) number **11**

  composer un numéro *v.* to dial a number **11**

  recomposer un numéro *v.* to redial a number **11**

O

objet *m.* object **1**

obtenir *v.* to get, to obtain

occupé(e) *adj.* busy **1**

s'occuper (de) *v.* to take care (of something), to see to **10**

octobre *m.* October **5**

œil (les yeux) *m.* eye (eyes) **10**

œuf *m.* egg **9**

œuvre *f.* artwork, piece of art

  chef-d'œuvre *m.* masterpiece

  hors-d'œuvre *m.* hors d'œuvre, starter **9**

offert (offrir) *p.p.* offered **11**

office du tourisme *m.* tourist office **12**

offrir *v.* to offer **11**

oignon *m.* onion **9**

oiseau *m.* bird **3**

olive *f.* olive **9**

  huile d'olive *f.* olive oil **9**

omelette *f.* omelette **5**

on *sub. pron., sing.* one (we) **1**

  on y va let's go **10**

oncle *m.* uncle **3**

onze *m.* eleven **1**

onzième *adj.* eleventh **7**

opéra *m.* opera

optimiste *adj.* optimistic **1**

orageux/orageuse *adj.* stormy **5**

  Le temps est orageux. It is stormy. **5**

orange *adj. inv.* orange **6**; *f.* orange **9**

orchestre *m.* orchestra

ordinateur *m.* computer **1**

ordonnance *f.* prescription **10**

ordures *f., pl.* trash **13**

  ramassage des ordures *m.* garbage collection **13**

oreille *f.* ear **10**

oreiller *m.* pillow **8**

organiser (une fête) *v.* to organize/to plan (a party) **6**

s'orienter *v.* to get one's bearings **12**

origine *f.* heritage **1**

  Je suis d'origine... I am of... heritage. **1**

orteil *m.* toe **10**

ou *or* **3**

où *adv., rel. pron.* where **4**

ouais *adv.* yeah **2**

oublier (de) *v.* to forget (to do something) **2**

ouest *m.* west 12
oui *adv.* yes 2
ouvert (ouvrir) *p.p., adj. (as past participle)* opened; *(as adjective)* open 11
ouvrier/ouvrière *m., f.* worker, laborer
ouvrir *v.* to open 11
ozone *m.* ozone 13
   trou dans la couche d'ozone *m.* hole in the ozone layer 13

P

page d'accueil *f.* home page 11
pain (de campagne) *m.* (country-style) bread 4
panne *f.* breakdown, malfunction 11
   tomber en panne *v.* to break down 11
pantalon *m., sing.* pants 6
pantoufle *f.* slipper 10
papeterie *f.* stationery store 12
papier *m.* paper 1
   corbeille à papier *f.* wastebasket 1
   feuille de papier *f.* sheet of paper 1
paquet cadeau *m.* wrapped gift 6
par *prep.* by 3
   par jour/semaine/mois/an per day/week/month/year 5
parapluie *m.* umbrella 5
parc *m.* park 4
parce que *conj.* because 2
Pardon. Pardon (me). 1
Pardon? What? 4
pare-brise *m.* windshield 11
pare-chocs *m.* bumper 11
parents *m., pl.* parents 3
paresseux/paresseuse *adj.* lazy 3
parfait(e) *adj.* perfect 4
parfois *adv.* sometimes 5
parking *m.* parking lot 11
parler (à) *v.* to speak (to) 6
   parler (au téléphone) *v.* to speak (on the phone) 2
   se parler *v.* to speak to one another 11
partager *v.* to share 2
partir *v.* to leave 5
   partir en vacances *v.* to go on vacation 7
pas (de) *adv.* no, none 12
   ne... pas no, not 2
   pas de problème no problem 12
   pas du tout not at all 2

pas encore not yet 8
Pas mal. Not badly. 1
passager/passagère *m., f.* passenger 7
passeport *m.* passport 7
passer *v.* to pass by; to spend time 7
   passer chez quelqu'un *v.* to stop by someone's house 4
   passer l'aspirateur *v.* to vacuum 8
   passer un examen *v.* to take an exam 2
passe-temps *m.* pastime, hobby 5
pâté (de campagne) *m.* pâté, meat spread 9
pâtes *f., pl.* pasta 9
patiemment *adv.* patiently 8
patient(e) *m., f.* patient 10; *adj.* patient 1
patienter *v.* to wait (on the phone), to be on hold
patiner *v.* to skate 4
pâtisserie *f.* pastry shop, bakery 9
patron(ne) *m., f.* boss 25
pauvre *adj.* poor 3
payé (payer) *p.p., adj.* paid
   être bien/mal payé(e) *v.* to be well/badly paid
payer *v.* to pay 5
   payer avec une carte de crédit *v.* to pay with a credit card 12
   payer en liquide *v.* to pay in cash 12
   payer par chèque *v.* to pay by check 12
pays *m.* country 7
peau *f.* skin 10
pêche *f.* fishing 5; peach 9
   aller à la pêche *v.* to go fishing 5
peigne *m.* comb 10
peintre/femme peintre *m., f.* painter
peinture *f.* painting
pendant (que) *prep.* during, while 7
   pendant *(with time expression) prep.* for 9
pénible *adj.* tiresome 3
penser (que) *v.* to think (that) 2
   ne pas penser que... to not think that... 13
   Qu'en penses-tu? What do you think about that? 13
perdre *v.* to lose 6
   perdre son temps *v.* to lose/to waste time 6
perdu *p.p., adj.* lost 12

   être perdu(e) to be lost 12
père *m.* father 3
   beau-père *m.* father-in-law; stepfather 3
permettre (de) *v.* to allow (*to do something*) 6
permis *m.* permit; license 11
   permis de conduire *m.* driver's license 11
permis (permettre) *p.p., adj.* permitted, allowed 6
personnage (principal) *m.* (main) character
personne *f.* person 1; *pron.* no one 12
   ne... personne nobody, no one 12
pessimiste *adj.* pessimistic 1
petit(e) *adj.* small 3; short (*stature*) 3
   petit(e) ami(e) *m., f.* boyfriend/girlfriend 1
petit-déjeuner *m.* breakfast 9
petite-fille *f.* granddaughter 3
petit-fils *m.* grandson 3
petits-enfants *m., pl.* grandchildren 3
petits pois *m., pl.* peas 9
peu (de) *adv.* little; not much (of) 2
peur *f.* fear 2
   avoir peur (de/que) *v.* to be afraid (of/that) 2
peut-être *adv.* maybe, perhaps 2
phares *m., pl.* headlights 11
pharmacie *f.* pharmacy 10
pharmacien(ne) *m., f.* pharmacist 10
philosophie *f.* philosophy 2
photo(graphie) *f.* photo(graph) 3
physique *f.* physics 2
piano *m.* piano
pièce *f.* room 8
pièce de théâtre *f.* play
pièces de monnaie *f., pl.* change 12
pied *m.* foot 10
pierre *f.* stone 13
pilule *f.* pill 10
pique-nique *m.* picnic 13
piqûre *f.* shot, injection 10
   faire une piqûre *v.* to give a shot 10
pire *comp. adj.* worse 9
   le/la pire *super. adj.* the worst 9
piscine *f.* pool 4
placard *m.* closet; cupboard 8
place *f.* square; place 4; *f.* seat
plage *f.* beach 7
plaisir *m.* pleasure, enjoyment
   faire plaisir à quelqu'un *v.* to please someone

plan *m.* map 7
  utiliser un plan *v.* to use a map 7
planche à voile *f.* windsurfing 5
  faire de la planche à voile
  v. to go windsurfing 5
planète *f.* planet 13
  sauver la planète *v.* to save
  the planet 13
plante *f.* plant 13
plastique *m.* plastic 13
  emballage en plastique *m.*
  plastic wrapping/packaging 13
plat (principal) *m.* (main) dish 9
plein air *m.* outdoor, open-air 13
pleine forme *f.* good shape, good
  state of health 10
  être en pleine forme *v.* to be
  in good shape 10
pleurer *v.* to cry
pleuvoir *v.* to rain 5
  Il pleut. It is raining. 5
plombier *m.* plumber
plu (pleuvoir) *p.p.* rained 6
pluie acide *f.* acid rain 13
plus *adv.* (used in comparatives,
  superlatives, and expressions of
  quantity) more 4
  le/la plus … *super. adv.* (used
  with adjective) the most 9
  le/la plus mauvais(e) *super.*
  adj. the worst 9
  le plus *super. adv.* (used with
  verb or adverb) the most 9
  le plus de… (used with noun to
  express quantity) the most… 13
  le plus mal *super. adv.* the worst 9
  plus… que (used with adjective)
  more… than 9
  plus de more of 4
  plus de… que (used with noun
  to express quantity) more…
  than 13
  plus mal *comp. adv.* worse 9
  plus mauvais(e) *comp. adj.*
  worse 9
plus *adv.* no more, not anymore 12
  ne… plus no more, not anymore 12
plusieurs *adj.* several 4
plutôt *adv.* rather 2
pneu (crevé) *m.* (flat) tire 11
  vérifier la pression des pneus
  v. to check the tire pressure 11
poème *m.* poem
poète/poétesse *m., f.* poet
point *m.* (punctuation mark)
  period 11
poire *f.* pear 9
poisson *m.* fish 3
poissonnerie *f.* fish shop 9
poitrine *f.* chest 10
poivre *m.* (spice) pepper 9

poivron *m.* (vegetable) pepper 9
poli(e) *adj.* polite 1
police *f.* police 11
  agent de police *m.* police
  officer 11
  commissariat de police *m.*
  police station 12
policier *m.* police officer 11
  film policier *m.* detective film
policière *f.* police officer 11
poliment *adv.* politely 8
politique *adj.* political 2
  femme politique *f.* politician
  homme politique *m.*
  politician
  sciences politiques (sciences
  po) *f., pl.* political science 2
polluer *v.* to pollute 13
pollution *f.* pollution 13
  nuage de pollution *m.*
  pollution cloud 13
pomme *f.* apple 9
pomme de terre *f.* potato 9
pompier/femme pompier *m., f.*
  firefighter
pont *m.* bridge 12
population croissante *f.* growing
  population 13
porc *m.* pork 9
portable *m.* cell phone 11
porte *f.* door 1
porter *v.* to wear 6
  se porter mal/mieux *v.* to be
  ill/better 10
portière *f.* car door 11
portrait *m.* portrait 5
poser une question (à) *v.* to
  ask (someone) a question 6
posséder *v.* to possess, to own 5
possible *adj.* possible
  Il est possible que… It is
  possible that… 13
poste *f.* postal service; post
  office 12
  bureau de poste *m.* post
  office 12
poste *m.* position
poste de télévision *m.* television
  set 11
poster une lettre *v.* to mail a
  letter 12
postuler *v.* to apply
poulet *m.* chicken 9
pour *prep.* for 5
  pour qui? for whom? 4
  pour rien for no reason 4
  pour que so that
pourboire *m.* tip 4
  laisser un pourboire *v.* to
  leave a tip 4
pourquoi? *adv.* why? 2
poussière *f.* dust 8

enlever/faire la poussière
  v. to dust 8
pouvoir *v.* to be able to; can 9
pratiquer *v.* to practice 5
préféré(e) *adj.* favorite,
  preferred 2
préférer (que) *v.* to prefer (that) 5
premier *m.* the first (day of the
  month) 5
  C'est le 1ᵉʳ (premier) octo-
  bre. It is October first. 5
premier/première *adj.* first 2
prendre *v.* to take 4; to have 4
  prendre sa retraite *v.* to retire 6
  prendre un train/avion/
  taxi/autobus/bateau *v.* to
  take a train/plane/taxi/bus/
  boat 7
  prendre un congé *v.* to take
  time off
  prendre une douche *v.* to
  take a shower 10
  prendre (un) rendez-vous *v.*
  to make an appointment
préparer *v.* to prepare (for) 2
  se préparer (à) *v.* to get
  ready; to prepare (to do some-
  thing) 10
près (de) *prep.* close (to), near 3
  tout près (de) very close (to) 12
présenter *v.* to present, to
  introduce
  Je te présente… *fam.* I would
  like to introduce… to you. 1
  Je vous présente… *fam., form.*
  I would like to introduce… to
  you. 1
préservation *f.* protection 13
préserver *v.* to preserve 13
presque *adv.* almost 2
pressé(e) *adj.* hurried 9
pression *f.* pressure 11
  vérifier la pression des pneus
  to check the tire pressure 11
prêt(e) *adj.* ready 3
prêter (à) *v.* to lend (to some-
  one) 6
prévenir l'incendie *v.* to prevent
  a fire 13
principal(e) *adj.* main, principal 9
  personnage principal *m.*
  main character
  plat principal *m.* main dish 9
printemps *m.* spring 5
  au printemps in the spring 5
pris (prendre) *p.p., adj.* taken 6
prix *m.* price 4
problème *m.* problem 1
prochain(e) *adj.* next 2
produire *v.* to produce 6
produit *m.* product 13

produit (produire) *p.p., adj.* produced 6

professeur *m.* teacher, professor 1

profession (exigeante) *f.* (demanding) profession

professionnel(le) adj. professional
  expérience professionnelle *f.* professional experience

profiter (de) *v.* to take advantage (of); to enjoy

programme *m.* program

projet *m.* project
  faire des projets *v.* to make plans

promenade *f.* walk, stroll 5
  faire une promenade *v.* to go for a walk 5

se promener *v.* to take a walk 10

promettre *v.* to promise 6

promis (promettre) *p.p., adj.* promised 6

promotion *f.* promotion

proposer (que) *v.* to propose (that) 13
  proposer une solution *v.* to propose a solution 13

propre *adj.* clean 8

propriétaire *m., f.* owner 3; landlord/landlady 3

protection *f.* protection 13

protéger *v.* to protect 5

psychologie *f.* psychology 2

psychologique *adj.* psychological

psychologue *m., f.* psychologist

pu (pouvoir) *p.p.* (used with infinitive) was able to 9

publicité (pub) *f.* advertisement

publier *v.* to publish

puis *adv.* then 7

pull *m.* sweater 6

pur(e) *adj.* pure 13

Q

quand *adv.* when 4
  C'est quand l'anniversaire de … ? When is …'s birthday? 5
  C'est quand ton/votre anniversaire? When is your birthday? 5

quarante *m.* forty 1

quart *m.* quarter 2
  et quart a quarter after… (o'clock) 2

quartier *m.* area, neighborhood 8

quatorze *m.* fourteen 1

quatre *m.* four 1

quatre-vingts *m.* eighty 3

quatre-vingt-dix *m.* ninety 3

quatrième *adj.* fourth 7

que/qu' *rel. pron.* that; which 11; *conj.* than 9, 13
  plus/moins … que (used with adjective) more/less … than 9
  plus/moins de … que (used with noun to express quantity) more/less … than 13

que/qu'…? *interr. pron.* what? 4
  Qu'en penses-tu? What do you think about that? 13
  Qu'est-ce que c'est? What is it? 1
  Qu'est-ce qu'il y a? What is it?; What's wrong? 1

que *adv.* only 12
  ne… que only 12

québécois(e) *adj.* from Quebec 1

quel(le)(s)? *interr. adj.* which? 4; what? 4
  À quelle heure? What time?; When? 2
  Quel jour sommes-nous? What day is it? 2
  Quelle est la date? What is the date? 5
  Quelle est ta nationalité? *fam.* What is your nationality? 1
  Quelle est votre nationalité? *form.* What is your nationality? 1
  Quelle heure avez-vous? *form.* What time do you have? 2
  Quelle heure est-il? What time is it? 2
  Quelle température fait-il? *(weather)* What is the temperature? 5
  Quel temps fait-il? What is the weather like? 5

quelqu'un *pron.* someone 12

quelque chose *m.* something; anything 4
  Quelque chose ne va pas. Something's not right. 5

quelquefois *adv.* sometimes 8

quelques *adj.* some 4

question *f.* question 6
  poser une question (à) to ask (someone) a question 6

queue *f.* line 12
  faire la queue *v.* to wait in line 12

qui? *interr. pron.* who? 4; whom? 4; *rel. pron.* who, that 11
  à qui? to whom? 4
  avec qui? with whom? 4
  C'est de la part de qui? On behalf of whom?
  Qui est à l'appareil? Who's calling, please?
  Qui est-ce? Who is it? 1

quinze *m.* fifteen 1

quitter (la maison) *v.* to leave (the house) 4
  se quitter *v.* to leave one another 11
  Ne quittez pas. Please hold.

quoi? *interr. pron.* what? 1
  Il n'y a pas de quoi. It's nothing.; You're welcome. 1
  quoi que ce soit whatever it may be

R

raccrocher *v.* to hang up

radio *f.* radio
  à la radio on the radio

raide *adj.* straight 3

raison *f.* reason; right 2
  avoir raison *v.* to be right 2

ramassage des ordures *m.* garbage collection 13

randonnée *f.* hike 5
  faire une randonnée *v.* to go for a hike 5

ranger *v.* to tidy up, to put away 8

rapide *adj.* fast 3

rapidement *adv.* rapidly 8

rarement *adv.* rarely 5

se raser *v.* to shave oneself 10

rasoir *m.* razor 10

ravissant(e) *adj.* beautiful; delightful

réalisateur/réalisatrice *m., f.* director (of a movie)

récent(e) *adj.* recent

réception *f.* reception desk 7

recevoir *v.* to receive 12

réchauffement de la Terre *m.* global warming 13

rechercher *v.* to search for, to look for

recommandation *f.* recommendation

recommander (que) *v.* to recommend (that) 13

recomposer (un numéro) *v.* to redial (a number) 11

reconnaître *v.* to recognize 8

reconnu (reconnaître) *p.p., adj.* recognized 8

reçu *m.* receipt 12

reçu (recevoir) *p.p., adj.* received 7
  être reçu(e) à un examen to pass an exam 2

recyclage *m.* recycling 13

recycler *v.* to recycle 13

redémarrer *v.* to restart, to start again 11

réduire *v.* to reduce 6

réduit (réduire) *p.p., adj.* reduced 6

référence *f.* reference

réfléchir (à) *v.* to think (about), to reflect (on) 7

refuser (de) *v.* to refuse (*to do something*) 11

regarder *v.* to watch 2

  Ça ne nous regarde pas. That has nothing to do with us.; That is none of our business. 13

  se regarder *v.* to look at oneself; to look at each other 10

régime *m.* diet 10

  être au régime *v.* to be on a diet 9

région *f.* region 13

regretter (que) *v.* to regret (that) 13

se relever *v.* to get up again 10

remplir (un formulaire) *v.* to fill out (a form) 12

rencontrer *v.* to meet 2

  se recontrer *v.* to meet one another; to make each other's acquaintance 11

rendez-vous *m.* date; appointment 6

  prendre (un) rendez-vous *v.* to make an appointment

rendre (à) *v.* to give back, to return (to) 6

  rendre visite (à) *v.* to visit 6

  se rendre compte *v.* to realize 10

rentrer (à la maison) *v.* to return (home) 2

  rentrer (dans) *v.* to hit (*another car*) 11

renvoyer *v.* to dismiss, to let go

réparer *v.* to repair 11

repartir *v.* to go back

repas *m.* meal 9

repasser *v.* to take again

  repasser (le linge) *v.* to iron (the laundry) 8

  fer à repasser *m.* iron 8

répéter *v.* to repeat; to rehearse 5

répondre (à) *v.* to respond, to answer (to) 6

se reposer *v.* to rest 10

réseau (social) *m.* (social) network 11

réservation *f.* reservation 7

  annuler une réservation *v.* to cancel a reservation 7

réservé(e) *adj.* reserved 1

réserver *v.* to reserve 7

réservoir d'essence *m.* gas tank 11

résidence *f.* residence 8

ressource naturelle *f.* natural resource 13

restaurant *m.* restaurant 4

restaurant universitaire (resto U) *m.* university cafeteria 2

rester *v.* to stay 7

résultat *m.* result 2

retenir *v.* to keep, to retain 9

retirer (de l'argent) *v.* to withdraw (money) 12

retourner *v.* to return 7

retraite *f.* retirement 6

  prendre sa retraite *v.* to retire 6

retraité(e) *m., f.* retired person

retrouver *v.* to find (again); to meet up with 2

  se retrouver *v.* to meet one another (*as planned*) 11

rétroviseur *m.* rear-view mirror 11

réunion *f.* meeting

réussir (à) *v.* to succeed (*in doing something*) 7

réussite *f.* success

réveil *m.* alarm clock 10

se réveiller *v.* to wake up 10

revenir *v.* to come back 9

rêver (de) *v.* to dream (about/of) 11

revoir *v.* to see again

  Au revoir. Good-bye. 1

revu (revoir) *p.p.* seen again

rez-de-chaussée *m.* ground floor 7

rhume *m.* cold 10

ri (rire) *p.p.* laughed 6

rideau *m.* curtain 8

rien *m.* nothing 12

  De rien. You're welcome. 1

  ne… rien nothing, not anything 12

  ne servir à rien *v.* to be good for nothing 9

rire *v.* to laugh 6

rivière *f.* river 13

riz *m.* rice 9

robe *f.* dress 6

rôle *m.* role 13

  jouer un rôle *v.* to play a role

roman *m.* novel

rose *adj.* pink 6

roue (de secours) *f.* (emergency) tire 11

rouge *adj.* red 6

rouler en voiture *v.* to ride in a car 7

rue *f.* street 11

  suivre une rue *v.* to follow a street 12

S

sa *poss. adj., f., sing.* his; her; its 3

sac *m.* bag 1

sac à dos *m.* backpack 1

sac à main *m.* purse, handbag 6

sain(e) *adj.* healthy 10

saison *f.* season 5

salade *f.* salad 9

salaire (élevé/modeste) *m.* (high/low) salary

  augmentation de salaire *f.* raise in salary

sale *adj.* dirty 8

salir *v.* to soil, to make dirty 8

salle *f.* room 8

  salle à manger *f.* dining room 8

  salle de bains *f.* bathroom 8

  salle de classe *f.* classroom 1

  salle de séjour *f.* living/family room 8

salon *m.* formal living room, sitting room 8

  salon de beauté *m.* beauty salon 12

Salut! Hi!; Bye! 1

samedi *m.* Saturday 2

sandwich *m.* sandwich 4

sans *prep.* without 8

  sans que *conj.* without

santé *f.* health 10

  être en bonne/mauvaise santé *v.* to be in good/bad health 10

saucisse *f.* sausage 9

sauvegarder *v.* to save 11

sauver (la planète) *v.* to save (the planet) 13

sauvetage des habitats *m.* habitat preservation 13

savoir *v.* to know (*facts*), to know how to do something 8

  savoir (que) *v.* to know (that) 13

  Je n'en sais rien. I don't know anything about it. 13

savon *m.* soap 10

sciences *f., pl.* science 2

  sciences politiques (sciences po) *f., pl.* political science 2

sculpture *f.* sculpture

sculpteur/femme sculpteur *m., f.* sculptor

se/s' *pron., sing., pl.* (used with reflexive verb) himself; herself; itself; 10 (*used with reciprocal verb*) each other 11

séance *f.* show; screening

sèche-linge *m.* clothes dryer 8

se sécher *v.* to dry oneself 10

secours *m.* help 11

  Au secours! Help! 11

sécurité *f.* security; safety

  attacher sa ceinture de

sécurité *v.* to buckle one's seatbelt 11
seize *m.* sixteen 1
séjour *m.* stay 7
  faire un séjour *v.* to spend time (*somewhere*) 7
  salle de séjour *f.* living room 8
sel *m.* salt 9
semaine *f.* week 2
  cette semaine this week 2
sénégalais(e) *adj.* Senegalese 1
sentier *m.* path 13
sentir *v.* to feel; to smell; to sense 5
  se sentir *v.* to feel 10
séparé(e) *adj.* separated 3
sept *m.* seven 1
septembre *m.* September 5
septième *adj.* seventh 7
sérieux/sérieuse *adj.* serious 3
serpent *m.* snake 13
serre *f.* greenhouse 13
  effet de serre *m.* greenhouse effect 13
serré(e) *adj.* tight 6
serveur/serveuse *m., f.* server 4
serviette *f.* napkin 9
  serviette (de bain) *f.* (bath) towel 10
servir *v.* to serve 5
ses *poss. adj., m., f., pl.* his; her; its 3
seulement *adv.* only 8
shampooing *m.* shampoo 10
shopping *m.* shopping 7
  faire du shopping *v.* to go shopping 7
short *m., sing.* shorts 6
si *conj.* if 11
si *adv.* (when contradicting a negative statement or question) yes 2
signer *v.* to sign 12
S'il te plaît. *fam.* Please. 1
S'il vous plaît. *form.* Please. 1
sincère *adj.* sincere 1
site Internet/web *m.* web site 11
six *m.* six 1
sixième *adj.* sixth 7
ski *m.* skiing 5
  faire du ski *v.* to go skiing 5
  station de ski *f.* ski resort 7
skier *v.* to ski 5
smartphone *m.* smartphone 11
SMS *m.* text message 11
sociable *adj.* sociable 1
sociologie *f.* sociology 1
sœur *f.* sister 3
  belle-sœur *f.* sister-in-law 3
  demi-sœur *f.* half-sister, stepsister 3

soie *f.* silk 12
soif *f.* thirst 4
  avoir soif *v.* to be thirsty 4
soir *m.* evening 2
  ce soir *adv.* this evening 2
  demain soir *adv.* tomorrow evening 2
  du soir *adv.* in the evening 2
  hier soir *adv.* yesterday evening 7
soirée *f.* evening 2
sois (être) *imp. v.* be 7
soixante *m.* sixty 1
soixante-dix *m.* seventy 3
solaire *adj.* solar 13
  énergie solaire *f.* solar energy 13
soldes *f., pl.* sales 6
soleil *m.* sun 5
  Il fait (du) soleil. It is sunny. 5
solution *f.* solution 13
  proposer une solution *v.* to propose a solution 13
sommeil *m.* sleep 2
  avoir sommeil *v.* to be sleepy 2
son *poss. adj., m., sing.* his; her; its 3
sonner *v.* to ring 11
sorte *f.* sort, kind
sortie *f.* exit 7
sortir *v.* to go out, to leave 5; to take out 8
  sortir la/les poubelle(s) *v.* to take out the trash 8
soudain *adv.* suddenly 8
souffrir *v.* to suffer 11
souffert (souffrir) *p.p.* suffered 11
souhaiter (que) *v.* to wish (that) 13
soupe *f.* soup 4
  cuillère à soupe *f.* soupspoon 9
sourire *v.* to smile 6; *m.* smile 12
souris *f.* mouse 11
sous *prep.* under 3
sous-sol *m.* basement 8
sous-vêtement *m.* underwear 6
se souvenir (de) *v.* to remember 10
souvent *adv.* often 5
soyez (être) *imp. v.* be 7
soyons (être) *imp. v.* let's be 7
spécialiste *m., f.* specialist
spectacle *m.* show 5
spectateur/spectatrice *m., f.* spectator
sport *m.* sport(s) 5
  faire du sport *v.* to do sports 5
sportif/sportive *adj.* athletic 3
stade *m.* stadium 5
stage *m.* internship; professional training
station (de métro) *f.* (subway) station 7
station de ski *f.* ski resort 7

station-service *f.* service station 11
statue *f.* statue 12
steak *m.* steak 9
studio *m.* studio (*apartment*) 8
stylisme *m.* **de mode** *f.* fashion design 2
stylo *m.* pen 1
su (savoir) *p.p.* known 8
sucre *m.* sugar 4
sud *m.* south 12
suggérer (que) *v.* to suggest (that) 13
sujet *m.* subject 13
  au sujet de on the subject of; about 13
suisse *adj.* Swiss 1
Suisse *f.* Switzerland 7
suivre (un chemin/une rue/ un boulevard) *v.* to follow (a path/a street/a boulevard) 12
supermarché *m.* supermarket 9
sur *prep.* on 3
sûr(e) *adj.* sure, certain 9
  bien sûr of course 2
  Il est sûr que... It is sure that... 13
  Il n'est pas sûr que... It is not sure that... 13
surfer sur Internet *v.* to surf the Internet 11
surpopulation *f.* overpopulation 13
surpris (surprendre) *p.p., adj.* surprised 6
  être surpris(e) que... *v.* to be surprised that... 13
  faire une surprise à quelqu'un *v.* to surprise someone 6
surtout *adv.* especially; above all 2
sympa(thique) *adj.* nice 1
symptôme *m.* symptom 10
syndicat *m.* (*trade*) union

T

ta *poss. adj., f., sing.* your 3
table *f.* table 1
  À table! Let's eat! Food is ready! 9
  débarrasser la table *v.* to clear the table 8
  mettre la table *v.* to set the table 8
tableau *m.* blackboard; picture 1; *m.* painting
tablette (tactile) *f.* tablet computer 11
tâche ménagère *f.* household chore 8

taille *f.* size; waist 6
  de taille moyenne of medium height 3
tailleur *m.* *(woman's)* suit; tailor 6
tante *f.* aunt 3
tapis *m.* rug 8
tard *adv.* late 2
  À plus tard. See you later. 1
tarte *f.* pie; tart 9
tasse (de) *f.* cup (of) 4
taxi *m.* taxi 7
  prendre un taxi *v.* to take a taxi 7
te/t' *pron., sing., fam.* you 7; yourself 10
tee-shirt *m.* tee shirt 6
télécarte *f.* phone card
télécharger *v.* to download 11
télécommande *f.* remote control
téléphone *m.* telephone 2
  parler au téléphone *v.* to speak on the phone 2
téléphoner (à) *v.* to telephone *(someone)* 2
  se téléphoner *v.* to phone one another 11
téléphonique *adj.* *(related to the)* telephone 12
  cabine téléphonique *f.* phone booth 12
télévision *f.* television 1
  à la télé(vision) on television
  chaîne de télévision *f.* television channel 11
tellement *adv.* so much 2
  Je n'aime pas tellement... I don't like... very much. 2
température *f.* temperature 5
  Quelle température fait-il? What is the temperature? 5
temps *m., sing.* weather 5
  Il fait un temps épouvantable The weather is dreadful. 5
  Le temps est nuageux. It is cloudy. 5
  Le temps est orageux. It is stormy. 5
  Quel temps fait-il? What is the weather like? 5
temps *m., sing.* time 5
  de temps en temps *adv.* from time to time 8
  emploi à mi-temps/à temps partiel *m.* part-time job
  emploi à plein temps *m.* full-time job
  temps libre *m.* free time 5
Tenez! (tenir) *imp. v.* Here! 9
tenir *v.* to hold 9
tennis *m.* tennis 5

terrasse (de café) *f.* (café) terrace/outdoor seating 4
Terre *f.* Earth 13
  réchauffement de la Terre *m.* global warming 13
tes *poss. adj., m., f., pl.* your 3
tête *f.* head 10
texto *m.* text message 11
thé *m.* tea 4
théâtre *m.* theater
thon *m.* tuna 9
ticket de bus/métro *m.* bus/subway ticket 7
Tiens! (tenir) *imp. v.* Here! 9
timbre *m.* stamp 12
timide *adj.* shy 1
tiret *m.* *(punctuation mark)* dash; hyphen 11
tiroir *m.* drawer 8
toi *disj. pron., sing., fam.* you 3; *refl. pron., sing., fam. (attached to imperative)* yourself 10
  toi non plus you neither 2
toilette *f.* washing up, grooming 10
  faire sa toilette to wash up 10
toilettes *f., pl.* restroom(s) 8
tomate *f.* tomato 9
tomber *v.* to fall 7
  tomber amoureux/amoureuse *v.* to fall in love 6
  tomber en panne *v.* to break down 11
  tomber/être malade *v.* to get/be sick 10
  tomber sur quelqu'un *v.* to run into someone 7
ton *poss. adj., m., sing.* your 3
tort *m.* wrong; harm 2
  avoir tort *v.* to be wrong 2
tôt *adv.* early 2
toujours *adv.* always 8
tour *m.* tour 5
  faire un tour (en voiture) *v.* to go for a walk (drive) 5
tourisme *m.* tourism 12
  office du tourisme *m.* tourist office 12
tourner *v.* to turn 12
  se tourner *v.* to turn (oneself) around 10
tousser *v.* to cough 10
tout *m., sing.* all 4
  tous les *(used before noun)* all the... 4
  tous les jours *adv.* every day 8
  toute la *f., sing. (used before noun)* all the... 4
  toutes les *f., pl. (used before noun)* all the... 4
  tout le *m., sing. (used before noun)* all the... 4

tout le monde everyone 9
tout(e) *adv. (before adjective or adverb)* very, really 3
  À tout à l'heure. See you later. 1
  tout à coup suddenly 7
  tout à fait absolutely; completely 12
  tout de suite right away 7
  tout droit straight ahead 12
  tout d'un coup *adv.* all of a sudden 8
  tout près (de) really close by, really close (to) 3
toxique *adj.* toxic 13
  déchets toxiques *m., pl.* toxic waste 13
trac *m.* stage fright
traduire *v.* to translate 6
traduit (traduire) *p.p., adj.* translated 6
tragédie *f.* tragedy
train *m.* train 7
tranche *f.* slice 9
tranquille *adj.* calm, serene 10
  laisser tranquille *v.* to leave alone 10
travail *m.* work 12
  chercher un/du travail *v.* to look for work 12
  trouver un/du travail *v.* to find a job
travailler *v.* to work 2
travailleur/travailleuse *adj.* hard-working 3
traverser *v.* to cross 12
treize *m.* thirteen 1
trente *m.* thirty 1
très *adv. (before adjective or adverb)* very, really 8
  Très bien. Very well. 1
triste *adj.* sad 3
  être triste que... *v.* to be sad that... 13
trois *m.* three 1
troisième *adj.* third 7
se tromper (de) *v.* to be mistaken (about) 10
trop (de) *adv.* too many/much (of) 4
tropical(e) *adj.* tropical 13
  forêt tropicale *f.* tropical forest 13
trou (dans la couche d'ozone) *m.* hole (in the ozone layer) 13
troupe *f.* company, troupe
trouver *v.* to find; to think 2
  trouver un/du travail *v.* to find a job
  se trouver *v.* to be located 10

truc *m.* thing 7
tu *sub. pron., sing., fam.* you 1

U

un *m. (number)* one 1
un(e) *indef. art.* a; an 1
universitaire *adj. (related to the)* university 1
  restaurant universitaire (resto U) *m.* university cafeteria 2
université *f.* university 1
urgences *f., pl.* emergency room 10
  aller aux urgences *v.* to go to the emergency room 10
usine *f.* factory 13
utile *adj.* useful 2
utiliser (un plan) *v.* use (a map) 7

V

vacances *f., pl.* vacation 7
  partir en vacances *v.* to go on vacation 7
vache *f.* cow 13
vaisselle *f.* dishes 8
  faire la vaisselle *v.* to do the dishes 8
  lave-vaisselle *m.* dishwasher 8
valise *f.* suitcase 7
  faire les valises *v.* to pack one's bags 7
vallée *f.* valley 13
variétés *f., pl.* popular music
vaut (valloir) *v.*
  Il vaut mieux que It is better that 13
vélo *m.* bicycle 5
  faire du vélo *v.* to go bike riding 5
velours *m.* velvet 12
vendeur/vendeuse *m., f.* seller 6
vendre *v.* to sell 6
vendredi *m.* Friday 2
venir *v.* to come 9
  venir de *v. (used with an infinitive)* to have just 9
vent *m.* wind 5
  Il fait du vent. It is windy. 5
ventre *m.* stomach 10
vérifier (l'huile/la pression des pneus) *v.* to check (the oil/the tire pressure) 11
véritable *adj.* true, real 12
verre (de) *m.* glass (of) 4
vers *adv.* about 2
vert(e) *adj.* green 3
  haricots verts *m., pl.* green beans 9
vêtements *m., pl.* clothing 6
  sous-vêtement *m.* underwear 6
vétérinaire *m., f.* veterinarian
veuf/veuve *adj.* widowed 3
veut dire (vouloir dire) *v.* means, signifies 9
viande *f.* meat 9
vie *f.* life 6
  assurance vie *f.* life insurance
vieille *adj., f. (feminine form of vieux)* old 3
vieillesse *f.* old age 6
vietnamien(ne) *adj.* Vietnamese 1
vieux/vieille *adj.* old 3
ville *f.* city; town 4
vin *m.* wine 6
vingt *m.* twenty 1
vingtième *adj.* twentieth 7
violet(te) *adj.* purple; violet 6
violon *m.* violin
visage *m.* face 10
visite *f.* visit 6
  rendre visite (à) *v.* to visit *(a person or people)* 6
visiter *v.* to visit *(a place)* 2
  faire visiter *v.* to give a tour 8
vite *adv.* quickly 1; quick, hurry 4
vitesse *f.* speed 11
voici here is/are 1
voilà there is/are 1
voir *v.* to see 12
voisin(e) *m., f.* neighbor 3
voiture *f.* car 11
  faire un tour en voiture *v.* to go for a drive 5
  rouler en voiture *v.* to ride in a car 7
vol *m.* flight 7
volant *m.* steering wheel 11
volcan *m.* volcano 13
volley(-ball) *m.* volleyball 5
volontiers *adv.* willingly 10

vos *poss. adj., m., f., pl.* your 3
votre *poss. adj., m., f., sing.* your 3
vouloir *v.* to want; to mean *(with* **dire***)* 9
  ça veut dire that is to say 10
  veut dire *v.* means, signifies 9
  vouloir (que) *v.* to want (that) 13
voulu (vouloir) *p.p., adj. (used with infinitive)* wanted to… ; *(used with noun)* planned to/for 9
vous *pron., sing., pl., fam., form.* you 1; *d.o. pron.* you 7; yourself, yourselves 10
voyage *m.* trip 7
  agence de voyages *f.* travel agency 7
  agent de voyages *m.* travel agent 7
voyager *v.* to travel 2
voyant (d'essence/d'huile) *m.* (gas/oil) warning light 11
vrai(e) *adj.* true; real 3
  Il est vrai que… It is true that… 13
  Il n'est pas vrai que… It is untrue that… 13
vraiment *adv.* really, truly 5
vu (voir) *p.p.* seen 12

W

W.-C. *m., pl.* restroom(s) 8
week-end *m.* weekend 2
  ce week-end this weekend 2

Y

y *pron.* there; at *(a place)* 10
  j'y vais I'm going/coming 8
  nous y allons we're going/coming 9
  on y va let's go 10
  Y a-t-il… ? Is/Are there… ? 2
yaourt *m.* yogurt 9
yeux (œil) *m., pl.* eyes 3

Z

zéro *m.* zero 1
zut *interj.* darn 6

English-French

A

a **un(e)** *indef. art.* 1
able: to be able to **pouvoir** *v.* 9
abolish **abolir** *v.* 13
about **vers** *adv.* 2
abroad **à l'étranger** 7
absolutely **absolument** *adv.* 8; **tout à fait** *adv.* 6
accident **accident** *m.* 10
  to have/to be in an accident **avoir un accident** *v.* 11
accompany **accompagner** *v.* 12
account (*at a bank*) **compte** *m.* 12
  checking account **compte** *m.* **de chèques** 12
  to have a bank account **avoir un compte bancaire** *v.* 12
accountant **comptable** *m., f.*
acid rain **pluie acide** *f.* 13
across from **en face de** *prep.* 3
acquaintance **connaissance** *f.* 5
active **actif/active** *adj.* 3
actively **activement** *adv.* 8
actor **acteur/actrice** *m., f.* 1
address **adresse** *f.* 12
administration: business administration **gestion** *f.* 2
adolescence **adolescence** *f.* 6
adore **adorer** 2
  I love… **J'adore…** 2
  to adore one another **s'adorer** *v.* 11
adulthood **âge adulte** *m.* 6
adventure **aventure** *f.*
  adventure film **film** *m.* **d'aventures**
advertisement **publicité (pub)** *f.*
advice **conseil** *m.*
advisor **conseiller/conseillère** *m., f.*
aerobics **aérobic** *m.* 5
  to do aerobics **faire de l'aérobic** *v.* 5
afraid: to be afraid of/that **avoir peur de/que** *v.* 13
after **après (que)** *adv.* 7
afternoon **après-midi** *m.* 2
  … (o'clock) in the afternoon **… heure(s) de l'après-midi** 2
afternoon snack **goûter** *m.* 9
again **encore** *adv.* 3
age **âge** *m.* 6
agent: travel agent **agent de voyages** *m.* 7
  real estate agent **agent immobilier** *m.*
ago (*with an expression of time*)

il y a… 9
agree: to agree (with) **être d'accord (avec)** *v.* 2
airport **aéroport** *m.* 7
alarm clock **réveil** *m.* 10
Algerian **algérien(ne)** *adj.* 1
all **tout** *m., sing.* 4
  all of a sudden **soudain** *adv.* 8; **tout à coup** *adv.*; **tout d'un coup** *adv.* 7
all right? (*tag question*) **d'accord?** 2
allergy **allergie** *f.* 10
allow (*to do something*) **laisser** *v.* 11; **permettre (de)** *v.* 6
allowed **permis (permettre)** *p.p., adj.* 6
all the… (*agrees with noun that follows*) **tout le…** *m., sing;* **toute la…** *f., sing;* **tous les…** *m., pl.;* **toutes les…** *f., pl.* 4
almost **presque** *adv.* 5
a lot (of) **beaucoup (de)** *adv.* 4
alone: to leave alone **laisser tranquille** *v.* 10
already **déjà** *adv.* 3
always **toujours** *adv.* 8
American **américain(e)** *adj.* 1
an **un(e)** *indef. art.* 1
ancient (*placed after noun*) **ancien(ne)** *adj.*
and **et** *conj.* 1
  And you? **Et toi?,** *fam.;* **Et vous?** *form.* 1
angel **ange** *m.* 1
angry: to become angry **s'énerver** *v.* 10; **se mettre en colère** *v.* 10
animal **animal** *m.* 13
ankle **cheville** *f.* 10
apartment **appartement** *m.* 7
appetizer **entrée** *f.* 9; **hors-d'œuvre** *m.* 9
applaud **applaudir** *v.*
applause **applaudissement** *m.*
apple **pomme** *f.* 9
appliance **appareil** *m.* 8
  electrical/household appliance **appareil** *m.* **électrique/ménager** 8
applicant **candidat(e)** *m., f.*
apply **postuler** *v.*
appointment **rendez-vous** *m.*
  to make an appointment **prendre (un) rendez-vous** *v.*
April **avril** *m.* 5
architect **architecte** *m., f.* 3
architecture **architecture** *f.* 2
Are there… ? **Y a-t-il… ?** 2

area **quartier** *m.* 8
argue (with) **se disputer (avec)** *v.* 10
arm **bras** *m.* 10
armchair **fauteuil** *m.* 8
armoire **armoire** *f.* 8
around **autour (de)** *prep.* 12
arrival **arrivée** *f.* 7
arrive **arriver (à)** *v.* 2
art **art** *m.* 2
  artwork, piece of art **œuvre** *f.*
  fine arts **beaux-arts** *m., pl.*
artist **artiste** *m., f.* 3
as (*like*) **comme** *adv.* 6
  as … as (*used with adjective to compare*) **aussi … que** 9
  as much … as (*used with noun to express comparative quantity*) **autant de … que** 13
  as soon as **dès que** *adv.* 12
ashamed: to be ashamed of **avoir honte de** *v.* 2
ask **demander** *v.* 2
  to ask (*someone*) **demander (à)** *v.* 6
  to ask (*someone*) a question **poser une question (à)** *v.* 6
  to ask that… **demander que…** 13
aspirin **aspirine** *f.* 10
at **à** *prep.* 4
  at … (o'clock) **à … heure(s)** 4
  at the doctor's office **chez le médecin** *prep.* 2
  at (someone's) house **chez…** *prep.* 2
  at the end (of) **au bout (de)** *prep.* 12
  at last **enfin** *adv.* 11
athlete **athlète** *m., f.* 3
ATM **distributeur** *m.* **automatique/de billets** *m.* 12
attend **assister à** *v.* 2
August **août** *m.* 5
aunt **tante** *f.* 3
author **auteur/femme auteur** *m., f.*
autumn **automne** *m.* 5
  in autumn **à l'automne** 5
available (*free*) **libre** *adj.* 7
avenue **avenue** *f.* 12
avoid **éviter de** *v.* 10

B

back **dos** *m.* 10
backpack **sac à dos** *m.* 1
bad **mauvais(e)** *adj.* 3
  to be in a bad mood **être de mauvaise humeur** 8

to be in bad health **être en mauvaise santé** 10
badly **mal** adv. 7
  I am doing badly. **Je vais mal.** 1
  to be doing badly **se porter mal** v. 10
baguette **baguette** f. 4
bakery **boulangerie** f. 9
balcony **balcon** m. 8
banana **banane** f. 9
bank **banque** f. 12
  to have a bank account **avoir un compte bancaire** v. 12
banker **banquier/banquière** m., f.
banking **bancaire** adj. 12
baseball **baseball** m. 5
baseball cap **casquette** f. 6
basement **sous-sol** m.; **cave** f. 8
basketball **basket(-ball)** m. 5
bath **bain** m. 6
bathing suit **maillot de bain** m. 6
bathroom **salle de bains** f. 8
bathtub **baignoire** f. 8
be **être** v. 1
  sois (être) imp. v. 7;
  soyez (être) imp. v. 7
beach **plage** f. 7
beans **haricots** m., pl. 9
  green beans **haricots verts** m., pl. 9
bearings: to get one's bearings **s'orienter** v. 12
beautiful **beau (belle)** adj. 3
beauty salon **salon** m. **de beauté** 12
because **parce que** conj. 2
become **devenir** v. 9
bed **lit** m. 7
  to go to bed **se coucher** v. 10
bedroom **chambre** f. 8
beef **bœuf** m. 9
been **été (être)** p.p. 6
beer **bière** f. 6
before **avant (de/que)** adv. 7
  before (o'clock) **moins** adv. 2
begin (to do something) **commencer (à)** v. 2; **se mettre à** v. 10
beginning **début** m.
behind **derrière** prep. 3
Belgian **belge** adj. 7
Belgium **Belgique** f. 7
believe (that) **croire (que)** v. 13
believed **cru (croire)** p.p. 13
belt **ceinture** f. 6
  to buckle one's seatbelt **attacher sa ceinture de sécurité** v. 11
bench **banc** m. 12

best: the best **le mieux** super. adv. 9; **le/la meilleur(e)** super. adj. 9
better **meilleur(e)** comp. adj.; **mieux** comp. adv. 9
  It is better that... **Il vaut mieux que/qu'...** 13
  to be doing better **se porter mieux** v. 10
  to get better (from illness) **guérir** v. 10
between **entre** prep. 3
beverage (carbonated) **boisson** f. **(gazeuse)** 4
bicycle **vélo** m. 5
  to go bike riding **faire du vélo** v. 5
big **grand(e)** adj. 3; (clothing) **large** adj. 6
bill (in a restaurant) **addition** f. 4
bills (money) **billets** m., pl. 12
biology **biologie** f. 2
bird **oiseau** m. 3
birth **naissance** f. 6
birthday **anniversaire** m. 5
bit (of) **morceau (de)** m. 4
black **noir(e)** adj. 3
blackboard **tableau** m. 1
blanket **couverture** f. 8
blonde **blond(e)** adj. 3
blouse **chemisier** m. 6
blue **bleu(e)** adj. 3
boat **bateau** m. 7
body **corps** m. 10
book **livre** m. 1
bookstore **librairie** f. 1
bored: to get bored **s'ennuyer** v. 10
boring **ennuyeux/ennuyeuse** adj. 3
born: to be born **naître** v. 7; **né (naître)** p.p., adj. 7
borrow **emprunter** v. 12
bottle (of) **bouteille (de)** f. 4
boulevard **boulevard** m. 12
boutique **boutique** f. 12
bowl **bol** m. 9
box **boîte** f. 9
boy **garçon** m. 1
boyfriend **petit ami** m. 1
brake **freiner** v. 11
brakes **freins** m., pl. 11
brave **courageux/courageuse** adj. 3
Brazil **Brésil** m. 7
Brazilian **brésilien(ne)** adj. 7
bread **pain** m. 4
  country-style bread **pain** m. **de campagne** 4
bread shop **boulangerie** f. 9
break **se casser** v. 10

breakdown **panne** f. 11
break down **tomber en panne** v. 11
break up (to leave one another) **se quitter** v. 11
breakfast **petit-déjeuner** m. 9
bridge **pont** m. 12
brilliant **brillant(e)** adj. 1
bring (a person) **amener** v. 5; (a thing) **apporter** v. 4
broom **balai** m. 8
brother **frère** m. 3
brother-in-law **beau-frère** m. 3
brown **marron** adj., inv. 3
  brown (hair) **châtain** adj. 3
brush (hair/tooth) **brosse** f. **(à cheveux/à dents)** 10
  to brush one's hair/teeth **se brosser les cheveux/ les dents** v. 9
buckle: to buckle one's seatbelt **attacher sa ceinture de sécurité** v. 11
build **construire** v. 6
building **bâtiment** m. 12; **immeuble** m. 8
bumper **pare-chocs** m. 11
burn (CD/DVD) **graver** v. 11
bus **autobus** m. 7
bus stop **arrêt d'autobus (de bus)** m. 7
business (profession) **affaires** f., pl. 3; (company) **entreprise** f.
business administration **gestion** f. 2
businessman **homme d'affaires** m. 3
businesswoman **femme d'affaires** f. 3
busy **occupé(e)** adj. 1
but **mais** conj. 1
butcher's shop **boucherie** f. 9
butter **beurre** m. 4
buy **acheter** v. 5
by **par** prep. 3
Bye! **Salut!** fam. 1

C

cabinet **placard** m. 8
café **café** m. 1; **brasserie** f. 12
  café terrace **terrasse** f. **de café** 4
  cybercafé **cybercafé** m. 12
cafeteria **cantine** f. 9
cake **gâteau** m. 6
calculator **calculatrice** f. 1
call **appeler** v.
calm **calme** adj. 1; **calme** m. 1
camera **appareil photo** m. 11
  digital camera **appareil photo** m. **numérique** 11

camping **camping** *m.* 5
  to go camping **faire du camping** *v.* 5
can (of food) **boîte (de conserve)** *f.* 9
Canada **Canada** *m.* 7
Canadian **canadien(ne)** *adj.* 1
cancel (a reservation) **annuler (une réservation)** *v.* 7
candidate **candidat(e)** *m., f.*
candy **bonbon** *m.* 6
cap: baseball cap **casquette** *f.* 6
capital **capitale** *f.* 7
car **voiture** *f.* 11
  to ride in a car **rouler en voiture** *v.* 7
card (*letter*) **carte postale** *f.* 12; credit card **carte** *f.* **de crédit** 12
  to pay with a credit card **payer avec une carte de crédit** *v.* 12
  cards (*playing*) **cartes** *f.* 5
carbonated drink/beverage **boisson** *f.* **gazeuse** 4
career **carrière** *f.*
carpooling **covoiturage** *m.* 13
carrot **carotte** *f.* 9
cartoon **dessin animé** *m.*
case: in any case **en tout cas** 6
cash **liquide** *m.* 12
  to pay in cash **payer en liquide** *v.* 12
cat **chat** *m.* 3
catastrophe **catastrophe** *f.* 13
catch sight of **apercevoir** *v.* 12
CD(s) **CD** *m.* 11
CD/DVD player **lecteur de CD/DVD** *m.* 11
celebrate **célébrer** *v.* 5; **fêter** *v.* 6
celebration **fête** *f.* 6
cellar **cave** *f.* 8
cell phone **portable** *m.* 11
center: city/town center **centre-ville** *m.* 4
certain **certain(e)** *adj.* 9; **sûr(e)** *adj.* 13
  It is certain that… **Il est certain que…** 13
  It is uncertain that… **Il n'est pas certain que…** 13
chair **chaise** *f.* 1
champagne **champagne** *m.* 6
change (*coins*) **(pièces** *f. pl.* **de) monnaie** 12
channel (television) **chaîne** *f.* **(de télévision)** 11
character **personnage** *m.*
  main character **personnage principal** *m.*
charming **charmant(e)** *adj.* 1
chat **bavarder** *v.* 4
check **chèque** *m.* 12; (*bill*) **addition** *f.* 4

to pay by check **payer par chèque** *v.* 12;
  to check (the oil/the air pressure) **vérifier (l'huile/la pression des pneus)** *v.* 11
checking account **compte** *m.* **de chèques** 12
cheek **joue** *f.* 10
cheese **fromage** *m.* 4
chemistry **chimie** *f.* 2
chess **échecs** *m., pl.* 5
chest **poitrine** *f.* 10
  chest of drawers **commode** *f.* 8
chic **chic** *adj.* 4
chicken **poulet** *m.* 9
child **enfant** *m., f.* 3
childhood **enfance** *f.* 6
China **Chine** *f.* 7
Chinese **chinois(e)** *adj.* 7
choir **chœur** *m.*
choose **choisir** *v.* 7
chorus **chœur** *m.*
chrysanthemums **chrysanthèmes** *m., pl.* 9
church **église** *f.* 4
city **ville** *f.* 4
city hall **mairie** *f.* 12
city/town center **centre-ville** *m.* 4
class (group of students) **classe** *f.* 1; (course) **cours** *m.* 2
classmate **camarade de classe** *m., f.* 1
classroom **salle** *f.* **de classe** 1
clean **nettoyer** *v.* 5; **propre** *adj.* 8
clear **clair(e)** *adj.* 13
  It is clear that… **Il est clair que…** 13
  to clear the table **débarrasser la table** 8
client **client(e)** *m., f.* 7
cliff **falaise** *f.* 13
clock **horloge** *f.* 1
  alarm clock **réveil** *m.* 10
close (to) **près (de)** *prep.* 3
  very close (to) **tout près (de)** 12
close **fermer** *v.* 11
closed **fermé(e)** *adj.* 12
closet **placard** *m.* 8
clothes dryer **sèche-linge** *m.* 8
clothing **vêtements** *m., pl.* 6
cloudy **nuageux/nuageuse** *adj.* 5
  It is cloudy. **Le temps est nuageux.** 5
clutch **embrayage** *m.* 11
coast **côte** *f.* 13
coat **manteau** *m.* 6
coffee **café** *m.* 1
coffeemaker **cafetière** *f.* 8
coins **pièces** *f. pl.* **de monnaie** 12
cold **froid** *m.* 2
  to be cold **avoir froid** *v.* 2
  (weather) It is cold. **Il fait froid.** 5

cold **rhume** *m.* 10
color **couleur** *f.* 6
  What color is… ? **De quelle couleur est… ?** 6
comb **peigne** *m.* 10
come **venir** *v.* 7
come back **revenir** *v.* 9
comedy **comédie** *f.*
comic strip **bande dessinée (B.D.)** *f.* 5
compact disc **compact disc / disque compact** *m.* 11
company (troop) **troupe** *f.*
completely **tout à fait** *adv.* 6
composer **compositeur** *m.*
computer **ordinateur** *m.* 1
computer science **informatique** *f.* 2
concert **concert** *m.*
congratulations **félicitations**
consider **considérer** *v.* 5
constantly **constamment** *adv.* 8
construct **construire** *v.* 6
consultant **conseiller/conseillère** *m., f.*
continue (doing something) **continuer (à)** *v.* 12
cook **cuisiner** *v.* 9; **faire la cuisine** *v.* 5; **cuisinier/cuisinière** *m., f.*
cookie **biscuit** *m.* 6
cooking **cuisine** *f.* 5
cool: (weather) It is cool. **Il fait frais.** 5
corner **angle** *m.* 12; **coin** *m.* 12
cost **coûter** *v.* 4
cotton **coton** *m.* 6
couch **canapé** *m.* 8
cough **tousser** *v.* 10
count (on someone) **compter (sur quelqu'un)** *v.* 8
country **pays** *m.* 7
  country(side) **campagne** *f.* 7
country-style **de campagne** *adj.* 4
couple **couple** *m.* 6
courage **courage** *m.*
courageous **courageux/courageuse** *adj.* 3
course **cours** *m.* 2
cousin **cousin(e)** *m., f.* 3
cover **couvrir** *v.* 11
covered **couvert (couvrir)** *p.p.* 11
cow **vache** *f.* 13
crazy **fou/folle** *adj.* 3
cream **crème** *f.* 9
credit card **carte** *f.* **de crédit** 12
  to pay with a credit card **payer avec une carte de crédit** *v.* 12
crêpe **crêpe** *f.* 5
crime film **film policier** *m.*
croissant **croissant** *m.* 4
cross **traverser** *v.* 12
cruel **cruel/cruelle** *adj.* 3
cry **pleurer** *v.*

cup (of) **tasse (de)** *f.* 4
cupboard **placard** *m.* 8
curious **curieux/ curieuse** *adj.* 3
curly **frisé(e)** *adj.* 3
currency **monnaie** *f.* 12
curtain **rideau** *m.* 8
customs **douane** *f.* 7
cybercafé **cybercafé** *m.* 12

D

dance **danse** *f.*
    to dance **danser** *v.* 4
danger **danger** *m.* 13
dangerous **dangereux/ dangereuse** *adj.* 11
dark (*hair*) **brun(e)** *adj.* 3
darling **chéri(e)** *adj.* 2
darn **zut** 11
dash (*punctuation mark*) **tiret** *m.* 11
date (*day, month, year*) **date** *f.* 5; (*meeting*) **rendez-vous** *m.* 6
    to make a date **prendre (un) rendez-vous** *v.*
daughter **fille** *f.* 1
day **jour** *m.* 2; **journée** *f.* 2
    day after tomorrow **après-demain** *adv.* 2
    day before yesterday **avant-hier** *adv.* 7
    day off **congé** *m.*, **jour** *m.* **de congé** 7
dear **cher/chère** *adj.* 2
death **mort** *f.* 6
December **décembre** *m.* 5
decide (*to do something*) **décider (de)** *v.* 11
deforestation **déboisement** *m.* 13
degree **diplôme** *m.* 2
degrees (*temperature*) **degrés** *m., pl.* 5
    It is... degrees. **Il fait... degrés.** 5
delicatessen **charcuterie** *f.* 9
delicious **délicieux/délicieuse** *adj.* 4
Delighted. **Enchanté(e).** *p.p., adj.* 1
demand (that) **exiger (que)** *v.* 13
demanding **exigeant(e)** *adj.*
    demanding profession **profession** *f.* **exigeante**
dentist **dentiste** *m., f.* 3
department store **grand magasin** *m.* 4
departure **départ** *m.* 7
deposit: to deposit money **déposer de l'argent** *v.* 12
depressed **déprimé(e)** *adj.* 10
describe **décrire** *v.* 7

described **décrit (décrire)** *p.p., adj.* 7
desert **désert** *m.* 13
design (fashion) **stylisme (de mode)** *m.* 2
desire **envie** *f.* 2, **désirer** *v.* 5
desk **bureau** *m.* 1
dessert **dessert** *m.* 6
destroy **détruire** *v.* 6
destroyed **détruit (détruire)** *p.p., adj.* 6
detective film **film policier** *m.*
detest **détester** *v.* 2
    I hate... **Je déteste...** 2
develop **développer** *v.* 13
dial (a number) **composer (un numéro)** *v.* 11
dictionary **dictionnaire** *m.* 1
die **mourir** *v.* 7
died **mort (mourir)** *p.p., adj.* 7
diet **régime** *m.* 10
    to be on a diet **être au régime** 9
difference **différence** *f.* 1
different **différent(e)** *adj.* 1
differently **différemment** *adv.* 8
difficult **difficile** *adj.* 1
digital camera **appareil photo** *m.* **numérique** 11
dining room **salle à manger** *f.* 8
dinner **dîner** *m.* 9
    to have dinner **dîner** *v.* 2
    Dinner is ready! **À table!** 9
diploma **diplôme** *m.* 2
directions **indications** *f.* 12
director (movie) **réalisateur/ réalisatrice** *m., f.*; (play/show) **metteur en scène** *m.*
dirty **sale** *adj.* 8
discover **découvrir** *v.* 11
discovered **découvert (découvrir)** *p.p.* 11
discreet **discret/discrète** *adj.* 3
discuss **discuter** *v.* 11
dish (food) **plat** *m.* 9
    to do the dishes **faire la vaisselle** *v.* 8
dishwasher **lave-vaisselle** *m.* 8
dismiss **renvoyer** *v.*
distinction **mention** *f.*
divorce **divorce** *m.* 6
    to divorce **divorcer** *v.* 3
divorced **divorcé(e)** *p.p., adj.* 3
do (make) **faire** *v.* 5
    to do odd jobs **bricoler** *v.* 5
doctor **médecin** *m.* 3
documentary **documentaire** *m.*
dog **chien** *m.* 3
done **fait (faire)** *p.p., adj.* 6
door (building) **porte** *f.* 1; (automobile) **portière** *f.* 11

doubt (that)... **douter (que)...** *v.* 13
doubtful **douteux/douteuse** *adj.* 13
    It is doubtful that... **Il est douteux que...** 13
download **télécharger** *v.* 11
downtown **centre-ville** *m.* 4
drag **barbant** *adj.* 3; **barbe** *f.* 3
drape **rideau** *m.* 8
draw **dessiner** *v.* 2
drawer **tiroir** *m.* 8
dreadful **épouvantable** *adj.* 5
dream (about/of) **rêver (de)** *v.* 11
dress **robe** *f.* 6
    to dress **s'habiller** *v.* 10
dresser **commode** *f.* 8
drink (carbonated) **boisson** *f.* **(gazeuse)** 4
    to drink **boire** *v.* 4
drive **conduire** *v.* 6
    to go for a drive **faire un tour en voiture** 5
driven **conduit (conduire)** *p.p.* 6
driver (taxi/truck) **chauffeur (de taxi/de camion)** *m.*
driver's license **permis** *m.* **de conduire** 11
drums **batterie** *f.*
drunk **bu (boire)** *p.p.* 6
dryer (clothes) **sèche-linge** *m.* 8
dry oneself **se sécher** *v.* 10
due **dû(e) (devoir)** *adj.* 9
during **pendant** *prep.* 7
dust **enlever/faire la poussière** *v.* 8
DVD player **lecteur (de) DVD** *m.* 11
DVR **enregistreur DVR** *m.* 11

E

each **chaque** *adj.* 6
ear **oreille** *f.* 10
early **en avance** *adv.* 2; **tôt** *adv.* 2
earn **gagner** *v.*
Earth **Terre** *f.* 13
easily **facilement** *adv.* 8
east **est** *m.* 12
easy **facile** *adj.* 2
eat **manger** *v.* 2
    to eat lunch **déjeuner** *v.* 4
éclair **éclair** *m.* 4
ecological **écologique** *adj.* 13
ecology **écologie** *f.* 13
economics **économie** *f.* 2
ecotourism **écotourisme** *m.* 13
education **formation** *f.*
effect: in effect **en effet** 13
egg **œuf** *m.* 9
eight **huit** *m.* 1
eighteen **dix-huit** *m.* 1

eighth **huitième** *adj.* 7
eighty **quatre-vingts** *m.* 3
eighty-one **quatre-vingt-un** *m.* 3
elder **aîné(e)** *adj.* 3
electric **électrique** *adj.* 8
   electrical appliance **appareil**
   m. **électrique** 8
electrician **électricien/**
   électricienne *m., f.*
elegant **élégant(e)** *adj.* 1
elevator **ascenseur** *m.* 7
eleven **onze** *m.* 1
eleventh **onzième** *adj.* 7
e-mail **e-mail** *m.* 11
emergency room **urgences**
   f., pl. 10
   to go to the emergency room
   aller aux urgences *v.* 10
end **fin** *f.*
endangered **menacé(e)** *adj.* 13
   endangered species **espèce** *f.*
   menacée 13
engaged **fiancé(e)** *adj.* 3
engine **moteur** *m.* 11
engineer **ingénieur** *m.* 3
England **Angleterre** *f.* 7
English **anglais(e)** *adj.* 1
enormous **énorme** *adj.* 2
enough (of) **assez (de)** *adv.* 4
   not enough (of) **pas assez**
   (de) 4
enter **entrer** *v.* 7
envelope **enveloppe** *f.* 12
environment **environnement**
   m. 13
equal **égaler** *v.* 3
erase **effacer** *v.* 11
errand **course** *f.* 9
escargot **escargot** *m.* 9
especially **surtout** *adv.* 2
essay **dissertation** *f.* 11
essential **essentiel(le)** *adj.* 13
   It is essential that... **Il est**
   essentiel/indispensable
   que... 13
even **même** *adv.* 5
evening **soir** *m.;* **soirée** *f.* 2
   ... (o'clock) in the evening
   ... **heures du soir** 2
every day **tous les jours** *adv.* 8
everyone **tout le monde** *m.* 9
evident **évident(e)** *adj.* 13
   It is evident that... **Il est**
   évident que... 13
evidently **évidemment** *adv.* 8
exactly **exactement** *adv.* 9
exam **examen** *m.* 1
Excuse me. **Excuse-moi.** *fam.* 1;
   Excusez-moi. *form.* 1
executive **cadre/femme cadre**
   m., f.
exercise **exercice** *m.* 10
   to exercise **faire de**
   l'exercice *v.* 10

exhibit **exposition** *f.*
exit **sortie** *f.* 7
expenditure **dépense** *f.* 12
expensive **cher/chère** *adj.* 6
explain **expliquer** *v.* 2
explore **explorer** *v.* 4
extinction **extinction** *f.* 13
eye (eyes) **œil (yeux)** *m.* 10

F

face **visage** *m.* 10
facing **en face (de)** *prep.* 3
fact: in fact **en fait** 7
factory **usine** *f.* 13
fail **échouer** *v.* 2
fall **automne** *m.* 5
   in the fall **à l'automne** 5
   to fall **tomber** *v.* 7
   to fall in love **tomber amou-**
   reux/amoureuse *v.* 6
   to fall asleep **s'endormir** *v.* 10
family **famille** *f.* 3
famous **célèbre** *adj.;* **connu**
   (connaître) *p.p., adj.* 8
far (from) **loin (de)** *prep.* 3
farewell **adieu** *m.* 13
farmer **agriculteur/**
   agricultrice *m., f.*
fashion **mode** *f.* 2
   fashion design **stylisme**
   de mode *m.* 2
fast **rapide** *adj.* **3;** **vite** *adv.* 8
fat **gros(se)** *adj.* 3
father **père** *m.* 3
father-in-law **beau-père** *m.* 3
favorite **favori/favorite** *adj.* 3;
   préféré(e) *adj.* 2
fear **peur** *f.* 2
   to fear that **avoir peur que**
   v. 13
February **février** *m.* 5
fed up: to be fed up **en avoir**
   marre *v.* 3
feel *(to sense)* **sentir** *v.* 5; *(state of*
   being) **se sentir** *v.* 10
   to feel like *(doing something)*
   avoir envie (de) 2
   to feel nauseated **avoir mal au**
   cœur 10
festival (festivals) **festival (festi-**
   vals) *m.*
fever **fièvre** *f.* 10
   to have a fever **avoir de la**
   fièvre *v.* 10
fiancé **fiancé(e)** *m., f.* 6
field *(terrain)* **champ** *m.* 13;
   (of study) **domaine** *m.*
fifteen **quinze** *m.* 1
fifth **cinquième** *adj.* 7
fifty **cinquante** *m.* 1
figure *(physique)* **ligne** *f.* 10

file **fichier** *m.* 11
fill: to fill out a form **remplir un**
   formulaire *v.* 12
   to fill the tank **faire le**
   plein *v.* 11
film **film** *m.*
   adventure/crime film **film** *m.*
   d'aventures/policier
finally **enfin** *adv.* 7; **finalement**
   adv. 7; **dernièrement** *adv.* 8
find (a job) **trouver (un/du tra-**
   vail) *v.*
   to find again **retrouver** *v.* 2
fine **amende** *f.* 11
fine arts **beaux-arts** *m., pl.*
finger **doigt** *m.* 10
finish *(doing something)* **finir (de)**
   v. 11
fire **incendie** *m.* 13
firefighter **pompier/femme**
   pompier *m., f.*
firm *(business)* **entreprise** *f.*
first **d'abord** *adv.* 7; **premier/**
   première *adj.* 2; **premier** *m.* 5
   It is October 1st **C'est le 1ᵉʳ**
   (premier) octobre. 5
fish **poisson** *m.* 3
fishing **pêche** *f.* 5
   to go fishing **aller à la**
   pêche *v.* 5
fish shop **poissonnerie** *f.* 9
five **cinq** *m.* 1
flat tire **pneu** *m.* **crevé** 11
flight *(air travel)* **vol** *m.* 7
floor **étage** *m.* 7
flower **fleur** *f.* 8
flu **grippe** *f.* 10
fluently **couramment** *adv.* 8
follow (a path/a street/a boulevard)
   suivre (un chemin/une rue/
   un boulevard) *v.* 12
food **nourriture** *f.* 9
food item **aliment** *m.* 9
foot **pied** *m.* 10
football **football américain** *m.* 5
for **pour** *prep.* 5; **pendant** *prep.* 9
   For whom? **Pour qui?** 4
forbid **interdire** *v.* 13
foreign **étranger/**
   étrangère *adj.* 2
   foreign languages **langues**
   f., pl. **étrangères** 2
forest **forêt** *f.* 13
   tropical forest **forêt tropicale**
   f. 13
forget *(to do something)* **oublier**
   (de) *v.* 2
fork **fourchette** *f.* 9
form **formulaire** *m.* 12
former *(placed before noun)*
   ancien(ne) *adj.*
fortunately **heureusement** *adv.* 8

forty **quarante** *m.* 1
fountain **fontaine** *f.* 12
four **quatre** *m.* 1
fourteen **quatorze** *m.* 1
fourth **quatrième** *adj.* 7
France **France** *f.* 7
frankly **franchement** *adv.* 8
free *(at no cost)* **gratuit(e)** *adj.*
  free time **temps libre** *m.* 5
freezer **congélateur** *m.* 8
French **français(e)** *adj.* 1
French fries **frites** *f., pl.* 4
frequent *(to visit regularly)*
  fréquenter *v.* 4
fresh **frais/fraîche** *adj.* 5
Friday **vendredi** *m.* 2
friend **ami(e)** *m., f.* 1; **copain/
  copine** *m., f.* 1
friendship **amitié** *f.* 6
from **de/d'** *prep.* 1
  from time to time **de temps en
  temps** *adv.* 8
front: in front of **devant** *prep.* 3
fruit **fruit** *m.* 9
full *(no vacancies)* **complet (complète)** *adj.* 7
full-time job **emploi** *m.*
  à plein temps
fun **amusant(e)** *adj.* 1
  to have fun *(doing something)*
  s'amuser (à) *v.* 11
funeral **funérailles** *f., pl.* 9
funny **drôle** *adj.* 3
furious **furieux/furieuse** *adj.* 13
  to be furious that… **être
  furieux/furieuse que…** *v.* 13

G

gain: gain weight **grossir** *v.* 7
game *(amusement)* **jeu** *m.* 5;
  (sports) **match** *m.* 5
game show **jeu télévisé** *m.*
garage **garage** *m.* 8
garbage **ordures** *f., pl.* 13
garbage collection **ramassage**
  m. **des ordures** 13
garden **jardin** *m.* 8
garlic **ail** *m.* 9
gas **essence** *f.* 11
gas tank **réservoir d'essence**
  m. 11
gas warning light **voyant** *m.*
  d'essence 11
generally **en général** *adv.* 8
generous **généreux/généreuse**
  adj. 3
genre **genre** *m.*
gentle **doux/douce** *adj.* 3
geography **géographie** *f.* 2
German **allemand(e)** *adj.* 1
Germany **Allemagne** *f.* 7

get *(to obtain)* **obtenir** *v.*
get along well (with) **s'entendre
  bien (avec)** *v.* 10
get up **se lever** *v.* 10
  get up again **se relever** *v.* 10
gift **cadeau** *m.* 6
  wrapped gift **paquet cadeau**
  m. 6
gifted **doué(e)** *adj.*
girl **fille** *f.* 1
girlfriend **petite amie** *f.* 1
give *(to someone)* **donner (à)** *v.* 2
  to give a shot **faire une
  piqûre** *v.* 10
  to give a tour **faire visiter** *v.* 8
  to give back **rendre (à)** *v.* 6
  to give one another **se donner**
  v. 11
glass (of) **verre (de)** *m.* 4
glasses **lunettes** *f., pl.* 6
  sunglasses **lunettes de soleil**
  f., pl. 6
global warming **réchauffement**
  m. **de la Terre** 13
glove **gant** *m.* 6
go **aller** *v.* 4
  Let's go! **Allons-y!** 4; **On y va!** 10
  I'm going. **J'y vais.** 8
  to go back **repartir** *v.*
  to go down **descendre** *v.* 6
  to go out **sortir** *v.* 7
  to go over **dépasser** *v.* 11
  to go up **monter** *v.* 7
  to go with **aller avec** *v.* 6
golf **golf** *m.* 5
good **bon(ne)** *adj.* 3
  Good evening. **Bonsoir.** 1
  Good morning. **Bonjour.** 1
  to be good for nothing **ne
  servir à rien** *v.* 9
  to be in a good mood **être de
  bonne humeur** *v.* 8
  to be in good health **être en
  bonne santé** *v.* 10
  to be in good shape **être en
  pleine forme** *v.* 10
  to be up to something interesting **faire quelque chose de
  beau** *v.* 12
Good-bye. **Au revoir.** 1
government **gouvernement** *m.* 13
grade *(academics)* **note** *f.* 2
grandchildren **petits-enfants**
  m., pl. 3
granddaughter **petite-fille** *f.* 3
grandfather **grand-père** *m.* 3
grandmother **grand-mère** *f.* 3
grandparents **grands-parents**
  m., pl. 3
grandson **petit-fils** *m.* 3
grant **bourse** *f.* 2
grass **herbe** *f.* 13

gratin **gratin** *m.* 9
gray **gris(e)** *adj.* 6
great **formidable** *adj.* 7;
  génial(e) *adj.* 3
green **vert(e)** *adj.* 3
green beans **haricots verts**
  m., pl. 9
greenhouse **serre** *f.* 13
  greenhouse effect **effet de serre**
  m. 13
grocery store **épicerie** *f.* 4
groom: to groom oneself *(in the
  morning)* **faire sa toilette** *v.* 10
ground floor **rez-de-chaussée**
  m. 7
growing population **population**
  f. **croissante** 13
guaranteed **garanti(e)** *p.p., adj.* 5
guest **invité(e)** *m., f.* 6; **client(e)**
  m., f. 7
guitar **guitare** *f.*
guy **mec** *m.* 10
gym **gymnase** *m.* 4

H

habitat **habitat** *m.* 13
  habitat preservation **sauvetage
  des habitats** *m.* 13
had **eu (avoir)** *p.p.* 6
  had to **dû (devoir)** *p.p.* 9
hair **cheveux** *m., pl.* 9
  to brush one's hair **se brosser
  les cheveux** *v.* 9
  to do one's hair **se coiffer** *v.* 10
hairbrush **brosse** *f.* **à cheveux** 10
hairdresser **coiffeur/coiffeuse**
  m., f. 3
half **demie** *f.* 2
  half past … (o'clock)
  … et demie 2
half-brother **demi-frère** *m.* 3
half-sister **demi-sœur** *f.* 3
half-time job **emploi** *m.* **à
  mi-temps**
hallway **couloir** *m.* 8
ham **jambon** *m.* 4
hand **main** *f.* 5
handbag **sac à main** *m.* 6
handsome **beau** *adj.* 3
hang up **raccrocher** *v.*
happiness **bonheur** *m.* 6
happy **heureux/heureuse** *adj.* 3;
  content(e)
  to be happy that… **être
  content(e) que…** *v.* 13;
  **être heureux/heureuse
  que…** *v.* 13
hard drive **disque (dur)** *m.* 11
hard-working **travailleur/
  travailleuse** *adj.* 3
hat **chapeau** *m.* 6

hate **détester** *v.* 2
  I hate… **Je déteste…** 2
have **avoir** *v.* 2; **aie (avoir)** *imp.,*
  v. 7; **ayez (avoir)** *imp. v.* 7;
  prendre *v.* 4
  to have an ache **avoir**
  mal *v.* 10
  to have to (must) **devoir** *v.* 9
he **il** *sub. pron.* 1
head (body part) **tête** *f.* 10;
  (of a company) **chef** *m.*
  d'entreprise
headache: to have a headache
  avoir mal à la tête *v.* 10
headlights **phares** *m., pl.* 11
headphones **des écouteurs** (*m.*)
  11
health **santé** *f.* 10
  to be in good health **être en**
  bonne santé *v.* 10
health insurance **assurance**
  f. **maladie**
healthy **sain(e)** *adj.* 10
hear **entendre** *v.* 6
heart **cœur** *m.* 10
heat **chaud** *m.* 2
hello (on the phone) **allô** 1; (in the
  evening) **Bonsoir.** 1; (in the
  morning or afternoon)
  Bonjour. 1
help **au secours** 11
  to help (to do something) **aider**
  (à) *v.* 5
  to help one another **s'aider**
  v. 11
her **la/l'** *d.o. pron.* 7; **lui** *i.o. pron.*
  6; (attached to an imperative)
  -lui *i.o. pron.* 9
her **sa** *poss. adj., f., sing.* 3; **ses**
  poss. adj., m., f., pl. 3; **son**
  poss. adj., m., sing. 3
Here! **Tenez!** *form., imp. v.* 9;
  Tiens! *fam., imp., v.* 9
here **ici** *adv.* 1; (used with
  demonstrative adjective ce and
  noun or with demonstrative
  pronoun celui); **-ci** 6;
  Here is…. **Voici…** 1
heritage: I am of… heritage. **Je**
  suis d'origine… 1
herself (used with reflexive verb)
  se/s' *pron.* 10
hesitate (to do something)
  hésiter (à) *v.* 11
Hey! **Eh!** *interj.* 2
Hi! **Salut!** *fam.* 1
high **élevé(e)** *adj.*
high school **lycée** *m.* 1
  high school student **lycéen(ne)**
  m., f. 2
higher education **études**
  supérieures *f., pl.* 2
highway **autoroute** *f.* 11
hike **randonnée** *f.* 5
  to go for a hike **faire une**
  randonnée *v.* 5

him **lui** *i.o. pron.* 6; **le/l'** *d.o. pron.*
  7; (attached to imperative) **-lui**
  i.o. pron. 9
himself (used with reflexive verb)
  se/s' *pron.* 10
hire **embaucher** *v.*
his **sa** *poss. adj., f., sing.* 3; **ses**
  poss. adj., m., f., pl. 3; **son** *poss.*
  adj., m., sing. 3
history **histoire** *f.* 2
hit (another car) **rentrer**
  (dans) *v.* 11
hold **tenir** *v.* 9
  to be on hold **patienter** *v.*
hole in the ozone layer **trou**
  dans la couche
  d'ozone *m.* 13
holiday **jour férié** *m.* 6; **férié(e)**
  adj. 6
home (house) **maison** *f.* 4
  at (someone's) home **chez…**
  prep. 4
home page **page d'accueil** *f.* 11
homework **devoirs** *m., pl.* 2
honest **honnête** *adj.*
honestly **franchement** *adv.* 8
hood **capot** *m.* 11
hope **espérer** *v.* 5
hors d'œuvre **hors-d'œuvre** *m.* 9
horse **cheval** *m.* 5
  to go horseback riding **faire**
  du cheval *v.* 5
hospital **hôpital** *m.* 4
host **hôte/hôtesse** *m., f.* 6
hot **chaud** *m.* 2
  It is hot (weather). **Il fait**
  chaud. 5
  to be hot **avoir chaud** *v.* 2
hot chocolate **chocolat chaud**
  m. 4
hotel **hôtel** *m.* 7
  (single) hotel room **chambre**
  f. **(individuelle)** 7
hotel keeper **hôtelier/**
  hôtelière *m., f.* 7
hour **heure** *f.* 2
house **maison** *f.* 4
  at (someone's) house **chez…**
  prep. 4
  to leave the house **quitter la**
  maison *v.* 4
  to stop by someone's house
  passer chez quelqu'un *v.* 4
household **ménager/ménagère**
  adj. 8
household appliance **appareil**
  m. **ménager** 8
household chore **tâche**
  ménagère *f.* 8
housewife **femme au foyer** *f.*
housework: to do the housework
  faire le ménage *v.* 8
housing **logement** *m.* 8
how **comme** *adv.* 2; **comment?**
  interr. adv. 4

How are you? **Comment**
  allez-vous? *form.* 1;
  Comment vas-tu? *fam.* 1
How many/How much (of)?
  Combien (de)? 1
How much is… ? **Combien**
  coûte… ? 4
huge **énorme** *adj.* 2
Huh? **Hein?** *interj.* 3
humanities **lettres** *f., pl.* 2
hundred: one hundred **cent** *m.* 5
  five hundred **cinq cents** *m.* 5
  one hundred one **cent**
  un *m.* 5
  one hundred thousand **cent**
  mille *m.* 5
hundredth **centième** *adj.* 7
hunger **faim** *f.* 4
hungry: to be hungry **avoir faim**
  v. 4
hunt **chasse** *f.* 13
  to hunt **chasser** *v.* 13
hurried **pressé(e)** *adj.* 9
hurry **se dépêcher** *v.* 10
hurt **faire mal** *v.* 10
  to hurt oneself **se blesser**
  v. 10
husband **mari** *m.;* **époux** *m.* 3
hyphen (punctuation mark)
  tiret *m.* 11

I

I **je** *sub. pron.* 1; **moi** *disj. pron.,*
  sing. 3
ice cream **glace** *f.* 6
ice cube **glaçon** *m.* 6
idea **idée** *f.* 3
if **si** *conj.* 11
ill: to become ill **tomber**
  malade *v.* 10
illness **maladie** *f.*
immediately **tout de suite** *adv.* 4
impatient **impatient(e)** *adj.* 1
important **important(e)** *adj.* 1
  It is important that… **Il est**
  important que… 13
impossible **impossible** *adj.* 13
  It is impossible that… **Il est**
  impossible que… 13
improve **améliorer** *v.*
in **dans** *prep.* 3; **en** *prep.* 3; **à**
  prep. 4
included **compris (comprendre)**
  p.p., adj. 6
incredible **incroyable** *adj.* 11
independent **indépendant(e)**
  adj. 1
independently **indépendam-**
  ment *adv.* 8
indicate **indiquer** *v.* 5
indispensable **indispensable**
  adj. 13
inexpensive **bon marché** *adj.* 6
injection **piqûre** *f.* 10

to give an injection **faire une piqûre** *v.* 10
injury **blessure** *f.* 10
instrument **instrument** *m.* 1
insurance (health/life) **assurance** *f.* **(maladie/vie)**
intellectual **intellectuel(le)** *adj.* 3
intelligent **intelligent(e)** *adj.* 1
interested: to be interested (in) **s'intéresser (à)** *v.* 10
interesting **intéressant(e)** *adj.* 1
intermission **entracte** *m.*
internship **stage** *m.*
intersection **carrefour** *m.* 12
interview: to have an interview **passer un entretien**
introduce **présenter** *v.* 1
   I would like to introduce (*name*) to you. **Je te présente…** , *fam.* 1
   I would like to introduce (*name*) to you. **Je vous présente…** , *form.* 1
invite **inviter** *v.* 4
Ireland **Irlande** *f.* 7
Irish **irlandais(e)** *adj.* 7
iron **fer à repasser** *m.* 8
   to iron (the laundry) **repasser (le linge)** *v.* 8
isn't it? (*tag question*) **n'est-ce pas?** 2
island **île** *f.* 13
Italian **italien(ne)** *adj.* 1
Italy **Italie** *f.* 7
it: It depends. **Ça dépend.** 4
   It is… **C'est…** 1
itself (*used with reflexive verb*) **se/s'** *pron.* 10

J

jacket **blouson** *m.* 6
jam **confiture** *f.* 9
January **janvier** *m.* 5
Japan **Japon** *m.* 7
Japanese **japonais(e)** *adj.* 1
jealous **jaloux/jalouse** *adj.* 3
jeans **jean** *m. sing.* 6
jewelry store **bijouterie** *f.* 12
jogging **jogging** *m.* 5
   to go jogging **faire du jogging** *v.* 5
joke **blague** *f.* 2
journalist **journaliste** *m., f.* 3
juice (orange/apple) **jus** *m.* **(d'orange/de pomme)** 4
July **juillet** *m.* 5
June **juin** *m.* 5
jungle **jungle** *f.* 13
just (*barely*) **juste** *adv.* 3

K

keep **retenir** *v.* 9
key **clé** *f.* 7
keyboard **clavier** *m.* 11
kilo(gram) **kilo(gramme)** *m.* 9
kind **bon(ne)** *adj.* 3
kiosk **kiosque** *m.* 4
kiss one another **s'embrasser** *v.* 11
kitchen **cuisine** *f.* 8
knee **genou** *m.* 10
knife **couteau** *m.* 9
know (*as a fact*) **savoir** *v.* 8; (*to be familiar with*) **connaître** *v.* 8
   to know one another **se connaître** *v.* 11
   I don't know anything about it. **Je n'en sais rien.** 13
   to know that… **savoir que…** 13
known (*as a fact*) **su (savoir)** *p.p.* 8; (*famous*) **connu (connaître)** *p.p., adj.* 8

L

laborer **ouvrier/ouvrière** *m., f.*
lake **lac** *m.* 13
lamp **lampe** *f.* 8
landlord **propriétaire** *m.* 3
landslide **glissement de terrain** *m.* 13
language **langue** *f.* 2
   foreign languages **langues** *f., pl.* **étrangères** 2
last **dernier/dernière** *adj.* 2
lastly **dernièrement** *adv.* 8
late (*when something happens late*) **en retard** *adv.* 2; (*in the evening, etc.*) **tard** *adv.* 2
laugh **rire** *v.* 6
laughed **ri (rire)** *p.p.* 6
laundromat **laverie** *f.* 12
laundry: to do the laundry **faire la lessive** *v.* 8
law (*academic discipline*) **droit** *m.* 2; (*ordinance or rule*) **loi** *f.* 13
lawyer **avocat(e)** *m., f.* 3
lay off (*let go from a job*) **renvoyer** *v.*
lazy **paresseux/paresseuse** *adj.* 3
learned **appris (apprendre)** *p.p.* 6
least **moins** 9
   the least… (*used with adjective*) **le/la moins…** *super. adv.* 9
   the least… , (*used with noun to express quantity*) **le moins de…** 13
   the least… (*used with verb or adverb*) **le moins…** *super. adv.* 9
leather **cuir** *m.* 6

leave **partir** *v.* 5; **quitter** *v.* 4
   to leave alone **laisser tranquille** *v.* 10
   to leave one another **se quitter** *v.* 11
   I'm leaving. **Je m'en vais.** 8
left: to the left (of) **à gauche (de)** *prep.* 3
leg **jambe** *f.* 10
leisure activity **loisir** *m.* 5
lemon soda **limonade** *f.* 4
lend (*to someone*) **prêter (à)** *v.* 6
less **moins** *adv.* 4
   less of… (*used with noun to express quantity*) **moins de…** 4
   less … than (*used with noun to compare quantities*) **moins de… que** 13
   less… than (*used with adjective to compare qualities*) **moins… que** 9
let **laisser** *v.* 11
   to let go (*to fire or lay off*) **renvoyer** *v.*
   Let's go! **Allons-y!** 4; **On y va!** 10
letter **lettre** *f.* 12
   letter of application **lettre** *f.* **de motivation**
   letter of recommendation/ reference **lettre** *f.* **de recommandation**
lettuce **laitue** *f.* 9
level **niveau** *m.*
library **bibliothèque** *f.* 1
license: driver's license **permis** *m.* **de conduire** 11
life **vie** *f.* 6
life insurance **assurance** *f.* **vie**
light: warning light (*automobile*) **voyant** *m.* 11
   oil/gas warning light **voyant** *m.* **d'huile/d'essence** 11
   to light up **s'allumer** *v.* 11
like (*as*) **comme** *adv.* 6; to like **aimer** *v.* 2
   I don't like … very much. **Je n'aime pas tellement…** 2
   I really like… **J'aime bien…** 2
   to like one another **s'aimer bien** *v.* 11
   to like that… **aimer que…** *v.* 13
line **queue** *f.* 12
   to wait in line **faire la queue** *v.* 12
link **lien** *m.* 11
listen (to) **écouter** *v.* 2
literary **littéraire** *adj.*
literature **littérature** *f.* 1
little (*not much*) (of) **peu (de)** *adv.* 4
live (in) **habiter (à)** *v.* 2

living room (informal room) **salle de séjour** *f.* 8; (formal room) **salon** *m.* 8
located: to be located **se trouver** *v.* 10
long **long(ue)** *adj.* 3
    a long time **longtemps** *adv.* 5
look (at one another) **se regarder** *v.* 11; (at oneself) **se regarder** *v.* 10
look for **chercher** *v.* 2
    to look for work **chercher du/un travail** 12
look like **avoir l'air** *v.* 2
loose (clothing) **large** *adj.* 6
lose: to lose (time) **perdre (son temps)** *v.* 6
    to lose weight **maigrir** *v.* 7
lost: to be lost **être perdu(e)** *v.* 12
lot: a lot of **beaucoup de** *adv.* 4
love **amour** *m.* 6
    to love **adorer** *v.* 2
    I love… **J'adore…** 2
    to love one another **s'aimer** *v.* 11
    to be in love **être amoureux/ amoureuse** *v.* 6
luck **chance** *f.* 2
    to be lucky **avoir de la chance** *v.* 2
lunch **déjeuner** *m.* 9
    to eat lunch **déjeuner** *v.* 4

M

ma'am **Madame.** *f.* 1
machine: answering machine **répondeur** *m.* 11
mad: to get mad **s'énerver** *v.* 10
made **fait (faire)** *p.p., adj.* 6
magazine **magazine** *m.*
mail **courrier** *m.* **12**
mailbox **boîte** *f.* **aux lettres** 12
mailman **facteur** *m.* 12
main character **personnage principal** *m.*
main dish **plat (principal)** *m.* 9
maintain **maintenir** *v.* 9
make **faire** *v.* 5
makeup **maquillage** *m.* 10
    to put on makeup **se maquiller** *v.* 10
make up **se réconcilier** *v.*
malfunction **panne** *f.* 11
man **homme** *m.* 1
manage (in business) **diriger** *v.* ; (to do something) **arriver à** *v.* 2
manager **gérant(e)** *m., f.*
many (of) **beaucoup (de)** *adv.* 4
    How many (of)? **Combien (de)?** 1
map (of a city) **plan** *m.* 7; (of the world) **carte** *f.* 1

March **mars** *m.* 5
marital status **état civil** *m.* 6
market **marché** *m.* 4
marriage **mariage** *m.* 6
married **marié(e)** *adj.* 3
    married couple **mariés** *m., pl.* 6
marry **épouser** *v.* 3
Martinique: from Martinique **martiniquais(e)** *adj.* 1
masterpiece **chef-d'œuvre** *m.*
mathematics **mathématiques (maths)** *f., pl.* 2
May **mai** *m.* 5
maybe **peut-être** *adv.* 2
mayonnaise **mayonnaise** *f.* 9
mayor's office **mairie** *f.* 12
me **moi** *disj. pron., sing.* 3; (attached to imperative) **-moi** *pron.* 9; **me/m'** *i.o. pron.* 6; **me/m'** *d.o. pron.* 7
    Me too. **Moi aussi.** 1
    Me neither. **Moi non plus.** 2
meal **repas** *m.* 9
mean **méchant(e)** *adj.* 3
    to mean (with **dire**) **vouloir** *v.* 9
means: that means **ça veut dire** *v.* 9
meat **viande** *f.* 9
mechanic **mécanicien/ mécanicienne** *m., f.* 11
medication (against/for) **médicament (contre/pour)** *m., f.* 10
medium-sized **de taille moyenne** *adj.* 3
meet (to encounter, to run into) **rencontrer** *v.* 2; (to make the acquaintance of/meet someone for the first time) **faire la connaissance de** *v.* 5, **se rencontrer** *v.* 11; (planned encounter) **se retrouver** *v.* 11
meeting **réunion** *f.* ; **rendez-vous** *m.* 6
member **membre** *m.*
menu **menu** *m.* 9; **carte** *f.* 9
message **message** *m.*
    to leave a message **laisser un message** *v.*
Mexican **mexicain(e)** *adj.* 1
Mexico **Mexique** *m.* 7
microwave oven **four à micro-ondes** *m.* 8
midnight **minuit** *m.* 2
milk **lait** *m.* 4
mineral water **eau** *f.* **minérale** 4
mirror **miroir** *m.* 8
Miss **Mademoiselle** *f.* 1
mistaken: to be mistaken (about something) **se tromper (de)** *v.* 10

modest **modeste** *adj.*
moment **moment** *m.* 1
Monday **lundi** *m.* 2
money **argent** *m.* 12; (currency) **monnaie** *f.* 12
    to deposit money **déposer de l'argent** *v.* 12
monitor **moniteur** *m.* 11
month **mois** *m.* 2
    this month **ce mois-ci** 2
moon **Lune** *f.* 13
more **plus** *adv.* 4
    more of **plus de** 4
    more … than (used with noun to compare quantities) **plus de… que** 13
    more … than (used with adjective to compare qualities) **plus… que** 9
morning **matin** *m.* 2; **matinée** *f.* 2
    this morning **ce matin** 2
Moroccan **marocain(e)** *adj.* 1
most **plus** 9
    the most… (used with adjective) **le/la plus…** *super. adv.* 9
    the most… (used with noun to express quantity) **le plus de…** 13
    the most… (used with verb or adverb) **le plus…** *super. adv.* 9
mother **mère** *f.* 3
mother-in-law **belle-mère** *f.* 3
mountain **montagne** *f.* 4
mouse **souris** *f.* 11
mouth **bouche** *f.* 10
move (to get around) **se déplacer** *v.* 12
    to move in **emménager** *v.* 8
    to move out **déménager** *v.* 8
movie **film** *m.*
    adventure/horror/science-fiction/crime movie **film** *m.* **d'aventures/d'horreur/de science-fiction/policier**
movie theater **cinéma (ciné)** *m.* 4
much (as much … as) (used with noun to express quantity) **autant de … que** *adv.* 13
    How much (of something)? **Combien (de)?** 1
    How much is… ? **Combien coûte… ?** 4
museum **musée** *m.* 4
    to go to museums **faire les musées** *v.*
mushroom **champignon** *m.* 9
music: to play music **faire de la musique**
musical **comédie** *f.* **musicale; musical(e)** *adj.*
musician **musicien(ne)** *m., f.* 3

must *(to have to)* **devoir** *v.* 9
　One must **Il faut…** 5
mustard **moutarde** *f.* 9
my **ma** *poss. adj., f., sing.* 3; **mes**
　poss. adj., m., f., pl. 3; **mon**
　poss. adj., m., sing. 3
myself **me/m'** *pron., sing.* 10;
　(attached to an imperative)
　-moi *pron.* 9

N

naïve **naïf (naïve)** *adj.* 3
name: My name is… **Je**
　m'appelle… 1
named: to be named
　s'appeler *v.* 10
napkin **serviette** *f.* 9
nationality **nationalité** *f.*
　I am of … nationality. **Je suis**
　de nationalité… 1
natural **naturel(le)** *adj.* 13
natural resource **ressource**
　naturelle *f.* 13
nature **nature** *f.* 13
nauseated: to feel nauseated
　avoir mal au cœur *v.* 10
near (to) **près (de)** *prep.* 3
　very near (to) **tout près (de)** 12
necessary **nécessaire** *adj.* 13
　It was necessary… *(followed*
　by infinitive or subjunctive)
　Il a fallu… 6
　It is necessary…. *(followed by*
　infinitive or subjunctive)
　Il faut que… 5
　It is necessary that… *(followed by*
　subjunctive) **Il est nécessaire**
　que/qu'… 13
neck **cou** *m.* 10
need **besoin** *m.* 2
　to need **avoir besoin**
　(de) *v.* 2
neighbor **voisin(e)** *m., f.* 3
neighborhood **quartier** *m.* 8
neither… nor **ne… ni… ni…**
　conj. 12
nephew **neveu** *m.* 3
network **réseau** *m.* 11
nervous **nerveux/**
　nerveuse *adj.* 3
nervously **nerveusement** *adv.* 8
never **jamais** *adv.* 5; **ne…**
　jamais *adv.* 12
new **nouveau/nouvelle** *adj.* 3
newlyweds **jeunes mariés**
　m., pl. 6
news **informations (infos)**
　f., pl; **nouvelles** *f., pl.*
newspaper **journal** *m.* 7
newsstand **marchand de**
　journaux *m.* 12

next **ensuite** *adv.* 7;
　prochain(e) *adj.* 2
　next to **à côté de** *prep.* 3
nice **gentil/gentille** *adj.* 3;
　sympa(thique) *adj.* 1
nicely **gentiment** *adv.* 8
niece **nièce** *f.* 3
night **nuit** *f.* 2
nightclub **boîte (de nuit)** *f.* 4
nine **neuf** *m.* 1
nine hundred **neuf cents** *m.* 5
nineteen **dix-neuf** *m.* 1
ninety **quatre-vingt-dix** *m.* 3
ninth **neuvième** *adj.* 7
no *(at beginning of statement to*
　indicate disagreement)
　(mais) non 2; **aucun(e)**
　adj. 10
　no more ne… plus 12
　no problem **pas de pro-**
　blème 12
　no reason **pour rien** 4
　no, none **pas (de)** 12
nobody **ne… personne** 12
none (not any) **ne… aucun(e)**
　12
noon **midi** *m.* 2
no one **personne** *pron.* 12
north **nord** *m.* 12
nose **nez** *m.* 10
not **ne… pas** *2*
　not at all **pas du tout** *adv.* 2
　Not badly. **Pas mal.** 1
　to not believe that **ne pas**
　croire que *v.* 13
　to not think that **ne pas**
　penser que *v.* 13
　not yet **pas encore** *adv.* 8
notebook **cahier** *m.* 1
notes **billets** *m., pl.* 11
nothing **rien** *indef. pron.* 12
　It's nothing. **Il n'y a pas de**
　quoi. 1
notice **s'apercevoir** *v.* 12
novel **roman** *m.*
November **novembre** *m.* 5
now **maintenant** *adv.* 5
nuclear **nucléaire** *adj.* 13
nuclear energy **énergie nucléaire**
　f. 13
nuclear power plant **centrale**
　nucléaire *f.* 13
nurse **infirmier/infirmière**
　m., f. 10

O

object **objet** *m.* 1
obtain **obtenir** *v.*
obvious **évident(e)** *adj.* 13
　It is obvious that… **Il est**
　évident que… 13

obviously **évidemment** *adv.* 8
o'clock: It's… (o'clock). **Il est…**
　heure(s). 2
　at … (o'clock) **à … heure(s)** 4
October **octobre** *m.* 5
of **de/d'** *prep.* 3
　of medium height **de taille**
　moyenne *adj.* 3
　of the **des (de + les)** 3
　of the **du (de + le)** 3
　of which, of whom **dont**
　rel. pron. 11
of course **bien sûr** *adv.;*
　évidemment *adv.* 2
　of course not *(at beginning*
　of statement to indicate dis-
　agreement) **(mais) non** 2
offer **offrir** *v.* 11
offered **offert (offrir)** *p.p.* 11
office **bureau** *m.* 4
　at the doctor's office **chez le**
　médecin *prep.* 2
often **souvent** *adv.* 5
oil **huile** *f.* 9
　automobile oil **huile** *f.* 11
　oil warning light **voyant** *m.*
　d'huile 11
　olive oil **huile** *f.* **d'olive** 9
　to check the oil **vérifier**
　l'huile *v.* 11
okay **d'accord** 2
old **vieux/vieille** *adj.;* *(placed*
　after noun) **ancien(ne)** *adj.* 3
old age **vieillesse** *f.* 6
olive **olive** *f.* 9
olive oil **huile** *f.* **d'olive** 9
omelette **omelette** *f.* 5
on **sur** *prep.* 3
　On behalf of whom? **C'est de**
　la part de qui?
　on the condition that… **à**
　condition que
　on television **à la télé(vision)**
　on the contrary **au contraire**
　on the radio **à la radio**
　on the subject of **au sujet**
　de 13
　on vacation **en vacances** 7
once **une fois** *adv.* 8
one **un** *m.* 1
　one **on** *sub. pron., sing.* 1
　one another **l'un(e) à**
　l'autre 11
　one another **l'un(e) l'autre** 11
　one had to… **il fallait…** 8
　One must… **Il faut que/**
　qu'… 13
　One must… **Il faut…** *(followed*
　by infinitive or subjunctive) 5
one million **un million** *m.* 5
　one million *(things)* **un mil-**
　lion de… 5

onion **oignon** *m.* 9
online **en ligne** 11
    to be online **être en ligne** *v.* 11
    to be online (with someone)
    être connecté(e) (avec
    quelqu'un) *v.* 7, 11
only **ne… que** 12; **seulement**
    adv. 8
open **ouvrir** *v.* 11; **ouvert(e)**
    adj. 11
opened **ouvert (ouvrir)** *p.p.* 11
opera **opéra** *m.*
optimistic **optimiste** *adj.* 1
or **ou** 3
orange **orange** *f.* 9; **orange** *inv.*
    adj. 6
orchestra **orchestre** *m.*
order **commander** *v.* 9
orient oneself **s'orienter** *v.* 12
others **d'autres** 4
our **nos** *poss. adj., m., f., pl.* 3;
    notre *poss. adj., m., f., sing.* 3
outdoor *(open-air)* **plein air** 13
outdoor seating **terrasse de**
    café *f.* 4
over **fini** *adj., p.p.* 7
overpopulation **surpopulation**
    f. 13
overseas **à l'étranger** *adv.* 7
over there **là-bas** *adv.* 1
owed **dû (devoir)** *p.p., adj.* 9
own **posséder** *v.* 5
owner **propriétaire** *m., f.* 3
ozone **ozone** *m.* 13
    hole in the ozone layer **trou**
    dans la couche d'ozone *m.* 13

P

pack: to pack one's bags **faire les**
    valises 7
package **colis** *m.* 12
paid **payé (payer)** *p.p., adj.*
    to be well/badly paid **être bien/**
    mal payé(e)
pain **douleur** *f.* 10
paint **faire de la peinture** *v.*
painter **peintre/femme peintre**
    m., f.
painting **peinture** *f.*; **tableau**
    m. 1
pants **pantalon** *m., sing.* 6
paper **papier** *m.* 1
Pardon (me). **Pardon.** 1
parents **parents** *m., pl.* 3
park **parc** *m.* 4
    to park **se garer** *v.* 11
parka **anorak** *m.* 6
parking lot **parking** *m.* 11
part-time job **emploi** *m.* **à mi-**
    temps/à temps partiel *m.*

party **fête** *f.* 6
    to party **faire la fête** *v.* 6
pass **dépasser** *v.* **11**; **pas-**
    ser *v.* 7
    to pass an exam **être reçu(e)**
    à un examen *v.* 2
passenger **passager/passagère**
    m., f. 7
passport **passeport** *m.* 7
password **mot de passe** *m.* 11
past: in the past **autrefois** *adv.* 8
pasta **pâtes** *f., pl.* 9
pastime **passe-temps** *m.* 5
pastry shop **pâtisserie** *f.* 9
pâté **pâté (de campagne)** *m.* 9
path **sentier** *m.* 13; **chemin** *m.* 12
patient **patient(e)** *adj.* 1
patiently **patiemment** *adv.* 8
pay **payer** *v.* 5
    to pay by check **payer par**
    chèque *v.* 12
    to pay in cash **payer en**
    liquide *v.* 12
    to pay with a credit card **payer**
    avec une carte de
    crédit *v.* 12
    to pay attention (to) **faire**
    attention (à) *v.* 5
peach **pêche** *f.* 9
pear **poire** *f.* 9
peas **petits pois** *m., pl.* 9
pen **stylo** *m.* 1
pencil **crayon** *m.* 1
people **gens** *m., pl.* 7
pepper *(spice)* **poivre** *m.* 9; *(veg-*
    etable) **poivron** *m.* 9
per day/week/month/year
    par jour/semaine/mois/
    an 5
perfect **parfait(e)** *adj.* 2
perhaps **peut-être** *adv.* 2
period *(punctuation mark)* **point**
    m. 11
permit **permis** *m.* 11
permitted **permis (permettre)**
    p.p., adj. 6
person **personne** *f.* 1
pessimistic **pessimiste** *adj.* 1
pharmacist **pharmacien(ne)**
    m., f. 10
pharmacy **pharmacie** *f.* 10
philosophy **philosophie** *f.* 2
phone booth **cabine télé-**
    phonique *f.* 12
phone card **télécarte** *f.*
phone one another **se téléphoner**
    v. 11
photo(graph) **photo(graphie)** *f.* 3
physical education **éducation**
    physique *f.* 2
physics **physique** *f.* 2
piano **piano** *m.*

pick up **décrocher** *v.*
picnic **pique-nique** *m.* **13**
picture **tableau** *m.* 1
pie **tarte** *f.* 9
piece (of) **morceau (de)** *m.* 4
    piece of furniture **meuble** *m.* 8
pill **pilule** *f.* 10
pillow **oreiller** *m.* 8
pink **rose** *adj.* 6
pitcher (of water) **carafe (d'eau)**
    f. 9
place **endroit** *m.* 4; **lieu** *m.* 4
plan: to plan a party **organiser**
    une fête *v.* 6
planet **planète** *f.* 13
plans: to make plans **faire des**
    projets *v.*
plant **plante** *f.* 13
plastic **plastique** *m.* 13
plastic wrapping **emballage en**
    plastique *m.* 13
plate **assiette** *f.* 9
play **pièce de théâtre** *f.*
play **s'amuser** *v.* 10; *(a sport/a*
    musical instrument) **jouer**
    (à/de) *v.* 5
    to play sports **faire du sport,**
    pratiquer *v.* 5
    to play a role **jouer un rôle** *v.*
player **joueur/joueuse** *m., f.* 5
playwright **dramaturge** *m.*
pleasant **agréable** *adj.* 1
please: to please someone **faire**
    plaisir à quelqu'un *v.*
    Please. **S'il te plaît.** *fam.* 1
    Please. **S'il vous plaît.** *form.* 1
    Please. **Je vous en prie.**
    form. 1
    Please hold. **Ne quittez pas.**
plumber **plombier** *m.*
poem **poème** *m.*
poet **poète/poétesse** *m., f.*
police **police** *f.* 11
police officer **agent de police**
    m. 11; **policier** *m.* 11;
    policière *f.* 11
police station **commissariat de**
    police *m.* 12
polite **poli(e)** *adj.* 1
politely **poliment** *adv.* 8
political science **sciences poli-**
    tiques (sciences po) *f., pl.* 2
politician **homme/femme**
    politique *m., f.*
pollute **polluer** *v.* 13
pollution **pollution** *f.* 13
    pollution cloud **nuage de pol-**
    lution *m.* 13
pool **piscine** *f.* 4
poor **pauvre** *adj.* 3
popular music **variétés** *f., pl.*

population **population** *f.* 13
  growing population **population**
  f. **croissante** 13
pork **porc** *m.* 9
portrait **portrait** *m.* 5
position (*job*) **poste** *m.*
possess (*to own*) **posséder** *v.* 5
possible **possible** *adj.*
  It is possible that… **Il est**
  possible que… 13
post **afficher** *v.*
post office **bureau de poste**
  m. 12
postal service **poste** *f.* 12
postcard **carte postale** *f.* 12
poster **affiche** *f.* 8
potato **pomme de terre** *f.* 9
practice **pratiquer** *v.* 5
prefer **aimer mieux** *v.* 2;
  préférer (que) *v.* 5
pregnant **enceinte** *adj.* 10
prepare (for) **préparer** *v.* 2
  to prepare (*to do something*) **se**
  préparer (à) *v.* 10
prescription **ordonnance** *f.* 10
present **présenter** *v.*
preservation: habitat preservation
  sauvetage des habi-
  tats *m.* 13
preserve **préserver** *v.* 13
pressure **pression** *f.* 11
  to check the tire pressure
  vérifier la pression des
  pneus *v.* 11
pretty **joli(e)** *adj.* 3; (*before an*
  adjective or adverb) **assez** *adv.* 8
prevent: to prevent a fire **prévenir**
  l'incendie *v.* 13
price **prix** *m.* 4
principal **principal(e)** *adj.* 12
print **imprimer** *v.* 11
printer **imprimante** *f.* 11
problem **problème** *m.* 1
produce **produire** *v.* 6
produced **produit (produire)**
  p.p., adj. 6
product **produit** *m.* 13
profession **métier** *m.*;
  profession *f.*
  demanding profession
  profession *f.* **exigeante**
professional **professionnel(le)**
  adj.
  professional experience **expé-**
  rience professionnelle *f.*
professor **professeur** *m.* 1
program **programme** *m.*;
  (*software*) **logiciel** *m.* 11;
  (*television*) **émission** *f.* **de**
  télévision
prohibit **interdire** *v.* 13
project **projet** *m.*

promise **promettre** *v.* 6
promised **promis (promettre)**
  p.p., adj. 6
promotion **promotion** *f.*
propose that… **proposer que…**
  v. 13
  to propose a solution
  proposer une solution *v.* 13
protect **protéger** *v.* 5
protection **préservation** *f.* 13;
  protection *f.* 13
proud **fier/fière** *adj.* 3
psychological **psychologique**
  adj.
psychological drama **drame psy-**
  chologique *m.*
psychology **psychologie** *f.* 2
psychologist **psychologue**
  m., f.
publish **publier** *v.*
pure **pur(e)** *adj.* 13
purple **violet(te)** *adj.* 6
purse **sac à main** *m.* 6
put **mettre** *v.* 6
  to put (on) (oneself) **se**
  mettre *v.* 10
  to put away **ranger** *v.* 8
  to put on makeup **se**
  maquiller *v.* 10
  put **mis (mettre)** *p.p.* 6

Q

quarter **quart** *m.* 2
  a quarter after … (o'clock)
  … et quart 2
Quebec: from Quebec
  québécois(e) *adj.* 1
question **question** *f.* 6
  to ask (*someone*) a question
  poser une question (à) *v.* 6
quick **vite** *adv.* 4
quickly **vite** *adv.* 1
quite (*before an adjective or*
  adverb) **assez** *adv.* 8

R

rabbit **lapin** *m.* 13
rain **pleuvoir** *v.* 5
  acid rain **pluie** *f.* **acide** 13
  It is raining. **Il pleut.** 5
  It was raining. **Il pleuvait.** 8
rain forest **forêt tropicale** *f.* 13
rain jacket **imperméable** *m.* 5
rained **plu (pleuvoir)** *p.p.* 6
raise (in salary) **augmentation**
  (de salaire) *f.*
rapidly **rapidement** *adv.* 8
rarely **rarement** *adv.* 5
rather **plutôt** *adv.* 1
ravishing **ravissant(e)** *adj.*

razor **rasoir** *m.* 10
read **lire** *v.* 7
read **lu (lire)** *p.p., adj.* 7
ready **prêt(e)** *adj.* 3
real (*true*) **vrai(e)** *adj.*; **véritable**
  adj. 3
real estate agent **agent immobilier**
  m., f.
realize **se rendre compte** *v.* 10
really **vraiment** *adv.* 5; (*before*
  adjective or adverb) **tout(e)**
  adv. 3; (*before adjective or*
  adverb) **très** *adv.* 8
  really close by **tout près** 3
rear-view mirror **rétrovi-**
  seur *m.* 11
reason **raison** *f.* 2
receive **recevoir** *v.* 12
received **reçu (recevoir)** *p.p.,*
  adj. 12
receiver **combiné** *m.*
recent **récent(e)** *adj.*
reception desk **réception** *f.* 7
recognize **reconnaître** *v.* 8
recognized **reconnu (reconnaître)**
  p.p., adj. 8
recommend that… **recommander**
  que… *v.* 13
recommendation
  recommandation *f.*
record **enregistrer** *v.* 11
  (*CD, DVD*) **graver** *v.* 11
recycle **recycler** *v.* 13
recycling **recyclage** *m.* 13
red **rouge** *adj.* 6
redial **recomposer (un numéro)**
  v. 11
reduce **réduire** *v.* 6
reduced **réduit (réduire)** *p.p.,*
  adj. 6
reference **référence** *f.*
reflect (on) **réfléchir (à)** *v.* 7
refrigerator **frigo** *m.* 8
refuse (*to do something*)
  refuser (de) *v.* 11
region **région** *f.* 13
regret that… **regretter que…** 13
relax **se détendre** *v.* 10
remember **se souvenir**
  (de) *v.* 10
remote control **télécommande** *f.*
rent **loyer** *m.* 8
  to rent **louer** *v.* 8
repair **réparer** *v.* 11
repeat **répéter** *v.* 5
research **rechercher** *v.*
researcher **chercheur/**
  chercheuse *m., f.*
reservation **réservation** *f.* 7
  to cancel a reservation **annuler**
  une réservation 7
reserve **réserver** *v.* 7
reserved **réservé(e)** *adj.* 1

residence **résidence** *f.* 8
resign **démissionner** *v.*
resort (ski) **station** *f.* **(de ski)** 7
respond **répondre (à)** *v.* 6
rest **se reposer** *v.* 10
restart **redémarrer** *v.* 11
restaurant **restaurant** *m.* 4
restroom(s) **toilettes** *f., pl.* 8;
  W.-C. *m., pl.*
result **résultat** *m.* 2
résumé **curriculum vitæ**
  (C.V.) *m.*
retake (a test) **repasser** *v.*
retire **prendre sa retraite** *v.* 6
retired person **retraité(e)** *m., f.*
retirement **retraite** *f.* 6
return **retourner** *v.* 7
  to return (home) **rentrer (à la**
  maison) *v.* 2
review (*criticism*) **critique** *f.*
rice **riz** *m.* 9
ride: to go horseback riding
  faire du cheval *v.* 5
  to ride in a car **rouler en voi-**
  ture *v.* 7
right **juste** *adv.* 3
  to the right (of) **à droite**
  (de) *prep.* 3
  to be right **avoir raison** 2
  right away **tout de suite** 7
  right next door **juste à côté** 3
ring **sonner** *v.* 11
river **fleuve** *m.* 13; **rivière** *f.* 13
riverboat **bateau-mouche** *m.* 7
role **rôle** *m.* 13
room **pièce** *f.* 8; **salle** *f.* 8
  bedroom **chambre** *f.* 7
  classroom **salle** *f.* **de classe** 1
  dining room **salle** *f.* **à manger** 8
  single hotel room **chambre**
  f. **individuelle** 7
roommate **camarade de**
  chambre *m., f.* 1
  (*in an apartment*) **colocataire**
  m., f. 1
round-trip **aller-retour** *adj.* 7
  round-trip ticket **billet** *m.*
  aller-retour 7
rug **tapis** *m.* 8
run **courir** *v.* 5; **couru (courir)**
  p.p., adj. 6
  to run into someone **tomber**
  sur quelqu'un *v.* 7

S

sad **triste** *adj.* 3
  to be sad that… **être triste**
  que… *v.* 13
safety **sécurité** *f.* 11
said **dit (dire)** *p.p., adj.* 7
salad **salade** *f.* 9

salary (a high, low) **salaire**
  (élevé, modeste) *m.*
sales **soldes** *f., pl.* 6
salon: beauty salon **salon** *m.*
  de beauté 12
salt **sel** *m.* 9
sandwich **sandwich** *m.* 4
sat (down) **assis (s'asseoir)**
  p.p. 10
Saturday **samedi** *m.* 2
sausage **saucisse** *f.* 9
save **sauvegarder** *v.* 11
  save the planet **sauver la**
  planète *v.* 13
savings **épargne** *f.* 12
savings account **compte**
  d'épargne *m.* 12
say **dire** *v.* 7
scarf **écharpe** *f.* 6
scholarship **bourse** *f.* 2
school **école** *f.* 2
science **sciences** *f., pl.* 2
  political science
  sciences politiques
  (sciences po) *f., pl.* 2
screen **écran** *m.* 11
screening **séance** *f.*
sculpture **sculpture** *f.*
sculptor **sculpteur/femme**
  sculpteur *m., f.*
sea **mer** *f.* 7
seafood **fruits de mer** *m., pl.* 9
search for **chercher** *v.* 2
  to search for work **chercher**
  du travail *v.* 12
season **saison** *f.* 5
seat **place** *f.*
seatbelt **ceinture de sécu-**
  rité *f.* 11
  to buckle one's seatbelt
  attacher sa ceinture de
  sécurité *v.* 11
seated **assis(e)** *p.p., adj.* 10
second **deuxième** *adj.* 7
security **sécurité** *f.* 11
see **voir** *v.* 12; (*catch sight*
  of) **apercevoir** *v.* 12
  to see again **revoir** *v.* 12
  See you later. **À plus tard.** 1
  See you later. **À tout à**
  l'heure. 1
  See you soon. **À bientôt.** 1
  See you tomorrow. **À demain.** 1
seem **avoir l'air** *v.* 2
seen **aperçu (apercevoir)** *p.p.* 12;
  vu (voir) *p.p.* 12
  seen again **revu (revoir)** *p.p.* 12
self/-selves **même(s)** *pron.* 6
selfish **égoïste** *adj.* 1
sell **vendre** *v.* 6
seller **vendeur/vendeuse** *m., f.* 6
send **envoyer** *v.* 5

to send (*to someone*) **envoyer**
  (à) *v.* 6
to send a letter **poster une**
  lettre 12
Senegalese **sénégalais(e)** *adj.* 1
sense **sentir** *v.* 5
separated **séparé(e)** *adj.* 3
September **septembre** *m.* 5
serious **grave** *adj.* 10; **sérieux/**
  sérieuse *adj.* 3
serve **servir** *v.* 5
server **serveur/serveuse** *m., f.* 4
service station **station-service**
  f. 11
set the table **mettre la table** *v.* 8
seven **sept** *m.* 1
seven hundred **sept cents** *m.* 5
seventeen **dix-sept** *m.* 1
seventh **septième** *adj.* 7
seventy **soixante-dix** *m.* 3
several **plusieurs** *adj.* 4
shame **honte** *f.* 2
  It's a shame that… **Il est**
  dommage que… 13
shampoo **shampooing** *m.* 10
shape (*state of*
  health) **forme** *f.* 10
share **partager** *v.* 2
shave (oneself) **se raser** *v.* 10
shaving cream **crème à**
  raser *f.* 10
she **elle** *pron.* 1
sheet of paper **feuille de papier**
  f. 1
sheets **draps** *m., pl.* 8
shelf **étagère** *f.* 8
shh **chut**
shirt (short-/long-sleeved)
  chemise (à manches
  courtes/longues) *f.* 6
shoe **chaussure** *f.* 6
shopkeeper **commerçant(e)**
  m., f. 9
shopping **shopping** *m.* 7
  to go shopping **faire du**
  shopping *v.* 7
  to go (grocery) shopping **faire**
  les courses *v.* 9
shopping center **centre**
  commercial *m.* 4
short **court(e)** *adj.* 3; (*stat-*
  ure) **petit(e)** 3
shorts **short** *m.* 6
shot (*injection*) **piqûre** *f.* 10
  to give a shot **faire une piqûre**
  v. 10
show **spectacle** *m.* 5; (*movie or*
  theater) **séance** *f.*
  to show (*to someone*) **montrer**
  (à) *v.* 6
shower **douche** *f.* 8
shut off **fermer** *v.* 11

shy **timide** *adj.* 1
sick: to get/be sick **tomber/être malade** *v.* 10
sign **signer** *v.* 12
silk **soie** *f.* 6
since **depuis** *adv.* 9
sincere **sincère** *adj.* 1
sing **chanter** *v.* 5
singer **chanteur/chanteuse** *m., f.* 1
single (*marital status*) **célibataire** *adj.* 3
  single hotel room **chambre** *f.* **individuelle** 7
sink **évier** *m.* 8; (*bathroom*) **lavabo** *m.* 8
sir **Monsieur** *m.* 1
sister **sœur** *f.* 3
sister-in-law **belle-sœur** *f.* 3
sit down **s'asseoir** *v.* 10
sitting **assis(e)** *adj.* 10
six **six** *m.* 1
six hundred **six cents** *m.* 5
sixteen **seize** *m.* 1
sixth **sixième** *adj.* 7
sixty **soixante** *m.* 1
size **taille** *f.* 6
skate **patiner** *v.* 4
ski **skier** *v.* 5; **faire du ski** 5
skiing **ski** *m.* 5
ski jacket **anorak** *m.* 6
ski resort **station** *f.* **de ski** 7
skin **peau** *f.* 10
skirt **jupe** *f.* 6
sky **ciel** *m.* 13
sleep **sommeil** *m.* 2
  to sleep **dormir** *v.* 5
  to be sleepy **avoir sommeil** *v.* 2
sleeve **manche** *f.* 6
slice **tranche** *f.* 9
slipper **pantoufle** *f.* 10
slow **lent(e)** *adj.* 3
small **petit(e)** *adj.* 3
smartphone **smartphone** *m.* 11
smell **sentir** *v.* 5
smile **sourire** *m.* 6
  to smile **sourire** *v.* 6
smoke **fumer** *v.* 10
snack (afternoon) **goûter** *m.* 9
snake **serpent** *m.* 13
sneeze **éternuer** *v.* 10
snow **neiger** *v.* 5
  It is snowing. **Il neige.** 5
  It was snowing… **Il neigeait…** 8
so **si** 11; **alors** *adv.* 1
  so that **pour que**
soap **savon** *m.* 10
soap opera **feuilleton** *m.*
soccer **foot(ball)** *m.* 5
sociable **sociable** *adj.* 1

social network **réseau social** *m.* 11
sociology **sociologie** *f.* 1
sock **chaussette** *f.* 6
software **logiciel** *m.* 11
soil (*to make dirty*) **salir** *v.* 8
solar **solaire** *adj.* 13
solar energy **énergie solaire** *f.* 13
solution **solution** *f.* 13
some **de l'** *part. art., m., f., sing.* 4
  some **de la** *part. art., f., sing.* 4
  some **des** *part. art., m., f., pl.* 4
  some **du** *part. art., m., sing.* 4
  some **quelques** *adj.* 4
  some (of it/them) **en** *pron.* 10
someone **quelqu'un** *pron.* 12
something **quelque chose** *m.* 4
  Something's not right. **Quelque chose ne va pas.** 5
sometimes **parfois** *adv.* 5; **quelquefois** *adv.* 8
son **fils** *m.* 3
song **chanson** *f.*
sorry **désolé(e)** 11
  to be sorry that… **être désolé(e) que…** *v.* 13
sort **sorte** *f.*
So-so. **Comme ci, comme ça.** 1
soup **soupe** *f.* 4
soupspoon **cuillère à soupe** *f.* 9
south **sud** *m.* 12
space **espace** *m.* 13
Spain **Espagne** *f.* 7
Spanish **espagnol(e)** *adj.* 1
speak (on the phone) **parler (au téléphone)** *v.* 2
  to speak (to) **parler (à)** *v.* 6
  to speak to one another **se parler** *v.* 11
specialist **spécialiste** *m., f.*
species **espèce** *f.* 13
  endangered species **espèce** *f.* **menacée** 13
spectator **spectateur/spectatrice** *m., f.*
speed **vitesse** *f.* 11
speed limit **limitation de vitesse** *f.* 11
spend **dépenser** *v.* 4
  to spend money **dépenser de l'argent** 4
  to spend time **passer** *v.* 7
  to spend time (*somewhere*) **faire un séjour** 7
spoon **cuillère** *f.* 9
sport(s) **sport** *m.* 5
  to play sports **faire du sport** *v.* 5
sporty **sportif/sportive** *adj.* 3
sprain one's ankle **se fouler la cheville** 10

spring **printemps** *m.* 5
  in the spring **au printemps** 5
square (*place*) **place** *f.* 4
squirrel **écureuil** *m.* 13
stadium **stade** *m.* 5
stage (*phase*) **étape** *f.* 6
stage fright **trac** *m.*
staircase **escalier** *m.* 8
stamp **timbre** *m.* 12
star **étoile** *f.* 13
starter **entrée** *f.* 9
start up **démarrer** *v.* 11
station **gare** *f.* 7; **station** *f.* 7
  bus station **gare routière** *f.* 7
  subway station **station** *f.* **de métro** 7
  train station **gare** *f.* 7;
stationery store **papeterie** *f.* 12
statue **statue** *f.* 12
stay **séjour** *m.* 7; **rester** *v.* 7
  to stay slim **garder la ligne** *v.* 10
steak **steak** *m.* 9
steering wheel **volant** *m.* 11
stepbrother **demi-frère** *m.* 3
stepfather **beau-père** *m.* 3
stepmother **belle-mère** *f.* 3
stepsister **demi-sœur** *f.* 3
stereo system **chaîne stéréo** *f.* 11
still **encore** *adv.* 3
stomach **ventre** *m.* 10
  to have a stomach ache **avoir mal au ventre** *v.* 10
stone **pierre** *f.* 13
stop (doing something) **arrêter (de faire quelque chose)** *v.;* (*to stop oneself*) **s'arrêter** *v.* 10
  to stop by someone's house **passer chez quelqu'un** *v.* 4
  bus stop **arrêt d'autobus (de bus)** *m.* 7
store **magasin** *m.;* **boutique** *f.* 12
  grocery store **épicerie** *f.* 4
stormy **orageux/orageuse** *adj.* 5
  It is stormy. **Le temps est orageux.** 5
story **histoire** *f.* 2
stove **cuisinière** *f.* 8
straight **raide** *adj.* 3
  straight ahead **tout droit** *adv.* 12
strangle **étrangler** *v.*
strawberry **fraise** *f.* 9
street **rue** *f.* 11
  to follow a street **suivre une rue** *v.* 12
strong **fort(e)** *adj.* 3
student **étudiant(e)** *m., f.* 1; **élève** *m., f.* 1

high school student **lycéen(ne)** *m., f.* 2

studies **études** *f.* 2

studio (*apartment*) **studio** *m.* 8

study **étudier** *v.* 2

suburbs **banlieue** *f.* 4

subway **métro** *m.* 7

subway station **station** *f.* de **métro** 7

succeed (*in doing something*) **réussir (à)** *v.* 7

success **réussite** *f.*

suddenly **soudain** *adv.* 8; **tout à coup** *adv.* 7.; **tout d'un coup** *adv.* 8

suffer **souffrir** *v.* 11

suffered **souffert (souffrir)** *p.p.* 11

sugar **sucre** *m.* 4

suggest (that) **suggérer (que)** *v.* 13

suit (*man's*) **costume** *m.* 6; (*woman's*) **tailleur** *m.* 6

suitcase **valise** *f.* 7

summer **été** *m.* 5

in the summer **en été** 5

sun **soleil** *m.* 5

It is sunny. **Il fait (du) soleil.** 5

Sunday **dimanche** *m.* 2

sunglasses **lunettes de soleil** *f., pl.* 6

supermarket **supermarché** *m.* 9

sure **sûr(e)** 9

It is sure that… **Il est sûr que…** 13

It is unsure that… **Il n'est pas sûr que…** 13

surf on the Internet **surfer sur Internet** 11

surprise (*someone*) **faire une surprise (à quelqu'un)** *v.* 6

surprised **surpris (surprendre)** *p.p., adj.* 6

to be surprised that… **être surpris(e) que…** *v.* 13

sweater **pull** *m.* 6

sweep **balayer** *v.* 8

swell **enfler** *v.* 10

swim **nager** *v.* 4

swimsuit **maillot de bain** *m.* 6

Swiss **suisse** *adj.* 1

Switzerland **Suisse** *f.* 7

symptom **symptôme** *m.* 10

T

---

table **table** *f.* 1

to clear the table **débarrasser la table** *v.* 8

tablecloth **nappe** *f.* 9

tablet computer **tablette (tactile)** *f.* 11

take **prendre** *v.* 4

to take a shower **prendre une douche** 10

to take a train (plane, taxi, bus, boat) **prendre un train (un avion, un taxi, un autobus, un bateau)** *v.* 7

to take a walk **se promener** *v.* 10

to take advantage of **profiter de** *v.*

to take an exam **passer un examen** *v.* 2

to take care (of something) **s'occuper (de)** *v.* 10

to take out the trash **sortir la/les poubelle(s)** *v.* 8

to take time off **prendre un congé** *v.*

to take (*someone*) **emmener** *v.* 5

taken **pris (prendre)** *p.p., adj.* 6

tale **conte** *m.*

talented (*gifted*) **doué(e)** *adj.*

tan **bronzer** *v.* 6

tart **tarte** *f.* 9

taste **goûter** *v.* 9

taxi **taxi** *m.* 7

tea **thé** *m.* 4

teach **enseigner** *v.* 2

to teach (*to do something*) **apprendre (à)** *v.* 4

teacher **professeur** *m.* 1

team **équipe** *f.* 5

teaspoon **cuillère à café** *f.* 9

tee shirt **tee-shirt** *m.* 6

teeth **dents** *f., pl.* 9

to brush one's teeth **se brosser les dents** *v.* 9

telephone (*receiver*) **appareil** *m.*

to telephone (*someone*) **téléphoner (à)** *v.* 2

It's Mr./Mrs./Miss … (on the phone.) **C'est M./Mme/Mlle … (à l'appareil.)**

television **télévision** *f.* 1

television channel **chaîne** *f.* de **télévision** 11

television program **émission** *f.* de **télévision**

television set **poste de télévision** *m.* 11

tell one another **se dire** *v.* 11

temperature **température** *f.* 5

ten **dix** *m.* 1

tennis **tennis** *m.* 5

tennis shoes **baskets** *f., pl.* 6

tenth **dixième** *adj.* 7

terrace (*café*) **terrasse** *f.* de **café** 4

test **examen** *m.* 1

text message **SMS/texto** *m.* 11

than **que/qu'** *conj.* 9, 13

thank: Thank you (very much). **Merci (beaucoup).** 1

that **ce/c', ça** 1; **que** *rel. pron.* 11

Is that… ? **Est-ce… ?** 2

That's enough. **Ça suffit.** 5

That has nothing to do with us. That is none of our business. **Ça ne nous regarde pas.** 13

that is… **c'est…** 1

that is to say **ça veut dire** 10

theater **théâtre** *m.*

their **leur(s)** *poss. adj., m., f.* 3

them **les** *d.o. pron.* 7, **leur** *i.o. pron., m., f., pl.* 6

then **ensuite** *adv.* 7, **puis** *adv.* 7, **puis** 4; **alors** *adv.* 7

there **là** 1; **y** *pron.* 10

Is there… ? **Y a-t-il… ?** 2

over there **là-bas** *adv.* 1

(over) there (*used with demonstrative adjective* **ce** *and noun or with demonstrative pronoun* **celui**) **-là** 6

There is/There are… **Il y a…** 1

There is/There are…. **Voilà…** 1

There was… **Il y a eu…** 6; **Il y avait…** 8

therefore **donc** *conj.* 7

these/those **ces** *dem. adj., m., f., pl.* 6

these/those **celles** *pron., f., pl.* 13

these/those **ceux** *pron., m., pl.* 13

they **ils** *sub. pron., m.* 1; **elles** *sub. and disj. pron., f.* 1; **eux** *disj. pron., pl.* 3

thing **chose** *f.* 1, **truc** *m.* 7

think (about) **réfléchir (à)** *v.* 7

to think (that) **penser (que)** *v.* 2

third **troisième** *adj.* 7

thirst **soif** *f.* 4

to be thirsty **avoir soif** *v.* 4

thirteen **treize** *m.* 1

thirty **trente** *m.* 1

thirty-first **trente et unième** *adj.* 7

this/that **ce** *dem. adj., m., sing.* 6; **cet** *dem. adj., m., sing.* 6; **cette** *dem. adj., f., sing.* 6

this afternoon **cet après-midi** 2

this evening **ce soir** 2

this one/that one **celle** *pron., f., sing.* 13; **celui** *pron., m., sing.* 13

this week **cette semaine** 2

this weekend **ce week-end** 2
this year **cette année** 2
those are… **ce sont…** 1
thousand: one thousand **mille** m. 5
one hundred thousand
cent mille m. 5
threat **danger** m. 13
three **trois** m. 1
three hundred **trois cents** m. 5
throat **gorge** f. 10
throw away **jeter** v. 13
Thursday **jeudi** m. 2
ticket **billet** m. 7
round-trip ticket **billet** m.
aller-retour 7
bus/subway ticket **ticket de
bus/de métro** m. 7
tie **cravate** f. 6
tight **serré(e)** adj. 6
time (occurence) **fois** f.; (general
sense) **temps** m., sing. 5
a long time **longtemps** adv. 5
free time **temps libre** m. 5
from time to time **de temps en
temps** adv. 8
to waste time **perdre son temps**
v. 6
tinker **bricoler** v. 5
tip **pourboire** m. 4
to leave a tip **laisser un
pourboire** v. 4
tire **pneu** m. 11
flat tire **pneu** m. **crevé** 11
(emergency) tire **roue (de secours)** f. 11
to check the tire pressure **vérifier
la pression des pneus** v. 11
tired **fatigué(e)** adj. 3
tiresome **pénible** adj. 3
to **à** prep. 4; **au (à + le)** 4;
aux (à + les) 4
toaster **grille-pain** m. 8
today **aujourd'hui** adv. 2
toe **orteil** m. 10; **doigt de
pied** m. 10
together **ensemble** adv. 6
tomato **tomate** f. 9
tomorrow (morning, afternoon,
evening) **demain (matin, après-
midi, soir)** adv. 2
day after tomorrow
après-demain adv. 2
too **aussi** adv. 1
too many/much (of) **trop (de)** 4
tooth **dent** f. 9
to brush one's teeth **se brosser
les dents** v. 9
toothbrush **brosse** f. **à dents** 10
toothpaste **dentifrice** m. 10
tour **tour** m. 5
tourism **tourisme** m. 12
tourist office **office du tourisme**
m. 12

towel (bath) **serviette (de
bain)** f. 10
town **ville** f. 4
town hall **mairie** f. 12
toxic **toxique** adj. 13
toxic waste **déchets toxiques**
m., pl. 13
traffic **circulation** f. 11
traffic light **feu de signalisation**
m. 12
tragedy **tragédie** f.
train **train** m. 7
train station **gare** f. 7;
training **formation** f.
translate **traduire** v. 6
translated **traduit (traduire)**
p.p., adj. 6
trash **ordures** f., pl. 13
travel **voyager** v. 2
travel agency **agence de voyages**
f. 7
travel agent **agent de voyages**
m. 7
tree **arbre** m. 13
trip **voyage** m. 7
troop (company) **troupe** f.
tropical **tropical(e)** adj. 13
tropical forest **forêt tropicale**
f. 13
true **vrai(e)** adj. 3; **véritable** adj. 6
It is true that… **Il est vrai
que…** 13
It is untrue that… **Il n'est pas
vrai que…** 13
trunk **coffre** m. 11
try **essayer** v. 5
Tuesday **mardi** m. 2
tuna **thon** m. 9
turn **tourner** v. 12
to turn off **éteindre** v. 11
to turn on **allumer** v. 11
to turn (oneself) around **se
tourner** v. 10
twelve **douze** m. 1
twentieth **vingtième** adj. 7
twenty **vingt** m. 1
twenty-first **vingt et unième**
adj. 7
twenty-second **vingt-deuxième**
adj. 7
twice **deux fois** adv. 8
twist one's ankle **se fouler la cheville** v. 10
two **deux** m. 1
two hundred **deux cents** m. 5
two million **deux millions** m. 5
type **genre** m.

U

ugly **laid(e)** adj. 3
umbrella **parapluie** m. 5
uncle **oncle** m. 3

under **sous** prep. 3
understand **comprendre** v. 4
understood **compris (comprendre)** p.p., adj. 6
underwear **sous-vêtement** m. 6
undress **se déshabiller** v. 10
unemployed person **chômeur/
chômeuse** m., f.
to be unemployed **être au chômage** v.
unemployment **chômage** m.
unfortunately **malheureusement**
adv. 2
unhappy **malheureux/
malheureuse** adj. 3
union **syndicat** m.
United States **États-Unis** m., pl. 7
university **faculté** f. 1; **université**
f. 1
university cafeteria **restaurant universitaire (resto U)** m. 2
unless **à moins que** conj.
unpleasant **antipathique** adj.
3; **désagréable** adj. 1
until **jusqu'à** prep. 12; **jusqu'à ce
que** conj.
upset: to become upset **s'énerver**
v. 10
us **nous** i.o. pron. 6; **nous** d.o.
pron. 7
use **employer** v. 5
to use a map **utiliser un plan**
v. 7
useful **utile** adj. 2
useless **inutile** adj. 2; **nul(le)**
adj. 2
usually **d'habitude** adv. 8

V

vacation **vacances** f., pl. 7
vacation day **jour de congé** m. 7
vacuum **aspirateur** m. 8
to vacuum **passer
l'aspirateur** v. 8
valley **vallée** f. 13
vegetable **légume** m. 9
velvet **velours** m. 6
very (before adjective) **tout(e)**
adv. 3; (before adverb) **très** adv.
8
Very well. **Très bien.** 1
veterinarian **vétérinaire** m., f.
video game(s) **jeu vidéo (des
jeux vidéo)** m. 11
Vietnamese **vietnamien(ne)** adj. 1
violet **violet(te)** adj. 6
violin **violon** m.
visit **visite** f. 6
to visit (a place) **visiter** v. 2;
(a person or people) **rendre visite
(à)** v. 6; (to visit regularly)
fréquenter v. 4

volcano **volcan** *m.* 13
volleyball **volley(-ball)** *m.* 5

W

waist **taille** *f.* 6
wait **attendre** *v.* 6
  to wait (*on the phone*) **patien-ter** *v.*
  to wait in line **faire la queue** *v.* 12
wake up **se réveiller** *v.* 10
walk **promenade** *f.* 5; **marcher** *v.* 5
  to go for a walk **faire une promenade** 5; **faire un tour** 5
wall **mur** *m.* 8
want **désirer** *v.* 5; **vouloir** *v.* 9
wardrobe **armoire** *f.* 8
warming: global warming **réchauffement de la Terre** *m.* 13
warning light (gas/oil) **voyant** *m.* **(d'essence/d'huile)** 11
wash **laver** *v.* 8
  to wash oneself (one's hands) **se laver (les mains)** *v.* 10
  to wash up (in the morning) **faire sa toilette** *v.* 10
washing machine **lave-linge** *m.* 8
waste **gaspillage** *m.* 13; **gaspiller** *v.* 13
wastebasket **corbeille (à papier)** *f.* 1
watch **montre** *f.* 1; **regarder** *v.* 2
water **eau** *f.* 4
  mineral water **eau** *f.* **minérale** 4
way (*by the way*) **au fait** 3; (*path*) **chemin** *m.* 12
we **nous** *pron.* 1
weak **faible** *adj.* 3
wear **porter** *v.* 6
weather **temps** *m., sing.* 5; **météo** *f.*
  The weather is bad. **Il fait mauvais.** 5
  The weather is dreadful. **Il fait un temps épouvantable.** 5
  The weather is good/warm. **Il fait bon.** 5
  The weather is nice. **Il fait beau.** 5
web site **site Internet/web** *m.* 11
wedding **mariage** *m.* 6
Wednesday **mercredi** *m.* 2
weekend **week-end** *m.* 2
  this weekend **ce week-end** *m.* 2
welcome **bienvenu(e)** *adj.* 1
  You're welcome. **Il n'y a pas de quoi.** 1

well **bien** *adv.* 7
  I am doing well/badly. **Je vais bien/mal.** 1
west **ouest** *m.* 12
What? **Comment?** *adv.* 4; **Pardon?** 4; **Quoi?** 1 *interr. pron.* 4
  What day is it? **Quel jour sommes-nous?** 2
  What is it? **Qu'est-ce que c'est?** *prep.* 1
  What is the date? **Quelle est la date?** 5
  What is the temperature? **Quelle température fait-il?** 5
  What is the weather like? **Quel temps fait-il?** 5
  What is your name? **Comment t'appelles-tu?** *fam.* 1
  What is your name? **Comment vous appelez-vous?** *form.* 1
  What is your nationality? **Quelle est ta nationalité?** *sing., fam.* 1
  What is your nationality? **Quelle est votre nationalité?** *sing., pl., fam., form.* 1
  What time do you have? **Quelle heure avez-vous?** *form.* 2
  What time is it? **Quelle heure est-il?** 2
  What time? **À quelle heure?** 2
  What do you think about that? **Qu'en penses-tu?** 13
  What's up? **Ça va?** 1
  whatever it may be **quoi que ce soit**
  What's wrong? **Qu'est-ce qu'il y a?** 1
when **quand** *adv.* 4
  When is …'s birthday? **C'est quand l'anniversaire de …?** 5
  When is your birthday? **C'est quand ton/votre anniversaire?** 5
where **où** *adv., rel. pron.* 4
which? **quel(le)(s)?** *adj.* 4
  which one **à laquelle** *pron., f., sing.* 13
  which one **auquel (à + lequel)** *pron., m., sing.* 13
  which one **de laquelle** *pron., f., sing.* 13
  which one **duquel (de + lequel)** *pron., m., sing.* 13
  which one **laquelle** *pron., f., sing.* 13
  which one **lequel** *pron., m., sing.* 13
  which ones **auxquelles (à + lesquelles)** *pron., f., pl.* 13

which ones **auxquels (à + lesquels)** *pron., m., pl.* 13
which ones **desquelles (de + lesquelles)** *pron., f., pl.* 13
which ones **desquels (de + lesquels)** *pron., m., pl.* 13
which ones **lesquelles** *pron., f., pl.* 13
which ones **lesquels** *pron., m., pl.* 13
while **pendant que** *prep.* 7
white **blanc(he)** *adj.* 6
who? **qui?** *interr. pron.* 4; **qui** *rel. pron.* 11
  Who is it? **Qui est-ce?** 1
  Who's calling, please? **Qui est à l'appareil?**
whom? **qui?** *interr.* 4
  For whom? **Pour qui?** 4
  To whom? **À qui?** 4
why? **pourquoi?** *adv.* 2, 4
widowed **veuf/veuve** *adj.* 3
wife **femme** *f.* 1; **épouse** *f.* 3
willingly **volontiers** *adv.* 10
win **gagner** *v.* 5
wind **vent** *m.* 5
  It is windy. **Il fait du vent.** 5
window **fenêtre** *f.* 1
windshield **pare-brise** *m.* 11
windshield wiper(s) **essuie-glace (essuie-glaces** *pl.***)** *m.* 11
windsurfing **planche à voile** *v.* 5
  to go windsurfing **faire de la planche à voile** *v.* 5
wine **vin** *m.* 6
winter **hiver** *m.* 5
  in the winter **en hiver** 5
wipe (the dishes/the table) **essuyer (la vaisselle/la table)** *v.* 8
wish that… **souhaiter que…** *v.* 13
with **avec** *prep.* 1
  with whom? **avec qui?** 4
withdraw money **retirer de l'argent** *v.* 12
without **sans** *prep.* 8; **sans que** *conj.* 5
woman **femme** *f.* 1
woods **bois** *m.* 13
wool **laine** *f.* 6
work **travail** *m.* 12
  to work **travailler** *v.* 2; **marcher** *v.* 11; **fonctionner** *v.* 11
work out **faire de la gym** *v.* 5
worker **ouvrier/ouvrière** *m., f.*
world **monde** *m.* 7
worried **inquiet/inquiète** *adj.* 3
worry **s'inquiéter** *v.* 10
worse **pire** *comp. adj.* 9; **plus mal** *comp. adv.* 9; **plus mauvais(e)** *comp. adj.* 9

worst: the worst **le plus mal**
   super. adv. 9; **le/la pire**
   super. adj. 9; **le/la plus**
   mauvais(e) *super. adj.* 9
wound **blessure** *f.* 10
wounded: to get wounded
   se blesser *v.* 10
write **écrire** *v.* 7
   to write one another **s'écrire**
   v. 11
writer **écrivain/femme écrivain**
   m., f.
written **écrit (écrire)** *p.p., adj.* 7
wrong **tort** *m.* 2
   to be wrong **avoir tort** *v.* 2

Y

yeah **ouais** 2
year **an** *m.* 2; **année** *f.* 2
yellow **jaune** *adj.* 6
yes **oui** 2; *(when contradicting a
   negative statement)* **si** 2
yesterday (morning/afternoon
   evening) **hier (matin/après-
   midi/soir)** *adv.* 7
   day before yesterday **avant-
   hier** *adv.* 7
yogurt **yaourt** *m.* 9
you **toi** *disj. pron., sing., fam.*
   3; **tu** *sub. pron., sing., fam.*
   1; **vous** *pron., sing., pl., fam.,
   form.* 1
   you neither **toi non plus** 2
   You're welcome. **De rien.** 1
young **jeune** *adj.* 3
younger **cadet(te)** *adj.* 3
your **ta** *poss. adj., f., sing.* 3;
   tes *poss. adj., m., f., pl.* 3;
   ton *poss. adj., m., sing.* 3;
   vos *poss. adj., m., f., pl.* 3;
   votre *poss. adj., m., f., sing.* 3;
yourself **te/t'** *refl. pron., sing.,
   fam.* 10; **toi** *refl. pron., sing.,
   fam.* 10; **vous** *refl. pron.,
   form.* 10
youth **jeunesse** *f.* 6
youth hostel **auberge de
   jeunesse** *f.* 7
Yum! **Miam!** *interj.* 5

Z

zero **zéro** *m.* 1

Photography and Art Credits

All images © Vista Higher Learning unless otherwise noted.

Cover: (full pg) José Blanco.

Front Matter (IAE): IAE-4 Pascal Pernix.

Front Matter (SE): iii © Photolibrary. All rights reserved; **xxvi** © Petr Z/Shutterstock.com.

Unit One: 2 Anne Loubet; **4** (t) Pascal Pernix; (b) Rossy Llano; **8** (t, b) Anne Loubet; **9** (t) © Ian G Dagnall/Alamy; (b) Anne Loubet; **13** (tl) © LdF/iStockphoto; (tm) Martín Bernetti; (tr, bmr) Rossy Llano; (bl) © 2009 Jupiterimages Corporation; (bml) © Ijansempoi/Dreamstime.com; (br) Anne Loubet; **15** (l, r) Anne Loubet; **17** Pascal Pernix; **20** Martín Bernetti; **22** Rossy Llano; **26** (l, r) Anne Loubet; **27** Extrait de l'ouvrage Superdupont © Gotlib et Solé/Fluide Glacial avec l'aimable autorisation des auteurs et de Fluide Glacial; **28** (l, r) Anne Loubet; **29** (tl) Annie Fuller; (br) © Masson/Shutterstock.com; **30** (tl) © Rune Hellestad/Corbis; (tr) Martín Bernetti; (bl) © Niko Guido/iStockphoto; (bm) © Michal Kowalski/Shutterstock.com; **31** (tl) © Reuters/Corbis; (tm) © ZUMA Wire Service/Alamy; (tr) Darío Eusse Tobón; (bl) Anne Loubet; (bml, bmr) Martín Bernetti; (br) © Rasmus Rasmussen/iStockphoto; **35** Martín Bernetti; **36** (tl, tr, mtr, mbr, bl, br) Anne Loubet; (mtl) © Robert Lerich/Fotolia.com; (mbl) Rossy Llano; **37** Anne Loubet; **38** (left col: t) © Hulton-Deutsch Collection/Corbis; (left col: mr) © Caroline Penn/Corbis; (left col: ml) © Allstar Picture Library/Alamy; (left col: b) © Eddy Lemaistre/For Picture/Corbis; (t) Photo courtesy of www.Tahiti-Tourisme.com; (m) © Lonely Planet Images/Ariadne Van Zandbergen/Getty Images; (b) © Eddy Lemaistre/For Picture/Corbis; **39** (tl) © Robert McGouey/Alamy; (tr) © Antoine Gyori/Corbis; (bl) © Owen Franken/Corbis; (br) Published with the kind authorization of the *Service de communication pour la Francophonie.*

Unit Two: 42 © Tom Stewart/Corbis; **48** (l) Pascal Pernix; (r) Martín Bernetti; **49** (t) Université Laval; (b) Anne Loubet; **56** © www.imagesource.com; **60** Rossy Llano; **62** (l) Martín Bernetti; (r) © Photos.com/2009 Jupiter Images Corporation; **66** (l) Rossy Llano; (r) Anne Loubet; **67** (t) Pascal Pernix; (b) © Mathias Wilson/iStockphoto; **69** (tl, tr, bl, br) Anne Loubet; **77** (t) Pascal Pernix; **78** (left col: t) Dante Gabriel Rossetti (1828–1882). *Joan of Arc kissing the Sword of Deliverance*, 1863. Oil on canvas, 61 cm x 53 cm. Inv.55.996.8.1. Location: Musee musée d'Art moderne et contemporain, Strasbourg, France. Photo credit: © Christie's Images/Corbis; (left col: m) © Bettmann/Corbis; (left col: b) © Antoine Gyori/Corbis; (t, b) Anne Loubet; (ml) © Martine Coquilleau/Fotolia.com; (mr) © Daniel Haller/iStockphoto; **79** (tl) © David Gregs/Alamy; **79** (tr, bl) Anne Loubet; (br) © Caroline Beecham/iStockphoto.

Unit Three: 82 Anne Loubet; **84** Martín Bernetti; **88** Anne Loubet; **89** (tl) © Elise Amendola/Associated Press; (tr) © NBAE/Getty Images; (b) © Tony Barson/Getty Images; **90** (l) Martín Bernetti; (r) © FogStock LLC/Photolibrary; **92** © 2009 Jupiterimages Corporation; **93** (t) © Tomasz Trojanowski/Shutterstock.com; (ml) © Brian McEntire/iStockphoto; (mm) © Anna Lurye/Shutterstock.com; (mr) ©RJGrant/Big Stock Photo; (bl) © Linda Kloosterhof/iStockphoto; (bm) © Dmitry Pistrov/Shutterstock.com; (br) © Oliveromg/Shutterstock.com; **96** (tl, tr, bl, br) Martín Bernetti; (tm) © Dmitry Kutlayev/iStockphoto.com; (bmr) Anne Loubet; **97** (t) Martín Bernetti; (bl) © Dynamic Graphics/Jupiterimages; (br) Rossy Llano; **100** Anne Loubet; **101** (l) Martín Bernetti; **101** (m, r) Anne Loubet; **102** (t, mml, mmr, br) Anne Loubet; (ml) © Hemera Technologies/Photos.com; (mr) © Vstock, LLC/Photolibrary; (bl) Martín Bernetti; (bml) © Photolibrary. All rights reserved.; (bmr) © Keith Levit Photography/Photolibrary; **106** (l, r) Anne Loubet; **107** (tl) © Anita Bugge/Getty Images; (tr) © Patrick Roncen/Corbis; (m) © Pascalito/Sygma/Corbis; (b) Martín Bernetti; **109** (m) © imagesource/123RF; **111** (t, br) Martín Bernetti; (ml) © David Lee/Alamy; (mml) © Nikmd/Dreamstime.com; (mmr) ©Andrew Johnson/iStockphoto; (mr) © Igor Tarasov/Fotolia.com; (bl) © Creative Jen Designs/Shutterstock.com; (mbl) © photofriday/Shutterstock.com; (mbr) © f9photos/Shutterstock.com; **114** (tl) © Valuavital/Dreamstime.com; (tm) ©Roy Hsu/Media Bakery; (tr) © Don Mason/Getty Images; (bl) © simon kolton/Alamy; (bml) © Blend Images/Ariel Skelley/Getty Images; (bmr) © Jacek Chabraszewski/iStockphoto; (br) © sergei telegin/Shutterstock.com; **116** Anne Loubet; **117** Anne Loubet; **118** (left col: t) © Stapleton Collection/Corbis; (left col: bl) © Kurt Krieger/Corbis; (left col: br) © Keystone Pictures USA/Alamy; (t) © Jeremy Reddington/Shutterstock.com; (ml) © abadesign/Shutterstock.com; (mr) Pascal Pernix; (b) © Benjamin Herzoq/Fotolia.com; **119** (tl) Tom Delano; (tr) © Images of France/Alamy; (bl) © Keren Su/Corbis; (br) Anne Loubet.

Unit Four: 122 Martín Bernetti; **124** (t) Anne Loubet; (b) Martín Bernetti; **128** (l) Pascal Pernix; (r) Anne Loubet; **129** (t) © Inge Yspeert/Corbis; (m) © Philippe Cabaret/Sygma/Corbis; (b) © Ingram Publishing/Jupiterimages; © David Hughes/Photolibrary; **140** Pascal Pernix; **141** Pascal Pernix; **142** Anne Loubet; **146** (t, b) Pascal Pernix; **147** (t) © Yadid Levy/Alamy; (m) © Kevin Foy/Alamy; (b) © Garcia/photocuisine/Corbis; **149** © Schieren, Bodo A./Age Fotostock; **153** Mdlart/Dreamstime.com; © Elena Elisseeva/Dreamstime.com; © Karen Sarraga/Dreamstime.com; © Barol16/Dreamstime.com; © Monkey Business Images/Dreamstime.com; **157** Martín Bernetti; **158** (left col: t) © Chris Hellier/Corbis; (left col: b) © Hulton-Deutsch Collection/Corbis; (t) © Christophe Boisvieux/Corbis; (ml) © David Osborne/Alamy; (mr) © Dan Moore/iStockphoto; (b) © Daniel Brechwoldt/iStockphoto; **159** (tl) Janet Dracksdorf; (tr) © Leslie Garland Picture Library/Alamy; (bl) © Brian Harris/Alamy; (br) © Walid Nohra/Shutterstock.com.

Unit Five: 162 Anne Loubet; **164** Martín Bernetti; **168** (l) © Michael Sohn/Associated Press; (r) © Neil Marchand/Liewig Media Sports/Corbis; **169** (t) © Victor Fraile/Reuters/Corbis; (m) © Arko Datta/Reuters/Corbis; (b) © Innovated Captures/Fotolia. com; **180** © FogStock LLC/Photolibrary; **182** © Ron Koeberer/Getty Images; **186** (l, r) Anne Loubet; **187** (t) Anne Loubet; (m) © Reuters/CORBIS; (b) © Universal/TempSport/Corbis; **189** argalis/iStockphoto; **197** Anne Loubet; **198** (left col: t) © Bettmann/ Corbis; (left col: b) © Hulton-Deutsch Collection/Corbis; (t) © Dean Conger/Corbis; (ml) © Reuters/Daniel Joubert/Corbis; (mr) © Dianne Maire/iStockphoto; (b) © Edyta Pawlowska/iStockphoto; **199** (tl) © Demid Borodin/iStockphoto; (tr) © ALAIN JOCARD/AFP/Getty Images/Newscom; (bl) © Daniel Joubert/Reuters/Corbis; (br) © James Warren/iStockphoto.

Unit Six: 202 Pascal Pernix; **208** (l) © Eric Gaillard/Reuters/Corbis; (r) © Earl & Nazima Kowell/Corbis; **209** (t) © Reuters/ CORBIS; (m) © Trevor Pearson/Alamy; (b) © bonchan/Shutterstock.com; **210** Rachel Distler; **211** (l, r) Paula Díez; **220** Anne Loubet; **221** (t) © Ben Blankenburg/Corbis; (ml) © Hemera Technologies/Getty Images; (mr) © Purestock/Jupiterimages; (b) © Ablestock.com/Getty Images; **226** (t) © Andreas Strauss/Getty Images; (b) © Philippe Wojazer/Reuters/Corbis; **227** (t) © Hulton-Deutsch Collection/Corbis; (m) © Corbis Sygma/Corbis; (b) © Corbis Sygma/Corbis; **231** Anne Loubet; **235** Anne Loubet; **237** Anne Loubet; **238** (left col: t, left col: b, b) © Bettmann/Corbis; (t) © Frédérik Astier/Sygma/Corbis; (ml) © Peter Leyden/iStockphoto; (mr) © Mikhail Lavrenov/123RF; **239** (tl) © foodfolio/Alamy; (tr) © Philip Lange/iStockphoto; (bl) © Owen Franken/Corbis; (br) *Troubadour Plays Six Musical Instruments.* Photo credit: © Historical Picture Archive/Corbis.

Unit Seven: 242 © Glow Images/Getty Images; **244** Martín Bernetti; **248** (t, b) Photo courtesy of www.Tahiti-Tourisme.com; **249** (t) © zonesix/Shutterstock.com; (m) Edgar Degas (1834–1917). *Danseuses bleues,* Blue dancers, c. 1890. Location: Musée d'Orsay, Paris, France. Photo credit: © Alfredo Dagli Orti/The Art Archive/Corbis; (b) © Comstock Images/Getty Images; **257** Photo courtesy of www.Tahiti-Tourisme.com; **260** Anne Loubet; **261** © Photolibrary; **262** Martín Bernetti; **266** (l) © Hubert Stadler/ Corbis; (r) Anne Loubet; **267** (t) © Johner Images/Alamy; (b) © Ingram Publishing/Photolibrary; **269** © Donald Nausbaum/Getty Images; **277** Pascal Pernix; **278** (left col: t) © Stephane Cardinale/People Avenue/Corbis; (left col: bl) © Bettmann/Corbis; (left col: br) © Stefano Bianchetti/Corbis; (t) © Beyond Fotomedia GmbH/Alamy; (ml) © Ferdericb/Dreamstime.com; (mr) © Larry Dale Gordon/zefa/Corbis; (b) © Tom Brakefield/Corbis; **279** (tl) © Pitchal Frederic/Corbis SYGMA; (tr) © John Schults/Reuters/ Corbis; (bl) Pascal Pernix; (br) © Andreas Karelias/iStockphoto.

Unit Eight: 282 © Brand X Pictures/Fotosearch; **288** (t) © Michele Molinari/Alamy; (b) Anne Loubet; **289** (t) © Maridav/ Shutterstock.com; (b) Anne Loubet; **300** © Tetra Images/Alamy; **301** Anne Loubet; **302** Anne Loubet; **306** (l) Anne Loubet; (r) Pascal Pernix; **307** (t) © Ace Stock Limited/Alamy; (m) © David Redfern/Redferns/Getty Images; (b) Anne Loubet; **313** © Yap Kee Chan/Dreamstime.com; **314** (t) © Stockshot/Alamy; (bl) © Ben Blankenburg/Corbis; (bml, bmr, br) Martín Bernetti; **315** Anne Loubet; **316** (l, br) Anne Loubet; (tr) Martín Bernetti; **317** Anne Loubet; **318** (left col: t) © Bettmann/Corbis; (left col: b) © Stephane Cardinale/Corbis; (t, mr) © Katarzyna Mazurowska/iStockphoto; (ml) © Bogdan Lazar/iStockphoto; (b) © Andreas Kaspar/iStockphoto; **319** (tl) © Chromacome/Stockbyte/Getty Images; (tr) *Entry of Joan of Arc Into Orleans* by J.J. Scherrer. Photo credit: © Gianni Dagli Orti/Corbis; (bl) © Thierry Tronnel/Sygma/Corbis; (br) © Annie Griffiths Belt/Corbis.

Unit Nine: 322 Martín Bernetti; **323** Martín Bernetti; **328** (l) © Francois Roboth/Sygma/Corbis; (r) © Eric Robert/Sygma/ Corbis; **331** (l) © Getty Images; (r) © Jeffrey M. Frank/Shutterstock.com; **340** Anne Loubet; **342** Martín Bernetti; **346** (l, r) Anne Loubet; **347** (tl) © Sergio Pitamitz/Corbis; (tr) © FoodCollection/Photolibrary; (b) © Ablestock.com/Getty Images; **348** Anne Loubet; **351** (t) © Photolibrary. All rights reserved.; (bl) © FogStock LLC/Photolibrary; (bml) © Design Pics Inc./Alamy; (bmr) Anne Loubet; (br) © Ingram Publishing/Photolibrary; **353** (t) © Comstock/Jupiterimages; (b) Martín Bernetti; **355** (tl, br) Anne Loubet; (tr) © Bold Stock/Unlisted Images, Inc.; (bl) © Photolibrary. All rights reserved.; **357** Pascal Pernix; **358** (left col: tl, left col: tr) © Bettmann/Corbis; (left col: b) © Sygma/Corbis; (t) © Robert Paul Van Beets/Fotolia.com; (ml) © Adam Woolfitt/ Corbis; (mr) © Hansok/Dreamstime.com; (b) © Fotosearch; **359** (tl) © imagebroker/Alamy; (tr) © Iconotec/Alamy; (bl) © ImagesEurope/Alamy; (br) © The Gallery Collection/Corbis.

Unit Ten: 362 Martín Bernetti; **368** (t) © Max Alexander/Getty Images; (b) Pascal Pernix; **369** (t) Janet Dracksdorf; (m) Rachel Distler; (b) © Viorika Prikhodko/iStockphoto; **380** © www.imagesource.com; **386** (l) © Ingram Publishing/Photolibrary; (r) © CHASSENET/Age Fotostock; **387** (t) © AFP/Getty Images; (b) © Jupiterimages/Getty Images; **389** (l) © Dynamic Graphics/ Jupiterimages; (r) © DesignPics Inc./Photolibrary; **391** Martín Bernetti; **397** © Ebby May/Getty Images; **398** (left col: t) © Bettmann/Corbis; (left col: b) © Pierre Vauthey/Corbis Sygma; (t) © Tatiana Egorova/iStockphoto; (ml) © Createsima/ Dreamstime.com; (mr) © Denis Jr. Tangney/iStockphoto; (b) © Nicole Paton/Shutterstock.com; **399** (tl) Pascal Pernix; (tr) *Portrait of Jean Jacques Rousseau* by Lacretelle. Photo credit: © Alfredo Dagli Orti/The Art Archive/Corbis; (bl) © Goodshoot Royalty Free Photograph/Fotosearch; (br) © David Hughes/Fotolia.com.

Unit Eleven: 402 Anne Loubet; **404** Anne Loubet; **408** (l) © Goodshoot/Jupiterimages; (r) Pascal Pernix; **409** (t) © Alain Nogues/ Corbis Sygma; (b) © Philippe Eranian/Corbis; **411** (foreground) © DomenicoGelermo/iStockphoto; (background) © nadla/ iStockphoto; **415** © linzyslusher/iStockphoto; **420** Anne Loubet; **422** Anne Loubet; **426** (l, r) Anne Loubet; **427** (t) ©

Video Credits

Production Company: Klic Video Productions, Inc.
Lead Photographer: Pascal Pernix
Photographer, Assistant Director: Barbara Ryan Malcolm
Photography Assistant: Pierre Halart

Television Credits

19: **"Le sucre n'est pas toujours où on le pense"** By permission of INPES (Institut national de prevention et d'éducation pour la santé).

59: **"Ma vie étudiante"** By permission of Université de Moncton.

99: **"Pages d'Or"** By permission of Truvo Belgium.

139: **"Swiss International Airlines"** By permission of Swiss International Airlines.

179: **"Swiss Life"** By permission of SwissLife.

219: **"La magie des fêtes"** By permission of Vidéotron.

259: **"Trivago"** By permission of Trivago.

299: **"Century 21 France"** By permission of Century 21 France and Guy Bonnet.

339: **"Le far Breton"** By permission of Office de Tourisme et des Congrès de Rennes Métropole.

379: **"Avant j'étais timide"** By permission of Krys.

419: **"iPad"** © FRANCE 24. By permission of Audiovisuel extérieur de la France, on behalf of FRANCE 24.

459: **"Rennes capital Breton"** By permission of Office de Tourisme et des Congrès de Rennes Métropole.

503: **"BMCE Bank"** By permission of BMCE Bank.

About the Authors

Cherie Mitschke received her Ph.D. in Foreign Language Education with specializations in French and English as a Second Language from the University of Texas at Austin in 1996. She has taught French at Southwest Texas State University, Austin Community College, and was Assistant Professor of French at Southwestern University in Georgetown, Texas. Dr. Mitschke is also an experienced writer and editor of French educational materials who has worked with several major educational publishing houses.

Cheryl Tano received her M.A. in Spanish and French from Boston College and has also completed all course work toward a Ph.D. in Applied Linguistics with a concentration in Second Language Acquisition at Boston University. She is currently teaching French at Emmanuel College and Spanish at Tufts University.

James G. Mitchell received his Ph.D. in Romance Studies with a specialization in Second Language Acquisition from Cornell University. Dr. Mitchell teaches French, Italian, linguistics, and applied linguistics at Salve Regina Univeristy.

About the Illustrators

A French Canadian living in the province of Quebec, **Sophie Casson** has been a professional illustrator for more than ten years. Her illustrations have appeared in local and national magazines throughout Canada, as well as in children's books.

Born in Caracas, Venezuela, **Hermann Mejía** studied illustration at the **Instituto de Diseño de Caracas**. Hermann currently lives and works in the United States.

Pere Virgili lives and works in Barcelona, Spain. His illustrations have appeared in textbooks, newspapers, and magazines throughout Spain and Europe.